MANESSE BIBLIOTHEK DER WELTGESCHICHTE

BASIL HALL CHAMBERLAIN

ABC
der japanischen Kultur

Ein historisches Wörterbuch
(Things Japanese)

Mit einer Einführung
von Erwin Wickert

MANESSE VERLAG
ZÜRICH

Einführung

von Erwin Wickert

Im Jahr 1890 erschien Chamberlains Buch «*Things Japanese*», das hier in deutsch unter dem Titel «ABC der japanischen Kultur» vorgelegt wird. Es ist bald zu einem klassischen Werk geworden, hat viele Auflagen in vielen Sprachen erlebt und war vielen Generationen eine Einführung und eine stets interessante, oft amüsante Darstellung Japans und japanischen Lebens. Die vorliegende, 1912 erschienene deutsche Übersetzung stammt von Bernhard Kellermann, dem Verfasser des Bestseller-Romans «Der Tunnel» (1913) und Auslandskorrespondenten, der sich im Jahre 1907 eine Zeitlang in Japan aufgehalten und selbst ein schönes Buch über Japan («Ein Spaziergang in Japan», 1922) geschrieben hat.

Basil Hall Chamberlain (1850–1935) war einer der bedeutendsten Japankenner, der letzte, der es noch wagen konnte, ein Gesamtbild Japans und der Japaner, ihrer Geschichte, Geographie, Fauna und Flora, ihrer großen Männer, Mythologie, Kultur, Kunst, ihres Denkens, ihrer Sitten, Kleidung, Feste, ihres Aberglaubens, also auch ihres Alltags zu zeichnen. Die Japanologen nach ihm waren und sind Spezialisten.

Auch wer Japan nicht kennt und nie da gewesen ist, liest sich schnell in seinem Buch fest. Obwohl es von längst vergangenen Zeiten und Gebräuchen spricht, die in Japan oft schon vergessen sind, liest man mit Vergnügen seine Beschreibungen der alten, oft exotischeren und seltsameren Zeit vor und nach Japans Öffnung zur Welt und Moderne. Mit Recht schreibt Chamberlain, daß «die politischen und sozialen Fragen eines Landes nur dann richtig verstanden werden können, wenn man sich stets seine Vergangenheit vor Augen hält.»

Das Buch ist eine Enzyklopädie alles dessen, was Japan betrifft. In seiner Darstellung geht Chamberlain anders vor als seine Vorgänger, die Deutschen Engelbert Kämpfer (1651–1716), Franz von Siebold (1796–1866) und Johannes Justus Rein (1835–1918) in ihren Werken über Japan. Er geht sein Thema nicht systematisch an, faßt zusammengehörende Fragen nicht in Kapiteln zusammen, sondern beschreibt, was er zum Verständnis Japans für mitteilenswert hält, in alphabetischer Folge, so daß die einzelnen Fragen in der deutschen Fassung von «Aberglauben» bis «Zoologie» und «Zyklus» abgehandelt werden. Dadurch zerlegt er das Thema des Buches in viele, bunt zusammengesetzte Einzelthemen, die aber, wie der alte *orbis pictus*, freilich ohne Illustrationen und nur auf Japan beschränkt, ein Gesamtbild ergeben, in dem man sich leicht orientieren kann und das zudem kurzweilig zu lesen ist, weil Chamberlain seine Darlegungen immer durch konkrete Beispiele, durch Bilder oder eigene Erlebnisse lebendig macht.

«Der japanische Genius» schreibt er, «erreicht Vollkommenheit in kleinen Dingen. Kein anderes Volk verstand es je annähernd so, aus einer Schale, einem Servierbrettchen, selbst einem Topf ein Ding der Schönheit zu schaffen, einen kleinen Elfenbeinknopf in einen Mikrokosmos von groteskem Humor umzuwandeln, einen flüchtigen Gedanken mit einem halben Dutzend Pinselstrichen festzuhalten.»

Er beschreibt, was damals noch wenige sahen, die Schönheit und Einfachheit des japanischen Hauses – verschweigt allerdings auch seine Unbequemlichkeit im

Winter nicht. Er gibt Beispiele für den erlesenen Geschmack der Japaner, das auch im einfachen Volk verbreitete, hochentwickelte ästhetische Empfinden. Er bemerkt, daß die Japaner zwar die Natur lieben, aber nicht die wilde, freie Natur, sondern nur, soweit sie in Gärten oder Parks nach ästhetischen Gesichtspunkten harmonisch gestaltet worden ist. Er berichtet, daß Japaner vor Adel keineswegs in Ehrfurcht ersterben, sondern überhaupt nicht danach fragen, und daß ihnen der Snobismus und die Klassenschranken der englischen Gesellschaft völlig fremd sind, ebenso wie jede Protzerei, wobei man allerdings hinzufügen muß, daß er von dem Japan seiner Zeit spricht; heute würde er viele Beispiele für japanische Großmannssucht finden.

Das Buch ist leicht und oft amüsant zu lesen. Doch man lasse sich dadurch nicht täuschen. Wenn er auch nie wissenschaftlich gravitätisch daherkommt, so merkt man doch, daß selbst Nebenbemerkungen Chamberlains auf langer Erfahrung beruhen. Daher erlaubt er sich auch gelegentlich Urteile, die einen ganz auf Japan fixierten Gelehrten schockieren werden, etwa wenn er zu dem Schluß kommt: «Summa summarum: Was der japanischen Literatur am meisten fehlt, ist Genie. Es fehlt ihr an Gedanken, Logik, Tiefe und Vielseitigkeit. Sie ist nicht kühn genug, sie ist zu beschränkt, um große Dinge umfassen zu können.»

Chamberlains Urteile, auch dieses, beruhen auf einer weitreichenden europäischen, humanistischen, nicht nur auf Japan begrenzten Bildung. Er war nicht nur Japanologe, hat verschiedene Gedichtbände veröffentlicht und in späteren Jahren aus dem Griechischen und Lateinischen übersetzt, übrigens ins Französische, da er in einem französischen Lycée erzogen worden war. Darüber hinaus hatte er auch einen englischen Tutor gehabt.

Er besaß Humor und hatte einen scharfen Blick für das Seltsame, Komische und Groteske, das europäischen Augen in Japan überall auffiel. Mit gelegentlichen Seitenhieben bedachte er gerne Reisende, die, was ihnen zufällig begegnete oder auffiel, ohne weitere Prüfung verallgemeinerten und die schon nach kurzem Aufenthalt glaubten, Japan erkannt zu haben, und darüber Bücher schrieben, in denen freilich nichts stimmte – was übrigens auch auf spätere Reisende zutrifft. Man könnte etwa an Klaus von Dohnany oder selbst an den großen Friedrich Sieburg denken, dessen Japanbuch, «Die stählerne Blume», zwar geistreich ist, aber von einem Land und Volk spricht, das es auf dieser Erde nie gab.

Über ein längst vergessenes Buch schreibt Chamberlain: «Wir wollen keine Behauptung aussprechen, die wir nicht beweisen können, und deshalb sagen wir nicht, daß die Verfasserin ein verrücktes Huhn ist. Ihre fixe Idee scheint gewesen zu sein, daß jeder Ausländer in Yokohama oder ‹Jeddo› (Sie meinte offenbar Yedo, wie Tokio früher hieß. E. W.) ein Attentat auf sie vorhatte. Was die Japaner betrifft, so gibt sie ihnen den Abschied als ‹ekelhafte Kreaturen›.»

Als er von Taiwan (Formosa) spricht, das Japan im Jahr 1895 China entrissen hatte, berichtet er von einem Franzosen, der sich als Ureinwohner der Insel ausgab und unter dem Pseudonym Psalmanazar eine «Historische und Geographische Beschreibung von Formosa» veröffentlichte, in der «jede Zeile, einschließlich einer ausgearbeiteten Grammatik, eines Alphabets und eines ganzen Religionssystems, pure Erfindung war, die aber die Gelehrtenwelt fast bis auf unsere Tage herab täuschte.» Oder er zitiert einen Missionar, der beschreibt, wie er den Taiwanesen das Licht bringt: «Zahnweh ... ist die ewige Qual von Zehntausenden von Chinesen und Ureinwohnern (Taiwans). Die gewöhnliche Art, wie wir das Land bereisen, ist folgende: Wir fassen Posto in einem offenen Raum, oft auf den Stufen eines Tempels, und nach dem Absingen eines oder zweier Choräle beginnen wir die Zähne zu ziehen, um hierauf die Lehre des Evangeliums zu verkünden ... Ich selbst habe bis 1873 über einundzwanzigtausend Zähne gezogen.»

Unter dem Stichwort «Dämonische Besessenheit» berichtet Chamberlain von dem in China wie in Japan noch heute verbreiteten Glauben an Fuchsgeister: «Im Jahre 1889 zirkulierte eine von vielen geglaubte Geschichte von einem Fuchs, der die Gestalt eines Eisenbahnzuges auf der Linie Tokio-Yokohama angenommen hatte. Dieser Phantomzug schien sich einem wirklichen Zug zu nähern, der gerade in der entgegengesetzten Richtung lief, allein er kam nie näher. Der Führer des wirklichen Zuges, der sah, daß alle seine Signale nutzlos waren, fuhr nun mit voller Kraft. Als das Phantom zuletzt eingeholt war, wurde – man höre und staune! – nichts als ein zerfleischter Fuchs unter den Rädern der Maschine gefunden.»

Chamberlain zitiert ausführlich den deutschen Hofarzt Erwin Baelz zu diesem Fuchsaberglauben: «Die besessene Person hört und versteht alles, was der Fuchs innen sagt und denkt, und die beiden geraten häufig in einen lauten und heftigen Disput, wobei der Fuchs in einer Stimme spricht, die vollständig verschieden ist von der des Individuums.»

Doch das Buch ist keineswegs eine Sammlung von Kuriositäten. Chamberlain brauchte nicht zu fürchten, durch die Wiedergabe seltsamer exotischer Geschichten und Anekdoten an wissenschaftlicher Autorität zu verlieren. Sein Ruf als der vielleicht bedeutendste Japanologe seiner Zeit war fest begründet.

Er hatte als erster das wichtigste und älteste japanische Geschichtswerk, das *«Kojiki»*, ins Englische übersetzt, Studien über die japanische Sprache, Mythologie und Ortsnamen im Lichte seiner Forschungen über die Ainus, Japans Ureinwohner auf der Nordinsel Hokkaido, sowie verschiedene Bücher über die japanische Sprache veröffentlicht.

Basil Hall Chamberlain stammt aus einer wohlhabenden und angesehenen englischen Familie. Nach dem frühen Tod seiner Mutter wurde er von seiner Großmutter erzogen, die weniger in England als auf dem Kontinent lebte. Dort ging er, wie erwähnt, auch zur Schule.

Da er als junger Mann an Augen- und Halsbeschwerden litt, rieten ihm die Ärzte, das englische Klima zu meiden. Er begab sich auf Reisen. So kam er mit dreiundzwanzig Jahren nach Japan. Das war im Jahr 1873, wenige Jahre nach dem Beginn der Reformen, die nach dem Kaiser Meiji benannt werden.

Er begann, an der Kaiserlichen Marine-Schule zu lehren und gleichzeitig Japanisch zu lernen. Nach acht Jahren wurde er Professor für Japanische Sprache an der Kaiserlichen Tokio-Universität.

Chamberlain blieb fast vierzig Jahre in Japan und war damit Zeuge von Japans Entwicklung aus einem mittelalterlichen Feudalstaat zu einem modernen Industriestaat. Er lebte in einer Zeit des Umbruchs, in der die alten Sitten und Gebräuche noch beachtet, aber dann langsam vergessen wurden. Sein erster Lehrer war ein alter Daimyō, ein Mann des niedrigen Adels also, der noch einen Zopf trug und ihn im Kimono und gegürtet mit Kurz- und Langschwert aufsuchte.

Unter dem Stichwort «Ausländer als Beamte» weist Chamberlain nach, daß sie, die Fremden, die eigentlichen

Schöpfer des neuen Japans waren, daß der japanischen Regierung aber das Verdienst zukomme, die Notwendigkeit der Öffnung und der Reformen eingesehen und die Leute berufen zu haben, von denen Japan lernen konnte. Dies ist in der Tat entscheidend gewesen und hat Japans Aufstieg zur Folge gehabt, während der chinesische Hof, die Mandarine und Gelehrten weiterhin an die Überlegenheit der chinesischen und Inferiorität der westlichen Kultur glaubten und allenfalls bereit waren, sich von ausländischen Experten einige technische Fertigkeiten zeigen zu lassen. Allein aus diesem Grund wird China den Vorsprung Japans kaum mehr aufholen können, zumal die chinesische Führung von heute mit der gleichen Blindheit und Arroganz die Überlegenheit des Sozialismus behauptet, als dessen Gralshüter sie sich sieht, zu einer Zeit, in der die anderen sozialistischen Länder längst seine Untauglichkeit erkannt haben.

Niemals, schreibt Chamberlain über die japanischen Reformen der Meiji-Zeit, habe die Geschichte einen plötzlicheren Umschlag erlebt. Alles wurde vom Westen übernommen – Politik, Verfassung, Rechtswesen, Technik, Wirtschaft, Mode, Kleidung, Tanzen, Sport, Kartenspielen – bis zu den lächerlichsten Einzelheiten. «Einige wenige Jahre lang war ohne Zweifel ‹fremd› und ‹gut› ein und dasselbe; die Japaner saßen zu Füßen des westlichen Gamaliel und betrachteten seine leisesten Äußerungen als Perlen von unschätzbarem Wert.»

Doch rund zwanzig Jahre nach dem Beginn der Reform setzte eine Reaktion ein: Ausländische Beamte wurden entlassen, die Japaner wußten alles besser, und die ersten Anzeichen japanischen Jingoismus' traten auf, als seine Welle sich von England her über die Welt ausbreitete. Radikale japanische Nationalisten sahen in ihrem Land den Retter der Welt, unter dessen Führung und

Dach sich *hakko ichiu*, die acht Ecken der Welt, vereinen sollten: eine blinde nationale Selbstüberschätzung, die sich noch steigern sollte und schließlich zu der Mythisierung des *yamato damashii*, des japanischen Geistes, zum Expansionismus der dreißiger Jahre, zu Krieg und Niederlage führten.

Der japanische Militarismus ist heute wohl tot, dieser Geist aber mitnichten. Im Gegenteil, die erstaunlichen wirtschaftlichen Erfolge haben die nationale Arroganz bei vielen Japanern wieder aufleben lassen und dazu geführt, daß man heute oft das Wort von dem *ugly Japanese* hört, nicht nur in Ostasien.

Chamberlain beobachtete schon damals, daß sich japanische Beamte in Taiwan und Korea brutal aufführten; er sprach von ihrem schamlosen Leben und der Unverschämtheit der Soldaten, die in Japan Kulis oder Bauern waren, jetzt aber als Eroberer auftraten. Doch er lobte auch die Disziplin des japanischen Heeres bei der Niederschlagung des Boxer-Aufstands in China, während britische, deutsche und französische Truppen sich in Plünderungen und Greueln gleichermaßen hervortaten.

Die entscheidende innenpolitische Machtstellung des Militärs erkannte er noch nicht so deutlich, wie wir sie im Rückblick sehen. Diese Macht wuchs ja auch noch. Dagegen sah und erklärte er die tieferen Ursachen für die traditionelle Feindschaft zwischen japanischer Armee und Marine.

Die frühen japanischen Kriege gegen China und Rußland, die Eroberung Koreas verfolgt er nicht ohne Wohlwollen. Die Siege waren ja Zeugnis für die Tapferkeit und Tüchtigkeit der Streitkräfte sowie die Modernisierung des Landes, das sich nun dem Imperialismus der Zeit anpaßte, in dem Chamberlain wie die Welt damals kein Unrecht sahen.

Verhältnismäßig wenig bringt er zur Verfassung und inneren Organisation des Landes. Daß der Tenno staatsrechtlich machtlos war, stellt er nicht besonders heraus. Vielleicht meinte er, daß sich dies wie in England von selbst verstand. Als ich vor fünfzig Jahren Japan zum ersten Mal besuchte, hielt ich den Kaisermythos für uralt. Jedermann sagte mir das, überall las ich es. Wenn man in der Straßenbahn an einem Tor des Kaiserpalastes vorbeifuhr, verbeugten sich alle Passagiere tief, selbst der Fahrer.

Aus Chamberlains Buch lernte ich jedoch, daß diese Verbeugungen erst im Jahr 1891 dekretiert worden waren. Er erwähnt gelegentlich die Tendenz, den Tenno auf Grund alter Mythen oder verstaubter Gebräuche über die Menschen zu erheben. Daß dies und die gleichzeitige Verheiligung Japans, des japanischen Geistes und sein Vorrang über alles in der Welt schließlich zu maßlosen politischen und militärischen Folgerungen und am Ende zum Krieg führen sollte, konnte er damals noch nicht erkennen.

Die erzählerische Darstellung, das kaleidoskopartige Nebeneinander verschiedenster Farben, die nicht nach Sachgebieten systematisch aufgebaute Schilderung könnte einen, der solche Frivolität als unwissenschaftlich ansieht, verführen, dieses «ABC der japanischen Kultur» nur als ein Nebenwerk des großen Japanologen anzusehen, das er allein zu seiner Erholung geschrieben hat. Das ist es jedoch nicht.

Es ist ein impressionistisches Gesamtbild Japans und der Japaner vor hundert Jahren, das wissenschaftlich bestehen konnte, mag auch die neuere Forschung inzwischen manche Dinge anders sehen. Es enthält die Summe von Chamberlains Erfahrungen, Gedanken, Kritik,

Aphorismen und Vergleichen. Er war ein Mann, der sich nicht auf Sprachstudien und historische Forschung beschränkte, sondern der von dem bunten Leben um ihn, dem anderen Denken, der lange vom Westen unbeeinflußten Geschichte und Kultur Japans fasziniert war.

Er war mit Lafcadio Hearn befreundet, der Japan in seinen Romanen verklärte. Doch anders als dieser hat Chamberlain sich immer kritische Distanz zu Japan und den Japanern bewahrt. Er verleugnet nicht seine Sympathie für das Land und seine Bewohner, auch wo er dieses und jenes aus seiner weiter gespannten Bildung heraus ablehnt. Aber immer, und gerade dort, wo er Einwände hat, sucht er zu verstehen und zu erklären.

Vorwort

Wer die große Umwälzung Japans miterlebt hat, fühlt sich übernatürlich alt; denn er lebt nun in der Neuzeit, die Luft ist voll von Gesprächen über Fahrräder und Bazillen und «Influenz-Sphären» und doch kann er sich noch deutlich an das Mittelalter erinnern. Der gute alte Samurai, der den Verfasser zuerst in die Geheimnisse der japanischen Sprache einführte, trug einen Zopf und zwei Schwerter. Diese Überreste des Feudalismus ruhen jetzt im Nirwana. Sein moderner Nachfolger, der ziemlich gewandt Englisch spricht und ein Paar praktische Beinkleider trägt, könnte fast ein Europäer sein, abgesehen von einer gewissen Schiefe der Augen und der Spärlichkeit des Bartes. Alte Dinge verschwinden über Nacht. Die Japaner sind stolz darauf, in dreißig oder vierzig Jahren das vollbracht zu haben, wozu Europa ebensoviele Jahrhunderte nötig hatte. Einige gehen sogar weiter und werfen uns Rückständigkeit vor. Es sei Zeitverschwendung, nach Deutschland zu gehen, um Philosophie zu studieren, sagte ein kürzlich von Berlin zurückgekehrter Weltweiser: Die Vorträge seien elementar, der Gegenstand werde besser in Tokyo gelehrt.

So kommt es, daß wir uns, die wir im Jahre 1873 in Japan eintrafen, nahe an die vierhundert Jahre alt fühlen und uns ohne viele Umstände die beiden wohlbekannten Privilegien des hohen Alters anmaßen – Schwatzhaftigkeit und die Miene der Autorität. Es werden unaufhörlich Fragen über Japan an uns gestellt. Hier also sind die

Antworten, niedergelegt in der Form eines Diktionärs, nicht von Wörtern, sondern von Dingen – oder wäre es besser zu sagen: eines Führers, weniger zu Plätzen als zu Gegenständen? –, nicht etwa einer Enzyklopädie, wohlgemerkt, nicht der eitle Versuch eines einzelnen Mannes, alle Dinge zu erschöpfen, vielmehr nur Skizzen von vielen Dingen. Altes und Neues wird dicht nebeneinander gefunden werden. Was man nicht finden wird, das ist Ausschmückung; denn sie wäre unverzeihlich in einem Buch über Japan, wo das Material so ungeheuer ist, daß die größte Schwierigkeit darin besteht herauszufinden, was weggelassen werden darf.

Um dem Leser die Möglichkeit zu geben, Fehlendes zu ergänzen und sich eine eigene Anschauung zu formen, wenn er zufällig eine solch ungewöhnliche Anwandlung bekommen sollte, haben wir am Ende fast eines jeden Artikels die Titel zuverlässiger Werke angefügt, die den gleichen Gegenstand behandeln. (Der Leser findet sie in dieser Ausgabe als Anmerkungen aufgeführt; d. Vlg.) Für die übrigen erklärt sich dieses Buch selbst. Der Leser, der Fehler oder Mängel entdeckt, wird durch ihre Mitteilung dem Verfasser einen unschätzbaren Dienst erweisen. Als eine kleine Ermutigung in dieser Beziehung wollen wir selbst vorangehen und uns erkühnen, dem Leser, besonders aber dem Globetrotter, einen bescheidenen Rat zu erteilen. Natürlich setzen wir voraus, daß uns keine Japaner zuhören. Unser Rat ist der: Was du auch tun magst, lasse dich niemals vor Japanern der neuen Richtung über jene alten, seltsamen und herrlichen Dinge aus, welche deine echteste Bewunderung erweckten. Es gibt zweifellos hier und dort noch altmodisch denkende Personen, denen die buddhistische Frömmigkeit wertvoll ist; andere mögen immer noch im geheimen das ihnen von den ritterlichen Vorvätern hinterlassene

Schwert liebkosen; es gibt kleine Kreise, die die Kunst pflegen; es gibt auch solche, welche die Teezeremonien, das Arrangement der Blumen den Gesetzen der Tradition gemäß üben, und selbst solche, die das mittelalterliche lyrische Drama aufführen. Aber all das ist nichts als Brackwasser. Im allgemeinen gesprochen haben die erzogenen Japaner ihre Vergangenheit abgetan. Sie wollen andere sein und etwas anderes, als sie waren und zum Teil noch sind.

Als Sir Edwin Arnold nach Tokyo kam, wurde ihm zu Ehren ein Bankett veranstaltet, dem eine vornehme Gesellschaft, Würdenträger, Journalisten und Professoren, kurz moderne Japaner der besten Klasse beiwohnten. Indem Sir Edwin seinen Dank für die ihm erwiesene Gastfreundschaft aussprach, hielt er eine Rede, in der er Japan bis in den Himmel hob – und das mit Recht – als das Land auf Erden, das sich am meisten dem Paradies nähert oder dem Lotoslande – so märchenhaft, sagte er, ist seine Landschaft, so erlesen seine Kunst, noch entzückender die nahezu göttliche Feinheit der Gesinnung seiner Bewohner, dieser Reiz des Benehmens, diese bescheidene Höflichkeit ohne Servilität, mit solcher Natürlichkeit geübt, all dies stellt Japan hoch über andere Länder in nahezu all jenen Dingen, die das Leben lebenswert machen. (Wir geben nicht seine genauen Worte wieder, aber den allgemeinen Inhalt.)

Nun, glaubst du, daß die Japaner mit diesem verdienten Lob zufrieden waren? Nicht im geringsten. Am folgenden Morgen erschien in der führenden Zeitung, die beim Bankett vertreten gewesen war, ein Aufsatz – ein Artikel, der allerdings die Wahrheit von Sir Edwins Ausführungen zugab, aber darauf hinwies, daß sie nicht Lob, sondern mitleidlose Verdammung bedeuteten. Kunst, ei der Tausend, Landschaft, feine Gesinnung! rief der

Verfasser aus. Warum hat Sir Edwin nicht unsere ungeheuren industriellen Unternehmungen, kommerziellen Talente, unseren Reichtum, unseren politischen Weitblick, unsere mächtigen Rüstungen gelobt? Natürlich konnte er das nicht tun, wenn er ehrlich sein wollte. Er hat uns unserem wahren Wert gemäß eingeschätzt und uns in Wirklichkeit gesagt, daß wir nichts sind als hübsche Schwächlinge.

Seit Sir Edwin Arnolds Zeit ist mehr als ein Krieg geführt und gewonnen worden, und der erstaunten Welt und den Japanern selbst wurde bewiesen, daß sie keine Schwächlinge sind, sondern im Gegenteil außerordentlich kühne, tatkräftige Menschen. Seit dieser Zeit sind auch Japans sonnige Städte und selbst seine grünen Täler von Fabrikschloten geschwärzt worden, und seine Handelsflagge erschien auf allen Meeren. Nichtsdestoweniger besteht das obenerwähnte Empfinden noch immer, und es erscheint uns unter den waltenden Umständen nur natürlich. Denn Japan muß ja fortfahren, sich immer mehr und mehr zu modernisieren, wenn die Basis seiner neuen Entwicklung stark bleiben soll, wenn seine rasch wachsende Ambition es befriedigen und sein Finanzminister auskommen soll. Zudem erschien ja unsere europäische Welt von Gedanken, Unternehmungen, ungeheuren wissenschaftlichen Errungenschaften den Japanern als eine ebensolche Welt von Wundern wie Alt-Japan uns. Hier aber liegt indessen die Verschiedenheit. Alt-Japan war für uns eine delikate, kleine Wunderwelt von Sylphen und Feen. Europa und Amerika mit ihren Eisenbahnen, ihren Telegraphen, ihrem riesenhaften Handel, ihren gigantischen Armeen und Flotten, ihren endlos angewandten Techniken, die auf Chemie und Mathematik beruhen, war für die Japaner eine Wunderwelt von mächtigen Genien und Zauberern. Es ist wahr, die Japaner haben weniger Würdigung für unsere Literatur gezeigt. Sie halten uns für wunderlich, da wir auf Poesie, Musik, Religion und spekulative Forschung so großes Gewicht legen. Unsere materielle Größe hat sie vollkommen geblendet, soviel es irgend möglich war. Sie wissen auch recht wohl – denn die Völker des Ostens wissen das alle –, daß unsere christlichen und humanitären Glaubensbekenntnisse nichts sind als Humbug.[1] Die Geschichte Indiens, Ägyptens und der Türkei ist ihnen kein Geheimnis. Vertrauter noch, weil er sich dicht vor ihren Toren abspielte, sind sie mit dem großen und lehrreichen Fall des Westens gegen China – sechs oder sieben junge Tiger gegen eine alte Kuh. Die Japaner müßten in der Tat blind sein, wenn sie nicht sähen, daß ihre größte Sicherheit für dauernden Frieden und Erfolg in der Stärke liegt und in dem Bestreben, nicht zu verschieden vom Rest der Menschheit zu sein; denn der Mob der westlichen Völker wird Exzentrizität der Erscheinung nicht mehr tolerieren als gewöhnliche Rowdies.

In der Tat kann sich kaum einer von denen selbst, die

---

[1] Der Verfasser bedauert, daß diese Bemerkung von einigen sonst freundlichen Beurteilern einer früheren Ausgabe fälschlich ausgelegt wurde als eine so seichte und anmaßende Behauptung wie «Christentum und Humanität seien nichts als *Humbug*».(!) Was gemeint ist, ist einfach, was wörtlich gesagt wird, nämlich daß *unsere Bekenntnisse* Humbug sind. Oder kann irgendein unparteiischer Kenner der Geschichte leugnen, daß die (sogenannten) christlichen Völker, als Völker, durch ihre Handlungen ihre Bekenntnisse verhöhnen? Zuweilen ist ihre Heuchelei recht durchsichtig, so wenn wir, um ein ganz modernes Beispiel zu wählen, an der Spitze der für die amerikanische Annexion von Hawaii offiziell ausgesprochenen Gründe finden: «das tiefe Interesse der Bürger der Vereinigten Staaten, dort die Saat christlicher Zivilisation einzupflanzen.» Könnte sich der moralischste Wolf eine weißere Wolle zu seiner Verkleidung als Lamm wünschen?

die Japaner beschwören, so zu bleiben, wie sie sind, enthalten, ihnen alle möglichen Änderungen vorzuschlagen. «Die japanische Frauenkleidung ist einfach vollkommen», hören wir einen von ihnen ausrufen, «nur, glauben Sie nicht, daß sich Handschuhe vorteilhaft dazu ausnehmen würden? Und dann, sollte nicht etwas getan werden, um das Öffnen des Rockes vorn zu verhindern, nur aus Rücksichten der Schicklichkeit, Sie verstehen mich recht?» Ein anderer, dessen spezielle Liebhaberei japanische Musik ist (man bildet sich viel auf diesen Geschmack ein, denn er ist selten), sagt: «Beschützen Sie, ich flehe Sie an, Ihre Musik vor dem Untergang. Erhalten Sie sie, wie sie ist, so interessant für den Forscher, so wunderbar, trotz allem, was die Spötter sagen mögen. Nur zu einer Kleinigkeit möchte ich Ihnen raten: Harmonisieren Sie Ihre Musik. Das würde ja ihren Charakter ein wenig verändern. Aber niemand würde das bemerken, und die Wirkung wäre nur vorteilhaft.» Noch ein anderer, ein Schwärmer für Fayence, wünscht, daß die japanische dekorative Methode erhalten bleibe, aber angewandt werde auf französische Modelle, denn keine in Japan hergestellte Tasse oder Schüssel sei so vollkommen rund wie die Produkte der französischen Brennöfen. Ein vierter ist begeistert vom japanischen Brokat, verlangt aber andere Breiten, damit sich europäische Kleider daraus machen lassen. Ein fünfter wünscht, daß die japanische Malerei bleibe wie sie ist, nur mit der unbeträchtlichen Hinzufügung der Perspektive. Ein sechster – aber genug von diesen sich selbst richtenden Absurditäten. Mit klaren Worten, sie sagen: «Tue so und so, nur tu es nicht. Gehe nach Norden und sieh zu, dich gleichzeitig südwärts zu bewegen.»

Unterdessen gehen die Japaner ihren eigenen Weg. Wer könnte erwarten, daß ihre sozialen Bedingungen wie ihre Kunst unverändert bleiben sollten, wenn all die Ursachen, die das alte Japan unserer Träume hervorbrachten, verschwunden sind? Der Feudalismus ist verschwunden, die Isolierung ist dahin, Religionen wurden zertrümmert, neue Idole aufgerichtet, neue und dringende Bedürfnisse sind erwacht. An Stelle des Rittertums ist die Industrie, an Stelle einer kleinen Klasse vornehmer einheimischer Kenner ist ein ungeheures und ein ungeheuer unwissendes, fremdes Publikum zu befriedigen. All die Ursachen haben sich verändert, und doch erwartet man noch, daß die Wirkungen bleiben wie ehedem!

Nein, Alt-Japan ist tot, und das einzig richtige, was mit dem Leichnam getan werden kann, ist, ihn zu begraben. Dann kannst du ein Denkmal darüber setzen und, im Falle du willst, kommen und von Zeit zu Zeit am Grabe beten; denn das wäre echt «japanisch». Dieses anspruchslose Buch soll ein Epitaph sein, das die vielen und außergewöhnlichen Tugenden des Verblichenen verkündet – seine Tugenden und auch seine Schwächen. Denn aufrichtiger als die Masse der Epitaphisten haben wir versucht, unsere wahre Meinung über fast alle Gegenstände auszudrücken und die Dinge bei ihren rechten Namen nennen, da wir der Ansicht sind, daß eine wirkliche Würdigung stets ebenso kritisch ist als anerkennend.

Ja, wir wiederholen, Alt-Japan ist tot und vergangen, und Jung-Japan regiert an seiner Stelle, so verschieden in Erscheinung und Zielen von seinem Vorgänger, wie uns die Geschichte manchen jungen Fürsten von dem dahingeschiedenen König, seinem Vater, zeigt. Die Dampfpfeife, die Zeitung, der Wahlzettel, die Briefkästen an jeder Straßenecke und selbst in entlegenen Dörfern, der Angestellte im Laden oder in der Bank oder im Amt, den unser Telephongeklingel vom Sitz aufschreckt, die Eisenbahn an Stelle des Palankin, das Panzerschiff anstatt der Kriegsdschunke – diese und tausend andere auffallende Veränderungen bezeugen, daß Japan zehntausend Meilen weit von seinem früheren Platze abgetrieben wurde. Aus seiner patriarchalischen Ruhe wurde es in den Lärm des westlichen Weltkrieges verschlagen – eines Kampfes auf der ganzen Linie, in Diplomatie und Krieg, in Industrie, in Schiffahrt, wenn möglich sogar in Kolonisation. Aber wie Madcap Hal[1], einmal auf dem Thron, trotz aller individuellen Verschiedenheiten ganz deutlich zeigte, daß das Blut des klugen Heinrich des Vierten in seinen Adern floß, so ist es für die, die unter die Oberfläche des modernen Japan tauchen, offenbar, daß mehr von der Vergangenheit zurückbehalten als abgestreift wurde. Nicht nur deshalb, weil die Revolution selbst außerordentlich langsam anwuchs und zu ihrer Reife eineinhalb Jahrhunderte benötigte. Vielmehr, weil der nationale Charakter unverletzt blieb, der keine wesentliche Veränderung zeigt. Die Verhältnisse haben ihn in neue Kanäle geleitet, das ist alles. Die angestrengten geistigen Übungen des japanischen Adels vergangener Zeiten – das Auswendiglernen der Schriften des Konfutse (Konfuzius) – erzogen den Trieb zur Gelehrsamkeit, zum Behalten, zur Beobachtung von Einzelheiten. Mit diesen gleichen Eigenschaften sitzen heute seine Söhne zu den Füßen der Wissenschaft des Westens. Die Ergebenheit des Samurais seinem Daimyō und seinem Stamm gegenüber war unübertroffen; für sie würde er jederzeit sein Leben, sein Alles geopfert haben. Dieseselbe Flamme der Loyalität brennt heute noch lichterloh; nur hat sich der Gesichtskreis erweitert, die Grenzen zwischen den Pro-

---

[1] So nennt Falstaff den Prinzen, den späteren Heinrich V., in Shakespeares «Heinrich IV.»; d. Vlg.

vinzen und den kleinen Lehnsherrschaften sind gefallen, und nun ist es der eine Kaiser, in dem sich alle Strahlen wie in einem Brennpunkt sammeln. Die Japaner von früher, selbst in Zeiten, da politische Vereinigungen mit irgendwelchem Ziel strafbar waren, erhoben sich immer in Familien, in Stämmen, in Bürgervereinigungen, in Bauernhaufen, stets eher als Korporationen denn als Individuen. Die Boykotte, die Vereinigungen, die plötzlichen Geschmacksrichtungen und Gefühlsströmungen, vor denen sich das Volk wie Gras beugt, offenbaren genau den gleichen Charakterzug in einer neuen Form. Um ein noch tieferes Charakteristikum zu wählen: Die ausgesprochene Tendenz des nationalen Geistes zur Nachahmung ausländischer Vorbilder ist nichts als eine in entsprechend größerem Maßstab gehaltene Wiederholung einer Erscheinung vor zwölf Jahrhunderten. In dieser frühen Epoche stürzte sich Japan auf die chinesische Zivilisation, wie es sich heute auf die unsrige stürzt; und in beiden Fällen wurden gewisse Reservationen beobachtet. Die alte Volksreligion zum Beispiel war seinerzeit nicht aufgegeben worden, noch schaffte man sie in unseren Tagen ab, obgleich in beiden Fällen den fremden religiösen und philosophischen Ideen freier Spielraum von diesem durch und durch freidenkenden Volke gewährt wurde.

Nachdem Jung-Japan die offensichtlich nützlichen Elemente unserer Kultur absorbiert hat, geht sein Eifer dahin, sie seinen Nachbarn zu übermitteln. Als Unterhändler zwischen dem Westen und dem Osten tätig zu sein, ist die Aufgabe, die es sich selbst gestellt hat. Wir können den Gedanken nicht abweisen, daß Japans Lehre und Beispiel die chinesische Masse rascher zur Gärung bringen wird mit dem Sauerteig europäischer Kultur, als Europa selbst es könnte – und das aus dem einfachen Grunde, weil Japan und seine Nachbarn auf dem Kontinent, obgleich sie sich nach der Art von Nachbarn herzlich verachten, einander auf eine Weise verstehen, wie wir es nie erhoffen können. Europas Vorstellungen vom fernen Osten sind sehr primitiv. Wem würde es einfallen, die Neu-Engländer und die Patagonier zusammenzuwerfen, nur weil die Gewohnheit den beiden weit voneinander entfernten Ländern, die diese Völker bewohnen, den gleichen Namen «Amerika» gegeben hat? Und doch machen viele denselben Fehler, indem sie immer noch nicht nur Chinesen, sondern auch Japaner mit Persern und Arabern zusammenwerfen, da alle «Orientalen», «Asiaten» seien, obgleich sie doch Tausende von Meilen dem Orte nach und Zehntausende von Meilen der Kultur nach voneinander entfernt wohnen. So groß ist die Macht von Wörtern über uns, die wir selbst geprägt haben. Dann geht man noch einen Schritt weiter, und auf einer Basis von bloßen Wörtern wird ein phantastisches Gebäude von Einbildungen errichtet, von welchen die «gelbe Gefahr» zuletzt am meisten im Schwange war. Wenn eine neue Macht oder eine alte in neuer Gestalt sich in den Ländern erhebt, die wir den «Westen» genannt haben – zum Beispiel Deutschland oder Italien, was noch viele erlebt haben, die Vereinigten Staaten oder Rußland älteren Datums – so wird niemand eine besondere Gefahr in solch einem Ereignis erblicken; es wird als ein gewöhnlicher geschichtlicher Prozeß betrachtet. Aber laß das Wort «Asien» hören, und augenblicklich beschwörst du ein Gespenst herauf. In Wirklichkeit sind wir damit wieder bei den Widersprüchen angelangt, von denen wir schon sprachen; denn dieselben Leute blasen gleichzeitig heiß und kalt: Auf der einen Seite geraten sie in Begeisterung über Japans Vervollkommnung, auf der andern Seite fürchten sie seine eventuellen Übergriffe.

Es wäre vielleicht interessant, diese Betrachtungen weiter auszuführen. Aber Japan selbst ist unser Thema und nicht Europas Phantasien darüber. Wir haben sie nur berührt, getreu unserem allgemeinen Plane, Gedanken anzudeuten, die der Leser sich selbst ausmalen möge. Er wird Muße zu solchen Betrachtungen finden, wenn er in seinem Jinrikisha dahinrollt oder in einem einsamen Gasthaus zwischen den blütenbedeckten Hügeln sitzt und wartet, bis ihm die zierliche Magd einen Fingerhut voll Tee kredenzt.

Basil Hall Chamberlain, Sommer 1904

VORWORT

Es wäre verfehlt, in- oder gar übersetzungsweise diese Betrachtungen zu weiter auszuführen. Aber Einzelheiten bleiben Theorie, und in die Europas Phaenomen deutlich. Wir haben gesehen Freiheit seiner eigenen allgemeinen Blicke Tatsachen anzuhangen. Die alte Frage sich selbst zusammentrifft. Er wird Mühe zu solchen Betrachtungen finden, wenn er auskennt Unterschiede dazwischen oder in einem einzelnen Umständen zwischen der blühenden von Hoffnung und wartet, in ihm die zeitliche Macht einer Einzelnen auch Gelegenheit ......

Basel, Hall Elisabeth im August 1905

ABERGLAUBE In einigen Artikeln des vorliegenden Buches finden sich Erwähnungen über den volkstümlichen Glauben an Wahrsagen, dämonische Besessenheit und die Kraft von Amuletten gegen Feuer, Schiffbruch und Krankheiten. Es existieren auch verschiedene abergläubische Anschauungen in bezug auf Zahlen.

Zum Beispiel sind 7 und alle Zahlen, die mit 7 endigen wie 17, 27 usw. Unglückszahlen. Gewisse numerische Verhältnisse müssen beobachtet werden zwischen dem Alter von Mann und Frau in der Ehe. Nach der unter *yome-tome* bekannten Regel solltest du kein Mädchen heiraten, dessen Alter sich von dem deinen um 4 oder 10 Jahre unterscheidet. (Da aber der Ferne Osten immer inklusive rechnet[1] – siehe Seite 529 –, so sind die wirklichen Zahlen 3 und 9; also soll ein Mann von 21 Jahren nicht ein Mädchen von 18 Jahren heiraten, noch ein Mann von 26 ein Mädchen von 17). Das Alter übt auch einen Einfluß auf gewisse Beschäftigungen aus. So sollen Bäume nur von jungen Leuten gepfropft werden, weil das Reis eine besondere vitale Energie verlangt. Die Ansicht, daß gewisse Tage glückbringend sind, andere unglücklich, wurzelt immer noch so tief, daß manche Zeitungen, die den unteren Klassen dienen, Listen von ihnen veröffentlichen. Zum Beispiel üben Tage, die unter dem Namen *tomobiki no hi* bekannt sind, einen solch mächtigen Einfluß auf die Zukunft aus, daß, wenn eine Beerdigung an einem solchen stattfindet, sicherlich bald ein anderes Begräbnis in derselben Familie folgen wird. Die allgemeine Ansicht, daß «ein Unglück selten allein kommt», wird durch das Sprichwort *Nido aru koto wa, sando aru* («Was sich zweimal ereignet, wird sich ein drittes Mal ereignen») ausgedrückt.

Wenn Unheil vermieden werden soll, so muß man in bezug auf Orte nicht weniger vorsichtig sein als in bezug auf die richtige Zeit und Jahreszeit. So würde kein Japaner mit dem Kopf nach Norden schlafen, das heißt also das Gesicht nach Süden gewendet; denn in dieser Lage werden Leichname gebettet. Der Osten ist die glücklichste Himmelsrichtung, die nächstbeste der Süden. Gefahr ist immer zu fürchten aus dem Nordosten, welche Himmelsgegend den Namen «Dämons-Tor» erhalten hat – auf dieser Seite sind in einem Hause keine Öffnungen gelassen und nie wird dort ein Brunnen gegraben, allein man errichtet häufig buddhistische Tempel im Nordosten einer Stadt als Schutzwälle. Wenn man nach einem andern Ort zieht, so mag es sich manchmal empfehlen, nicht geradeaus zu dem Platze zu gehen, sondern einen Bogen zu machen und auf dem Wege sich eine Nacht aufzuhalten oder auch längere Zeit, je nachdem der Wahrsager es für gut hält. Gewissen Bergen und Seen soll man sich nicht nähern, denn die unvermeidliche Folge ist ein Taifun, besonders wenn der Eindringling die Ruhe des Wassers stören oder etwas davon wegtragen sollte.

Es gibt verschiedene abergläubische Vorstellungen, die im Zusammenhang stehen mit dem Feuer, jenem Erzfeind eines Volkes, dessen Städte aus Holz erbaut sind. Wirf keine Nägelabschnitte in das Feuer: Wenn du es tust, so wird das Feuer Rache nehmen, indem es entweder dich oder dein Haus verbrennt. Wirf keine Persimonenkerne in das Feuer, oder du wirst leprakrank werden. Bringe ja nicht jene delikaten schönen Frühlingslilien (*higanbana,* wörtlich Äquinoktium-Blume[2]) ins Haus, von denen die Raine der Reisfelder zur Zeit des Frühlings- und Herbstäquinoktiums scharlachrot sind: Dein Haus könnte niederbrennen. Vielleicht wurde dieser Gedanke durch Farbe und Gestalt der Blume suggeriert, die Flammenzungen ähnlich ist, wozu noch kommt, daß das Wort «Äquinoktium» mit dem Gedanken des Todes verknüpft ist; es fällt mit jenem Fest zusammen, da die abgeschiedenen Seelen den buddhistischen Styx überschreiten.

In früheren Tagen herrschte die Anschauung, daß jeder, der den Mikado erblickt, mit Blindheit geschlagen würde, und demgemäß wurde das «Drachengesicht» dieser heiligen Persönlichkeit immer mit einer feinen Bambusmatte vor jenen verschleiert, denen eine Audienz gewährt wurde. Als die Photographie eingeführt wurde, wurde sie zuerst ebenfalls als gefährlich erachtet, da sie am Ende einen Teil des Lebens oder der Seele der photographierten Person absorbieren könnte.

Einer anderen Klasse von Anschauungen angehörend und nicht ohne einen Anflug von freundlichem Humor ist ein Amulett in der Form einer kurzen Inschrift, das sich in diesem Augenblick, da wir das niederschreiben (1904), in allen Zimmern eines der bekanntesten Hotels in Japan angeklebt findet. Es weist die Ameisen zurück, indem es ihnen verkündet, daß «für jedes Hundert Kubikzoll Ameisen eine Buße von sechzehn Casch erhoben wird». Der Ameise, die ein sparsames Geschöpf ist, fällt es selbst bei solch mäßigen Preisen nicht ein einzutreten.

Dies sind aufs Gratewohl herausgegriffene Beispiele. Von anderen abergläubischen Vorstellungen in bezug auf Namen, Kleider, Wetter, Niesen, Wörter, die zu meiden sind usw., könnte man ohne Aufhören erzählen. Ein sehr umfangreicher Band ließe sich füllen mit einer erschöpfenden Darstellung des ganzen japanischen Aberglaubens, des vergangenen und des gegenwärtigen, städtischen und ländlichen, denn jede Provinz würde ihr Kontingent beisteuern. Und doch ist heute aller oder fast aller Aberglaube auf die niederen Klassen beschränkt; und wenn er sich in den oberen Klassen findet, so ist es hauptsächlich unter den Frauen. Die heutigen studierenden jungen Leute sind – sowohl im Guten als im Bösen – ausgeprägte Voltairianer.[3]

ADAMS (WILL) Will Adams, der erste Engländer, der in Japan lebte, war gebürtig aus Gillingham, nahe Chatham, in der Grafschaft Kent. Von Jugend an auf dem Meere, nahm er im Jahre 1589 Stellung als *Pilot Maior of a fleete of five sayle,* welche Flotte von holländischen Kaufleuten für den Handel mit Spanisch-Amerika ausgerüstet worden war. Von «Perow» kam ein Teil der sturmgepeitschten Flotte nach «Japon» und ankerte am 19. April 1600 in einem Hafen der Provinz Bungo, nicht weit von «Langasacke» (Nagasaki). Von dieser Zeit an bis zu seinem Tode im Mai 1620 blieb Adams in seinem Exil, das, obgleich vergoldet, nicht das am wenigsten beweinte war. Der englische Lotse, zuerst als Gefangener vor Ieyasu gebracht, der zu dieser Zeit auf dem Punkte stand, das zu werden, was Adams ihn nennt, *«Emperour»,* wurde augenblicklich von dem scharfsinnigen Menschenkenner als ein fähiger und ehrlicher Mann erkannt. Daß er und seine Nation bei Ieyasu persönlich verleumdet wurden von «den Jesuiten und den Portugiesen», welche zu jener Zeit die einzigen Europäer im Lande waren, nützte ihm in den Augen des japanischen Machthabers wahrscheinlich mehr, als es ihm schadete. Er wurde am japanischen

Hofe zurückgehalten und als Schiffsbauer beschäftigt, ferner als eine Art diplomatischer Unterhändler, wenn englische oder holländische Händler ankamen. In Wirklichkeit sind es seine treuen Dienste, die den Grund für den englischen Handel und auch für die dauernde holländische Niederlassung gelegt haben. Im Laufe der späteren Jahre vertauschte er auf einige Zeit den japanischen Dienst mit einer Anstellung in der von Kapitän John Saris zu «Firando» (Hirado) nahe Nagasaki errichteten englischen Faktorei; er machte zwei Reisen, eine nach den Luchu-Inseln und eine andere nach Siam. Sein unausgesetzt wiederholter Wunsch, das Vaterland und Weib und Kinder wiederzusehen, wurde zuletzt durch ungünstige Umstände vereitelt. In bezug auf sein Weib half er sich nach Seemanns Art – indem er ein anderes nahm, eine Japanerin, mit der er viele Jahre hindurch in bester Harmonie lebte, auf einem ihm von Ieyasu verliehenen Landsitz zu Hemi, wo ihre zwei Gräber noch heute gezeigt werden. Hemi, zu jener Zeit ein entlegenes Dorf, ist jetzt ein Vorort des geschäftigen Seehafens Yokosuka, und eine Bahnstation liegt nun da, wo der alte Lotse wohnte. Ein anderer Abenteurer, der ihn hier besuchte, beschreibt Adams' Sitz folgendermaßen: «Bei Phebe (er meint Hemi; d. Vlg.) handelt es sich um ein Herrschaftsgebiet, das der vorige Kaiser (Ieyasu war zu dieser Zeit tot; d. Vlg.) dem Kapitän Adams auf unbegrenzte Zeit verlieh. Seinem Sohn Joseph wurde eine Bestätigung ausgestellt. Es gibt dort unter anderem mehr als hundert Höfe und Haushalte, deren Bewohner ihm allesamt untertan sind und über die er verfügen kann, da sie seine Sklaven sind; er hat eine so absolute Gewalt über sie, wie jeder *tono* (oder König) in Japan gegenüber seinen Untertanen besitzt.» Aus anderen Einzelheiten kann man schließen, daß er gütigen Gebrauch von seiner Gewalt machte, so daß die Nachbarn «erfreut waren (wie es den Anschein hat) über Kapitän Adams' Entscheidungen».

Will Adams' Briefe sind veröffentlicht worden von der Hakluyt Society in den *«Memorials of Japon» (sic)»*, sodann in billigerer Ausgabe in Yokohama. Sie verdienen, gelesen zu werden, sowohl der lebendigen Umrisse des Verfassers wegen, die aus den wunderlich buchstabierten Seiten hervortreten, als auch wegen des Bildes vom Japan jener Tage, da das Land von katholischen Mönchen und katholischen Konvertiten wimmelte, da es noch keine Sperre für den ausländischen Handel gab und die ursprüngliche Tatkraft des japanischen Volkes noch nicht geschwächt war durch eine zweieinhalb Jahrhunderte lange Beamtenherrschaft und ängstliche Abgeschlossenheit.

ADEL Man kann den japanischen Adel sehr alt oder sehr neu nennen, je nachdem man die Sache nimmt. In seiner gegenwärtigen Gestalt datiert er vom 7. Juli 1884, da die chinesischen Titel kō (chinesisch *kung*), kō (chinesisch *hou*), *haku, shi* und *dan,* die unseren Titeln Herzog (oder Fürst), Marquis, Graf, Vicomte und Baron entsprechen, durch ein kaiserliches Edikt einer Anzahl distinguierter Personen verliehen wurden.

Aber es gab auch früher eine Aristokratie. Richtig gesagt gab es deren zwei: die *Kuge,* die die Abkömmlinge der jüngeren Söhne früherer Mikados waren, und die *Daimyōs,* die Lehnsherrn, die durch das Schwert und die Gunst der Shōgune zu Titel und Reichtum emporstiegen. Mit dem Fall des Feudalismus verloren die Daimyōs ihre territorialen Ansprüche und wurden mit den Kuge verschmolzen unter der Bezeichnung *Kōzoku,* oder «blumige Familien», wie man heute noch gewöhnlich die Edelleute im allgemeinen nennt, einerlei welch besonderen Grad sie haben mögen.

Dieser Geburtsadel bildete den Stamm der neuen Aristokratie von 1884, unter deren fünf Grade er nach seinen historischen und sonstigen verdienstlichen Ansprüchen eingereiht wurde. Dazu kam nach und nach noch eine Anzahl neuer Männer, die sich auszeichneten durch Fähigkeiten oder durch Dienste, die sie der Regierung erwiesen. Die erfolgreiche Beendigung des ersten chinesischen Krieges war natürlich Zeuge einer großen Masse neuer Ernennungen. Die Mitglieder des Adels beziehen Pensionen von der Zivilliste. Sie unterstehen auch besonderen Vorschriften. Zum Beispiel dürfen sie nicht ohne offizielle Erlaubnis heiraten. Auf der anderen Seite gewährt die neue Verfassung einer gewissen Anzahl von ihnen das Privilegium, im Oberhaus der Kaiserlichen Kammer zu sitzen.

Der gänzliche Mangel von Snobismus dem Adel gegenüber ist ein lobenswerter Zug des japanischen Charakters. Sie verehren nicht, wie wir Engländer und Yankees, den Adligen – sie laufen ihm nicht nach, sie ahmen ihn nicht nach, machen von ihm keine Momentaufnahmen, drängen ihre Töchter nicht dazu, nach ihm zu angeln. Sie machen sich einfach nichts daraus. In ihren Augen *«a man's a man for a' that»*, ist ein Mann so gut wie der andere. Sehr häufig wissen sie überhaupt nicht, ob die Person einen Titel hat oder nicht, und ausgenommen im Druck wenden sie ihn selten an, sondern nennen zum Beispiel Graf *Ōkuma Ōkuma San, «Monsieur Ōkuma»*, wie die Franzosen wohl auch oft sagen würden. In der Tat – das fällt uns jetzt auf – sollte dieser Mangel von Snobismus nicht speziell den Japanern als Tugend angerechnet werden. Die meisten Völker sind ihnen darin ähnlich. Der Makel der Vornehmtuerei ist so spezifisch angelsächsisch, daß wir zweifeln, ob eine andere Sprache als die englische überhaupt ein Wort dafür hat.

ADOPTION Es ist merkwürdig, aber wahr, du kannst oft in eine japanische Familie kommen und ein halbes Dutzend von Personen antreffen, die einander Eltern und Kinder nennen, Bruder und Schwester, Onkel und Neffe, und doch sind sie entweder gar keine Blutsverwandten, oder sie stehen in einem ganz anderen Grad von Verwandtschaft als dem gewöhnlich ausgedrückten. Galtons Buch könnte nie in Japan geschrieben worden sein; denn wenn auch auf Genealogien großer Wert gelegt wird, so haben sie für gewöhnlich keine Bedeutung, mindestens nicht vom wissenschaftlichen Standpunkt aus – so allgemein ist die Sitte der Adoption, von der höchsten Gesellschaft an bis herab zum niederen Volk. Dies erklärt solch auffallende Anomalien, daß berühmte Maler, Töpfer, Schauspieler oder was immer fast stets einen Sohn haben, der sich auf dem gleichen Gebiete auszeichnete: Sie haben ganz einfach ihren besten Schüler adoptiert. Dies erklärt auch, weshalb die japanischen Familien nicht aussterben.

Die Adoption ist so vollständig ein Faktor des nationalen Lebens geworden, daß Shigeno An-eki, die erste japanische Autorität auf diesem Gebiet, nicht weniger als zehn verschiedene Kategorien der Adoption aufzählt. Man nimmt seine Zuflucht zur Adoption nicht allein, um das Erlöschen des Geschlechtes und, was die Folge davon ist, die Vernachlässigung der Geister der Abgeschiedenen zu verhindern, sondern auch um die Stärke der Familien zu regulieren. Das heißt, ein Mann mit zu vielen Kindern gibt eines oder mehrere an einen Freund, der keine besitzt. Adoption ist auch der einfachste Weg, jemand Geld zu hinterlassen, denn es ist in Japan nicht üblich, Fremde zu seinem Erben einzusetzen. Früher war sie auch ein Mittel zum Gelderwerb, nicht für den Adoptaten, sondern für den Adoptanten. «Es war üblich», schreibt die vorhin erwähnte Autorität, «daß die Söhne der höfischen Edelleute mit dem Erreichen der Majorität ein Einkommen von der Regierung erhielten. Nun kam es häufig vor, daß ein Beamter, der einen Sohn von, sagen wir, nur zwei oder drei Jahren hatte, einen Jüngling von ungefähr fünfzehn (das Alter der Majorität) adoptierte, und dann um Gewährung von Land oder Reis für ihn einkam; nachdem er das erreicht hatte, machte er seinen eigenen Sohn zum *yōshi* (Adoptivsohn) des angenommenen Jünglings, so daß, wenn der erstere in die Jahre kam, der Beamte berechtigt war, um eine neue Belehnung mit Land einzukommen.» Damit kann das von Geschäftsleuten in unserer Zeit oft befolgte Manöver verglichen werden: Ein Kaufmann adoptiert seinen ersten Gehilfen, um in ihm ein persönliches Interesse für die Firma zu erwecken. Der Gehilfe adoptiert hierauf den Sohn seines Chefs, denn er weiß, daß er ihm Platz machen muß, sobald der Sohn das nötige Alter erreicht haben wird. Wenn der Gehilfe einen Sohn hat, so wird vielleicht dieser Sohn vom Sohn des Chefs adoptiert. Auf diese Weise entsteht eine Art wechselseitiger Herrschaft; der Familienname bleibt immer der gleiche.

Nach der letzten Revolution war eine Zeitlang die Adoption eine beliebte Methode, sich der Aushebung zu entziehen, da der einzige Sohn einer Familie vom Heeresdienst befreit war. Zärtliche Eltern, die bemüht waren, ein geliebtes Söhnchen freizumachen, veranlaßten einen kinderlosen Freund, ihn zu adoptieren. Nach einigen Jahren würde es sich ja wohl wieder einrichten lassen, daß der Sohn zu seiner Familie zurückkehren und seinen ursprünglichen Namen tragen dürfte.

Bis vor kurzem war die einzige Möglichkeit für einen Ausländer, das Bürgerrecht zu erhalten, die, einen Japaner, der eine Tochter besaß, dahin zu bringen, ihn zu adoptieren und dann die Tochter zu heiraten. Das könnte wie ein Scherz klingen, aber es ist wahr. Es ist eine nüchterne, gesetzliche Tatsache und als solche anerkannt von verschiedenen Autoritäten in Rechtsfragen, und in mehreren authentischen Fällen wurde danach gehandelt. In der Tat ist es noch heute die leichteste Methode, sich naturalisieren zu lassen.

Wir empfehlen dem Leser als eine ausgezeichnete Beschäftigung für einen Regentag den Versuch, der wahren Verwandtschaft (im europäischen Sinne des Wortes) einiger seiner Dienstboten oder Freunde nachzuspüren. Wenn uns nicht alles täuscht, so wird sich das als ein Rätsel von der allergrößten Schwierigkeit herausstellen.[4] (Siehe auch den Artikel über die «Ehe».)

AGRIKULTUR Bis vor kurzer Zeit besaßen die Japaner weder Industrie noch ausländischen Handel, noch besitzen sie heute Schaf- oder Ziegenherden, Gänse, Truthähne oder Schweine. Selbst Vieh ist verhältnismäßig spärlich und weder Fleisch noch Milch im allgemeinen Gebrauch. Fleisch wird immer noch als Luxus angesehen und Milch mehr als Medizin denn als Nahrungsmittel. Weidegründe und Höfe sucht man vergebens. Hier – weitaus mehr als im Westen – war Agrikultur im engeren Sinne alles gewesen, die Basis, auf der sich das ganze soziale Gebäude erhob. Deshalb kam der Bauer in der Feudalzeit gerechterweise dem Rang nach dem Samurai und Landedelmann am nächsten, noch vor dem Kaufmann und dem Handwerker. Selbst unter dem neuen Regime ist mehr als die Hälfte der Bevölkerung mit Landbau beschäftigt, und fast die Hälfte des nationalen Einkommens fließt aus dieser Quelle. Es gibt keine Großgrundbesitzer. In der Regel bebaut jeder Farmer oder Bauer sein eigenes Feld mit Hilfe seiner Söhne und oft seiner Frau und seiner Töchter; und das Land gehört ihm wirklich, denn die Lehre, daß alles dem Kaiser gehöre, ist natürlich nichts als eine bequeme gesetzliche Fiktion. Kein Wunder also, daß er sich Mühe gibt.

In diesem bergigen Land können kaum zwölf Prozent der gesamten Oberfläche nutzbar gemacht werden, und dazu ist der kultivierbare Teil von Natur aus nicht sehr fruchtbar. Er wird erst durch Umackern dazu gemacht, durch peinlich sorgfältiges Ausjäten des Unkrauts, durch verständnisvolles und fleißiges Düngen, durch Abstufung und durch eine ausgearbeitete Bewässerungsmethode. Das ganze Agrikultursystem kam von China herüber und hat sich seit den frühesten Zeiten nur wenig verändert. Die Landbevölkerung ist die konservativste Klasse des Volkes, und ihre Hilfsmittel sind noch heute auffallend primitiv: Zum Beispiel unterscheidet sich der allgemein verwendete Pflug kaum von dem ägyptischen aus der Zeit der Pharaonen. Die Haue wird viel benützt. Spaten von mannigfachen Formen, Eggen und Sicheln sind ebenfalls im Gebrauch, zusammen mit einer außerordentlich primitiven Art von Dreschflegeln und Stampftrögen; aber die japanische ländliche Wirtschaft weiß nichts von Wagen und Schubkarren.

Die Chinesen und Japaner kennen fünf hauptsächliche Feldfrüchte, mit denen sich der Landbau zu beschäftigen hat, nämlich Reis, Gerste, Weizen, Hirse und Bohnen. Aber der Reis steht über all den andern; in Wirklichkeit spielt er eine so große Rolle wie all die andern zusammengenommen. Die andern Früchte werden hauptsächlich als Winterarten gepflanzt, wenn die Reisfelder brachliegen müssen, oder auch auf kleinen Stückchen Land oder auf höher gelegenem Boden, den Bewässerung oder ein rauheres Klima ungeeignet für den Anbau des wichtigeren Produktes machen.

Die Bestellung der Reisfelder – *«paddy-fields»*, wie die Europäer sie oft nennen – ist außerordentlich mühselig, denn sie bedingt nicht allein ein fortgesetztes Umgraben, sondern auch das Errichten von Erddämmen mit Durchlässen und ein vollkommenes System von Terrassenbauten, über die man das Wasser eines benachbarten Flusses langsam von Feld zu Feld rieseln läßt; denn jeder erstklassige Reis verlangt unter Wasser zu stehen, nur eine minderwertige Sorte wird trocken gebaut. Man verwendet verschiedenen Dünger. Der gewöhnlichste ist Jauche, deren tägliche Zufuhr überall im Lande den einheimischen Nasen augenscheinlich keine Unannehmlichkeit bereitet. Die Saat wird gegen Ende April in schmalen Beeten ausgesät und geht innerhalb fünf oder sechs Tagen auf. Anfang Juni werden die jungen Schößlinge herausgenommen und in Reihen gepflanzt. Die sonst verlassenen Felder sind in dieser Zeit voll von Männern und Weibern, die bis an die Knie im Wasser und im Schmutz stehen. Dann kommt der heiße Sommer. Welcher Reisende würde sich nicht als das charakteristischste Bild der Sommerlandschaft jene saftig grünen Felder ins Gedächtnis zurückrufen, schachbrettähnlich voneinander getrennt in Vierecke, die ein sich allmählich öffnendes Tal füllen, eingeschlossen von steil ansteigenden Hügeln, als ob das Ganze von Menschenhand ausgegraben worden sei? Und das ist ja auch im Laufe der Jahrhunderte durch Abbauen geschehen.

Die Reispflanze blüht früh im September, reift im Oktober und wird dann an kurzen Pfosten aufgehängt. Das Dreschen geschieht mit den oben erwähnten primitiven Flegeln oder auch mit einer Art von großem Kamm oder Hechel. Viele Europäer glauben, daß im Jahr eine doppelte Reisernte erzielt werde. Dem ist nicht so. Eine einzige Ausnahme bildet die Provinz Tosa, wo sich der erwärmende Einfluß des *Kuroshio* («Schwarze Strömung»), des japanischen Golfstroms, mit besonderer Stärke geltend macht. An anderen Orten ist es unmöglich infolge der Länge und der Strenge des Winters.

Der japanische Reis erfreut sich seines glutinösen Charakters wegen einer großen Beliebtheit in den benachbarten Ländern. Die Art der Zubereitung macht ihn außerordentlich schmackhaft und nahrhaft, im Unterschied zu der indischen Art, bei der jedes Korn einzeln und trocken bleibt. Jedermann, dem es die Mittel erlauben, lebt von Reis; aber in der Regel kann sich das Landvolk seinen Genuß nicht leisten. Weizen, Gerste und eine besondere Hirse sind die wahren Nahrungsmittel auf dem Lande; Reis wird hier als Luxus betrachtet und kommt nur an Fest- und Feiertagen auf den Tisch, oder man nimmt bei Krankheiten zu ihm seine Zuflucht. Wir hörten einst, wie ein Mütterchen in einem Dorf zu einem andern mit einem bedenklichen Schütteln des Kopfes sagte: «Was! Willst du damit sagen, daß es soweit gekommen ist, daß man ihr Reis geben muß?» Der unausgesprochene Gedanke ist der, daß der Zustand des Patienten in der Tat beunruhigend sein müsse, wenn die Familie es für nötig erachtete, zu solch teurer Nahrung zu greifen.

Der Marktpreis des Reises wird per *hyō* (Ballen) berechnet; aber die Kleinhändler verkaufen ihn zu soundso viel *shō* und *gō* (zu *hyō, shō* und *gō* siehe Artikel über «Maße und Gewichte») per *yen* (japanische Münzeinheit). Mit anderen Worten, bei großen Verkäufen wird eine bestimmte Menge der Ware selbst festgehalten, die zu verschiedenen Preisen abgesetzt wird; bei kleinen wird eine Summe festgehalten, für die verschiedene Mengen der Ware abgegeben werden. Die erste Art der Berechnung ist nur unter den Geschäftsleuten üblich. Aber jeder Familienvater und jede Hausfrau nimmt ein lebhaftes, um nicht zu sagen besorgtes, Interesse daran, wie hoch der Reis steht, sagen wir, ob auf *6 shō 1 gō* per *yen*, oder ob er teurer wurde, *5 shō 9 go*. Vier oder fünf Sorten sind gewöhnlich im Handel, von denen die beste und die billigste ungefähr um 20 Prozent im Preis differieren. Japanischer Reis wird als Delikatesse nach dem benachbarten Asien exportiert, welches dafür minderwertigere Qualitäten sendet, die von den untern Klassen in Japan für billiges Geld gekauft werden. Daher die augenscheinliche Ungewöhnlichkeit, daß der Reis sowohl im japanischen Import als auch Export verzeichnet ist.

Im äußersten Süden bildet jetzt die süße Kartoffel, die erst im Jahre 1698 eingeführt wurde, das Hauptnahrungsmittel des gemeinen Volkes. Neben den Getreidearten werden Gemüse aller Art gebaut, aber sie werden hauptsächlich scharf eingemacht und in kleinen Mengen genossen.

Einige der bedeutendsten Industrien der Agrikultur wie Tee, Kampfer und Lack finden sich in besonderen Artikeln behandelt.[5]

AINOS Die Ainos, die sich selbst *Ainu* nennen, das heißt «Menschen», sind eine sehr merkwürdige Rasse, die jetzt nur noch die nördliche Insel Yezo (heute Ezo geschrieben, d. i. Hokkaido; d. Vlg.) bewohnt, früher aber über den ganzen japanischen Archipel ausgebreitet war. Die eigentlichen Japaner, die vom Südwesten kamen, drängten die Ainos nach und nach gegen den Osten und Norden zurück. Erst im achtzehnten Jahrhundert wurden sie vollkommen unterworfen. Bei ihrem Rückzuge ließen diese Urbewohner im Lande viele Ortsnamen zurück, die ihrer Sprache angehören. Zum Beispiel *Noto,* der Name des großen Vorgebirges, das in die Japanische See hineinragt (*nottu* heißt bei den Ainos «Vorgebirge»), *Tonegawa* oder der *Tone*-Fluß in der Nähe von Tokyo (*tanne* heißt «lang») und Hunderte von andern. Was die Rasse anbetrifft, so sind die Japaner nur ganz wenig, wenn überhaupt, von den Ainos beeinflußt worden, aus dem einfachen Grund, weil die Mischlinge, obgleich sie zahlreich sind, in der zweiten oder dritten Generation aussterben. Die Ainos sind die haarigste Rasse der Welt; ihre verschwenderisch dicken schwarzen Bärte und behaarten Glieder geben ihnen ein Äußeres, das merkwürdig mit der Glätte ihrer japanischen Herren und Meister kontrastiert. Sie sind stark gebaut und zeichnen sich durch eine Abplattung gewisser Arm- und Beinknochen aus *(humerus* und *tibia),* eine Erscheinung, die nur noch bei den Überresten mancher Höhlenbewohner in Europa beobachtet wurde.

Die Frauen tätowieren sich Schnurrbärte auf die Oberlippen und geometrische Muster auf die Hände. Beide Geschlechter sind von milder und freundlicher Charakteranlage, aber schrecklich dem Trunk ergeben. Sie sind schmutzig, denn Baden ist ihnen unbekannt.

Bis vor kurzem pflegten die Ainos von den Erträgen der Jagd und des Fischfangs zu leben; aber diese beiden Subsistenzquellen beginnen seit der Besetzung der Insel durch die Japaner zu versiegen. Infolgedessen haben sie viel von ihrer früheren Lebenskraft eingebüßt, und trotz der gutgemeinten Bemühungen einer väterlichen Regie-

EIN ALTER AINU

rung scheinen sie zum Aussterben verurteilt zu sein, obgleich sich zwar ihre Zahl während der letzten zwanzig Jahre auf 17000 erhielt.

Ihre Religion ist eine einfache Naturanbetung. Die Sonne, der Wind, das Meer, der Bär usw. wurden deifiziert unter dem Namen *Kamui,* «Gott», und geschnitzte Stöcke werden ihnen zu Ehren aufgerichtet. Der Bär wird, obschon angebetet, auch geopfert und verzehrt, unter Feierlichkeiten, die den originellsten und malerischsten Zug des Aino-Lebens bilden. Vor der Mahlzeit wird ein Gebet gesprochen. Mr. Batchelor gibt den folgenden naiven und rührenden Wortlaut an: «O Du Gottheit der Feldfrüchte, wir beten zu Dir. Du bist gut gewachsen in diesem Jahr und wirst süß schmecken. Du bist gut. Die Göttin des Feuers wird froh sein und wir werden uns sehr freuen. O Du Gott! O Du göttliche Feldfrucht! Du ernährst das Volk. Ich genieße Dich jetzt. Ich bete Dich an und danke Dir.» Diese armen Leute verehren auch eine Anzahl Zaubermittel und Fetische, wie Federn, Schlangenhäute, Bälge von Tieren und Vögeln usw., und ihre Gemüter sind erfüllt vom Glauben an verschiedene Arten von Zauber und Hexerei.

Einige der Aino-Erzählungen sind beachtenswert. Die meisten enthalten den Versuch, irgendeine Naturerscheinung zu deuten. Folgende mag als Beispiel dienen:

Warum die Hunde nicht sprechen können
Früher konnten die Hunde reden. Jetzt können sie es nicht mehr. Die Ursache ist die, daß ein Hund, der einem gewissen Manne gehörte, vor langer Zeit seinen Herrn in den Wald lockte unter dem Vorwand, ihm Wild zu zeigen, und ihn hier von einem Bären auffressen ließ. Darauf kehrte der Hund zur Witwe seines Herrn zurück und belog sie, indem er sagte: «Mein Herr wurde von

einem Bären getötet. Aber als er starb, befahl er mir, dir zu sagen, daß du mich an seiner Stelle heiraten sollst.» Die Witwe wußte, daß der Hung log. Aber er drang weiter in sie, ihn zu heiraten. Schließlich aber warf sie ihm in ihrem Schmerz und Zorn eine Handvoll Staub in das offene Maul. Das machte ihn unfähig, je wieder zu sprechen, und deshalb kann kein Hund mehr reden bis zum heutigen Tag.

Die Aino-Sprache ist einfach und wohllautend. Ihre Struktur erinnert in hohem Maße an die der japanischen; aber es gibt einige fundamentale Unterschiede, so zum Beispiel das Vorhandensein wirklicher persönlicher Fürwörter und die Bildung der passiven Form durch eine Vorsilbe. Der Wortschatz ist ebenfalls ganz verschieden. Die Art zu zählen ist außerordentlich kompliziert. So muß jemand, der sagen will, er sei neununddreißig Jahre alt, sich folgendermaßen ausdrücken: «Ich bin neun, plus zehn abgezogen von zweimal zwanzig.» In Mr. Batchelors Übersetzung von Matthäus 12, 40 ist die Stelle «vierzig Tage und vierzig Nächte» also übertragen: *tokap rere ko tu hotne rere ko, kunne rere ko tu hotne rere ko,* das heißt «Tag drei Tage zweimal zwanzig drei Tage, schwarze drei Tage zweimal zwanzig drei Tage». Kein Wunder, daß die japanische Methode zu zählen vielfach dieses nahezu undurchführbare System verdrängt hat. Tatsächlich scheint die junge Generation überhaupt die Muttersprache zugunsten des Japanischen aufzugeben. Bisher haben die Ainos nichts von einer Schrift gewußt. Erzählungen wie oben angeführte und kunstlose Gesänge, durch das Gedächtnis von Generation zu Generation vererbt, bilden ihre einzige Literatur.[6]

AKUPUNKTUR Akupunktur, eines der drei berühmten Geheimmittel der Heilkünstler im Fernen Osten (die beiden anderen sind Massage und Moxa; siehe Artikel unter diesem Stichwort), wurde in grauer Vorzeit von China nach Japan eingeführt. Dr. W. N. Whitney gibt davon in seinen *«Notes on the history of Medical Progress in Japan»*, veröffentlicht in Band XII, Teil IV der *«Asiatic Transactions»*, S. 354 folgende Darstellung:

«So wie die Operation von den japanischen Akupunkturisten ausgeführt wird, besteht sie in einer Durchstechung der Haut und der darunterliegenden Gewebe mit feinen Nadeln aus Gold, Silber oder Stahl bis zu einer Tiefe, die in der Regel einhalb bis dreiviertel Zoll nicht überschreitet. Gestalt und Konstruktion dieser Nadeln sind verschieden, aber im allgemeinen sind sie mehrere Zoll lang und haben einen durchschnittlichen Durchmesser von einem achtundvierzigstel Zoll. Jede Nadel ist gewöhnlich in einem Griffe befestigt, der von einem Ende zum andern spiralförmig eingekerbt ist.

Bei der Ausführung der Operation wird die Nadel leicht zwischen dem Daumen und dem Zeigefinger der linken Hand gehalten, die Spitze ruht auf der zu perforierenden Stelle; hierauf wird ein leiser Schlag mit einem von der rechten Hand gehaltenen kleinen Schlägel oben auf das Instrument gegeben und die Nadel vorsichtig gedreht, bis die Spitze in die gewünschte Tiefe eingedrungen ist, wo sie für einige Sekunden gelassen wird; dann wird sie langsam zurückgezogen und die Haut in der Umgebung der durchstochenen Stelle eine Weile gerieben. Die Zahl der Perforationen bewegt sich zwischen eins und zwanzig, und gewöhnlich werden sie in der Haut des Unterleibes vorgenommen, obgleich nicht selten auch andere Teile des Körpers akupunktiert werden.»

ARCHÄOLOGIE Die Überreste des japanischen Altertums zerfallen ganz von selbst in zwei Klassen, die in den meisten Fällen leicht voneinander zu unterscheiden sind. Die erste enthält die Objekte, welche in Verbindung mit jener früheren Rasse zu bringen sind, von der jetzt nur noch ein kleiner Rest in den Ainos auf Ezo weiterlebt, die aber einst wahrscheinlich alle japanischen Inseln bewohnte. Die zweite schließt die Überbleibsel der Einwanderer in sich, die vom benachbarten Kontinent Asien kamen und deren Abkömmlinge den Stamm der gegenwärtigen japanischen Nation bilden.

Zu der ersten Klasse gehören verschiedene Gegenstände, die uns auch in Europa nicht unbekannt sind, wie Steinwerkzeuge und Waffen. Einzelne davon sind spezifisch japanisch, obgleich im ganzen die Ähnlichkeit mit den in westlichen Ländern gefundenen überraschend ist. Feuersteinwaffen sind vielleicht der gewöhnlichste Typus, und es ist sonderbar festzustellen, daß in Japan wie auf den britischen Inseln die Einbildungskraft des Volkes ihnen den Namen «Donnerkeile» gegeben hat. Steinerne Keulen, glatt oder verziert mit Schnitzereien, sind in beträchtlicher Anzahl gefunden worden. Eine von diesen, die der verewigte Baron Kanda beschrieb, mißt fünf Fuß in der Länge, hat einen Durchmesser von nahezu fünf Zoll und muß, von entsprechenden Händen geschwungen, eine furchtbare Waffe gewesen sein. Es finden sich auch steinerne Schwerter, Knüttel, Dolche und eine Menge verschiedenartiger Gegenstände, deren Zweck zum Teil unbekannt ist. Das Material von allen ist geglätteter Stein. Kieselsplitter finden sich ebenfalls, aber sie kommen hauptsächlich in der Form von Speil- und Speerspitzen vor, für die eine besondere Bearbeitung nicht notwendig war.

Eine interessante Entdeckung wurde im Jahre 1878

von Professor Morse in der Nähe der Ōmori-Station der Tokyo-Yokohama-Bahn gemacht. Er fand, daß die hier einschneidende Bahnlinie durch Grabhügel hindurchging, die dem Charakter nach jenen *«Kjökkenmöddinger»* (Abfallhaufen) von Dänemark ähnlich waren, die in Europa so großes Aufsehen erregt haben. Sie enthielten Muscheln in großen Mengen, Knochensplitter, Geräte aus Stein und Horn und Tongeschirre einer besonderen Art, die sich von der alten japanischen Töpferware dadurch unterscheiden, daß sie mit der Hand anstatt der Drehscheibe hergestellt sind, ferner durch ihre Form und Verzierung. Menschliche Knochen wurden ebenfalls gefunden, und Professor Morse ist der Ansicht, daß die Art ihrer Zerstückelung auf Kannibalismus hinweise.

Wir wissen aus der Geschichte, daß die alten Japaner bis zu einem gewissen Grade Höhlenbewohner waren; aber bis jetzt sind keine Überreste solcher Wohnungen bekannt geworden. Auf Yezo indessen und auf benachbarten Inseln kann man noch eine große Anzahl von Höhlen, die als menschliche Wohnungen dienten, sehen. Rechteckig in der Form, messen sie etwa zwanzig bis fünfzehn Fuß bei einer Tiefe von drei oder vier Fuß. Pfosten waren in sie eingelassen, die ein Strohdach trugen. Wahrscheinlich wurden sie hauptsächlich als Winterwohnungen gebraucht. Professor Milne ist der Ansicht, daß sie ihren Ursprung einer Rasse verdanken, die Yezo und die nördlichen Gebiete von Japan vor den Ainos bewohnte und durch deren Vordringen nordwärts getrieben wurde. Er hält die jetzigen Bewohner der Kurilen für ihre heutigen Vertreter. Beide, sie sowohl als auch die Vorfahren der Ainos, müssen auf einer niedrigen Kulturstufe gestanden haben. Sie besaßen weder eiserne noch kupferne oder bronzene Gerätschaften, und Ackerbau war ihnen wahrscheinlich unbekannt.

Die geschichtlichen Anfänge der vom Festland kommenden Rasse, die Japan bevölkerte, sind in Dunkel gehüllt. Woher und wann sie kam und welchen Charakter ihre Zivilisation zur Zeit ihrer Einwanderung trug, das sind Fragen, auf die nur sehr unbestimmte Antworten gegeben werden können. Die frühesten Nachrichten in der chinesischen Literatur datieren aus dem ersten und zweiten Jahrhundert der christlichen Zeitrechnung. Es scheint, daß die Japaner damals eine weitaus fortgeschrittenere Rasse waren, als die Ainos es jemals wurden. Sie waren Ackerbauern, nicht nur Jäger und Fischer, und waren vertraut mit der Kunst des Webens, Brauens und des Baus von Dschunken. Sie hatten einen Herrscher, der in einem befestigten Palast von einigen architektonischen Prätensionen lebte, und ihre Gesetze und Gebräuche werden als bestimmt festgelegt beschrieben. Die frühesten Nachrichten sprechen davon, daß sie Pfeilspitzen aus Knochen hatten, aber zwei Jahrhunderte später werden Eisenspitzen erwähnt. Es ist ungewiß, ob die Japaner die Kunst der Bearbeitung des Eisens und anderer Metalle aus ihrer Heimat auf dem Kontinent mit herüberbrachten. Es wäre auch möglich, daß alle die metallurgischen Kenntnisse, die wir in einer späteren Periode bei ihnen vorfinden, in Wirklichkeit von China hereindrangen, und in diesem Falle müßte es einen Zeitraum gegeben haben, wo sie Steingeräte gebrauchten; aber dafür fehlt uns jeder sichere Anhalt. Es besteht wenig oder keine Wahrscheinlichkeit für eine Bronzeperiode in Japan.

Man kann annehmen, daß die archäologischen Reste des alten Japan einige Jahrhunderte vor der christlichen Ära entstanden. Die bemerkenswertesten sind Grabmonumente von Herrschern und Großen, von denen überall noch eine große Anzahl existiert, ausgenommen die nördlicheren Teile der Halbinsel. Sie sind am zahlreichsten in den Gokinai, d. h. den fünf Provinzen in der Nähe der alten Hauptstädte Nara und Kyōto. Besonders die Ebene von Kawachi ist ein einziger weiter Friedhof, übersät mit ungeheuren Tumuli.

Diese Grabhügel sind verschieden in Form und Charakter. Die größten sind die *misasagi,* das japanische Wort für die Gräber der Kaiser, Kaiserinnen und Prinzen aus kaiserlichem Geblüt. In den ältesten Zeiten, sagen die japanischen Altertumsforscher, waren die Gräber der Mikados einfache Steinhügel. In einer unbekannten Periode indessen – vielleicht einige Jahrhunderte vor der christlichen Zeitrechnung – wurde eine ganz besondere Form von Grabhügeln für diesen Zweck gebraucht und erhielt sich mehrere Jahrhunderte lang ohne besondere Veränderungen. Diese Art besteht aus zwei Hügeln – der eine von kugelförmiger, der andere von dreieckiger Gestalt – die miteinander verbunden sind; das Ganze ist von einem Graben umgeben, zuweilen von zwei konzentrischen Gräben mit einem schmalen Streifen Boden dazwischen. Zur Bestattung diente der konische Teil, der andere Teil diente wahrscheinlich als eine Plattform, auf der die Riten zur Ehre des Entschlafenen abgehalten wurden. Von der Seite gesehen erscheint das Grabmal wie ein Sattelhügel, der kegelförmige Teil ist ein wenig höher als der andere. Zuweilen finden sich zwei kleinere Grabhügel auf der Basis der großen, die Winkel ausfüllend, wo diese zusammentreffen. Die Abschrägung des Tumulus ist nicht regelmäßig, sondern durch Terrassen unterbrochen, auf welchen in Abständen von einigen Zoll Reihen sonderbarer Zylinder angebracht sind, die, roh mit einer Schablone geformt und aus gebranntem Lehm angefertigt, einen bis zwei Fuß in der Höhe und sechs bis vierzehn Zoll im Durchschnitt messen. Sie sind in die Erde eingelassen, so daß sich ihre oberen Ränder genau in der Höhe der Erdoberfläche befinden. Die Anzahl dieser Zylinder ist ungeheuer, sie geht bei einigen der größeren *misasagi* bis zu vielen Tausenden. Ihr Zweck kann bis heute kaum sicher gedeutet werden. Ein Grund war ohne Zweifel der, das Fortwaschen der Erde des Grabhügels durch den Regen zu verhindern; aber die japanische Überlieferung, welche sie mit einer alten Sitte, eine Anzahl der Diener des verblichenen Monarchen lebend in einem Kreis rund um seine Gruft zu begraben, in Zusammenhang bringt, beruht wahrscheinlich auf Tatsachen.

Es wird berichtet, daß im achtundzwanzigsten Jahr des Kaisers Suinin (im Jahre 2 v. Chr. nach der populären Chronologie) sein Bruder starb. Seine ganze Gefolgschaft wurde lebendig in stehender Position rund um den Tumulus beerdigt. Es währte viele Tage, bis sie starben, und sie klagten und schrien. Der Mikado, der ihr Jammern hörte, wurde traurig und betrübt in seinem Herzen und befahl all seinen Ratgebern, einen Plan zu ersinnen, durch den diese Sitte, obgleich alt, in Zukunft umgangen werden könnte. Demgemäß wurden, als der Mikado selbst im Jahre 3 n. Chr. starb, Modelleure aus der Provinz Izumo gerufen, und sie formten Bildnisse von Menschen, Pferden und verschiedenen anderen Dingen, die an Stelle lebender Wesen rings um das Grabmal aufgestellt wurden. Dieses Beispiel wurde in späteren Zeiten nachgeahmt, und einige von solchen Figuren existieren noch. Das Ueno-Museum in Tokyo enthält verschiedene Beispiele, und eines, die Figur eines Mannes, sicherte sich die Gowland-Kollektion, die sich jetzt im Britischen Museum befindet. Die oben beschriebenen Zylinder sind jenen Bildnissen in Material und Ausführung ähnlich, und es ist wahrscheinlich, daß sie als Sockel für sie dienten, wenngleich in Anbetracht der ungeheuren Anzahl dies kaum ihre einzige Verwendung gewesen sein könnte.

Die *misasagi* sind in der Größe verschieden. Eines in Kōzuke, das Sir Ernest Satow maß, war 36 Fuß hoch, 372 Fuß lang und 284 Fuß breit. Aber das ist ein verhältnismäßig kleines. Das des Kaisers Ōjin nahe Nara mißt 2312 Yard rund um den äußeren Graben und ist einige 60 Fuß hoch. Das Grab des Kaisers Nintoku nahe Sakai ist noch größer, und es gibt einen Tumulus in Kawachi, bekannt unter dem Namen Ōtsuka oder «Großes Grab», auf dessen Seite ein ansehnliches Dorf gebaut wurde.

Die *misasagi* sind gegenwärtig fast alle mit Bäumen bedeckt und bilden Lieblingsschlupfwinkel des *«paddybird»* oder weißen Kernbeißers und anderer Vögel. In den letzten Jahren hat die Regierung diesen Reliquien ihre Sorgfalt zugewendet, wenigstens jenen, die als kaiserliche Gräber erkannt wurden. Man hat sie eingezäunt und mit Ehrenpforten versehen. Gesandtschaften werden einmal oder zweimal im Jahre entsandt, um bei ihnen zu beten. In früheren Zeiten indessen wurden sie sehr vernachlässigt, und man hat allen Grund zu befürchten, daß nur wenige der Entweihung entgangen sind. Durch das *misasagi* des Kaisers Yūryaku wurde eine Straße gelegt, und auf anderen Doppelhügeln sind blühende Kohlpflanzungen gesehen worden.

In einigen, vielleicht den meisten Fällen enthält das *misasagi* ein großes, aus unbehauenen Steinblöcken ohne Mörtel gebautes Gewölbe. Die Wände des Gewölbes nähern sich einander allmählich gegen die Decke zu, die von ungeheuren Steinplatten, von denen jede viele Tonnen wiegt, gebildet wird. Den Eingang bildete ein langer, niedriger Gang, gedeckt mit ähnlichen Platten und so gebaut, daß seine rechte Mauer in einer Linie mit der rechten Wand des Gewölbes verlief. In der späteren Periode des Gräberbaues wies der Eingang zu diesem Gang stets nach Süden – ein Umstand, der seinen Ursprung in der chinesischen Anschauung hat, daß der Norden die verehrungswürdigste Himmelsgegend sei, also der Tote jene Lage mit Rücksicht auf die Betenden einnehmen müsse. Sarkophage aus Stein und Tongeschirre sind in einigen der *misasagi* gefunden worden.

Edelleute und hohe Würdenträger wurden in einfachen kegelförmigen Gräbern, zehn oder fünfzehn Fuß hoch, bestattet, die ein ähnliches Gewölbe wie die oben geschilderten enthielten, aber von kleineren Dimensionen.

Diese Gräber finden sich zuweilen einzeln, aber für gewöhnlich liegen sie in Gruppen von zehn bis zu vierzig oder fünfzig beisammen. Der Abhang eines Hügels, gerade wo er in die Ebene übergeht, ist ihr bevorzugter Platz. Wenn die Erde von diesen Grabhügeln fortgewaschen ist, so daß die massiven Steinblöcke, die das Dach bilden, aus der Oberfläche hervorragen, haben sie eine überraschende Ähnlichkeit mit den europäischen Dolmen und ganz besonders mit jenen megalithischen Monumenten, die in Frankreich *allées couvertes* genannt werden. Die Landbevölkerung nennt sie *iwaya* oder «Felsenhäuser» und bildet sich ein, daß sie die Wohnungen ihrer ältesten Vorfahren waren oder daß man sie als Zufluchtsstätten vor den heftigen Regenfluten, die in alten Zeiten niedergingen, gebrauchte. Die Japaner bekümmern sich nur wenig um sie, und in zu vielen Fällen wurden sie als Brüche für das Baumaterial, das sie enthalten, benützt. Fast alle sind früher oder später ausgeplündert worden.

Während des 8. Jahrhunderts der christlichen Zeitrechnung kam diese Art von Bestattungen unter dem Einfluß buddhistischer Ideen nach und nach außer Gebrauch. In den Augen des Buddhisten waren große kostbare Bauwerke nicht nur eine Last für das Volk, sondern auch verwerflich, weil sie falsche Begriffe von dem wirklichen Wert der sterblichen menschlichen Hülle nährten. Viele der Mikados waren aufrichtige Anhänger des Buddhismus. Beginnend mit Genmyō Tennō im Jahre 715, entsagte eine lange Reihe von ihnen dem Thron, um den Rest ihres Lebens in frommer Zurückgezogenheit zu verbringen. In mehreren Fällen wurden auf ihren ausdrücklichen Wunsch hin keine *misasagi* über ihren Gebeinen errichtet, und einige ordneten sogar an, daß ihr Körper verbrannt und die Asche in die Winde gestreut werden sollte.

Es ist auffallend, daß sich bei den Grabmälern dieser Periode keine Inschriften finden, obgleich die Japaner doch mit der chinesischen Schrift schon Anfang des 5. Jahrhunderts, wenn nicht früher, vertraut waren. Diese Gräber haben indessen eine große Menge antiquarisch interessanter Gegenstände geliefert. Unter ihnen stehen vielleicht Tonwaren an erster Stelle. Die Tonzylinder, die Figuren von Menschen und Pferden und die irdenen Sarkophage wurden schon erwähnt; aber neben diesen wurden auch zahlreiche Vasen, Töpfe, Schalen und andere Utensilien gefunden. Gewöhnlich sind sie mit der Scheibe gedreht, aber ohne jede Spur von Glasur oder Bemalung und durchweg von ziemlich roher Ausführung. Die Verzierungen sind einfach; sie bestehen in Wellenlinien rund um das Gefäß, ähnlich wie man sie heute bei ägyptischen Wasserkrügen sehen kann, in kreisförmigen Rinnen oder in parallelen Linien, alle mit einem Holzkamm oder einem zugespitzten Stab in den feuchten Ton eingegraben. Viele zeigen Mattenabdrücke, und das Innere größerer Gegenstände ist gewöhnlich mit einem Muster geschmückt, das als das «Koreanische Rad» bekannt ist.

Dies besteht aus einer Scheibe, die eine Anzahl konzentrische, einander überschneidende Kreise enthält. Sie wurden mit einem hölzernen Stempel von einem bis zwei Zoll Durchmesser hergestellt, und ihr Zweck war vielleicht der, den Ton widerstandsfähiger beim Brennen zu machen. Ein Stempel dieser Art wird noch heute in Korea benutzt. Fragmente von Tongeschirren mit diesem Muster finden sich fast immer in der Nachbarschaft eines japanischen Grabmals.

Es gibt Vasen von reicherem Charakter, mit Gruppen von rohen Figuren rund um den oberen Teil und Fußgestellen, die mit sonderbaren dreieckigen Öffnungen durchlocht sind. Das waren vermutlich Opfergefäße. Die japanischen Töpferwaren dieser Periode sind in Form, Mustern und Material den älteren koreanischen gleich, und es besteht kein Zweifel, daß die japanische Keramik ihren Ursprung in Korea hat. Charakteristische Beispiele können in der Gowlandschen Sammlung im Britischen Museum gesehen werden; das Ueno-Museum in Tokyo ist reich an ausgezeichneten Spezimen. Andere antiquarische Gegenstände aus dieser Zeit sind eiserne Schwerter (gerade und einschneidig), eiserne Speerspitzen, Teile von Rüstungen, oft mit Gold und Silber verziert, Spiegel aus einem gemischten Metall, Pferdegeschirre sowie Steigbügel, Kandaren usw., Schmuckstücke, unter denen sich dicke Ringe aus Gold, Silber oder Bronze befinden, dazu Glasperlen usw. Alle diese Stücke sind sehr gut gearbeitet, und es ist anzunehmen, daß einzelne von ihnen chinesischen Ursprungs sind.

Die *magatama,* kommaförmige Ornamente aus Stein, gehören wahrscheinlich einer sehr frühen Periode der japanischen Geschichte an. Ohne Zweifel bildeten sie Teile der Halsbänder aus glatten Stein- und Tonperlen, die, wie wir wissen, von japanischen Fürsten und Edlen in alten Zeiten getragen wurden.[7]

Architektur Der japanische Genius erreicht Vollkommenheit in kleinen Dingen. Kein anderes Volk verstand es je annähernd so gut, aus einer Schale, einem Servierbrettchen, selbst einem Topf ein Ding der Schönheit zu schaffen, einen kleinen Elfenbeinknopf in einen Mikrokosmos von groteskem Humor umzuwandeln, einen flüchtigen Gedanken mit einem halben Dutzend von Pinselstrichen festzuhalten. Das Massige, das Ausgedehnte, das Große entspricht weniger seinem Wesen. Daher sind die Japaner auch in der Architektur weniger erfolgreich als in anderen Künsten. Das Bild einer japanischen Stadt, von einer Anhöhe aus gesehen, ist einförmig. Kein Turm, keine Kuppel, kein Minarett, nichts himmelwärts Strebendes, ausgenommen in seltenen Fällen eine angestrichene Pagode, halb versteckt zwischen Bäumen, die sie kaum überragt – nichts als lange, niedrige Linien von Stroh- und Ziegeldächern, selbst die Dächer der buddhistischen Tempel erheben sich nur mäßig über das Ganze, und auch ihre Kurven sind nur sonderbar und graziös, in keiner Weise imposant. Professor Morse wurde von einem richtigen Instinkt geleitet, als er seiner reizenden Monographie der japanischen Architektur den Titel *«Japanese Homes»* gab, denn das Hauptgewicht liegt bei japanischen Gebäuden weniger in den Gebäuden selbst als vielmehr in den hübschen Einrichtungen der Bürgerhäuser, in den entzückenden Kleinigkeiten von Verzierungen, die einem bei jedem Schritte begegnen – feingearbeitete Metallbeschläge, geschnitzte Friese *(ramma)*, Schiebetüren und Wandschirme, sonderbare ornamentale Ziegel, zierliche Gärtchen mit Zwergbäumchen. Was von den Wohnhäusern gilt, gilt auch von den Tempeln. Nikkō und Shiba sind herrlich, nicht als Werke der Architektur (in dem Sinne, wie wir Europäer, die Erben des Parthenons, des Dogenpalastes und der Kathedrale von Salisbury, das Wort Architektur auffassen), sondern dank der kunstvollen geometrischen Figuren, der prächtigen Blumen und Vögel und Fabeltiere, mit denen Holzschnitzer und Maler sie so verschwenderisch geschmückt haben.

Das gewöhnliche japanische Haus ist ein leichter Rahmenwerkbau, dessen verhältnismäßig sehr schweres Stroh-, Schindel- oder Ziegeldach sich auf Steine stützt, die auf der Oberfläche des Bodens ruhen und oben leicht ausgehöhlt sind. Es gibt kein Fundament in dem Sinne, in dem unsere Architekten das Wort gebrauchen. Das Haus steht auf dem Boden, nicht teilweise in ihm. Eine zweite Eigentümlichkeit: Es gibt keine Wände, wenigstens keine fortlaufenden. Die Seitenwände des Hauses, die in der Nacht durch hölzerne Schiebetüren, *amado* genannt, gebildet werden, werden am Tage in Kästen verstaut. Im Sommer ist also das ganze Haus vollkommen geöffnet. Im Winter ersetzen transparente Papierschiebewände, *shōji* genannt, während des Tages die hölzernen. Die Räume sind voneinander durch undurchsichtige Papierschiebetüren, genannt *fusuma* oder *karakami,* getrennt, die oben und unten in Falzen laufen. Durch das Herausnehmen dieser Schiebetüren können mehrere Räume in einen verwandelt werden. Der Boden der Wohnräume ist mit dicken Matten bedeckt, die aus Binsen hergestellt und so vollkommen zusammengefügt sind, daß keine Spalten entstehen. Diese Matten haben immer dieselbe Größe – sechs Fuß zu drei –, und gewöhnlich gibt man die Fläche eines Raumes durch die Anzahl seiner Matten an. So spricht man von einem

Sechs-Matten-Zimmer, einem Zehn-Matten-Zimmer usw. In den Wohnungen der mittleren Klasse findet man am häufigsten Räume von acht, sechs und viereinhalb Matten. Die Küche und die Gänge sind nicht mit Matten bedeckt, sondern haben Holzböden, welche glänzend glatt gehalten werden. Aber es gibt ja wenig Gänge in japanischen Häusern, denn jeder Raum führt in der Regel nach beiden Seiten direkt in andere Zimmer.

Hat ein Haus ein zweites Stockwerk, so bedeckt dieses im allgemeinen nur einen Teil des Erdgeschosses. Die Stufen, die zu ihm emporführen, erinnern mehr an eine Leiter als an eine Treppe. Die besten Gemächer des japanischen Hauses liegen fast regelmäßig auf der Rückseite, wo sich auch der Garten befindet; und sie gehen nach Süden, um vor den nördlichen Winden im Winter geschützt zu sein und den Vorteil der sommerlichen Brisen zu genießen, die dann stets aus dem Süden wehen. Sie enthalten gewöhnlich eine Nische oder einen Alkoven, der geschmückt ist mit einer bemalten oder beschriebenen Rolle *(kakemono)* und einer Vase mit Blumen. Möbelstücke fallen durch ihre Abwesenheit auf. Es gibt weder Tische noch Stühle, noch Waschtische, noch Klaviere – keines der tausenderlei Dinge, ohne die wir nicht leben können. Die erforderlichen Bettstellen sind durch Polster ersetzt, die des Abends hereingebracht und hingelegt werden, wo es gerade am bequemsten ist. Eine Mahagonitafel ist unnötig in einer Familie, wo jedem Mitglied einzeln auf einem kleinen Lackbrettchen serviert wird. Die Kredenzen sind gewöhnlich in Wandnischen hinter Papiertürchen untergebracht, also nicht separate und bewegliche Teile. Was die Familie etwa an Schätzen besitzt, wird meistens in einem benachbarten Gebäude aufbewahrt, das der lokale englische Dialekt *godown* nennt, ein feuersicheres Lagerhaus mit Erd- oder Lehmmauern[8].

Diese Einzelheiten werden wahrscheinlich den Eindruck einer großen Unbequemlichkeit erwecken; und in der Tat, die japanischen Häuser sind außerordentlich unbequem für neunundneunzig von hundert Europäern. Nichts, um darauf zu sitzen, nichts als ein Kohlenbecken, um sich zu erwärmen, und doch reichliche Feuergefahr, keine Solidität, kein Alleinsein, zweimal am Tage das betäubende Geklapper des Öffnens und Schließens der äußeren Holzschiebetüren, Zugluft, die sich überall hereinstiehlt durch unzählige Risse und Spalten, Dunkelheit, sooft heftiger Regen es nötig macht, eine oder mehrere Seiten des Hauses abzuschließen – dieser und anderer Greuel müssen die japanischen Häuser geziehen werden. Auf der anderen Seite dürfen aber hauptsächlich zwei Dinge nicht verschwiegen werden. Erstens, diese Häuser sind billig – ein wesentlicher Faktor in einem armen Lande. Zweitens, die Leute, die sie bewohnen, teilen nicht unsere europäischen Anschauungen von Bequemlichkeit und Unbequemlichkeit. Sie vermissen nicht Kamine oder Öfen, da sie niemals die Bekanntschaft solch raffinierter Heizanlagen gemacht haben. Sie kümmern sich nicht um Zugluft, denn sie sind daran seit ihrer Kindheit gewöhnt. In der Tat pflegte ein ältlicher Diplomat, der während seines Aufenthalts in einem japanischen Gasthof fast die ganze Zeit mit dem vergeblichen Bemühen verbrachte, die Türe geschlossen und die Spalten verstopft zu halten, sich uns gegenüber zu äußern: «Gewiß lieben die Japaner die Zugluft!» Im übrigen aber erklären die Ärzte, die die japanischen Wohnhäuser vom Standpunkt der Hygiene aus untersucht haben, sie als äußerst gesund.

Aber verlassen wir diesen Teil des Gegenstandes, der Sache des Geschmacks ist und wobei nichts bewiesen werden kann, und versuchen wir, uns über den Ursprung der japanischen Architektur aufzuklären – eine Sache der Forschung. Dieser Ursprung ist ein zweifacher. Der japanische buddhistische Tempel kommt von Indien, er ist eine Modifikation des indischen Originals. Die andern japanischen Stile haben sich im Lande selbst entfaltet. Shintotempel, kaiserliche Paläste und Bürgerhäuser sind alle Entwicklungen aus der einfachen prähistorischen Hütte. Wer sich für archäologische Forschung interessiert, hört vielleicht gern, was Sir Ernest Satow über den wenig bekannten Gegenstand frühester japanischer Architektur zu sagen hat. Er schreibt folgendermaßen[9]:

«Japanische Altertumsforscher berichten uns, daß in alten Zeiten, bevor noch das Zimmermannswerkzeug erfunden war, die Wohnstätten des Volkes, welches auf diesen Inseln lebte, aus jungen ungeschälten Bäumen errichtet waren, die mit Seilen aus der Binse *suge (Scirpus maritimus)* oder auch mit den zähen Ranken der Wisteria *(fuji)* zusammengebunden und mit einem Gras, das *kaya* heißt, gedeckt wurden. Bei den heutigen Gebäuden stehen die Pfosten eines Hauses auf breiten Steinen, die auf der Oberfläche der Erde ruhen. Diese Vorsichtsmaßregel gegen Fäulnis findet sich bei den Alten nicht; sie setzten die Pfosten in Löcher im Boden ein.

Der Grundriß der Hütte war rechteckig. Ein Pfosten stand in jeder Ecke und in der Mitte jeder der vier Seiten; jene der beiden Giebelseiten waren lang genug, um den Firstbalken tragen zu können. Weitere Stämme wurden horizontal von Ecke zu Ecke befestigt, einer nahe am Grunde, einer nahe am Ende der Pfosten und einer oben am Pfosten selbst. Der letztere bildete, was wir Kranzgesims nennen. Zwei starke Sparren, deren Enden sich oben kreuzten, wurden von diesem Kranzgesims aus an den höheren Giebelpfosten befestigt. Der Firstbalken ruhte in der Gabel, die diese sich kreuzenden Sparren bildeten. Hierauf wurden horizontale Stangen auf beiden Seiten des Daches befestigt, ein Paar nahe am äußeren Winkel der Gabel. Die Sparren waren dünne Stangen oder Bambusrohre, die um den Firstbalken herumgebogen und mit beiden Enden am Kranzgesims befestigt wurden. Darauf folgte das Decken des Daches mittels Stroh. Zum Festhalten der Strohschichten wurden zwei Stämme am First entlang gelegt, die in den Gabeln ruhten, und quer zu diesen Bäumen wurden in gleichen Zwischenräumen kurze Pflöcke angebracht, die, mit Seilen an den äußeren Winkeln der Gabeln befestigten Längssparren festgeschnürt, durch das Strohdach hindurchgingen und den First des Daches fest zusammenhielten.

Die Wände und Türen wurden aus derben Matten hergestellt. Es ist klar, daß zum Zurichten der Stämme gewisse Werkzeuge verwandt worden sein müssen, und man benützte zu diesem Zwecke wahrscheinlich geschärfte Steine. Solche Steinwerkzeuge sind in verschiedenen Teilen Japans zusammen mit steinernen Pfeilspitzen und Keulen in der Erde gefunden worden. Beispiele dieses alten Baustils können sogar noch heute in entlegenen Teilen des Landes gesehen werden, vielleicht weniger als Wohnstätten der Landbevölkerung als vielmehr in der Gestalt provisorischer Hütten.

Die Bauart der Shintotempel entwickelte sich aus den ältesten Hütten mit mehr oder weniger Abänderungen, in jedem Fall entsprechend dem buddhistischen Einfluß. Jene des reinsten Stils behalten das Strohdach bei, andere sind mit dicken Schindeln, *hiwadabuki* genannt, gedeckt, während wieder andere Ziegel-, ja sogar Kupferdächer tragen. Die vorragenden Endungen der Sparren, *chigi* genannt, sind etwas verlängert worden und mehr oder

DER GROSSE SHINTŌ-TEMPEL IN IZUMO

weniger kunstvoll geschnitzt. Bei dem neuen Tempel von Kudanzaka[10] in Yedo[11] erscheinen sie in ihrer ursprünglichen Gestalt, aus dem Inneren des Schindeldaches hervordringend; aber meistens bestehen sie einfach aus zwei Holzstücken in der Form des Buchstabens X, welche auf dem Dachfirst sitzen wie ein Packsattel auf einem Pferderücken, um den Vergleich eines japanischen Schriftstellers zu gebrauchen. Die Pflöcke, welche die beiden am First angebrachten Stämme in ihrer Lage festhielten, haben die Form von kurzen, zylindrischen, gegen die Enden sich verjüngenden Hölzern angenommen, die die Ausländer mit Zigarren verglichen haben. Im Japanischen nennt man sie *katsuogi,* wegen ihrer Ähnlichkeit mit Stücken von getrocknetem Bonito, die unter dem Namen *katsuobushi* verkauft werden. Die beiden Bäume, die das Dach entlang über das Stroh gelegt wurden, werden durch einen einzigen Stamm repräsentiert, der *munaosae* heißt oder ‹Dachpresser›. An die Stelle der Matten, mit denen früher die Seiten des Gebäudes verschlossen wurden, sind Holzwände getreten, und der Eingang wird von einem Paar Schiebetüren gebildet, die sich nicht in Angeln drehen, sondern in Vorrichtungen, die man, wie ich glaube, technisch Zapfenlager nennt. Die älteste Hütte hatte keinen Fußboden; aber bei den Tempeln findet sich ein Holzboden, der einige Fuß über dem Grund liegt, welche Anordnung eine Art von Galerie ringsherum und eine Treppe zum Eingang hinauf nötig macht. Eine Menge von ornamentalen Metallarbeiten in Messing vervollständigt zuweilen die Modifikation.»

In bezug auf die Paläste in alter Zeit äußert sich dieselbe Autorität folgendermaßen[12]: «Der Palast der japanischen Herrscher war eine hölzerne Hütte. Die Pfosten waren in den Grund eingerammt und ruhten nicht wie bei den heutigen Gebäuden auf breiten flachen Steinen. Das ganze Rahmenwerk, bestehend aus Pfeilern, Balken, Sparren, Türpfosten und Fensterrahmen, war zusammengehalten durch Seile, die gedreht wurden aus den fibrösen Ranken von Schlingpflanzen, wie der *Pueraria thunbergiana (kuzu)* und *Wisteria sinensis (fuji)*. Der Boden muß niedrig gewesen sein, so daß die Bewohner des Hauses, wenn sie auf den Matten hockten oder lagen, den hinterlistigen Angriffen von giftigen Schlangen ausgesetzt waren, welche in alten Zeiten wahrscheinlich weitaus zahlreicher in dem damals größtenteils unkultivierten Lande waren als gegenwärtig... Man hat Grund anzunehmen, daß der *yuka,* hier Boden genannt, ursprünglich nichts war als eine rings an den Seiten entlang laufende Lagerstätte, der übrige Boden aber nur eine gewöhnliche Erdtenne, und daß diese Lagerstätte sich nach und nach erweiterte, bis sie schließlich den ganzen Grund bedeckte. Die Sparren ragten über den First hinaus und kreuzten sich, wie man es bei den Dächern der heutigen Shintotempel sieht, ob ihre Bauart nun im Einklang mit den alten Traditionen steht (in welchem Falle alle Sparren so gekreuzt sind) oder nach entwickelteren Konstruktionsprinzipien davon abweicht und die gekreuzten Sparren nur mehr als Schmuckstücke an beiden Firstenden figurieren. Das Dach war mit Stroh gedeckt und hatte vielleicht einen Giebel an jedem Ende mit Öffnungen darin, so daß der Rauch des Holzfeuers entweichen konnte und es wohl auch den Vögeln möglich war, hereinzufliegen, sich auf die Balken oben zu setzen und Nahrung oder Herd zu beschmutzen.»

Dieser Beschreibung Sir Ernest Satows muß hinzugefügt werden, daß Umzäunungen im Gebrauch waren und daß die Holztore, die zuweilen an Haken festgemacht waren, mehr den europäischen ähnlich waren als den gleitenden, wandschirmähnlichen des heutigen Japan. Die Fenster scheinen nichts als Löcher gewesen zu sein. Binsenmatten und rohe Decken aus Fellen wurden dann und wann als Sitzgelegenheiten verwendet, und wir hören sogar ein- oder zweimal von «Seidenteppichen» der Edlen und Reichen.

Um 1870 haben die Japaner begonnen, ihre eigene Bauart mit jener zu vertauschen, die hierzulande *foreign style* heißt, ohne Zweifel deshalb, weil er in allen bekannten Baustilen fremd ist. Von diesem *foreign style* gibt es in der Tat unzählige Variationen. Da ist der Kaninchenstallstil, vertreten in den Straßen hinter der *Ginza* in Tokyo. Da ist der Hütten- oder Badehäuschenstil, von dem die Hauptstadt einen Überfluß an Beispielen darbietet. Da ist der *L'huillier*-Stil, so herrlich verkörpert in der neuen Präfektur von Tokyo. Der *Brobdingnagianische* Taubenhausstil ist da und dort vertreten, sowohl in Holz als in Stein. Sein Hauptmerkmal ist das Fehlen von Fenstern, wenigstens erwähnenswerter. Wie dem auch sei, diese Dinge sind Japans Unglück, nicht sein Fehler. Es entdeckte Europa, was die Architektur anbetrifft, im unrechten Augenblick. Es steht uns nicht an, ein Volk zu tadeln, das wir selbst irregeführt haben. Wenn Japans zeitgenössische Bemühungen in der Architektur schlimmer noch als die unsrigen sind, kommt es auch daher, daß es weniger Geld aufwenden kann. Überdies ist es durch die Natur schon auf das Flache und Kleine angewiesen: Drei Stockwerke sind ein gefährliches Experiment in diesem von Erdbeben heimgesuchten Lande.[13]

ARMEE Viele Jahrhunderte lang – von 1200 bis 1867 – waren «Krieger» und «Edelmann» *(samurai)* sich deckende Ausdrücke. Der Mikado und sein Hof in ihrer geheiligten Abgeschlossenheit in Kyōto waren allerdings durch die Sitte von der Teilnahme an kriegerischen Taten ausgeschlossen. Am andern Ende der Skala durften die Bauern ebenfalls nicht daran teilnehmen. Aber für die dazwischenliegende Klasse – den Adel – war der Kampf nicht nur eine Pflicht, sondern eine Freude in sozialen Verhältnissen, wo die Sicherheit feudaler Besitztümer vom starken Arm des Edelmannes und seiner treuen Verbündeten abhing. Dies war die Lage der Dinge bis herab zum Jahre 1600. Von da an wurden die militärischen Formen der alten Zeiten beibehalten, obgleich zweieinhalb Jahrhunderte lang unter der kraftvollen Regierung der Tokugawa Shōguns Frieden herrschte.

Aber plötzlich wurden sie mit dem Regierungsantritt des heutigen Kaisers (Mutsuhito, 1867–1912; d. Vlg.) vollkommen aufgelöst. Man berief militärische Ratgeber aus Frankreich, die allgemeine Wehrpflicht wurde eingeführt, und Uniformen modernen Zuschnitts traten an Stelle des malerischen, aber unpraktischen Putzes der alten japanischen Ritter. Der japanische Soldat erhielt die Feuertaufe bei der Niederwerfung des Satsuma-Aufstandes im Jahre 1877. Er gewann seine Sporen auf glänzende Weise im Chinakrieg von 1894/95, in dem er sich die größte Bewunderung aller ausländischen Fachleute erwarb. Besonderes Lob verdiente die Organisation der Verpflegung, die schwierigste Aufgabe des ganzen Feldzuges in einem solch beschwerlichen Klima und einem solch armen Land.

Da die schlecht geführten, schlecht ernährten und von Natur aus unkriegerischen Chinesen zumeist die Flucht ergriffen, hatte die japanische Tapferkeit wenig Gelegenheit, sich hervorzutun. Nichtsdestoweniger waren die Schlacht von Pingyang am 15. September 1894, der darauffolgende Marsch durch die Mandschurei und die Einnahme von Port Arthur im November bemerkenswerte Taten. Noch neueren Datums, im Jahre 1900, trug das japanische Kontingent von all den verbündeten Mächten, die Peking entsetzten, nach allgemeiner Übereinstimmung die Palme davon: sie marschierten am schnellsten, sie fochten am tapfersten, sie gehorchten am besten der Disziplin, und sie benahmen sich am menschlichsten gegen die Besiegten. Während diese Blätter in Druck gehen (im Sommer 1904), sind die zivilisierten Krieger Japans wieder eifrig bemüht, glorreiche Taten in das Buch der Geschichte einzutragen, indem sie zum ersten Mal gegen eine europäische Macht kämpfen.

Es ist wohl keine Übertreibung zu behaupten, daß Japan für seine Größe jetzt über das beste Heer der Welt verfügt. Diese Tatsache – zugegeben, daß es eine Tatsache ist – ist um so bemerkenswerter, als die japanische Armee (wenn das Wort erlaubt ist) anonymen Ursprungs ist. Kein weltberühmter Fachmann – kein Friedrich, kein Napoleon – hat die großartige Maschine konstruiert. Sie wurde von Männern geschaffen, die außerhalb eines engen Kreises weniger bekannt sind – von einigen französischen Beamten, die später unterstützt wurden durch einige Deutsche und einen oder zwei Italiener und Einheimische, die, soweit uns bekannt ist, weder Genie noch große Erfahrung besaßen. Nichtsdestoweniger hat irgendeine gute Fee über ihren Handlungen gewaltet. Natürlich muß zugestanden werden, daß das Material, das ihnen zur Verfügung stand, gut war – körperlich und moralisch über jedes Lob erhaben, die Mannschaft, obschon klein und keineswegs bestechend, kraftvoll und gehorsam, während die Offiziere Miltons Vorschrift gehorchen, «*to scorn delights and live laborious days*»[14] und nicht galante Tänzer in der «Gesellschaft» sind oder Zeit und Energie mit unnützen Spielen vergeuden. Das Verhältnis zwischen den Offizieren und der Mannschaft ist offen und herzlich – eine Folge jenes scheinbaren Widerspruchs, über den wir noch an anderer Stelle sprechen (siehe die Artikel über «Höflichkeit», «Adel» und «Erziehung»), des demokratischen Geistes, der von jeher dieses väterlich regierte Reich durchdrungen hat.

Den veröffentlichten Statistiken der Heeresmacht legt man niemals großen Wert bei, denn die Regierung hält in weiser Umsicht genaue Einzelheiten über die Kriegsmacht und besonders über die Möglichkeiten der Mobilisierung geheim. Und gerade jetzt, da wir dies schreiben, während eines Krieges, der alle Hilfsquellen der Nation erschöpft, wäre der Versuch, genaue Informationen über diese Angelegenheiten einer hohen Politik zu erhalten, eitler denn je. Als die Feindseligkeiten mit Rußland ausbrachen, hatte sich die Armee schon seit mehreren Jahren in einem Prozeß des Ausbaus befunden, der, wie allgemein gesagt wurde, im Jahre 1911 seinen Abschluß finden sollte; und gut informierte Personen sind der Ansicht, daß nach der Vollendung aller in Betracht kommenden Änderungen die folgenden Ziffern annähernd korrekt sein würden, in keinem Falle aber höher:

Stehendes Heer	(1. bis 3. Jahr)	150000
Erste Reserve	(4. bis 7. Jahr)	150000
Zweite Reserve	(8. bis 12. Jahr)	150000
	Summa	450000

Darunter wären 8000 bis 9000 Offiziere, teilweise durch Kompetition, teilweise nach Absolvierung einer Mittelschule zugelassen. Abgesehen von der kaiserlichen Garde würde es zwölf Divisionen geben mit Standquartieren in Tokyo, Sendai, Nagoya, Ōsaka, Hiroshima,

Kumamoto, Sapporo, Hirosaki, Kanazawa, Fukuchiyama, Marugame und Kokura. Drei Brigaden – das heißt 7500 Mann – sind davon für den Dienst in Formosa bestimmt. Die Kavallerie ist von jeher der schwächste Teil der japanischen Armee gewesen infolge des Mangels an guten Pferden; auch ist im allgemeinen der Körperbau des Japaners wenig geeignet, ihn zu einem guten Reiter zu machen. Nach den gegenwärtigen Bestimmungen gehört ein Regiment (drei Schwadronen) Kavallerie zu einer Division – eventuell im ganzen 39 Schwadronen – neben zwei selbständigen Brigaden (wahrscheinlich 12 hinzukommende Schwadronen), die gegenwärtig geschaffen werden und ihre Standquartiere in Tokio haben sollen. Die Artillerie (Feldartillerie) besteht aus sechs Batterien pro Division und zwei selbständigen Artilleriebrigaden (wahrscheinlich 12 hinzukommende Batterien), die ebenfalls gegenwärtig gebildet werden, mit dem Standquartier in Tokyo. Artillerie und Infanterie sind mit neuen Waffen ausgerüstet – die erstere mit dem «Arisaka»-Geschütz, von dem eine große Anzahl in Frankreich und Deutschland, einige in Japan hergestellt wurden, die letzteren mit dem – wie es genannt wird – «30. Jahr»-Gewehr[15]. Diese Waffe ist eine Abart des «Murata»-Gewehrs. Der Hauptunterschied ist der, daß fünf Patronen auf einmal geladen werden können.

Das hier kurz zusammengefaßte Programm schließt die Ausgabe von großen Summen zur Konstruktion von Forts, Kasernen und Arsenalen in sich. Große Mengen von Gewehren, schweren Geschützen und Munition werden in Tokyo und Ōsaka hergestellt. Die japanischen Uniformen folgen in allen wesentlichen Punkten dem europäischen Modell. Nur werden im aktiven Dienst Strohsandalen getragen anstatt Stiefel, die den Mannschaften nicht zusagen.

Nach europäischen Vorbildern hat der Kaiser das oberste Kommando übernommen. Während des Chinakrieges kommandierten zwei Prinzen, seine Verwandten, im Felde; andere machen jetzt Dienst bei der Armee und bei der Flotte. Dieser Übertritt des regierenden Hauses zum Militarismus erschien in der Zeit, in der er zuerst beschlossen wurde, ganz revolutionär. Noch im Jahre 1887, als Herr von Mohl, ein hoher preußischer Beamter, herüberkam, um bei der Reorganisation des Hofes nach deutschem Muster mitzuarbeiten, stieß selbst ein augenscheinlich so natürlicher Schritt wie die Einsetzung von Adjutanten für Seine Kaiserliche Majestät auf lebhafte Opposition. Denn der alte Hof in Japan, sein Personal, sein Zeremoniell, all seine Sitten waren nach chinesischem Muster eingerichtet. Und es ist bekannt, daß in China die Soldaten immer als eine Art von Parias angesehen wurden – Desperados, Taugenichtse, die ohne Rang waren, weil sie ein als barbarisch und erniedrigend angesehenes Leben führten, Burschen, die in die Nähe der Person des vom Himmel abstammenden Monarchen zu bringen eine Entheiligung bedeuten würde. Die Daimyōs und Samurais, mit dem Shōgun an ihrer Spitze, waren zwar Krieger oder waren wenigstens Krieger gewesen: das aber war ein Widerspruch in der Struktur der japanischen Gesellschaft, der in China nicht existierte. Obschon nun die Daimyōs und Samurais hoch in ihrer eigenen Achtung standen und in Wirklichkeit das Land beherrschten, erreichten sie doch niemals soziale Gleichheit mit dem kleinsten Anhängsel des kaiserlichen Hofes; und wenn einer von ihnen hier ein Amt erhielt, so war es in ziviler Eigenschaft. Wie die Zeiten sich geändert haben und wie rasch!

Um von dieser Abschweifung zurückzukehren, die Rekruten der japanischen Armeen werden, wie schon gelegentlich erwähnt, durch Konskription ausgehoben. Als dieses System zuerst eingeführt wurde, waren zahlreiche Ausnahmen erlaubt; aber jetzt wird das Gesetz streng durchgeführt, kein anderer Grund als der körperlicher Untauglichkeit wird zugelassen. Das Maß der Körpergröße ist fünf japanische Fuß, das heißt ungefähr 4 Fuß 11½ Zoll nach englischem Maß; das Alter für den Eintritt ins Heer ist zwanzig Jahre. Jeder Mann zwischen siebzehn und vierzig gehört *ipso facto* zur «Nationalen Armee» (Landsturm) und kann im Notfall einberufen werden. Zu dieser *«national army»* gehört demnach neben der noch nicht einexerzierten Masse dieser große Körper von Mannschaften, die vollkommen geschult die zweite Reserve verlassen haben.

Wer nach Japan kommt, wird vielleicht lächeln, wenn er zwei oder drei japanische Soldaten Hand in Hand dahinschlendern sieht, als ob sie Dresdener Porzellanfiguren wären. Was würde er aber sagen, wenn während eines Feldzuges oder selbst in der Pause einer Schlacht die Soldaten ihre Fächer aus den Gamaschen nähmen und sich fächelten? Aber schließlich, weshalb nicht? Das ist keine Verweichlichung, nur gesunde Vernunft – und Kühle in beiden Bedeutungen des Wortes.

Es ist erstaunlich, bis zu welchen Kleinigkeiten die Regierung ging, um den militärischen Geist zu erziehen und das Heer zum höchsten Punkt der Vollkommenheit zu heben. Sogar Bücher mit Kriegsliedern sind offiziell verfaßt worden und bilden einen Teil der allgemeinen Instruktion. Es muß allerdings zugestanden werden, daß das Resultat nicht Gedichte von sehr hohem Wert und Verdienst waren. Was aber auf jeden Fall unsere Bewunderung erregt, ist die Art und Weise, mit der die Schüler auf den in allen Staatsschulen und ebenso in den meisten Privatanstalten eingeführten Kompagniedrill reagierten.

Selbst kleine Knirpse von Knaben tragen stolz die Fahne, marschieren meilenweit in der glühenden Sonne, und alle geben sich das Aussehen, als ob sie zeigen wollten, daß ein Feind, der an diesen Küsten landen wollte, nicht nur mit jedem wehrhaften Manne, sondern auch mit jedem Kind im ganzen Reich zu rechnen habe.

ASIATIC SOCIETY OF JAPAN Diese Gesellschaft wurde im Jahre 1872 gegründet zum Zwecke «der Sammlung von Informationen und Forschungen über Gegenstände, die Bezug auf Japan oder andere asiatische Länder haben». Die beiden Sitze der Gesellschaft sind Tokyo und Yokohama. Die Mitglieder erhalten vom Tage ihrer Aufnahme an die *«Transactions of the Asiatic Society of Japan»* und genießen das Vorrecht, frühere Nummern zum halben Preis erwerben zu können. Dies sind die gleichen *«Asiatic Transactions»*, auf die im vorliegenden Werke so oft hingedeutet wird. Es gibt kaum ein auf Japan bezügliches Thema, das nicht in den *«Asiatic Transactions»* wissenschaftlich behandelt worden wäre.

Neben der *Asiatic Society* gibt es in Tokyo eine deutsche Vereinigung, die *Deutsche Gesellschaft für Natur- und Völkerkunde Ostasiens*, deren Bestrebungen fast die gleichen sind und deren wertvolle Mitteilungen oder *«German Asiatic Transactions»*, wie wir sie gewöhnlich nennen, aufs nachdrücklichste denen empfohlen werden, die mit der deutschen Sprache vertraut sind. Diese Gesellschaft wurde 1873 gegründet. *The Japan Society*, gegründet in London 1892, hat eine Anzahl guter Publikationen herausgegeben, besonders über Gegenstände der Kunst.

AUSLÄNDER ALS BEAMTE IN JAPAN Obgleich der Einfluß Europas bis auf das Jahr 1542 zurückreicht, wurde er doch erst 1854, als das Land erschlossen worden war, eine überwältigende Macht. Ja, richtig gesagt, erst in den sechziger Jahren. Aus dieser Zeit stammt eine neue Erscheinung in diesem Lande: der fremde Beamte. Und der fremde Beamte ist der Schöpfer von Neu-Japan. Der japanischen Regierung gebührt das Verdienst, den Gedanken erfaßt und die Notwendigkeit der großen Umgestaltung eingesehen zu haben, die Mittel geschaffen, die Leute berufen und von ihnen gelernt zu haben, einem weisen Kranken ähnlich, der den geschicktesten Arzt zu sich ruft und seine Kunst nach Kräften unterstützt. Der fremde Beamte ist der Arzt gewesen, dem das Verdienst jener wunderbaren Kur gebührt, die wir heute vor uns sehen.

Eine Gruppe von Engländern – zuerst ein einzelner Engländer, der verstorbene Leutnant J. G. S. Hawes – nahm die Flotte in die Hand und verwandelte die Dschunken in moderne Kriegsschiffe. Ein anderer Engländer befaßte sich mit dem Münzwesen, mit dem Erfolg, daß das orientalische Durcheinander einer uniformen Währung Platz machte, die einer jeden in der Welt ebenbürtig ist. Keine geringere Tat als die Reform des gesamten Erziehungssystems war hauptsächlich das Werk einer Handvoll von Amerikanern. Das entschlossene Auftreten eines Franzosen führte zur Abschaffung der Folter[16]. Derselbe Franzose begann die Kodifikation des japanischen Gesetzes, die von Deutschen fortgesetzt und vollendet wurde. Deutsche leiteten jahrelang den gesamten höheren medizinischen Unterricht des Landes, und die größeren Dampfer der zwei wichtigsten Dampfschiffgesellschaften werden noch jetzt von fremden Kapitänen verschiedener Nationalitäten geführt.

Ferner betrachte man das Heer, das kürzlich die Welt durch die Vollkommenheit seiner Organisation in Erstaunen versetzte: Diese Organisation war französisch-deutsch und den Japanern durch französische und später durch deutsche Offiziere geschenkt worden, die zu diesem Zweck berufen und eine lange Reihe von Jahren beibehalten wurden. Post, Telegraph, Eisenbahnen, trigonometrische Messung, ein verbesserter Bergbau, Gefängnisreform, sanitäre Reform, Baumwoll- und Papiermühlen, chemische Laboratorien, Wasserwerke und Hafenbauten – das sind alles Schöpfungen von ausländischen Beamten der japanischen Regierung. Von Ausländern wurden die ersten Kriegsschiffe gebaut, die ersten großen öffentlichen Gebäude errichtet, die ersten Anleitungen zu einem rationellen Finanzwesen gegeben.

Man darf auch nicht glauben, daß sie die Arbeit nur beaufsichtigten und überwachten. Es war eine Arbeit mit aufgestülpten Ärmeln, tatsächlich eine manuelle Arbeit, Beispiel sowohl als Vorbild. Fachleute haben ihren japanischen Angestellten gezeigt, wie man fachmännisch zu arbeiten habe. Der Titel eines *chef de bureau*, Leiters, Vorstehers oder was sonst, war wohl ohne Zweifel im allgemeinen einem japanischen Strohmann verliehen worden, doch die treibende Kraft hinter jedem kleinen Thron war ein ausländischer Ratgeber oder Fachmann.

Man kann sich schwer vorstellen, wie die Dinge anders hätten sein können, denn es kostet mehr Zeit, einen Japaner im Auslande ausbilden zu lassen, als einen ausgebildeten Ausländer zu engagieren. Dazu kommt, daß die Japaner, selbst wenn sie fachgemäß ausgebildet sind, wegen sprachlicher und anderer Gründe große Schwierigkeiten haben, sich auf dem laufenden zu halten über die Fortschritte der sich rapide entwickelnden Techniken und Wissenschaften. Ähnliche Ursachen haben in anderen Teilen der Welt ähnliche Wirkungen hervorgerufen, wenn auch in kleinerem Maßstabe, im spanischen Amerika zum Beispiel. Merkwürdig ist nur, daß man in all der Begeisterung über die japanische Entwicklung die treibenden Kräfte dieser Entwicklung fast ausnahmslos vergaß. Um nur ein Beispiel von vielen anzuführen: Mr. Henry Normann sprach in seinen lebendigen Briefen über Japan (veröffentlicht in Buchform als *«The Real Japan»*) über das japanische Erziehungswesen unter dem anziehenden Titel *«A Nation at School»;* aber der Eindruck, den man gewann, war der, daß sie ihre eigenen Lehrer gewesen seien. In einem andern Brief, *«Japan in Arms»*, plauderte er über «die japanischen Militärreorganisatoren», über die Docks von Yokosuka und andere Dinge, aber vergaß vollkommen zu erwähnen, daß die Reorganisatoren Franzosen waren und daß auch die Docks von Yokosuka ein französisches Werk sind. In ähnlicher Weise ignorierte er, als er über die Entwicklung der japanischen Tagespresse sprach, die Tatsache, daß ihr Schöpfer ein Engländer war, welcher Umstand wirklich, wenn man über Tatsachen berichtet, eine Erwähnung verdiente.

Diese Briefe, so reich und augenscheinlich so aufrichtig, in Wirklichkeit aber so irreführend, sind, wie gesagt, nur ein Beispiel unter vielen von der Art und Weise, wie populäre Schriftsteller die Wahrheit über Japan entstellen, indem sie die von den Ausländern gespielte Rolle gänzlich ignorieren. Die Gründe dafür sind nicht schwer zu finden. Eine wunderbare Geschichte wird Leuten in der Ferne noch mehr gefallen, wenn man sie noch wunderbarer gestaltet. Wenn man den japanischen Fortschritt auf seine Ursachen zurückführt und durch die benützten Mittel erklärt, so ist das eine weitaus weniger fesselnde Lektüre, als wenn man ihn in das Gewand einer märchenhaften Schöpfung hüllt, die aus dem Nichts hervorging wie Aladdins Palast. Viele Leute genießen nichts so sehr als grenzenlose Verzuckerung und endlose Superlative; und die Japaner haben doch so viel getan, daß man kaum in den Verdacht zu übertreiben kommt, wenn man behauptet, sie hätten das Unmögliche getan. Dazu kommt, daß sie solch angenehme Wirte sind, während die ausländischen Beamten nicht jederzeit all die literarischen und journalistischen Globetrotter willkommen heißen, die nach Tatsachen und Informationen dürsten – in der Voraussetzung, daß sie diese Informationen und Tatsachen nach eigenem Gutdünken verdrehen und den alten Ansiedlern auseinandersetzen dürfen, daß ihre Anschauungen nichts als Vorurteile seien.

Es gibt nichts Romantisches in einem ausländischen Beamten. Mit seinem Klub, seinem Tennisplatz, seinem Backsteinhaus, dem Piano seiner Frau und der ganzen übrigen europäischen Entourage, die er sich schafft, um zuweilen sein Exil zu vergessen, schlägt er einen falschen Ton an. Der ästhetische und literarische Globetrotter liebt es, sich's für eine Weile in einem Teebrett-Dasein wohl sein zu lassen, denn in dem Augenblick, da er es satt bekommt, kann er zusammenpacken und verschwinden. Der ausländische Beamte kann es nicht so leicht nehmen, denn er muß sein Brot verdienen; und wenn jemand gezwungen ist, im Lotosland zu leben, dann ist es nicht mehr länger ein Lotosland. Daher die unversöhnliche Fehde zwischen dem ausländischen Beamten und jenen literarischen Herren, die Japan in den leuchtenden Farben ihrer eigenen Phantasie malen.

Was uns betrifft, so gibt es keine Entschuldigung – selbst von einem literarischen Standpunkt aus – für Ungenauigkeit in diesen Dingen. Japan ist sicherlich so schön, sein Volk so anziehend, sein Fortschritt so bemerkenswert, daß eine Fülle von Lob übrigbleibt, selbst wenn man alle gerechten Abzüge macht und jenen das Verdienst zollt, die Japan zu seiner gegenwärtigen Lage verholfen haben. Warum übertreiben? Japan kann es sich leisten, mit Cromwell zu sprechen: «Male mich, wie ich bin!» (Siehe auch den Artikel über «Europäisierung».)

BADEN Die Reinlichkeit ist eines der wenigen originalen Elemente der japanischen Zivilisation. Fast alle andern Einrichtungen haben ihren Ursprung in China, nicht aber die Badewannen. Wir lesen in der japanischen Mythologie, daß der Gott Izanagi, nachdem er seine abgeschiedene Gemahlin im Hades besucht hatte, sich in einem Strom reinigte. Zeremonielle Waschungen bilden noch heute einen Teil des Shintōrituals. Aber im allgemeinen hat die Reinlichkeit, in der die Japaner die übrige Menschheit übertreffen, nichts mit Religiosität zu tun.

Die Japaner sind rein, weil es ihnen eine persönliche Befriedigung verschafft, rein zu sein. Ihre heißen Bäder – denn fast alle baden in sehr heißem Wasser von ungefähr 110° Fahrenheit (etwa 43 Grad Celsius) – dienen auch dazu, sie im Winter warm zu halten. Denn obschon mäßig heißes Wasser eine fröstelnde Reaktion hervorruft, so ist dies nicht bei außerordentlich heißem Wasser der Fall, auch besteht dabei nicht die geringste Gefahr, sich zu erkälten. Es gibt über elfhundert öffentliche Bäder in Tokyo, in welchen laut Berechnung fünfhunderttausend Personen täglich baden. Dazu kommt, daß jedes bessere Privathaus seinen eigenen Baderaum besitzt. Andere Städte und selbst Dörfer haben ähnliche Einrichtungen. Gewöhnlich, aber nicht immer, trennt eine Barriere die beiden Geschlechter voneinander. Wo es weder Badeanstalten noch Privatbäder gibt, nehmen die Leute ihre Bäder im Freien, wenn nicht zufällig ein Polizist, der den Auftrag hat, die modernen Verordnungen aufrechtzuerhalten, in der Nachbarschaft herumschnüffelt; denn die Reinlichkeit steht bei den Japanern in höherer Achtung als unsere erkünstelte westliche Prüderie. Wie der Herausgeber der *«Japan Mail»* so treffend sagte: Man sieht das Nackte in Japan, aber man sieht es nicht an.

Manche Europäer haben versucht, die japanische Art zu baden herabzusetzen, indem sie behaupten, daß die Badenden nach dem Abtrocknen in ihre schmutzigen Kleider schlüpfen. Es ist wahr, den Japanern der alten Schule ist unsere Sitte, täglich die Wäsche zu erneuern, fremd. Aber da die Körper selbst der Leute der untersten Klasse beständig gewaschen und abgefegt werden, kann man kaum annehmen, daß ihre Kleider, wenn sie auch vielleicht außen staubig sind, innen sehr schmutzig sein können. Ein japanischer Volkshaufe ist der sauberste der Welt. Der Reiz der japanischen Sitte, heiß zu baden, wird durch die Tatsache bestätigt, daß fast alle ansässigen Ausländer sie adoptieren. Es scheint auch am Klima zu liegen, daß heiße Bäder gesünder als kalte sind. Beim Festhalten am kalten Bad bekommt der eine Rheumatismus, ein zweiter Fieber, ein dritter eine endlose Folge von Erkältungen und Husten. So gelangen alle nach und nach zur japanischen Methode, der als hauptsächliche ausländische Errungenschaft die Benützung eines neuen Bades für jede Person hinzugefügt wird. In einer japanischen Familie genügt das gleiche Bad für alle Mitglieder, und da der Mann das vornehmere Geschlecht ist, gebrauchen die Herren es gewöhnlich zuerst, in der Reihe ihres Alters oder ihrer Würde, die Damen hierauf und dann die jüngeren Kinder, endlich genießen es die Dienstboten in einer späten Abendstunde, wenn sie nicht in ein öffentliches Bad geschickt werden. Man muß sich erinnern, daß jeder Badende sich zuerst außerhalb des Bades durch Übergießen von Wasser reinigt. In unserer Zeit wird auch Seife häufig gebraucht. Das ursprüngliche nationale Reinigungsmittel war das Kleiesäckchen *(nukabukuro)*, eine Handvoll Kleie in ein Stück Leinwand eingenäht, das ein angenehmes sanftes Waschmaterial abgibt. So betritt also jeder schon rein das Bad, um sich dem Luxus, hübsch gekocht zu werden, hinzugeben.

Die nationale Leidenschaft für das Baden veranlaßt alle Klassen, ausgedehnten Gebrauch von den heißen Mineralquellen zu machen, von welchen ihr von Vulkanen übersätes Land wimmelt. Zuweilen wächst sich ihre Lust an dem einfachen Luxus zu nahezu unglaublichen Extremen aus. In Kawarayu, einem winzigen Badeort nicht weit von Ikaho in der Provinz Jōshū – einer von jenen Plätzen, wie es deren viele in Japan gibt, die aussehen, als seien sie am Ende der Welt, so steil sind die Berge, die sie auf allen Seiten einschließen –, bleiben die Badenden einen Monat lang und länger im Wasser, mit einem Stein im Schoß, um im Schlaf nicht fortzuschwimmen. Als wir vor einigen Jahren dort waren, hatte der Aufseher der Anstalt, ein rüstiger Alter von achtzig Jahren, die Gewohnheit, während des ganzen Winters im Bade zu bleiben. Allerdings ist das Wasser in diesem Falle ein oder zwei Grad unter der Bluttemperatur. Nur dadurch wird ein solch sonderbares Leben überhaupt möglich. Ein andermal entschuldigten sich einige Bewohner eines Dorfes, das durch seine heißen Quellen berühmt ist, bei dem Verfasser wegen ihrer Unsauberkeit während der geschäftigen Sommermonate: «Denn», sagten sie, «wir haben nur Zeit, zweimal am Tage zu baden.» «Wie oft badet ihr denn im Winter?» «Oh! ungefähr vier- oder fünfmal am Tage. Die Kinder gehen ins Bad, so oft sie sich kalt fühlen.»

Seebäder wurden früher wenig gebraucht; aber seit 1885 kamen sie bei den oberen Klassen als eine Nachahmung der europäischen Sitte in Mode, und die Küste ist nun bedeckt mit Badeetablissements unter ärztlicher Leitung. Ōiso, Ushibuse, Kamakura und Zushi sind die Lieblingsseebäder der vornehmen Welt Tokyos.

BAMBUS Die Rolle, die der Bambus im japanischen Haushalt spielt, ist so groß, daß man am besten fragt, wozu dient er *nicht?* Die größeren Arten dienen als Stangen zum Tragen von schweren Lasten, zum Trocknen der Kleider, Fortbewegen der Boote usw.; als Flaggenmaste, als Dachrinnen, wozu sie sich besonders eignen, da sie weder rosten wie Blechröhren noch faulen wie gewöhnliches Holz, wenn das Wasser einer heißen mineralischen Quelle darin geleitet werden soll. Zu Stützen und zum Fachwerk eines Hauses eignet sich der Bambus ganz besonders wegen der Kombination von Leichtigkeit und Tragkraft, denn es ist allen Handwerkern wohlbekannt, daß die hohle Röhre von allen Formen diese beiden Eigenschaften am besten in sich vereinigt. Eine kleine Bambusart dient zu Pfeifenrohren; eine von mittlerer Größe eignet sich vorzüglich zu ornamentalen Toren und Gittern, bei welchen die verschiedene Höhe der Knoten ein natürliches Muster bildet. Andere, in Streifen geschlitzt, die zuweilen mit Seide zusammengebunden werden, dienen zu Fensterjalousien; und die zarten Sprößlinge von mehr als einer Art werden sogar gekocht und als Gemüse verspeist.

Federhalter, Besenstecken, Spazierstöcke, Schirmgriffe und auch die Stäbchen der Schirme, Angelruten, Peitschen, Leitern, Meterstäbe, Bogen und Pfeile, Kulihüte, Reusen für den Austernfang und das Auffischen von eßbarem Seegras, auch Zäune um die Häuser, Dämme von Flüssen (große Steine werden zu diesem Zweck in Bambusgeflechte eingeschnürt), ornamentale Böden für Verandas und Teeräume, Reisekoffer, Fackeln, Eßstäbchen, Spieße, Vogelbauer, Fischreusen, Flöten, Trompeten, Bilderrahmen, Faßbänder, selbst Nägel (als geringe Wärmeleiter und nicht rostend, sind sie für gewisse Zwecke besser als Metallnägel), Schöpflöffel, Teeschöpfer, Siebe, Fensterläden, Fächer, selbst Blumenvasen, besondere Apparate verschiedener Art für den Gebrauch in den Künsten, Spielwaren und Schmuckgegenstände von unzähliger Art – alles wird aus Bambus hergestellt.

Nichts gibt eine bessere Röhre ab zur Aufbewahrung von unaufgezogenen Photographien, die man gegen Feuchtigkeit schützen will, als ein Stück Bambus. Die getrockneten Hülsen der jungen Bambusstengel dienen zum Einwickeln solcher Dinge wie Reisbrote, Fleisch und Kuchen, die leicht Flecken verursachen; ferner zur Herstellung von Sandalen und des Sohlenbelages der Holzschuhe. Die Blätter des Bambusgrases (eine Bambusart) geben eine reinliche, kühle Unterlage ab, worauf Fische in einen Korb gelegt werden können; der Korb selbst ist oft wiederum aus geschlitztem und geflochtenem Bambus. Solch geflochtene Bambusstreifen dienen auch zu starken Seilen, die bei Fähren gebraucht werden und sogar zur Konstruktion von Brücken in gewissen ländlichen Bezirken, denn kein Material ist so billig und so leicht zu behandeln. Eine Art endlich kann durch Kochen ausgedehnt werden zu Mulden, die sehr geschätzt werden. Eine andere Art, die nicht hohl ist, wird zu Stempeln verarbeitet. Die obige Liste könnte noch leicht erweitert werden. Aber sie mag genügen um zu zeigen, daß man sich das japanische Leben ohne den Bambus fast ebenso schwer vorstellen kann als Kuchen ohne Butter, eine Landschaft ohne Licht oder einen Engländer ohne Klagen.

Die zahlreichen Gewächse, welche die gewöhnliche Sprache unter dem Namen «Bambus» vereinigt, bilden in Wirklichkeit drei bestimmte Gattungen, dem Botaniker bekannt als *Bambusa, Arundinaria* und *Phyllostachys,* die alle viele Arten in sich schließen. Die Anzahl der Bambusarten, die gegenwärtig in Japan wachsen, wird von Prof. Matsumura von der Universität in Tokyo und den Botanischen Gärten auf fünfzig festgesetzt, natürlich ausschließlich einer Anzahl von Spielarten. Neunundreißig sind einheimisch; die anderen sind zu verschiedenen Zeiten eingeführt worden aus Korea, China und den Luchuinseln, entweder zu Industriezwecken oder als Zierpflanzen für die Gärten der Reichen. So zum Beispiel eine Art, genannt *hōchiku* oder vierkantiger Bambus, und eine andere *suwōchiku,* deren Stamm, solange er jung ist, eine glänzendrote Färbung zeigt. Nach unserem Gefühl sind einige der gewöhnlichsten Arten auch die schönsten – der *mōsōdake* oder «federige Bambus» zum Beispiel mit seinem goldenen Stamm und seinen überhängenden, federähnlichen Zweigen, dessen Gruppen jetzt einen der typischsten Züge der japanischen Landschaft bilden, obgleich er erst 1738 von China eingeführt wurde – und das *sasa* oder Bambusgras, das auf Hügeln und Feldwegen wächst und dessen Blätter, grün im Frühling, sich mit dem Schwinden des Jahres weiß säumen, so daß jedes aussieht wie eine kleine «Wolke mit silbernem Saum».

Die meisten Europäer halten den Bambus für eine empfindliche tropische Pflanze, die unser nördliches Klima nicht vertragen könne. Es würde uns freuen, solchen Leuten die hohen japanischen Bambusrohre zeigen zu können, wie sie sich unter der Last des Februarschnees beugen, und zwar in Teilen des Landes, wo der Schneefall nicht dem Zoll, sondern dem Fuß nach gemessen wird. Tatsächlich bildet auch der Bambus im Schnee ein bevorzugtes japanisches Kunstmotiv.

Die Japaner selbst sehen den Bambus nicht als einen Baum an. In ihren Augen bildet er eine besondere Kategorie, so daß sie von «Bäumen und Bambus» sprechen. Eigentlich gehört er zu den Gräsern: Er ist ein riesiges Gras, mehr nicht. Die Schnelligkeit seines Wachstums ist erstaunlich im Vergleich zu jener der meisten Pflanzen; zuweilen wächst er mehrere Fuß im Laufe von vierundzwanzig Stunden. In der Tat, der Bambus ist von jedem Standpunkt aus ein interessanter Gegenstand, während er praktisch genommen eines der kostbarsten Geschenke der Natur an den Menschen darstellt.[17]

BEVÖLKERUNG Die letzte Volkszählung gibt die Bevölkerung des eigentlichen Japan, exklusive Formosa (Taiwan), auf 45 426 651 (1987 ca. 120 Millionen; d. Vlg.) an, wovon 22 928 043 Männer und 22 498 649 Frauen. Diese Zahlen beziehen sich auf den 31. Dezember 1901. Ein Vergleich mit jenen eines jeden Jahres von 1892 aufwärts, da die Gesamtanzahl nur 41 089 940 betrug, ergibt eine jährliche Zunahme von 1,09 Prozent. Die großen Städte zeigen ebenfalls ein konstantes Wachstum. Tokyo, das 1894 1 368 000 Einwohner hatte, zählte bei der letzten Volkszählung 1 440 000; die entsprechenden Ziffern für Osaka, der zweitgrößten und kommerziell bedeutendsten Stadt des Reiches, sind 506 000 und 821 000; jene für Kyōto 343 000 und 353 000. Die nächstfolgenden Städte in bezug auf Bevölkerung sind Nagoya mit 244 000, Kōbe mit 215 000, Yokohama mit 190 000, Hiroshima mit 122 000 und Nagasaki mit 107 000; und es gibt jetzt einundzwanzig Städte mit mehr als 50 000 Einwohnern und einundsechzig mit mehr als 20 000.

Als Japan abgeschlossen war, trugen Epidemien und Hungersnot von Zeit zu Zeit zur Dezimierung der Bevölkerung bei. Der Verkehr mit der ganzen Welt schließt nun vollkommen das Wiederauftreten einer Hungersnot aus, und die wissenschaftliche Hygiene hält die epidemischen Krankheiten in engen Grenzen. Aber die Auswanderung trat als ein neuer Entvölkerungsfaktor auf. Yezo, eine leere und unzivilisierte Öde, die bis ungefähr 1870 kaum als ein Teil des eigentlichen Japan galt, muß bevölkert werden; Formosa erfordert seit der Annexion im Jahre 1895 zum mindesten Beamte und Soldaten; Hawaii, das so nahe liegt und dessen eingeborene Bevölkerung zu träge ist, in den Zuckerplantagen viel zu arbeiten, hat der japanischen Arbeit mehrere Jahre lang ein verlockendes Feld geboten; Hongkong, Singapur, sogar die amerikanischen und australischen Häfen des Stillen Ozeans ziehen Scharen von jungen Leuten einer etwas besseren Klasse an, die ausziehen, um ihr Glück als Schreiber, Ladengehilfen, Friseure, Diener etc. zu suchen. Allein die Tatsache, daß die Europäer auswandern, veranlaßte mehrere der führenden Persönlichkeiten dieser alles nachahmenden Nation, die Auswanderung zu begünstigen.

Trotz alledem ist es für jeden Beobachter klar, daß das Auswandern im Grunde genommen nicht nach dem Geschmack der Japaner ist. Selbst Yezo (Hokkaidō), obgleich es für reich gilt und die Regierung hier einige Kolonien geschaffen hat, bevölkert sich nur langsam. Zwar setzen jährlich Tausende über zum Fischfang und um ihr Glück zu suchen, aber sobald der Winter naht, drängen sie heimwärts zur Hauptinsel. Dasselbe ereignet sich bei den Emigranten nach Hawaii. Sie arbeiten im

Kontrakt, werden in Haufen für eine Zeit hinübergebracht, zusammen verpflegt und kehren alle zurück, sobald sie ihr kleines Sümmchen beisammen haben. Das Klima mag dabei ein Wort mitsprechen. Die Japaner passen sich, im Gegensatz zu den Chinesen, nicht leicht weder der Hitze noch der Kälte an. Ihre besonderen Häuser, die sie nirgends aufgeben, sind vor allem für ein kaltes Klima ungeeignet, auch vertragen sie sich nicht gut mit einem heißen und feuchten Klima, zum Beispiel jenem Formosas. Sie verlangen nach japanischer Nahrung, nach japanischen heißen Quellen, nach solchen japanischen Unterhaltungen, zu denen das Klimpern der *shamisen* (altes japanisches Saiteninstrument) gehört, kurz nach den tausend kleinen Annehmlichkeiten und Bequemlichkeiten des japanischen Lebens. Beamte, die nur in die Provinzen Japans selbst geschickt werden, verzehren sich in Sehnsucht nach Tokyo, das alles für sie ist, was Paris immer für den typischen Franzosen war. Um wievieles schlimmer müssen sie ihr Exil empfinden, wenn man sie nach einer fernen Küste verschifft!

Ein wunder Punkt für jene Japaner, die eine vernünftige Auswanderung begünstigen, ist die von den Statistikern gemachte Entdeckung, daß gerade die Klasse, durch welche sie ihr Vaterland am wenigsten von allen repräsentiert haben möchten, am meisten auswandert – auf jeden Fall nach den chinesischen Häfen und bis hinab nach Singapur. Das Thema ist heikel, aber man wird uns verstehen, wenn wir sagen, daß sich bei mehr als einer Zählung herausgestellt hat, daß die jungen weiblichen japanischen Ansiedler in jenen Häfen die männlichen an Zahl übertreffen. Man macht große Anstrengungen, die Emigration dieser Art zu verhüten; aber die Schlauheit, mit der sie bewerkstelligt wird, ist oft erstaunlich. Auch in einer andern Beziehung ersehnt man Besserung, nämlich im Benehmen japanischer Emigranten gegenüber weniger zivilisierten Rassen. Jeder, der sie in Formosa beobachtete und besonders in Korea, berichtet von einer anmaßenden und oft brutalen Aufführung. Sie haben den weißen Mann in allen Dingen imitiert, selbst in seiner schlechten Behandlung dessen, was er verächtlich «Eingeborener» nennt. Daher rührt der bittere Haß, mit dem der Japaner in ganz Korea betrachtet wird, wo es mehr als anderswo schicklich gewesen wäre, nach der Gunst des Volkes zu streben und auf diese Weise zu versuchen, die Fehler alter Zeiten gutzumachen.[18]

BIBLIOGRAPHIE Die beste Bibliographie für europäische Bücher über Japan ist Fr. von Wencksterns *«Bibliography of the Japanese Empire»*, die indessen nur bis zum Jahre 1895 reicht. Sie enthält einen Abdruck von Léon Pagès *«Bibliographie Japonaise»*, die eine Generation früher erschien. Obgleich keine reguläre Bibliographie, gibt Sir Ernest Satows bewundernswerter Aufsatz über *«Japanese Literature»* in der *American Cyclopædia* doch eine beträchtliche Anzahl von Titeln einheimischer japanischer Bücher. *«Gunsho Ichiran»*, veröffentlicht im Jahre 1801, ist ein japanisches Standardwerk auf diesem Gebiet, nimmt jedoch keine Notiz von Romanen und anderen Werken populärer Natur. Samuras *«Zusho Gedai»* (durchgesehene Ausgabe 1904) hat einen größeren Gesichtskreis.

BILDHAUERKUNST Die ersten Beispiele der japanischen Bildhauerkunst – wenn wir Objekte so nennen dürfen, die wahrscheinlicher mit der Hand geformt wurden – sind die rohen Tonfiguren von Männern und Pferden, die gelegentlich in den Tumuli des zentralen und östlichen Japan gefunden wurden (siehe Artikel über «Archäologie»). Aber die Kunst machte keine Fortschritte bis zur Annahme des Buddhismus im 6. Jahrhundert. Ein Steinbildnis des Gottes Miroku befand sich unter den ersten Geschenken des Hofes von Korea an den japanischen. Hölzerne Bildwerke folgten nach. Die Japaner lernten es bald, in beiden Materialien zu gestalten. Die kolossale Figur Jizōs[19], als Relief in einen Andesitblock am Wege zwischen Ashinoyu und Hakone gehauen, ist ein großartiges Beispiel. Wie so viele andere berühmte japanische Werke unbekannten Alters schreibt es die populäre Tradition dem buddhistischen Heiligen Kōbō Daishi (9. Jahrhundert) zu, der es in einer einzigen Nacht vollendet haben soll. Die Kunst des Holzschnitzens lag in der Hauptsache immer in den Händen der Buddhisten. Die schönste Sammlung von frühen religiösen Standbildern ist die im Museum zu Nara, die aus verschiedenen Tempeln in den benachbarten Bezirken zusammengestellt wurde.[20] Aus einer viel späteren Zeit – dem 17. oder 18. Jahrhundert – stammen die entzückenden, bemalten Schnitzereien von Blumen und Vögeln in den Tempeln von Nikkō und in jenen von Shiba und Ueno in Tokyo.

Die alten japanischen Bildhauer versuchten sich selten in Porträtdarstellungen. Ein gutes Beispiel bietet die sitzende Figur von Ieyasu im Tempel von Tōshōgū in Shiba. Aber die Stärke der japanischen Begabung in der Skulptur liegt, in stärkerem Maße sogar noch als in der Malerei, mehr im Dekorativen und in kleinen Dingen als im Repräsentativen und Großen. Die *netsukes,* ursprünglich eine Art Knöpfe für die Arzneibüchsen oder den Tabaksbeutel, sind oft Wunder von genauester Durchführung und belebt von einem seltenen Sinn für Humor

BILDHAUERKUNST 87

und das Groteske. Die japanische Schwäche in bezug auf die Skulptur ist keine bloße Zufälligkeit. Sie entspringt einer ausgeprägten seelischen Anlage, aus der Gewohnheit, mehr die Natur als den Menschen zu betrachten – eine Gewohnheit, die selbst wieder in jener Unpersönlichkeit wurzelt, auf die Mr. Percival Lowell soviel Gewicht gelegt hat als einem Charakteristikum des Fernen Ostens.

Japans berühmtester Bildhauer war *Hidari Jingorō*, geboren im Jahre 1594. Die zwei Elefanten und die schlafende Katze im Grabtempel von Ieyasu in Nikkō gehören zu den besten Werken seines Meißels. Er starb im Jahre 1634 und hinterließ eine blühende Schule und einen Ruhm, dessen sich die Legende bald bemächtigte. Ein Pferd, welches er für ein *Exvoto* geschnitzt hatte, verließ, so wird behauptet, nachts seine Holztafel und ging hinunter in die Wiese, um zu grasen. Ferner wird erzählt, daß der Künstler einmal in Liebe zu einer galanten Dame, die er auf der Straße gesehen hatte, entbrannte und, zu Hause angelangt, beschloß, ihr Bildnis zu schaffen; zwischen den Gewandfalten der Statue brachte er einen Spiegel an, den das Mädchen hatte fallen lassen und den er aufhob. Daraufhin wurde die Statue, eine zweite Galatea, lebendig, und die beiden Liebenden lebten außerordentlich glücklich. Man höre, welche für die Japaner charakteristische Wendung die Geschichte nun nimmt. Die Zeiten waren unruhig, und es kam dahin, daß das Leben der Tochter des Herrn des Künstlers geopfert werden sollte. Augenblicklich schnitt der Künstler den Kopf seiner lebendigen Statue ab und sandte ihn dem Feinde, der durch diese List, zu der Hidari aus Loyalität griff, getäuscht wurde. Aber ein Diener seines Herrn wurde ebenfalls getäuscht, und da er glaubte, daß Hidari Jingorō in Wirklichkeit die Tochter seines Herrn getötet habe, zog er sein Schwert und schlug dem Bildhauer die rechte Hand ab. Daher rührt der Name Hidari Jingorō, das heißt der «linkshändige Jingorō». Wahrscheinlich suggerierte Jingorōs Linkshändigkeit, der er ohne Zweifel den Beinamen Hidari verdankt, auch die Legende.

Seit 1892, da die erste Bronzestatue in Tokyo gegenüber dem Shōkonsha-Tempel aufgestellt wurde, kam diese alte europäische Sitte, das Andenken Verblichener und selbst lebender Personen zu ehren, nach und nach in Schwang. Nicht allein das, auch die Friese der öffentlichen Gebäude beginnt man jetzt zu schmücken mit Amoretten von japanischem Aussehen, schlitzäugigen Göttinnen der Poesie und Agrikultur usw. All das ist sehr sonderbar und – sehr häßlich. Es ist zu bedauern, daß ein Volk, das mit Erfolg eine fremde Zivilisation adoptierte, nicht Sinn genug besaß, vor solch lächerlichen Äußerlichkeiten Halt zu machen.[21]

BLUMEN Ein Nörgler hat behauptet, daß die japanischen Blumen nicht duften. Diese Behauptung ist falsch; man nehme die Pflaumenblüte, die wilde Rose und die vielen süßriechenden Lilien und Orchideen. Aber selbst zugegeben – um des Arguments willen, wenn auch aus keinem andern Grund –, daß der Duft der Blumen einen in Japan seltener grüßt als zu Hause, so muß auf der anderen Seite eingeräumt werden, daß die Japaner eine tiefere Würdigung für die Blumen zeigen als wir. Die ganze Bevölkerung zieht mehrere Male im Jahre zu keinem andern Zwecke aus als dem, Orte zu besuchen, die wegen gewisser Blütenarten berühmt sind. Hier finden die Feste des Volkes statt, das am meisten von allen andern Festtage liebt, und kein Reisender in Japan sollte es versäumen, das eine oder andere zu sehen, womöglich alle diese reizenden Blumenfeste. Die hauptsächlichsten Blumen und Blüten, mit denen man in Tokyo einen Kultus treibt, sind die Pflaumenblüte, die ungefähr Ende Januar beginnt und bis zum März dauert; die Kirschblüte in der ersten Hälfte des April; die Baumpäonie Ende April oder Anfang Mai; die Azalea früh im Mai; die Wisteria ebenso; die Iris früh im Juni; die Winde Ende Juli und Anfang August; der Lotos früh im August; das Chrysanthemum in den ersten drei Wochen des November; der Ahorn (denn solch leuchtende Blätter fallen unter den allgemeinen Begriff Blume) den ganzen November.

Die Japaner kümmern sich nicht viel um manche Blumen, die den Europäern als die schönsten erscheinen, und sie machen sich viel aus andern, die wir kaum beachten würden. Alle Arten von Zusammenhängen spielen dabei eine Rolle neben dem bloßen *look-see* (wenn es uns einmal erlaubt ist, einen bequemen Ausdruck aus dem Pidgin-Englisch zu gebrauchen). So ist die unscheinbare Blüte des wuchernden *Lespedeza*-Busches sehr beliebt, weil alte poetische Fabeln von der Liebschaft zwischen der *Lespedeza*-Staude, der schönen Maid, und dem Hirsch, ihrem Geliebten, erzählen. Die Kamelie wird vernachlässigt, weil sie Unglück bringen soll. Ihre Blüten fallen nämlich im ganzen auf eine Art ab, die die Leute, wenigstens die Japaner, an abgeschlagene Köpfe erinnert. Und so fort in anderen Fällen. Von wilden Blumen nehmen die Japaner im allgemeinen wenig Notiz, was sehr auffallend ist; denn die Berge und Täler ihres schönen Landes sind voll davon.

Ein sehr eigentümlicher Anblick bietet sich in Dangozaka in Tokyo in der entsprechenden Jahreszeit dar. Man sieht nämlich Chrysanthemen, die zu allen möglichen Formen umgearbeitet wurden – Menschen und Götter,

Boote, Brücken, Schlösser usw. Gewöhnlich wird irgendeine historische oder mythologische Szene dargestellt oder auch ein Bild aus einem populären Drama. Hier kann man auch sehr schöne natürliche Chrysanthemen sehen, wenn auch nicht ganz so wunderbare, wie sie die Gesellschaft von Tokyo in dem herrlichen Gelände des alten Palastes zu Akasaka einmal im Jahr anstaunen darf. Die Verschiedenheit allein ist verblüffend. Da gibt es nicht nur jede Farbe, sondern auch jede Form. Einzelne Blüten sind ungeheuer – breiter als die Spanne einer Manneshand. Manche sind wie große Schneebälle, die Blätter alle weich und eingebogen, eines über das andere. Andere ähneln dem zerzausten Kopf eines schottischen Terriers. Wieder andere haben lange Fasern, ausgestreckt wie bei Seesternen, und bei manchen sind die Blätter zu bloßen herabfallenden Haaren verkümmert, als sollten sie einen Gegensatz zu den Riesen bilden. Aber das sonderbarste von allem ist, daß manchmal fünf oder sechs Arten von verschiedenen Farben und Größen aus einer Pflanze herauswachsen – ein Bukett mit nur einem Stiel –, das Resultat geschickten Pfropfens. Von der gleichen Art von Blüten wurden bis zu 1320 von einer einzigen Pflanze hervorgebracht! In anderen Fällen beruht der Triumph gerade auf dem Gegenteil: Die ganze Energie einer Pflanze wird auf das Hervorbringen einer einzigen Blüte konzentriert, eines braungelben zerzausten Monstrums vielleicht, genannt «Schlafmütze» (denn jede Art hat irgendeinen merkwürdigen Namen) oder auch «Goldener Tau» oder «Weißer Drachen» oder «Fischers Laterne» – dies ist eine braunrote Art – oder «Federrobe», ein reiches Bündel von Weiß und Rot, oder, das entzückendste von allen, die «Sternenerhellte Nacht», ein delikat filigraniertes Geschöpf, isländischem Moos ähnlich, das bedeckt ist mit Reif. Diese Resultate werden nur

IKEBANA

durch die mühselige Arbeit langer Jahre erzielt und besonders durch eine täglich viele Male wiederholte Pflege während der sieben Monate, die der Blütezeit vorhergehen. Diese Pflege wird reichlich belohnt; denn das Chrysanthemum ist eine Blume, die sich mehrere Wochen lang hält, wenn man sie ordentlich vor dem frühen Frost schützt.

Ohne Zweifel wird vieles von dem obigen nichts Neues sein für den professionellen europäischen Chrysanthemumzüchter, dem jetzt viele prächtige Arten dieser herrlichen Blume bekannt sind. Indessen wollen wir ihn daran erinnern, daß die Bewegung für die Chrysanthemumzucht und selbst die meisten der jetzt bekannten Arten vor kaum zwanzig Jahren aus Japan kamen.

Das Arrangement eines Straußes[22] ist im Fernen Osten nicht wie in Europa dem individuellen Geschmack überlassen. Die Europäer sind in dieser Beziehung wilde Naturkinder. Die Chinesen und Japaner haben eine Kunst daraus gemacht, um nicht zu sagen ein Mysterium, das lange und mühsame Studien verlangt. In der Tat, sie nehmen sogar die Hilfe von Konfutses Lehre selbst in Anspruch und arrangieren Blumen philosophisch, mit der gebührenden Berücksichtigung der aktiven und passiven Prinzipien der Natur und nach gewissen traditionellen Regeln, die eifersüchtig von den verschiedenen Blumenschulen gehütet worden sind. Jeder intelligente Studierende würde wohl mit Genuß Mr. Conders' schön illustriertes Buch über dieses Thema lesen, obgleich sicherlich alle Prinzipien dieser Kunst in einem halben Dutzend von Worten ausgedrückt werden können: Eine «Blumenkomposition» muß aus drei Reislein bestehen, das längste in der Mitte, meist gebogen, ein zweites, halb so lang, auf der einen Seite herauswachsend, und ein drittes, viertel so lang, auf der andern. Um die rechte

Beugung zu erhalten, werden die Zweige über einem Kohlenbecken erhitzt oder auch mit Hilfe von Drähten oder von anderen Vorrichtungen in der Lage gehalten. Was man auch immer über die sogenannte Blumen-«Philosophie» denken mag, der Leser wird zum mindesten die Bekanntschaft mit einer anmutigen und schwierigen Kunst machen und mit einem merkwürdigen Kapitel der Geschichte des menschlichen Geistes. Lineare Wirkungen und ein gewisses Gleichgewicht oder bestimmte Proportionen, durch ausgeklügelte Unregelmäßigkeiten erzielt, bilden die Grundnote und Dominante des japanischen Blumenarrangements. Das leitende Prinzip ist nicht die Harmonie der Farben.

Ein enthusiastischer Beurteiler, der bis über die Ohren in alles, was Japan betrifft, verliebt ist, ist der Ansicht, daß das japanische lineare Arrangement von Zweigen und Blättern «unendlich hoch über der barbarischen Häufung von Farben steht, die das Wesentliche der entsprechenden Kunst im Westen ist». Solch ein Urteil wird kaum Anklang finden bei jenen, die die Farbe als das herrlichste Geschenk der Natur an den Menschen schätzen, und die Komposition der Farben (wenn wir nicht die Kompositionen von Klängen in der Musik höherstellen) als die göttlichste der menschlichen Künste betrachten. Auch rechtfertigt ein nüchternes Studium der Botanik nicht jene verknöcherten linearen Regeln, die von einem Kreis von Dilettanten im 15. Jahrhundert ausgearbeitet wurden, der nur dann die Natur betrachtete, wenn sie «vorteilhaft hergerichtet» war. Und doch bietet die japanische Art des Blumenarrangements ein ebenso anziehendes wie originelles Thema. Wenn sie auch nicht, wie die eifrigen und intoleranteren Parteigänger, behaupten, es sei *der* Weg, mit Blumen umzugehen, so ist es sicherlich *ein* Weg, und zwar ein vollkommen neuer

Weg; und wir müßten uns sehr täuschen, wenn er und die japanische Gartenkunst nicht bald viele europäische Konvertiten machen sollten. Schon die einfachen Blumentöpfe sind entzückend mit ihren samtblauen und weißen Mustern.[23]

BOTANIK Wir verfügen nicht über den nötigen Raum, selbst, wenn wir die nötige Fähigkeit besäßen, uns auf eine ausführliche Beschreibung jener reichen und wunderbaren japanischen Flora einzulassen, die die Phantasie des Gelehrten ebenso sehr beschäftigt, wie nur immer japanische Kunstwerke in Porzellan, Bronze und Lack die Phantasie des Ästheten beschäftigt haben. Wir können nur die Aufmerksamkeit auf einige auffallende Tatsachen und theoretische Betrachtungen lenken, indem wir den Leser für alle Einzelheiten auf Dr. Reins meisterhaftes Resümee über diesen Gegenstand verweisen und die Werke von Maximowicz, Savatier, Asa Gray, Sir Joseph Hooker, Itō Keisuke und anderer Sepzialisten, die Rein anführt.

Der erste Eindruck, den ein Reisender von einigem Beobachtungsvermögen bei der Landung in Japan gewinnt, ist die außerordentliche Verschiedenartigkeit der Vegetation. Er sieht die Fichte des Nordens grünen an der Seite des Bambus oder sogar der tropischen Palme. Ein Reisfeld wie in Indien breitet sich zu seiner Rechten aus; zu seiner Linken liegt ein Weizen- oder Gerstenfeld, das ihn an Europa erinnert; oder er wird beschattet von einem riesigen Kampferlorbeer, wie sie sonst nur noch auf Formosa wachsen. Ähnliche unerwartete Kontraste werden ihm überall auf dem Archipel begegnen. Kein Wunder, daß die Zahl der bekannten Blumen- und Pflanzenarten (abgesehen von den Moosen und niederen Organismen) die enorme Ziffer von 2728 erreicht, die sich auf 941 Gattungen und 151 Ordnungen[24] verteilt; dabei ist anzunehmen, daß weitere Forschungen die Ziffer beträchtlich erhöhen werden, zumal der nördliche Teil des Landes bis jetzt wissenschaftlich nur unvollkommen ausgebeutet wurde. Von Waldbäumen allein besitzt Japan – oder, um ganz genau zu sein, die japanische Region, die auch Korea, die Mandschurei und einen Teil Nordchinas einschließt – nicht weniger als 186 Arten, die sich auf 66 Gattungen verteilen, gegen 85 Arten und 33 Gattungen in Europa. Die atlantische Waldregion von Nordamerika ist fast so reich wie Japan, mit 155 Arten in 66 Gattungen. Die pazifische Waldregion von Nordamerika dagegen ist sogar ärmer als die Europas, sie weist nur 78 Arten in 31 Gattungen auf. Eine weitere, sehr merkwürdige Tatsache ist die, daß das nordöstliche Amerika und Japan 65 Gattungen gemeinsam besitzen. Augenscheinlich muß es eine tiefliegende Ursache geben, die diese auf den ersten Blick so zufällige Erscheinung bedingt. Dr. Rein legt großes Gewicht auf die im allgemeinen ähnlichen klimatischen Bedingungen des östlichen Asien und östlichen Amerika, auf den reichlichen Regenfall in Japan und auf die bequemen Verbindungsglieder für vegetabile Emigranten, die von den Kurilen, Sachalin, Oki, Iki, dem Luchu-Archipel und anderen Inseln sowohl im Westen als im Süden gebildet werden. Vielleicht könnte man auch Mr. Wallaces Theorie akzeptieren, die er in seinem reizenden Buch *«Island Life»* entwickelt, nämlich daß die Eiszeit großen Einfluß auf die jetzige Lage der Dinge gehabt habe? Als das Klima der nördlichen gemäßigten Regionen arktisch wurde, müssen einzelne der Bäume und Pflanzen, deren Heimat hier war, zugrunde gegangen sein, andere dagegen breiteten sich ohne Zweifel in südlicher Richtung aus, wo sie immer noch genügend Wärme finden konnten. In Europa indessen wurden sie aufgehalten, zuerst von der Barriere der Alpen und dann von der noch wirksameren des Mittelmeers. An der pazifischen Abdachung von Amerika gingen die meisten infolge der außerordentlichen Enge des Landes zugrunde, das keine freie Ausdehnung nach irgendeiner Richtung erlaubte. Die Bedingungen von Ostamerika und Ostasien dagegen waren grundverschieden. Hier gab es weder Gebirgsketten noch Meere, die den nach Süden gerichteten Marsch der Vegetation aufhielten, als sie vor dem Eise retirierte. Und als das Eis verschwand, konnten alle wärmeliebenden Arten, wohlbehütet im Süden, nach dem Norden zurückkehren; auf diese Weise wurde ein beträchtlicher Rest der reicheren Vegetation einer früheren geologischen Periode auf unsere Tage in diesen beiden begünstigten Regionen vererbt.

Eine merkwürdige Erscheinung, der bis jetzt nur wenig Beachtung geschenkt wurde, ist die allgemeine Gleichheit der japanischen Flora und jener der benachbarten Küste Asiens. Es ist wahrscheinlich, daß sich, wenn Korea wissenschaftlich vollkommen ausgebeutet sein wird, nicht wenige Spezies, die heute als *japonica* gelten, in Wirklichkeit als kontinentale Arten herausstellen werden. Schon jetzt weiß man, daß einige der heute in Japan sehr verbreiteten Pflanzen in historischen Zeiten eingeführt worden sind. Zum Beispiel, um nur zwei zu nennen, der Teestrauch und der Orangenbaum. Die Einführung des letzteren wird von japanischen Dichtern des 8. Jahrhunderts erwähnt. Der Teestrauch kam mit dem Buddhismus ins Land. Wir selbst waren, glauben wir, vor einigen zwanzig Jahren die ersten, die darauf hinwiesen, welche Dienste die Philologie den Naturwissenschaften auf diesem Gebiete leisten kann, indem wir bewiesen, daß sich Pflanzen und auch Tiere, die jetzt in Japan vorkommen, ursprünglich aber von China oder Korea eingeführt wurden, oft in der japanischen Sprache als importiert an ihren leicht veränderten chinesischen oder koreanischen Namen erkennen lassen[25].

Was wir der Kürze wegen als japanische Region bezeichneten, wird bei Rein «die nordöstliche Monsun-Region» genannt und wird ferner von ihm als das «Reich der Magnolien, Kamelien und Aralias» geschildert. Sie stimmt in bezug auf die geographische Breite ziemlich mit der Mittelmeerregion überein; aber der Charakter der beiden ist so verschieden, wie man es sich nur vorstellen kann. Die japanische Region bildet das Entzücken des Botanikers. Die Mittelmeerregion mit ihren strengeren Formen und kargerem Wachstum gefällt mehr dem Künstler, der die Vegetation weniger um ihrer selbst willen liebt als vielmehr als Rahmen für die Werke des Menschen.[26]

BRONZE (siehe «Metallarbeiten»)

BÜCHER ÜBER JAPAN Die *«Bibliography of the Japanese Empire»* des Herrn von Wenckstern enthält viele Tausende von Nummern, woraus man folgern könnte, daß es nahezu eine Auszeichnung ist, kein Buch über Japan geschrieben zu haben. Die Kunst Japans, die Geschichte Japans, die Sprache, die Folklore, die Botanik, selbst die Erdbeben und die Krankheiten Japans – sie alle und viele andere Gegenstände haben eine kleine Bibliothek für sich. Dazu kommen die Werke enzyklopädischen Charakters und die Reisebücher. Manche der letzten Kategorie besitzen großen Wert, da sie uns japanische Sitten zu gewissen Perioden schildern. Die anderen stehen auf der gewöhnlichen tiefen Stufe der Globetrotterliteratur – Geschwätz, etwas belebt durch Informationen aus zweiter Hand.

Am Schluß der meisten Artikel dieses Buches geben wir die bedeutendsten Autoritäten auf jedem Spezialgebiet an. Nun wollen wir auf die Gefahr hin, unzählige Schriftsteller zu beleidigen, uns unterfangen, das folgende Dutzend von Werken herauszugreifen als die wahrscheinlich nützlichsten, welche dem englischen Leser zugänglich sind. Natürlich ist es mehr als wahrscheinlich, daß einige von den wirklich besten unserer Kenntnis oder unserem Gedächtnis entgangen sind. Wie dem auch sei, eine unvollkommene Liste wird vielleicht besser sein als gar keine:

1. «*The Mikados Empire*» von Rev. W. E. Griffis. Dieses Buch gibt dem Durchschnittsleser gerade jene Informationen, die er verlangt, und zwar in einer nicht zu gelehrten Form. Der erste Band behandelt die Geschichte, der zweite die persönlichen Erfahrungen des Verfassers und das japanische Leben in moderner Zeit. Die zehnte Ausgabe setzt die Ausführungen bis herab zum Jahre 1903 fort. Indessen hat mehr als ein Leser von kultiviertem Geschmack die Neigung des Verfassers zu Überschwenglichkeit beklagt und seinen gelegentlichen Schwulst des Stils. Aber das sind nur nebensächliche Fehler, die keineswegs den wahren Wert des Buches berühren.

2. Lafcadio Hearns[27] «*Glimpses of Unfamiliar Japan*», zusammen mit den ergänzenden Bänden «*Out of the East* und *Kokoro*»[28]. Niemals vielleicht war wissenschaftliche Genauigkeit der Einzelheiten gepaart mit einer solch zarten und auserwählten Brillanz des Stiles. Beim Lesen dieser tiefen, originellen Essays fühlen wir die Wahrheit

von Richard Wagners Ausspruch: «Alles Verständnis kommt uns nur durch die Liebe.» Lafcadio Hearn versteht das zeitgenössische Japan besser und macht es uns besser verständlich als irgendein anderer Schriftsteller, denn er liebt es mehr; das japanische Leben, Sitten, Gedanken, Bestrebungen, die studierende Klasse, die Geishas, die Politiker, das reizende Landvolk vereinsamter Dörfer, das sich noch immer vor den Göttern der Vorväter neigt, Japans Haltung in Kriegszeiten, buddhistische Bestattungszeremonien, wo Priesterchöre in goldgestickten Gewändern singen, nicht Menschen allein, sondern auch Geister und folkloristische Phantasien, die Szenerie entlegener Inseln, die Hearn als einziger Europäer betrat – es gibt nichts Japanisches, ausgenommen vielleicht die humoristische Seite des einheimischen Lebens, das diese wunderbaren Bücher nicht in das Licht von Poesie und Wahrheit tauchten. Nur mit manchen Urteilen Lafcadio Hearns können wir nicht einverstanden sein: Indem er den Japanern Gerechtigkeit widerfahren läßt, scheint er fortgesetzt seiner eigenen Rasse Unrecht zu tun. Die Europäer, so gewinnt man den Eindruck, kommen in seinen Schriften zu schlecht weg. Europa weiß allein, was es zu tun hat, und wenn das der Preis für ein solch großes Geschenk an die Literatur und die Ethnologie sein sollte, so wollen wir ihn ohne Klagen entrichten.

3. *«Japanese Girls and Women»* von Miss A. M. Bacon. Dieses bescheidene Bändchen und seine Fortsetzung *«A Japanese Interior»* geben in kurzer Fassung die beste Darstellung, die jemals über das japanische Familienleben veröffentlicht wurde – ein Heiligtum, in das alle Reisenden gerne einen Blick werfen möchten, aber von dem selbst langjährige Ansiedler überraschend wenig wissen. Die Nüchternheit von Miss Bacons Urteilen und die

Schlichtheit ihres Stiles kontrastieren fast angenehm mit Lafcadio Hearns tropischer Üppigkeit.

4. *«Tales of Old Japan»* von A. B. Mitford (Lord Redesdale), ein altes Buch, aber stets jung. Liebe, Rache, *happy despatch (Harakiri)*, Abenteuer zu Wasser und zu Lande, seltsame Märchen, noch seltsamere buddhistische Predigten – mit einem Wort, das ganze malerische Leben von Alt-Japan: das sind die Dinge, die uns Mitford bietet; und er bietet sie uns in einem Stil, der sie doppelt anziehend macht.

5. *«A History of Japanese Literature»* von W. G. Aston. Alles, was die Welt immer zu verstehen hoffen kann oder wohl über japanische Poesie und Prosa erfahren möchte, ist hier mit der größten Genauigkeit eines Gelehrten, jedoch ohne die leiseste Pedanterie in den Umfang eines einzigen Bändchens zusammengedrängt. Diese Geschichte des japanischen Geistes von zwölf Jahrhunderten – denn nichts anderes ist es – zeigt, wie illusorisch die gewöhnliche europäische Anschauung vom «konservativen Osten» ist, denn alle Jahrhunderte, von 700 bis 1900, waren Jahrhunderte des Wechsels, die meisten des Fortschrittes.

6. *«The soul of the Far East»* von Percival Lowell. Mit einer blendenden Reihe metaphysischer Epigramme greift dieser hervorragende Bostoner das innere Wesen der japanischen Seele an, als deren Hauptmerkmal er «Unpersönlichkeit» entdeckt. Nichts auf der Erde – oder anderswo – ist zu tief für einen Geist, so wahrhaft meteorähnlich in seinem Glanz, und so enthüllt uns Lowell in seinem späteren Werk, *«Occult Japan»,* japanische Besessenheit, Exorzismus und Wundertätigkeit, deren bloße Existenz man kaum vermutet hätte.

7. *«Evolution of the Japanese»* von Rev. Sidney L. Gulick. Eine ausführliche und musterhafte Studie über die

seelischen Eigenschaften des japanischen Volkes, unternommen mit besonderer Bezugnahme auf die jähe Umwälzung in seinen Institutionen, welche die letzte Hälfte des neunzehnten Jahrhunderts einleitete.

8. «*A History of Japan during the Century of Early European Intercourse (1542–1651)*» von J. Murdoch. Fußend auf dem kritischen Studium der Originaldokumente in neun Sprachen, beschreibt dieses einzigartige Werk mit allen Einzelheiten nicht nur innere Kriege, diplomatische Intrigen und die Schicksale der größten Männer Japans, sondern auch Japans erste Beziehungen zu den Portugiesen, den Holländern und anderen westlichen Völkern, und ganz besonders die begeisterte Aufnahme und darauffolgende Verfolgung der katholischen Missionare. Nur gewisse Stilmängel trüben das lebendige Gemälde, das der Autor von dem wichtigsten Jahrhundert der japanischen Geschichte entwirft. Ein zweiter Band ist in Vorbereitung.

9. «*The Capital of the Tycoon*» von Sir Rutherford Alcock. Obgleich das Buch vor einigen vierzig Jahren veröffentlicht wurde, und obwohl es in der Form einer Erzählung nur den kurzen Zeitraum von drei Jahren (1859–1862) umfaßt, ist es doch immer noch entzückend und nützlich zu lesen. In seinen Seiten leben wir mit den Vätern der Männer, die heute Japan regieren. Zwar mögen diese Männer die Anwendung des Sprichworts «Wie der Vater, so der Sohn» auf ihren Fall verwerfen, aber uns fremden Zuschauern, die vielleicht doch manches durchschauen, muß man eine verschiedene Meinung und die Ansicht erlauben, daß selbst in solch exzeptionellen Fällen wie dem Japans die politischen und sozialen Fragen eines Landes nur dann richtig verstanden werden können, wenn man sich stets seine Vergangenheit vor Augen hält. Sir Rutherfords Buch verbindet den ge-

wandten Stil des geschickten Diplomaten und Weltmannes mit den sorgfältigen Forschungen des echten Gelehrten.

10. «*Japan and China*» von Cap. F. Brinkley. Dieses Werk von zwölf stattlichen Bänden, das sich nebenbei mit einer Anzahl anderer Gegenstände beschäftigt, behandelt in maßgebender Weise die Kunst – besonders die Keramik, der ein ganzer Band gewidmet ist – und die Geschichte der Politik der letzten fünfzig Jahre. Der große Teil, in dem die Sitten und Gebräuche des japanischen Hofes und Volkes zu verschiedenen Perioden beschrieben werden, ist ebenfalls sehr interessant. Wer Information über Japan verlangt, kann sich die vier Bände über China erlassen, die eine Art Appendix der acht Bände bilden, in denen Japan, obgleich der weniger umfangreiche Gegenstand, so ungleich ausführlicher behandelt wird.

11. Die «*Transactions of the Asiatic Society of Japan*». Fast jeder für das Studium japanischer Fragen interessante Gegenstand wird in den Seiten dieser «*Transactions*» behandelt, die seit über dreißig Jahren das bevorzugte Publikationsorgan der Forschungen von Satow, Aston, Gubbins, Blakiston, Bryer, Geerts, Batchelor, Troup, Wigmore, Knox, Florenz, Greene, Lloyd und von anderen bedeutenden Gelehrten und Spezialisten gewesen sind. Natürlich sind die «*Asiatic Transactions*» keine leichte Lektüre; sie wenden sich an ernste Leser.

12. «*Descriptive and Historical Catalogue of Japanese and Chinese Paintings in the British Museum*» von Wm. Anderson. Ein solcher Titel tut einem im Wahrheit originellen und wertvollen Buch unrecht. Wem würde es einfallen, über 20 Mark für einen Katalog auszugeben? Aber dieser sogenannte Katalog ist wirklich eine Fundgrube für Informationen über unzählige japanische Fragen. So ent-

hält er eine vollkommene Geschichte der japanischen Malerei. Sodann die mühevollen Forschungen des Autors zusammen mit Sir Ernest Satow über die «Motive» dieser Kunst, die entlehnt sind aus der Geschichte des Landes, den Religionen, dem Aberglauben, der Literatur, den berühmten Gegenden; sie haben helles Licht über diese und viele verwandte Gegenstände gebreitet. Nicht daß das Buch leicht zu lesen wäre oder überhaupt vom Anfang bis zum Ende durchgelesen werden sollte. Doch wird der Schatz an Anekdoten, die es enthält, jedermann fesseln, der es, wenn er vor einem japanischen Bild oder einem andern Kunstwerk steht, vorzieht zu wissen, was es darstellt, anstatt es unwissend anzustarren.

Wenn man Hunderte von Büchern zur Auswahl hat, so könnte eine Liste wie die obige natürlich unendlich ausgedehnt werden. Pearsons *«Flights Inside and Outside Paradise»* kommt uns augenblicklich in den Sinn als jenes, mit dem sich am besten ein Regentag in einem Teehaus vertreiben läßt. Miss Birds (Mrs. Bishops) *«Unbeaten Tracks in Japan»* ist eine vorzügliche Schilderung des Reisens in Japan in der «guten alten Zeit», vor einem viertel Jahrhundert; besonders wertvoll sind ihre Ausführungen über die Ainos. Reins *«Japan»* mit seiner Ergänzung *«The Industries of Japan»* ist ein enzyklopädisches Werk, jetzt außer Druck und in mancher Beziehung veraltet, das aber dessenungeachtet von dem ernsthaften Interessenten wenn möglich zu Rate gezogen werden sollte. Blacks *«Young Japan»* behandelt die Eindrücke eines wohlunterrichteten Ansiedlers während der Jahre 1858–1879 mit jener Frische, die Memoiren eigen ist, die von Tag zu Tag hingeschrieben wurden, gerade wie die Ereignisse einander folgten. Miss Scidmores *«Jinrikisha Days in Japan»* wird sich als ein munterer Gesellschafter erweisen, ebenso Brownells *«Heart of Japan»*.

«Notes in Japan» von Alfred Parson mag empfohlen werden. Knapps *«Feudal and Modern Japan»* ist geistreich und sympathisch. Denings *«Life of Hideyoshi»* und *«Japan in Days of Yore»* geben uns erfrischende Einblicke in Gesellschaftszustände, die weniger prosaisch sind als die unsrigen. Inoues *«Sketches of Tokyo Life»* sind voll des Interessanten, während die verschiedenen illustrierten Bändchen, gedruckt auf Kreppapier von der Hasegawa-Druckerei, hübsche Erinnerungen bilden. Dann kommen die Bücher in fremden Sprachen – wie zum Beispiel Humberts *«Le Japon et les Japonais»*, Bousquets *«Le Japon de nos Jours»*, Bellesorts *«La Société Japonaise»* und Dumolards *«Le Japon Politique, Économique et Social»*. Papinots *«Dictionnaire de l'Histoire et de la Géographie du Japon»* ist eine nützliche Kompilation, wie es keine analoge im Englischen gibt. Für Pierre Lotis Bücher hat man in der Fremdenkolonie nicht die Achtung übrig, die ihnen das Publikum zu Hause erweist – seine Ungenauigkeit und Oberflächlichkeit wirken sehr störend. Indessen sind die Illustrationen zu seiner *«Madame Chrysanthème»* sehr hübsch, und der Text ist wert, durchgeblättert zu werden, wenn auch das Buch weder Mädchen noch Missionaren empfohlen werden kann. Das lebendigste und beste von allen populären Büchern über Japan findet sich unserer Meinung nach im Deutschen. Wir meinen Nettos *«Papierschmetterlinge aus Japan»* mit seinen entzückenden Illustrationen und seinem klaren, pointierten Text. Nippolds Schilderungen und Junker von Landeggs Erzählungen werden viel gelesen. Mit seriösen Büchern stehen die Deutschen natürlich auch an erster Stelle. Die *Mitteilungen der Deutschen Gesellschaft für Natur- und Völkerkunde Ostasiens* sind eine Fundgrube für Informationen in Fragen der Wissenschaft, Gesetzgebung usw.

Nicht zufrieden damit, wie Japan wirklich ist und war,

haben einige phantasievolle Schriftsteller Romane über japanische Stoffe geschrieben. Auf diese Weise entstanden Bücher wie *«Arimas»*, das wunderlich und talentvoll ist, und ein Dutzend anderer, die durchzublättern wir uns übrigens nie entschließen konnten. Was Reisebücher anbetrifft, so nehmen sie buchstäblich kein Ende. Fast jeder mögliche Zeitabschnitt, von *«Seven Weeks in Japan»* bis *«Eight Years in Japan»* und *«Nine Years in Nippon»*, hat den Titel für einen Band abgegeben. Die meisten haben bestechende Adjektive mit dem Wort *«Japan»* verbunden wie The Real Japan, Heroic Japan, Ceremonial Japan, Agitated Japan, Le Japon Pittoresque, Le Japon Pratique usw. Es gibt Expeditions to Japan, Sketches of Japan, Runs in Japan, Gleanings from Japan, Short Leave to Japan, Japan as we saw it, Lotos-time in Japan, Journeys, Travels, Trips, Excursions, Impressions, Letters usw., nahezu ad infinitum; *«and apt alliterations artful aid»* wurde in Anspruch genommen für Titel wie A Jaunt in Japan, the Gist of Japan, Japanese Jingles und mehrere andere. A Diplomatist's Wife in Japan von Mrs. Hugh Fraser und andere Werke aus derselben Feder sind lesenswerte Schilderungen des Lebens in Tokyo und den gewöhnlichen Sommererholungsplätzen, während Weston in seinen *«Japanese Alps»* uns in die Gegenden der wenig bekannten Berge der Provinzen Etchu, Hida und Shinano führt. Ferner können viele ausgezeichnete Dinge aus den Spalten alter Zeitungen ausgegraben werden. Siehe zum Beispiel Rudyard Kiplings Letters to the *«Times»* von 1892, den lebendigsten, die je ein Globetrotter schrieb – aber was für ein Globetrotter! Sie wurden noch einmal in *«From Sea to Sea»* abgedruckt. Viele allgemeine Reisebücher widmen ein Kapitel Japan. Das lebendigste ist Miss Duncans *«Social Departure»*. Denn obgleich die Verfasserin von Japan schwärmt als «einem farbenschillernden Märchen», bewahrt doch ihr Sinn für Humor, der sie nie verläßt, ihren Enthusiasmus davor, sich zu Geschmacklosigkeiten zu versteigen. Vielleicht das amüsanteste Beispiel einer andern Gattung von Reiseliteratur ist ein viel älteres Buch, Miss Margaretha Weppners *«North Star and Southern Cross»*. Wir wollen keine Behauptung aussprechen, die wir nicht beweisen können, und deshalb sagen wir nicht, daß die Verfasserin ein verrücktes Huhn ist. Ihre fixe Idee scheint gewesen zu sein, daß jeder Ausländer in Yokohama und «Jeddo» (Yedo, das heißt Edo bzw. Tokyo) ein Attentat auf sie vorhatte. Was die Japaner betrifft, so gibt sie ihnen den Abschied als «ekelhafte Kreaturen».

Hier ein Teil ihrer Schilderung von Yokohama und den ansässigen Fremden: «Man wird verstehen, daß das Leben der Europäer in Japan nach all dem ein nichtswürdiges ist. Für die Sinne und den animalischen Appetit ist hier reichlich gesorgt; aber Geist, Herz und Seele werden gänzlich vernachlässigt. Zwar gibt es hier Klubs, aber zur Zeit meines Aufenthalts in Yokohama waren sie rein gastronomische Anstalten. Die feingesinnten Männer der Insel leben zu Hause, wo sie ebensoviel Komfort wie in den Klubs genießen können, man sieht sie selten in den Klubs, ausgenommen wenn Theatergesellschaften, Komödianten, Kunstpfeifer usw. dieses Land besuchen. Einige der besseren Europäer gehen in den Klub, um die Zeit totzuschlagen.

Ich hatte während meines Aufenthalts in Yokohama Gelegenheit zu beobachten, daß die dauernde Eintönigkeit des Platzes und das sinnliche Leben, das man hier führt, viele in einen an Verdummung grenzenden Zustand versetzt haben. Es war schwer zu glauben, daß das unsinnige Gefasel, das sie sprachen, überhaupt aus dem Kopf kommen konnte. Die Augen solcher Männer sind stumpfsinnig und stieren idiotisch. Sie sehen und hören nur, was direkt den Magen und die Sinne angeht. Es ist unnütz, weiter über diese Dinge zu moralisieren; aber ich kann mich nicht enthalten hinzuzufügen, daß der Eindruck, den diese entsetzliche Entwürdigung auf einen gesunden Geist hervorbringt, sehr entmutigend ist. Oft wenn ich diese herrliche Szenerie betrachtete, in welcher diese verdorbenen Geschöpfe leben, brach ich unwillkürlich in die Worte des Dichters aus:

‹*Though every prospect pleases,
And only man is vile.*›»

Lehrreicher, wenn auch weniger unterhaltend als diese Bücher, sind die zahlreichen Spezialwerke, besonders jene über Kunst. Wie Gonses *«L'Art Japonais»*, Audleys und Bowes zahlreiche Veröffentlichungen über keramische Kunst, Siegel und Emailarbeiten, Franks und Dressers Bücher und über allen Andersons *«Pictoral Art of Japan»*, ein prachtvolles Werk, kritisch angelegt, mit kompetentem Wissen geschrieben und schön illustriert. Conders *«Flowers of Japan»* und *«Japanese Gardens»*, Piggotts *«Music and Musical Instruments of Japan»*, Leechs *«Butterflies from Japan»*, Gowlands *«Dolmens and Burial Mounds in Japan»* und Munros *«Coins of Japan»* können vertrauensvoll empfohlen werden als die besten Bearbeitungen der entsprechenden Gegenstände. Gubbins hat den japanischen *Code civil* übersetzt, und seine Übertragung ist doppelt wertvoll, da er das Original jeder Seite entsprechend beidruckte. Lönholm machte sich ebenfalls verdient, indem er einige der Codes ins Englische, Französische und Deutsche übertrug. *«Japans Volkswirtschaft und Staatshaushalt»* von K. Rathgen ist ausschlaggebend in japanischen finanziellen und ökonomischen Fragen. Maurice Courant hat eine Menge von Gegenständen kenntnisreich behandelt im *«Journal Asiatique»* und anderswo. Morses *«Japanese Homes»* ist eine reizende Beschreibung nicht nur der japanischen Architektur, sondern auch jeder Kleinigkeit des japanischen Haushalts, selbst bis herab zum Wassereimer und der Feuerzange. Der einzige Mangel daran ist die Tendenz des Verfassers, alles durch die rosige Brille zu sehen, so daß diejenigen, die nur belehrt werden möchten, das Gefühl haben, mehr einem Anwalt zuzuhören als einem Richter. Zum Unglück für die reine Wissenschaft ist die Faszination, die Japan ausübt, so gewaltig, daß ähnliche Fehler den Wert von sonst erstklassigen Werken herabmindern. Ogawas Bilderalben werden jeden entzücken, der das Schöne liebt. Für farbige Illustrationen von Landschaften und des Volkslebens seien dem Reisenden die einheimischen Bücherläden und Druckereien empfohlen: Keinem fremden Künstler ist die besondere japanische Farbengebung gelungen.

Von Nachschlagewerken seien erwähnt Bramsens *«Chronological Tables»*, mit Hilfe deren das genaue Äquivalent eines jeden japanischen Datums bestimmt werden kann; das *«China Sea Directory»*, Band IV; die zahlreichen *«Memoirs of the Imperial University»;* die *«Trade reports»* des britischen Konsulats; das *«Résumé Statistique de l'Empire de Japon»*, jährlich herausgegeben; und die Jahresberichte der verschiedenen Abteilungen der Kaiserlichen Regierung über Gegenstände wie Erziehung, Eisenbahn, Post usw. Wir verweisen auf die letzteren, da nicht wenige sowohl englisch als in der Landessprache erscheinen. Mehrere in Europa erzogene Japaner haben Bücher in europäischen Sprachen geschrieben. Das Werk dieser Art, das in den letzten Jahren das größte Aufsehen erregt hat, ist ein kleiner Band von Nitobe, betitelt *«Bushidō, the Soul of Japan»*[29], der in populärer Darstellung die Sittenlehre behandelt, die die Lebensführung des Samurais in alter Zeit bestimmte. In einigermaßen erfreulichem Gegensatz zu dem patriotischen Enthusiasmus dieses Autors steht das trübe Bild einheimischen Familienlebens, das Tamura in «*Japanese Bride*» entwirft. «*How I Became a Christian*» von Uchimura Kanzō dürfte einen großen Kreis von Lesern interessieren. Okakuras «*Ideals of the East*» könnte man für die Arbeit eines Bostoners halten, wenn nicht der japanische Name auf dem Titelblatt stände. Ferner seien erwähnt Nitobes Schrift «*The Intercourse between the United States and Japan*», Inagakis «*Japan and the Pacific*», Bunyin Nanjios «*Catalogue of the Buddhist Tripîtaka*» und – obwohl sie wenig mit Japan zu tun haben – die sogenannten Gedichte von Y. Noguchi, welche einiges Aufsehen (in Kalifornien) erregt haben. Die wichtigsten Werke der ältesten Reisenden sind die weitschweifigen «*Letters of the Jesuit Missionaries*», die «*Letters of the English Pilot Will Adams*», Kaempfers «*History of Japan*» und des älteren Siebolds enzyklopädischen Werke. Aber sie sind jetzt meist außer Druck, wie sie auch außer der Zeit sind. Ein anderes ausgezeichnetes Buch, jetzt schwer zu erhalten, ist Hildreths «*Japan as it Was and Is*», in welchem das Wesentliche dessen, was die verschiedenen alten Reisenden uns über Japan hinterlassen haben, zusammengefaßt ist mit einer Beifügung der genauen Originaltexte, soweit es möglich war.

BUDDHISMUS Viele Schriftsteller von St. Franzis Xavier abwärts haben das Augenmerk auf die oberflächlichen Ähnlichkeiten zwischen dem buddhistischen und dem römisch-katholischen Zeremoniell gelenkt – die Blumen auf dem Altar, die Kerzen, der Weihrauch, die rasierten Köpfe der Priester, die Rosenkränze, die Bildnisse, die Prozessionen. Was aber das Dogma anbetrifft, so trennt eine Welt von Gedanken den Buddhismus von jeder Form des Christentums. Wissen, Erkenntnis, das ist die Bedingung der buddhistischen Gnade – nicht Glaube. Selbstvervollkommnung ist das Mittel zur Erlösung, nicht die von einem Erlöser übernommenen Leiden. Nicht ewiges Leben ist das Ende und die Teilnahme an unaufhörlichen Lobpreisungen und Danksagungen, sondern die Aufnahme ins *Nirwana* (japanisch *Nehan*), tatsächlich Annihilation. Denn der Buddhismus lehrt, daß das Leben selbst ein Übel ist, das aus der doppelten Ursache der Unwissenheit und den Leidenschaften entspringt. In logischer Übereinstimmung mit diesem Grundsatz leugnet er die Existenz eines obersten Gottes und Schöpfers der Welten. Zwar gibt es Götter in der Kosmogonie, die der Buddhismus vom Brahmaismus ererbte, aber sie sind weniger wichtig als die *Hotoke* oder Buddhas – das heißt Menschen, die sich in aufeinanderfolgenden Existenzen in die Höhe gerungen haben zur Ruhe vollkommener Heiligkeit. Philosophisch genommen, könnten tatsächlich zwei Systeme kaum in einem schärferen Gegensatz zueinander stehen, obgleich man gestehen muß, daß im Leben eines ruhigen, frommen Volkes, das sich nicht Spekulationen hingibt oder der logischen Befolgung des Glaubens, dem es angehört, das praktische Resultat dasselbe sein kann.

Diese wenigen Bemerkungen sind lediglich dazu bestimmt, dem Leser den rechten Weg zu weisen. Es kann natürlich nicht in den Rahmen eines japanischen Fragen gewidmeten Handbuches fallen, die Lehren und Ausübungen der großen und komplizierten indischen Religion zu analysieren, die, mit der Geburt des Buddha Shaka Muni im Jahre 1027 v. Chr. (so sagen die japanischen und chinesischen Buddhisten, europäische For-

BUDDHA-TRIAS IM KLOSTER HORYU-JI

schen ziehen das Datum 653 v. Chr. vor) beginnend, nach und nach der Hauptfaktor im religiösen Leben des ganzen östlichen Asien wurde.

Japan erhielt den Buddhismus von Korea, wohin er von China aus gekommen war. Nach den Berichten der einheimischen Chroniken über die Einführung des Buddhismus wurden ein goldenes Bildnis Buddhas und einige Rollen der Sutras im Jahre 552 dem Mikado Kinmei vom König von Hyakusai, einer der koreanischen Staaten, geschenkt. Der Mikado neigte zur Annahme der neuen Religion; aber die Mehrheit seines Rates, konservative Shintoisten, bestimmte ihn, das Bildnis von seinem Hofe zu entfernen. Der goldene Buddha wurde demgemäß einem gewissen Soga no Iname anvertraut, der sein Landhaus in den ersten auf japanischem Boden existierenden buddhistischen Tempel verwandelte. Eine Pest, die kurz darauf ausbrach, wurde dieser fremden Neuerung von den Anhängern der alten Religion zur Last gelegt. Der Tempel wurde vom Erdboden vertilgt; aber diesem Sakrileg folgte solch grauenhaftes Unheil, daß man bald erlaubte, ihn wieder aufzubauen. Buddhistische Mönche und Nonnen strömten dann aus Korea in immer größerer Anzahl herüber. Shōtoku Taishi, regierender Fürst unter der Kaiserin Suiko von 593 bis 621, erreichte beinahe den Rang eines buddhistischen Heiligen; und von jener Zeit an wurde die neue Religion zur Hauptreligion des Landes gemacht, obgleich der Shintoismus nie ganz unterdrückt wurde. Jahrhundertelang lag die ganze Erziehung in den Händen der Buddhisten, ebenso die Fürsorge der Armen und Kranken; der Buddhismus führte die Kunst ein, die Medizin, gestaltete die Folklore des Landes, schuf seine dramatische Dichtkunst, beeinflußte aufs tiefste die Politik und jede Sphäre des sozialen und geistigen Lebens. Mit einem Wort, der

Buddhismus war der Lehrer, unter dessen Erziehung das japanische Volk aufwuchs. Daran denkt es aber heute gar nicht mehr. Frage einen gebildeten Japaner etwas über Buddhismus, und, zehn gegen eins, er wird dir ins Gesicht lächeln – hundert gegen eins, er weiß nichts davon und ist stolz auf seine Unwissenheit.

Der chinesische und koreanische Buddhismus war schon in zahlreiche Sekten und Untersekten zersplittert, als er nach Japan kam – in Sekten, die sich alle nach und nach sehr stark in ihren Lehren von dem reineren, einfacheren südlichen Buddhismus Ceylons und Siams entfernt hatten. Der japanische Buddhismus folgt dem, was das «größere Mittel» genannt wird (Sanskrit *Mahâyâna*, japanisch *Daijō*), welches viele unverbürgte Hinzufügungen zur ursprünglichen Lehre Buddhas enthält.[30] Die mächtigsten jetzt in Japan existierenden Sekten sind die *Tendai, Shingon, Jōdo* und *Zen,* die chinesischen Ursprungs sind, die *Shin* (auch *Ikkō* oder *Monto* genannt) und die *Nichiren* oder *Hokke,* beide einheimische japanische Sekten, die aus dem 13. Jahrhundert datieren. Die *Nichiren* ist die bigotteste, die *Shingon* die abergläubischste. Die *Monto* wurde mit dem Protestantismus verglichen, da sie ihren Priestern die Ehe erlaubt und die Lehre von der Erlösung durch den Glauben an *Amida*[31] allein verkündet. Die *Zen* ist die interessanteste für den Forscher japanischer Soziologie wegen ihrer innigen Verbindung mit der Pflege von Poesie und Kunst.

Die komplizierte Metaphysik des Buddhismus hat im japanischen Volk nur geringes Interesse erweckt. Eine andere Tatsache, sonderbar aber wahr, ist die, daß sich dieses Volk niemals Sorgen darum gemacht hat, den buddhistischen Kanon in seine eigene Sprache zu übersetzen. Die Priester benützen eine chinesische Version, die Laien unserer Zeit überhaupt keine Version, obgleich

– nach Andeutungen zu schließen, die über die ganze japanische Literatur verstreut sind – sie sich einige hundert Jahre früher mehr mit der Erforschung der Schriften beschäftigt zu haben scheinen. Die buddhistische Religion wurde während der Jahre 1871–1874 entthront und entrechtet, eine Maßnahme, die das vorübergehende Aufblühen des Shintoismus verursachte. In neuerer Zeit wurde von der buddhistischen Priesterschaft ein aussichtsloser Kampf gegen Rivalen unternommen, im Vergleich zu denen Shinto unbedeutend ist: Wir meinen die beiden großen europäischen Gedankenströmungen Christentum und Naturwissenschaft. Einige wenige – recht wenige – Männer, die europäisch erzogen sind, verfechten die Sache des Buddhismus. Nicht weil sie orthodoxe Anhänger irgendeiner Sekte sind, sondern in der Überzeugung, daß der philosophische Gehalt des Buddhismus im allgemeinen von der Lehre der Evolution bekräftigt wird und daß deshalb diese Religion nur auf moderner Grundlage regeneriert werden müsse, um eine universelle Aufnahme zu finden.[32]

CHA-NO-YU (siehe «Teezeremonien»)

CHARAKTERISTIKA (siehe «Japanisches Volk»)

CHAUVINISMUS Japan ist in der letzten Zeit nicht jener Woge des *«jingo»*-Empfindens entgangen, die um die Erde ging und die die Sympathie zwischen den Nationen verringerte, je besser sie einander verstehen lernten. Einige wenige Jahre lang war ohne Zweifel «fremd» und «gut» ein und dasselbe; die Japaner saßen zu Füßen des westlichen Gamaliel und betrachteten seine leisesten Äußerungen als Perlen von unschätzbarem Wert.

Diese Verhältnisse änderten sich plötzlich im Jahre 1887. Jetzt ist die Stimmung die: «Japan für die Japaner, und laßt es ein japanisches Japan sein». Ausländische Beamte wurden entlassen und durch einheimische ersetzt. Im Reichstag – es war im Oberhaus – opponierte man gegen das metrische Maß- und Gewichtssystem mit der Begründung, daß die Einführung eines fremden Systems ein Schandfleck auf dem nationalen Wappen sei. Erst vor vier oder fünf Jahren beschloß die Handelskammer in Tokyo, die römische Nomenklatur, die bis dahin auf den Silber- und Kupferstücken zur Anwendung kam, bei den neuen Münzen wegfallen zu lassen.

Nicht allein, daß die nationale Kleidung in beträchtlichem Maße wieder aufgenommen wurde und das Interesse für einheimische Sportarten und nationale Altertümer sich neu belebte – der besondere Zug der heutigen Situation ist der, daß die Japaner uns auf unserem eigenen Grund und Boden und mit unseren eigenen Waffen schlagen wollen. Japan soll den pazifischen Handel an sich reißen und der Führer Asiens in moderner Kriegsführung und Diplomatie werden. Nach andern wird es die Philosophie neu gestalten; denn Europa ist unheilbar abergläubisch, Japan dagegen durchaus vernünftig. Herr Inagaki, ein wohlbekannter Publizist, der in Europa gelebt hat und sogar ein Buch in englischer Sprache veröffentlichte, hat Essays geschrieben, in denen er Japans besondere Befähigung auseinandersetzt, neue und wichtige Gesichtspunkte für internationale Gesetze zu schaffen. Vorläufig werden die ausländischen Missionare, da sie altmodisch sind, von ihren ehemaligen Konvertiten verlassen. Herr Kozaki glaubt, daß Japan der Platz ist, wo «das Weltproblem des Christentums nach und nach gelöst werden wird»; und eine Menge führender japanischer Christen teilt mit Herrn Yokoi die Ansicht, daß das japanische Christentum aus sich selbst eine höhere Lehre entwickeln müsse, bei der das europäische Christentum in der Zukunft Hilfe suchen werde.

Die Politiker zeigen dieselbe Haltung, *mutatis mutandis*. Sie verweisen auf die jahrhundertelangen Zwistigkeiten, die blutigen Revolutionen, durch die der Westen langsam seinen Weg zur konstitutionellen Regierung fand – dagegen in Japan, wie sah es hier aus? Ein dankbares und intelligentes Volk, das das freiwillige Geschenk der Selbstregierung aus der Hand eines weisen und wohlwollenden Herrschers entgegennahm. Ferner hat man entdeckt, daß Mut, Patriotismus und Treue spezifisch japanische Tugenden sind oder daß zumindest japanischer Mut, japanischer Patriotismus und japanische Treue in einer unvergleichlich helleren Glorie strahlen als die Eigenschaften, die mit den gleichen Namen in inferioren Ländern belegt werden – in England zum Beispiel, Frankreich, Deutschland oder Amerika.

Dai Nihon Banzai! «Es lebe das große Japan!» Japan ist eine junge Nation – wenigstens eine wiederverjüngte Nation – und Jugend muß Selbstvertrauen haben. Die Graubärte sollen es nicht anders wünschen.[33]

Christentum in Japan (siehe «Mission»)

Clans

Dies ist die gewöhnliche englische Übertragung des japanischen Wortes *han,* das besser mit «Daimiat» wiedergegeben werden könnte, das heißt Gebiet und Gefolgschaft eines Daimyos oder territorialen Edelmannes im feudalen Japan. Die Kriegerkaste eines japanischen Daimiats unterschied sich von den *Highland clans* dadurch, daß die Angehörigen derselben nicht alle eine gemeinsame Abstammung geltend machten oder den gleichen Familiennamen trugen; aber sie waren ebenso durch das Band der Liebe und des unbedingten Gehorsams an ihren Herrn gebunden und miteinander verbunden durch das Gefühl der Brüderschaft. Dieses Gefühl hat die Aufhebung des Feudalismus im Jahre 1871 überlebt. Seit dieser Zeit haben stets Angehörige der vier großen Daimiate von *Satsuma, Chōshū, Tosa* und *Hizen*[34] tatsächlich die Regierung Japans in Händen gehabt. Sein größter moderner Staatsmann, Ito, sein bekannter Minister des Äußeren, Inoue, und Yamagata, Aoki, Katsura sind alle *Chōshū*-Leute, während solch hervorragende Namen wie Ōyama, Matsukata, Yamamoto und Kawamura, das heißt mehr oder weniger die ganze Marine, *Satsuma* angehören.

Wer japanische Politik studiert und diesen Umstand im Auge behält, dem werden viele Dinge klar werden, die vorher kompliziert und unlogisch erschienen. Politische Fragen sind nicht notwendigerweise Prinzipienfragen. Sie können einfach Fragen eines persönlichen oder lokalen Interesses sein. Der heutige unumschränkte Einfluß der vier Daimiate von *Satsuma, Chōshū, Tosa* und *Hizen* ist teilweise ein Erbe aus alten Zeiten, teilweise die Folge des Anteils, den sie während der Revolution von 1868 an der Einsetzung des Mikado als Alleinherrscher über das Reich nahmen. Die zwei mächtigsten der vier sind *Satsuma* und *Chōshū,* woher der Ausdruck *Sat-Chō* rührt, der ihre Verbindung bezeichnet; denn in Japan gilt es nicht für gewöhnlich, die Endungen von Wörtern abzuschneiden. Im Gegenteil, diese Sitte wird als eine vornehme Nachahmung des chinesischen Stiles angesehen, dessen Ideal Kürze ist. Den *Satsuma*-Leuten schreibt man

Mut zu, denen von *Chōshū* Weisheit. Die ersteren sind Soldaten und Seeleute, Männer der Tat und Kühnheit; die letzteren sind Diplomaten und begabte Administratoren. Indessen ist es der Wunsch der modernen Parlamentarier, mit all den Überbleibseln des Clansystems aufzuräumen und eine Parteienregierung dafür einzuführen. Ihr Erfolg ist ohne Zweifel nur eine Frage der Zeit.

CLOISONNÉ Die Kunst der Cloisonné-Emaillierung ist in Japan seit dem 16. Jahrhundert und möglicherweise früher bekannt gewesen; aber ihre Vollendung erreichte sie erst in den letzten dreißig Jahren. Die wenigen Beispiele im Nijō-Palast in Kyōto (errichtet 1601) sind unscheinbar und ungeheuer roh. Herr Namikawa, der große Cloisonné-Künstler von Kyōto, zeigt dem Besucher Stücke, die vorsintflutlich aussehen, was Roheit und Einfachheit anbetrifft, und doch aus keiner früheren Zeit als 1873 stammen.

Ist es nötig zu erklären, daß Cloisonné eine Art von Mosaik ist, mit dem charakteristischen Merkmal eines auf einen soliden Metallgrund gelöteten Netzwerkes aus Kupfer oder Messing, dessen Zwischenräume oder Zellen – die *cloisons,* wie sie technisch heißen – mit einer Emailpaste von verschiedenen Farben ausgefüllt werden, worauf der Prozeß durch mehrfaches Brennen, Reiben und Polieren, bis die Oberfläche ebenso glatt als hart geworden ist, beendet wird? Zuweilen wurde auch Emaillierung in gleicher Weise auf Porzellan- und selbst auf Holzgrund angewandt, aber die besten Kenner verwerfen diese Neuerung, da sie der Natur des Materials widerspricht.

Kyōto, Tokyo und Nagoya sind die drei großen Zentren der Emaillierkunst, und alle drei haben einen besonderen Stil entwickelt. Der Unterschied zwischen den Stilen von Tokyo und Kyōto besteht darin, daß, während Namikama in Kyōto keinen Versuch macht, die metallenen Umrisse seiner entzückenden Blumen und Arabesken zu verbergen, sich sein Namensvetter in Tokyo rühmt, die *cloisons* unsichtbar zu machen, so daß er entweder Bilder hervorbringt, die man für Porzellanmalereien halten könnte, oder monochrome Effekte erzielt, wie man sie ebenfalls bei gewissem alten chinesischen Porzellan beobachtet. Die Schule von Tokyo entfaltet die größere *tour de force*. Aber Personen von wahrem künstlerischen Empfinden, die wissen, daß jedes Material seine natürlichen Grenzen hat, innerhalb welcher sich würdig zu bewegen besser ist als sie zu überschreiten, werden sicherlich die Produkte der Fabrikanten von Kyōto vorziehen, deren Cloisonné wirkliches Cloisonné ist; und zwar Cloisonné von einem dekorativen Reichtum, einer Genauigkeit der Zeichnung, einer Harmonie der Farben, einfach wunderbar, wenn man den Charakter des verwendeten Materials in Betracht zieht und die Gefahren, denen es während des Herstellungsprozesses ausgesetzt ist. Diese Gefahren erhöhen beträchtlich den Preis der Cloisonné-Waren, besonders den der größeren monochromen Stücke. Der Käufer einer Vase oder eines Ziertellers muß nicht nur sie allein bezahlen, sondern auch all die andern, die unvermeidlich bei dem Bestreben, ein fehlerloses Stück herzustellen, verdarben.

Das beste Cloisonné von Nagoya ist von den beiden obigen verschieden. Der bedeutendste lokale Künstler, Kumeno, nimmt Silber als Grund für seine Vasen, und dieses Silber wird in der gewünschten Zeichnung erhaben getrieben, wobei sich bei Wasser- und Wellenmotiven besonders feine Wirkungen erzielen lassen. Auch Drähte werden benützt. Das verwendete Email ist meistens transparent, so daß sehr delikate Effekte dank dem durch die Glasur schimmernden Silber entstehen.[35]

DAIMYŌ Die Daimyōs waren die Lehensherrn oder Barone des feudalen Japan. Der Ausdruck bedeutet wörtlich «großer Name». Dementsprechend besaßen während des Mittelalters Heerführer von geringerem Range, etwa unseren Rittern oder Baronets vergleichbar, den Titel *Shōmyō*, das heißt «kleiner Name». Aber der letztere kam außer Gebrauch. Vielleicht klang er zu wenig vornehm, um denen, die ihn trugen, willkommen zu sein. Unter der Tokugawa-Dynastie, die Japan von 1603 bis 1867 beherrschte, besaß der geringste Daimyō ein Besitztum, das auf zehntausend Ballen Reis jährlich eingeschätzt wurde, während das reichste Lehen – jenes von Kaga[36] – über eine Million Ballen wert war. Die gesamte Anzahl der Daimyōs in der neuen Zeit betrug etwa dreihundert.

Man darf nicht vergessen, daß die Daimyōs nicht die alleinige Aristokratie im Lande waren, obgleich sie ohne Zweifel die reichste und wichtigste bildeten. Im Schatten des Palastes der Mikados in Kyōto lebte oder besser: vegetierte jahrhundertelang der Geburtsadel Japans, *Kuge* genannt, der, obschon arm, stolz auf seine Abstammung von Göttern und Kaisern war und auf den feudalen Adel der Daimyōs herabsah als auf eine Clique von kriegerischen Abenteurern und Parvenüs. Mit der Revolution von 1868, die den Fall der Daimyōs herbeiführte, war endlich auch der Tag für die *Kuge* gekommen. Mit der Einsetzung des Mikados in unumschränkte Gewalt tauchten auch sie aus ihrer Obskurität empor; und als 1884 neue Ränge und Titel geschaffen wurden, wurden sie nicht vergessen. Die alten *Kuge* nahmen die Ränge von neuen Fürsten, Marquis und Grafen an, und was mehr war, es wurden ihnen Pensionen ausgesetzt.[37]

DÄMONISCHE BESESSENHEIT Chinesische Ideen von der übernatürlichen Macht des Fuchses und in geringerem Grade des Dachses und des Hundes drangen in Japan im frühen Mittelalter ein. Eine oder zwei Erwähnungen von Zauberfüchsen finden sich in einem Geschichtsbuch des 11. Jahrhunderts, «*Uji Shūi*»; und seit dieser Zeit verbreitete sich und wuchs dieser Glaube, bis schließlich kein altes Weib im Lande war – oder, was das betrifft, auch kein Mann –, die nicht eine umständliche Fuchsgeschichte zu berichten hatten, die einem widerfuhr, der mindestens ein Bekannter eines Bekannten war.

Im Jahre 1889 zirkulierte eine von vielen geglaubte Geschichte von einem Fuchs, der die Gestalt eines Eisenbahnzuges auf der Linie Tokyo – Yokohama angenommen hatte. Dieser Phantomzug schien sich einem wirklichen Zug zu nähern, der gerade in der entgegengesetzten Richtung lief, allein er kam nie näher. Der Führer des wirklichen Zuges, der sah, daß all seine Signale nutzlos waren, fuhr nun mit voller Kraft. Als das Phantom zuletzt eingeholt worden war, wurde – man höre und staune! – nichts als ein zerfleischter Fuchs unter den Rädern der Maschine gefunden. Auch im 20. Jahrhundert erfuhr der volkstümliche Glaube keine Abnahme. Fuchsgeschichten – sie brauchen ja nicht bezeugt sein, man hält sie aber immer noch für erwähnenswert – werden in den gleichen Zeitungen erzählt, die nüchterne Tatsachen und neue wissenschaftliche Erfindungen berichten. In Wahrheit, der Name solcher Geschichten ist Legion. Noch sonderbarer und interessanter ist die jenen dämonischen

Füchsen zugeschriebene Macht, ihren Wohnsitz in menschlichen Wesen nehmen zu können in einer Weise, die an die so häufig im Neuen Testament erwähnten Phänomene von Besessenheit durch böse Geister erinnert. Dr. Baelz von der Kaiserlichen Universität von Japan, der in dem ihm unterstellten Hospital häufig Gelegenheit hatte, solche Fälle zu studieren, hat uns in freundlicher Weise Berichte darüber zukommen lassen, von denen wir folgendes Resümee geben:

«Besessenheit durch Füchse *(kitsune-tsuki)* ist eine Art nervöser Zerrüttung oder Delusion, die nicht selten in Japan beobachtet wird. Nachdem der Fuchs in das menschliche Wesen eingedrungen ist, zuweilen durch die Brust, häufiger durch den Raum zwischen den Fingernägeln und dem Fleisch, lebt er sein eigenes Leben, getrennt von dem Ich der Person, die ihn beherbergt. Daraus resultiert eine Art von Doppelwesen oder Doppelbewußtsein. Die besessene Person hört und versteht alles, was der Fuchs innen sagt oder denkt, und die beiden geraten häufig in einen lauten und heftigen Disput, wobei der Fuchs in einer Stimme spricht, die vollständig verschieden ist von der dem Individuum eigenen. Der einzige Unterschied zwischen den Fällen der Besessenheit in der Bibel und jenen in Japan beobachteten besteht darin, daß hier fast ausschließlich Frauen die Opfer sind – meist Frauen der niederen Stände. Unter den prädisponierenden Bedingungen mögen erwähnt werden ein schwacher Intellekt, ein zu Aberglauben geneigtes Gemüt und schwächende Krankheiten wie zum Beispiel typhöses Fieber. Besessenheit kommt ausschließlich bei Personen vor, die schon davon gehört haben und wirklich daran glauben.

Die Erklärung dieser Zerrüttung liegt näher, als man vermuten möchte. Besessenheit ist augenscheinlich verwandt mit Hysterie und den hypnotischen Phänomena, welche die Physiologen in neuer Zeit so sorgfältig studiert haben. Die Ursache aller liegt in dem Umstand, daß, während bei gesunden Personen nur eine Hälfte des Gehirns tätig ist – bei rechtshändigen Personen die linke Hälfte des Gehirns und bei linkshändigen die rechte –, die andere Hälfte dagegen sich nur ganz im allgemeinen an den Denkfunktionen beteiligt, nervöse Erregungen in dieser andern Hälfte entstehen und die beiden – erstens das Organ des gewöhnlichen Selbsts und zweitens das Organ des neuen pathologisch angegriffenen Selbsts – einander entgegenwirken. Man erklärt das Wesen der Besessenheit als eine Autosuggestion, eine Idee, die entweder anscheinend spontan entsteht oder auch dadurch, daß andere in Gegenwart der Patientin über diesen Gegenstand sprechen und dadurch ihren geschwächten Geist beeinflussen, genau wie es bei der Hypnose der Fall ist. Auf gleiche Weise wird oft die Idee der Heilungsmöglichkeit tatsächlich die Heilung herbeiführen. Der Heilkünstler muß Geistesstärke und Willenskraft besitzen und das volle Vertrauen des Kranken genießen. Aus diesem Grunde sind die Priester der Nichiren-Sekte, die die abergläubischste und bigotteste der japanischen buddhistischen Sekten ist, die erfolgreichsten Fuchsaustreiber. Gelegentlich begleiten Anfälle und Schreie den Austritt des Fuchses. In allen Fällen – selbst wenn der Fuchs ruhig entflieht – bleibt für einen oder zwei Tage eine große Depression zurück, und zuweilen hat der Patient kein Bewußtsein von dem, was vorfiel.

Um nur einen von vielen Fällen zu erwähnen: Ich wurde einst zu einem Mädchen mit typhösem Fieber gerufen. Sie genas; aber während ihrer Rekonvaleszenz hörte sie die Frauen um sie her von einer andern Frau sprechen, die von einem Fuchs besessen war und die ohne Zweifel alles versuchen würde, ihn auf jemand anderen zu übertragen, um ihn los zu werden. In diesem Augenblicke hatte das Mädchen eine außergewöhnliche Empfindung. Der Fuchs hatte von ihr Besitz genommen. Alle ihre Anstrengungen, sich seiner zu entledigen, waren erfolglos. ‹Er kommt! Er kommt!› schrie sie, wenn sie einen Anfall bekam. ‹Oh! was soll ich tun? Er ist da!› Und dann begann der Fuchs in einer fremdartigen, trockenen, gebrochenen Stimme zu sprechen und seine unglückliche Wirtin zu verspotten. Das dauerte drei Wochen lang, bis man nach einem Priester der Nichiren-Sekte schickte. Der Priester machte dem Fuchs heftige Vorwürfe. Der Fuchs (natürlich immer durch den Mund des Mädchens sprechend) ließ es seinerseits nicht an Erwiderungen fehlen. Zuletzt sagte er: ‹Ich habe sie satt! Ich verlange nichts anderes, als sie zu verlassen. Was willst du mir geben, wenn ich das tue?› Der Priester fragte, was er nehmen wolle. Der Fuchs nannte gewisse Kuchen und andere Dinge, die vor den Altar eines bestimmten Tempels gelegt werden müßten, um vier Uhr nachmittags an dem und dem Tage. Das Mädchen war sich der Worte bewußt, deren Medium ihre Lippen waren, war aber machtlos, etwas in eigener Person zu sagen. Als Tag und Stunde kamen, wurden die verlangten Gaben von ihren Verwandten zu dem bezeichneten Platz gebracht, und der Fuchs verließ das Mädchen zur selben Stunde.

Eine merkwürdige Szene verwandter Natur kann man gelegentlich in Minobu beobachten, dem romantisch gelegenen Haupttempel der Nichiren-Sekte, etwa zwei Tagesreisen von Tokyo entfernt im Innern des Landes gelegen. Dort sitzt das Volk stundenlang betend vor den riesigen Standbildern der rasendblickenden Götter, Niō, die der Held Asaina vor einigen sechshundert Jahren in einer einzigen Nacht auf dem Rücken von Kamakura hierher getragen haben soll. Die Beter schwingen ihre Körper rückwärts und vorwärts und wiederholen unaufhörlich die gleiche Gebetsformel ‹Namu myōhō renge kyō! Namu myōhō renge kyō!›[38] Zuletzt scheint es den nervöseren unter ihnen, erschöpft und erregt wie sie sind, als ob die Augen der Statuen plötzlich lebendig funkelten; sie erheben sich wild, denn sie fühlen eine Schlange oder auch einen Tiger in sich, und dieses unreine Tier wird als die physische Inkarnation ihrer Sünden angesehen. Dann verläßt die Natter oder Schlange sie unter einem Schrei und sie bleiben ohnmächtig auf dem Platze liegen.»

Soweit Dr. Baelz. Seine Ausführungen mögen durch die Bemerkung ergänzt werden, daß es nicht allein Personen gibt, die von Füchsen besessen sein sollen *(kitsune-tsuki)*, sondern auch solche, von denen man glaubt, daß sie Füchse besitzen *(kitsune-mochi)*, mit andern Worten, daß sie Zauberer und Hexen sind, die über unsichtbare böse Mächte Gewalt haben und sie willkürlich auf ihre Feinde hetzen können. Der folgende Auszug aus einer japanischen Zeitung («*Nichi-Nichi Shinbun*»[39] vom 14. August 1891) mag diesen Punkt illustrieren:

«In der Provinz Izumo, besonders im westlichen Teil, existiert eine sonderbare Anschauung, ‹Fuchs-Besitzen› genannt, die eine wichtige Rolle bei Heiraten und bei Besitzwechseln spielt. Wenn eine Heirat zwischen Personen arrangiert werden soll, die einige Meilen voneinander entfernt wohnen und miteinander nicht bekannt sind, so werden Nachforschungen in den Familien in bezug auf eine Möglichkeit von Lepra oder Schwindsucht jener ersten Hauptfrage untergeordnet: Ist die andere Partei ein Fuchs-Besitzer oder nicht? Zur Erklärung dieses Ausdruckes sei gesagt, daß Familien, die Fuchs-

Besitzer sind, ein Rudel von kleinen, wieselähnlichen Füchsen, menschliche Füchse genannt, bei sich leben haben sollen, bis zu der Anzahl von fünfundsiebzig, von denen sie begleitet und beschützt werden, wohin sie immer gehen, und die über ihre Felder wachen und die Mitmenschen abhalten, ihnen irgendwelchen Schaden zuzufügen. Sollte indessen irgendein Schaden angerichtet werden, sei es aus Bosheit oder Unwissenheit, so wird der Übeltäter augenblicklich vom Fuchs besessen, der ihn zwingt, seine Missetat auszuplaudern, und zuweilen selbst seinen Tod herbeiführt. So groß ist im Volke die Furcht vor den Fuchs-Besitzern, daß jemand, der in eine Familie, die Füchse besitzt, einheiratet oder Land von ihr kauft oder es unterläßt, ihr geborgtes Geld zurückzuzahlen, selbst als ein Fuchs-Besitzer angesehen wird. Die Fuchs-Besitzer werden gemieden, als seien sie Nattern oder Dechsen. Nichtsdestoweniger wird man einen Menschen niemals geradeheraus fragen, ob seine Familie Füchse besitze oder nicht; denn es könnte ja beleidigen, und die Folge für den Neugierigen könnte eine Heimsuchung in der Form von Besessenheit durch einen Fuchs sein. Dieses Thema wird daher nie in Gegenwart einer verdächtigen Partei berührt. Alles, was man tut, ist, ihr höflich aus dem Wege zu gehen.

Indessen sei bemerkt, daß es permanente Fuchs-Besitzer und temporäre gibt. Die permanenten Fuchs-Besitzer suchen im stillen nach Familien ähnlicher Natur, um einzuheiraten und können um keinen Preis in andere einheiraten, so sehr auch Reichtum und Schönheit verlocken mögen. Ihre Lage gleicht in hohem Grade jener der Parias und Ausgestoßenen früherer Zeiten. Aber selbst die strengsten Regeln werden zuweilen von der Liebe durchbrochen, die ein Ding für sich selbst ist, und Verbindungen zwischen Fuchs-Besitzern und Outsidern kommen zustande. Wenn sich solch ein unheilbares Unglück ereignet, so werden sich die Eltern selbst von ihrem heißgeliebten einzigen Sohn lossagen und ihm verbieten, je in seinem Leben wieder ihre Schwelle zu überschreiten. Temporäre Fuchs-Besitzer sind solche, die von ihrer Familie ausgeschlossen werden, weil sie Land von einem permanenten Fuchs-Besitzer erwarben. All diese Umstände verleihen den Fuchs-Besitzern große Sicherheit (ob sie solche in Wahrheit sind oder nur in der Einbildung der Leute, können wir nicht feststellen); denn niemand wird ihnen auch nur ein Härchen krümmen. Deshalb sind sie alle gut situiert; einige von ihnen sollen sogar zu den wohlhabendsten Familien der Provinz zählen. Die ärmsten Leute, die Geld von ihnen borgten, werden ihr Äußerstes tun, das Geld aufzubringen, um das Darlehen zurückzubezahlen, denn sonst würden die andern sie ebenfalls als Fuchs-Besitzer betrachten und meiden. Die Folge von all dem ist, daß ein nervöses Leiden, der Besessenheit ähnlich, in dieser Provinz viel häufiger auftritt als anderswo, so daß Dr. Shimamura, assistierender Professor an der Kaiserlichen Universität, während seiner Inspektionsreise hier in diesem Sommer nicht weniger als einunddreißig Fälle beobachten konnte.»

Wir fügen hinzu, daß auf den Oki-Inseln an der Küste von Izumo der Aberglaube in der Weise modifiziert ist, daß Hunde und nicht Füchse die Zaubertiere sind. Die mit ihnen verbündeten menschlichen Wesen heißen *inugamimochi,* das heißt «Hund-Gott-Besitzer». Wenn der Geist eines solchen Zauberhundes auf eine seiner unheilvollen Wanderungen auszieht, so bleibt sein Körper zurück, er wird nach und nach immer schwächer, manchmal stirbt er sogar. In diesem Falle nimmt der Geist nach seiner Rückkehr im Körper des Hexenmeisters Wohnung, der dadurch mächtiger als je zuvor wird. Wir verdanken diese Informationen einem Bauern von den Oki-Inseln – der besten Autorität in dieser Beziehung, da er selbst ein Gläubiger ist und nicht nach Beweisen fragt.

Sonderbar genug, wir selbst waren einst gezwungen, uns den Geisterbeschwörungen durch Shintōpriester zu unterwerfen. Es war im Sommer 1879, dem großen Cholerajahr, und wir wurden von den Vorstehern eines gewissen Dorfes, in dem wir Station zu machen wünschten, bezichtigt, den Dämon der Cholera mit uns gebracht zu haben. Denn wie die Menschen sind, jedes Städtchen, jedes Dorf in dieser traurigen Zeit erklärte sich für rein, während es seine Nachbarschaft laut als Seuchenherde verschrie. Demgemäß wurde nach endlosen Unterhandlungen, die im strömenden Regen angesichts der sinkenden Nacht und der Unmöglichkeit, im Umkreise vieler Meilen ein Obdach zu finden, stattfanden, nach Shintōpriestern geschickt. Sie kamen in ihren weißen Gewändern und sonderbar geformten Kopfbedeckungen an, mit Baumzweigen in den Händen. Sie stellten sich in zwei Reihen auf, und zwischen ihnen mußte unsere kleine Gesellschaft, zwei Europäer und ein japanischer Diener, hindurchgehen. Während wir passierten, schwangen die Priester ihre triefenden Zweige über unsern Köpfen und schlugen uns mit bloßen Schwertern auf den Rücken. Hierauf wurde uns mürrisch ein Unterschlupf für die Nacht gewährt. Zur Ehre der japanischen Regierung sei gesagt, daß, als wir nach Tokyo zurückkehrten und den Vorfall berichteten, die Behörde des Dorfes sofort abgesetzt und an ihrer Stelle ein anderer Bürgermeister und anderer Gemeinderat eingesetzt wurde. Vielleicht sollten wir um Entschuldigung bitten, weil wir dem Leser unsere eigenen persönlichen

Abenteuer aufdrängten. Wir haben das nur zögernd getan, aber es scheint uns, daß die Beschwörung zweier Engländer knapp am Ende des 19. Jahrhunderts ein Vorfall ist, sonderbar genug, um erwähnt zu werden.

Was die Dachse anbetrifft, so vollführen sie eher Possen als ernsthafte Missetaten. Einer ihrer Streiche besteht darin, die Form des Mondes anzunehmen; aber dies können sie nur tun, wenn der wirkliche Mond gleichzeitig am Himmel steht. Ein anderer ihrer gewöhnlichen Tricks ist der, auf ihren Bauch zu trommeln *(tanuki no hara-tsuzumi)*. In der Kunst werden sie gewöhnlich dargestellt, wie sie sich auf diese Weise unterhalten, mit einem ungeheuer aufgeblähten Bauch wie eine Trommel.

DRUCK Die Druckerkunst kam im Gefolge des Buddhismus über China nach Japan; etwas später allerdings als die andern Künste. Das früheste Beispiel von Blockdruck in Japan stammt aus dem Jahre 770 n. Chr., da die Kaiserin Shōtoka den Druck einer Million buddhistischer Talismane auf kleine Papierstreifen zur Verteilung an alle Tempel des Landes veranlaßte. Beispiele von diesen alten bedruckten Streifen existieren noch heute. Die erste Erwähnung von gedruckten Büchern findet sich im 10. Jahrhundert, und das älteste existierende Beispiel stammt aus der Zeit zwischen 1198 und 1211.

Ungefähr sechshundert Jahre lang nach der Einführung der Druckerkunst scheinen buddhistische Werke – und sie nur in geringer Anzahl – die einzigen gewesen zu sein, die aus der Presse hervorgingen. Die Analekten des Konfutse wurden in Japan zuerst 1364 nachgedruckt, von welcher Zeit an bis herab zum Ende des 16. Jahrhunderts dann und wann japanische Ausgaben verschiedener chinesischer klassischer Werke, sowohl Poesie als Prosa, veröffentlicht wurden. Aber der Anstoß zu einer lebhafteren Produktion wurde durch die Eroberung Koreas am Ende des 16. Jahrhunderts gegeben und durch die liberale Begünstigung der Gelehrsamkeit seitens des Shōguns Ieyasu am Anfang des siebzehnten. Die Japaner lernten von den besiegten Koreanern den Gebrauch beweglicher Lettern. Sie kamen indessen wieder seit der Mitte des 17. Jahrhunderts außer Gebrauch. Denn die ungeheure Anzahl von Lettern, die zum Druck der chinesisch geschriebenen Charaktere nötig war, machte diese Methode unbequem.

Das erste echt japanische Werk, das im Druck erschien, war das *«Nihongi»* oder besser die ersten zwei Bücher des *«Nihongi»* im Jahre 1599. Dieses Werk, das die einheimische Mythologie und frühe Geschichte enthält, war schon 720 kompiliert worden. Die Sammlung alter Gedichte, betitelt *«Manyōshū»* (siehe Seite 401), datierend aus der Mitte des 8. Jahrhunderts, wurde ebenfalls zuerst um ungefähr dieselbe Zeit gedruckt. Von dieser Zeit an machte das Unternehmen, die alten Manuskriptsammlungen japanischer Literatur zu drukken, rasche Fortschritte, während eine neue Literatur von Kommentaren, Geschichtswerken, Gedichten, volkstümlichen Romanen, Wegweisern usw. die Holzschneider ununterbrochen beschäftigte. Die gleiche Periode erlebte die Einführung von bildlichen Holzschnitten.

Um 1870 haben die Japaner europäische Verfahren des Letterngusses eingeführt. Die Folge davon ist, daß wieder die bewegliche Type in den Vordergrund getreten ist, wenn auch der Blockdruck deshalb nicht vollkommen aufgegeben wurde. Alle Zeitungen werden mit beweglichen Lettern gedruckt. Eine japanische Druckerei mit beweglichen Lettern muß für einen europäischen

Drucker ein sonderbarer Anblick sein. Denn es müssen nicht nur 26 Charaktere vorgesehen sein, sondern 6100, welche Zahl ungefähr der Menge der chinesischen Ideogramme, die täglich gebraucht werden, entspricht; und von jedem Charakter muß es natürlich verschiedene Größen geben – Cicero, Korpus, Petit usw. Natürlich kann eine solch ungeheure Anzahl von Charakteren nicht in einem kleinen Kasten innerhalb des Bereiches der Hand und des Auges eines einzelnen Setzers untergebracht werden. Sie sind ringsum in einem großen Raum auf Gestellen angebracht, nach ihren «Wurzelwörtern» geordnet; und junge Leute, von denen jeder ein Blatt des zu setzenden Manuskripts in der Hand hat, gehen umher von Kasten zu Kasten, suchen die verlangten Charaktere aus, legen sie in eine Schachtel und bringen sie dem Setzer. Da diese jungen Leute – *more japanico* – dabei den Text, mit dem sie beschäftigt sind, wie eine Art Psalmodie vor sich hinsummen, so ist die Wirkung auf das Ohr ebenso eigentümlich wie auf das Auge der Anblick des ewigen Hinundher dieses Schwarms von jungen Leuten, die von Kasten zu Kasten gehen und kommen.

Wir haben in der obigen Beschreibung den Ausdruck «Wurzelwörter» gebraucht. Jenen, die nicht mit der chinesischen Schrift vertraut sind, muß erklärt werden, daß die chinesischen Charaktere nicht alphabetisch geordnet werden, sondern nach Kombinationen gewisser einfacherer Formen, wovon die wichtigsten «Wurzelwörter» genannt werden. So ist 木 das Wurzelwort für «Baum» oder «Wald», unter das gruppiert werden 梅, «Pflaumenbaum», 楊 «Weide», 枚 «ein Brett» usw. Das Wurzelwort für Wasser ist 水, gekürzt in zusammengesetzten Wörtern zu 氵 und darunter fallen demgemäß 池, «ein Teich», 油 «Öl», 酒 *sake* («Wein»), 游 «schwimmen» und Hunderte von Wörtern, die auf die eine oder andere Weise mit Flüssigkeit zusammenhängen. Natürlich sind die japanischen Druckereien auch mit den einheimischen Silbencharakteren ausgestattet, den sogenannten *Kana*. Da es davon aber nur zwei- oder dreihundert Arten gibt[40], und da sie gewöhnlich nur zu Endungen und Partikeln verwendet werden, so sind sie verhältnismäßig unwichtig.

Die 6100 chinesischen Charaktere für den gewöhnlichen Gebrauch sind nach einem europäischen Verfahren in Metall gegossen. Wenn ein seltener Charakter im Manuskript eines Autors vorkommt, so wird er in diesem Fall in Holz geschnitten. Für all die siebzig- oder achtzigtausend Charaktere der chinesischen Sprache Typen vorrätig zu haben, würde selbst für die größte Druckerei eine zu große Ausgabe bedeuten und zu viel Raum beanspruchen. (Vergleiche Artikel über «Holzschnitt».)[41]

EE–EE Diese Buchstaben, die zur Verwirrung der europäischen Reisenden die Schilder vieler Spediteure im modernen Japan schmücken, stehen für das Wort «Express».

EHE In allem, was mit der Ehe zusammenhängt, besteht zwischen Ost und West immer noch ein sehr markanter Unterschied. Die Ehe unter den Japanern ist weniger eine persönliche und mehr eine Familienangelegenheit als in westlichen Ländern. Die Religion hat mit der Sache nichts zu tun, und das Gesetz betrachtet sie von einem anderen Standpunkt aus. Ein Engländer wählt sich seine Frau selbst; aber das englische Gesetz, das sich im Anfangsstadium der Angelegenheit vollkommen neutral hält, tritt hinzu, sobald der Knoten geknüpft ist und untersagt gebieterisch die Auflösung, ausgenommen in Fällen grober Vergehen eines der Teile. Die japanischen Ehen dagegen werden von den zwei Familien geordnet, und der Schritt ist weniger feierlich und nicht unwiderruflich, denn das japanische Gesetz verhält sich ebenso neutral am Ende, wie es sich am Anfang verhielt. Wenn die Ehe auch ein legaler Vertrag ist, solange sie währt, so kann sie doch wie jeder andere Vertrag jederzeit auf den Antrag und mit dem Einverständnis der Vertragsparteien aufgelöst werden.

Der Gang der Dinge ist folgender: Wenn das Kind – Knabe oder Mädchen – das heiratsfähige Alter erreicht hat, so ist es die Pflicht der Eltern, nach einem geeigneten Lebensgenossen Umschau zu halten. Indessen verlangt die Sitte, daß die Führung der Angelegenheit einem Mittler *(nakōdo)* anvertraut werden muß – einem diskreten verheirateten Freund, der nicht allein die Heirat vermittelt, sondern das ganze Leben hindurch für das junge Paar eine Art Pate ist, ein Schiedsrichter, dem Zwistigkeiten und selbst Vorschläge zur Scheidung zur Beurteilung vorgelegt werden müssen. Nachdem eine geeignete Partie vereinbart wurde, arrangiert der Mittler das, was *miai* (sehen – zusammenkommen) genannt wird – eine Zusammenkunft, bei welcher es den Liebenden (wenn einander unbekannte Personen so genannt werden dürfen) erlaubt ist, sich zu sehen, manchmal miteinander zu sprechen, und auf diese Weise gegenseitig ihre Vorzüge schätzen zu lernen. Der strengen Etikette gemäß sollte die Zusammenkunft entweder in dem eigenen Heim des Mittlers stattfinden oder in einem andern Privathaus, das von den Eltern beiderseits vorgeschlagen wird. Aber bei der mittleren und der niederen Klasse dient oft ein Ausflug, ein Theater- oder Tempelbesuch diesem Zweck. Wenn nach dem *miai* der Mann an dem Mädchen etwas auszusetzen hat oder das Mädchen am Mann, so ist die Angelegenheit damit zu Ende, in der Theorie wenigstens. Aber in der Wirklichkeit sind die jungen Leute in den Händen ihrer Eltern und müssen tun, was jene verlangen. Das Mädchen besonders ist ein Nichts in der Sache. Mädchen kommen keine Meinungen zu.

Wenn beide Parteien befriedigt sind von dem, was sie voneinander sahen, so werden Geschenke von Kleidern oder von Geld zum Kaufen von Kleidern und von besonderen Fischarten und eßbarem Seetang zwischen ihnen gewechselt. Dieser Austausch von Geschenken heißt *yuinō*. Er entspricht der Verlobung und ist bindend – wenn auch nicht gesetzlich, so doch auf jeden Fall der Sitte nach. Sobald die Geschenke ausgetauscht sind, kann sich keine der Parteien mehr zurückziehen. Ein glückverheißender Tag wird dann für die Hochzeit gewählt. Wenn er gekommen ist, wird die Braut, ganz in Weiß, die Farbe der Trauer, gekleidet (was ausdrücken soll, daß sie für ihre eigene Familie tot ist und daß sie das Haus ihres Mannes nie mehr verlassen wird außer als Leiche) mit dem Anbruch der Nacht in ihr neues Heim geführt, begleitet von dem Mittler und seiner Frau. Das Elternhaus wird reingemacht, und in früherer Zeit wurde ein Feuer an der Türe angezündet – Zeremonien, die nach dem Fortbringen eines Leichnams zur Reinigung vorgeschrieben sind.

Die Hochzeit, die unmittelbar nach der Ankunft der Braut im Hause der Eltern ihres Mannes stattfindet, wird durch ein Festessen gefeiert. Das hauptsächlichste Moment besteht in dem sogenannten *san san kudo,* das heißt wörtlich «drei, drei, neunmal», weil beide, der Bräutigam und die Braut, dreimal aus drei Weinschalen verschiedener Größe trinken, was neun im ganzen macht, oder besser, nicht trinken, denn sie führen die Schalen nur an die Lippen. Ein anderer wesentlicher Teil der Zeremonie ist das Wechseln der Gewänder. Wenn die Braut ihr neues Heim erreicht hat, so vertauscht sie ihr weißes Kleid mit einem, das ein Geschenk ihres Gatten ist. Aber unmittelbar nach der zeremoniellen Trinkfeierlichkeit und während die Gäste noch beim Fest versammelt sind, zieht sie sich zurück und legt ein buntes Kleid an, das sie aus dem Elternhaus mitgebracht hat. Der Bräutigam wechselt gleichzeitig in einem andern Raum sein Gewand. Am Schluß des Festes wird das neuvermählte Paar vom Mittler und seiner Frau in das Brautgemach geleitet, worauf sie einander mit neun weiteren Schalen von Wein zutrinken. Es ist bezeichnend, daß der Gatte als Herr und Meister jetzt zuerst trinkt. Vorher, am Anfang der Zeremonie, trank die Braut zuerst, in ihrer Eigenschaft als Gast. Damit endet die Hochzeitszeremonie.

Ein paar Tage später – genaugenommen sollte es am dritten Tag sein – stattet das Paar den Eltern der Braut einen Besuch ab. Dies wird *satogaeri* oder ihre «Heimkehr» genannt. Bei dieser Gelegenheit trägt sie ein Gewand, das ihr von ihrem Gatten oder seiner Familie geschenkt wurde. Unterdessen wurde der Behörde die nötige Benachrichtigung übermittelt, die einzige legale Form, die beobachtet werden muß. Sie besteht in einem Gesuch an die Distriktsbehörde seitens des Familienvorstandes der jungen Gattin, sie jenem Amte einzureihen, dessen Gerichtsbarkeit ihr Mann oder das Haupt der Familie ihres Mannes, wenn der Gatte selbst kein Haushalter ist, untersteht. Auf dieses Gesuch folgt eine amtliche Bestätigung der neuen Registrierung, und damit ist alles in Ordnung.

Dies ist die gewöhnliche Form der Heirat. Indessen wird manchmal der Bräutigam von der Familie der Braut adoptiert, anstatt die Braut von jener des Bräutigams. Dies kommt dann vor, wenn die Eltern nur eine Tochter oder Töchter haben, aber keinen Sohn. Um die Familie intakt zu erhalten – denn ein weibliches Mitglied kann ja nicht ihr gesetzmäßiges Oberhaupt sein –, ist es dann nötig, einen Schwiegersohn zu adoptieren, der in den Augen des Gesetzes buchstäblich ein Sohn wird, seinen eigenen Familiennamen ablegt und den seiner Frau annimmt. Im allgemeinen sind nur mittellose Männer geneigt, eine solch schiefe Stellung einzunehmen.

Unter den niedrigen Klassen werden Zeremonien und Rücksichten aller Art oft nur durch die Außerachtlassung respektiert; viele der sogenannten Ehen der Plebejer sind nichts als ein Zusammenleben, das auf beiderseitige Bequemlichkeit gegründet ist. Dies erklärt die merkwürdige Tatsache, daß der «Boy» und der Koch – zum wachsenden Erstaunen des ausländischen Herrn – fast ebensooft eine neue Frau nach Hause bringen wie eine neue Pfanne. Eine solche Laxheit würde in wohlerzogenen Kreisen nie geduldet werden.

Wenn man hinzufügt, daß eine japanische Braut keine Brautjungfern hat, daß das junge Paar keine Hochzeitsreise macht, daß eine japanische Frau nicht nur ihrem Gatten gehorchen soll, sondern es tatsächlich tut, daß der Mann, wenn er die Mittel besitzt, sich wahrscheinlich eine Mätresse hält und daraus kein Geheimnis macht, und daß die Schwiegermutter, die bei uns ein Schrecken für den Mann ist, für das Mädchen nicht nur ein Schrecken, sondern ein tägliches und stündliches Kreuz ist – denn in neun Fällen unter zehn muß das Mädchen mit der Familie des Gatten leben und auf den Wink und Ruf seiner Angehörigen bereit sein – wenn man all diesen Umständen die rechte Beachtung schenkt, so wird man erkennen, daß die Ehe in Japan, sozial sowohl als legal, grundverschieden ist von der Ehe in angelsächsischen

Ländern. Der Leser wird noch mehr von dieser Wahrheit überzeugt werden, wenn er sich die Mühe machen will, einen Blick in den Artikel über Frauen zu werfen. Er wird finden, daß es in diesem Weltteil nicht heißt *place aux dames,* sondern *place aux messieurs*[42].

Die Männer, die in allem ihren Willen haben, heiraten natürlich jung. Im allgemeinen gibt es keine Junggesellen in Japan. Aus genau dem entgegengesetzten Grunde gibt es keine alten Jungfern. Die Mädchen werden verheiratet, ohne gefragt zu werden, und sie nehmen ihr Schicksal wie etwas Selbstverständliches entgegen, denn ihre Mütter und Großmütter erfuhren das gleiche Schicksal seit dem Anfang der Welt. Eine einzige Liebesheirat ist uns bekannt geworden – eine in dreißig Jahren. Aber da waren die beiden jungen Leute in Amerika erzogen worden. Dementsprechend nahmen sie – zur großen Entrüstung aller ihrer Freunde und Verwandten – ihr Schicksal in die eigenen Hände.

Es würde, wenn es möglich wäre, interessant sein, statistisch den moralischen Einfluß des jungen Heiratens, wie es in diesem Erdteil Sitte ist, festzustellen. Unser Eindruck ist der, daß die guten Resultate, die sich gewisse europäische Reformatoren davon versprechen, sich hier in der Praxis nicht zeigen. Nicht daß eine tiefere Kenntnis des Volkes das harte Urteil des oberflächlichen Beobachters über den Stand der japanischen weiblichen Moral bestätige. Die japanischen Damen sind in jeder Beziehung so keusch wie ihre westlichen Schwestern. Aber soviel wir beobachten konnten, besteht die einzige Wirkung junger Heiraten auf die Männer darin, daß sie sich die Hörner nach der Hochzeit abstoßen, anstatt vorher. Scheidungen sind an der Tagesordnung. Im ersten Teil des statistisch bearbeiteten Zeitabschnitts war das Verhältnis von Scheidungen zu Ehen nahezu eins zu drei;

aber seit 1901 haben sich die Verhältnisse gebessert, und die Ziffern sind jetzt ungefähr eins zu fünf. Die überwiegende Mehrzahl der Scheidungen vollzieht sich in den unteren Klassen. Die oberen Klassen nehmen selten ihre Zuflucht dazu. Warum sollte sich ein Mann auch die Mühe machen, sich von einer unsympathischen Frau scheiden zu lassen, da eine jede Frau zu inferior ist, als daß sie zu einer ernstlicheren Last werden könnte, und da die Gesellschaft nichts dagegen einzuwenden hat, wenn er sich eine Anzahl von Mätressen hält?

Den Anthropologen wird es interessieren zu hören, daß weder die alte noch die moderne japanische Sitte irgendein Verbot der Verwandtenheirat aufweist – eine Tatsache, die um so bemerkenswerter ist, wenn man den ungeheuren Einfluß Chinas auf Japan in Betracht zieht, wo es seit undenkbarer Zeit für einen Mann verboten gewesen ist, ein Mädchen, das den gleichen Familiennamen trug wie er, zu heiraten.[43]

EISENBAHNEN Bei der Anlage des Eisenbahnnetzes wurden von der japanischen Regierung ebensosehr strategische als verkehrstechnische Erwägungen in Betracht gezogen. Der große Wunsch war der, die zwei Hauptstädte Tokyo und Kyōto miteinander zu verbinden. Der Anfang wurde mit der Konstruktion der achtzehn Meilen zwischen Tokyo und Yokohama gemacht; dies geschah schon im Jahre 1870 mit Hilfe englischer Ingenieure; die Linie wurde 1872 eröffnet. Kōbe und Ōsaka wurden hierauf verbunden, und andere kurze Strecken folgten.

Der Bau der Linie zwischen den Hauptstädten dagegen wurde durch verschiedene Ursachen verzögert. Japan ist von Natur aus nicht für Bahnbau geeignet: Das

Land ist zu gebirgig; die Ströme – heute nichts als Sandbette – sind morgen nach heftigen Regengüssen wildreißende Flüsse, die Brücken und Dämme wegschwemmen. Aus diesen Gründen wurde die Idee, die Tokyo-Kyōto-Linie den *Nakasendō,* die Wirbelsäule des Landes, entlangzuführen, was in Kriegszeiten weit besser gewesen wäre, da die Linie die Möglichkeit eines Angriffes vom Meere aus nicht zu fürchten gehabt hätte, aufgegeben; Die Konstruktionsschwierigkeiten waren unüberwindlich. Es blieb nichts anderes übrig, als der *Tōkaidō* zu folgen, der großen Landstraße des östlichen Japan, die sich auf dem schmalen Streifen zwischen dem Fuß der Berge und dem Stillen Ozean an der Küste entlangschlängelt. Dieses Werk und die tausendste Meile wurden im Sommer 1889 vollendet. Die gesamte Meilenzahl betrug Ende März 1903 4237. Die schwierigste aller konstruierten Linien war jene, die 1893 dem Verkehr übergeben wurde, zwischen Yokohama und Karuizawa, auf der Strecke Tokyo – Naoetsu. Sie führt über einen steilen Bergpaß, *Usuitōge* genannt, und die Steigung beträgt eins zu fünfzehn auf einer Strecke von fünf Meilen, von denen drei Meilen durch Tunnel führen, die durch Felsen gehauen sind. Der Zug wird den Paß von «Abt»-Maschinen hinaufgezogen, die ein Zahnrad haben, das auf einer Führungsschiene zwischen den gewöhnlichen Geleisen eingreift.

Das japanische Eisenbahnnetz befindet sich heute, obgleich von der Regierung begonnen, absolut nicht ausschließlich in den Händen der Behörde. Im Gegenteil, es gibt zahlreiche Kompanien, einige private, andere, die mehr oder weniger unter dem Schutze und dem Protektorat der Regierung stehen. Die wichtigste ist die *Nippon Tetsudō Gaisha*[44] («Japanische Eisenbahnkompanie»), der die Hauptlinie gehört, die nördlich nach Aomori führt.

Ihr folgt die *Kyūshū*-Bahn und die *Sanyō*-Bahn, zu der die Hauptlinie gehört, die an der nördlichen Küste der Inlandsee entlangläuft. Die gesamte Meilensumme der verschiedenen Privatgesellschaften umfaßt nahezu drei Viertel der oben angeführten Ziffer.

Das japanische Bahnnetz besteht in der Hauptsache aus einer langen Linie von Aomori im äußersten Norden bis nach Shimonoseki im Südwesten, zusammen mit zwei großen Zweiglinien, die beide Hauptstädte mit den fruchtbaren Provinzen der Westküste verbinden, dazu kommen kleinere nach verschiedenen Punkten in den zwei Bezirken der Hauptstädte und Lokalbahnen auf den Inseln Kyūshū, Shikoku und Hokkaidō.

Trotz der natürlichen Hindernisse, die zu überwinden waren, und trotz des zerstörenden Klimas sind die japanischen Bahnen billig gebaut worden, da die Arbeit billig ist; und sie rentieren sich schon jetzt ziemlich gut. In runden Zahlen verausgabte die Regierung für Bau und Equipierung seit 1872 125 000 000 Yen. Der Ertrag der Staats- wie Privatbahnen wuchs von Jahr zu Jahr. Der Reingewinn des Staats für das am 31. März 1903 schließende Geschäftsjahr betrug 9 270 000 Yen. Die Gesamtzahl der auf den staatlichen Linien beförderten Passagiere während dieses Zeitraums von zwölf Monaten war 31 897 000; die Gesamtfracht 3 200 000 Tonnen. Auf den Privatbahnen betrug die Anzahl der Reisenden 78 121 000 und die Gesamtfracht 12 987 000 Tonnen. Auf den Staatsbahnen stellte sich das Verhältnis der Einnahmen per Hundert folgendermaßen: für Passagiere 66,54%; Güter 31,83%; Vermischtes 1,63%. Der geringe Prozentsatz der Frachteinnahmen, der jeden überraschen wird, der die Statistiken Englands, Indiens oder der Vereinigten Staaten kennt, erklärt sich leicht aus geographischen Bedingungen: Die ungeheure Ausdehnung der Küste Japans und die hohen Gebirgsketten, die den größten Teil des Landes durchschneiden, sind Gründe, die den Transport zu Wasser mehr empfehlen und stets mehr empfehlen werden als den Transport per Bahn. Das größte Hindernis, das den japanischen Eisenbahnunternehmen in den Weg tritt, besteht darin, daß Interessenkonflikte und lokale Intrigen dazu neigen, das Gesetz der Expropriation zum öffentlichen Wohl zu toten Buchstaben zu machen. Der Ausbau der Linie an der Inlandsee (*Sanyō Tetsudō*) wurde aus diesem Grunde lange aufgehalten, denn die Kapitalisten konnten unmöglich das Land zu den fabelhaften Preisen kaufen, die die Besitzer forderten. Aber vielleicht entspringt diese Obstruktion einem Instinkt der Selbsterhaltung. Auf der *Tōkaidō,* der «Pilgerlinie», nach Ise, auf der Route nach Nikkō hat die Erfahrung ausnahmslos gezeigt, daß, wenn auch einige der größeren Städte durch die Bahnen profitieren und auch das Reich als Ganzes gewinnt, ihre Nähe den kleineren Städten das Totenglöckchen läutete. In den alten Tagen der Fußgänger und Jinrikishas war jedes kleine Städtchen und Dörfchen an den großen Landstraßen geschäftig und blühend. Jetzt sind ihre Läden leer, ihre heiteren Gasthöfe öde; denn ihre früheren Kunden fliegen ohne Aufenthalt an ihnen vorbei.

Wir haben schon von den Schwierigkeiten gesprochen, die die launische Natur der Flüsse Japans verursacht. Japan ist vielleicht das einzige Land, wo eine Bahn gezwungen sein kann, ihren Weg unter dem Fluß hindurch zu nehmen anstatt über ihn weg. In den Bezirken zwischen Kobe und Osaka und auch in der Nähe des Sees Biwa zeigen fast alle Flüsse die Tendenz, ihr Bett über die Höhe der benachbarten Felder zu heben dank der Massen von Sand und Geröll, die unaufhörlich von ihrer raschen Strömung mitgeführt werden. Das Flußbett führt auf diese Weise wie eine Art Wall oder Deich durch den schmalen Landstreifen zwischen Bergen und Meer, und es bleibt kein anderer Ausweg übrig, als die Bahn durch einen Tunnel unter dem Fluß zu leiten, vorausgesetzt, daß die Höhe des Walles es erlaubt. Dann und wann birst eines dieser Flußufer, das ganze Land wird überschwemmt, und der Bahngesellschaft erwachsen natürlich große Unkosten. Neben solch exzeptionellen Fällen verursachen die sich wiederholenden schweren Regengüsse, Taifune und Erdbeben Verheerungen, die fast jedes Jahr eine temporäre Unordnung im Eisenbahnnetz hervorrufen.

Die japanischen Bahnen sind schmalspurig – drei Fuß sechs Zoll. Die Fahrpreise sind außerordentlich niedrig. Man kann in Japan erster Klasse billiger fahren als dritter Klasse in einem englischen Zug. Nichtsdestoweniger ist der Prozentsatz der Reisenden der ersten und selbst der zweiten Klasse gering, beide zusammen bilden nur sieben Prozent der gesamten Personenbeförderung. Es besteht ein Gepäckscheinsystem für Passagiergut. Schlafwagen und Speisewagen (europäische Küche) sind kürzlich auf den längeren Linien eingeführt worden. Auf den andern werden in Ermangelung von Erfrischungsräumen nette kleine Kistchen mit einheimischer Nahrung und Getränke verschiedener Art verkauft.

Trotz all dieser Bequemlichkeiten ist eine Bahnreise in diesem Lande häufig alles eher als ein Vergnügen. Aus einem bis jetzt noch nicht erklärten Grunde werden die Japaner, die geradezu Muster an Ordnung sind, solange sie in ihrer Art leben, unter gewissen Bedingungen des europäischen Lebens nachlässig, um nicht zu sagen schmutzig. Wenn man in einen Wagen der ersten Klasse tritt, so muß man sich oft einen Weg zwischen Orangenschalen, verschüttetem Tee, Zigarrenstumpen, umgeworfenen Bierflaschen hindurch suchen. Die Reisenden rekeln sich halbliegend auf den Sitzen herum, in unordentlicher Kleidung und halb ausgezogen. Wir haben sogar einen Mann beobachtet – er war Offizier, und seine pflichtgetreue Gattin assistierte ihm –, der seine ganze Kleidung im Wagen wechselte, wenngleich er sich für die gefährlicheren Teile des Unternehmens einen freundlichen Tunnel aussuchte. Ein andermal konnten wir, da wir etwas kurzsichtig sind, uns nicht über die Beschäftigung eines alten Herrn klarwerden, der gerade eine opulente Mahlzeit beendet hatte. Eine nähere Untersuchung zeigte, daß er sein künstliches Gebiß in der Hand hielt und damit beschäftigt war, es auszustochern und zu reinigen! Sodann herrscht auch eine unerträgliche Überfüllung, und ganze Massen von Passagieren der zweiten Klasse werden beim geringsten Anlaß in die erste Klasse expediert. In der Tat, die ganze Sache ist merkwürdig und unangenehm, außer der Reisende sei ein Philosoph, dem jede neue Erfahrung ein willkommenes Material zur Meditation ist. Ein solcher Philosoph wird sich vielleicht fragen, weshalb quer über die Fenster der dritten Klasse auf gewissen Linien weiße Streifen gemalt sind. Das ist eine Vorsichtsmaßregel, die zur Sicherheit von Landpomeranzen ergriffen wurde; denn es kam vor, daß manche von ihnen, die nie persönlich mit Glas zu tun gehabt hatten, es für Luft hielten und sich schrecklich zurichteten bei dem Bestreben, ihre Köpfe durch das, was ihre Einfalt für jenes widerstandslose Medium hielt, zu strecken.

Die Bezeichnungen vieler japanischer Bahnen sind sonderbar. Die *Ō-U*-Bahn zum Beispiel wird so genannt, weil sie durch die nördlichen Provinzen Rikuzen, Rikuchū und Rikuoku, die in alten Zeiten zusammen den Namen Ōshū trugen, führt und durch die Provinzen

Uzen und Ugo. Man hat also die ersten Silben dieser Wörter gewählt. Die *Ban-Tan*-Bahn, die die Provinzen Harima und Tajima verbindet, erhielt diesen Namen deshalb, weil der erste der beiden chinesischen Charaktere, womit das Wort *Harima* geschrieben wird, in anderen Zusammenhängen *Ban* gesprochen wird, während der erste Charakter von *Tajima* eigentlich *Tan* ist, obwohl er in diesem Falle anders ausgesprochen wird. Vielleicht erfaßt den Kopf des europäischen Neulings ein gelinder Schwindel, den Japanern aber erscheint es vollkommen klar und einfach.

Japan hat jetzt seinen Hendschel, der monatlich unter dem Titel «*Ryokō Annai*»[45] erscheint. Das rapide Anschwellen dieser nützlichen periodischen Publikation von einem halben Dutzend Seiten zu zwei starken kleinen Bänden ist ein schlagender Beweis von Japans materiellem Fortschritt.[46]

ENTENJAGD Die Entenjagd mit Hilfe von Lockvögeln und einer Art von großem Handnetz in Jagdgründen, die für diesen Zweck mit Weihern und Kanälen mit hohen Eindeichungen und versteckten Gängen versehen sind, ist ein Sport, der in Tokyo vor einigen dreißig Jahren zur Ergötzung der Mitglieder der kaiserlichen Familie erfunden wurde. Er ist demnach modernen Ursprungs, und da er einen ausgedehnten Grund mit großen und stillen Wasserflächen erfordert, kam er außerhalb des kaiserlichen Hofes kaum in Aufnahme, höchstens bei einer oder zwei Millionärsfamilien, die zuweilen ihre Freunde zu einer Pirsch einladen. Es muß in der Tat kein übles Vergnügen sein, Enten zu fangen, wie man Schmetterlinge fängt, und man sagt, es erfordere nicht geringe Geschicklichkeit.

Die Falkenbeize, die im Mittelalter beim japanischen Adel beliebt war, wird noch zuweilen bei denselben Anlässen ausgeübt. In der Tat, es hat den Anschein, als ob der neue Sport der Entenjagd sich aus der alten Falkenbeize entwickelt hätte, während er zum andern Teil seinen Ursprung dem Umstand verdankt, daß große Mengen von Enten und anderen wandernden Wasservögeln, die aus dem Norden kommen, den Winter in den Sümpfen um Tokyo herum und in den Schloßgräben verbringen.

ERDBEBEN UND VULKANE «Oh, wie gerne würde ich ein Erdbeben erleben!» ist gewöhnlich einer der ersten Ausrufe des neugelandeten Europäers. «Was für eine lächerliche Geschichte ist doch das in Anbetracht des Geschreis, das man davon macht!» ist gewöhnlich seine Äußerung über das *zweite* Erdbeben (denn das *erste* verschlafen alle). Aber nach dem fünften oder sechsten wünscht er keines mehr mitzumachen; und seine Furcht vor Erdbeben wächst mit der Länge seines Aufenthaltes in einem von Erdbeben heimgesuchten Land, wie es Japan seit undenkbaren Zeiten ist. Die Geologen erzählen uns sogar, daß ein großer Teil von Japan überhaupt ohne die seismische und vulkanische Tätigkeit nicht existieren würde, die durch wiederholte Eruptionen ganze Landstriche über den Ozean gehoben hat.

Über die Ursachen von Erdbeben läßt sich etwas Bestimmtes nicht sagen. Die Gelehrten neigen gegenwärtig zu der Ansicht, daß der Ursachen viele und verschiedene sein können; aber ein allgemeiner Zusammenhang zwischen Erdbeben und Vulkanen wird nicht bestritten. Erdrisse, die aus Hebungen und Senkungen der Erdrinde resultieren, das Einsickern von Wasser in große Tiefen und die daraus entstehende Dampfentwicklung, das Einstürzen von unterirdischen Hohlräumen, die selbst aller Wahrscheinlichkeit nach durch chemische Zersetzungen entstanden sind – diese und andere Ursachen erscheinen als die wahrscheinlichsten. Eine höchst beachtenswerte Tatsache ist die, daß sich Vulkane und Erdbebenzonen fast immer in der Nachbarschaft von Depressionen befinden. Das größte Depressionsgebiet der Welt ist das pazifische Becken; und demgemäß zieht sich an seinem Rande entlang, von Kamtschatka über die Kurilen nach Japan, von hier über eine Reihe kleiner Inseln zu den Philippinen und Java, dann ostwärts über Neuseeland und dann hinauf die Westküste von Südamerika, die mächtigste Kette von Vulkanen, die die Erde aufweist. Eine andere interessante Tatsache ist das häufigere Auftreten von Erdbeben während der Wintermonate. Dies wurde von Dr. Knott erklärt als die Folge der «jährlichen Periodizität von zwei wohlbekannten meteorologischen Phänomenen» – nämlich Schneeanhäufungen auf dem Kontinent und barometrische Schwankungen[47].

Die japanische Geschichte ist eine Kette von Erdbebenkatastrophen, die nur von jenen übertroffen werden, die Südamerika verwüsteten. Aber das japanische Volk hat sich gezwungenermaßen diesen Heimsuchungen unterworfen, ohne zu versuchen, die Ursache der Erdbeben wissenschaftlich zu ergründen. Alles, was es getan hat, war Anekdoten und abergläubische Vorstellungen aufzuzeichnen, die mit ihnen zusammenhängen, von welch letzteren jene die populärste ist (populär übrigens in vielen Teilen der Welt, außer in Japan), daß die Erdbeben von einem großen unterirdischen Fisch herrühren, der um sich schlägt, sooft er aufwacht. Eine andere weitverbreitete Ansicht, die der folgende Knüttelvers ausdrückt, ist die, daß man aus der Stunde, in der die Erdstöße stattfinden, gewisse andere Ereignisse vorhersagen könne:

> Ku wa yamai
> Go shichi ga ame ni
> Yotsu hideri
> Mutsu yatsudoki wa
> Kaze to shirubeshi[48]

was übertragen etwa folgendermaßen lautet:

> Um zwölf bedeutet es Krankheit,
> Um acht oder vier ist's Regen,
> Um zehn ist's Dürre, doch sechs und zwei
> Von Wind Anzeichen sind.[49]

Mit der Ankunft der theoretisch veranlagten Europäer begann eine neue Ära. Eine Gesellschaft, die *Seismological Society of Japan,* wurde im Frühjahr 1880 gegründet, hauptsächlich dank den Bemühungen des Professors John Milne, der seit dieser Zeit all seine Kräfte jenen Problemen gewidmet hat, die Erdbeben, Erdoszillationen, Erdströme und seismische und vulkanische Phänomena im allgemeinen in solch überraschender Menge bieten. Auch die japanische Regierung hat es nicht an ihrer Unterstützung fehlen lassen. Sie schuf einen Lehrstuhl für Seismologie an der Kaiserlichen Universität und mehrere hundert Beobachtungsstationen im ganzen Reich – einem Reich, das mit nicht weniger als einundfünfzig tätigen Vulkanen übersät ist und ungefähr fünfhundert Erdstöße im Jahre erlebt.

Können Erdbeben verhütet werden? Und wenn nicht, können sie nicht wenigstens vorhergesagt werden? Diese beiden Fragen müssen leider verneint werden. Und doch erzielten Mr. Milne und seine Mitarbeiter gewisse praktische Resultate, die auf keinen Fall geringzuschätzen sind. Man ist jetzt in der Lage, eine, wie man es nennt, «seismische Landmessung» von jedem gegebenen Stück Land aufzustellen und festzusetzen, welche Gebiete am meisten Erdstößen ausgesetzt sind. Ferner wurde bewiesen, daß die vollkommene Isolierung des Fundaments eines Gebäudes von der Erdoberfläche dem Gebäude eine relative Immunität verleiht. Der Grund dafür ist der, daß die Oberfläche mehr bebt als die angrenzenden tieferen Schichten des Grundes, ähnlich wie wenn man mehrere Billardbälle in einer Reihe aufstellt und dem ersten einen Stoß versetzt, nur der letzte wegschnellt, während die in der Mitte fast bewegungslos bleiben. Aus dem gleichen Grunde ist es gefährlich, nahe am Rande eines Kliffs zu bauen. Sodann wurden den Architekten verschiedene Fingerzeige gegeben, die sich sowohl auf die an Ort und Stelle als auch in Manila und anderen Erdbebengebieten gesammelten Erfahrungen stützen. Da die Übersetzung von natürlichen Vibrationen in künstliche einleuchtend ist, wurde Professor Milne zur Erfindung eines Apparates geleitet, der nach der Art eines Seismographen die Vibrationen eines Eisenbahnzuges verzeichnet. Dieser Apparat registriert automatisch alle Bewegungen eines Zuges und dient dazu, Unregelmäßigkeiten an Kreuzungspunkten festzustellen und auch solche, die aus dem Mangel an Belastung resultieren, Fehler an Brücken usw.

Demnach hat die Seismologie – obschon noch unvollkommen und durch die Natur der Sache vielleicht zur ewigen Unvollkommenheit verurteilt – schon einige praktische Früchte getragen, indem sie die Ersparnis von Zehntausenden von Dollars ermöglichte. Wer sich für Seismometer und Seismographen interessiert, für Erdbebenkarten und Erdbebentabellen, seismische Landmessung, für Mikroseismus, Erdstöße, Erdschwankungen und überhaupt für die Physik der Erde, dem empfehlen wir die «*Transactions of the Seismological Society of Japan*», vollständig in sechzehn Bänden, und die Fortsetzung derselben, das «*Seismological Journal of Japan*», und Prof. Milnes «*Earth quakes*» in den *International Scientific Series*. Der Band IX, Teil II der «*Seismological Transactions*» beschäftigt sich besonders mit den Vulkanen Japans und enthält eine Menge von statistischem Material, Anekdoten, historischen Einzelheiten und Illustrationen; jeder einzelne Vulkan, von dem nördlichsten auf den Kurilen an bis herab zu *Asosan* in Kyūshū, der den größten Krater der Welt hat, wird eingehend behandelt. «*Ansei Kembun Roku*» und «*Ansei Kembun Shi*» sind großartige bildliche Darstellungen des großen Erdbebens, das Yedo (Tokyo) im Jahre 1855 zerstörte. Wer das Gräßliche liebt, wird kaum etwas Geeigneteres für seinen Geschmack finden als diese Darstellungen von Männern und Frauen, die aus den Fenstern stürzen, von fallenden Balken entzweigeschnitten, zerquetscht, zerschmettert werden, in Keller eingekerkert sind, überrascht werden von der Springflut oder noch schlimmer, lebendig verbrennen in der Feuersbrunst, die infolge des plötzlichen Umfallens von Tausenden von Kerzen und Kohlenbecken in der ganzen Stadt ausbrach. In der Tat, es sind schauerliche Bücher.

ETA Die Herkunft der Eta, der japanischen Paria, ist vollkommen in Dunkel gehüllt. Einige sehen in ihnen die Abkömmlinge koreanischer Gefangener, die im Laufe der Kriege am Ende des 16. Jahrhunderts nach Japan gebracht wurden. Andere halten sie für die illegitimen Nachkommen des gefeierten Feldherrn Yoritomo, der im 12. Jahrhundert lebte. Sogar über die Etymologie des Namens streiten sich die Gelehrten; einige leiten ihn von den chinesischen Charakteren *eta,* «Besudelung – in Überfluß» ab, andere dagegen von *etori* «Nahrungs-fänger». Die zweite Lesart wird damit begründet, daß sich die Eta mit dem Schlachten von Rindern und anderen Tieren, dem Häuten dieser Tiere, dem Schaufeln der Gräber der Verbrecher und ähnlichen erniedrigenden Beschäftigungen ihren Lebensunterhalt verdienten. Wir selbst neigen dazu, die erste allmähliche Organisation der Eta zu einer abgesonderten Kaste auf eine sehr frühe Periode zurückzuführen – sagen wir auf das 7. oder 8. Jahrhundert –, da man mit der Annahme des Buddhismus auf alle, die irgend etwas mit Schlachten und Töten zu tun hatten, mit Entsetzen und Verachtung blickte. Sie lebten abgesondert, gewöhnlich am Rande der Städte oder Dörfer, und wurden von eigenen Häuptlingen regiert; denn der Geist einer wohldurchdachten Organisation, die die japanische Gesellschaft erfüllte, drang selbst bis zum Bodensatz hinab. Es gab drei Häuptlinge der Eta, die in Yedo, Ōsaka und Kyōto residierten. Danzaemon, der Häuptling in Yedo, genoß das Privilegium, zwei Schwerter tragen zu dürfen. Neben den eigentlichen Eta gab es die *Bantarō* oder Wächter und die *Kawaramono* oder Vagabunden, die als Komödianten umherzogen. Einige führen auf sie den Ursprung des heutigen Theaters zurück.

Die gesetzliche Ungleichheit der Eta und anderer niederer Kasten wurde am 12. Oktober 1871 aufgehoben, zu welcher Zeit die offizielle Zählung 281 111 sogenannter wirklicher Eta ergab und 982 800 gesellschaftlich Entrechtete aller Art. Die Mißachtung der Eta hat natürlich die Aufhebung ihrer gesetzlichen Ungleichheit überlebt. Sie ist ein bevorzugtes Thema der modernen Novellisten, von denen einer, Enchō, die Fabel von Wilkie Collins «*New Magdalen*» dem japanischen Leben unserer

Zeit ausgezeichnet anpaßte, indem er für die Kurtisane des englischen Originals ein Mädchen substituierte, das sich durch die Heirat eines Eta degradierte.[50]

EURASIANS So nennt man häufig Mischlinge, die halb Europäer und halb Asiaten sind. Die Eurasians sehen gewöhnlich mehr der japanischen Mutter als dem europäischen Vater ähnlich, gemäß dem allgemeinen physiologischen Gesetz, wonach die blonde Rasse von der dunkeln zurückgedrängt wird. Es ist noch nicht sehr lange her, daß die japanischen Eurasians zahlreich zu werden begannen, und so bleibt die Frage offen, ob sich diese Mischrasse behaupten wird, oder aber, wie es in solchen Fällen oft vorkommt, ob sie in der dritten oder vierten Generation erlischt.

EUROPÄISIERUNG Man spricht allgemein von der Europäisierung Japans als einer plötzlichen, ganz modernen Umwandlung, die mit der Öffnung des Landes anhob und sich während der Lebenszeit von Menschen abspielte, die jetzt noch nicht alt sind. Dies aber verrät ein ungenaues und oberflächliches Studium der Geschichte. Die Europäisierung begann vor über dreihundertundfünfzig Jahren, nämlich im Jahre 1542, als drei portugiesische Abenteurer die japanische Insel Tanega Shima entdeckten und den Serenissimus hier durch den Anblick und Knall ihrer Hakenbüchsen in Erstaunen setzten.

Die Europäisierung Japans ist ein Schauspiel in drei Akten gewesen. Zuerst der spanisch-portugiesische Akt, der 1542 beginnt und mit der religiösen Verfolgung – besser gesagt Vernichtung – von 1617 bis 1638 endet. Dieser Akt enthält eine Folge von bewegten Szenen. Selbst in unseren Tagen haben sich kaum plötzlichere

Veränderungen vollzogen. So erfuhr zum Beispiel die Kriegskunst eine totale Umwälzung, sowohl die der Verteidigung als die des Angriffs. Die japanischen Lehensherren hatten vor dieser Zeit ihre Burgen besessen, ohne Zweifel. Die Feststellung der genauen Bauart dieser früheren Burgen, Pfahlwerke, oder wie wir jene Festen aus Holz und Mörtel sonst am treffendsten bezeichnen könnten, müssen wir den japanischen Altertumsforschern überlassen. Die erste in jenem Stil errichtete Burg, der heute in einigen wenigen vollkommenen und zahlreichen ruinösen Beispielen erhalten ist, war die zu Azuchi in der Provinz Ōmi von Oda Nobunaga erbaute. Er lebte von 1534 bis 1582, und demnach fiel seine Wirksamkeit in die Zeit des ersten europäischen Einflusses. Die Portugiesen waren gelandet, als er ein Kind von acht Jahren war, die ersten katholischen Missionare (1549), als er ein Jüngling von fünfzehn Jahren war. Nobunaga wurde der führende Geist unter den Kriegsleuten seiner Zeit; in der Tat, man kann behaupten, daß er dem Reiche Gesetze vorschrieb; und mehr noch, er war ein erklärter Beschützer der Christen, wenn auch kaum einer, auf den sie stolz sein konnten, denn sein Gewissen war mit vielen Verbrechen belastet. Es wird berichtet, daß er, als er seine berühmte Burg errichtet hatte, den «Gott der Christen» (ein Kruzifix?) auf der Zinne des Verlieses (Wachturm)[51] anbrachte. Bezeichnend ist, daß das japanische Wort für «Burgverlies», *tenshu,* gleich klingt wie die Übersetzung des Wortes «Gott», die die japanischen Katholiken adoptierten. Aber während «Gott», mit chinesischen Charakteren geschrieben, eine vollkommen klare und bestimmte Bedeutung hat, nämlich 天主 wörtlich «Herr des Himmels», wird ein «Burgverlies» (Wachturm) 天守 «Himmlischer Schutz» geschrieben, eine Transkription, die nicht besonders klar ist und den Gedanken nahelegt, daß sie nur als ein Hilfsmittel verwendet wurde, um die spätere Bedeutung des Ausdrucks von der früheren zu unterscheiden.[52] Einmal eingeführt, verbreitete sich die neue Art des Burgbaues rasch über das ganze Reich; denn die Zeiten waren kriegerisch. Das Christentum breitete sich gleichfalls aus. Einige der Daimyōs im Süden gingen in ihrem Eifer so weit, die Ausübung aller anderen Religionen zu verbieten – ein Akt der Intoleranz, der sich später rächte. Auf jeden Fall aber wurde die Saat der Religion, die damals ausgestreut wurde, niemals vollkommen ausgerottet. Das Christentum blieb eine verborgene Gewalt, die zwei oder drei Jahrhunderte später wieder an die Oberfläche drang; man fand zu dieser Zeit ein paar ganze Distrikte als Christen vor (siehe Artikel über «Mission»). Was Spanien und Portugal sonst noch zur Europäisierung Japans beisteuerten, bleibt in ziemliches Dunkel gehüllt, teils weil die Verfolgungen alle Spuren verwischten, teils weil der Gegenstand noch nie vollkommen untersucht wurde. Die Kenntnis von Brot, das man *pan* nennt, stammt sicher aus dieser Periode. Umhänge (japanisch *kappa* vom portugiesischen *capa*) und Spielkarten (japanisch *karuta* vom portugiesischen *carta*) verraten sich durch die Namen als ähnliche Anleihen. Auch *Sponge-cake,* dessen japanischer Name *kasutera* deutlich auf *Castille* hinweist, ist eine kleine aber angenehme Beisteuer derselben Herkunft; Moskitonetze sind eine weitere, noch wertvollere. Vordem war ein Feuer von grünem Holz, das noch immer in einigen entlegenen ländlichen Bezirken verwandt wird, das einzige bekannte Mittel – ein im höchsten Grade unangenehmes Mittel – gegen diese lästige Insektenplage. Ohne Zweifel würde eine eingehende Sichtung japanischer Sitten, Anschauungen und Produkte eine Anzahl interessanter Einzelheiten ans Licht bringen.

ANKUNFT EINES EUROPÄISCHEN SCHIFFES IN JAPAN

Im zweiten Akt des Schauspiels der Europäisierung Japans ist die Szene das Eiland Dejima im Hafen von Nagasaki, und die Akteure sind Holländer. Kein religiöser Eifer diesmal, nichts Kriegerisches, nichts Heroisches irgendwelcher Art. Sogar Szenen einer schreienden Komik bieten sich unsern Augen dar: Wie, wenn man die Deputation holländischer Kaufleute, die nach Yedo (Tokyo) geleitet wurde, um ihre Glückwünsche beim Regierungsantritt eines Shoguns darzubringen, auffordert, durch Singen, Tanzen und Mimen von Betrunkenheit Seine Hoheit zu amüsieren. Aber diese Scherze hörten am Ende des 17. Jahrhunderts auf. Einige Mitglieder der holländischen Faktorei waren ausgezeichnete Männer. Mehr als einmal traten auch deutsche wissenschaftliche Forscher, voller Begierde nach Aufklärungen über das verschlossene Reich, in den Dienst der Faktorei, um von hier aus ihre Unternehmen zu beginnen. Jene Japaner, die trotz des offiziellen Verbots nach fremden Kenntnissen dürsteten, suchten natürlich die Gesellschaft solch verwandter Geister, und die Resultate für Japan, obgleich zuerst unscheinbar, wurden wertvoll und dauernd. Die Elemente der Mathematik, Geographie, Botanik und anderer Wissenschaften und der so wichtigen Heilkunde stammen aus dieser Quelle, ebenso verschiedene europäische Produkte wie Glas, Samt, Wollenfabrikate, Uhren, Teleskope usw. und, man darf annehmen, ebenfalls europäische Geschäftsmethoden, wenigstens im allgemeinen Sinne. Selbst etwas von Literatur sickerte durch, zum Beispiel wurden Äsops «Fabeln» schon um 1670 übersetzt. Genaue Einzelheiten sind schwer festzustellen infolge der Zensur, die unnachsichtig, wenn auch nicht ganz erfolgreich, holländische Studien unterdrückte, ausgenommen in einem peinlich beaufsichtigten Büro der Verwaltung in Yedo. Aber wir wissen genug, um bestimmt behaupten zu dürfen, daß während zweier Jahrhunderte, von 1650 bis 1850, die kleine holländische Ansiedlung in Nagasaki von eifrigen Geistern unausgesetzt als eine Quelle geistiger Aufklärung benützt wurde.

Zuletzt, aber auch dann nicht ganz unvermittelt – denn Commodore Perrys berühmter Expedition gingen andere in kleinerem Maßstab voran, sowohl russische als auch englische – wurde die Europäisierung des Landes frisch gefördert durch die teilweise Öffnung für fremden Handel und fremde Ansiedlung im Jahre 1859 und bei seiner vollständigen Erschließung 1899. Dieser letzte oder angelsächsische Akt des Schauspiels – denn Angelsachsen spielen darin die dominierende Rolle – spielt sich noch vor unseren Augen ab. Die Kriegskunst erfuhr noch einmal eine Umwandlung, und in jedem Zweig der intellektuellen und sozialen Tätigkeit pulsiert kraftvoll das wiederverjüngte Leben. Die Ausländer wurden oft verblüfft durch Japans Fähigkeit, so viele neue Gedanken und Einrichtungen vollkommen zu absorbieren. Sie warfen ihm Oberflächlichkeit vor und stellten die Dauer seiner Bekehrung zu europäischen Methoden in Frage. Dies taten sie, weil sie zwei Dinge außer acht ließen – die angeborene Kraft des japanischen Charakters und die fortgesetzte Schulung, die diese merkwürdige Rasse befähigt hat, dem neuen Licht das Antlitz zuzuwenden, ohne zu erblinden. Somit ist der langen Reihe von Beispielen ein neues hinzugefügt, das dartut, daß große historische Umwälzungen niemals *per saltum* stattfinden, und daß allein jene Nationen erwarten können, Blüten und Früchte in der Zukunft zu tragen, deren Wurzeln tief und stark in der Vergangenheit versenkt sind. Von der Dämmerung der Geschichte an bis auf den heutigen Tag zeigte sich Japan in seiner Haltung fremden Gedanken gegenüber stets gelehrig – mochten sie chinesisch sein, mittelalterlich portugiesisch, altmodisch holländisch oder die europäischen des 19. Jahrhunderts. Zwar haben Perioden, die sich im allgemeinen durch den großen Import von außen her kennzeichneten, mit Perioden abgewechselt, die sich hauptsächlich der Umarbeitung jenes Materials in Formen, die den lokalen Bedürfnissen entsprachen, widmeten. Aber keiner der beiden Prozesse hörte je vollständig auf, und das Resultat war ein stetiges Wachstum in sozialer, intellektueller und territorialer Hinsicht, mit nur seltenen Intervallen von scheinbaren Rückfällen. Jene Oberflächlichkeit, die man Japans Assimilierungsfähigkeit fremder Zivilisationen zuschreibt, existiert nur in den oberflächlichen Kenntnissen derer, die sich gerne als Beurteiler aufspielen möchten.

FÄCHER Gelegentlich findet sich in den ältesten offiziellen Annalen des Landes eine Erwähnung von Fächern. So lesen wir unter dem Datum von 763 n. Chr., daß einem Höfling, der alt und gebrechlich war, die kaiserliche Erlaubnis erteilt wurde, seinen Stab und Fächer in den Bezirk des Palastes zu bringen. Augenscheinlich waren damals Fächer von der strengen Etikette verpönt, was bemerkenswert ist, da sie später eine unentbehrliche Ergänzung der Hoftracht beider Geschlechter wurden.

Es gibt zwei Arten von Fächern, das heißt zwei Hauptarten, denn es gibt eine ungeheure Anzahl von Varianten: den runden Fächer, den man nicht schließen kann *(uchiwa)*, und den faltbaren Fächer *(ōgi* oder *sensu)*. Die Fächer früherer Zeiten waren anscheinend alle nicht faltbar – kein Wunder, wenn man sich daran erinnert, daß der erste natürliche Fächer ein Palmblatt war. Die Japaner rühmen sich, die Erfinder des faltbaren Fächers zu sein, den nach ihrer Behauptung die Chinesen erst in der Ming-Dynastie (1368 bis 1644) von ihnen entlehnten. Und zwar wird einer edlen Dame, der Witwe des jugendlichen Helden Atsumori,[53] diese Erfindung zugeschrieben. Im Tempel Mieidō in Kyōto, wohin sie sich zurückgezogen hatte, um ihren Kummer unter dem Nonnengewand zu verbergen, heilte sie den Abt vom Fieber, indem sie ihn mit einem aus Papier gefalteten Fächer fächelte, wobei sie Beschwörungsformeln murmelte; und bis auf den heutigen Tag werden die Priester dieses Tempels als besonders geschickt in der Herstellung von Fächern angesehen, woher es kommt, daß sich viele Fächergeschäfte im ganzen Land den Namen *Mieidō* beigelegt haben.

Unter den weniger gewöhnlichen Fächerarten sind vielleicht die sonderbarsten die Riesenfächer, die beim Fest der Sonnengöttin in Ise getragen werden und von den Feuerwehrleuten in Kyōto, und besonders die Kriegsfächer, die früher die Feldherrn zum Kommandieren gebrauchten, um ihren Befehlen größeren Nachdruck zu verleihen. Das gewöhnlich dazu verwendete Material war Eisen, und geschmückt waren sie auf der einen Seite mit einer roten Sonne auf goldenem Grund, auf der andern mit einem silbernen Mond und Sternen auf schwarzem oder dunkelblauem Grund. Die gewöhnlichen Fächer werden aus Papier hergestellt, das über dünne Bambusstäbchen geklebt wird. Die japanischen Fächer zeichnen sich durch Billigkeit und Eleganz aus. Man benutzt die Fächer als Blasbälge; sogar als Servierplatten zum Überreichen von Gegenständen. Leute der unteren Klassen halten häufig, während sie mit einem Höherstehenden sprechen, einen halb offenen Fächer vor den Mund, damit ihr Atem nicht sein Antlitz treffe; dagegen ist es nicht guter Ton, sich in der Gegenwart eines Höherstehenden zu fächeln.

Wer es versuchen wollte, all die eigenartigen und poetischen Einfälle zu beschreiben, mit denen die japanischen Fächerfabrikanten ihre Ware schmücken, müßte auf eine Aufzählung fast aller Kunstmotive des Landes eingehen; denn fast alle müssen dazu herhalten. Das kleine Gemälde ist oft von einem poetischen Vers in schwarzen oder goldenen Lettern begleitet, oder auch, der Fächer weist nur Poesie auf und kein Bild.

Man verwendet Fächer außerordentlich häufig zur Reklame; aber der Japaner der alten Schule entwaffnete die Kritik durch die, kann man sagen, apologetische Mäßigung, mit der er jene abscheulichste aller Künste oder bester Geschicklichkeiten anwandte. In unseren Tagen indessen, da die Europäisierung alles korrumpiert hat, hat man manches auszustehen, während man sich an einem heißen Tage fächelt. Die Reklamekunst ist zu ihrer tiefsten Tiefe herabgesunken, wenn es dazu gekommen ist, eine Lagerbierflasche auf der einen Seite eines Fächers abzubilden und die andere mit einem Eisenbahnfahrplan auszustatten.[54]

FESTE UND FEIERTAGE Die offiziellen Feiertage sind:

1., 3., 5. Januar: Neujahr.

30. Januar: der Todestag von Kōnchi Tennō, des verewigten Mikados, 1867.

11. Februar: die Thronbesteigung von Jinmu Tennō, des ersten Mikados, 660 vor Chr.[55] und die Proklamation der Verfassung, 1889 n. Chr.

20. März (oder 21.): Frühlingsfest der kaiserlichen Vorfahren, eine Adaption des buddhistischen *Higan* oder des äquinoktialen Totenfestes, die, wie man annimmt, das Meer der Existenz überschreiten und das andere *(hi)* Ufer *(gan)*, das heißt das Nirwana erreichen.

3. April: Tod des Jinmu Tennō.

23. (oder 24.) September: Herbstfest der kaiserlichen Vorfahren.

17. Oktober: Den Shintō-Göttern werden die Erstlinge dargebracht.

3. November: Geburtstag des regierenden Kaisers (Mutsuhito).

23. November: Der Kaiser versucht die Erstlinge, die seinen Vorfahren dargeboten werden.

Die Beobachtung der meisten dieser Festtage ist so modern wie das Flaggenhissen und Salutfeuern. Ihre Anlässe geben einen Begriff von der allmächtigen Bedeutung des Kaiserlichen Hauses seit der Revolution. Daneben existiert eine andere Reihe von Festen älterer Institution, die, wenn auch von Jahr zu Jahr mehr vernachlässigt, immer noch im Andenken und den Sitten des Volkes weiterleben und besonders in seinen Mahlzeiten, etwa wie die Vernichtung der spanischen Armada in der englischen *Michaelmas goose*. Die Hauptdaten sind die folgenden, und es ist bequemer, sie nach japanischer Art aufzuzählen, das heißt mit dem Ende zu beginnen:

13. Dezember: Dieser Tag wird *Kotohajime* genannt, das ist «der Anfang der Dinge», weil dann die Vorbereitungen für das Neujahr, wie Reinmachen, Schmücken und Stampfen des Reises für Kuchen *(mochi)* getroffen werden. Das Volk ißt *okotojiru* an diesem Tag – eine Art Stew, dessen Ingredienzien gewöhnlich rote Bohnen sind, Kartoffeln, Schwämme, geschleißter Fisch und eine Wurzel, genannt *konnyaku*. Den Dienstboten werden von den Dienstherrschaften Geldgeschenke überreicht. Diese Zeit und ebenso die überreichten Geschenke werden *oseibo* genannt.

22. Dezember: Wintersonnenwende *(tōji);* die Ärzte beten zum chinesischen Äskulap.

1. bis 3. Januar: Genannt die *Sanganichi* oder «Drei Tage» des neuen Jahres, an denen das Volk Stew ißt, *zōni* genannt. In Tokyo besteht diese Mahlzeit aus Reiskuchen und Grünzeug, gekocht in Fischbrühe. In Japan und China wird mehr Aufhebens vom Neujahr gemacht als in westlichen Ländern. In der letzten Nacht des alten Jahres geht niemand zu Bett, die Glocken läuten, und am Neujahrsmorgen wird das gewöhnliche Bürsten und Abstauben der Zimmer unterlassen, ohne Zweifel um das Glück nicht fortzubürsten. Die Tore werden zur Neujahrszeit mit Fichtenzweigen geschmückt, mit Strohseilen, Orangen und einem Hummer (er symbolisiert das Alter wegen seines gebogenen Rückens), und Geschenke werden ausgeteilt, genannt *otoshidama*.

7. Januar: Dieser Tag wird *Nanakusa* oder die «Sieben Kräuter» genannt, denn in früheren Zeiten pflegten der Hof und das Volk auszuziehen, um Petersilie und sechs andere eßbare Gewächse zu pflücken – eine Sitte, auf die die Dichter häufig anspielen. Reisbrei oder *congee,* dem man einen Geschmack von Grünzeug verleiht, ist das angemessene Gericht. Um den 9. Januar nimmt das Volk die tägliche Arbeit wieder auf.

15. bis 16. Januar: Das Ende der Neujahrfeiertage. Der 16. ist das *Hōkōnin no Yabuiri* oder «Handwerker-Feiertag-Heim». Es wird Reisbrei, gemischt mit roten Bohnen, gegessen.

20. Januar: *Kurabiraki,* das ist der Tag, an dem die Godowns (feuersichere Häuser) zuerst geöffnet werden. Dies ist indessen kaum mehr als ein Name. *Zōni* ist das Gericht des Tages.

Setsubun heißt ein bewegliches Fest, das zuweilen Ende Januar und zuweilen Anfang Februar fällt, auf den Abend des ersten Frühlingstages nach dem alten Kalender. Im ganzen Hause werden am Abend dieses Tages Sojabohnen verstreut, um die Dämonen zu verscheuchen, und von diesen Bohnen ißt jede anwesende Person eine mehr, als die Anzahl ihrer Lebensjahre beträgt.

Der «Erste Tag des Pferdes» *(Hatsuuma)* im Februar, konsequenterweise ein bewegliches Fest. Dieser Tag ist der Fuchsgöttin Inari geweiht. Für das wenige, das über diese Gottheit bekannt ist, siehe Murrays *«Handbook to Japan»*, 7. Auflage, Seite 49 und 336.

3. März: Das Fest der Mädchen *(Jōmi no Sekku)*, an dem jede Stadt mit Puppen geschmückt ist. Es wird auch *Hinamatsuri* genannt, das heißt das Fest der Puppen. Ein süßes Getränk, genannt *shirozake,* wird an diesem Tage genossen.

17. März: An diesem und den nächsten sechs Tagen findet das schon erwähnte große buddhistische äquinoktiale Fest *Higan* statt. Man nimmt an, daß am Äquinoktium die Sonne sich bei Sonnenuntergang immerzu im Kreise herumdrehe.

8. April: Buddhas Geburtstag; Bildnisse des kindlichen Buddha *(Tanjō-Shaka)* werden in den Tempeln für die Andächtigen aufgestellt, die mit einem Schöpflöffel Süßholztee *(amacha)* darüberschütten. Dieser Tee wird dann gekauft und entweder zu Hause gegen die Würmer eingenommen, die verschiedene innere Krankheiten verursachen, oder bei den Pfosten des Hauses aufgestellt, um dem Eindringen von Ameisen und anderen Insekten vorzubeugen.

5. Mai: Das Fest der Knaben *(Tango no Sekku),* an dem kriegerische Spielsachen wie Bogen und Pfeile feilgeboten werden und riesige Papierfische über den Häusern schweben (siehe Seite 351). Neben dem Neujahrsfest zeichnet sich dieses Fest vor allen andern durch effektvolle sichtbare Zeichen aus.

22. Juni: *Geshi* oder die Sommersonnenwende.

7. Juli: *Tanabata*. Der Gedanke dieses Festes ist sehr poetisch. Siehe den letzten Abschnitt des Artikels über «Sonne, Mond und Sterne».

13. bis 16. Juli: Dies ist das große buddhistische Fest *Bon,* das die Fremden oft das Laternenfest nennen, das man aber treffender mit Allerseelen bezeichnen könnte. Die Geister der abgeschiedenen Vorfahren besuchen dann den Altar, der ihnen in jedem Hause geweiht ist, und besondere Speisen werden ihnen dargeboten. Die Lebenden beschränken sich soviel wie möglich auf Fastenspeisen. Die Zeremonie des «Öffnens des Flusses» *(kawabiraki),* wie man sie nennt, findet in Tokyo gewöhnlich um diese Zeit statt. Das Schauspiel ist hinreißend. Die halbe Stadt zieht in Booten, die heiter mit Papierlaternen geschmückt sind, auf den Fluß Sumida hinaus, Feuerwerke und Musik tragen zur allgemeinen Lustbarkeit bei. Die ländliche Bevölkerung in den meisten Teilen des Reiches feiert das Fest durch einen Tanz, der unter dem Namen *Bon Odori* (siehe Seite 597) bekannt ist. Es ist Sitte, daß die Dienstherren ihren Dienstboten in der *Bon*-Zeit Geldgeschenke machen. Dies sollte nicht später als am 13. geschehen.

16. Juli: ein zweiter Handwerker-Feiertag.

Der *Doyō no Iri* oder «Erste der Tage des Hundes» und der *Doyō Saburō* oder «Dritte Tag des Hundes» werden dadurch gefeiert, daß man besondere Kuchen ißt. Der «Dritte Tag des Hundes» wird von den Bauern als ein Wendepunkt für die Entwicklung der Ernte betrachtet. An jedem der «Tage des Stieres» *(Doyō no Ushi),* die in diese Periode der größten Hitze fallen können, ißt man Aale.

9. September: *Cho yō no Sekku,* ein Feiertag, dessen angemessenes Gericht Reis mit Kastanien ist.

20. September: das Herbst-Äquinoktium.

20. Oktober: das Fest des *Ebisukō,* so genannt nach einem der Glücksgötter, der einzigen der acht Millionen Gottheiten, die während des Oktobers anwesend bleibt. Der Oktober heißt «Ohne-Gott-Monat» *(kannazuki),* denn in dieser Zeit verlassen alle anderen Götter die eigenen Schreine und begeben sich nach dem großen Tempel von Izumo. Der Grund, weshalb *Ebisu* sie nicht begleitet, ist der, daß er taub ist und ihre Aufforderung nicht hören kann. An diesem Tage veranstalten die Händler einen Ausverkauf ihrer überschüssigen Waren und geben Kunden, Geschäftsfreunden usw. Einladungen als Entschädigung, wie man halb im Scherze sagt, dafür, daß sie sie während des Restes der zwölf Monate beschwindeln. Heute, da all diese alten Gebräuche verfallen, wird der 20. Oktober mehr als ein Tag für das, was man *konshinkai* nennt, angesehen – für Versammlungen, das heißt der Mitglieder einer Gilde, einer politischen Partei, einer gelehrten Gesellschaft usw.

In den November fallen mehrere *Shintō*-Feste. Das erwähnenswerteste, jenes zu Ehren der Götter des Herdes *(Hettsui no Kami),* genannt *Fuigo Matsuri* oder das «Fest des Blasebalgs», findet am 8. statt. Es werden auch Feuer zu Ehren von Inari und anderen Gottheiten in den Höfen der Shintōtempel angezündet. Dies geschieht, soweit es Inari betrifft, weil diese Göttin dem berühmten Schwertschmied Kokaji beim Schmieden eines Schwertes für einen Mikado in alter Zeit beistand, indem sie den Blasebalg bediente.

15. November: Dies ist der Tag, von dem an man bei Kindern, die das Alter von drei Jahren erreicht haben, das Rasieren des Kopfes unterlassen soll. Dementsprechend nennt man ihn *Kamioki,* das ist «Haar-lassen». Er wird aber kaum beobachtet, wenigstens nicht mehr in neuerer Zeit.

Das *Kazukizome* oder «Erstes Verschleiern» der Mädchen von fünf Jahren und das *Hakamagi* oder «Erstes Behosen» der Knaben von fünf Jahren fand früher am gleichen Tage statt; jetzt sind auch sie nur bloße Namen.

8. Dezember: das *Harikuyō,* ein Fest, an dem die Frauen jede Nadelarbeit ruhen lassen und die anderen Mitglieder des Haushaltes unterhalten. In dieser Zeit führen sie und nicht die Männer das Kommando im Hause.

Damit endet das Jahr. Als 1873 der europäische Kalender angenommen wurde, geriet natürlich die alte japanische Runde der Feste in einige Unordnung; denn da Neujahr fünf oder sechs Wochen früher als vordem fiel, wurde die Beziehung der einzelnen Festtage zu einer bestimmten Jahreszeit zerstört. Wie könnte man am 7. Januar ausgehen, um nach Frühlingsboten zu suchen, wenn der Winter eben erst beginnt, anstatt Zeichen seines Endes zu verraten? Angesichts dieser Schwierigkeiten wußte man nicht recht, was man tun sollte. In den meisten Fällen wurde das alte Datum beibehalten, ungeachtet der Verschiebung, die auf diese Weise in bezug auf den wirklichen Tag eintrat. Um das eben erwähnte Beispiel festzuhalten, der 7. des ersten Monats, der früher ungefähr in die Mitte des Februar fiel, wird als 7. Januar beibehalten. In anderen Fällen wurde der wirkliche Tag beibehalten, ungeachtet des Datums, auf das er nach dem neuen Kalender fiel; allein dies macht eine neue Aufstellung des Kalenders in jedem Jahr nötig, denn der alte Kalender war lunar und unregelmäßig in verschiedener Beziehung, nicht einfach um eine bestimmte Anzahl Tage hinter dem unsrigen zurück, wie es zum Beispiel der russische Kalender ist. Auch ein dritter Plan wurde entworfen; man schuf einen Durchschnitt, indem man jedes Fest genau einen Monat später ansetzte als früher, obgleich der wirkliche Tag ungefähr vierzehn Tage früher fällt. So wird das Fest vom 7. Tag des 7. Mondes, nach altem Stil, an manchen Orten am jetzigen 7. August gefeiert, obgleich es etwa auf den 20. August fiele, wenn die Berechnung genau wäre. Erpichte Feiertagmacher feiern sogar das gleiche Fest zweimal – zuerst nach dem neuen Kalender und dann nach dem alten, um auf diese Weise sicher zu gehen, daß sie es sich nicht mit den unsichtbaren Mächten, die existieren, verderben. Alles in allem, es herrscht eine große Konfusion und Verschiedenheit der Gebräuche, jeder Ort schafft sich seine eigenen Gesetze.

Die oben gegebene Liste maßt sich natürlich nicht an, erschöpfend zu sein. Es gibt lokale sowohl als auch allgemeine Festtage, und diese lokalen Feste haben eine große Bedeutung in den betreffenden Orten. Dazu gehören das *Gion*-Fest in Kyōto und die *Sannō*- und *Kanda*-Feste in Tokyo. *Gion* und *Sannō* finden Mitte Juli statt; *Kanda* Mitte September. Alle drei charakterisieren sich durch Umzüge, deren Hauptattraktion in einem Zug von Triumphwagen oder, besser gesagt, mythologischen Wagen besteht, die das Volk in Tokyo *dashi* nennt, das Volk in Kyōto *yama* oder *hoko*. Diese Wagen wurden neuerdings niedriger gemacht, weil sich herausstellte, daß sie mit den Telegraphen- und Telephondrähten und elektrischen Kabeln, die jetzt ihr Netz über die großen Städte ausbreiten, in Kollision kamen.[56]

FEUERBESTATTUNG Die Feuerbestattung kam um 700 mit dem Buddhismus nach Japan, verdrängte aber nie vollständig den Shintō-Gebrauch, die Toten zu beerdigen. So sonderbar es auch erscheinen mag, die Feuerbestattung wurde zuerst bei den Mikados abgeschafft, und zwar auf die Vorstellungen eines Fischhändlers namens

Hachibei hin, der für die Beerdigung des Kaisers Gokōmei 1644 eintrat. Am 18. Juli 1873 wurde die Feuerbestattung von der Regierung gänzlich untersagt, die die irrtümliche Vorstellung gehabt zu haben scheint, daß die Kremation uneuropäisch und deshalb barbarisch sei. Nachdem sie aber entdeckt hatte, daß die Feuerbestattung, weit entfernt davon, uneuropäisch zu sein, sogar das Ziel der europäischen Reformatoren in dieser Beziehung bildete, wurde das Verbot kaum zweiundzwanzig Monate später (23. Mai 1875) wieder aufgehoben. Es gibt jetzt neun Krematorien in Tokyo.

Das System ist ganz einfach; als Brennmaterial wird nur Holz verwendet. Der in einen hölzernen Sarg gebettete Leichnam wird vollständig in ungefähr drei Stunden eingeäschert. Nichts bleibt als ein paar winzige Knochenteile und die Zähne, welch letztere aufbewahrt und oft an den großen Tempel von Kōyasan gesandt werden. Die Asche wird in eine Urne getan und beerdigt. Es ermangelt uns noch hinzuzufügen, daß ein Gesetz vom 19. Juli 1874 die intramurane Bestattung verbietet, ausgenommen in speziellen Fällen. Diese Bestattungsart ist noch immer verboten, es sei denn, daß der Leichnam vorher verbrannt worden sei.

FEUER-WANDELN Neben den abergläubischen Vorstellungen, von denen in den Artikeln über «Dämonische Besessenheit» und «Weissagung» die Rede ist, gibt es noch andere, die zu höchst überraschenden Experimenten führen – zu nichts anderem, als über glühende Kohlen zu gehen, sich kochendes Wasser über den Körper zu gießen und Leitern von bloßen Schwertern auf den Schneiden emporzusteigen. All diesen alten Riten (denn sie stammen aus dem grauen Altertum) kann man noch heute inmitten des modernen Tokyo beiwohnen, wenigstens zweimal im Jahr. Das Feuer-Wandeln findet gewöhnlich im Hof des kleinen Tempels Ontake am Fuße des Berges Kudan im April und im September statt.

Der Vorgang spielt sich folgendermaßen ab[57]: Auf den Boden werden Strohmatten gebreitet und über sie eine Schicht von Sand geschüttet. Darauf wird das Brennmaterial gelegt, ursprünglich Fichtenholz, jetzt aber Holzkohle. Das Beet ist ungefähr einen Fuß tief, 12 bis 18 Fuß lang und 3 bis 6 Fuß breit. Es soll rechtwinklig zu den Himmelsrichtungen liegen. Acht Bambusstäbe, mit den Zweigen noch daran, werden an den vier Seiten der Holzkohlenschicht in den Boden gesteckt und verbunden durch ein Hanfseil, das sich von Seite zu Seite ungefähr in der Höhe von fünf Fuß hinzieht. An dem Seil hängen vierundzwanzig der heiligen Embleme, die man *gohei* nennt, Streifen von weißem Papier, die zu schmalen Bündeln vereinigt sind. Diener fachen geschäftig die Flammen mit an langen Stangen befestigten Fächern an, während andere das Kohlenbeet mit Stäben flachstoßen. Darauf werden Beschwörungen gesungen – Beschwörungen des Wassergottes, der im Mond lebt, damit er herabsteige, um den Gott des Feuers zu vertreiben. Gebete werden gesprochen, und erst ein Priester, dann ein zweiter beginnen langsam und feierlich um das Kohlenbeet zu schreiten, wobei sie in kabbalistischer Weise die Finger verflechten und ausstrecken. Bald sind alle zu diesem exorzisierenden Akt vereinigt. Sie wandern ringsherum, immerzu, und es scheint, als ob einer den andern vergesse und sich nach und nach in einen an Ekstase grenzenden Zustand versetze. Nach dieser anscheinend endlosen Zeremonie nimmt jeder Priester eine Handvoll Salz aus einem großen Gefäß und streut es auf die glühenden Kohlen. Hierauf werden die Matten an beiden

Enden des Kohlenbeetes mit Salz bestreut, auf denen sich die Priester, bevor sie über das Feuer wandeln, die Füße einreiben. Der Hohepriester reibt zuerst seine Füße ein, dann betritt er mutig die Oberfläche des brennenden Beetes, über das er mit würdevollen Schritten wandelt. Die Priester in weißen Gewändern folgen seinem Beispiel, und wenn alle hinübergegangen sind, so wiederholt sich die Zeremonie.

Der zweite Teil der Handlung ist, wenn auch weniger eindrucksvoll, so doch amüsanter; denn jetzt ahmen die Zuschauer (alle die wenigstens, die, um Mr. Lowells Ausdruck zu gebrauchen, den Mut haben, «ihren Fuß daran zu wagen») die Priester nach und überschreiten die heiße Kruste. Männer, Frauen und Kinder, alt und jung, eine ganze Familie in der gehörigen Reihenfolge, alle wagen sich erfolgreich über den Weg, obgleich nicht wenige durch ihre raschen Sprünge gegen das Ende zu verraten, daß die Sache kein bloßer Scherz ist.

Der vollkommenen Wahrheit willen sei indessen hinzugefügt, daß die Feuerprobe in mancher Hinsicht weniger eindrucksvoll ist, als man es sich wohl nach einer Beschreibung ausmalt. Der Raum ist eng, die Menge ist zusammengewürfelt und unehrerbietig, sie setzt sich größtenteils aus den niederen Ständen zusammen – aus Herumlungerern, schmutzigen Kindern mit anderen auf ihren Rücken usw. Die Vorbereitungen des Stampfens und Schichtens des Feuerbeetes scheinen endlos; das Anfachen treibt Rauch in die Augen und Funken an die Kleider. Auch die Hitze ist natürlich unangenehm und die wirkliche Feuerprobe, wenn sie endlich beginnt, ist in wenigen kurzen Augenblicken vorüber. Wohlgemerkt, wir beabsichtigen ganz und gar nicht jemand davon abzuhalten, sich dieses trotz allem interessante Schauspiel anzusehen, wir wollen ihn nur darauf aufmerksam machen, daß er, wie für andere Kuriositäten, dafür bezahlen muß. Eine ähnliche Bemerkung gebührt in noch höherem Maße der «Probe mit kochendem Wasser». Man tut besser, Mr. Lowells Schilderung zu lesen, die sehr anschaulich und unterhaltend ist, als sich den Ritus selbst anzusehen, der todlangweilig ist. Er besteht darin, daß man Bambuszweige in kochendes Wasser taucht, sie in der Luft schwingt und den Sprühregen in einem Schauer über den Körper fallen läßt während endloser Gebete, Beschwörungen und Verrenkungen.

Der obige Artikel war gerade geschrieben, als wir, es war im September 1900, erfuhren, daß nicht weniger als sieben Fremde an dem «Wunder» teilgenommen hatten; wir wandten uns an einen von ihnen, Prof. Percy Hillhouse von der Imperial University Tokyo, mit der Bitte um eine Schilderung der Prozedur. Hier seine Erwiderung:

«Ich ging am 17. September zum Imagawa-Koji-Tempel mit dem geheimen Wunsch, persönlich über die glühenden Kohlen zu schreiten; aber obgleich ich Japaner aller Art darübergehen sah, konnte ich mich doch im entscheidenden Augenblick nicht dazu entschließen, bis eine Anzahl von Harvard-Studenten, die sorgfältig die Sohlen derer, die darübergegangen waren, geprüft hatten, es mir vormachten. Augenblicklich nahm ich meine Socken ab und bahnte mir den Weg durch die Menge zum Ende des Kohlenbeetes. Hier befand sich eine dünne Lage von Salz, und nachdem ich meine beiden Füße gut daran gerieben hatte, überschritt ich den Pfad in raschem Tempo und erreichte wohlbehalten das Ende. Bevor ich mich auf den Weg machte, stäubte mich ein Priester mit einem Bündel von *gohei* am ganzen Körper ab; und nachdem ich hinübergegangen war, hieß mich der Priester am andern Ende stehenbleiben und meine Füße in der Salzschicht am Ende des feurigen Pfades reiben. Augenblicklich machte ich mich auch schon auf den Rückweg, ohne irgendeinen Schaden zu nehmen. Ich spürte an den Sohlen nichts als eine angenehme Wärme, ganz und gar keine Hitze. Ich bin überzeugt, daß jedermann ohne irgendwelche unangenehme Wirkungen darübergehen könnte, vorausgesetzt, daß er schnell genug geht und nicht mit den Füßen scharrt. Man muß aufmerksam gehen, das ist alles.

H*** vom Britischen Konsulat in Yokohama folgte mir zuerst, und später nahm eine junge Dame aus Yokohama ihre Kleider auf und tänzelte unter dem Beifall der Menge darüber. H*** sagte, daß seine Füße etwas schmerzten, nachdem er darübergegangen war. Als ich das erstemal darüberschritt, fühlte ich noch nichts. Das zweitemal, als mich mein Vordermann einen Augenblick lang aufhielt, da er auf der Salzlage am Ende stehen blieb, fühlte ich, wie ein Fuß ein wenig heiß wurde, und ungefähr eine Stunde lang war ein Stückchen Haut an einer Seite ein klein wenig wund; aber als ich am Abend meine Füße untersuchte, entdeckte ich nichts, und das schmerzende Gefühl war vorüber.

Ich bin nicht Physiologe genug, als daß ich irgendeine Erklärung dafür geben könnte, warum wir uns nicht verbrannten. Als Knabe stellte ich einen eisernen Topf mit kochendem Wasser, der gerade vom Feuer kam, auf die Handfläche und hielt ihn hier ungefähr fünfzehn Sekunden lang, und der Topf fühlte sich nur ein wenig warm an. Man könnte dies vielleicht damit erklären, daß der Ruß am Boden des Tigels die Wärme schlecht leitete, und daß die Feuchtigkeit der Hand, die schnell verdunstete, eine Schicht von Dampf bildete, die einen direkten Kontakt zwischen dem Metall und der Haut verhinderte.

Das *Kudan*-«Wunder» könnte wohl ähnlich erklärt werden. Die Oberfläche des Holzkohlenbeetes war mindestens halb schwarz, nicht rotglühend, und das Salz mag die nötige Feuchtigkeit abgegeben haben.»

FEUERSBRÜNSTE Diese waren früher etwas so Alltägliches in Japans Holz- und Papierstädten, daß man den Flammen, die im Winter fast in jeder Nacht die Metropolis mit düsterem Schein erhellten, den Namen «Yedo-Blüten» gegeben hat. Welch ungeheure Rolle dies verheerende Element in Japan spielte, zeigt der Umstand, daß sich ein ganzes Vokabularium entwickelte, das jede Nuance von allem, was mit Feuersbrünsten zusammenhängt, ausdrückt. Die japanische Sprache hat besondere Ausdrücke für ein gelegtes Feuer, ein zufälliges Feuer, ein Feuer, das vom eigenen Hause ausgeht, ein Feuer, das von der Nachbarschaft überspringt, ein Feuer, das man mit anderen zusammen erleidet, ein Feuer, das bis auf den Grund zerstört, die Flammen eines Feuers, irgend etwas, zum Beispiel ein Kohlenbecken, das ein Feuer verursachen kann, die Seite, von der man das Feuer angreifen muß, um es zu löschen, eine Beileidsvisite nach einer Feuersbrunst usw.

Wir haben nicht die Hälfte angeführt.[58] Hätte man nicht die geringsten Berichte mehr, so würde allein die Sprache eine Vorstellung von der Schrecklichkeit des Feuers für das alte Japan geben. Dagegen muß erwähnt werden, daß sich «Feuerversicherung» nicht unter den betreffenden Ausdrücken befand. Dieses Wort kam erst während des neuen Regimes auf und ist Europas Beisteuer zum Vokabularium. Im Anfang faßte die Feuerversicherung nur langsam Fuß. Man mag sich überhaupt wundern, daß sich bei dem großen Risiko Kapitalisten fanden, die das Unternehmen wagten. Auch heute noch sind die Prämien sehr hoch; trotzdem scheint das Volk nun den Vorteil zu würdigen, sich die Seelenruhe, wenn auch um einen hohen Preis, zu erkaufen, und seit einer Reihe von Jahren sind die Kompanien im ganzen Lande tätig gewesen, um Versicherungen gegen Feuer und andere Heimsuchungen aufzunehmen.

Ōoka, dem japanischen Salomon, der am Anfang des 18. Jahrhunderts Bürgermeister und Richter von Yedo (Edo, Tokyo) war, gebührt das Verdienst, die Feuerwehr organisiert zu haben, die ein so nützliches und malerisches Element des Lebens in Yedo bildet. Seit seiner Zeit werden Feuerlöschapparate europäischer Konstruktion verwandt. Übrigens hat sich die Zahl der Feuersbrünste in den letzten Jahren stark verringert, dank der allmählichen Einführung von Stein- und Backsteingebäuden und von breiteren Straßen und einer strengeren Polizeikontrolle. Früher soll man in gewissen Vierteln Tokyos gar nicht damit gerechnet haben, daß sich Häuser länger als drei Jahre erhielten. Das ist natürlich heute alles anders. Und doch ist das Feuer noch immer ein ewiggefürchteter Feind. Man erzählt auch, daß die Zimmerleute, wenn man sie nicht arg verleumdet hat, häufig seinen Eintritt in die Stadt begünstigt haben sollen, weil er ihnen Arbeit brachte. Die eigenartige Tracht und die Groteskheit der Feuerwehr sind Dinge, die zu sehen sich kein Reisender in Japan entgehen lassen sollte. Jedes Jahr, am 4. Januar, halten die Feuerwehrleute in den Straßen eine Parade mit ihren hohen leichten Leitern ab und geben eine gymnastische Vorstellung zum besten.

Der berühmteste von all den vielen großen Bränden in Yedo war der von 1657, da fast die halbe Stadt zerstört wurde und über 167000 Personen in den Flammen umgekommen sein sollen. Die Regierung übernahm das erforderliche Riesenbegräbnis, für welches das Gelände des jetzigen Tempels Ekōin gewählt wurde, und Priester aller buddhistischen Sekten wurden zusammengerufen, um einen siebentägigen Gottesdienst für die Seelen der Abgeschiedenen abzuhalten. Heute finden Ringkämpfe auf dem gleichen Platze statt – augenscheinlich eine Reminiszenz an ehemals religiöse Feste. Früher nämlich brachte man heilige Bildnisse aus den Provinzen herbei, zu denen das Volk von Yedo betete; auf diese Weise sammelte man Geld für den Tempel, der nicht auf die gewöhnlichen Unterhaltungsmittel rechnen konnte, besonders Spenden der Verwandten der Toten; das Feuer von 1657 war so furchtbar, daß es ganze Familien vernichtete.

Wenn heute in Tokyo eine große Feuersbrunst wütet, so zieht man weise Nutzen aus ihr nach einem festgelegten Plan zur Verbesserung der Stadt, demzufolge neue Straßenzüge und Erweiterungen der alten vorgesehen sind.

FISCHEN MIT KORMORANEN Diese merkwürdige Methode des Fischens wird in einem Gedichte erwähnt, das sich im «*Kojiki*» findet, einem im Jahre 712 unserer Zeitrechnung zusammengestellten Werke, während das Gedicht selbst wahrscheinlich weitaus älter ist. Die Sitte hat sich bis auf den heutigen Tag in verschiedenen Distrikten Japans erhalten, besonders am Fluß Nagara, nahe Gifu in der Provinz Owari.

Zuerst fange man sich einen Kormoran. «Dies tun die Leute» – erzählt uns Mr. G. E. Gregory in Band X, Teil I der «*Asiatic Transactions*» – «indem sie ein hölzernes Abbild des Vogels an einem von Kormoranen besuchten Orte aufstellen und die Zweige und Äste in der Nachbarschaft mit Vogelleim bestreichen, so daß die Vögel beim Niederlassen festkleben. Nachdem sie auf diese Weise einen Kormoran gefangen haben, setzen sie ihn an Stelle des Modells unter die Büsche und fangen auf diese Weise noch mehr.» Mr. Gregory berichtet ferner, daß die Fischer die Vögel so sorgfältig pflegen, daß sie sie im Sommer mit Moskitonetzen versehen, damit sie es recht bequem haben! Persönlich können wir dieses Extrem von Sorgfalt nicht bezeugen, da wir die Vögel nur während der kühlen, toten Saison gesehen (und auch gerochen) haben, die sie in Körben in den Fischerhütten zubringen. Das Fischen mit Kormoranen findet immer des Nachts bei Fackellicht statt.

Der verewigte Generalmajor Palmer entwirft davon in einem Brief an die «*Times*» vom 17. Juli 1889 folgende Schilderung: «In jedem der sieben Boote befinden sich vier Männer, wovon einem, dem im Heck, keine andere Aufgabe obliegt als die, das Fahrzeug zu regieren. Im Bug steht der Meister, gekennzeichnet durch den entsprechenden besonderen Hut seiner Würde, und handhabt nicht weniger als zwölf abgerichtete Vögel mit der unübertrefflichen Geschicklichkeit und Ruhe, der die Sportsmen von Gifu ihren unbestrittenen Vorrang verdanken. In der Mitte des Bootes steht ein anderer Fischer, einer vom zweiten Rang, der nur vier Vögel handhabt. Zwischen beiden hält sich der vierte Mann auf, der *Kako* genannt wird, nach dem Bambusinstrument gleichen Namens, mit dem er das Geklapper hervorbringt, das nötig ist, um die Vögel zur Arbeit anzutreiben; er ermutigt sie auch durch Rufe und Schreie, versieht die Reservegeräte usw. und hält sich zur Assistenz bereit, wenn es nötig wird. Jeder Kormoran trägt unten um seinen Hals einen metallnen Ring, eng genug, um das Hinabgleiten von Fischen, die einen Marktwert haben, zu verhüten, aber gleichzeitig weit genug – denn er wird nie abgenommen – um die kleinere Beute, die als Nahrung dient, durchzulassen. Um den Körper ist eine Schnur geschlungen, an der in der Mitte auf dem Rücken ein kurzes Stück von starkem Walfischbein befestigt ist, woran der große, schwerfällige Vogel bequem ins Wasser gelassen oder nach der Arbeit emporgezogen werden kann; an diesem Walfischbein ist ein dünner Zaum aus Tannenfibern befestigt, zwölf Fuß lang und steif genug, um die Gefahr des Verwirrens möglichst zu beschränken. Auf dem Fischgrund angelangt, läßt der Meister seine zwölf Vögel in den Fluß hinab, einen nach dem andern, indem er ihre Zäume in der Linken festhält und sie mit der Rechten, so oft es nötig ist, bedient. Der Zweite tut das gleiche mit seinen vier Vögeln, der *Kako* legt los mit seinen Salven von Lärm, und sofort machen sich die Kormorane in der lebhaftesten und drolligsten Weise an die Arbeit, wunderbar gewandt tauchend und sich tummelnd, während die überraschten Fische dem Schein der Fackel zuströmen. Der Meister ist jetzt der geschäftigste Mann. Er muß seine zwölf Zäume so gewandt dirigieren, daß, wie auch immer die Vögel hin- und herschießen mögen, keine Verwirrung entsteht. Er muß seine Augen überall haben, und seine Hände müssen seinen Augen folgen. Besonders muß er auf den Augenblick achten, da einer seines Schwarms die Gurgel vollgestopft hat – was der Vogel im allgemeinen selbst anzeigt durch närrisches, hilfloses Schwimmen, wobei er den Kopf und den geschwollenen Hals erhebt. Daraufhin zieht der Meister die Leine ein, nimmt den Vogel ins Boot, zwingt ihn mit der linken Hand, die währenddessen die übrigen Leinen festhält, den Schnabel zu öffnen, preßt den Fisch mit der Rechten heraus und läßt den Vogel auf einen neuen Raubzug los – all das mit einer solch bewundernswerten Gewandtheit und Schnelligkeit, daß die elf übrigen immerfort geschäftigen Vögel kaum Zeit haben, eine Unordnung anzurichten, und im nächsten Augenblick ist wiederum das ganze Gespann vollkommen in seiner Gewalt.

Die Kormorane werden abgerichtet, solange sie noch ganz jung sind, nachdem sie mit Vogelleim im Winter an der Küste des benachbarten Owari-Golfes gefangen wurden, wohin sie auf ihrem ersten Zug südwärts von den Sommerjagdgründen der Vögel an der Nordküste Japans kamen. Einmal abgerichtet, arbeiten sie gut bis zu fünfzehn, oft zu neunzehn und zwanzig Jahren; und wenn auch ihre Erhaltung für die Besitzer im Winter eine schwere Last ist, so sind sie doch während der fünf Monate der Saison kostbare und nützliche Jäger und verdienen recht wohl die Sorgfalt, mit der man sie umgibt. So beträgt zum Beispiel die respektable Beute eines einzelnen Jagdzuges eines Vogels vier bis acht stattliche Fische, was einem Durchschnitt von ungefähr hundertundfünfzig Fischen für einen Kormoran per Stunde entspricht, oder vierhundertundfünfzig für die drei Stunden, die sie beschäftigt sind, während sie den Flußlauf hinabtreiben. Jeder Vogel einer Herde hat seine Nummer und kennt sie; und das Komischste an ihnen ist vielleicht die kluge Eifersucht, mit der sie mit allem, was die Kormoranensprache und pantomimischer Protest vermögen, über die schuldige Beobachtung der ihren Nummern zukommenden Rechte wachen. Numero 1 oder «*Ichi*» ist der Doyen des Korps, der Senior sowohl den Jahren als auch dem Range nach. Seine Kollegen folgen ihm dem Alter nach. *Ichi* wird zuletzt ins Wasser gelassen, zuerst herausgenommen, zuerst gefüttert und muß als letzter nach der Arbeit in die Körbe spazieren, in denen die Vögel von den Booten zu ihrem Heim getragen werden. *Ichi* hat an Bord den Ehrenplatz inne, am Bug des Bootes. Er ist ein würdevoller, grauer Bursche mit einer hochtrabenden *noli me tangere*-Miene, die einem Lord Mayor würdig wäre. Die übrigen werden dem Range nach hinter ihm zur Linken und Rechten plaziert. Wenn die gesetzmäßige Rangordnung zufällig verletzt wird – wenn zum Beispiel Numero 5 vor Numero 6 ins Wasser gelassen, oder Numero 4 über Numero 2 gestellt wird –, so bricht augenblicklich ein Aufruhr in der Familie aus, der wert ist, gesehen und gehört zu werden.

Aber unterdessen sind wir mit den Booten um uns her den Fluß hinabgetrieben und befinden uns wieder gegenüber von Gifu, wo die Flottille anlegt. Beim Herausnehmen eines jeden Kormorans aus dem Wasser kann der Meister aus seinem Gewicht schließen, ob der Vogel während der Jagd genug Fressen abbekommen hat; wenn nicht, so füttert er ihn mit minderwertigen Fischen der Beute. Endlich sind alle in der schuldigen Reihenfolge, mit dem Schnabel nach auswärts, im Boot plaziert. Und der Anblick der Reihe von großen und plumpen Seevögeln – wie sie sich schütteln, mit den Flügeln schlagen, quaken, Toilette machen, ihre Hälse reinigen, mit dummer Feierlichkeit um sich starren, hin und wieder mit ihren Nachbarn altjüngferlich zanken –, das ist das Sonderbarste, was ich je an Vögeln gesehen habe, ausgenommen vielleicht die Pinguine auf den Falkland-Inseln, über die ein gewisser französischer Philosoph sogar gemeint haben soll: ‹Zuletzt gehen die Fischreiher zu Bett, und wir selbst folgen ihrem Beispiel.›»

FISCHFANG In den ländlichen Bezirken Japans wendet man noch heute verschiedene sonderbare Methoden des Fischfangs an. In einigen der zentralen Provinzen kann man Körbe sehen, die über einen Wasserfall gehängt sind für die Fische, die emporzuspringen versuchen. An gewissen anderen Orten – zum Beispiel in Numata am Tonegawa – bringt man eine geneigte Plattform aus Bambus an, die eine aufwärtsführende Strömung nach der Mitte des Flusses zu verursacht. Dorthin werden die Fische infolge der Kraft der künstlichen Strömung getragen, wie man es in Murrays «*Handbook*» beschrieben findet. Sodann gibt es die wohlbekannte Art des Fischens mit Kormoranen, die im vorhergehenden Aufsatz ausführlich geschildert wurde. Die pfeilförmigen Fischfallen, die die Ufer des Biwa-Sees säumen, können dem Auge des Beobachters nicht entgehen. Ebensowenig die «Fisch-Ausluge», die über die Küste von Izu verstreut sind. Jeder dieser «Ausluge» steht auf einem hohen Kliff, von dem aus man das Meer übersieht, und hier wacht ein erfahrener Mann und gibt den Fischern unten ein Hornsignal, das große Dorfnetz einzuziehen, sobald ein Fischschwarm eingetreten ist. Einen wegen der dabei entwikkelten Geschicklichkeit fesselnden Anblick bietet der Forellenfang in einigen klaren, ruhigen Strömen, wobei die Beute einfach mit Handnetzen gewonnen wird. Man kann ihn am Kitayamagawa beobachten, gerade unterhalb jenes entzückendsten aller Fleckchen, Dorohatchō. Diesen Methoden muß das Fisch-Spießen hinzugefügt werden, wie es an vielen Punkten der Küste ausgeübt wird, und der Walfischfang von Kishū und Shikoku, wo die Wale manchmal tatsächlich in Netzen gefangen werden. Die von japanischen Anglern verwendeten «Fliegen» dürften ebenfalls den Sportsmann interessieren, denn sie sind ganz verschieden von jenen, die europäische Angler gebrauchen. Einem Engländer mag die einheimische Methode des Angelns mit der Fliege primitiv erscheinen; allein sie wird durch den Erfolg gerechtfertigt.[59]

FLAGGE

FLAGGE Die japanische Nationalflagge (*Hinomaru*, «Sonnenkreis») ist ein gutes Beispiel für Amiels Axiom, daß «nichts Wirkliches einfach ist». Die Sonne auf einem Hintergrund – weshalb sollten die Bewohner dieses «Landes der aufgehenden Sonne» nicht sofort auf diesen Gedanken gekommen sein? Und doch, wenn wir den Gegenstand näher betrachten, so finden wir, daß dieses augenscheinlich naheliegende Resultat sich aus einer merkwürdig komplizierten Reihe von Gedanken, die sich langsam im Laufe von Jahrhunderten änderten, entwickelt hat.

Es scheint, daß der chinesische Hof und die chinesische Armee seit undenkbaren Zeiten Flaggen benutzten, die mit Figuren astrologischer Phantasien geschmückt waren – die Sonne mit der dreibeinigen Krähe, die sie bewohnt, der Mond mit seinem Hasen und Kassiabaum, der Rote Vogel, der die sieben Konstellationen des südlichen Viertels des Tierkreises repräsentiert, der Dunkle Krieger (eine Schildkröte), die sieben nördlichen Konstellationen umfassend, der Blaue Drachen, die sieben östlichen, der Weiße Tiger, die sieben westlichen, und ein siebentes Banner, das den Nördlichen Scheffel (Großer Bär) vorstellt. Den Bannern der Sonne und des Mondes wurde eine besondere Bedeutung beigelegt, denn die Sonne war des Kaisers älterer Bruder und der Mond seine Schwester, aus welchem Grund er selbst der Sohn des Himmels genannt wurde und noch genannt wird – das waren nicht bloß Metaphern für die alten Chinesen, die unbedingt glaubten, daß der Kaiser den Lauf der Jahreszeiten beeinflussen könnte.

Die Japaner adoptierten all diese Dinge in Bausch und Bogen – den kaiserlichen Titel, die Flaggen, die mythologischen Anschauungen und alles – wahrscheinlich im siebenten Jahrhundert, denn die offiziellen Annalen berichten nebenher ihre Anwendung im Jahre 700. Im Laufe der Zeit wurde aber fast alles wieder fallengelassen, nur das Sonnen- und das Mondbanner wurden als kaiserliche Insignien zurückbehalten, aber ohne ihre sagenhaften Bewohner, wenn auch die Sonnen-Krähe und der Mond-Hase in der Kunst weiterlebten. An Stelle jener heidnischen Phantasien setzte die mittelalterliche Frömmigkeit Bilder der Götter oder Gebete an Buddha; aber auch sie ließ man fallen, als der Buddhismus an Macht verlor. Auf diese Weise blieb zuletzt nur die Sonne allein zurück (ursprünglich nicht eine aufgehende Sonne); und als man im Jahre 1859 nach europäischem Vorbild eine nationale Flagge brauchte, rückte natürlich das Sonnenbanner auf den vakanten Platz. Ein kunstvolleres Zeichen – das sechzehnblätterige Chrysanthemum, augenscheinlich nichts als ein anderes Bild der Sonne mit ihren Strahlen – wurde zum kaiserlichen Emblem erhoben; die Übereinstimmung mit der europäischen Sitte verlangte einen solchen Unterschied. Die militärische Flagge mit ihren sechzehn Strahlen ist eine Modifikation desselben Gedankens; die Zahl sechzehn selbst läßt sich auf chinesische geometrische Anschauungen zurückführen.[60]

FLOTTE Die Japaner sind seit den frühesten Tagen eine seefahrende Rasse gewesen: sie haben dies durch ihre wiederholten Seeräuberangriffe auf die Küste von Korea und China bewiesen, die so unheilvoll wurden, daß die eingeschüchterte chinesische Regierung während einer gewissen Periode einen Landgürtel längs der Küste zum Schutz öde liegen ließ. Aber von einer richtigen Flotte während des Mittelalters ist wenig bekannt. Sowohl die zentrale Regierung als auch die Daimyōs besaßen Kriegsschiffe, die wie die Galeeren des Mittelmeeres teils durch Segel und teils durch Ruder fortbewegt wurden; und wenn sie auch äußerlich von jenen Galeeren abwichen, so waren doch die inneren Anlagen die gleichen. Diese Schiffe spielten eine wichtige Rolle in den inneren Fehden jener Zeiten. Die nationalen Annalen berichten von ihrer Beteiligung an der berühmten Schlacht von Dannoura im Jahre 1185 zwischen den Parteien der großen Geschlechter von Taira und Minamoto, und ferner an der noch berühmteren Expedition nach Korea unter Hideyoshi am Ende des 16. Jahrhunderts. Indessen verschwand diese alte Flotte, ohne irgendwelche Traditionen zu hinterlassen.

Die Gründung der modernen japanischen Flotte datiert aus den letzten Tagen des Shōgunats, als man einige junge Männer zum Studium der Navigation nach Holland sandte und die Dienste einer kleinen Anzahl von britischen Seeoffizieren und Seeleuten unter dem Befehl von Commander Tracey durch die Verwendung von Sir Harry Parks gewann, der damals britischer Gesandter in Yedo (Tokyo) war. Dies war im September 1867. Fünf Monate später brach die Revolution, die den Shōgun vom Thron stürzte, aus, und die *Naval Mission,* wie man sie nannte, wurde eingezogen und zuerst nach Yokohama und später nach England geschickt. Während der folgenden unruhigen Zeiten verwandten einige der größeren Daimyōs alle ihre Energie auf militärische Aufgaben. Einer von ihnen, der Fürst von Hizen, der sich eine eigene Flotte schaffen wollte, engagierte Leutnant Hawes von den Royal Marines als Geschütz-Instruktor an Bord eines Schiffes namens *Ryūjō Kan;* und dieser Offizier, der ein außergewöhnliches Organisationstalent besaß und sich an Bord des *Ryūjō Kan* und in sonstigen Stellungen mit vielen anderen Dingen neben dem Geschützwesen und dem Heranbilden von Seesoldaten beschäftigte, mag als der wirkliche Vater der japanischen Marine angesehen werden. Im Jahre 1873, als alle Stürme vorbei waren und der Mikado längst wieder absolute Macht besaß, gewährte die britische Regierung die Dienste einer zweiten *Naval Mission,* die, von Commander Douglas befehligt, aus dreißig Offizieren und Mannschaften bestand. Eine Marineschule wurde in Tokyo errichtet und der Unterricht in allen notwendigen Fächern ernsthaft begonnen. Junge Offiziere und Seeleute wurden von Zeit zu Zeit auf die verschiedenen Schiffe kommandiert, damit sich auf diese Weise eine praktische Kenntnis von Marinewesen verbreite. Die Schulung wurde nach dem Vorbild der *English Naval Gunnery School* geleitet, und die Vorzüglichkeit des Systems kann bis auf den heutigen Tag verfolgt werden. Die zweite *Naval Mission* verließ Japan nach einer sechsjährigen Tätigkeit. Die Marineschule wurde später nach Etajima an der Inlandsee verlegt, eine Akademie für höhere Offiziere wurde in Tokyo errichtet, und Geschütz- und Torpedoschulen wurden ebenfalls organisiert. Neben gewöhnlichen Schulschiffen existiert ein stehendes Geschwader, das jedes Jahr lange Fahrten und Übungen unternimmt. Ein angemessenes Aushebungsgesetz, in großem Maße auf dem Freiwilligen-System fußend, ist in Kraft.

Was Häfen anbetrifft, so gibt es vier «erstklassige Kriegshäfen», von denen jeder mit Werften ausgestattet ist. Der älteste ist der von Yokusaka nahe Yokohama, der vor etwa vierzig Jahren von französischen Marinebaumeistern angelegt und seitdem stark vergrößert wurde; aber der bedeutendste befindet sich in Kure an der Inlandsee und besitzt neben einer vorzüglichen Werft und einem herrlichen Hafen ein Arsenal zur Herstellung von großkalibrigen modernen Stahlgeschützen und großkalibrigen Stahlprojektilen. Sasebo in Kyūshū mit drei

Trockendocks nimmt den dritten Platz unter den Kriegshäfen ein. Der vierte ist Maizuru am Japanischen Meer, der 1901 vollendet wurde. Ein fünfter soll zu Muroran auf Yezo (Hokkaido) errichtet werden. Die meisten Schiffe und Geschütze werden indessen vom Ausland eingeführt.

Als 1894 der Krieg mit China ausbrach, war die Flotte schon so weit vorbereitet, um ein Wort in dem Strauß mitsprechen zu können, denn obschon sie der Zahl nach schwächer war als die chinesische, war sie überlegen in bezug auf Gefechtstüchtigkeit und Disziplin. Die Fortschritte waren sowohl in moralischer Beziehung als in materieller so konstant und so gediegen, daß wir uns, als wir 1901 die letzte Ausgabe dieses Buches verbreiteten, folgende Auslassung erlaubten:

«Wir haben nichts mit der Marine zu tun, und die Meinung eines Amateurs über Marineangelegenheiten ist bekanntermaßen wertlos. Nichtsdestoweniger können wir uns nicht enthalten, das in anderen Worten zu wiederholen, was wir schon über die japanische Armee gesagt haben. Wir fühlen uns gedrängt, unsere Bewunderung über die japanische Flotte und unseren Glauben in sie auszudrücken, und das gleiche gilt von Japan im ganzen als militärische Macht. Wenn es uns auch nicht zukommt, über die technischen Vorzüge von Kriegsschiffen, Geschützen und Docks zu urteilen, wird man vielleicht doch einem alten Ansiedler, der weit gereist ist, viel gelesen hat und mit allen Klassen von Menschen zu tun hatte, erlauben, das Vorhandensein jener geistigen und moralischen Eigenschaften anzuerkennen, ohne die ein guter Krieger zu Wasser und zu Land nicht denkbar ist. Unserer Ansicht nach würde eine fremde Macht, die es wagen sollte, Japan in seinen eigenen Gewässern anzugreifen, recht übel beraten sein.»

Ist es nötig zu sagen, wie glänzend sich diese Prophezeiung in dem großen Krieg mit Rußland, der jetzt (1904) vor den Augen einer erstaunten Welt ausgefochten wird, erfüllt hat? In weniger als zwei Monaten seit seinem Ausbruch bewiesen die Japaner ihre Überlegenheit in der Führung moderner Schiffe, im Geschützwesen, in der Taktik, in allem, was Macht bedeutet. Jetzt, nach sechs Monaten, ist von der gegnerischen Flotte wenig mehr übrig als gefechtsunfähige Wracks, während die Heldentaten Admiral Tōgōs und seiner tapferen Untergebenen im Gedächtnis der künftigen Generationen fortleben werden.

FORMOSA Die verschwommene Geographie alter Zeiten unterschied so unvollkommen zwischen Formosa und Luchu, daß es oft schwer ist, festzustellen, welches von den beiden gemeint ist. Ebenso dunkel ist die frühe Geschichte der Insel. Es scheint, daß die Chinesen sie im 7. Jahrhundert entdeckt haben, aber hierauf senkt sich der Vorhang wieder, um sich mehr als sechshundert Jahre lang nicht mehr zu heben. Die ersten zuverlässigen Berichte schildern uns den Schauplatz als ein bergiges, waldbedecktes Innenland, bewohnt von wilden Kopfjägern malaiischer Rasse, und ein flaches Seegestade im Westen, das von Freibeutern verschiedener Nationalität wimmelt. Ein besonderer Stamm von Chinesen, *Hakka* genannt, bewohnte diese Westküste während des 15. und 16. Jahrhunderts; aber die Portugiesen, die Holländer und die Spanier, die alle um 1600 um die koloniale Vorherrschaft stritten, versuchten mit teilweise temporärem Erfolg, Fuß zu fassen. Die Japaner taten dasselbe, sowohl als friedliche Händler als auch als Seeräuber. *Takasago,* einer ihrer Namen für Formosa, datiert aus dieser Zeit; er wurde zuerst einer sandigen Fläche gegeben, die der berühmten fichtenbewachsenen Bucht dieses Namens, nahe der jetzigen Stadt Kobe, ähnlich sein sollte. Die andere japanische oder besser chinesische Bezeichnung – *Taiwan* («Terrassenbai») – bezog sich zuerst auf einen der Handelsplätze an der Küste, auf welchen, ist nicht ganz sicher. Unser europäischer Name stammt von den portugiesischen Seefahrern, die mit einigermaßen übertriebenem Enthusiasmus das, was sie von der Insel sahen, *Ylha Formosa,* das heißt die «Schöne Insel», nannten.

Von 1624 bis 1661 maßte sich Holland die Herrschaft über einen großen Teil von Formosa an, und holländischen Missionaren verdanken wir die ersten ernsthaften Studien über die Ureinwohner und ihre mannigfaltigen Dialekte. Es wurden sogar mehrere junge Formosaner zum Studium der Theologie nach Holland geschickt, ein Umstand, der den Anlaß zu einer der dreistesten literarischen Betrügereien gab, die je begangen wurde. Ein Franzose, der vorgab, ein eingeborener Konvertit zu sein, veröffentlichte unter dem Pseudonym «George Psalmanazar» eine «Historische und Geographische Beschreibung von Formosa» – wovon jede Zeile, einschließlich einer ausgearbeiteten Grammatik, eines Alphabets und eines ganzen Religionssystems, pure Erfindung war, die aber die Gelehrtenwelt fast bis auf unsere Tage herab täuschte. Die Holländer wurden aus Formosa durch Koxinga *(Kokusenya)* vertrieben, den Sohn eines chinesischen Seeräubers und einer japanischen Mutter. Aber seine Herrschaft währte nicht lange, und 1683 kam die Insel unter die Kontrolle der chinesischen Regierung. China behielt sie bis zur Übergabe an Japan im Jahre 1895, die eine der Friedensbedingungen nach dem Kriege zwischen den zwei Völkern bildete. Die Ureinwohner hatten schon gelegentlich die Stärke japanischer Waffen im Jahre 1874 gefühlt, als eine Expedition unter General Saigō ausgesandt wurde, um sie für die Ermordung schiffbrüchiger Fischer zu bestrafen.

Formosa zerfällt, wie schon hervorgehoben wurde, ganz natürlich in zwei ungleiche Teile. Im Westen fällt eine schmale alluviale Ebene, reich bebaut von fleißigen Chinesen, die in Städten und Dörfern leben, sanft zum Meer ab. Im Osten erhebt sich das Land zu Bergketten, bedeckt mit Urwäldern von Kampferlorbeer und anderen riesigen Bäumen, in deren Schatten wilde Tiere und wilde Menschen um ihre Existenz kämpfen. Der Mount Morrison, der fast genau unter dem Wendekreis des Krebses liegt, ist die höchste Erhebung der Insel und der höchste Gipfel des ganzen japanischen Reiches; er ist 14 350 Fuß hoch, das heißt 2000 Fuß höher als der Fuji. Aus diesem Grunde haben ihn die Japaner *Niitakayama*, «Neuer hoher Berg», getauft. Die Kliffe der Ostküste von Formosa sind die höchsten und jähsten in der Welt, sie steigen an manchen Stellen 6000 Fuß hoch steil über den Wasserspiegel empor.

Nicht umsonst haben sich so viele Völker um die Herrschaft über Formosa gestritten. Tee, Kampfer, Zukker, Früchte und Gemüse aller Art werden in ungeheuren Mengen produziert, während man weiß, daß Kohlen und Gold in Massen vorhanden sind, obgleich die metallischen Schätze bis jetzt kaum angetastet wurden. Die jetzigen aufgeklärten Herren Formosas haben erst verschiedene unumgängliche Vorarbeiten zu bewältigen, ehe sie an die Ausbeutung dieser Reichtümer denken können. Die Ureinwohner müssen unterworfen werden, und nicht allein sie, sondern auch bewaffnete Banden von Chinesen, die wirkliche und eingebildete Übel zur Verzweiflung brachten. Mehrere Jahre lang wollten den Japanern die Versuche, ihre neue Provinz zu kolonisieren, nicht recht gelingen. Die Zeitungen aller Richtungen und offizielle Persönlichkeiten klagten unaufhörlich über die Verwüstung, die Korruption, die schlechte Regierung und die üblen Praktiken jeder Art, die in Blüte standen. Die Ausländer erzählten genau dieselben Geschichten und fügten Einzelheiten über das schamlose Leben der Beamten hinzu und über die Unverschämtheiten der Soldaten und importierten Kulis, die, zum größten Teil Bauern zu Hause, hier eine Charge bekleideten als Repräsentanten der Eroberer. Von allen Seiten wurde geäußert, daß man einen falschen Anfang gemacht habe und daß ein vollkommen neuer Weg eingeschlagen werden müsse, wenn diese Insel – «schön», aber unglücklich – jemals zur Ruhe kommen sollte. Seit dieser Zeit wurde in Tokyo ernsthaft an Reformen gearbeitet, und man hat beträchtliche Fortschritte, materielle und moralische, erzielt. Straßen wurden durch die Wälder gezogen, Leuchttürme und Eisenbahnen gebaut, das japanische Volksbildungssystem und die allgemeine Wehrpflicht wurden eingeführt. Augenscheinlich wünscht die Regierung, daß die Einverleibung Formosas in das japanische Reich nicht nur eine bloße Formsache bleibe, sondern daß, soweit es möglich ist, eine tatsächliche Assimilation stattfinde.

Es wäre heute nicht möglich, eine Studie über Formosa, so kurz sie auch sei, zu schreiben, ohne auf den kürzlich verstorbenen Rev. Dr. Mackay, hinzuweisen, dem Pionier-Missionar und Autor der ersten allgemeinen Schilderung von Land und Leuten. Auch mit der üppigsten Phantasie könnte sich ein Laie nicht vorstellen, worauf die Bekehrungsmethode dieses ausgezeichneten Mannes beruhte. Auf Zahnreißen!!! «Zahnweh», schreibt er, «das von heftiger Malaria und von Betelnußkauen herrührt, vom Zigarrenrauchen und anderen garstigen Angewohnheiten, ist die ewige Qual von Zehntausenden von Chinesen und Ureinwohnern... Die gewöhnliche Art, wie wir das Land bereisen, ist folgende. Wir fassen Posto in einem offenen Raum, oft auf den Stufen eines Tempels, und nach dem Absingen eines oder zweier Choräle beginnen wir Zähne zu ziehen, um hierauf die Lehre des Evangeliums zu verkünden...

Ich selbst habe bis 1873 über einundzwanzigtausend Zähne gezogen, und die Schüler und Prediger haben nahezu die halbe Zahl gerissen... Die Priester und andere Feinde der Mission sind vielleicht imstande, dem Volk einzureden, daß Fieber und andere Krankheiten nicht durch unsere Medikamente, sondern durch den Beistand der Götter geheilt worden wären; aber die Heilung von Zahnschmerz ist nicht mißzuverstehen, und infolge davon trug das Zahnreißen mehr als irgend etwas anderes dazu bei, Vorurteile und Opposition zu zerstören.»[61]

FRAUEN (DIE LAGE DER) Die japanischen Frauen sind überaus frauenhaft – gütig, sanft, treu, hübsch. Aber die Art und Weise, wie die Männer sie behandeln, ist bis jetzt so gewesen, daß ein generöses europäisches Herz dadurch verletzt werden könnte. Kein Wunder, daß schließlich einige von ihnen sich zu emanzipieren trachten. Das Los einer Japanerin kann in das zusammengefaßt werden, was «die drei Gehorsame» genannt wird – Gehorsam, solang sie unverheiratet ist, gegen den Vater; Gehorsam, wenn sie verheiratet ist, gegen den Gatten und seine Eltern; Gehorsam, wenn sie verwitwet ist, gegen den Sohn. Wie die Dinge heute liegen, kann die größte Dame des Landes die Sklavin ihres Gatten sein; sie hat ihm aufzuwarten, sie muß sich demütig verneigen in der Vorhalle, wenn ihr Herr und Meister auszugehen geruht, sie muß ihn bei den Mahlzeiten bedienen, sie muß sich die Scheidung gefallen lassen, wenn es ihm behagt.

Eine «Gesellschaft» in unserem Sinne existiert kaum. Die Herren machen den Damen keine Besuche, kaum daß sie sich nach ihnen erkundigen können. Zwei grotesk verschiedene Einflüsse sind jetzt am Werke, diesen Zustand von Sklaverei zu unterminieren – erstens europäische Theorien über die Beziehung der Geschlechter, sodann europäische Kleider. Derselbe Bursche, der vor seiner Frau in ein Zimmer stolziert, wenn sie *à la japonaise* gekleidet ist, wird ihr den Vortritt lassen, wenn sie *à l'européenne* gekleidet ist. Wahrscheinlich unterbleiben solche Höflichkeiten im eigenen Haus, wo keine Zuschauer dabei sind, denn die meisten japanischen Männer machen selbst in diesem Jahre des Heils, 1904, kein Geheimnis aus ihrer Geringschätzung für das weibliche Geschlecht. Und doch bedeutet es einen Schritt vorwärts, daß eine Wertschätzung der Frau gelegentlich wenigstens geheuchelt wird.

Haben wir uns klar ausgedrückt? Wir möchten nicht den Gedanken erwecken, daß die japanischen Frauen in Wirklichkeit schlecht behandelt werden. Es kommt wahrscheinlich sehr selten vor, daß ein Mann seine Frau schlägt, es gibt auch weder Harems noch ein Verschleiern des Gesichts. Es ist vielmehr so, daß die Frauen ihr ganzes Leben lang mehr oder weniger wie kleine Kinder behandelt werden, daß ihnen weder die Selbständigkeit zugestanden wird, die unsere modernen Sitten erlauben, noch daß man ihnen die romantische Verehrung zollt, die die Morgengabe des mittelalterlichen Europas war; denn dem japanischen Feudalismus – trotz seiner Ähnlichkeit mit dem Feudalismus des Westens – war Frauendienst fremd. Ein japanischer Ritter vollführte seine Heldentaten nicht um eines solch wunderlichen Lohnes willen wie das Lächeln einer Dame (siehe den Artikel über «Samurai»). Er vollbrachte sie aus Treue gegen seinen Herrn oder aus kindlicher Pietät für das Andenken seines Papas, indem er, sagen wir, die Stammvendetta aufnahm und weiterführte.

Unsere eigenen Sympathien sind, wie aus dem Ton unserer Ausführungen klar hervorgehen wird, auf seiten jener, die die japanische Frau zu der Stellung emporheben wollen, die ihre Schwestern in westlichen Ländern einnehmen. Aber viele ansässige Ausländer – männliche natürlich – denken anders, und die Frage bildet einen beliebten Gesprächsgegenstand. Der einzige Punkt, in dem beide Parteien übereinstimmen, ist das Lob der japanischen Frau. Die eine Partei sagt: «Sie ist so reizend, daß sie eine bessere Behandlung verdient» – die andere entgegnet darauf, daß sie es gerade deshalb ist, weil man ihr «den rechten Platz» angewiesen habe.

Die folgenden Bemerkungen sind einem Brief eines wohlbekannten Schriftstellers an den Verfasser entnommen, welcher Schriftsteller, wie viele andere, unter den Bann der Japanerin geriet. «Wie reizend», sagte er, «ist doch die Japanerin! Alle Möglichkeiten des Guten der Rasse scheinen in ihr konzentriert zu sein. Man könnte an manchen okzidentalischen Lehren zweifeln. Wenn das Resultat der Unterdrückung und Bedrückung ist, dann kann man sie nicht ohne weiteres verwerfen. Auf der anderen Seite, wie diamanthart wird der Charakter der Amerikanerin unter der Idolatrie, die man mit ihr treibt. Welches ist in der ewigen Ordnung der Dinge das höhere Wesen – das kindliche, vertrauensvolle, süße japanische Mädchen oder die erhabene, berechnende, kluge okzidentalische Circe unserer mehr künstlichen Gesellschaft, mit ihrer enormen Macht zum Übel und ihrer begrenzten Fähigkeit zum Guten?»

Daß die japanischen Frauen entzückend sind entweder infolge oder trotz ihrer nachteiligen Lage, ist eine Tatsache, die die Bewunderung reisender Ausländerinnen stärker beweist als irgend etwas anderes; denn in diesem Fall kann man bei einer Bewunderung keinen Hintergedanken argwöhnen. Wie oft haben wir es erlebt, daß europäische Damen in Ekstase über sie gerieten und sich wunderten, daß sie von derselben Rasse wie die Männer sein könnten! Und seine nähere Bekanntschaft bestärkt nur diese Meinung. Noch mehr, sie offenbart starke – wir hätten fast gesagt harte – Eigenschaften, die der oberflächliche Beobachter nicht vermutet hätte. Diese delikat aussehenden Frauen haben spartanische Herzen. Unzählige Anekdoten bezeugen ihren Mut, ihren physischen ebensogut wie ihren moralischen.

Die folgende Abhandlung des gefeierten Moralisten Kaibara faßt so offenherzig die Ideen zusammen, die bisher in bezug auf das Verhältnis der Geschlechter in Japan dominierten, daß wir sie vollständig anführen wollen, ungeachtet ihrer Länge. Der Titel, der wörtlich «Das größere Lernen der Frauen» lautet *(«Onna Daigaku»),* könnte freier mit «Die gesamten Pflichten der Frauen» übersetzt werden.[62]

Das größere Lernen der Frauen

Da es die Bestimmung eines Mädchens ist, sobald sie die Reife erlangt hat, in ein neues Heim einzutreten und in Unterwerfung unter ihren Schwiegervater und ihre Schwiegermutter zu leben, so obliegt es ihr noch mehr sogar als einem Knaben, die Belehrungen ihrer Eltern in aller Ehrfurcht hinzunehmen. Sollten ihre Eltern infolge eines Übermaßes von Zärtlichkeit ihr erlauben, eigenwillig aufzuwachsen, so wird sie sich unfehlbar im Hause ihres Gatten launenhaft zeigen und auf diese Weise seine Zuneigung verlieren, während sie, wenn der Schwiegervater ein Mann von strengen Grundsätzen ist, das Joch dieser Grundsätze unerträglich finden wird. Sie wird ihren Schwiegervater hassen und in Verruf bringen, und das Ende dieser häuslichen Uneinigkeiten wird sein, daß man sie aus dem Hause ihres Gatten wegschickt und sie sich mit Schande bedeckt. Ihre Eltern, die die falsche Erziehung vergessen haben, die sie ihr angedeihen ließen, mögen in Wirklichkeit alle Schuld dem Schwiegervater beimessen. Aber sie werden sich im Irrtum befinden; denn das ganze Unglück sollte gerechterweise der falschen Erziehung zugeschrieben werden, die das Mädchen im Elternhause erhielt.

Kostbarer als ein schönes Gesicht ist bei einer Frau ein tugendhaftes Herz. Das Herz einer lasterhaften Frau ist immer in Unruhe; sie wirft wilde Blicke um sich, sie läßt ihren Ärger an anderen aus, ihre Worte sind rauh, und ihre Sprache ist gemein. Wenn sie spricht, so geschieht es, um sich über andere zu erhöhen, andere zu tadeln, zu beneiden, sich vor Stolz aufzublähen, andere zu verspotten, auszustechen – lauter Dinge, die in Widerspruch stehen zu dem «Weg», den eine Frau gehen soll. Die einzigen Eigenschaften, die einer Frau anstehen, sind sanfter Gehorsam, Keuschheit, Mitleid und Ruhe.

Von der zartesten Jugend an sollte ein Mädchen die Scheidewand beachten, die die Frauen von den Männern trennt; und nie, selbst nicht für einen Augenblick, sollte ihr erlaubt sein, die geringste Unschicklichkeit zu sehen oder zu hören. Die Sitten des Altertums erlauben nicht, daß Männer und Frauen in dem gleichen Raum beisammen saßen, daß sie ihre Kleidungsstücke am gleichen Platze aufbewahrten, daß sie am gleichen Orte badeten oder einander irgend etwas direkt von Hand zu Hand übergaben. Eine Frau, die des Nachts ausgeht, muß auf alle Fälle eine brennende Laterne tragen; und (um nicht von Fremden zu sprechen) sie muß eine gewisse Distanz sogar in ihrem Umgang mit ihrem Gatten und ihren Brüdern beobachten. In unseren Tagen legen die Frauen der unteren Klassen, die diese Vorschriften außer acht lassen, ein schlechtes Betragen an den Tag; sie beflecken ihren Ruf, sie laden Vorwürfe auf die Häupter ihrer Eltern und Brüder und verbringen ihr ganzes Leben auf eine unnütze Weise. Ist das nicht wahrhaft beklagenswert? Es steht gleicherweise geschrieben im «Kleinen Lernen», daß eine Frau jede Freundschaft und jede Intimität meiden soll, außer wenn ihre Eltern oder der «Vermittler» (siehe S. 132 f.) sie dazu auffordern. Selbst auf die Gefahr ihres Lebens hin muß sie ihr Herz hart wie Felsen oder Metall machen und die Regeln des Anstands beobachten.

In China wird die Heirat *Rückkehr* genannt aus dem Grunde, weil eine Frau das Heim ihres Gatten als ihr eigenes ansehen muß und sie demnach, wenn sie heiratet, in ihr eigenes Haus zurückkehrt. Wie bescheiden und dürftig auch die Lage ihres Mannes sein mag, so soll sie doch nichts bemängeln, sondern die Armut des Haushalts, den ihr zu verleihen dem Himmel gefiel, als die Bestimmung eines wenig günstigen Schicksals betrachten. Der Weise der alten Zeit (Konfutse) lehrte, daß eine Frau, einmal verheiratet, nie mehr das Haus ihres Gatten verlassen soll. Sollte sie vom «Weg» abkommen und geschieden werden, so soll sie Scham bedecken bis zu ihrer letzten Stunde. In bezug auf diesen Punkt gibt es sieben Fehler, die «die sieben Gründe zur Scheidung» genannt werden: Erstens, eine Frau soll geschieden werden bei Ungehorsam gegen ihren Schwiegervater und ihre

Schwiegermutter. Zweitens, eine Frau soll geschieden werden, wenn sie keine Kinder gebiert; denn Frauen werden ja zum Zwecke der Nachkommenschaft geheiratet. Eine unfruchtbare Frau sollte indessen behalten werden, wenn ihr Herz tugendhaft, ihr Betragen einwandfrei und frei von Eifersucht ist, in welchem Falle ein Kind desselben Bluts adoptiert werden muß; auch hat ein Mann keine gerechte Ursache, sich von seiner unfruchtbaren Frau scheiden zu lassen, wenn er Kinder von einer Konkubine hat. Drittens, Liederlichkeit ist ein Grund zur Scheidung. Viertens, Eifersucht ist ein Grund zur Scheidung. Fünftens, Lepra oder eine ähnliche unreine Krankheit ist ein Grund zur Scheidung. Sechstens, eine Frau soll geschieden werden, die durch zuviel Reden und respektloses Geschwätz die Eintracht unter den Verwandten stört und Unruhe in den Haushalt bringt. Siebtens, eine Frau soll geschieden werden, die Hang zum Stehlen zeigt. – All die «Sieben Gründe zur Scheidung» wurden von dem Weisen gelehrt. Eine Frau, die einmal verheiratet war und dann geschieden wurde, hat den «Weg» verlassen und ist mit der größten Schande bedeckt, selbst wenn sie eine zweite Vereinigung mit einem Mann von Vermögen und Rang eingehen sollte.

Es ist die oberste Pflicht eines im Elternhause lebenden Mädchens, kindliche Liebe gegen Vater und Mutter zu üben. Aber nach der Heirat ist es ihre oberste Pflicht, ihren Schwiegervater und ihre Schwiegermutter zu ehren – sie mehr zu ehren als ihre eigenen Eltern –, sie zu lieben und zu achten von ganzem Herzen, sie mit aller kindlichen Liebe zu umgeben. Während du deine eigenen Eltern ehrst, denke nicht gering von deinem Schwiegervater! Nie soll eine Frau es verfehlen, am Abend und am Morgen ihren Schwiegereltern den Respekt zu bezeugen. Nie soll sie nachlässig sein in der Ausführung irgendeiner Aufgabe, die sie ihr stellen mögen. Mit aller Ehrerbietung muß sie die Befehle ihres Schwiegervaters ausführen und sich nie dagegen auflehnen. In allen Dingen muß sie ihren Schwiegervater und ihre Schwiegermutter um ihre Meinung fragen und sich ihren Anweisungen unterwerfen. Selbst wenn es deinem Schwiegervater und deiner Schwiegermutter gefällt, dich zu hassen und dich herabzusetzen, so sei nicht aufgebracht darüber und murre nicht! Wenn du ihnen Pietät erweist bis an die äußerste Grenze der Möglichkeit und ihnen mit voller Hingabe dienst, so kann es nicht anders kommen, als daß sie endlich zu dir freundlich werden.

Eine Frau hat keinen besonderen Herrn. Sie muß ihren Gatten als ihren Herrn ansehen und muß ihm in aller Verehrung und Ehrfurcht dienen, sie darf ihn nicht verachten oder gering schätzen. Die große lebenslängliche Pflicht einer Frau ist Gehorsam. Im Umgang mit ihrem Mann sollten sowohl der Ausdruck ihrer Miene als auch die Art und Weise ihrer Anrede höflich sein, demütig und versöhnlich, niemals zänkisch und eigensinnig, niemals rauh und arrogant: Das sollte das erste Bestreben einer Frau sein. Wenn der Mann seine Anweisungen erteilt, so muß die Frau sie stets befolgen. In zweifelhaften Fällen sollte sie ihren Mann befragen und gehorsam seinen Befehlen folgen. Sooft ihr Mann sie befragt, soll sie klar und deutlich antworten; nachlässig zu antworten wäre ein Zeichen von Manierlosigkeit. Sollte ihr Mann in Zorn geraten, so soll sie ihm mit Furcht und Zittern gehorchen und sich ihm nicht in Zorn und Trotz widersetzen. Eine Frau soll zu ihrem Mann emporsehen, als ob er der Himmel selbst wäre, und nie müde werden zu denken, wie sie ihm ihre Ergebenheit ausdrücken könne, um auf diese Weise der himmlischen Strafe zu entgehen.

Da Schwager und Schwägerin die Geschwister des

Gatten sind, so haben sie auf die volle Ehrerbietung der Frau Anspruch. Wenn sie sich bei den Verwandten ihres Mannes lächerlich oder unbeliebt macht, so kränkt sie dadurch ihre Schwiegereltern und fügt sich selbst Schaden zu; verträgt sie sich dagegen mit ihnen, so erfreut sie ebenfalls die Herzen ihrer Schwiegereltern. Ferner soll sie die Frau des älteren Bruders ihres Mannes lieben und vertraut mit ihr sein – ja, sie soll ganz besonders den älteren Bruder ihres Mannes und die Frau des älteren Bruders ihres Mannes schätzen, sie achten wie sie ihren eigenen älteren Bruder und ihre eigene ältere Schwester achtet.

Selbst im Traum darf sie nicht an Eifersucht denken. Ist ihr Mann ausschweifend, so muß sie sich mit ihm besprechen, niemals darf sie aber ihren Zorn nähren oder äußern. Übertriebene Eifersucht wird ihre Miene abschreckend machen und ihre Sprache abstoßend und kann zu nichts anderem als einer Entfremdung ihres Mannes ihr gegenüber führen und dazu, sie in seinen Augen unerträglich zu machen. Sollte ihr Gatte schlecht und unvernünftig handeln, so muß sie ihre Mienen beherrschen und ihre Stimme besänftigen, wenn sie ihm Vorstellungen darüber macht; und im Falle er zornig werden und diese Vorstellungen nicht anhören sollte, so muß sie einige Zeit warten und sich später mit ihm auseinandersetzen, wenn sein Herz sich beruhigt hat. Nie widersetze dich deinem Gatten mit erregten Zügen und einer lauten Stimme!

Eine Frau soll vorsichtig und sparsam mit Worten sein; und nie, auch nicht einen Augenblick, sollte sie andern Böses nachreden oder sich der Unwahrheit schuldig machen. Wenn sie Verleumdungen hört, so soll sie sie bei sich behalten und vor niemand wiederholen; denn gerade durch das Weitererzählen von Verleumdungen wird oft die Eintracht der Sippe und der Friede der Familien zerstört.

Eine Frau muß stets wachsam sein und streng auf ihre eigene Lebensführung achten. Am Morgen muß sie früh aufstehen, am Abend sich spät zur Ruhe begeben. Anstatt des Mittags zu schlafen, muß sie ihren häuslichen Pflichten nachgehen, und sie darf nicht müde werden zu weben, zu nähen und zu spinnen. Sie soll nicht zuviel Tee und Wein trinken, auch soll sie ihre Augen und Ohren nicht an Theatervorstellungen, Gesängen und Balladen ergötzen. Tempel (ob Shintō oder buddhistisch) und andere ähnliche Plätze, wo viele Leute zusammenströmen, sollte sie vor ihrem vierzigsten Jahr nur selten besuchen.

Sie soll sich nicht verführen lassen durch Medien und Weissagerinnen und in eine unehrerbietige Vertrautheit mit den Göttern treten, auch sollte sie nicht fortwährend mit Beten beschäftigt sein. Wenn sie nur ihre Pflichten als menschliches Wesen befriedigend erfüllt, so mag sie ruhig das Gebet sein lassen, ohne daß ihr deshalb der göttliche Schutz entzogen würde.

In ihrer Eigenschaft als Gattin muß sie den Haushalt ihres Mannes sauber in Ordnung halten. Wenn die Frau schlecht und lasterhaft ist, so ist das Haus ruiniert. Sie muß in allen Dingen Extravaganzen vermeiden und sich in bezug auf Nahrung und Kleidung nach ihrer Lebensstellung richten; nie darf sie Luxus und Hochmut aufkommen lassen.

Solange sie jung ist, soll sie Intimität und Vertrautheit mit ihres Gatten Verwandten, Freunden und seinem Anhang vermeiden, immer streng der Regel von der Trennung der Geschlechter folgend; auf gar keinen Fall darf sie aber in Beziehungen zu einem jungen Mann treten. Ihr persönlicher Schmuck und die Farbe und das Muster ihrer Kleidung sollten schlicht sein. Es genügt, wenn sie in ihrer Person und Kleidung nett und rein ist. Es ist unrecht von ihr, durch übertriebene Sorgfalt die Aufmerksamkeit anderer auf sich zu lenken. Nur das Passende sollte sie tun.

Sie soll nicht selbstsüchtig zuerst an ihre eigenen Eltern denken und erst in zweiter Linie an die Verwandten ihres Gatten. An Neujahr, an den fünf Festen (siehe Seite 482) und bei ähnlichen Anlässen sollte sie zuerst den Angehörigen ihres Mannes die Ehrerbietung bezeugen und dann ihren eigenen Eltern. Ohne die Erlaubnis ihres Gatten sollte sie nirgends hingehen, auch sollte sie nicht Geschenke auf eigene Verantwortung machen.

Da eine Frau die Nachkommenschaft nicht für ihre eigenen Eltern, sondern für ihren Schwiegervater und ihre Schwiegermutter erzieht, so muß sie die letzteren sogar noch höher schätzen als die ersteren und sie mit aller kindlichen Liebe umgeben. Auch sollten ihre Besuche im Elternhaus nach der Verheiratung selten sein. Vielmehr sollte es ihr dann mit Rücksicht auf andere Freunde im allgemeinen genügen, eine Botschaft zu schicken und nach ihrem Befinden zu fragen. Ferner soll sie die Erinnerung an die Pracht ihres Elternhauses nicht hochmütig machen, und sie soll darüber nicht sprechen.

Mag eine Frau noch so viele Dienstboten unter sich haben, so ist es doch ihre Pflicht, bei allem selbst Hand anzulegen. Sie muß die Kleider ihres Schwiegervaters und ihrer Schwiegermutter nähen, ihre Nahrung zubereiten. Stets achtsam auf die Bedürfnisse ihres Gatten, muß sie seine Kleider zusammenfalten und seine Decke abstauben, seine Kinder erziehen, waschen, was schmutzig ist, unausgesetzt in ihrem Haushalt tätig sein, und nie sollte sie ausgehen, ausgenommen, wenn es nötig ist.

Die Behandlung ihrer Mägde erfordert Umsicht. Diese niedrigen und Ärgernis erregenden Mädchen haben keine eigentliche Erziehung genossen; sie sind dumm, eigensinnig und gemein in ihrer Rede. Wenn irgend etwas im Betragen des Gatten ihrer Herrin oder ihrer Schwiegereltern ihren Wünschen zuwiderläuft, so füllen sie ihr die Ohren mit Schmähungen an, womit sie ihr einen Dienst zu erweisen glauben. Aber eine Frau, die diesem Geschwätz Gehör schenkt, soll sich vor dem Haß hüten, den es sicherlich erzeugt. Es ist leicht, durch Vorwürfe und Ungehorsam die Liebe jener einzubüßen, die wie die Verwandten des Gatten einer Frau alle ursprünglich Fremde für sie waren; und es wäre sicherlich eine Narrheit, die Zuneigung eines teuren Schwiegervaters und einer teuren Schwiegermutter dadurch zu verlieren, daß eine Frau dem Gewäsch eines Dienstmädchens Glauben schenkt.

Wenn ein Dienstmädchen zu schwatzhaft und schlecht ist, so sollte es sofort entlassen werden; denn gerade durch das Geschwätz einer solchen Person entstehen Anlässe zur Störung der Eintracht der Verwandtschaft und der Ordnung eines Haushalts. Wiederum wird eine Frau bei diesem niedern Volk viel Tadelnswertes finden. Aber wenn sie immerfort rügen und schelten wollte und ihre Zeit in Unruhe und Ärger verbringen würde, so wäre ihr Haushalt in einem ewigen Durcheinander. Wirkliche Verfehlungen soll sie bei Gelegenheit bereden, indem sie auf den rechten Weg hinweist, dagegen sollten geringere Fehler ruhig ohne Ärger ertragen werden. Während sie im Herzen mit den Schwächen ihrer Untergebenen Mitleid empfindet, muß sie sie äußerlich mit aller Strenge ermahnen, den Weg der Schicklichkeit zu gehen, und nie darf sie ihnen erlauben, sich dem Müßiggang hinzugeben. Wenn eine Hilfe nötig hat, soll sie das Geld nicht reuen; allein sie soll nicht törichterweise Geschenke auf solche herabregnen lassen, die nur ihrer persönlichen Laune gefallen, aber unnütze Dienstboten sind.

Die fünf schlimmsten Krankheiten, die das weibliche Gemüt heimsuchen, sind: Ungelehrigkeit, Unzufriedenheit, Verleumdung, Eifersucht, Albernheit. Ohne jeden Zweifel sind sieben oder acht von zehn Frauen von diesen fünf Krankheiten befallen, und daher stammt die Inferiorität der Frauen den Männern gegenüber. Eine Frau sollte sich davon heilen durch Selbst-Prüfung und Selbst-Vorwürfe. Die schlimmste von allem und die Mutter der andern vier ist Albernheit. Das Wesen der Frau ist passiv (wörtlich «Schatten»). Diese Passivität, da von der Natur der Nacht, ist dunkel. Vom Standpunkt der Wesenheit des Mannes aus betrachtet folgt daraus, daß die Torheit der Frau nicht fähig ist, die Pflichten zu erfassen, die vor ihren Augen liegen, nicht die Handlungen zu erkennen, die Schande auf ihr eigenes Haupt laden werden, und nicht einmal die Dinge zu erfassen, die Unannehmlichkeiten auf die Häupter ihres Mannes und ihrer Kinder herabbringen werden. Weder wenn sie unschuldige Personen tadelt und anklagt und verwünscht, noch wenn sie in ihrer Eifersucht auf andere ihre Person hervorhebt, sieht sie ein, daß sie ihr eigner Feind ist, sich anderen entfremdet und sich deren Groll zuzieht. Beklagenswerte Irrtümer! Ferner verleitet ihre blinde Zärtlichkeit sie zu einer falschen Erziehung ihrer Kinder. Derart ist die Dummheit ihres Wesens, daß es ihr obliegt, in jeder Beziehung sich selbst zu mißtrauen und ihrem Gatten zu gehorchen.

Es wird uns erzählt, daß es bei den Alten Sitte war, bei der Geburt eines Kindes weiblichen Geschlechts das Kind für den Zeitraum von drei Tagen auf dem Boden liegen zu lassen. Selbst darin mag die Verwandtschaft des Mannes mit dem Himmel und der Frau mit der Erde gesehen werden; und aus dieser Sitte sollte die Frau erkennen, wie notwendig es für sie ist, in allen Dingen ihrem Gatten den ersten Platz einzuräumen und sich selbst mit dem zweiten zufriedenzugeben; Hochmut zu vermeiden, selbst wenn in ihren Handlungen Grund zum Lobe ist; und auf der andern Seite, wenn sie sich vergangen hat und sich Tadel zuziehen sollte, ihren Weg durch die Schwierigkeiten zu schreiten und den Fehler zu verbessern und sich so zu betragen, daß sie sich nicht wieder dem Tadel aussetzt; ohne Ärger und Zorn den Spott anderer zu ertragen, solche Dinge mit Geduld und Demut erduldend. Wenn eine Frau also handelt, so kann ihre Ehe nicht anders als einträchtig und dauernd sein, und ihr Haushalt nichts anderes als eine Stätte des Friedens und der Einigkeit.

Eltern! lehrt die vorstehenden Grundsätze euren Töchtern von ihrer zartesten Jugend an! Schreibt sie von Zeit zu Zeit ab, daß sie sie lesen und niemals vergessen mögen! Besser als die Gewänder und verschiedenartigen Gefäße, mit denen die Väter von heute ihre Töchter so verschwenderisch ausstatten, wenn sie sie verheiraten, wäre es, ihnen von Grund auf diese Vorschriften einzuprägen, die sie als ein kostbares Juwel ihr ganzes Leben lang hüten würden. Wie wahr ist der alte Ausspruch: Ein Mann versteht es, eine Million Geldstücke auszugeben, wenn er seine Tochter verheiratet, aber er versteht es nicht hunderttausend auszugeben zur Erziehung seines Kindes! – Jene, die Töchter haben, müssen das wohl beherzigen.

Soweit unser alter japanischer Moralist. Der Gerechtigkeit und Vollständigkeit willen muß hinzugefügt werden, daß die Unterordnung der Frau in den niederen Klassen der japanischen Gesellschaft nie derartig war wie in den mittleren und oberen. Armut schafft Gleichheit in der ganzen Welt. Bei uns floriert der Frauenkult unter den Wohlhabenden, während er unter der Landbevölkerung nahezu fehlt; in Japan kann die gegenteilige, oder besser gesagt, komplementäre Lage der Dinge beobachtet werden. Die Bauernfrauen, die Gattinnen der Handwerker und kleinen Händler, genießen mehr Freiheit und eine relativ höhere Stellung als die großen Damen des Landes. In diesen unteren Klassen teilt die Frau nicht nur die Mühe mit ihrem Gatten, sondern sie hat auch ein Wort mitzureden; und wenn sie die Klügere ist, so hat sie die Hosen an und herrscht im Haus.

Mit dem 20. Jahrhundert begann die «neue Frau» sich selbst in Japan geltend zu machen. Ihr Name figuriert bei Ausschüssen; sie «radelt» und betätigt sich, was nützlicher ist, in Druckereien und Telephonämtern. Dieser Fortschritt berührt indessen nur einen geringen Prozentsatz der Nation.[63]

FRÜHLING, KLEINER *Koharu* oder «der kleine Frühling» ist der japanische Name für den Altweibersommer – für jene schönen Wochen im November und Dezember, da Last und Hitze des Jahres überstanden sind, da der Himmel immerzu blau ist und die Atmosphäre golden und die Ahornbäume (um einen Lieblingsausdruck der japanischen Dichter zu gebrauchen) ihre damastenen Gewänder umgeworfen haben.

FUJI Ein fetter und wütender Tourist hat den Fuji im Druck gebrandmarkt als «widerliche Masse von Humbug und Asche». Der japanische Dichter Kadano Azumamaro drückt sich diplomatischer aus, indem er einfach sagte (wir geben seinen eleganten Vers in gewöhnlicher Prosa): «Der Berg, den ich höher zu klettern fand, als ich gehört hatte, als ich gedacht hatte, als ich gesehen hatte – war Fujis Gipfel.»[64]

Aber solch ablehnende oder wenigstens kühle Urteile sind selten. Einheimische und Ausländer, Künstler und Ausflügler, alle blicken mit Ehrfurcht auf diesen wunderbaren Berg, der einzig dasteht in seiner Vereinigung von Grazie und Majestät. Während des Mittelalters, da die vulkanische Tätigkeit des Fuji größer war als jetzt, war es ein Gemeinplatz der Dichter, das Feuer ihrer Liebe mit jenem zu vergleichen, das die Bergspitze mit Flammen erleuchtete. Ein anderer, noch früherer Dichter – er lebte vor der Zeit King Alfreds – singt folgendermaßen:

Dort an der Grenze, wo das Land von Kai
Den Saum Surugas' Land berührt,
Wo sich ein schön' Gefilde streckt zu jeder Hand,
Sieh, Fuji, wie er hebt das Haupt so hoch!

Die Wolken halten an ehrfürchtig staunend,
Die Vögel können nicht in jene Höh'n sich wagen,
Da, wo dein Schnee schmilzt unter deinen Feuern,
Wo deine mächt'gen Feuer unterm Schnee erlöschen.

Welch ein Name könnte nennen, welche Stimm'
   besingen
Deine Größe, mächtig und gottähnlich?
   Deine Brust ist's,
Die den Fluten Narusawas Halt gebietet.
Von deiner Seite springen Fujikawas Wasser.

Oh, großer Fujiyama, bis zum Himmel ragend!
Du bist ein Schatz, den Sterblichen gegeben,
Ein göttlicher Beschützer, wachend über Japan,
An dir mein Aug' laß immer sich entzücken.

DER SCHNEEBEDECKTE FUJI,
VOM KAWAGUCHI-SEE AUS GESEHEN

Aber genug von Poesie. Die Geometer berichten uns, daß der Fuji 12 365 Fuß hoch ist – eine Zahl, die leicht zu behalten ist, wenn wir uns an die zwölf Monate und die dreihundertundfünfundsechzig Tage des Jahres erinnern[65]. Von den Geologen erfahren wir, daß der Fuji ein junger Vulkan ist, woraus sich die bis heute fast ideale Regelmäßigkeit seiner Gestalt erklären läßt. Den Beginn des Verfalls bildet der Höcker an der Südseite, der nach dem Namen des Zeitabschnittes, da er sich infolge der jüngsten Eruption, von der die Geschichte berichtet, bildete, *Hōeizan* genannt wird. Dieser Ausbruch dauerte mit Unterbrechungen vom 16. Dezember 1707 bis zum 22. Januar 1708. Die Geologen versichern uns ferner, daß der Fuji mehrere Vorgänger in derselben Gegend hatte – die Berge Futago, Komagatake und andere im Hakone-Bezirk, die alle langerloschene Vulkane sind. Futago besitzt sogar noch einen Krater, der einen Besucht wert ist, so vollkommen ist seine Gestalt, und so dick bedeckt mit Moos und Gestrüpp ist er.

Die Wisenschaft aber, die uns am wenigsten zu sagen weiß, ist die Philologie; denn bis jetzt konnte man sich noch nicht über den Ursprung des Namens *Fuji* – in alter Zeit *Fuzi* oder *Fushi* – einigen. Fujisan, der geläufige populäre Name, bedeutet einfach «Berg Fuji»; *san* ist der chinesische Ausdruck für «Berg». *Fuji no yama,* die in der Dichtung bevorzugte Form, heißt in reinem Japanisch der «Berg des *Fuji*»; und die europäisierte Form *Fusiyama* ist eine Korruption dieses Ausdrucks. Was aber ist die Etymologie von *Fuji* selbst? Die chinesischen Charaktere geben uns keinen Aufschluß. Zuweilen wird der Name geschrieben 不二 «nicht zwei», das heißt «ohne einen Rivalen», «unvergleichlich»; manchmal 不死 «nicht sterbend», «unsterblich»; – und mit dieser letzten Transkription ist eine hübsche Legende verbunden, nach der in grauer Vorzeit das Elixier des Lebens auf den Gipfel des Berges gebracht worden war. Andere schreiben ihn 富士, das heißt der «reiche Weise», eine mehr prosaische Auslegung, die aber nicht im geringsten glaubwürdiger ist. Wahrscheinlich ist *Fuji* überhaupt nicht japanisch. Es könnte eine Korruption von *Huchi* oder *Fuchi* sein, dem Aino-Namen der Göttin des Feuers; denn in nahezu noch historischen Zeiten bildete das Land um den Fuji einen Teil des Aino-Landes, und der ganze Osten Japans ist übersät mit Namen, die den Ainos ihren Ursprung verdanken. Wir ziehen indessen die Vermutung des Herrn Nagata Hosei vor, der gelehrtesten lebenden japanischen Autorität in bezug auf Aino, der *Fuji* von dem Aino-Zeitwort *push,* «ausbrechen», ableiten möchte – eine Bezeichnung, die recht wohl dem Berg selbst als einem Vulkan gegeben worden sein könnte oder, was noch wahrscheinlicher ist, dem Hauptfluß, der auf ihm entspringt, dem gefährlichen Fujikawa; im allgemeinen pflegten die Ainos selbst hervorragende Berge namenlos zu lassen, aber alle Flüsse sorgfältig zu benennen. Die Buchstabenverschiebung von dem Aino *push* zu dem klassischen *Fuzi* entspricht der japanischen Regel, wogegen die Veränderung von *Huchi* in *Fuzi* nicht normal wäre. Auch der bloße Umstand, daß sich die erstere Etymologie weniger auf die Einbildungskraft beruft, spricht zu ihren Gunsten.

Eine japanische Überlieferung (von der sich indessen eine schriftliche Aufzeichnung erst 1652 findet) berichtet, daß sich der Fuji um das Jahr 360 v. Chr. in einer einzigen Nacht aus der Erde erhob, während der Biwa-See nahe Kyōto zur selben Zeit einsank. Sollten wir es hier nicht mit dem Echo einer frühen Eruption zu tun haben, die, wenn auch nicht den Biwa-See, der einhundertvierzig Meilen weit entfernt ist, so doch die Bildung von einem der zahlreichen kleinen Seen am Fuß des Berges hervorrief!

Die folgenden vermischten Notizen werden vielleicht manche Leser interessieren: Die Japaner lieben es, den Fuji mit einem umgekehrten Fächer zu vergleichen.

Der Fuji wird bewohnt von einer anmutigen Göttin, Konohanasakuya Hime, was übersetzt bedeutet «die Prinzessin, die die Blumen der Bäume blühen läßt». Sie wird auch Sengen oder Asama genannt, und zahlreiche Schreine sind ihr in vielen Provinzen geweiht.

Die Bauern der anliegenden Bezirke nennen den Fuji oft einfach *Oyama,* «der erhabene Berg» oder «der Berg», ohne seinen eigentlichen Namen zu erwähnen.

Eines der besten Bilderbücher Hokusais ist sein *«Fuji Hyakkei»* oder «Hundert Ansichten vom *Fuji»*, das er im Alter von sechsundsiebzig Jahren ausführte. Darin wird der Berg von allen Seiten gezeigt und unter allen möglichen Verhältnissen und einigen unmöglichen; zum Beispiel stellt uns der Künstler den Fuji dar, wie er gerade von einem Drachen bestiegen wird. Von dem Buch existieren viele Abzüge, aber die guten sind ziemlich selten.

Nach einem verbreiteten Aberglauben steigt die Asche, die während des Tages von den Füßen der Pilger talwärts getragen wurde, ganz von selbst in der Nacht wieder hinauf.

Der Berg ist in zehn Stationen eingeteilt, und früher durfte keine Frau höher steigen als bis zur achten. Lady Parkes war die erste Frau, die den Gipfel betrat. Im Oktober 1867.

Aus mehreren Stellen am Rande des Kraters steigt noch jetzt Dampf auf, genug um ein Ei darin zu kochen.

Die Japaner haben ihre Sprache bereichert, indem sie Wörter für die besonderen Ansichten ihres geliebten

Berges prägten. So bedeutet *Kagami Fuji* wörtlich «Spiegel *Fuji*», das Spiegelbild des Fuji im See Hakone. *Kage Fuji* oder «Schatten *Fuji*» bezeichnet ein herrliches Phänomen – den riesigen Schatten, den der Kegel bei Sonnenaufgang auf das Meer von Wolken und Nebeln unten wirft. *Hidari Fuji,* «linkhändiger *Fuji*», ist der Name, den der Berg beim Dorfe Nangō trägt, denn hier ist die einzige Stelle der Tōkaidō-Straße, wo infolge einer scharfen Biegung der Straße der Fuji zur Linken der Reisenden erscheint, die von Tokio nach Kyōto wandern.

12000 bis 18000 Personen besteigen jährlich den Fuji, die meisten davon sind Pilger.

Die obigen Bemerkungen sind aufs Geratewohl niedergeschrieben worden als Beispiele der Folklore in Verbindung mit Japans berühmtestem Vulkan. Um dem Fuji in geologischer, botanischer, historischer und archäologischer Beziehung gerecht zu werden, wäre eine Monographie nötig, mindestens so umfangreich wie der vorliegende Band.[66]

GÄRTEN Ein Garten ohne Blumen – das mag sich wie ein Widerspruch anhören. Aber in Wirklichkeit gibt es viele japanische Gärten dieser Art, denn der japanische Landschaftsgärtner stellt sich die Aufgabe, etwas Parkähnliches zu schaffen – irgendeine berühmte Naturszene wiederzugeben, in der Blumen vorkommen können oder nicht, je nachdem. Wenn sie vorkommen, so werden sie im allgemeinen in Beete gruppiert oder eingedeckt, und fortgenommen, sobald ihre Blütezeit vorbei ist, ganz wie es in europäischen Blumenausstellungen geschieht. Auf diese Weise erzielt man gärtnerische Triumphe, wie wir sie im Artikel über «Blumen» beschrieben haben. Triumphe anderer Art erreicht man durch Zwergkulturen. So kann man zum Beispiel eine Fichte sehen oder einen Ahorn, sechzig Jahre alte Bäumchen, vollkommen in jeder Beziehung, aber nicht höher als einen Fuß. Die japanischen Gärtner sind auch sehr geschickt im Verpflanzen von großen Bäumen. Eine verständige Behandlung der Nebenwurzeln einige Jahre hindurch ermöglicht es, große alte Bäume von Ort zu Ort zu transportieren, so daß sich ein japanischer *nouveau riche* alles anschaffen kann – selbst einen Ahnenpark –, an welchem Ort er immer will.

Die japanische Landschaftsgärtnerei ist eine der schönen Künste. Seit der Mitte des 15. Jahrhunderts sind Generationen von Künstlern tätig gewesen, sie zu vervollkommnen, die ihnen von ihren Vorgängern vererbten Prinzipien immer wieder auszuarbeiten und zu verfeinern, bis sie dahin kam, ebensosehr als Mysterium wie als Kunst betrachtet zu werden; und sie ist ausgestattet – um nicht zu sagen beschwert – mit einem Wortschatz, so kompliziert und geheimnisvoll, daß sich jemand, der nicht einige von den einheimischen Abhandlungen über diesen Gegenstand gelesen hat, keinen Begriff machen kann. Es gibt eine ganze Menge von Namen für die verschiedenen Arten von Gartenlaternen, eine andere für Wasserbassins, eine andere für Einzäunungen (eine Autorität zählt neunzehn Arten von Schutzgittern auf), eine weitere – und das ist sehr wichtig – für jene großen Steine, die nach japanischer Anschauung das Gerüst der ganzen Komposition bilden.

Sodann gibt es auch für jede Einzelheit Vorschriften, und die verschiedenen Schulen der Gartenkunst und der Gartenwissenschaft haben Regeln, die einander diametral entgegengesetzt sind. Zum Beispiel bringt eine Schule größere Bäume und größere Hügel im Vordergrund eines Gartens an und kleinere in den hinteren Partien, in der Absicht, die Perspektive zu übertreiben und auf diese Weise den Garten größer erscheinen zu lassen, als er wirklich ist. Eine andere Schule lehrt das direkte Gegenteil. Es wird sehr viel mit Täuschungen gearbeitet; so wenn man einen Teil eines kleinen Sees so geschickt verdeckt, daß es den Anschein hat, als ob der unsichtbare Teil des Sees eine große Ausdehnung besäße, oder wenn man ein mäandrisches Band von Kieselsteinen legt, um ein Flußbett vorzutäuschen. In Wirklichkeit hat alles einen Grund – gewöhnlich einen recht verborgenen Grund. Man vertritt die Ansicht, daß man durch gärtnerische Anlagen abstrakte Ideen symbolisieren könne wie Frieden, Keuschheit, hohes Alter usw. Die folgende Stelle von der unten angeführten Autorität zeigt, auf welche Weise der Garten eines gewissen buddhistischen Abtes angelegt wurde, damit er den Gedanken von der Macht der göttlichen Wahrheit ausdrücke: «Dieser Garten besteht fast vollständig aus Steinen, die auf phantasievolle und unregelmäßige Weise in einem kleinen abgeschlossenen Raum angebracht wurden; allein das hiermit ausgedrückte Sentiment kann nur der richtig würdigen, der die folgende buddhistische Legende kennt, die in mancher Beziehung an die Geschichte von Sankt Franziskus und den Vögeln erinnert. Ein Mönch namens Daita, der einen Hügel bestieg und Steine sammelte, begann ihnen die Gebote Buddhas zu predigen, und so wunderbar war die Wirkung der wunderbaren Wahrheiten, die er aussprach, daß sich selbst die leblosen Steine in ehrfürchtiger Zustimmung neigten. Daraufhin legte sie der Heilige auf die Erde rings um sich und heiligte sie als die ‹Nikkenden Steine›.»

Was die Japaner *hakoniwa* (*hako*, Schachtel; *niwa*, Garten) nennen, ist ein vollkommener Landschaftsgarten in dem mikroskopischen Rahmen eines einzelnen Tellers oder Blumentopfes – Pfade, Brücken, Berge, Steinlaternen usw., alles vollständig –, ein phantasievolles kleines Spielzeug.

Manchmal bietet das Dach von Bauernhäusern den Anblick eines Blumengartens dar; denn wenn es flach ist, so wachsen leicht Iris oder rote Lilien darauf. Aber man sieht darin einen Zweck und ist sich über diesen Zweck nicht einig. Manche sagen, daß die Blumen Pestilenz fernhalten sollen, während andere nicht weniger bestimmt behaupten, daß sie zufällig hier wachsen. Wieder andere versichern, daß man die Absicht habe, dadurch die Bedachung zu verstärken. Wir schließen uns der letzten Ansicht an. Zwiebeln fliegen nicht durch die Luft, auch ist es nicht wahrscheinlich, daß in all den Rasenstücken, die auf die Dächer aller Häuser eines Dorfes gelegt wurden, Zwiebeln enthalten sein sollten. Ferner haben wir bemerkt, daß da, wo kein Rasen benützt wird, Lagen starker Schindeln verwendet werden. Man kann also wohl sagen, daß die beiden Arten, das Dach zu decken, demselben Zweck dienen.[67]

GEBETSRAD Dieses fromme Instrument, das so allgemein im tibetanischen Buddhismus ist, findet sich verhältnismäßig selten in Japan; und hier wird es in einer etwas verschiedenen Weise angewandt, indem keine Gebete darauf geschrieben sind. Sein *raison d'être* muß, soweit es Japan betrifft, in der Lehre *inga* gesucht werden, nach der alles in diesem Leben die Folge von Handlungen einer früheren Existenz ist. Zum Beispiel, ein Mann wird blind: Dies ist die Folge irgendeines Vergehens, das er in seiner letzten Inkarnation begangen hat. Wenn er in diesem Leben bereut, so wird sein nächstes Dasein glücklicher sein; bereut er nicht, so wird es ihm schlimmer und schlimmer in künftigen Wiedergeburten ergehen. Mit anderen Worten, es ist die Lehre einer ethischen Evolution. Die ewige Folge von Ursache und Wirkung gleicht der Drehung eines Rades. So dreht der Beter das Gebetsrad, das auf diese Weise zu einem Symbol des menschlichen Schicksals wird, mit einem Gebet an den mitleidigen Gott Jizō, das Unglück vorübergehen zu lassen, den frommen Wunsch zu erfüllen und die schlimmen Anlagen so rasch wie möglich zu bessern. Nur die *Tendai-* und *Shingon*-Sekten der Buddhisten benützen das Gebetsrad – *goshōguruma,* wie sie es nennen –, woraus sich seine verhältnismäßige Seltenheit in Japan erklärt. Die Besucher Tokyos können drei Gebetsräder vor einem kleinen Schreine finden, der dem Gott Fudō geweiht ist, nahe bei dem großen Tempel von Asakusa. Sie sind auf niederen Pfosten angebracht, ähnlich wie Briefkästen.

Das Rad, das so häufig in der buddhistischen Architektur wiederkehrt, ist nicht das Gebetsrad, sondern das sogenannte *hōrin* (Sanskrit *dharmachakra*) oder «Rad des Gesetzes», ein Symbol der Lehre der Seelenwanderung. Auch darf das Gebetsrad nicht mit den «rotierenden Bibliotheken» *(tenrinzō* oder *rinzō)* verwechselt werden, die man zuweilen in den buddhistischen Tempelhöfen antrifft. Diese «rotierenden Bibliotheken» enthalten meistens vollständige oder nahezu vollständige Sammlungen der buddhistischen Schriften; und wer die Bibliothek in Drehung versetzt, erwirbt sich das gleiche Verdienst, als ob er den gesamten Kanon durchgelesen hätte.

GEBURTSTAGE Diese feiert man in Japan nicht besonders, abgesehen davon, daß man an dem bedeutungsvollen Tag Reis gemischt mit roten Bohnen ißt. All die kleinen Mädchen feiern ihren jährlichen Festtag am 3. März und die kleinen Knaben am 5. Mai, wie wir es in unserem Artikel über «Kinder» ausgeführt haben. Unter einem andern Gesichtspunkt betrachtet, kann der 1. Januar als allgemeiner Geburtstag angesehen werden; denn die Japaner warten nicht, bis der wirkliche Geburtstag herannaht, um eine Person ein Jahr älter zu nennen, sondern sie tun es schon am Neujahr, wie auf Seite 529 ausgeführt wird. Der einundsechzigste Geburtstag ist der einzige, dem größere Bedeutung beigelegt wird. Und das deshalb, weil der alte Mann oder die alte Frau nun einen Zyklus von sechzig Jahren absolviert haben und einen neuen beginnen, was an und für sich ein außerordentliches Ereignis ist; denn die Japaner rechnen die Jugend von der Geburt bis zum zwanzigsten, das mittlere Alter vom zwanzigsten bis zum vierzigsten und das Alter vom vierzigsten bis zum sechzigsten. Die letzte Zahl entspricht den «siebzig Jahren» des Psalmisten als der natürlichen Grenze des menschlichen Lebens.

GEHEIMLEHREN UND -KÜNSTE Wenn ein Engländer das Wort «esoterisch» hört, so ist der erste Gedanke, der ihm wahrscheinlich in den Kopf kommt, Buddhismus, der zweite der Name von Mr. Sinnet oder Mrs. Annie Besant. Die Dinge liegen etwas anders in Japan. Nicht allein die Religion, sondern jede Kunst, jede Kurzweil ist hier oder war hier esoterisch – Poesie, Musik, Porzellanmanufaktur, Fechten, Fußball, das Einrichten von gebrochenen Knochen und selbst das Kochen. Wir haben es bei esoterischen Dingen nicht mit einem Mysterium an sich zu tun, das eine bestimmte Klasse von Gegenständen verhüllt. Vielmehr neigt das Gemüt in einem gewissen Zustand überhaupt nach dieser Richtung, und diese Neigung ist sehr natürlich, wenn man sich die Mühe nimmt, sie näher zu betrachten. Bekanntlich sollte man «sein Herz nicht auf der Zunge tragen». Weshalb sollte ein Künstler es mit seiner Kunst so machen? Weshalb sollte er seine Kunst profanieren, indem er Unwürdige in ihre Prinzipien einweiht? Es handelt sich dabei auch nicht darum, ob es ratsam ist oder feinfühlig oder geschmackvoll. Vielmehr, ob es möglich ist oder unmöglich. Nur einfühlsame Schüler sind von Natur aus imstande, gewisse Dinge zu erfassen; und manche Dinge können nur mündlich gelehrt werden und dann nur, wenn man sich geistig dazu gedrängt fühlt. Dazu tritt die Geldfrage. Man könnte sagen, daß die esoterische Lehre der niederen Künste in alter Zeit die gleiche Rolle spielte wie unser modernes Patenwesen. Das Gildenwesen entsprang den gleichen Ideen.

Das sind, möchte es scheinen, die hauptsächlichsten Punkte dieses Themas, abstrakt genommen. Wer Lust hat, führe sie durch weitere Überlegungen und Nachforschungen aus, und wenn er mit seinen japanischen Freunden über Geheimlehren sprechen will, so erinnere er sich der faszinierenden Wörter *hiden,* «geheime Überlieferung», *hijutsu,* «geheime Kunst», und *okugi,* «innere Mysterien», die eine bemerkenswerte Rolle in der japanischen Geschichte und Literatur spielen.

Es gibt eine Unmenge Geschichten über die hartnäckige Ausdauer, mit der man Einblick in verborgene Geheimnisse zu erlangen suchte. Am Anfang des 10. Jahrhunderts lebte ein großer Musiker, ein Edelmann namens Hakuga no Sanmi. Aber ein gewisser Semimaru war ein noch größerer Musiker. Er lebte in Zurückgezogenheit, mit keinem anderen Gefährten als seiner Laute, und es gab eine Melodie, deren Geheimnis nur ihm allein bekannt war. Hakuga – wie wir ihn der Kürze halber nennen wollen – zog drei Jahre lang jeden Abend aus, um an Semimarus Türe zu lauschen, aber umsonst. Endlich, in einer Herbstnacht, als der Wind im Schilfe flüsterte und der Mond halbverborgen von einer Wolke war, hörte Hakuga die zauberhaften Weisen anheben, und als sie verklungen waren, vernahm er, wie der Künstler ausrief: «Ach! daß es niemand gibt, dem ich dieses kostbare Besitztum vermachen könnte!» Daraufhin faßte Hakuga Mut. Er trat in die Einsiedelei, warf sich nieder, nannte Namen und Rang und bat demütig, von Semi als Schüler aufgenommen zu werden. Semi willigte ein und teilte ihm nach und nach all die innersten Geheimnisse seiner Kunst mit.

Nach Mr. E. H. Parker ist diese Geschichte, gleich vielen andern japanischen Geschichten, nichts als das Echo einer weitaus älteren chinesischen Überlieferung. Aber ob wahr oder erfunden, einheimisch oder fremd, sie ist ein Lieblingsmotiv der japanischen Maler.

Zweifellos authentisch und sehr verschieden dem Wesen nach ist die Geschichte von Katō Tamikichi, einem Porzellanmacher am Anfang des 18. Jahrhunderts. Sein Meister Tsugane Bunzaemon, der einen Brennofen in der Provinz Owari besaß, beneidete die Porzellanfabrikanten von Karatsu um ihre Geschicklichkeit in der Verwendung von Blau und Weiß und beschloß, in ihr Geheimnis einzudringen. Zu diesem Zweck brachte er eine Heirat zwischen einem seiner Schüler, Katō Tamikichi, und der Tochter des einflußreichsten Mannes von Karatsu zustande. Katō, der auf diese Weise in die Familie einer so entfernten Provinz aufgenommen worden war, wurde als einer der ihrigen betrachtet und genoß ihr vollstes Vertrauen. Die Dinge gingen jahrelang ruhig ihren Lauf, während er Vater mehrerer Kinder wurde.

Endlich aber äußerte Katō den aufrichtigen Wunsch, die Stätte seiner Kindheit wieder zu besuchen und sich nach seinem alten Lehrer umzusehen. Ohne Arges zu vermuten, ließen ihn die Leute von Karatsu ziehen. In Owari aber verriet er seinem früheren Meister alle Geheimnisse von Karatsu. Infolgedessen erfuhr das Owari-Porzellan eine beträchtliche Vervollkommnung und erfreute sich eines ungeheuren Absatzes auf dem benachbarten Markte von Ōsaka, dem bedeutendsten im Reich. Als die Kunde davon den Leuten von Karatsu zu Ohren kam, gerieten sie so in Wut, daß sie Katōs Weib und Kinder kreuzigen ließen. Er selbst starb als tobsüchtiger Irrer.

Seit dem Ende des Mittelalters zeitigten zunehmender Luxus, Nichtstun und eine abergläubische Verehrung der Vergangenheit, selbst in bezug auf alltägliche Dinge, zusammen mit einer Vorliebe für das Mysteriöse unter den höheren Klassen, die kindlichsten Schrullen. So zum Beispiel behielt eine vornehme Familie in Kyōto mit dem ganzen Apparat von Geheimniskrämerei die Auslegung der Namen von drei Vögeln und drei Bäumen für sich, die in einem alten Buche von Poesien, *Kokinshū,* erwähnt wurden. Kein Sakrament könnte eifersüchtiger vor profanen Händen, oder besser gesagt Lippen, gehütet worden sein. Aber als der große Gelehrte Motoori, der all diese Albernheiten verachtete, die fraglichen Texte in das Licht des philologischen Kritizismus tauchte, siehe da!, so entpuppte sich einer der geheimnisvollen Vögel als kein anderer als der bekannte (englische) *wagtail* (Bachstelze), der zweite war nicht bestimmt festzustellen, und der dritte Name bezeichnete überhaupt keine besondere Art, sondern lediglich die Myriaden kleiner Vögel, die im Frühling zwitschern. Die drei mysteriösen Bäume waren gleichfalls gewöhnlich.

So lächerlich auch das Geheimnis von den drei Vögeln war (und es war nur eines unter hundert ähnlichen), hatte es doch die Kraft, einem tapferen General, Hosokawa Yūsai, das Leben zu retten. Dieser General wurde im Jahre 1600 von einem Sohn des berühmten Herrschers Hideyoshi belagert und war im Begriff, seine dem Hungertode nahe Besatzung zu übergeben. Dies kam dem Mikado zu Ohren, und da er recht wohl wußte, daß Hosokawa nicht nur ein Kriegsmann, sondern auch ein Gelehrter war, eingeweiht in die Geheimnisse des *Kokinshū* – die drei Vögel und alles zusammen –, und fürchtete, daß diese Schätze von Gelehrsamkeit mit Hosokawa untergehen und der Welt auf immer verloren gehen könnten, so wandte er seinen ganzen persönlichen Einfluß auf. Infolgedessen wurde dem Heer, das Hosokawa belagerte, der Rückzug befohlen.

Vom kritischen Standpunkt aus gesehen, verdienen die chinesischen und japanischen Geheimlehren wohl eine eingehende Untersuchung von kompetenter Seite. Wir selbst glauben zwar nicht, daß damit den Weisheitsschätzen der Welt viel hinzugefügt würde. Aber wir sind der Ansicht, daß einige der wunderlichsten Winkelchen und Ritzen des menschlichen Geistes dadurch erhellt würden.

GEISHA Siehe «Tanz»

GEOGRAPHIE Die Grenzen Japans haben sich im Laufe der Zeiten außerordentlich erweitert. Der zentrale und westliche Teile der Halbinsel, zusammen mit Shikoku, Kyūshū und den kleineren Inseln Iki, Tsushima, Oki, Awaji und Sado vielleicht, bildeten das Japan der frühhistorischen Zeit, das heißt des 8. Jahrhunderts n. Chr. Damals besaßen die Ainos, obgleich sie schon im vollen Rückzug nach dem Norden begriffen waren, noch die Hauptinsel bis herab zum 38. oder 39. Breitengrad. Sie wurden bald über die Straße von Tsugaru nach Yezo (Hokkaido) getrieben, welche Insel wiederum nach und nach vom 12. bis zum 17. Jahrhundert erobert wurde. Im 18. Jahrhundert wurde ein Teil von Sachalin dem japanischen Territorium hinzugefügt. Aber als deswegen eine Diskussion zwischen Japan und Rußland entstand, mußte natürlich die schwächere der beiden Mächte (denn Japan war damals jung und schwach) den kürzeren ziehen. Sachalin mit seinen wertvollen Kohlenlagern und Fischereien wurde durch den Vertrag von Petersburg im Jahre 1875 an Rußland abgetreten, und die unfruchtbaren, sturmumtobten Kurilen wurden an seiner Stelle eingetauscht. Unterdessen waren die Luchu- und Bonin-Inseln dem japanischen Besitztum hinzugefügt worden, und im Jahre 1895 wurde die wertvolle Insel Formosa von den besiegten Chinesen an Japan abgetreten. Das Kaiserreich erstreckt sich demnach in seiner gegenwärtigen und größten Ausdehnung von Kamtschatka im Norden, ungefähr 51° nördlicher Breite, bis ans Ende von Formosa im Süden, 22° nördlicher Breite, und von 120° bis 156° östlicher Länge von Greenwich.

Das eigentliche Japan besteht aus drei großen Inseln – von welchen eine, die größte oder Hauptinsel, als *Hondo* auf manchen modernen Karten eingetragen, keinen Namen in der alltäglichen Sprache hat, während die beiden andern Shikoku beziehungsweise Kyūshū genannt werden – zusammen mit den kleinen Inseln von Sado, Oki, Tsushima und einer Menge noch kleinerer. Die größte Insel ist von den beiden nächstgroßen durch die berühmte Inland-See getrennt, für welch letztere es ebenfalls keinen allgemein gebräuchlichen japanischen Namen gibt.

JAPAN UM DAS JAHR 1900

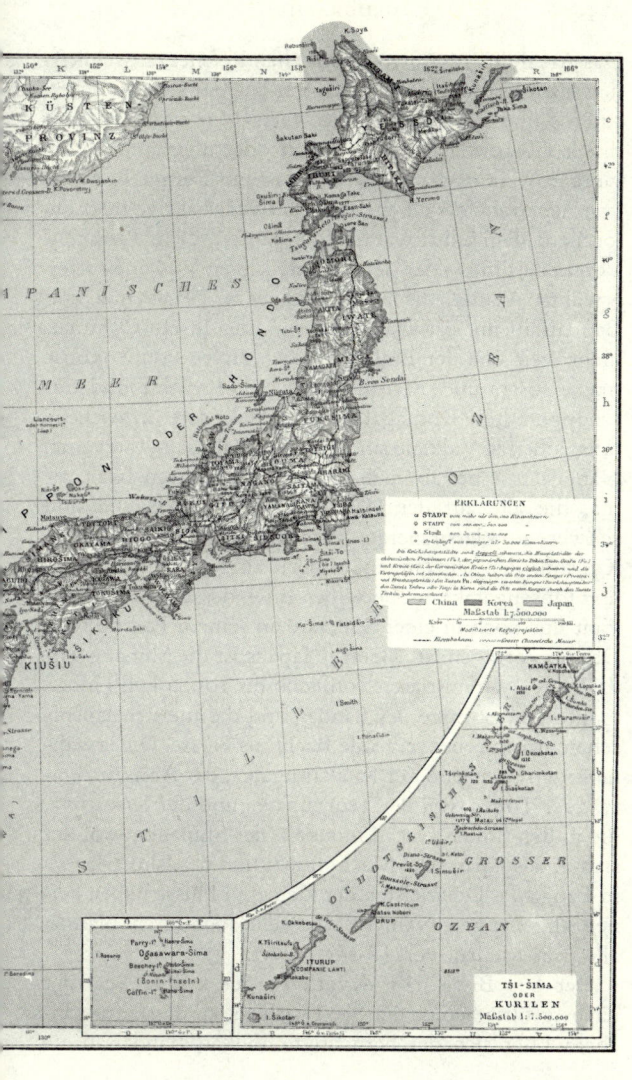

Das Areal des gesamten japanischen Reiches, ausschließlich Formosa und der Pescadores, bewegt sich zwischen 146000 und 147000 Quadratmeilen. Nur zwölf Prozent dieser Gesamtfläche ist kultiviert oder überhaupt kultivierbar. Weitaus der größere Teil ist mit Bergen bedeckt, von denen viele Vulkane sind, entweder aktive oder erloschene. Fuji selbst war noch im Jahre 1708 in Tätigkeit. Von neuerdings oder permanent aktiven Vulkanen seien erwähnt Asama, die zwei Shiranesan, Nasuyama und Bandaisan im östlichen Japan, Vries-Insel (Ōshima), nicht weit von der Einfahrt in den Hafen von Yokohama, Asosan und Kirishimayama in Kyūshū und der schöngestaltete Komagatake nahe Hakodate. Erloschene oder ruhende Vulkane sind Ontake, Hakusan, Tateyama, Nantaizan, Chōkaizan, Jidesan, Ganjusan und Iwakiyama, die alle auf der Hauptinsel liegen. Manche sind schwer zu klassifizieren, zum Beispiel Sakurajima in Kyūshū, der seit langem nahezu zu rauchen aufhörte, und Onsengatake auf derselben Insel, dessen ganze Aktivität nur noch in einer Solfatare an seinem Fuß besteht. Das hervorragendste Gebirge Japans ist die Shinano-Hida-Kette – Granitriesen von 8000 bis 10000 Fuß Höhe.

Infolge der Enge des Landes sind die meisten japanischen Ströme eher reißende Bäche als Flüsse. Die erwähnenswertesten sind der Kitakamigawa, der Abukumagawa, der Tonegawa, der Tenryūgawa und der Kisogawa, die in den Stillen Ozean münden, der Shinanogawa, der sich in das Japanische Meer ergießt und der Ishikarigawa in Ezogawa. Die meisten der kleineren Flüsse haben keinen allgemeinen Namen, wechseln aber ihren Namen alle paar Meilen, von Dorf zu Dorf.

Der See Biwa nahe Kyōto ist der größte See, der nächstgrößte See ist der See Iwashiro, an dessen nördlichem Ufer sich der berüchtigte Vulkan Bandaisan erhebt. Die sogenannten Seen im Nordosten von Tokyo sind nichts als seichte Lagunen, die das zurückweichende Meer zurückließ. Die bedeutendsten Meeresstraßen sind die Straße von La Pérouse zwischen Yezo (heute Ezo, Hokkaido) und Sachalin, die Straße von Tsugaru zwischen Yezo und der Hauptinsel, der Kii Kanal (Linshoten Strait) zwischen der Hauptinsel und dem Osten von Shikoku, der Bungo Kanal zwischen dem Westen von Shikoku und Kyūshū, und die Straße von Shimonoseki zwischen dem südwestlichen Ende der Hauptinsel und Kyūshū. Die erwähnenswertesten Golfe oder Buchten sind Volcano Bay im südlichen Yezo, Aomori Bai am nördlichen Ende der Hauptinsel, Sendai Bai im Nordosten, die Golfe von Tokyo, Sagami, Suruga, Owari und Kageshima gegen Süden und die Bai von Toyama zwischen der Halbinsel Noto und dem Festland.

Von den Halbinseln sind die hauptsächlichen Noto, die in das Japanische Meer hinausragt, und Kazusabōshū und Izu, nicht weit von Tokyo, am Stillen Ozean. Interessant ist der Umstand, daß beide Namen, Noto und Izu, im Japanischen keine Bedeutung haben – lediglich Ortsnamen sind –, aber auf Ausdrücke zurückgeführt werden können, die bei den Ainos noch heute zur Bezeichnung eines «Vorgebirges» oder einer «Halbinsel» gebraucht werden. Endlich kann selbst eine so flüchtige Skizze wie diese nicht hinwegsehen über die Wasserfälle von Nikko, von Kamiide nahe Fuji, von Nachi in Kishū, von Todoroki in Shikoku und von Yōrō. Noch weniger können wir den mächtigen Meeresstrom unerwähnt lassen – den Kuroshio oder *«Black Brine»* («Schwarzer Salzstrom»), der, von Formosa und den Philippinen her nordwärts fließend, die südlichen und südöstlichen Küsten von Japan ähnlich erwärmt wie der Golfstrom die Küsten des westlichen Europa. Ebenfalls erwähnenswert ist der Naruto-Kanal, der die Inseln Shikoku und Awaji trennt, wo die Flut mit unwiderstehlicher Kraft von der Inlandsee hinaus in den Stillen Ozean rauscht.

Es existieren zwei bekannte Einteilungen des Reiches: eine ältere und volkstümlichere in Provinzen *(kuni)*, von denen es vierundachtzig im ganzen gibt; und eine neuere, eine rein administrative in Präfekturen *(ken)*, von denen es dreiundvierzig gibt, abgesehen von den drei hauptstädtischen Bezirken *(fu)* – Tokyo, Kyōto und Ōsaka – und den Inseln Yezo und Formosa. Dank dem ausgedehnten Gebrauch der chinesischen Sprache in Japan besitzen die meisten Provinzen zwei Namen, einen einheimisch japanischen und einen chinesischen. So werden die Provinzen im Norden und Westen von Tokyo, Kōtsake, Shinano und Kai auf unserer Karte bezeichnet, auch Jōshu, Shinshū und Kōshū genannt; die Silbe *shū* bedeutet «Provinz» im Chinesischen. Die südwestliche Provinz, Nagato auf der Karte, heißt mit ihrem zweiten Namen Chōshū und bildet einen Teil der Präfektur von Yamaguchi, die ebenfalls die Provinz Suō einschließt. Um die Verwirrung des fremden Forschers zu vergrößern, tragen Gruppen von Provinzen besondere Namen in der Sprache des Volkes und der Geschichte. Solche sind zum Beispiel die Go-kinai oder die «Fünf Heimat-Provinzen», bestehend aus dem Kyōto-Nara-Osaka-Distrikt, Kanto, das alle Provinzen des Ostens in sich schließt, Sanyōdō oder der «Sonnige Distrikt», am Gestade der Inlandsee, und Sanindō oder der «Schattige Distrikt» am Japanischen Meer.[68] (Siehe auch die Artikel über «Hauptstädte», «Bevölkerung», «Formosa», »Luchu» und «Yezo».)

Geologie Man vermutet allgemein, daß Japan vollkommen oder fast vollkommen aus vulkanischem Gestein besteht. Diese Vermutung trifft in bezug auf die Kurilen zu, teilweise in bezug auf die nördliche Hälfte der Hauptinsel und auf Kyūshū. Für den Rest des Landes aber, das heißt, die südliche Hälfte der Hauptinsel und Shikoku, ist diese Annahme hinfällig. Das Rückgrat des Landes besteht aus Gneis und Tonschiefer. Unter den letzteren, in Shikoku, findet sich ein außerordentlich interessantes Gestein, das hauptsächlich aus Piemontit besteht. Über jene gelagert finden wir unter dem paläozoischen Gestein in vielen Teilen Japans Schiefer und andere Gesteinsarten, wahrscheinlich aus dem kambrischen oder silurischen Zeitalter. Man hat in Rikuzen Trilobiten entdeckt. Karboniferes Gestein wird repräsentiert durch Massen von *Fusulina* und andere Arten von Kalkstein. In der paläozoischen Gruppe befindet sich auch eine interessante rote Schieferart, die *Radiolaria* enthält.

Mesozoische Gesteinsarten sind vertreten durch Schiefer, die Ammoniten und *Monotis* enthalten, augenscheinlich aus triassischer Zeit, durch Gestein, enthaltend *Ammonites Bucklandi* aus liassischer Zeit, durch Lager, reich an Pflanzen der jurassischen Zeit, und Lager aus der Kreidezeit, enthaltend *Trigonia* und viele andere Fossilien. Die kainozoische oder tertiäre Formation bildet einen Saum um die Küsten vieler Teile des Reiches. Sie besteht hauptsächlich aus stratifiziertem vulkanischen Tuffstein, reich an Kohle, Lignit, fossilisierten Pflanzen und wirbellosen Tieren. Diatomaziöse Erde findet sich an verschiedenen Orten in Yezo. In dem Alluvium, das alles bedeckt, wurden die Reste von verschiedenen Elefantenarten entdeckt, die nach Dr. Edmund Naumann indischen Ursprungs sind. Das am häufigsten auftretende eruptive Gestein ist Andesit, Gesteinsarten wie Basalt,

Diorit und Trachyt sind verhältnismäßig selten. Quarzhaltiger Porphyr, quarzloser Porphyr und Granit sind weit verbreitet.

Von allen Mineralien wird in Japan vorzüglich Kohle gewonnen, von der große Lager im Nordwesten von Kyūshū und nahe Nagasaki im Süden existieren und im Poronai und an anderen Orten in Yezo am nördlichen Ende des Reiches. Der Ertrag deckt nicht allein die Bedürfnisse des Landes, auch fremde Dampfer benützen japanische Kohle in großen Mengen, und nach dem ganzen Fernen Osten findet ein beträchtlicher Export statt. Die Kupferminen von Ashio nahe Nikkō und von Beshi in Shikoku produzieren enorme Mengen von Kupfer, und die Antimonproduktion gehört zu den bedeutendsten der Welt.

Aus der Mine von Ichinokawa in Shikoku kommen die wundervollen Kristalle von Antimonit, die solch auffallende Objekte in den mineralogischen Sammlungen Europas bilden. Annehmbare Mengen von Silber werden in Innai im Norden und in Ikuno in Zentraljapan gewonnen; aber die Produktion von anderen Metallen ist verhältnismäßig gering. Die Berichte über große Goldfunde in Yezo, die von Zeit zu Zeit zirkulierten, haben sich bis jetzt nicht bewahrheitet.[69]

GESCHICHTE UND MYTHOLOGIE Die eigentliche japanische Geschichte erschließt sich dem Auge des kritischen Forschers erst im letzten Teil des 5. oder am Anfang des 6. Jahrhunderts n. Chr., als die allmähliche Ausbreitung der chinesischen Kultur, die von Korea aus einsickerte, das Düster der ursprünglichen Barbarei genügend verdrängt hatte, um Aufzeichnungen zu erlauben.

GESCHICHTE UND MYTHOLOGIE

Die Frage von der Glaubwürdigkeit der frühen Geschichte Japans wurde während der letzten fünfundzwanzig Jahre von Aston und anderen eingehend untersucht, und zwar mit dem Resultat, daß das erste wirklich glaubwürdige Datum das Jahr 461 n. Chr. sei; man hat ferner gefunden, daß selbst die Annalen des 6. Jahrhunderts mit Vorsicht aufgenommen werden müssen. Wir selbst zweifeln nicht an der Gerechtigkeit dieser Kritik und können nur mit Verwunderung die Naivität der meisten europäischen Schriftsteller betrachten, die ohne jede Sichtung die unkritischen Angaben der japanischen Annalisten akzeptiert haben. Ein bedeutender deutscher Professor, der verstorbene Dr. Hoffmann, diskutiert tatsächlich die *Stunde* von Jinmu Tennos Thronbesteigung im Jahre 660 v. Chr., was dem Unterfangen gleichkommt, in Kubikzollen die Größe des Kürbisses angeben zu wollen, den Aschenbrödels Feengroßmutter in eine Kutsche mit sechs Pferden verwandelte. Wie kommt es doch, daß tiefer Gelehrsamkeit so oft das Salz des Humors und gesunder Menschenverstand fehlen?

Sei es, wie es will, Kritizismus ist auf jeden Fall nicht japanische Art; und da die japanische Kunst und Literatur häufig Anspielungen auf die frühe (sogenannte) Geschichte des Landes enthalten, seien die Hauptumrisse dieser Geschichte, wie sie die Werke «*Kojiki*» und «*Nihongi*», die beide aus dem 8. Jahrhundert n. Chr. stammen, überliefern, hier gegeben. Wir fügen die Mythologie dem gleichen Kapitel ein, aus dem einfachen Grunde, weil es ganz unmöglich ist, die zwei voneinander zu trennen. Weshalb sollte man das auch versuchen, da doch beide gleich fabelhaft sind?

Nun gut. Vor der Welt der Menschen existierten zahlreiche Generationen von Göttern. Die letzten von diesen «göttlichen Generationen», wie sie genannt werden, waren ein Bruder und eine Schwester, genannt *Izanagi* und *Izanami*, die, in ehelicher Gemeinschaft lebend, verschiedene Inseln des japanischen Archipels und eine große Zahl von neuen Göttern und Göttinen gebaren. Die Geburt des Feuergottes verursachte Izanamis Tod, und nun tritt die bemerkenswerteste Episode der ganzen japanischen Mythologie ein. Ihr Gatte nämlich besucht sie, ein zweiter Orpheus, am Tore der Unterwelt und fleht sie an, zu ihm zurückzukehren. Sie würde ihm gerne folgen und bittet ihn zu warten, bis sie mit den Gottheiten des Ortes Rat gepflogen habe. Doch er, ungeduldig über ihr langes Zögern, bricht einen der Zähne aus dem Kamm in seinem Haar, zündet ihn an und geht hinein – um sie als eine abscheuliche Fäulnismasse zu finden, in deren Mitte die acht Götter des Donners sitzen. Acht, man halte fest, ist die mystische Zahl der Japaner, wie sechs die mystische Zahl der Ainos ist, die ihre Vorfahren vertrieben haben. Izanagi kehrt nach dem südwestlichen Japan zurück und reinigt sich, indem er in einem Strom badet. Bei dieser Gelegenheit werden aus jedem Kleidungsstück, das er ans Flußufer wirft, neue Gottheiten geboren und ebenso aus jedem Teil seines Körpers. Eine dieser Gottheiten war die Sonnengöttin *Amaterasu*, die aus seinem linken Auge entstand, während der Mondgott aus seinem rechten Auge hervorging und der letztgeborene von allen, *Susanō*, dessen Name «der ungestüme Männliche» bedeutet, aus seiner Nase geboren wurde. Unter diese drei Kinder verteilt der Vater das Erbe des Weltalls.

Von diesem Punkt an verliert die Geschichte ihren Zusammenhang. Vom Mondgott hört man nichts mehr, und die Überlieferungen in bezug auf die Sonnengöttin weichen von jenen, die den Ungestümen Männlichen Gott betreffen, in einer Weise ab, daß große Widersprüche im übrigen Teil der Mythologie entstehen. Die Sonnengöttin und der Ungestüme Männliche Gott geraten in einen heftigen Streit, und zuletzt bricht der letztere ein Loch in das Dach der Halle im Himmel, wo die Schwester mit ihren «himmlischen Webemädchen» sitzt, und durch dieses Loch läßt er «ein himmlisches scheckiges Pferd, das er geschunden hatte, mit einem Schinden nach hinten, fallen». Die Folgen dieser Freveltat waren so unheilvoll, daß sich die Sonnengöttin eine Zeitlang in eine Höhle zurückzog, aus der sie der Rest der achthundert Myriaden Gottheiten unter Schwierigkeiten herauslockte. Die Ungestüme Männliche Gottheit wurde daraufhin verbannt, und die Sonnengöttin behauptete das Feld. Und doch, so sonderbar es klingt, tritt sie von da an in den Hintergrund, und der umfangreichste Abschnitt der Mythologie besteht aus Berichten über den Ungestümen Männlichen Gott und seine Abkömmlinge, die als die Herren von Japan, oder besser, der Provinz Izumo, dargestellt werden. Der Ungestüme Männliche Gott selbst, dem der Vater die Herrschaft über das Meer verliehen hatte, tritt diese Herrschaft nie an, hat aber zuerst ein merkwürdig erzähltes amouröses Abenteuer und eine Begegnung mit einer achtfach gespaltenen Schlange in Izumo und erscheint später wieder als die launenhafte und schmutzige Gottheit des Hades, die indessen eine gewisse Macht über das Land der Lebenden zurückbehalten zu haben scheint, da sie ihren Abkömmling aus der sechsten Generation mit der Herrschaft von Japan belehnt.

Von diesem Abkömmling wird ein ganzer Zyklus von Geschichten erzählt, die sich alle in der Provinz Izumo abspielen. Wir hören von seiner Unterhaltung mit einem Hasen und einer Ratte, von der Heldenhaftigkeit und Geschicklichkeit, die er bei Gelegenheit eines Besuches seiner Ahnen im Hades zeigt, der in diesem Zyklus von

Überlieferungen ein weitaus weniger mysteriöser Ort ist als der Hades, den Izanami aufsuchte, von seinen Liebschaften, von seinem Triumph über seine achtzig Brüder, von seiner Aussöhnung mit seiner eifersüchtigen Gefährtin und von seinen zahlreichen Abkömmlingen. Wir hören auch von einer liliputanischen Gottheit, die über das Meer kommt, um diesen Herrn von Izumo zu ersuchen, das Reich mit ihr zu teilen.

Die zuletzt erwähnte Legende wiederholt sich später nochmals. Die Sonnengöttin beschließt, die Herrschaft über Japan einem Kind zu verleihen, von dem es zweifelhaft ist, ob es von ihr geboren wurde oder von ihrem Bruder abstammt, dem Ungestümen Männlichen Gott. Drei Gesandtschaften werden vom Himmel nach Izumo geschickt, um die Angelegenheit zu ordnen, aber erst die vierte hat Erfolg; sie erreicht die Abdankung des Monarchen oder des Gottes von Izumo, der auf den Thron verzichtet und der neuen Dynastie zu dienen verspricht (augenscheinlich der Unterwelt), wenn ein Palast oder Tempel für ihn gebaut werde und man ihn gebührend anbete. Darauf steigt das Kind, das die Sonnengöttin auserwählt hatte, zur Erde herab – nicht in Izumo im Nordwesten, wie man logischerweise annehmen sollte, sondern auf den Gipfel eines Berges der südwestlichen Insel Kyūshū.

Hier folgt eine merkwürdige Geschichte, die die sonderbare Erscheinung des *bêche-de-mer* erklärt, und eine andere, die den Grund für die Kürze des Lebens der Sterblichen angibt, worauf uns die Geschichte der unter besonderen Umständen erfolgten Geburt von den drei Söhnen der vom Himmel herabgestiegenen Gottheit erzählt wird. Zwei von diesen, *Hoderi* und *Hoori,* deren Namen übersetzt werden mögen mit «Feuerschein» und «Feuer-Erlöschen», sind die Helden einer sehr sonderbaren Legende, in der ausführlich von einem Besuch berichtet wird, den der letztere im Palaste des Gottes des Ozeans abstattete, und von einem Fluch oder einem Zauber, der ihm den Sieg über seinen älteren Bruder verlieh und ihn instand setzte, friedlich in seinem Palast zu Takachiho für den Zeitraum von fünfhundertundachtzig Jahren zu wohnen – die erste einem Datum ähnelnde Angabe, die die japanischen Historiker zulassen.

Der Sohn von «Feuer-Erlöschen» heiratete seine eigene Tante und war der Vater von vier Kindern, von denen eines «auf die Kronen der Wogen tretend, hinüber zum ewigen Land schritt», während ein zweites, «in die Meerebene ging» und die zwei andern sich ostwärts wandten; hier kämpften sie mit den Häuptlingen von Kibi und Yamato, bestanden Abenteuer mit Göttern, sowohl mit solchen mit Schwänzen als mit solchen ohne, wobei sie von einem Zauberschwert und einer riesigen Krähe unterstützt wurden, und benannten die verschiedenen Orte, die sie berührten, nach Vorfällen in ihrer eigenen Laufbahn. Einer dieser Brüder war *Kamu Yamatoiwarebiko* (*Kamu,* Gott), der (die andern waren vor ihm gestorben) als der erste menschliche Kaiser von Japan, der erste Mikado, betrachtet wird. Der posthume Name *Jinmu Tennō* wurde ihm mehr als vierzehn Jahrhunderte nach der Zeit, die die Historiker als das Datum seines Todes ansetzen, beigegeben.

Von nun an tritt *Yamato,* das vorher kaum erwähnt worden war, zusammen mit den anliegenden Provinzen in den Mittelpunkt der Geschichte, und auch Izumo kommt wieder zur Geltung. Eine sehr indezente Liebesgeschichte bildet eine Brücke, die die verschiedenen Fragmente der Mythologie verbindet; und die «Große Gottheit von Miwa», die identifiziert wird mit dem abgesetzten Herrscher von Izumo, erscheint auf der Szene.

In der Tat bilden im Rest der Geschichte die «Große Gottheit von Miwa» und ihr Genosse, die «Kleine Erhabene Gottheit» *(Sukumamikami),* die Gottheit *Izasawake,* die drei Wassergötter von *Sumi* und die «Große Gottheit von Kazuraki» zusammen mit der Sonnengöttin und einem gewissen göttlichen Schwert, aufbewahrt im Tempel von Isonokami in Yamato, die einzigen Gegenstände der Anbetung, die besonders genannt werden; von den andern Göttern und Göttinnen hört man nichts mehr. Dieser Teil der Geschichte schließt mit einer Schilderung der Unruhen, die die Regierung von Jinmus Nachfolger *Suisei Tennō* einleiten, und hierauf folgt eine Lücke von (nach der akzeptierten Chronologie) fünfhundert Jahren, von denen absolut nichts berichtet wird, abgesehen von langweiligen Genealogien, von den Orten, wo jeder Herrscher lebte und wo er begraben wurde, und dem Alter, das er erreichte – dies, nachdem über alle vorhergehenden Götter oder Monarchen bis herab zu *Suisei* minutiöse Einzelheiten angeführt worden waren. Ebenso sollte beachtet werden, daß das Durchschnittsalter der ersten siebzehn Monarchen (Jinmu Tennō als der erste gezählt) dem *«Kojiki»* zufolge nahezu sechsundneunzig Jahre beträgt, und der akzeptierten Chronologie zufolge, die in der Hauptsache auf den abweichenden Angaben, die im *«Nihongi»* enthalten sind, basiert, über einhundert Jahre. Das Alter von mehreren der Monarchen übersteigt einhundertundzwanzig Jahre.

Der oben erwähnte Zeitraum einer leeren Periode von fünf Jahrhunderten bringt uns zur Regierung des Kaisers, der in der Geschichte unter dem Namen *Sujin Tennō* bekannt ist. Er soll einhundertundachtundsechzig Jahre (einhundertundzwanzig nach dem *«Nihongi»*) alt geworden sein und unmittelbar vor der christlichen Ära gelebt haben. In dieser Regierung taucht der frühere Monarch von Izumo oder «Gott von Miwa» wieder auf und ruft eine Pestilenz hervor; ein Traum offenbart Sujin die Art und Weise, diese Pestilenz zu ersticken.

Unter der folgenden Regierung gipfelt eine ausführliche Legende, die eine bunte Menge von Begebenheiten, ebenso wunderbar wie irgendwelche im früheren Teil der Mythologie, enthält, wiederum in der Notwendigkeit, den großen Gott von Izumo zu versöhnen; und dies, zusammen mit Einzelheiten über die inneren Streitigkeiten in der kaiserlichen Familie, über die Liebesaffären der Herrscher und über die Einführung der Orange aus dem «Ewigen Land» *(Luchu?)*, bringt uns zu dem Zyklus von Überlieferungen, deren Held *Yamatotakeru no Mikoto,* ein Sohn des Kaisers *Keikō,* ist. Nachdem dieser Prinz einen seiner Brüder ermordet hat, vollbringt er die Aufgabe, das westliche und östliche Japan zu unterwerfen; und trotz gewisser Einzelheiten, die der europäische Geschmack nicht akzeptieren kann, ist seine Geschichte, als ein Ganzes genommen, eine der befriedigendsten der japanischen Legende. Er vollführt Wunder an Kühnheit, verkleidet sich als Frau, um Räuber zu erschlagen, er ist der Besitzer eines Zauberschwertes und Feuerzünders, er hat ein treues Weib, das die Wut des Meeres beruhigt, indem sie sich auf seine Oberfläche setzt, er hat Kämpfe mit einem Hirsch und einem Eber zu bestehen, die in Wirklichkeit verwandelte Götter sind, und endlich stirbt er auf seinem Wege nach dem Westen, bevor er sein Heim in Yamato erreichen kann. Seinem Tode folgt eine höchst mythologische Erzählung von der Bestattung des weißen Vogels, in den er am Ende verwandelt wurde.

Die folgende Herrschaft ist ein leeres Blatt, und die nächste führt uns unmittelbar zu einer ganz anderen Szene. Die Residenz befindet sich jetzt in Kyūshū, der südwestlichsten Insel des japanischen Archipels, und vier der Götter offenbaren durch die Gattin des Herrschers, die der Nachwelt unter dem Namen Kaiserin *Jingō* bekannt ist, die Existenz von Korea, was indessen nicht die erste Erwähnung dieses Landes in der Geschichte ist. Der Mikado glaubt der göttlichen Botschaft nicht und wird für seinen Unglauben mit dem Tode bestraft. Die Kaiserin aber sammelt nach einer besonderen Zwiesprache zwischen ihrem Ersten Minister und den Göttern und der Veranstaltung verschiedener religiöser Zeremonien ihre Flotte und erreicht mit Hilfe der Fische, sowohl großer als kleiner, und zauberhafter Wogen *Shiragi* (einer der alten Teile von Korea) und unterwirft es. Darauf kehrt sie nach Japan zurück, und die Legende schließt mit einer merkwürdig naiven Erzählung, wie sie eines Tages auf einer Sandbank im Fluß Ogawa in Kyūshū beim Fischfang saß mit einer Leine aus Fäden, die sie aus ihrem Gewand gezupft hatte. Das Datum der Eroberung Koreas ist der orthodoxen Chronologie gemäß 200 n. Chr.

Die nächste Episode ist die Reise der kriegerischen Kaiserin nach Yamato – ein anderes Bindeglied, mit dessen Hilfe der «*Yamato*»-Zyklus von Legenden und der «*Kyūshū*»-Zyklus scheinbar vereinigt werden. Das «*Nihongi*» hat sogar noch mehr dazu beizutragen versucht, indem es Jingōs Gatten am Anfang seiner Herrschaft in Yamato wohnen und erst später nach Kyūshū verziehen läßt, so daß, wenn das weniger geschickt ausgearbeitete «*Kojiki*» nicht erhalten wäre, das verwirrte Knäuel der Überlieferungen noch schwerer zu entwirren sein würde. Das Heer der Kaiserin schlägt die Truppen, die von den einheimischen Königen und Fürsten, die als ihre Stiefsöhne auftreten, entgegengestellt werden, und von dieser Zeit an bewegt sich die Geschichte in einem einzigen Geleise mit Yamato als dem Schauplatz der Handlungen.

Es findet sich nun auch die erste Erwähnung Chinas. Es sollen Bücher vom Festland herübergebracht worden sein, und wir hören von der allmählichen Einführung von verschiedenen nützlichen Künsten durch chinesische und koreanische Einwanderer. Indessen sind selbst die Annalen der Regierung von Jingōs Sohn, *Ōjin Tennō,* während welcher dieser zivilisierende Impuls begonnen haben soll, nicht frei von Einzelheiten, die ebenso wunderbar sind wie irgendwelche in den früheren Abschnitten der Geschichte. Der Monarch selbst soll hundertunddreißig Jahre gelebt haben, wogegen sein Nachfolger dreiundachtzig Jahre alt wurde (dem *«Nihongi»* zufolge lebte Ōjin hundertundzehn Jahre und sein Nachfolger *Nintoku* regierte siebenundachtzig Jahre). Erst mit der nächsten Regentschaft erlischt das mirakulöse Moment, ein Umstand, der bezeichnenderweise mit der Zeit zusammenfällt, in der, wie das *«Nihongi»* sagt, «zum erstenmal allen Provinzen Chronisten zugeteilt wurden, um Worte und Ereignisse aufzuzeichnen und Urkundensammlungen aus allen Teilen zu senden».

Dies bringt uns zum Anfang des 5. Jahrhunderts unserer Ära, gerade drei Jahrhunderte vor der Kompilation der Annalen, die auf uns gekommen sind, aber nur zwei Jahrhunderte vor der Kompilation der ersten Geschichte, von der sich Erwähnungen erhielten. Von dieser Zeit an entwirft uns die Geschichte des *«Kojiki»,* obgleich nicht gut erzählt, manch sehr merkwürdiges Bild, und sie erweckt den Eindruck der Glaubwürdigkeit. Sie ist ziemlich erschöpfend für ein paar Regierungen, worauf sie wieder zu bloßen Genealogien zusammenschrumpft, um mit dem Tode der Kaiserin *Suiko,* 628 n. Chr., zu enden. Das *«Nihongi»* dagegen bringt ausführliche Darstellungen bis zum Jahre 701 n. Chr., das heißt bis zum neunzehnten Jahr vor dem Datum seiner Kompilation.

Der Leser, der diesem Auszug gefolgt ist oder sich die Mühe machen will, den originalen japanischen Text für sich zu studieren, wird bemerken, daß in der Darstellung kein Bruch ist – wenigstens kein chronologischer Bruch – und kein Bruch zwischen dem Fabelhaften und dem Wirklichen, es sei denn im 5. Jahrhundert unserer Ära, oder mehr als eintausend Jahre später als das Datum, das gewöhnlich als der Ausgangspunkt der authentischen japanischen Geschichte angenommen wird. Die einzigen Brüche sind topographischer, nicht chronologischer Natur.

Diese Tatsache der Kontinuität der japanischen Mythologie und Geschichte wurde von den führenden einheimischen Kommentatoren, deren Ansichten von den modernen Shintoisten als orthodox angesehen werden, in vollem Maße erkannt, und sie folgern daraus, daß alles in der nationalen Geschichte als buchstäblich wahr zu betrachten sei – das Übernatürliche ebenso wie das Natürliche. Aber im allgemeine pflegen die mehr skeptischen Japaner von heute, das heißt neunundneunzig von hundert der Gebildeten, die Legenden von den Göttern abzulehnen oder, besser, zu ignorieren, während sie unbedingt die Legenden der Kaiser, von Jinmu Tennō an, 660 v. Chr., glauben. Ein solch willkürlicher Unterschied läßt sich nicht im geringsten rechtfertigen.[70] Die sogenannte Geschichte von *Jinmu*, dem ersten irdischen Mikado, von *Jingō*, der Eroberin von Korea, von *Yamatotakeru no Mikoto* und von den übrigen steht und fällt mit genau dem gleichen Kriterium wie die Legenden des Schöpfers und der Schöpferin *Izanagi* und *Izanami*. Beide Geschichtsfolgen werden in denselben Büchern erzählt, im selben Stil und mit einem fast gleichen Aufwand von übernatürlichen Einzelheiten. Der sogenannte historische Teil ist ebenso bar aller kontemporärer Beweise wie der andere. Er steht im Widerspruch zu den glaubwürdigeren, weil zeitgenössischen chinesischen und koreanischen Berichten, und – um von negativen zu positiven Zeugnissen überzugehen – man kann nachweisen, daß er in einigen Einzelfällen auf tatsächlicher Fälschung beruht. Zum Beispiel entging die fiktive Natur der Kalender, die zur Berechnung der frühen Daten für ungefähr dreizehn Jahrhunderte (von 660 v. Chr. aufwärts) verwendet wurden, nicht einmal ganz der Beobachtung der Japaner selbst; den europäischen Lesern wurde sie grell beleuchtet durch einen gewissenhaften Forscher wie den verstorbenen Mr. William Bramsen, der, als er sie in der Einleitung zu seinen *«Japanese Chronological Tables»* diskutiert, erklärt: «Man urteilt kaum zu streng, diesen literarischen Betrug als einen der größten zu bezeichnen, die jemals begangen wurden.»

Aber genug dieser Diskussion. Wir sind darauf eingegangen, weil der Gegenstand, obgleich vielleicht trocken, mindestens neu ist, und weil man die Geduld verliert, wenn man sieht, wie Buch für Buch ohne weiteres die traditionellen Daten der frühen japanischen Geschichte zitiert, als ob sie pure Wahrheit wären, anstatt bloße Vermutungen und unbegründete Phantasien späterer Zeiten. Mit dem Jahr 600 n. Chr. stehen wir auf festem Boden und können uns die Freiheit nehmen, rascher vorwärtszuschreiten.

Um diese Zeit trug sich das größte Ereignis der japanischen Geschichte zu, die Bekehrung der Nation zum Buddhismus (ungefähr 552–621 n. Chr.). Soviel man aus den Berichten der alten chinesischen Reisenden entnehmen kann, hat die chinesische Zivilisation langsam – sehr langsam – auf dem Archipel seit dem 3. Jahrhundert

n. Chr. an Boden gewonnen. Aber als die buddhistischen Missionare das Meer überquerten, folgten ihnen überraschend schnell alle chinesischen Kulturelemente. Mathematische Instrumente und Kalender wurden eingeführt; man begann Bücher zu schreiben (das früheste, das sich erhielt, und in der Tat fast das früheste von allen, ist das schon erwähnte *«Kojiki»*, aus dem Jahre 712 n. Chr.); die Sitte, dem Throne zu entsagen, um das Alter im Gebet zu verbringen, wurde adoptiert – eine Sitte, die mehr als irgend etwas zum Verblassen der Autorität des Mikados während des Mittelalters führte.

Umwälzende Veränderungen in politischen Angelegenheiten nahmen im Jahre 645 ihren Anfang, und vor dem Ende des 8. Jahrhunderts war die Regierung vollkommen neugestaltet auf chinesischer, zentralisierter, bürokratischer Grundlage, mit einem regelrechten System von Ministern, die dem als «Sohn des Himmels» theoretisch absoluten Herrscher verantwortlich waren. In der Praxis währte dieser Absolutismus nur eine kurze Zeit, denn Umgebung und Lebensweise der Mikados waren nicht dazu angetan, sie zu fähigen Herrschern zu machen. Nur von Frauen und Priestern umgeben, verbrachten sie ihr Leben, hin- und herpendelnd zwischen Untätigkeit und Völlerei, Reimeschmieden und prunkvollen Tempelzeremonien. Dies war das goldene Zeitalter der japanischen klassischen Literatur, die in der Atmosphäre eins femininen Hofes lebte und webte und in ihr wurzelte. Die *Fujiwara*-Familie brachte in dieser frühen Epoche (670–1050) die Staatsgewalt an sich. Während ihre Söhne all die großen Staatsämter innehatten, waren ihre Töchter mit den Marionettenkaisern verheiratet.

Die folgende Umwälzung resultierte aus dem Unwillen, den der allezeit männliche und kriegerische Provinz-

PORTRÄT DES FELDHERRN YORITOMO

adel angesichts dieser Art von Unterrock-Regierung empfand. Die großen Familien von *Taira* und *Minamoto* erhoben sich und kämpften um die Zügel der Macht, die sie während der zweiten Hälfte des 11. und des ganzen 12. Jahrhunderts abwechselnd in Händen hielten. Japan wurde jetzt in ein Feldlager verwandelt; seine Institutionen wurden feudalisiert. Der wirkliche Herr des Reiches war nun, wer am stärksten mit seinem Schwert und Bogen und Haupt der Übermacht war und das Land unter die mächtigsten Barone, seine Anhänger, aufteilen konnte. Durch die endliche Unterwerfung der Taira-Familie in der Seeschlacht von Dannoura im Jahre 1185 gelangte *Yoritomo,* das Haupt der Minamotos, zur höchsten Macht und erhielt vom Hofe in Kyōto den Titel eines *Shōguns,* wörtlich «Generalissimus», der bisher in seiner eigentlichen Bedeutung jenen Feldherren verliehen worden war, die von Zeit zu Zeit zur Unterwerfung der Ainos oder aufständischen Provinzen ausgesandt worden waren, von jetzt an aber eine besondere Bedeutung erhielt, ähnlich wie das Wort Imperator (das ursprünglich auch «General» bedeutete) in Rom. Diese Übereinstimmung ist auffallend. Ebenso der Kontrast; denn wie das kaiserliche Rom niemals aufhörte, theoretisch eine Republik zu sein, so war in Japan, das praktisch und in Wirklichkeit zugestandenermaßen von den Shōguns von 1190 bis 1867 regiert wurde, immer der Mikado das theoretische Haupt des Staates, Abkömmling der Sonnengöttin, Quelle aller Ehren. Es gab niemals zwei Kaiser, die als solche anerkannt waren, einen geistlichen und einen weltlichen, wie es so oft von europäischen Schriftstellern behauptet wurde. Es gab immer nur einen Kaiser – einen Kaiser ohne Macht zwar, den nur die Frauen erblickten, die ihm aufwarteten, oft nur ein Säugling auf den Armen der Amme, der mit dem Eintritt in das Jünglingsalter abgesetzt wurde, um einem andern Säugling Platz zu machen. Trotzdem war er das theoretische Haupt des Staates, dessen Macht nur den Händen des Shōguns, als einem, man könnte sagen, Majordomus, übergeben war.

Es ist ein sonderbarer Parallelismus des Geschicks, daß das Shōgunat selbst mehr als einmal Anzeichen verriet, zu einem bloßen Schatten zu verblassen. Yoritomos Abkömmlinge erwiesen sich seiner nicht würdig, und länger als ein Jahrhundert (1205–1333) lag die wirkliche Macht in den Händen der sogenannten «Regenten» aus der *Hōjō*-Familie, während ihre Lehnsherren, die Shōguns, obgleich sie in Kamakura nominell Hof hielten, in der ganzen Periode wenig mehr als leere Namen waren. So vollkommen waren die Hōjōs Herren des ganzen Landes, daß sie tatsächlich bevollmächtigte Gouverneure in Kyōto und Kyūshū im Südwesten hatten und sich wenig daraus machten, Mikados auf entlegene Inseln zu verbannen. Sie schufen ihrer Herrschaft ein Gedächtnis durch die Zurückwerfung der mongolischen Flotte, die *Kublai Khan* ausgesandt hatte in der Absicht, Japan seinem riesigen Reich einzufügen. Dies geschah am Ende des 13. Jahrhunderts, seit welcher Zeit Japan nicht mehr von außen angegriffen worden ist.

Während des 14. Jahrhunderts wurde sogar die matronenhafte Ruhe des Hofes in Kyōto durch innere Streitigkeiten gestört. Zwei Linien des kaiserlichen Hauses, eine jede von verschiedenen feudalen Häuptern unterstützt, beanspruchten die Krone. Die eine wurde *Hokuchō* genannt, oder «Nördlicher Hof», die andere *Nanchō,* oder «Südlicher Hof». Nachdem der Streit einige sechzig Jahre gewährt hatte, endete er 1392 mit dem Triumph der Nördlichen Dynastie, deren Partei die mächtige *Ashikaga*-Familie vertreten hatte. Von 1338 bis herab zum Ende des 16. Jahrhunderts beherrschten die Ashikagas Japan als Shōguns. Ihr Hof war ein Sammelpunkt von Vornehmheit, die Malerei wurde gepflegt und das lyrische Drama und die Teezeremonien und die höchst komplizierten Künste des Gartenbaues und Blumenarrangements. Aber sie versanken allmählich in Verweichlichung und Trägheit, wie die Mikados vor ihnen; und die politische Macht, die eine Zeitlang weniger von ihnen selbst als in ihrem Namen ausgeübt worden war, fiel 1573 vollständig von ihnen ab, obgleich der letzte Repräsentant der Linie den leeren Titel eines Shōguns bis zu seinem Tode im Jahre 1597 trug.

Unterdessen war Japan von den Portugiesen entdeckt worden (1542); und das unbedachtsame Betragen der portugiesischen und spanischen Fratres (*bateren,* wie sie genannt wurden – eine Korruption des Wortes *padre*) brachte es dahin, daß aus der christlichen Religion eine neue Quelle von Uneinigkeiten wurde. Japan verfiel in vollkommene Anarchie. Jeder Adlige in seiner Feste folgte seinen eigenen Gesetzen. Dann erhoben sich in der zweiten Hälfte des 16. Jahrhunderts nacheinander drei große Männer – *Oda Nobunaga,* der *Taikō Hideyoshi*[71] und *Tokugawa Ieyasu.* Der erste von ihnen faßte den Gedanken, die Gewalt des Staates in einer einzigen Person zu vereinigen; der zweite, Hideyoshi, der der Napoleon von Japan genannt worden ist, machte sich in Wirklichkeit zum Herren des Landes und fügte seinen Triumphen in der Heimat die Invasion in Korea (1592–1598) hinzu als einen einleitenden Schritt zur Eroberung von China. Kurz nach seinem Tode im Jahre 1598 trat Ieyasu, der Hideyoshis jugendlichen Sohn verdrängte, an den vakanten Platz. Ein befähigter Feldherr, unübertroffen als Diplomat und Administrator, unterwarf er zuerst alle unruhigen Barone, verteilte hierauf einen beträchtlichen

Teil ihrer Ländereien an seine eigenen Verwandten und Untertanen und zerstörte oder regulierte durch weise Verteilung von Lehen in verschiedenen Provinzen des Reiches die Macht jener größeren Lehnsherren wie der *Satsuma* und *Chōshū,* die er unmöglich vollkommen aus dem Wege schaffen konnte. Der Hof von Kyōto wurde von ihm mit Achtung behandelt, und er und seine Erben wurden vom Mikado gebührend als Shōguns eingesetzt.

Um die Macht der Daimyōs noch mehr zu brechen, zwang Ieyasu sie, jedes zweite Jahr in *Yedo* (Tokyo) zu verbringen, das er 1590 als Hauptstadt gewählt hatte, und ihre Frauen und Kinder hier für immer als Geisel zu lassen. Was Ieyasu entwarf, vervollkommnete der dritte Sohn seines Geschlechts, *Iemitsu.* Von dieser Zeit an kristallisierte sich während zweihundertundfünfzig Jahren Alt-Japan heraus, wie wir es aus den Berichten der Holländer, aus der Kunst, vom Theater kennen – das Alt-Japan der Isolierung (denn Iemitsu schloß das Land ab, um Komplikationen mit den Spaniern und Portugiesen vorzubeugen), das Alt-Japan des malerischen Feudalismus, des *harakiri,* einer in Kasten eingeteilten und von Spionen und Zensoren überwachten Gesellschaft, das Alt-Japan einer stets wachsenden Geschicklichkeit in Lackarbeiten und Porzellan, einer aristokratischen Überfeinheit, eines außergewöhnlichen, exquisiten Geschmacks.

Unveränderlich für das Auge der Außenwelt, waren in Japan keine hundert Jahre unter dem Regime der *Tokugawa* vergangen, und schon waren die Keime der Krankheit, die zuletzt diese Herrschaft tötete, gesät. Sonderbar genug: Das Werkzeug der Zerstörung war die historische Forschung. Ieyasu selbst war ein großer Gönner der Literatur. Sein Enkel, der zweite Fürst von Mito, erbte seinen Geschmack. Unter den Auspizien dieses japanischen Mäzenas erstand eine Literaturschule, für die die Antiquitäten ihres Landes alles waren – japanische Dichtung und Romanze gegen die chinesischen Klassiker; die einheimische Religion, *Shintō,* gegen die fremde Religion, den Buddhismus; und deshalb, dank einer unvermeidlichen Konsequenz, die alte legitime Dynastie der Mikados gegen die emporgekommenen Shōguns. Natürlich wurde der politische Teil der Lehre der literarischen Partei zuerst im Hintergrund gehalten; denn dies war keine Zeit, in der eine Opposition gegen die bestehende Regierung ohne Gefahr gezeigt oder selbst angedeutet werden konnte. Nichtsdestoweniger gewann er nach und nach an Bedeutung, so daß Commodore Perry, als er (1853–54) mit seinem großen Geschützen ankam, eine Regierung vorfand, die schon dem Fall nahe war; viele, die sich wenig um die abstrakten Rechte des Mikados kümmerten, kümmerten sich recht viel um die Gelegenheit, ihre eigenen Familien auf Kosten des Shōguns zu vergrößern.

Der Shōgun erklärte sich einverstanden mit den Forderungen Perrys und der Repräsentanten der andern fremden Mächte – England, Frankreich, Rußland –, die Perry nachfolgten, und er willigte ein, Yokohama, Hakodate und gewisse andere Häfen fremdem Handel und fremder Ansiedelung zu öffnen (1857–59). Er schickte sogar 1860 und 1861 Gesandte nach den Vereinigten Staaten und Europa. Die Kenntnis von der Außenwelt, die der Hof von Yedo besaß, war, wenn auch nicht groß, so doch genügend, um den Shōgun und seine Ratgeber zu überzeugen, daß es vergeblich sei, die Forderungen der westlichen Mächte zu verweigern. Der Hof von Kyōto war nicht einmal imstande, selbst dieses Gramm weltlicher Weisheit aufzubringen. Seiner Ansicht nach sollte Japan, «das Land der Götter», niemals von Fremden verunreinigt werden, die Häfen sollten geschlossen bleiben und die «Barbaren» auf jeden Fall vertrieben werden.

Was besonders geeignet war, die Angelegenheiten in dieser Krisis zu komplizieren, war die eigenmächtige Handlungsweise gewisser Daimyōs. Einer von ihnen, der Fürst von Chōshū, feuerte, wie man annimmt auf geheime Instruktionen des Hofes in Kyōto hin, auf Schiffe, die Frankreich, Holland und den Vereinigten Staaten gehörten – und dies gerade im selben Augenblick (1863), da die Shōgun-Regierung, zwischen fremden Angriff und einheimischen Aufruhr gestellt wie zwischen Hammer und Amboß, das Äußerste tat, um auf diplomatischem Wege die Abreise der Fremden zu erreichen, die einzulassen sie wenige Jahre vorher gezwungen worden war. Diese Tat hatte die sogenannte «Shimonoseki-Affäre» zur Folge, nämlich die Beschießung von Shimonoseki, Chōshūs Hauptseehafen, durch die vereinigte Flotte der beleidigten Mächte, zusammen mit Großbritannien, das sich ihnen auf Grund der Solidarität aller fremden Interessen in Japan anschloß. Eine Entschädigung von drei Millionen Dollars wurde gefordert – ein letzter Hieb, der dem Shōgunat das Genick brach. Der Shōgun *Iemochi* versuchte, Chōshū für die Demütigung, die er über Japan brachte, zu bestrafen, aber es mißlang ihm, er wurde selbst von den Truppen des letzteren geschlagen und starb. *Hitotsubashi* (auch *Keiki* genannt), der letzte seiner Linie, war sein Nachfolger. Aber der Hof von Kyōto, von den großen Daimyōs von Chōshū und Satsuma angetrieben, beschloß plötzlich die Aufhebung des Shōgunats. Der Shōgun unterwarf sich dieser Bestimmung, und diejenigen seiner Anhänger, die sich ihr widersetzten, wurden niedergeworfen – zuerst bei Fushimi nahe Kyōto (17. Januar 1868), dann bei Ueno in Yedo

(4. Juli 1868), dann bei Aizu (6. November 1868) und endlich bei Hakodate (27. Januar 1869), wo einige von ihnen versucht hatten, eine unabhängige Republik zu gründen.

Die Regierung des Landes wurde in den Jahren 1867/68 reorganisiert, und zwar nominell auf der Grundlage eines reinen Absolutismus, mit dem Mikado als dem einzigen Machthaber sowohl in legislativer als exekutiver Beziehung. Somit hat die literarische Partei triumphiert. Alle ihre Träume verwirklichten sich. Fortan gehörte Japan den Japanern. Das Shōgunat, das die gehaßten Barbaren eingelassen hatte, existierte nicht mehr. Sogar ihre Hoffnung, den Buddhismus durch die nationale Religion, Shintō, zu substituieren, erfüllte sich bis zu einem gewissen Grad. Sie wähnten, daß nicht nur alle europäischen Neuerungen, sondern alles – selbst das Japanische, das neuer war als das Jahr 560 – auf immer weggefegt werden würde. Die Dinge sollten auf den Stand der primitiven Zeitalter, da Japan wirklich «das Land der Götter» war, zurückgeführt werden. Aber sie wurden aus diesem Traum rauh aufgestört. Die geriebenen Kriegsleute von Satsuma und Chōshū, die der Unwissenheit des Hofes und dem Steckenpferd der Gelehrten nur so lange willfahrten, als ihr gemeinsamer Feind, das Shōgunat, existierte, schlugen nun um und erklärten sich zugunsten nicht nur des fremden Verkehrs, sondern der Europäisierung ihres eigenen Landes. Niemals hat die Geschichte einen plötzlicheren Umschlag erlebt. Niemals hat die Geschichte einen weiseren erlebt. Wir Fremden, die wir bloße Zuschauer sind, mögen ohne Zweifel manchmal bedauern, daß Glanz und Pracht des malerischen Orientalismus durch die gewöhnlichen europäischen Sitten verdrängt wurden. Aber kann ein Zweifel darüber bestehen, welche der beiden Zivilisationen die höhere ist, sowohl materiell als intellektuell? Und beweist nicht die Erfahrung der letzten dreihundert Jahre, daß kein orientalischer Staat, der ausgesprochen orientalische Institutionen beibehält, erwarten kann, von Angriffen des Westens verschont zu bleiben? Was geschah mit Indien? Was selbst mit China? Und was war Commodore Perrys Besuch anders als eine Drohung dahingehend, daß, im Falle Japan sich entschließen sollte orientalisch zu bleiben, man ihm nicht gestatten würde, fernerhin sein eigener Herr zu bleiben. Von dem Augenblick an, da die intelligenten Samurais der führenden Daimiate einsahen, daß die Europäisierung des Landes eine Frage auf Leben und Tod war, begannen sie (denn bis auf den heutigen Tag lag die Regierung in Wirklichkeit in ihren Händen), das Werk der Reform und des Fortschrittes auszuführen.

Der erste und größte Schritt bestand darin, daß die Daimyōs selbst den Anfang machten und Besitz und Privilegien aufgaben, daß also in Wirklichkeit das japanische feudale System in gebührender Weise das *harakiri* vollzog. Eine zentralisierte Bürokratie wurde auf seinen Ruinen errichtet (1871). Gleichzeitig wurden alle sozialen Ungleichheiten aufgehoben, der Buddhismus wurde entthront, eine Kaiserliche Münze geschaffen, und Post und Telegraph – im nächsten Jahr von Eisenbahnen gefolgt – eingeführt. 1873 wurde die Impfung, der europäische Kalender und europäische Kleidung für Beamte adoptiert, und die Christenverfolgung wurde aufgehoben. Gleichzeitig kamen die Photographie, der Fleischgenuß und andere Europäismen in Aufnahme, nicht ohne offizielle Aufmunterung; und ein Edikt wurde erlassen gegen das Tragen von Zöpfen. Dampfergesellschaften wurden gegründet (1875–1885), die Folter wurde abgeschafft, eine ungeheure Finanzreform wurde durchgeführt durch die Ablösung der Samuraipensionen (1876), eine Börse und eine Handelskammer wurden in Tokyo geschaffen (1878), die Publikation neuer Gesetzbücher, inspiriert vom *«Code Napoléon»*, wurde begonnen (1880), ein Oberster Gerichtshof wurde eingesetzt (1883), und die englische Sprache wurde in den Unterrichtsplan der Volksschulen aufgenommen (1884). Neben 1873 waren am bemerkenswertesten die Jahre 1885 bis 1887, die Jahre des großen «fremden Fiebers», als die japanische Gesellschaft buchstäblich in eine Flut von europäischem Einfluß untertauchte; Dinge wie ausländische Kleidung für Damen, Tanzen, Sport, Kartenspielen usw. drangen auf einmal ein, während das, was heute noch als das *Ōjishin* oder «Große Erdbeben» in der Erinnerung lebt, die politische Welt erschütterte. Sodann wurden die Verwaltungsmethoden reformiert, die bis dahin übertriebene Anzahl von Beamten wurde reduziert, und neue Männer, solche wie *Itō* und *Inoue* – Namen, die noch immer die berühmtesten im Lande sind –, nahmen die höchsten Plätze ein.

Unterdessen hatte die energische Regierung nicht weniger als drei Provinzaufstände niedergeworfen – den *Higo*-Aufstand von 1876, den weitaus gefährlicheren *Satsuma*-Aufstand von 1877, geleitet von dem Exloyalisten *Saigō Takamori*, den die ultraeuropäische Haltung seiner Genossen verdrossen hatte, und die *Saitama*-Unruhe von 1884. Auch war jede tieferwurzelnde Unzufriedenheit unterdrückt worden durch strenge Verordnungen, betreffend die Presse und öffentliche Versammlungen, und durch den «Frieden-Erhaltungs-Akt», der zahlreiche Agitatoren und Verdächtige aus der Hauptstadt verbannte. Ferner waren die Beziehungen mit den benachbarten asiatischen Staaten stark gefördert worden, die Seeräuber von Formosa waren durch ein bewaffnetes japanisches Aufgebot im Jahre 1874 bestraft und Luchu auf diplomatischem Wege 1879 annektiert worden. Während dieser Jahre atemloser Tätigkeit hatte man die Europäisierung zeitweise bis zu lächerlichen Einzelheiten getrieben. Zum Beispiel hatte man unser langweiliges philisterhaftes Ausstellungswesen in Bausch und Bogen adoptiert – Meter von Bändern, Seifenstücke usw., alles vollständig; nagelneue Ritterorden (1875) und eine neue Aristokratie (1884) wurden geschaffen; sicherlich kränkelnde Pflänzchen, die in unserer Zeit wohl vegetieren können, aber nicht blühen. Über solche Streiche haben – und zwar nicht unberechtigterweise – viele strenge Richter die Köpfe geschüttelt, besonders drüben, wo vielleicht selbst bis heute wenige die Tatsache voll würdigen, daß die Japaner des alten Regimes absolut keine Barbaren waren, sondern ein ebenso hoch kultiviertes wie intelligentes Volk, ein sittliches Volk, humanisiert durch die einfache, aber gesunde Schule der chinesischen Weisen, zusammengehalten von den innigsten politischen und sozialen Banden, und sogar bis zu einem gewissen Grade durchdrungen von, oder wenigstens vorbereitet für europäische Ideen dank dem holländischen Einfluß, der sich von Nagasaki aus verbreitete und der nicht wenig wirksam war, weil er unterirdisch wirkte.

Aber um zu unserem Thema zurückzukehren. Der Mißerfolg der lange hinausgeschobenen Unterhandlungen der Vertragsrevision, 1887, ließ dieses Jahr zu einem Wendepunkt in der modernen japanischen Geschichte werden. Eine starke Reaktion gegen Ausländer und ihre Gebräuche setzte ein, die gelegentlich zu Mordanschlägen auf fremde Ansiedlungen führte und selbst zu einem auf den gegenwärtigen Zaren von Rußland, der als Zarewitsch im Jahre 1891 Japan besuchte. Indessen wurde trotz der Reaktion die lange versprochene Konstitution, bis zu einem gewissen Grade nach preußischem Muster gebildet, im Jahre 1889 gewährt. Unglücklicherweise war ihr eine ruhige Wirksamkeit gleich vom Anfang an versagt, und die durchschnittliche Lebensdauer der Ministerien betrug nur ungefähr zwölf Monate. Es kam dahin, daß man als das wahrscheinliche Resultat der jährlichen Session summarischen Aufschub betrachtete, der die Folge heftiger Streitigkeiten war. Unterdessen hat die allmähliche Entwicklung verschiedener politischer Parteien im Staate dazu beigetragen, eine beträchtliche Gereiztheit des Gefühls zu erzeugen, und das Umsichgreifen von Bestechung und Korruption war geeignet, den Begriff vom öffentlichen Leben zu erniedrigen. Neben der allmählichen Veröffentlichung der neuen Gesetzbücher (siehe Artikel über «Gesetz») bestanden die wichtigsten administrativen Ereignisse der letzten paar Jahre in der Promulgation der Akte der lokalen Selbstverwaltung im Jahre 1888, in der Gewährung von Subventionen für Schiffahrt und Schiffsbau im Jahre 1896 und in der Einführung der Goldwährung 1897. In der internationalen Politik verdient die Revision der Verträge mit den verschiedenen Großmächten an erster Stelle Erwähnung. Jener mit England wurde zuerst abgeschlossen, im August 1894; der mit den Vereinigten Staaten einige Monate später. Große patriotische Befriedigung machte sich fühlbar, als 1899 diese neuen Verträge in Kraft traten, nach welchen alle ansässigen Fremden dem japanischen Gesetz unterworfen waren. Gleichzeitig wurde ihnen das ganze Land für Handel und Niederlassung erschlossen, ein Umstand, der mehr und mehr zur Europäisierung selbst der entlegenen Landdistrikte führen muß. Dazu kommt, daß die Nation trotz allem, was eben über das unvollkommene Funktionieren des konstitutionellen Apparates gesagt wurde, allmählich einen wirklichen politischen Instinkt entfaltet. Obgleich der geographischen Lage nach orientalisch und eingefleischt national, ist sie in ihren Wünschen und Methoden westlich geworden.

In der letzten Dekade bildete der Krieg einen Faktor von der allergrößten Wichtigkeit – der allergrößten Wichtigkeit, denn militärische Erfolge haben Japan in den Rang einer Großmacht erhoben. Solange seine Verbesserungen nur ökonomischer, administrativer, wissenschaftlicher und humanitärer Natur waren, sah Europa gönnerhaft zu wie etwa dem Studium eines begabten, frühreifen Jünglings. Aber als derselbe Jüngling sich als ein vollkommener Kriegsmann zeigte, begann Europas Haltung sich zu ändern.

In den letzten zehn Jahren fanden drei Kriege statt. Der erste, der sich 1894/95 abspielte, wurde gegen China geführt, um eine langwierige Fehde zwischen den zwei Reichen in bezug auf Korea zu ordnen. Dabei wies Japan nach (was Europa lange vorher entdeckt haben sollte), daß die ganze angenommene politische Macht des chinesischen Reiches nichts war als eine Blase, die reif zum Aufstechen war. Ein Jahr nach der Kriegserklärung war China gezwungen, Japan die Halbinsel Liao-tung abzutreten und noch dazu eine schwere Kriegsentschädigung zu zahlen. Aber die europäische Achtung konnte nicht auf einmal gewonnen werden. Rußland, das in dieser Zeit für unwiderstehlich stark galt, wünschte Liao-tung selbst; infolgedessen ließ es an seinen ergebenen Genossen Frankreich eine Aufforderung ergehen und ebenso an den Hof in Berlin, der mit dem in Petersburg durch Bande ehrlicher Freundschaft verbunden war. Die drei zusammen untersagten die Abtretung irgendeines Gebietes des chinesischen Festlands; und Japan, das nicht vorbereitet war, einer solchen Koalition entgegenzutreten, mußte sich mit der Insel Formosa zufriedengeben. Seine Demütigung war groß und die Freude über den gewonnenen Krieg war getrübt; besonders bitter wurde der Beitritt Deutschlands zu der unheiligen Allianz empfunden – jenes Deutschlands, das das offizielle Japan immer bewundert hatte und sich bemühte nachzuahmen, und dessen feindliche Einmischung wie ein Blitz aus blauem Himmel kam.[72]

Der zweite Feldzug unter der gegenwärtigen Regierung fand im Jahr 1900 statt. Als die Welt voller Schrekken dem Schauspiel zusah, wie eine Handvoll Fremder sich in Peking gegen eine überwältigende Übermacht verteidigte, war das japanische Kontingent der verbündeten Armeen das erste, das Hilfe brachte.

Nebenher hatte ein solch inniger Kontakt mit der europäischen Diplomatie und mit europäischen Soldaten den Erfolg, die Achtung der Japaner vor Europa zu vermindern. Sie fanden heraus, daß ihre verehrten Lehrmeister in Wissenschaft und Technik moralisch nicht höher standen als sie selbst – weniger hoch sogar –, und daß ihre glatten Redensarten und ausgeklügelten Phrasen nichts als ein Schleier waren für ganz gewöhnliche Habgier. Gleichzeitig begann man zu argwöhnen, daß die Leute aus dem Westen auch als Soldaten am Ende nicht tapferer wären als die Japaner – weniger tapfer vielleicht. Als deshalb 1904 die russischen Übergriffe in der Mandschurei und in Korea zu einer beständigen Bedrohung der Unabhängigkeit Japans geworden waren und wiederholte Proteste sich als fruchtlos erwiesen, stürzte sich Japan stillschweigend und rasch auf seinen gigantischen Gegner, mit dem für Europas Selbstgefälligkeit nahezu unglaublichen Resultat, daß Rußlands Flotte in weniger als zwei Monaten effektiv vernichtet war. Der Konflikt spielt noch zu Land weiter. Wie er auch immer ausgehen mag, eine Tatsache hat einen großen Eindruck auf all die gemacht, die dank einem langen Aufenthalt unter den Japanern und der Vertrautheit mit ihrer Sprache imstande waren, die Haltung aller Klassen während der verschiedenen Kriege und anderer hier kurz erwähnter Ereignisse zu beobachten: nämlich die fundamentale Stärke und Gesundheit des nationalen Charakters. Die angenommene intellektuelle Inferiorität der Nationen des Fernen Ostens – zum wenigsten *dieser* Nation des Fernen Ostens – im Vergleich zu den Europäern wurde widerlegt. Ebenso widerlegt wurde die angenommene moralische Inferiorität der «heidnischen» Nationen – zum wenigsten *dieser* «heidnischen» Nation – im Vergleich zu den Christen. Denn niemand, der vollkommen mit den Ereignissen der letzten vierzig Jahren vertraut ist, kann behaupten, daß irgendeine christliche europäische Nation sich mehr bereit gezeigt haben könnte, ihre früheren Fehler einzusehen, gelehriger in allen Dingen der Zivilisation, ehrlicher und gemäßigter in der Diplomatie, ritterlicher und menschlicher im Krieg. Wenn es irgendeine «gelbe Gefahr» gibt, so kann sie sicherlich nur darin bestehen, daß Europas gute Eigenschaften überflügelt werden durch eine höhere Entwicklung der gleichen Eigenschaften ihrer neuen Rivalen. Dies sind die erstaunlichen Resultate der vierzigjährigen zähen Arbeit eines ganzen Volkes, das sich auf falschem Weg sah und sich entschloß, einen besseren einzuschlagen.

Es ist nicht möglich, diese flüchtige Darstellung der japanischen Geschichte mit der gewöhnlichen Formel «Empfohlene Bücher» zu schließen – aus dem einfachen Grund, weil keine allgemeinen Geschichtswerke von Japan existieren. Die Kapitel, die in den Werken von Griffis, Rein, David Murray usw. der Geschichte gewidmet sind, nehmen zwar eine beachtenswerte Stellung ein, da sie die gewöhnliche traditionelle Darstellung des Gegenstandes in sich schließen. Auch Brinkley in seinem «Japan and China» beleuchtet eine außerordentlich wichtige Seite des Themas, nämlich die Sitten und Gebräuche und die Entwicklung verschiedener Künste. Allein in bezug auf die eigentliche Geschichte lassen ihn seine nachlässige Methode, sein Versäumnis, die originalen Autoritäten anzuführen, und mehr als alles sein Mangel an kritischem Vermögen als einen unsicheren Führer erscheinen, ausgenommen für die Ereignisse der letzten vierzig Jahre, deren allmähliche Entwicklung er persönlich beobachtete.

So muß also eine zuverlässige Geschichte Japans erst geschrieben werden – ein Werk, das für jedes Jahrhundert das vollbrächte, was Mr. Aston für die frühesten Jahrhunderte getan hat[73] und Mr. Murdoch für das eine Jahrhundert von 1542 bis 1651. Mehr als irgendwo anders ist es hier notwendig, an Hintertüren zu lauschen, durch konventionelle Gitter zu lugen und einheimische Beweise im Lichte fremder Zeugnisse zu untersuchen. Wir würden nahezu nichts über das wissen, was man die katholische Episode des 16. und 17. Jahrhunderts nennen kann, wären uns ausschließlich die offiziellen japanischen Quellen zugängig. Wie können wir uns aber auf dieselben Quellen verlassen, wenn es sich um noch fernere Zeiten handelt? Es besteht kaum ein Zweifel, daß die herrschenden Mächte zu jeder gegebenen Zeit sowohl die alten Berichte als die Berichte ihrer eigenen Zeit zurechtstutzten, um ihren eigenen privaten Interessen zu dienen. Zuweilen mag allerdings dieser Prozeß fast unbewußt vor sich gegangen sein. Sogar die modernen Japaner fangen an, diese Erwägungen zu beachten, soweit es die Jahrhunderte, die unmittelbar ihrer Zeit vorangehen, betrifft. Dr. Shigeno An-eki zum Beispiel, die größte lebende Autorität der japanischen Geschichte, hat es unternommen nachzuweisen, wie gewisse geschichtliche Episoden unter der Tokugawa-Dynastie der Shōguns «zurechtgestutzt» wurden. Aber der Prozeß des «Zurechtstutzens» dauert noch heute fort, wie irgendein kritisches Auge sehen könnte, das sich die Mühe machte, zeitgenössische offizielle Dokumente zu prüfen und ganz besonders die Lehrbücher für die Schulen. Wirklich interessant ist die Naivität der Bemühung, die Aufzeichnungen der Vergangenheit so zu stutzen und zu beschneiden, daß es den Anschein hat, als ob der Geist, der jetzt das Volk regiert, um eine geheiligte Phrase zu gebrauchen, «ungebrochen seit ewigen Zeiten» gewesen sei.

Wer ein wenig nachdenkt, wird finden, daß solche Manipulationen eher die Regel als die Ausnahme in orientalischen Ländern bilden. Die Liebe zur Wahrheit um der Wahrheit willen ist nicht eine allgemeine menschliche Eigenschaft, sondern einer der Ausnahmezüge des modernen europäischen Geistes, der sich allmählich aus mannigfachen Ursachen entwickelte und ganz besonders aus der Exaktheit, der sich die Naturwissenschaften in so hohem Maße befleißigten. Das Bestreben alter und orientalischer Völker war immer weniger auf Wahrheit als vielmehr auf Belehrung und Erbauung gerichtet. Außerhalb Europas und seiner Kolonien ist es leicht, Berichte umzuformen, denn niemand nimmt besonderen Anstoß an solchen Manipulationen, weil dem Volk nichts über die Angelegenheit gesagt wird und weil es, selbst wenn es davon unterrichtet wird, weder die Gabe noch den Willen hat, kritisch zu denken.

Unterdessen befindet sich Japan in seiner Haltung dem Geschichtsstudium gegenüber wie in allem andern im

Stadium einer Metamorphose. Seine Gelehrten sind von dem Wunsch beseelt, mit Europa in bezug auf Kritik und Exaktheit zu wetteifern, und die Regierung hat ihre Bemühungen in lobenswerter Weise, wenn auch etwas spasmatisch, ermutigt, indem sie gelegentlich eine kleine jährliche Summe zur Deckung der Kosten auswarf. Eine ungeheure Menge von historischem Material wurde aus den Archiven der Ex-Daimyōs ausgegraben, aus Tempelaufzeichnungen und anderen verschiedenen Quellen, das nicht allein Staatsangelegenheiten betrifft, sondern auch Handel, Industrie, Literatur, Sitten und Gebräuche, also alles, was das Leben eines Volkes ausmacht. Dieser Text, chronologisch geordnet und mit vielen verschiedenen Illustrationen versehen, geht langsam in Druck, und man nimmt an, daß er 300 Bände zu je 1000 Seiten füllen wird, während die Reproduktionen (einige davon Faksimile) von über 100000 Dokumenten weitere 200 Bände zu je 600 Seiten ausmachen werden. Das Jahr 1915 wurde als das voraussichtliche Datum der Vollendung angekündigt. Von solcher Art ist das *«Dai Nihon Shiryō»* oder «Material zur Geschichte von Groß-Japan», mit der Ergänzung *«Dai Nihon Kobunsho»* oder «Alte Dokumente von Groß-Japan» – Werke, die augenscheinlich alle Aussicht haben, jenen eingereiht zu werden, die «mehr bewundert als gelesen» werden, die aber vielleicht irgendein kommender japanischer Historiker ohne *«cooking»* im schlechten Sinne des Wortes einsichtsvoll kondensieren wird, so daß etwas Genießbareres für den gewöhnlichen Leser daraus entsteht. (Siehe auch Artikel über «Verträge»)

GESCHICHTENERZÄHLER Wenn die Japaner auch ein Volk von Lesern sind, so lieben sie es doch, den Geschichten des professionellen Geschichtenerzählers zu lauschen, der etwas wie ein Künstler in seinem Fache ist. Die gewöhnlichere Sorte von Geschichtenerzählern kann man an den Straßenecken sitzen sehen, umgeben von einem Kreis maulaufsperrender Kulis. Die höhere Art bildet Gilden, die besondere Unterhaltungshäuser besitzen, *yose* genannt, und auch für die Unterhaltung von Privatzirkeln stundenweise engagiert werden können. Manchmal ist das Erzählen nicht viel mehr als ein Vorlesen. Der Mann sitzt mit einem offenen Buch vor sich und erläutert es – die Geschichte der «Siebenundvierzig Ronin» etwa oder die chinesische Novelle von den «Drei Königreichen» *(«Sangoku Shi»),* oder die Geschichte vom Satsuma-Aufstand oder den alten Kriegen der Taira- und Minamoto-Familien im Mittelalter – und wenn er zu einer besonders treffenden Stelle kommt, so betont er sie durch einen Schlag seines Fächers oder kleinen Holzstabes, den er zu diesem Zweck hat. Dieses Vorlesen nennt man *gundan,* wenn von Krieg die Rede ist; sonst heißt es *kōshaku,* was wörtlich «Auslegung» bedeutet. Der *hanashika* oder eigentliche Geschichtenerzähler handelt mit Liebesgeschichten, Anekdoten und erfundenen Vorfällen.

Die Unterhaltung, die in einem *yose* geboten wird, ist gewöhnlich sehr abwechslungsreich. Man wird Kriegsgeschichten hören, Liebesgeschichten, Rezitationen zur Begleitung der Gitarre; ein und dasselbe Programm wird meistens vierzehn Tage lang beibehalten und am 1. und 16. des Monats gewechselt. Da es in jeder großen Stadt eine große Menge solcher Häuser gibt, so hat das Publikum nichtsdestoweniger Gelegenheit, jede Nacht etwas Neues zu hören, und die besseren Geschichtenerzähler selbst können ein für Japan sehr schönes Einkommen erzielen. Denn sie fahren von einem Unterhaltungshaus zum andern, halten sich in jedem nur ungefähr eine Viertelstunde auf – gerade lang genug, um eine Geschichte zu erzählen und einen Dollar oder zwei damit zu verdienen.

Viele Ausländer, die die japanische Sprache studierten, haben in den *yose* ihre beste Schule gefunden; aber nur zwei bis heute haben daran gedacht, dorthin nicht als Zuhörer zu gehen, sondern als Mitwirkende. Der eine ist ein Engländer namens Black, der das Japanische so vollkommen beherrscht und dessen aus den Vorräten europäischer Dichtungen entlehnten Stoffe sich als eine solch willkommene Neuheit erwiesen, daß die Geschichtenerzähler von Tokio ihn in ihre Gilde aufgenommen haben. Der andere – auch ein Engländer mit Namen John Pale – soll japanische Lieder ebensogut singen wie irgendein Einheimischer.[74]

GESCHMACK Der japanische Geschmack in Malerei, dem Schmuck des Hauses, in allem, was von Linie und Form bedingt ist, mag in ein Wort zusammengefaßt werden – Einfachheit. Protzerei, die Masse für Größe hält, Vulgarität, die die Schönheit unter Ostentation und Extravaganz erstickt, haben in der japanischen Anschauung keinen Raum. Der Alkoven eines Salons von Tokyo oder Kyōto enthält ein einziges Gemälde und eine Blumenvase, die von Zeit zu Zeit gewechselt werden. Man darf sicher sein, daß Gemälde und Vase von erlesenem Geschmack sind. Die Reichtümer des Hausherrn sind nicht ausgebreitet, als ob sie sagen sollten: «Sieh', was für eine Masse teurer Dinge ich besitze, und mach' dir einen Begriff, wie ungeheuer reich ich sein muß!» Er hängt keine Teller an die Wände – Teller dienen dazu, daraus zu essen. Er würde niemals, wie groß auch sein Vermögen sein mag, 1000 oder 100 oder auch nur

GESCHMACK

10 Pfund für Blumen zu einer einzigen Einladung ausgeben: Blumen sind schlichte, vergängliche Dinge; es wäre unsinnig, für sie Summen hinauszuwerfen, für die man Edelsteine für Familienerbstücke bekäme. Und wie sehr doch diese Mäßigkeit zum Glück beiträgt! Da die Reichen nicht protzig tun, so fühlen sich die Armen nicht enterbt; und in der Tat, wenn es auch Armut gibt, so existiert doch kein Pauperismus. Ein echter Geist von Gleichheit geht durch die Gesellschaft.

Wann wird Europa von Japan aufs neue diese Lehre von der Proportion lernen, von der Zweckmäßigkeit, von der Schlichtheit, die einst Griechenland so gut kannte? Wann wird Amerika sie lernen – das Land, dem unsere Großväter das Zeugnis republikanischer Einfachheit auszustellen pflegten, das wir aber heutigentags mit der Idee eines bombastischen Luxus verbinden, der nur mit den Extravaganzen Roms zur Zeit seines moralischen Verfalls verglichen werden kann? Allein es hat den Anschein, daß wir, anstatt uns von Japan bekehren zu lassen, Japan verderben. Der Kontakt hat schon die Kleidung der oberen Klasse, ihre Häuser und Bilder und ihr Leben im allgemeinen angesteckt. Man muß jetzt zum gemeinen Volk gehen, um die alte Tradition einfacher Schönheit und Proportion zu finden. Willst du Blumen angeordnet haben? Frage deinen Hauskuli. Es stimmt etwas nicht in der Anlage deines Gartens? Er sieht zu konstruiert aus, und doch würden deine vorgeschlagenen Veränderungen ihn in ein formloses Labyrinth verwandeln? Rufe den Koch oder den Wäscher herein als Ratgeber.

Indessen konnten die Japaner, um die volle Wahrheit zu sagen, auch nicht den Schwächen ihrer Eigenschaften entgehen. Ihre Einfachheit neigt dazu, in Kleinlichkeit auszuarten. Das Grandiose in irgendeiner Gestalt, zerrissene Gebirgsketten, das sturmgepeitschte Meer und weite Heideflächen machen auf sie keinen tiefen Eindruck. Sie lieben es, von der Naturschönheit ihres Landes zu schwärmen. Und doch wählt ihr Geschmack bei all der reichen Auswahl, die sich ihm bietet, fast in jedem Fall Ansichten von begrenzter Ausdehnung und einer Art glatten Anmut, die teilweise Menschenwerk ist. Kurz, sie bewundern Szenen, nicht Szenerien. Wer *Matsushima*, die «Ebenen des Himmels», nahe Yokohama besucht hat oder einen andern weitberühmten Fleck, wird verstehen, was wir meinen. Ferner errichten sie ihre Häuser nicht auf Höhen, die weite Aussichten beherrschen. Sie ziehen es gewöhnlich vor, im Flachland zu bauen oder in einer Talmulde, wo die Einzäunung ihres niedlichen Gartens die Außenwelt abschließt.

GESELLSCHAFT Die Gesellschaft in Japan ist fast ausschließlich offiziell. Es gibt nichts, das den englischen *county families* entspräche, deren Mitglieder ein Amt annehmen mögen oder nicht, die aber, wenn sie es tun, dem Amt einen Glanz verleihen, während umgekehrt nicht die Rede davon ist, daß das Amt ihnen Glanz verliehe. Es gibt auch keine durch Geburt oder Geist superiore Klasse wie in Frankreich und Amerika, die hochmütig abseits steht und es als Schimpf betrachten würde, sich an dem gemeinen Rennen nach einem Amt zu beteiligen. Der Hof ist in Japan die einzige und tatsächliche Quelle der Ehre; eine verlorene Sache aber hat in diesem Land keine Anhänger. Selbst Geld wird verhältnismäßig wenig geachtet. Es gibt wenige Millionäre, und die Dinge liegen zufällig so, daß die paar Männer, die in den letzten zwanzig oder dreißig Jahren ein Vermögen in Geschäften zusammengerafft haben, sich entweder nichts aus der Gesellschaft machen oder wenig befähigt sind, in ihr zu glänzen. Der Hof (oder wer es immer sei, der im Namen des Hofes handelt) hat eine neue Bürokratie auf den Ruinen des alten Feudalismus errichtet – eine Bürokratie, die sich teils aus Männern vornehmer Geburt und teils aus Männern von Geist, gebildet durch die bestmögliche Erziehung, zusammensetzt, das heißt eine Aristokratie in der eigentlichen und ursprünglichen Bedeutung des Wortes, eine Aristokratie, die der Staat *ist,* die die Gesellschaft *ist* und die Möglichkeit eines Rivalen ausschließt.

Selbst in der äußeren Erscheinung des Landes prägen sich diese eigentümlichen sozialen Bedingungen aus. «Wo sind die Landhäuser?» werden wir zuweilen gefragt. Es gibt keine, aus dem einfachen Grund, weil niemand da ist, der in ihnen leben könnte. Die Bauern leben auf dem Land, die Beamten natürlich in der Stadt, wo ihre Ämter sind. Wegzugehen und sich auf dem Lande zu begraben, das ist ein Gedanke, der ihnen nie in den Sinn kommt. Wie sollte er es auch? Sie gehen nicht spazieren, sie treiben keinen Sport. Was jene Bande betrifft, die die Reichen mit ihren niedriger stehenden Nachbarn verbinden, so hat sich diese feudale oder halbfeudale Anschauung verloren. Das Äußerste ist, daß der hohe Beamte und seine Familie auf eine Woche oder vierzehn Tage in irgendein Mineralbad oder ein Seebad gehen mögen, aber sie fühlen sich nicht wirklich glücklich, bevor sie nicht wieder in die Stadt zurückgekehrt sind.

Es wäre interessant, bis ins Detail den weitreichenden Folgen einer Gesellschaftszusammensetzung nachzugehen, die so ungeheuer von jener differiert, an die die Angelsachsen – sei es des Königreichs, der Staaten oder des Commonwealth – gewöhnt sind. Eine dieser Folgen ist die, daß die japanische Gesellschaft langweilig ist, da es ihr an Stetigkeit fehlt: mindestens trägt dieser Umstand zur Erhöhung der Langeweile bei, die ihre Ursache vor allem darin hat, daß die japanischen Damen sich nicht für ein Gesellschaftsleben, in unserer Bedeutung des Wortes, eignen. Diese süßen, scheuen, kleinen Geschöpfe, die ohne Murren alle Hausfrauenpflichten erfüllen, haben keinen Einfluß auf die Männer und haben (wenigstens bis heute) keine der Künste erlernt, die nötig sind, eine führende Rolle in der Gesellschaft zu spielen. Und selbst wenn sie von solchen Dingen etwas lernen könnten, so wären doch die Unterbrechungen zu häufig; denn wenn ein Mann ohne Amt ist, so verschwindet er vollkommen, und die Gesellschaft sieht ihn und seine Frau nicht mehr, da alle Einladungen nach den offiziellen Listen erlassen werden und seine privaten Mittel, Gesellschaften zu geben, von seinem Gehalt als Beamter abhängen. Wenn du nicht im Amt bist, so brauchen dich jene, die es sind, nicht und haben keinen Platz für dich.

Sonderbar genug, selbst Reisende werden zuweilen von diesen Zuständen in Mitleidenschaft gezogen. Wir haben eine Unmenge von Klagen gehört, die etwa folgendermaßen lauten: «Wie kommt es doch, als die Soundso (ein Minister, mag sein, oder ein Generalkonsul oder der Vorstand einer Kommission und seine Gemahlin) in Europa waren, speisten sie häufig bei uns, ich half Frau Soundso bei der Auswahl ihrer Sachen usw.; und doch, als ich sie in Tokyo besuchte, schienen sie immer ausgegangen zu sein oder sonst etwas, sie luden uns nie zu etwas ein, und wir sind so sehr enttäuscht, gerade weil wir uns so sehr gefreut hatten, ein hübsches japanisches Heim kennenzulernen, zu sehen, wie sie leben, und es scheint auch wirklich sonderbar nach allem, was wir für sie taten. Natürlich erhielten wir eine Einladung zum

Kaiserlichen Gartenfest und zum Geburtstagsball; aber das ist etwas anderes.»

So oder ähnlich äußerten nicht wenige intelligente Damen, die Japan besuchten, ihre Enttäuschung, und es ist uns nicht immer leicht geworden, ihnen die Lage klar zu machen. Wenn das betreffende japanische Ehepaar zeitweilig oder dauernd vom offiziellen Leben ausgeschaltet ist, befindet es sich fast sicher in reduzierten Verhältnissen.

Als sie in Europa waren, kleideten sie sich *à l'européenne*, lebten sie vollkommen *à l'européenne*. Jetzt können sie das nicht mehr tun; wahrscheinlich machen sie sich nicht einmal etwas daraus und empfanden es sogar, als sie im Amt waren und es tun mußten, als ziemlich unangenehm. Sie besuchten Sie in London als große Leute; Sie besuchen sie in Tokio, da sie zu kleinen Leuten geworden sind. Sie genieren sich, Sie in ihr Haus zu bitten in der Befürchtung, es könnte Ihnen unbequem sein, auf dem Boden sitzen zu müssen – in der Befürchtung, Sie könnten innerlich Vergleiche anstellen, die ungünstig für sie oder ihr Land wären. Die angelsächsische Anschauung geht dahin, mit dem Gast das zu teilen, was das Haus eben bieten kann. Die gutzogenen Japaner sind formeller, das Beamtenleben hat sie dazu gemacht. Da sie kein Zicklein für dich braten können, sagen sie lieber «nicht zu Hause». Das Resultat ist nicht sehr angenehm, und doch liegt es dem Japaner fern, die Gesetze der Gastfreundschaft zu verletzen. Wie gastfreundlich diese Nation sein kann, zeigt sich wiederholt beim Empfang bekannter Politiker, Schriftsteller und Journalisten. Aber hierbei war es wiederum das Beamtentum, das dafür eingetreten war, das Geld wurde von einem der öffentlichen Ressorts ausgeworfen, und die Aktion wurde von oben geleitet.

In der Tat ist das Beamtentum ein überwältigendes Element in der japanischen Gesellschaft, es ist das dominierende Element; ohne offiziellen Beistand kann nichts geschehen. Angelsachsen werden geneigt sein, einen solchen Mangel an Individualität als nationale Schwäche zu beurteilen. Aber Japans wunderbarer Aufschwung, die Stellung, die es sich in einer einzigen Generation dank den offiziellen Bestrebungen errungen hat, beweisen unanfechtbar das Gegenteil. Es ist, wie Preußen, erfolgreich gewesen durch Zentralisation; seine fünfundvierzig Millionen marschieren wie ein Mann.

Die der japanischen Gesellschaft von heute gelegentlich zukommenden Funktionen – wir zögern, sie Amüsements zu nennen, so wenig amüsant sind sie – sind zweierlei Art. Erstens Diners im einheimischen Stil nur für Männer, bei denen oft Sängerinnen bedienen, politische oder wissenschaftliche Versammlungen, Klubzusammenkünfte und ähnliches: ein wenig Amüsement und Interesse und viel *sans gêne,* aber es fehlt ihnen jene Verfeinerung, die ihnen die Gegenwart von Damen verleihen würde. Die andere Kategorie schließt Diners im europäischen Stil in sich, wo, wenn Fremde anwesend sind, die Schwierigkeit der Verständigung, der Mangel an beiderseits interessierenden Konversationsstoffen jene graue Langweile verdoppelt und verdreifacht, die geringes gesellschaftliches Talent und die Ungewohntheit von Gesellschaften in dicken Schichten über das ganze öffentliche Leben von Tokyo ausbreiten. Neben den Diners gibt es Bälle, auf denen die Japaner jetzt – nach einem mißglückten Versuch – sozusagen aufgehört haben zu tanzen und Gartenfeste, bei denen entweder nur Herren(!) anwesend sind oder Herren und Damen. Manch gutberatener Wirt veranstaltet bei solchen Gelegenheiten eine Vorstellung durch Jongleure, ein Feuerwerk bei

Tag, *Nō*-Tänze, öffentliche Geschichtenerzähler (siehe den so betitelten Artikel). Jetzt spielt auch manchmal eine Kapelle; aber bei dem Mangel an musikalischem Talent wäre es besser, wenn sie nicht da wäre.

Die ansässigen Ausländer von Tokyo – oder besser die Mitglieder der diplomatischen Körperschaft – bewirten sich gegenseitig häufig. In der Tat werden dort während eines Winters mehr Diners gegeben als in manch einer europäischen Hauptstadt; denn da es keine europäischen Theater, Konzerte, Galerien, Vorträge und intellektuellen Interessen im allgemeinen gibt, was bleibt schließlich anders als die «Freuden der Tafel»? Es ist indessen unnötig zu sagen, daß dieser Zauberkreis Reisenden streng verschlossen ist, wenn sie nicht zufällig persönlich mit einem seiner Mitglieder befreundet sind.

Aus dem obigen wird man ersehen, daß niemand, der gut beraten ist, des Gesellschaftslebens halber diese Meere besucht. Selbst ein solch faszinierendes Land wie Japan kann nicht alles bieten. Der Reiz liegt hier im Straßenleben der niederen Klassen, der Gutmütigkeit des einfachen Landvolks, der feinsinnigen Kunst, die jeden alltäglichen Gegenstand schmückt, den Parks blühender Kirschbäume, die die Monotonie der Städte unterbrechen, den niedlichen Chrysanthemumgärten und mehr noch in den entzückenden Szenerien: jenen Riesenzedern, die moosbewachsene Tempel beschatten, jenen Vulkankegeln von unbeschreiblich graziöser mathematischer Kurve, den reißenden Flüssen, die vorsichtig auf Steinen überschritten werden müssen oder auf «hängenden Brücken», die wie ein Spinngewebe bei jedem Schritt zittern, und den kühlen Hochebenen, die mit Teppichen wilder Blumen belegt sind und widerhallen vom Gesang der Nachtigallen und Lerchen, und den sommerlichen Bergen, um die die Nebel in grauen halbdurchsichtigen Girlanden kreisen, und den Tälern voll blutroter Ahornbäume und sattestem Grün, deren Felswände mit scharfgezeichneten Zinnen in den Himmel ragen. Sicherlich ist die Liste von Japans Herrlichkeiten groß und reich. Aber wenn deine Kulturseele nach den Genüssen des Salons und des Konzertsaals lechzt, so hättest du besser dein Geld in einem Retourbillett angelegt.

GESELLSCHAFTEN (VEREINE) Die Japaner von heute sind für Gesellschaften und Vereinigungen aller Art zu haben. Ohne Zweifel fühlen sie, daß ihre Nation jetzt die lange Enthaltung jeder korporativen Betätigung wettzumachen hat, zu der sie während des Tokugawa-Regimes, da die Vereinigung von mehr als fünf Personen zu irgendeinem Zweck strafbar war, gezwungen gewesen war.

Die sechs bedeutendsten Gesellschaften sind gegenwärtig der *Militärische-Tugenden-Verein* mit über 982 000 Mitgliedern; das *Rote Kreuz* unter dem unmittelbaren Patronat der Kaiserin mit über 930 000 Mitgliedern; der *Patriotische Damen-Verein* mit über 140 000; die *Agrikultur-Gesellschaft* mit über 900 000; die *Vereinigten Temperenz-Vereine* mit ungefähr 9000 und der *Sanitäts-Verein* mit nahezu 7000. Diese und nicht wenige von den später erwähnten haben Zweigniederlassungen in den Provinzen, und die meisten von ihnen veröffentlichen Berichte. Der *Volksbildungs-Verein,* die *Geographische Gesellschaft,* die *Orientalische Gesellschaft,* die *Ökonomische Gesellschaft,* die *Philosophische, Technische, Elektrotechnische, Medizinische, Historische* und *Philologische Gesellschaft* und die *Gakushikaiin,* eine Vereinigung, deren Ziele jenen des Volksbildungsvereins ähnlich sind, blicken auf eine ausgezeichnete Tätigkeit zurück. Ferner gibt es eine *Gesell-*

schaft der Künste, eine *Juristische, Anthropologische* und verschiedene andere wissenschaftliche und literarische Gesellschaften, eine *Kolonisations-Gesellschaft*, eine Anzahl *Christlicher Jünglingsvereine* und *Temperenz-Vereine der Frauen*, einen *Buddhistischen Jünglingsverein* und andere von verschiedenen Färbungen, um nicht politische Vereinigungen zu erwähnen, deren Anzahl sehr groß und fortwährend wechselnd ist.

Einige der japanischen Gesellschaften haben exzentrische Statuten. So gibt es eine *Schnurrbart-Gesellschaft,* ein Gesangverein, der nur aus männlichen Mitgliedern besteht, denn ohne Schnurrbart wird niemand eingelassen. Der *Verein der Murrenden* verfolgt das Ziel, zu jedem öffentlichen Mißstand nachdrücklich Stellung zu nehmen. Der *Greise-Verein* dagegen ist eine Clique von abgedankten Causeuren und verblühten Schönheiten, die weise beschlossen haben, das Beste aus dem Alter zu machen und sich bis ans Ende zu amüsieren. Der *Pockennarben-Verein* existiert noch immer, glauben wir, wenn auch die Impfung seine Reihen sehr gelichtet hat. Der *Gesellschaft zur Aufhebung des Geschenkgebens* ist es (Gottseidank!) schlecht ergangen. In keinem Lande der Welt spielen *«les petits cadeaux qui entretiennent l'amitié»*, das heißt die kleinen Geschenke, die die Freundschaft erhalten, eine reizendere Rolle als in Japan. Japan wird sowieso rasch genug prosaisch. Weshalb sollte man die wenigen Reize, die übrigbleiben, unbarmherzig mit der Wurzel ausreißen?[75]

GESELLSCHAFTSKLASSEN Das japanische Volk war früher in vier Klassen eingeteilt – die Samurai oder der Kriegeradel (deren Oberhaupt die Daimyōs waren), die Bauern, die Handwerker und die Handelsleute. Man beachte den Platz, den der Handel einnahm, den untersten der Skala; er stand sogar noch tiefer als der Landbau. Spuren dieser Mißachtung haben sich sogar bis auf unsere Zeit erhalten; denn die Menschen werden natürlich das, wofür die Welt sie nimmt: Die Höker und Krämer (wir wollen sie nicht durch den Namen Kaufleute auszeichnen) waren im alten Japan eine degradierte Klasse, und ihre Geschäftsmoral blieb niedrig, worauf vor allem jene Schwierigkeiten zurückzuführen sind, die europäische Kaufleute mit ihnen erlebten.

Nach der Revolution trat eine Veränderung in der Einteilung der Gesellschaft ein, und gesetzmäßig existieren heute drei Klassen – der Adel *(kazoku)*, der Halbadel *(shizoku)* und das gemeine Volk *(heimin)*. Die beiden ersten Klassen zusammen bilden fünf Prozent, das gemeine Volk fünfundneunzig Prozent der gesamten Bevölkerung. Man hat das Wort «Kaste» zur Bezeichnung dieser Einteilung angewandt; aber der Ausdruck ist deplaziert, denn es gibt weder unübersteigbare Schranken zwischen den verschiedenen Klassen noch sonst irgend etwas, das dem indischen Kastenvorurteil entspräche. Der Unterschied gleicht etwa nur jenem, den wir in Europa zu machen gewohnt sind, wenn er überhaupt so stark ist.

Die Bestimmungen der japanischen Behörden erlauben keine Unklarheiten in Personalverhältnissen. Jeder Bürger hat über seine Türe ein hölzernes Täfelchen zu nageln mit der Aufschrift seines Namens und seines Standes. Zum Beispiel: «Distrikt von Azuba, Obere Holzstraße Nr. 8, ein gemeiner Mann der Präfektur von Shizuoka, Soundso» (dem Familiennamen folgt der Vorname). Siehe auch Artikel über «Eta».

GESETZ Es liegt in der Natur der Japaner, der Autorität zu gehorchen, wie es sich ziemt und nicht prozeßsüchtig zu sein; nichtsdestoweniger entwickeln sie sich zu einem Volk von Advokaten. Wenige Fächer sind bei den jungen Leuten der heutigen Generation so beliebt wie das Rechtsstudium. Es scheint, daß dieses Studium, das in vielen Fällen als Sprungbrett für ein Amt dient, für sie daneben eine Art abstraktes und theoretisches Interesse besitzt; denn (und das ist schade) das japanische Gesetz ist niemals der wahre Ausdruck des nationalen Lebens gewesen, wie etwa das englische Gesetz zum Beispiel der Ausdruck des englischen nationalen Lebens ist – nie das Produkt einer historischen Entwicklung, das den Bedürfnissen der Nation entsprach, wie ein gutgemachter Handschuh der Hand.

Vor zwölfhundert Jahren adoptierte Japan das chinesische Gesetz in Bausch und Bogen. In unseren Tagen hat es das französische und deutsche Gesetz (das ist in Wirklichkeit römisches Gesetz) in Bausch und Bogen adoptiert. Es ist schwer zu sagen, was es sonst hätte tun können; denn es wäre niemals in die Gesellschaft der Kulturvölker zugelassen worden, ohne mit einem Gesetzwesen ausgestattet zu sein, das die Zustimmung jener Nationen findet, und jene Nationen billigen kein anderes als jenes, mit dem sie selbst vertraut sind.

Zwar gab es fast vom Anfang an eine Partei, die erklärte: «Japan für die Japaner. Unsere Gesetze müssen unserem Volk angepaßt sein. Sie sollen nicht nur ein Mittel sein zur Erlangung politischer Anerkennung. Man soll mit der Abfassung der Gesetze warten, bis die nationalen Gerichtshöfe, die nationale Bedürfnisse interpretieren, selbst Präzedenzien aufgestellt haben. Die französischen und deutschen Codes sind fremde Dinge, mechanisch unserer japanischen Denk- und Lebensweise aufgepfropft, die in keinem Zusammenhang stehen mit fremden Kulturen und den Gesetzen, die daraus hervorgingen.» Aber diese nationale Partei war nicht erfolgreich. Möglicherweise werden sich in kommenden Zeiten Abänderungen, die von nationalen Bedürfnissen diktiert werden, einschleichen. Man kann bemerken, daß (vielleicht als die Folge einer gesunden Reaktion der letzten sechzehn oder siebzehn Jahre) das Bürgerliche Gesetzbuch, das am spätesten von allen Codes veröffentlicht wurde, bis zu einem nicht unbeträchtlichen Maße die Struktur der japanischen Gesellschaft berücksichtigt – eine Struktur, die in vielen wesentlichen Punkten bedeutend von der westlichen abweicht; denn in Japan bildet die Familie die soziale Einheit, nicht wie bei uns das Individuum.

Die neuen Gesetzbücher, die die legislatorische Tätigkeit der heutigen Regierung schuf, sind: I. das Kriminalgesetz und die Kriminalprozeßordnung, von Monsieur Boissonade de Fontarabie auf der Grundlage des *«Code Napoléon»* errichtet, mit Abänderungen, die das alte japanische Kriminalgesetz suggerierte. Sie wurden 1880 veröffentlicht und traten 1882 in Kraft. Die Kriminalprozeßordnung wurde indessen 1890 revidiert[76], damit sie der Zivilprozeßordnung entspräche, gemäß den Verordnungen des (II.) Gesetzes von der Organisation der Gerichtshöfe, veröffentlicht im Februar 1890 und in Kraft seit dem 1. November desselben Jahres. III. die Zivilprozeßordnung, die sofort in Kraft trat, und das bürgerliche und Handelsgesetz, die 1898 in Kraft traten. Obgleich die folgenden nicht als wirkliche Codes bezeichnet werden, wollen wir sie ebenfalls anführen: IV. die Konstitution mit ihren Begleitgesetzen in betreff des kaiserlichen Hauses, des Abgeordnetenhauses und des Finanzwesens; V. die Gesetze für lokale Selbstverwaltung und VI. verschiedene Statuten über mannigfache weitere Gegenstände.

Die Verbrechen werden nach der Klassifikation des Kriminalgesetzes in drei Arten eingeteilt: 1. Verbrechen gegen den Staat oder die kaiserliche Familie, gegen das öffentliche Vertrauen, den Frieden, die öffentliche Politik, Gesundheit usw.; 2. Vergehen gegen Personen und Eigentum; 3. Verletzung der Polizeiverbote. Ferner existiert von 1 und 2 eine Untereinteilung in schwere und leichte Verbrechen.

Die Strafen für schwere Verbrechen sind: 1. Tod durch den Strang; 2. Deportation mit oder ohne Zwangsarbeit, auf Lebenszeit oder auf eine bestimmte Reihe von Jahren; 3. Zuchthaus mit oder ohne Zwangsarbeit, auf Lebenszeit oder auf eine festgesetzte Reihe von Jahren. Die Strafen für leichte Verbrechen schließen Gefängnis mit oder ohne Zwangsarbeit in sich und Geldstrafen. Polizeiüberschreitungen werden mit Gefängnis von einem bis zu zehn Tagen ohne Zwangsarbeit geahndet und mit Geldstrafen, die sich zwischen 5 *sen* und 2 *yen* bewegen. Der Gerichtshof, der Personen, die eines schweren Verbrechens angeklagt sind, verhandelt, besteht aus drei Richtern, jener für leichte Verbrechen aus einem Richter oder drei, entsprechend der Schwere der Anklage, und jener für Polizeiüberschreitungen aus einem *juge de paix*[77]. Sowohl bei schweren wie bei leichten Verbrechen ist eine Berufung zulässig. Todesstrafen werden in Gegenwart eines Staatsanwaltes vollzogen. Sie sind jetzt äußerst selten. Die zur Deportation verurteilten Verbrecher werden gewöhnlich nach der Insel Yezo geschickt, wo sie zuweilen in den Bergwerken arbeiten. Die gewöhnlichen Gefängnisse befinden sich in verschiedenen Teilen des Reiches und belaufen sich auf einhundertundzweiunddreißig.

Eine Person, der ein Unrecht geschehen ist, bringt ihre Klage auf einem Polizeiamt vor oder bei einem Anwalt irgendeines Gerichts, dessen Gerichtsbarkeit das betreffende Delikt untersteht. Polizisten können einen Missetäter verhaften, wenn das Vergehen in ihrer Gegenwart begangen wurde oder wenn der Kläger bekräftigt, Zeuge des Vergehens gewesen zu sein. In anderen Fällen kann eine Festnahme nur auf einen Haftbefehl hin erfolgen. Kautionen können nach dem Ermessen des Richters gestellt werden, aber nur nach einer Verständigung mit dem Anwalt, der den Fall übernommen hat. Häufig werden Angeklagte eine beträchtliche Zeit lang im Gefängnis gehalten, bevor die Verhandlung stattfindet, und bei der Voruntersuchung, die ebenfalls oft lange hinausgeschoben wird, darf kein Advokat zugegen sein. Das im Februar 1890 erlassene Gesetz über die Organisation der Gerichtshöfe behielt das seit der Einsetzung der Gerichtshöfe im Jahre 1872 übliche Verfahren bei, führte aber zu gleicher Zeit Änderungen ein, die eher aus deutschen denn französischen Quellen entlehnt waren.

Geschichte und Wesen der modernen japanischen legalen Institutionen können kurz folgendermaßen skizziert werden. Bis herab zum Jahr 1872 hatte das Rechts-Departement die Funktionen eines Obersten Gerichtshofes und eines Obersten Exekutivgerichts zur Erledigung der Rechtsgeschäfte im ganzen Lande in sich vereinigt, und der gleiche Beamtenkörper diente für beide Zwecke. Indessen fand in diesem Jahr eine Separation statt. Es wurden Richter, Anwälte, eine Kriminalpolizei für die Verhaftung der Beschuldigten, *avoués, avocats* und Notare eingesetzt, ferner separierte Gerichtshöfe und eine Rechtsschule geschaffen. Das nachgeahmte Muster war französisch. Seit dieser Zeit entwickelten sich zahlreiche Änderungen.

Gegenwärtig werden die Gerichtshöfe eingeteilt in Ortsgerichte (denen ein *juges de paix* vorsteht), Bezirks- oder Provinzgerichte, Appellationsgerichte und einen Obersten Gerichtshof *(cour de cassation)*, denen alle Gerichtsbarkeit in kriminellen und zivilen Prozessen zusteht. Jeder dieser Gerichtshöfe hat Zweigämter, die zur Bequemlichkeit der Kläger geschaffen wurden, wobei Rücksicht genommen wurde auf die Bevölkerung und auf den Umfang der Gerichtsbarkeit. Die Lokalgerichte haben Gerichtsbarkeit über Polizeiüberschreitungen und geringere Vergehen, die nach dem Erachten der Anwälte mit einem leichteren Strafmaß zu ahnden sind, wie jene Gerichtshöfe es zuerkennen; die Bezirksgerichte haben Gerichtsbarkeit über Verbrechen, und daneben führen sie Voruntersuchungen; die Appellationsgerichte erledigen wiederaufgenommene Prozesse; der Oberste Gerichtshof erledigt Berufungen in Dingen des Gesetzes.

Verbrechen jeder Art, ausgenommen Polizeiüberschreitungen, sind in der Regel Voruntersuchungen vor der wirklichen Verhandlung unterworfen. Wenn indessen die Anklage vollkommen klar liegt, so verlangen die Anwälte im Falle kleiner Verbrechen eine sofortige Erledigung. Die Leitung von Kriminalfällen liegt vom ersten Anfang an bis zur Exekution des Verbrechers, im Fall er zum Tode verurteilt wird, in den Händen des Anwalts, der in seiner Person die Funktionen des Staatsanwalts und der Geschworenen vereinigt.

Die gegenwärtige Richterschaft besteht fast ausschließlich aus Graduierten der juristischen Fakultät der Kaiserlichen Universität und der privaten Rechtsakademien, von denen es in Tokyo sechs gibt und acht zusammen im ganzen Reich. Ungefähr tausend junge Männer legen jährlich ihre Examina ab. Die Rechtsanwälte müssen zuerst eine bestimmte Prüfung bestehen, bevor sie bei den Gerichten zugelassen werden; aber sie ist recht theoretischer Natur. Das neue Gesetz über die Konstitution der Gerichtshöfe schreibt vor, daß die Kandidaten für den Richterstuhl zwei Konkurse machen müssen, wenn sie nicht Graduierte der Universität sind, in welchem Falle sie nur den zweiten dieser Konkurse abzulegen haben, nachdem sie drei Jahre lang probeweise als Richter tätig waren. Die Richter werden auf Lebenszeit eingesetzt; aber die Gehälter sind so schrecklich niedrig (von 600 bis 4000 *yen* oder 60 bis 400 Pfund jährlich!), daß viele der fähigsten Richter bald ihre Entlassung nehmen, um Rechtsanwälte zu werden, so daß der Richterstuhl, wie sarkastisch gesagt wurde, als ein bloßer Unterschlupf auf dem Weg zur Anwaltspraxis dient. Es ist tatsächlich so weit gekommen, daß eine Anzahl der Richter und Staatsanwälte im Frühjahr 1901 streikte. Die Gerichtspräsidenten werden indessen besser bezahlt. Der Präsident des Obersten Gerichtshofes erhält 5500 *yen* (556 Pfund) und hat den Rang eines *shinnin*[78]. Der Oberste Staatsanwalt erhält 5000 *yen* (500 Pfund) und hat den Rang eines *chokunin*.

Das System der Verhandlungen ist sowohl in Zivil- als in Kriminalsachen inquisitorisch. So war es in Alt-Japan, und so ist es in Frankreich, woher der größte Teil des modernen japanischen Gesetzes stammt. Früher galt ein Inhaftierter nicht für überführt, solange er nicht ein Geständnis abgelegt hatte. Daraus folgte eine ausgiebige Anwendung der Folter, die jetzt glücklicherweise abgeschafft ist (siehe Anm. 16), und das Bestreben, selbst in Zivilsachen, etwas Strafbares gegen den Angeklagten zu finden, obwohl in der Theorie der Angeklagte im Recht gedacht werden muß, bis tatsächlich das Gegenteil erwiesen ist. In dieser Beziehung ahmt Japan lediglich seine kontinentalen Vorbilder nach, in der Tat den universellen Usus, mit der einzigen Ausnahme von England. Der Richter führt die Verhandlung allein. Alle Fragen von seiten der Anwälte müssen durch ihn gestellt werden. Die Anwälte verteidigen nicht so sehr ihre Klienten, als sie sie vertreten. Ihre Angaben und Einräumungen treten an Stelle jener ihrer Klienten, so sonderbar so etwas auch für englische Ohren klingen mag.

Eine andere Merkwürdigkeit – wenigstens für englische Begriffe, obgleich wir glauben, daß etwas Ähnliches in Frankreich existiert – ist, daß Gatte und Gattin, Eltern und Kinder, Dienstherrschaften und Dienstboten nicht gegeneinander zeugen können. Sie werden aber dessenungeachtet nicht vollkommen vom Verhör ausgeschlossen. Die Kriminalprozeßordnung macht einen feinen Unterschied, indem sie sie als Zeugen ausschließt, aber als «Schiedsleute» *(referees)* zuläßt – wir können kein besseres Äquivalent finden für den schwierigen japanischen Ausdruck *sankōnin*. Ein «Schiedsmann» ist zwar ein Zeuge, aber doch kein autoritativer Zeuge, ein *Quasi*-Zeuge, wenn man so sagen kann, der nicht zu einem Eid verpflichtet ist. Der Gedanke ist natürlich der, daß verwandte Personen dazu neigen, in günstigem Sinne voreingenommen zu sein, und daß deshalb ihrem Zeugnis wenig Gewicht beigelegt werden sollte, im Verhältnis zu dem anderer Zeugen, deren Unparteilichkeit wahrscheinlicher ist.

Die Zeugen werden vereidigt, wenn auch nicht genau in der europäischen Art. Der Eid ist mehr eine feierliche Beteuerung und steht ganz und gar nicht in Verbindung mit irgendwelchen religiösen Sanktionen. Er wird in Form eines geschriebenen Dokuments vollzogen, auf das der Vereidigte sein Siegel setzt oder an dessen Stelle seine Unterschrift. Die Verhandlung wird protokolliert, aber nicht immer dem wirklichen Wortlaut nach, da die japanische Sprache die Verwendung der Umgangssprache zu literarischen Zwecken nicht gestattet. Das Bestreben geht demnach dahin, das Wesentliche der Fragen und Antworten in den Buchstil zu übertragen.

Es ist unnötig zu sagen, daß das obige nicht mehr als der flüchtige Umriß eines umfangreichen Themas ist. Transformiert und neugestaltet, hat das japanische Gesetz doch nicht wenige merkwürdige Züge für sich behalten, die sowohl den Juristen als auch den Historiker und Soziologen interessieren würden. In manchen Fällen von verhältnismäßig geringer Bedeutung wird das übliche Gesetz früherer Zeiten immer noch angewandt, obgleich vielfach modifiziert – mehr oder weniger versuchsweise – durch die Anwendung europäischer Prinzipien der Jurisprudenz.[79]

GLOBETROTTER wurden ein für allemal von Netto in einem Abschnitt seiner «Papierschmetterlinge aus Japan» geschildert, und zwar folgendermaßen:

Globetrotter ist die technische Bezeichnung für eine Gattung, die, wie die Reblaus und der Koloradokäfer, bis vor kurzer Zeit kaum beachtet wurde, deren Bedeutung es aber rechtfertigt, ihr einige Zeilen zu widmen. Sie mag in der Hauptsache in folgende Spezies eingeteilt werden.

1. *Globetrotter communis*. Tropenhelm, blaue Augengläser, spärliches Gepäck, Gummikragen. Sein Ideal ist, möglichst viel zu reisen und dabei möglichst wenig auszugeben. Er stellt sich dir mit irgendeiner zweifelhaften Empfehlung vor oder sonstwie, akzeptiert mit schlecht geheuchelter Freude deine Aufforderung zu bleiben, erscheint gewöhnlich zu spät zu den Mahlzeiten, erkundigt sich täglich über Jinrikisha-Taxen, beansprucht häufig

deine Hilfe als Dolmetscher zur Beilegung von Zahlungsschwierigkeiten zwischen ihm und dem Jinrikishakuli, bietet ehrlichen Altertumshändlern, die Zutritt zu deinem Hause haben, ein Zehntel des geforderten Preises und nimmt gerne deine Zeit in Anspruch, nicht etwa um Informationen von dir über Japan zu erlangen (all diese Dinge kennt er schon viel genauer als du), sondern um *dir* Informationen über Indien, China, Amerika zu geben, Orte, mit denen du möglicherweise ebenso vertraut bist wie er. Wenn die Zeit seiner Abreise näher kommt, so mußt du ihn mit Empfehlungen versehen, selbst für Orte, die er momentan nicht zu besuchen beabsichtigt, die er aber besuchen *könnte*. Du wirst auch so liebenswürdig sein, seine Einkäufe einpacken zu lassen – aber bitte recht vorsichtig. Du wirst dich auch um Fracht und Versicherung kümmern und die Kisten an seine Adresse in Europa, die er dir daläßt, absenden. Ferner wirst du ohne Zweifel nichts dagegen haben, einige Gegenstände, die er aus Mangel an Zeit selbst nicht mehr besorgen konnte, einzukaufen und verpacken zu lassen.

2. *Globetrotter scientificus.* Brille, Mikroskop, einige Dutzend Notizbücher, Alkohol, Arsenik, Fangnetze, Schmetterlingsnetze, andere Netze. Er reist zu besonderen wissenschaftlichen Zwecken, meistens naturhistorischen (wenn zoologischen, dann wehe dir!). Du mußt ihn bei allen möglichen Visiten bei japanischen offiziellen Persönlichkeiten begleiten, um ihm Zutritt zu Sammlungen, Museen und Bibliotheken zu verschaffen. Du mußt ihn einladen, damit er mit japanischen Gelehrten aller Grade zusammentreffe, und bei allen solchen Gelegenheiten hast du als Dolmetscher zu dienen. Du mußt Nachforschungen über alte chinesische Bücher anstellen, Übersetzer auffinden und engagieren, Zeichner, Balgabzieher und Ausstopfer. Dein verfügbarer Raum

verwandelt sich in ein naturgeschichtliches Museum, eine Tatsache, die du schon auf der Türschwelle *riechen* kannst. In diesem Fall ist auch das Verpacken, die Zollabfertigung, das Absenden der Sammlungen deine Sache; und preise dich glücklich, wenn die Sachen zu Hause wohlerhalten ankommen und du nicht später hören mußt, daß dies und jenes Versehen beim Packen «unersetzliche» Verluste verursacht hat. Sicher ist, daß du noch jahrelang von Zeit zu Zeit an deinen wissensdurstigen Gast erinnert wirst durch Briefe, in denen er dich um Angaben über irgendeine wissenschaftliche Spezialität ersucht, deren Domäne unangenehm weit von dir entfernt ist, oder darum, ihm die eine oder die andere Kreatur zu verschaffen, die in einer früheren Periode in Japan beobachtet worden sein soll.

3. *Globetrotter elegans.* Ist mit guten Empfehlungen von seiner Regierung ausgestattet, steigt gewöhnlich bei einer Gesandtschaft ab, interessiert sich für die Jagd und erlaubt den verschiedenen Reizen des Landes, ihn zu einer Verlängerung seines Aufenthaltes zu bewegen.

4. *Globetrotter independus.* Reist auf einer Dampfjacht, gewöhnlich von seiner Familie begleitet. Hauptziel seiner Reise: eine Audienz beim Mikado.

5. *Globetrotter princeps.* Prinzen oder andere Würdenträger, erkennbar an der zahlreichen Suite, die die Rundreise (meistens auf einem Kriegsschiff) entweder aus politischen Gründen oder zum Zweck persönlicher Belehrung unternehmen. Diese Spezies ist für die ausländischen Residenten insofern nützlich, als die Empfänge und Feste, die ihr zu Ehren veranstaltet werden, eine angenehme Zerstreuung bilden...

Wir könnten unsere Sammlung durch die Beschreibung einiger anderer Spezies vervollständigen wie etwa des *Globetrotter desperatus,* der seinen letzten Pfennig für ein Billett nach Japan ausgibt, in der Hoffnung, dort ein Vermögen zu machen, der aber, da er keine Anstellung findet, auf billigem Wege auf Kosten seiner Landsleute nach Hause geschickt werden muß. Ferner könnte erwähnt werden der *Globetrotter dolosus,* der unter irgendeinem hochtrabenden Namen und mit einem zweifelhaften Bankkonto reist, einzig und allein um eine möglichst große Entfernung zwischen sich und die Heimatpolizei zu legen. Ebenso der *Globetrotter locustus,* die Spezies, die in Schwärmen reist, immerfort um den Erdball geschleppt von «Cook» und Konsorten...

Last nòt least ein Wort über den *Globetrotter amabilis,* eine Spezies, die glücklicherweise nicht fehlt und stets willkommen ist. Ich meine die alten und die neuen Freunde, deren Andenken frisch in unserer kleinen Gemeinde lebt, verknüpft mit der Erinnerung an glückliche, zusammen verlebte Stunden. Ihr eigenes Herz wird ihnen sagen, daß nicht auf sie, sondern auf andere in der vorstehenden – vielleicht teilweise zu harten – Schilderung hingewiesen wurde.

GLÜCKSGÖTTER Die Sieben Glücksgötter *(Shichifukujin)* sind: *Fukurokuju,* gekennzeichnet durch einen unnatürlich langen Kopf und begleitet von einem Kranich, einem Hirsch oder einer Schildkröte; *Daikoku,* der auf einem Paar Reisballen steht und von einer Ratte begleitet wird; *Ebisu,* der einen Fisch trägt; *Hotei,* mit einem ungeheuren nackten Bauch, einem Sack auf dem Rücken und einem Fächer in der Hand; *Bishamon,* in einer Rüstung, einen Speer tragend und eine kleine Pagode; *Benten,* dadurch ausgezeichnet, daß sie der einzige weibliche Gott in der Gesellschaft ist mit der Macht, nicht nur Sieg und Reichtum zu verleihen, sondern auch Beredsamkeit und Weisheit; die Schlange oder der Drache ist ihr Lieblingsgeschöpf; endlich *Jurōjin,* eine Art Wiederholung von *Fukurokuju.*

Die Sieben Glücksgötter entstammen Quellen aller Art – dem japanischen Shintōismus, dem chinesischen Taoismus, dem indischen Buddhismus und Brahmaismus. Ihre Vereinigung zu einer Gruppe resultiert aus keiner andern dunklen Ursache als der Unwissenheit des Volkes und einer Ideenverwirrung und kann nicht weiter als bis zum Anfang des 17. Jahrhunderts zurückverfolgt werden. Der Leser wird in Andersons *«Catalogue of Japanese and Chinese Paintings in the British Museum»* eine ausführliche Abhandlung finden über den Ursprung und die Attribute dieser Gottheiten, und er wird mit Verwunderung entdecken, wie gebrechlich die Basis ist, auf der ihre moderne Popularität errichtet wurde.

Im Zusammenhang mit den Glücksgöttern steht das *takarabune* oder «Schatzschiff», das, wie man glaubt, am Neujahrsabend in den Hafen segelt, mit den Glücksgöttern als Passagiere und als Ladung die *takaramono* oder «Schätze» des Volksglaubens, die von Anderson wie folgt aufgezählt werden: Der Hut, der unsichtbar macht, der glücksbringende Regenmantel, der heilige Schlüssel, die unerschöpfliche Börse, das kostbare Juwel, der Kloben, die Rollen, der Hammer, das Gewicht *(fundō)* und *shippo,* ein flacher Gegenstand, der augenscheinlich eine Münze vorstellt. Bilder dieses «Schatzschiffes» werden zur Neujahrszeit in den Straßen verkauft, und jedermann, der eines in das kleine Schubfach seines hölzernen Kissens in der Nacht des 2. Januar steckt, soll eines glücklichen Traumes sicher sein. Zur Seite des Bildes ist ein Vers gedruckt, der so arrangiert ist, daß die Silben rückwärts gelesen den gleichen Text ergeben wie vorwärts.

Go Dieses Spiel, von europäischen Schriftstellern oft fälschlich «Dame» genannt, ist der populärste häusliche Zeitvertreib der Japaner – sehr verschieden von dem einfachen Spiel, das den Europäern bekannt ist als *Goban* oder *Gobang,* eigentlich der Name des Brettes, auf dem *Go* gespielt wird. Die meisten Besucher der heißen Quellen und anderer Badeplätze nehmen dazu ihre Zuflucht, und es wird oft vom Morgen bis zum Abend gespielt, abgerechnet die Unterbrechungen der Mahlzeiten und Bäder. Man findet Klubs und Professoren der Kunst in allen größeren Städten, wo man gelegentlich auch blinde Spieler antreffen kann. Go kann mit Recht schwieriger als Schach genannt werden; sein größeres Brett bietet mehr Möglichkeiten. Das Spiel wurde aus China in Japan eingeführt von Shimomichi no Mabi, gewöhnlich als Kibi Daijin bekannt, während der Regierung des Kaisers Shōmu (724–756). In der Mitte des 17. Jahrhunderts wurde ein berühmter Spieler, Hōninbō, aus Kyōto berufen, um den chinesischen Gesandten zu unterhalten, der damals am Hofe des Shōguns weilte; von dieser Zeit an wurden immer besondere Go-Spieler von den Shōguns der Tokugawa-Dynastie gehalten.

Go wird auf einem quadratischen hölzernen Brett gespielt. Die Schnittpunkte von neunzehn geraden Linien, die einander rechtwinklig schneiden, bilden 361 *me* oder Kreuze. Diese *me* können von 180 weißen und 181 schwarzen Steinen (*ishi,* wie sie im Japanischen heißen) besetzt werden. Die Idee des Spiels ist die, die Besetzung des größten Teiles des Brettes zu erreichen. Dies geschieht, indem man sich solche Stellungen sichert, die am leichtesten gegen die Angriffe des Gegners verteidigt werden können. Auf dem Brett gibt es neun Punkte, *seimoku* genannt, die die Haupthimmelskörper vorstellen sollen, während die weißen und die schwarzen Steine

Tag und Nacht repräsentieren und die Anzahl der Kreuze die 360 Breitengrade, ausschließlich jenes in der Mitte, das *taikyoku* genannt wird, das heißt das Urprinzip des Universums. Es gibt ebenfalls neun Grade – oder Klassen, wie wir sagen würden – von Vollendung im Spiel, wobei der erste den untersten Grad bedeutet und der neunte die höchste Stufe von Vollkommenheit, die erreicht werden kann.

Wenn die Gegner gleich stark sind, so nehmen sie beim Spiel abwechselnd die weißen Steine; wenn sie ungleich stark sind, nimmt der schwächere immer die schwarzen, und man überläßt ihm auch Vorteile, indem man ihm erlaubt, mehrere oder alle der neun Punkte oder vorteilhaften Punkte auf dem Brett zu belegen, das heißt, beim Beginn Steine auf sie zu setzen. Eine Beschreibung des Spielgangs hätte hier wenig Wert, denn er ist so kompliziert, daß er den persönlichen Unterricht eines Lehrers unentbehrlich macht. Sehr wenigen Ausländern ist es gelungen, über die Anfangsgründe dieses interessanten Spiels hinauszukommen. Wir wissen nur von einem Deutschen namens Korschelt, der sich ein Geschicklichkeitsdiplom errang.

Das leichte japanische Spiel, *Gobang* genannt, das vor einigen Jahren in England eingeführt wurde, wird auf dem Go-Brett gespielt mit den *goishi* oder runden schwarzen und weißen Steinen. Die Idee des Spiels ist, der Erste zu sein, der fünf Steine in einer Reihe in irgendeiner Richtung plaziert.[80]

GRUSS Die einzige einheimische japanische Grußform ist die Verbeugung, die sich oft zu einem Niederwerfen steigert, wobei die Stirn den Boden berührt. Händeschütteln war bis vor wenigen Jahren unbekannt und wird selbst jetzt wenig geübt – ein Beweis von dem gesunden Sinn der Japaner, besonders bei heißem Wetter. Was das Küssen anbetrifft, so ist es verpönt als äußerst unanständig und empörend.

HANDEL Selten hat der Befehl eines Fürsten – ein bestimmter Erlaß an einem bestimmten Tag – den gesamten Lauf der Entwicklung einer Nation abzulenken vermocht. Dies geschah in Japan, als 1624 n. Chr. das Land geschlossen wurde, Ausländer ausgewiesen, fremde Bildung, fremder Handel und Reisen im Ausland gleichermaßen verboten wurden. Bis dahin waren die japanischen Kaufleute und Abenteurer eine Macht in den östlichen Gewässern gewesen. Und nicht nur ihnen war der kaufmännische Instinkt eigen. Die Häupter der Nation waren fast ebenso unternehmend gewesen.

Es ist ein Fehler anzunehmen, daß die Abneigung gegen den Verkehr mit Fremden eine angeborene Rasseneigenschaft oder selbst eine offizielle Tradition wäre. Im Gegenteil, als die Portugiesen zum erstenmal im 16. Jahrhundert nach Japan kamen, beeilten sich sowohl die lokalen Daimyōs in Kyūshū als auch die zentralen Herrscher – besonders Hideyoshi der Große –, die Ankömmlinge willkommen zu heißen und ebenso den Handel mit ihnen. Erst als der Argwohn ruchloser Absichten auf die japanische nationale Selbständigkeit erwachte, wurde eine exklusive Politik angenommen, zuerst zögernd und von Fall zu Fall, später systematisch. Ein Edikt von 1624 verbot allen Japanern, ins Ausland zu gehen, und untersagte selbst das Bauen von Dschunken, die eine festgesetzte Größe überschritten. Von diesem Augenblick an war die Bewegungsmöglichkeit der japanischen Seefahrer unterbunden und ihr Unternehmungsgeist gebrochen. Ein Restchen von Handel mit den Holländern zu Nagasaki, am äußersten Ende des Reiches, war alles, was übrigblieb. Der Innenhandel selbst, der nach Jahrhunderten ziviler Konflikte gerade angefangen hatte, reger zu werden, wurde durch die durchgehende Ausgestaltung (in gewissen Beziehungen) des Feudalismus eingeschränkt.

Nicht allein die zentrale Regierung in Yedo (Edo, Tokyo) behandelte den Handel stiefmütterlich, sondern jeder Daimyō zog einen Kordon um sein Daimiat. Gesetze in bezug auf den Aufwand, Vorschriften, unzählige Verbote, Monopole, geschlossene Gilden, eine Sperre neuer Erfindungen, die Vorherrschaft des aristokratischen Militarismus und des artistischen Geistes – all diese Dinge zusammen bildeten ein ungeheures Hindernis für den Handel im großen Stil. Der japanische Kaufmann, auf eine Stufe unter dem Bauer verwiesen, wurde eine arme, zaghafte Kreatur mit ungeschäftsmäßigen Methoden, armseligen Zielen und einer niedrigen Moral.

Natürlich darf ein solcher mit drei, vier raschen Strichen gezeichneter Umriß eines Gesellschaftszustandes nicht als ein vollkommenes Bild angesehen werden. Einzelheiten würden den Eindruck mildern. Das Japan des 17. und 18. Jahrhunderts besaß einige wichtige Handelshäuser, namentlich jenes von Mitsui, mit dem die Regierung eine Art Bündnis zur linken Hand bildete, indem sie Geld von ihm lieh und es zu mannigfachen Diensten gebrauchte, ähnlich wie unsere mittelalterlichen Könige sich die Juden und Goldschmiede nützlich zu machen pflegten. Die Memoiren jener Zeiten haben uns auch die Namen einzelner Unternehmer überliefert, zum Beispiel den des Kinokuniya Bunzaemon, der sich ein Vermögen in Orangen erwarb und es in einem schwelgerischen Leben verpraßte. Manche unserer westlichen Geschäftsinstitutionen oder wenigstens Modifikationen von ihnen waren bekannt wie zum Beispiel Zollämter, Frachtbriefe, Lizenzen. Die zwei Handelszentren waren Ōsaka und Yedo. Hier wickelte sich der Verkauf des Reises der Regierung ab; denn die Bauern bezahlten ihre Steuern in Naturalien, nicht in Geld, das damals ein seltenes Verkehrsmittel war. Bei diesen offiziellen Reis-Transaktionen spielten sich alle anderen Geschäfte ab. Sie veränderten sich wenig von einem Jahr zum andern, denn dem Privatunternehmen war nur ein geringer Spielraum gelassen.

Als vor einigen vierzig Jahren das Land erschlossen wurde, erwartete man von den wenigen großen Handelshäusern von altem Ruf, daß sie mit den neuangekommenen Fremden in Verbindung treten würden. Doch sie waren einem Unternehmen, das ihnen als ein gefährliches Experiment erschien, abgeneigt. Eine solche Neuerung lag ebenfalls außerhalb des Begriffsvermögens der kleineren Kaufleute, die nach traditionell festgesetzten Grundsätzen in Gilden arbeiteten. So kam es, daß sich in Yokohama und anderen fremden Niederlassungen gewissenlose und unverantwortliche Elemente ansammelten – eine Kalamität, die noch lange Zeit anhielt. Natürlich beurteilten die Europäer in allen Häfen die ganze Nation nach jenen Vertretern, mit denen sie in Berührung kamen. Die japanischen Beamten auf der andern Seite, und bis zu einem gewissen Grade das breitere Publikum, betrachteten die ausländische Handelskommune wegen ihres Verkehrs mit einer allgemein verachteten Klasse mit scheelen Augen.

Der japanische Durchschnittskaufmann hat noch viel zu lernen, besonders was pünktliche Ausführung eines Vertrages und das Erfüllen einer Verpflichtung anbetrifft; aber er ist ein unternehmender Geschäftsmann geworden. Zudem tritt eine neue Generation von Kaufleuten und Bankiers in den Vordergrund – Leute von gutem Ruf und liberaler Erziehung. Wenn auch ihre Zahl noch verhältnismäßig gering ist, so haben sie doch ihren Beruf mit jenem Ernste und jener Gründlichkeit aufgenommen, die für den modernen Japaner in anderen Dingen charakteristisch ist. Der überseeische Handel, der in den alten *«treaty port»*-Tagen von Ausländern begründet und betrieben wurde, zeigt die Tendenz, in diese neuen Hände überzugehen. Er hat Riesenschritte in den letzten fünfzehn Jahren gemacht seit 1889, während welcher Periode die Regierung ein einsichtsvolles aktives Interesse an allem nahm, was die kommerzielle und industrielle Wohlfahrt des Landes betraf.

Die folgenden Zahlen sind geeignet, den rapiden Aufschwung Japans zu dokumentieren, seit das Reich in der zweiten Hälfte des 19. Jahrhunderts dem fremden Handel erschlossen wurde:

Gesamtimport und Export:
1868 26 246 544 *yen*   1904 606 637 960 *yen*

Die wichtigsten Einfuhrprodukte Japans von auswärts sind: Dampfkessel, Maschinen und Maschineneinrichtungen aller Art, Eisenerz, Roheisen, verarbeitetes Eisen und Stahl, Blei, Zink, Zinn, Petroleum, Weizen, Reis, Bohnen, Gerste, Mehl, Konserven, Alkohol, Chemikalien, Farbstoffe, Glas, Papier, Zucker, roh und raffiniert, rohe und verarbeitete Baumwolle, Flachs, Hanf, Jute, chinesisches Gras, Tabak, Cardiff, Kohle, Malz, Düngemittel verschiedener Art, Holzmasse, Bauholz und Explosivstoffe.

Die Hauptexportprodukte sind: Tee, Reis, getrocknete Fische, Seegras, Gelatine, Chili, Ginseng, Ingwer, Erdnüsse, Gemüse, *sake,* Soja, Bier, Mineralwasser, Baumwollartikel, Roh- und Manufakturseide, Kampfer, Pfefferminz, Kohle, Schwefel, Kupfer, Manganit, Zink, Bronze, Fischöl, Pflanzenwachs, Papier, Zigaretten, Streichhölzer, Portlandzement, Eisenbahnschwellen, Bauholz, Bambus, Bürsten, Strohgeflechte, Strohmatten, Holzspäne, Porzellan, Altertümer und Kunstgegenstände.[81]

HANDTÜCHER Das japanische Kattunhandtuch, gewöhnlich etwa einen Meter lang und einen Fuß breit, dient neben dem Trocknen der Hände oder des Körpers zu verschiedenen andern Zwecken. Beide Geschlechter verwenden es gelegentlich als Kopfbedeckung. Handwerker und Kuli schlingen und binden sich ein Handtuch um die Stirn, um das Herabrinnen des Schweißes in die Augen zu verhindern, während die Frauen derselben Klasse es als eine Art Haube benützen. Beim Aufräumen am Morgen behütet das Hausmädchen auf diese Weise das Haar vor dem Staub, und man kann zur Zeit des großen jährlichen Reinemachens ganze Familien sehen, die sich auf diese Art schützen. Ausflügler beschützen manchmal ihr Haar auf dieselbe Weise, und es gibt sogar eine besondere Sorte von Handtüchern, *hanami-tenugui* oder «Blumen-schauen-Handtuch» genannt, das Ausflüglerscharen tragen, die ausziehen, um die Kirschblüte zu bewundern, und die – muß es gesagt werden? – nicht nur Flora opfern, sondern auch Bacchus; aus diesem Grunde treten die *sake*-Schale und die *sake*-liebende Schildkröte neben den rosigen Blüten als Schmuckmotive auf. Denn die Handtücher bieten ein typisches Beispiel für die nationale Vorliebe, selbst die alltäglichsten Gegenstände zu schmücken.

Ein Studium der Handtücher, wie sie vor den Läden, die sich mit ihrem Verkauf befassen, flattern, würde die

Bekanntschaft mit der ganzen Skala der Motive und der Symbolik volkstümlicher Kunst vermitteln. Die Pflanzen- und Tierwelt, sowohl die reale als auch die mythische, das Theater und die Ringkämpfer, Wappen, Rätsel, chinesische glückwünschende oder sonstwie charakteristische Ideogramme – all diese und mannigfache andere Motivgruppen kommen darauf zur Darstellung; derselbe Gegenstand wiederholt sich in einer solchen Unzahl ausgeschmückter und vereinfachter Formen, daß zuweilen ein nicht geringer Scharfsinn nötig ist, die Absichten des Künstlers zu entdecken. Die letzte Quelle der Inspiration ist der russische Krieg gewesen. Waffentaten zu Wasser und zu Land kann man in jedem Stil dargestellt oder skizziert finden – realistisch, malerisch, komisch, allegorisch.

Da die Handtücher, wie man sieht, ebenso nützlich wie ornamental sind, so eignen sie sich vorzüglich zu Geschenken, und Tausende werden jährlich in jeder Stadt verschenkt. Häufig haben die Gasthöfe ihre eigenen Handtücher, die besonders beschrieben oder geschmückt sind und von denen jeder scheidende Gast eines erhält, wenn er sich mit dem Trinkgeld dem Wirt gegenüber freigebig gezeigt hat. Manche Geschäfte tun das gleiche. Besonders an Neujahr regnet es solche Aufmerksamkeiten. Ist das Handtuch zum Geschenk bestimmt, so wird es in ein Stück Papier gefaltet, das selbst wiederum eine passende Aufschrift trägt, zusammen mit der Adresse des Gebers und in unseren Tagen zuweilen seiner Telephonnummer; denn selbst in solchen Kleinigkeiten bleiben die Japaner der unteren Mittelklasse nicht hinter der Zeit zurück. Manchmal geben aber auch die Gäste dem Wirt Handtücher. Hauptsächlich tun dies Wallfahrer oder Gesellschaften, die jedem Gasthof, in dem sie absteigen, Handtücher schenken, die den Namen der Gesellschaft tragen oder auch vielleicht ein Bild des heiligen Berges, der ihr Ziel ist. Handtücher mit entsprechender Inschrift werden von den Frommen selbst Tempeln geschenkt.

HARAKIRI Ist es nötig zu sagen, daß *harakiri* jahrhundertelang die bevorzugte Art des Selbstmords der Japaner war?

Es gab zwei Arten von *harakiri* – das obligatorische und das freiwillige. Das erstere war eine Gunst, die die Regierung Verbrechern aus der Samurai-Klasse gewährte, indem sie ihnen gnädig erlaubte, sich auf diese Weise aus dem Leben zu schaffen, anstatt sie den Händen des Henkers auszuliefern. Zeit und Ort wurden dem Verurteilten offiziell bekanntgegeben, und Beamte wurden beordert, dem Akt beizuwohnen. Diese Sitte ist erloschen.

Das freiwillige *harakiri* vollzogen Männer in schweren Sorgen, auch aus Anhänglichkeit an einen gestorbenen Vorgesetzten, und um gegen das Unrecht eines lebenden Vorgesetzten zu protestieren, wenn andere Proteste nicht fruchteten. Beispiele dieser Art ereignen sich auch heute noch. Typisch ist jenes eines jungen Mannes namens Ōhara Takeyoshi, das sich 1891 zutrug. Er war Leutnant bei der Yezo-Miliz und schlitzte sich den Leib auf vor den Gräbern seiner Vorfahren im Tempel Saitokuji in Tokyo. Der üblichen Sitte gemäß hinterließ Leutnant Ōhara ein Schreiben, das die Motive seiner Handlung angab; das Neue dabei aber war, daß das Dokument an die Nachrichtenagentur von Tokyo zum Zweck der Veröffentlichung in allen Zeitungen adressiert war. Der Urheber hatte, so scheint es, elf Jahre lang über der Möglichkeit eines russischen Einfalls gebrütet, und da er fühlte, daß seine Worte und Anstrengungen zur Fruchtlosigkeit verurteilt waren, so beschloß er, durch seinen Tod für eine Sache zu wirken. In diesem besonderen Falle wurde allerdings kein unmittelbarer Erfolg erzielt. Aber Ōharas Aufopferung, ihr Ursprung in politischen Erwägungen und seine Voraussetzung, daß ein Appell aus dem Grab die Herzen der Menschen sicherer bewegen werde als irgendwelche Argumente, die ein Lebender vorbrachte, all dies stimmt vollkommen mit der japanischen Denkweise überein. Die Regierung hatte kaum dem Druck Frankreichs, Rußlands und Deutschlands nachgegeben, auf das eroberte Gebiet von Liaotung Verzicht zu leisten, als auch schon vierzig Militärs auf die alte Art Selbstmord begingen.

Gerade als wir damit beschäftigt waren, diese Druckbogen zu korrigieren, im Juni 1904, traf die Nachricht ein, daß viele Offiziere und Mannschaften an Bord eines gekaperten Transports es vorgezogen hatten, sich den Leib aufzuschlitzen, anstatt sich dem Feinde zu ergeben. Es gibt sogar Frauen, die bereit sind, aus Loyalität und Pflicht zu sterben, aber ihre Methode des Selbstmords besteht im Durchschneiden der Kehle. Durchaus nicht überraschend, sondern wunderbar übereinstimmend mit japanischen Anschauungen ist folgender Fall. Im Jahre 1895 wurde die Nachricht von Leutnant Asadas Tod auf dem Schlachtfeld seinem jungen Weibe überbracht, und sie beschloß augenblicklich und mit der Einwilligung ihres Vaters, ihm zu folgen. Nachdem sie das Haus rein gemacht und sich mit ihren kostbarsten Gewändern geschmückt hatte, stellte sie das Bildnis ihres Gemahls in den Alkoven und, indem sie sich davor niederwarf, durchschnitt sie sich die Kehle mit einem Dolch, der ein Hochzeitsgeschenk gewesen war.

Der Mut zu töten – sei es sich selbst oder einen andern – genießt in der Öffentlichkeit eine außerordentlich hohe

HARAKIRI ALS RITUAL

Achtung. Es scheint fast, als ob ein politischer Mord augenblicklich vergeben sei, wenn der Desperado ihn mit dem eigenen Blut besiegelt. Nishino Buntarō, der Shintō-Fanatiker, der den Unterrichtsminister Baron Mori am Tage der Proklamation der Konstitution im Jahre 1889 erdolchte und sich selbst im Handgemenge aus dem Leben schaffte, wurde fast wie ein Gott verehrt; sein Grab war fortwährend mit Blumen bedeckt, Weihrauch wurde davor verbrannt, Verse wurden darüber gehängt und Wallfahrten dahin gemacht. Jenem, der Graf Ōkuma ermorden wollte, wurde eine kaum geringere Verherrlichung zuteil. Die Regierung fühlte sich schließlich 1891 zur Bekanntgabe eines Erlasses veranlaßt, der prunkvolle Bestattungen und andere posthume Ehrungen abgeschiedener Verbrecher verbot.

Harakiri ist nicht eine ursprünglich japanische Sitte. Sie entwickelte sich nach und nach im Mittelalter. Wahrscheinlich stammt sie daher, daß besiegte Krieger der Schande zu entgehen suchten, lebendig in die Hände ihrer Feinde zu fallen. Auf diese Weise ließe sich auch erklären, daß die Sitte charakteristisch für die Kriegerklasse geworden ist, mit andern Worten für den feudalen Adel und Halbadel; und aus einer Sitte entwickelte sich später um 1500 ein Privilegium, wie wir eben bemerkten.

Man hat *harakiri* zuweilen übersetzt «die glückliche Erledigung» *(the happy despatch),* aber das originale Japanisch ist weniger euphemistisch. Es bedeutet «Bauchaufschneiden»; und darin besteht in Wirklichkeit die Handlung, weder in mehr noch in weniger. Und doch, nein: es ist mehr. In neuerer Zeit wenigstens, da es den Selbstmördern nicht immer geglückt war, sich auf diese Weise rasch aus dem Leben zu schaffen, wurde es Sitte, daß sich ein Freund hinter die Hauptperson der Tragödie stellte.

Wenn der Selbstmörder den Dolch in sich stieß, schnitt ihm der Freund augenblicklich den Kopf ab.

Es ist sehr merkwürdig, daß das japanische Wort *harakiri,* das in der ganzen Welt so wohlbekannt ist, von den Japanern nur wenig gebraucht wird. Sie ziehen es fast immer vor, das Synonym *seppuku* anzuwenden, das als vornehmer gilt, da es aus dem Chinesischen stammt.

Eine gewöhnlichere Art von Selbstmord als *harakiri* ist stets außerordentlich häufig gewesen, besonders jene, die man *shinjū* nennt, das ist Selbstmord aus Liebe. Zahllos sind die Geschichten von Männern, die, da sie den Gegenstand ihrer Leidenschaft nicht heiraten konnten – gewöhnlich irgendeine Schönheit mit lockeren Sitten –, sich mit einem Strick mit der Geliebten zusammengebunden haben und sich dann ins Wasser stürzten. Aber Japan ist auch in dieser Beziehung modern geworden: Wir hören nun von Liebespaaren, die Chloroform nehmen oder sich unter einen daherbrausenden Zug werfen. Man kann kaum eine Zeitung in die Hand nehmen, ohne auf solch eine Geschichte zu stoßen.[82]

HAUPTSTÄDTE Wenn man den japanischen Annalen glauben kann, so hatte Japan nicht weniger als sechzig Hauptstädte. Dies rührt daher, daß man in alten Zeiten vor Orten, in denen jemand gestorben war, eine abergläubische Furcht hatte. Wenn der Vater starb, so bauten sich die Söhne ein neues Haus. Ähnlich gründete der Nachfolger eines verblichenen Mikados eine neue Hauptstadt. Die Provinzen Yamato, Yamashiro, Kawachi und Settsu, die die Heimat und das Zentrum der frühen japanischen Monarchie waren, sind mit Orten übersät, die – heute nur Dörfer, manchmal nur leere Namen – einst den stolzen Rang von Hauptstädten des Reiches einnahmen.

Im Laufe der Zeit erwies sich dieser ewige Wechsel als unvereinbar mit den Anforderungen einer entwickelteren Zivilisation, die von China und Korea eindrang, und das Bestreben, den Hof an einem Platze dauernd zu errichten, begann sich geltend zu machen. *Nara* in Yamato blieb sieben Regentschaften lang, von 709 bis 784, die Hauptstadt. Nach weiteren Wanderungen ließ sich der Hof 709 in *Kyōto* nieder; und diese Stadt blieb mit wenigen Unterbrechungen die Residenz einer Reihe von Generationen von Mikados bis zum Jahre 1868, da sie zugunsten von *Yedo* (Tokyo) verlassen wurde, das seit dem Jahre 1590 die Hauptstadt der Shōguns gewesen war. *Kyōto* genießt indessen immer noch nominell den Rang einer Metropole, als welche es durch seinen neuen Namen *Saikyō* oder «westliche Hauptstadt» gekennzeichnet wird, im Gegensatz zu *Tokyo,* der «östlichen Hauptstadt». Der neue Name wird allerdings wenig gebraucht. Die Hauptsehenswürdigkeiten in Kyōto und der Umgebung sind der Palast des Mikados, die Tempel Nishi Honganji, Chionin, Kiyomizudera, Gion, Ginkakuji, Kinkakuji, Higashi Honganji, Sanjūsangendō und Inarino Jinya, der Berg Hieizan, der See Biwa, Arashiyama, berühmt durch seine Kirschblüte und sein Ahornlaub, und die Stromschnellen des Katsuragawa. Brokate und Stickereien sind im allgemeinen die Produkte, für die Kyōto hauptsächlich bekannt ist. An zweiter Stelle stehen Tonwaren, Porzellan, Cloisonné und Bronzen.

Nara, dessen Reize viele japanische Dichter vom 8. Jahrhundert an besungen haben, zeichnet sich durch den fast englisch erscheinenden Park aus, der den alten Shintō-Tempel von Kasuga umgibt, wo zahme Hirsche sich um den Besucher drängen und ihm aus der Hand

TOKYOS HAUPTSTRASSE UM 1890

fressen. In Nara steht auch der große buddhistische Tempel von Tōdaiji mit dem kolossalen Erzbildnis, bekannt als der *Daibutsu* oder «Große Buddha», aus dem Jahre 749 stammend.

Eine andere der alten Hauptstädte, *Kamakura,* ist nur wenige Meilen von Yokohama entfernt. Sie wurde niemals von den Mikados bewohnt. Sie war der Sitz der Shōguns von 1189 aufwärts und der sogenannten Regenten aus der Hōjō-Familie im unruhigen Mittelalter. Kamakura, durch einen Sturm zerstört und bis auf den Grund eingeäschert im Jahre 1455 und abermals im Jahre 1526, verlor nach und nach seine Bedeutung. Wälder und Reisfelder bedecken jetzt den Raum, der einst die Heimstätte von mehr als einer Million Einwohnern bildete, und nur wenig spricht von der alten Pracht, ausgenommen der große Tempel Hachiman und das herrliche Bronzestandbild Buddhas, vielleicht das größte aller japanischen Kunstwerke.

Die Hauptsehenswürdigkeiten von *Tokyo* (Edo) sind die Shiba-Tempel mit den Gräbern der Shōguns aus der Tokugawa-Dynastie; in der Nähe befindet sich einer der besten *kankōba* oder Basare; der Blick über die Stadt von dem Turm auf dem Atagoyama aus; der Shintōtempel Shōkonsha, der dem Gedächtnis der treuen, in der Schlacht gefallenen Truppen errichtet wurde; das benachbarte Kriegsministerium, genannt Yūshūkan; der Ueno-Park mit Gräbern und Tempeln, ähnlich jenen von Shiba, und einem interessanten Museum; ferner der populäre buddhistische Tempel von Asakusa, um nicht von den modernen europäischen Gebäuden wie dem Regierungsgebäude, der Bank, Krankenhäusern, Gefängnissen usw. zu sprechen, die für manche Leute von Interesse sein könnten. Dazu kommt noch entsprechend der Jahreszeit die Kirschblüte von Ueno, Shiba und Mukōjima, die Wisteria von Kameido, die Iris von Horikiri und die Chrysanthemen von Dango-zaka. Es lohnt sich auch, eines der Theater zu besuchen, von denen Kabukiza und Meijiza die besten sind, und Ringkämpfe anzusehen, die im Tempel von Ekōin und anderswo stattfinden. Aber vor allem ist die Hauptsehenswürdigkeit von Tokyo für einen, der neu ankommt, Tokyo selbst – die sonderbaren kleinen Holzhäuser, die von den Backsteinbauten in fremdem Stil nur ganz wenig verdrängt wurden, das Volksleben in der Straße, das Geklapper der Holzschuhe, die Jinrikishas, die niedlichen Kinder, gepudert und bemalt für einen Feiertagsausflug, die schönen einheimischen Gewänder, die die westlichen Moden und Fabrikate noch nicht vertreiben konnten, die unbeschreiblich groteske Verbindung dieser Gewänder mit Zylindern, Capes und Halsbinden. Anziehend sind auch die Läden, die Mr. Lowell die wahre Bemerkung entlocken, daß «ein Spaziergang den *Broadway* von *Tokyo* hinab an einem Abend schlechtweg eine Lektion über die Kunst des Alltags ist», denn, wie er hinzufügt, «was auch immer diese Leute anfertigen, vom Spielzeug für eine Stunde bis zu den Triumphen für alle Zeiten, hat einen eigenartigen, anderswo unbekannten Reiz an sich.» Mr. Lowell, ein Künstler in Worten, vergißt zu sagen, was wir als einfache Berichterstatter von Tatsachen tun müssen, nämlich daß in Tokyo die Nasen ebensosehr wie die Augen in Anspruch genommen werden.[83]

HERALDIK Wie in Europa brachte der Feudalismus in Japan «die edle und vornehme Wissenschaft» der Heraldik hervor, wenngleich die Abwesenheit von solch mächtigen Antrieben wie Turniere und Kreuzzüge die japanische Heraldik nicht zu dem gleichen hohen Grad von Entwicklung gelangen ließ, wie ihn die Heraldik des Westens erreichte. Dazu kommt, daß das Führen eines Wappens nicht ein auf Standespersonen beschränktes Privilegium ist; selbst Händler können davon Gebrauch machen.

Die meisten der großen Daimyōs besaßen drei Wappen oder Abzeichen *(mon),* die geringeren Daimyōs hatten zwei, die gewöhnlichen Samurais eines. Sie dienten in Kriegszeiten zur Verzierung des Brustharnisches, des Helmes und der Flagge. In Friedenszeiten wurde das Abzeichen – wie es noch heute geschieht, vorausgesetzt, daß die einheimische Kleidung beibehalten wurde – an fünf Stellen des Obergewandes getragen, nämlich hinten im Nacken, auf beiden Ärmeln und auf den beiden Brustseiten. Verschiedene andere Gegenstände wurden damit gekennzeichnet wie Laternen, Reisekasten (die moderne Altertumshändler Daimyōkasten nennen), usw.

Die Kaiserliche Familie führt zwei Wappen – das sechzehnblättrige Chrysanthemum *(kiku no gomon)* und die Blätter und Blüten der Paulownia *(kiki no go mon).* Das Wappen der Tokugawa-Dynastie der Shōguns bestand aus drei Asarumblättern *(mitsuaoi),* deren Spitzen im Mittelpunkt zusammenstoßen. Der Bambus, die Rose, die Päonie, selbst der Rettich gaben Wappen für edle Familien ab. Andere Lieblingsmotive sind Vögel, Schmetterlinge, fließendes Wasser, Fächer, Federn, Leitern, Zaumzeug, chinesische Charaktere und geometrische Figuren. Ein kleiner Daimyō, Aoki genannt, hatte als Wappen den Gipfel des Fuji, der mit seiner dreizinkigen Spitze aus den Wolken ragt. Die große Shimazu-Familie von Satsuma führte das Kreuz in einem Kreis.[84]

HÖFLICHKEIT Man gibt allgemein zu, daß Höflichkeit ein bezeichnender japanischer Charakterzug ist. Der Verfasser gewann durch den persönlichen Verkehr mit diesem Volk während mehr als dreißig Jahren die Überzeugung, daß diese Höflichkeit *la politesse qui vient du cœur* ist – etwas Tieferes als bloßes Verbeugen und Lächeln –, daß sie in wirklicher Güte wurzelt, besonders bei den unteren Klassen.

Da die Höflichkeit des Japaners also eine von niemand, am wenigsten vom Verfasser dieser kleinen Essays, bestrittene Tatsache ist, so mag es vielleicht von gewissem Interesse sein, einige Punkte des Gegenteils zu erfahren; denn in manchen Ausnahmefällen verletzt dieses höflichste Volk ganz offen den Kanon der Höflichkeit, wie er im Westen besteht. Die Japaner werden sich in den Straßen an deine Fersen heften. Sie werden dir offen widersprechen. Sie werden auf englisch antworten, wenn du sie in ihrer eigenen Sprache anredest. Sie werden dich über deine Pläne ausforschen: «Wohin gehen Sie? Woher kommen Sie? Was für einen Beruf haben Sie? Sind Sie verheiratet? Wenn nicht, wie merkwürdig von Ihnen!» Wenn du sie abschüttelst, so werden sie deinen Diener ausfragen, und zwar vor deinen Augen. Ein andermal, wenn sie hören, daß du japanisch sprichst, werden sie die Köpfe wiegen und herablassend lächeln und einander gestehen, daß du in der Tat ganz intelligent bist – ähnlich wie wir es tun bei einem dressierten Schwein oder einem Affen von einigermaßen außergewöhnlicher Geschicklichkeit.

Aber ein fundamentaler und durchgehender Bruch der Höflichkeitsnormen (vom europäischen Standpunkt aus) zeigt sich im Betragen von Dienern und anderen Untergebenen ihren Vorgesetzten gegenüber. Du sagst einem Jinrikishamann, daß er dich absetzen soll, weil du einen

Hügel hinaufsteigen willst. Wahrscheinlich wirst du es viermal wiederholen müssen, bevor er gehorcht: Er redet sich ein, daß das gewiß nicht deine Absicht sein könne. Du befiehlst deinem Koch, Hammelfleisch zu kaufen. Er geht schnurstracks hin und kauft Ochsenfleisch: Er weiß, daß Ochsenfleisch billiger ist, und will für dich sparen. In der Tat ist Ungehorsam die Regel – aber nicht Ungehorsam aus bösem Willen, sondern aus einer unausrottbaren Voraussetzung seitens des Untergebenen, daß er besser für seinen Herrn handeln könne als der Herr selbst. Manchmal trifft das zu; denn der einheimische Diener kennt die einheimischen Verhältnisse besser als sein fremder Herr je hoffen kann, sie zu kennen. Manchmal trifft es auch zu, weil der einheimische Bedienstete geriebener ist als sein einheimischer Herr. «Einfältig wie ein Daimyō» war fast ein Sprichwort der alten Feudalzeit. Aber auf jeden Fall, was für eine neue Anschauung findet der Europäer vor, für den Gehorsam die erste Regel der Höflichkeit ist, und die zweite, sich der Neugierde zu enthalten!

Dem Besucher Japans geben wir den Rat, sich ein für allemal in diesen und anderen Dingen den lokalen Verhältnissen anzupassen. Er kann sie auf keinen Fall ändern und wird sich viel Ärger ersparen und gleichzeitig seine Würde in den Augen der Japaner bewahren, indem er ruhig die Dinge nimmt, wie sie sind. Er sollte in diesem Zusammenhang lesen, was wir in den Artikeln «Adel» und «Volksbildung» in bezug auf die verhältnismäßige Gleichheit aller Ränge und Stände in diesem Lande erwähnt haben. Dann wird er allmählich eine Wahrheit erkennen, die die Existenz einer nahezu absoluten Regierung und ein komplizierter Code von Umgangsformen vorerst zu verbergen geeignet sind, nämlich die, daß die Japaner und die Leute des Fernen Ostens im Grunde demokratischer gesinnt sind als die Angelsachsen auf beiden Seiten des Atlantiks. Sie sind im ganzen genommen höflicher; und wir persönlich bewundern ihre Art, Unabhängigkeit mit Höflichkeit zu vereinigen. Aber ihre Höflichkeit geht nicht so weit, daß sie ihre Gewohnheiten zugunsten jener sozial Höhergestellten aufgeben, auch nicht so weit, ihn tun zu lassen, was er will, noch zieht sie jene abstrakte Vielheit in Betracht, die wir die «Öffentlichkeit» nennen, auch äußert sie sich nicht sonderlich Frauen gegenüber. Dies mag ein Grund unter vielen sein, weshalb Damen dazu neigen, Japan mit weniger günstigen Augen zu betrachten als Reisende des männlichen Geschlechts.

Die Gewohnheit der japanischen Untergebenen, sich über alles eine eigene Meinung zu machen, mehr noch, sich für weitaus tüchtiger zu halten als ihre Brotherrn, gibt Anlaß zu verschiedenen kleinen Unannehmlichkeiten. Während wir diese Seiten zu Papier bringen, ereignet sich ein Fall, der erwähnt werden mag, weil er typisch für Tausende ist. Ein Freund, der bei uns auf dem Lande zu Besuch ist (wir wollen ihn der Kürze halber *Smith senior* nennen) hat einen eingeschriebenen Brief an seinen Sohn, *Smith junior,* in Tokyo, geschickt. Bestellt ihn der Briefträger? Nein, so etwas Naheliegendes tut er nicht. Anstatt ihn zu bestellen, läßt er seinen Geist glänzen. Er erinnert sich, daß kürzlich verschiedene Briefe für *Smith senior* durch seine Hände gingen, die auf das Land nachgesandt wurden: *ergo* muß auch der fragliche Brief auf das Land nachgesandt werden, und so kehrt er nach vielen Tagen wieder zu *Smith senior* zurück. Die Folge davon ist, daß *Smith junior* auf sein monatliches Taschengeld warten muß, wahrscheinlich nicht mit besonders liebevollen Gedanken gegen den Vater im Herzen. Derartige Vorfälle haben zu einer bitteren Bemerkung Anlaß gegeben, die unter den fremden Ansiedlern geläufig ist. «Die Japaner», behaupten sie, «denken niemals, und wenn sie denken, denken sie falsch.»

HOLZSCHNITT Ein uralter chinesischer Ursprung, gefolgt von Jahrhunderten der Verpuppung, ein Erwachen aus dem Schlaf bald nach 1600 n. Chr., als Friede an Stelle unaufhörlicher innerer Unruhen trat, dann eine allmähliche Entwicklung bis zur Vollendung, ein goldenes Zeitalter von etwa 1730 bis 1830, und hierauf plötzlicher Verfall und Tod – so stellte sich uns die Lebensgeschichte vieler japanischer Künste dar, und so ist die Lebensgeschichte der entzückenden Holzschneidekunst.

In einem Land, wo nicht mit beweglichen Typen, sondern mit Holzblöcken gedruckt wird, und wo natürlich das gleiche Verfahren sowohl für den Textdruck als auch für bildliche Illustrationen dient, liegt die Vermutung nahe, daß, wenn das erstere von beiden existiert, das letztere wahrscheinlich lange schon daneben bestand. Nun ist uns bekannt, daß der Blockdruck im 8. Jahrhundert, wenn nicht früher, in Japan ausgeübt wurde. Man hat deshalb keinen Grund, der Überlieferung zu mißtrauen, daß die gedruckten buddhistischen Amulette und Papierstreifen jener Periode zuweilen Figuren von Gottheiten trugen, obschon wenige der erhaltenen Beispiele, wenn überhaupt welche, mit Bestimmtheit weiter zurückdatiert werden können als auf das Jahr 1325. Selbst dieses Datum liegt um nahezu ein Jahrhundert früher als die Entstehung des deutschen Buches von St. Christopher.

Das älteste illustrierte Buch, das heute bekannt ist, ist die Ausgabe einer klassischen Romanze, betitelt *«Ise Monogatari»*, aus dem Jahre 1608 – eine sehr rohe Arbeit,

EPISODE AUS DEM ISE MONOGATARI

von der einige Exemplare mit einer primitiven Handkolorierung versehen wurden, ähnlich wie man es bei alten englischen Gebetbüchern findet. Aber der Vater der künstlerischen Xylographie war *Hishigawa Moronobu,* der seine Blütezeit zwischen 1680 und 1701 erlebte; er war auch der erste, der schwarze Flächen dekorativ verwendete, die seit dieser Zeit den Farbstimmungen der japanischen Holzschneider einen solch großen Reiz verliehen. Und man werfe nicht ein und sage, daß dieses willkürliche Übergewicht von Schwarz bei bestimmten Teilen des Bildes schlecht mit der Natur harmoniere. Was darauf folgte, ungefähr um 1710, von den ersten Künstlern der *Torii*-Schule – ihre Drucke in Schwarz und einer Farbe, oder Schwarz und zwei oder drei Farben, ohne Schatten, ohne Perspektive, mit Frauen, die Gesichter haben, die weder Japan noch irgendein anderes Land je im realen Leben sah –, das steht ebensowenig mit der Natur im Einklang. Aber diese Werke enthalten eine zarte Harmonie der Farben, eine Kraft des Striches, eine Stärke der Komposition, die das, was einen Europäer zuerst wie eine bloße Skizze berührt, zu einer ätherischen Kunstform erheben. Als *Hokusai* und *Hiroshige* der Tradition folgten, wurde die Landschaft auf eine gleiche idealistische Art behandelt. Diese Farbdrucke des 18. und des beginnenden 19. Jahrhunderts – die Werke der *Toriis,* der *Katsugawas,* der *Utagawas* und anderer Schulen – stehen einzig und unübertroffen da; sie können mit nichts besser verglichen werden als mit gewissen herrlichen Schmetterlingen von phantastischer und doch harmonischer Färbung.

Die alten farbigen Holzschnitte *(nishikie)* wurden, wie ihre degenerierten modernen Vertreter noch heute, manchmal in einzelnen Blättern publiziert, sehr häufig in Sätzen von drei Blättern für ein Bild, selten in mehr als drei. Das erste farbige Buch (nach einem chinesischen aus dem Jahre 1701 kopiert) scheint um 1748 veröffentlicht worden zu sein, und die Holzschneidekunst als Ganzes genommen, hat, so kann man sagen, ihren Kulminationspunkt etwa 1765, unter *Suzuki Harunobu* und *Torii Kiyonaga,* erreicht. Bald begann man Fächer und andere Papierartikel mit schwarzen oder farbigen Drucken zu schmücken. Im letzten Viertel des 18. Jahrhunderts kamen die *Surimono* – wie man sie nennt – in Mode, zierliche kleine Kunstwerke, denen unsere Weihnachtskarten am nächsten kommen. Die von *Hokusai* (1760–1849) und seinem Schüler *Hokkei* werden besonders geschätzt.

Wie bei allen Künsten, brachte die Zeit eine größere Kompliziertheit und einen üppigeren Geschmack mit sich. Anstelle von zwei oder drei Blöcken wie in früherer Zeit, verwendet man heute oft bis zu dreißig; und die Farben wurden nach 1830 übertrieben bunt. Die Einführung billiger europäischer Farbstoffe, die Unruhen, die die Erschließung des Landes begleiteten, und der Einfluß minderwertiger europäischer Vorbilder beschleunigten den Verfall der Kunst. Ganz in neuerer Zeit haben die Holzschnitte von *Gekkō* und einem oder zwei anderen lebenden Künstlern eine Hoffnung der Wiederbelebung erweckt, ähnlich wie jene schönen Tage im Spätherbst manchmal den Gedanken in uns erwecken, der Sommer käme zurück.

Die japanischen Holzschneider und Drucker benutzen nur wenige und einfache Werkzeuge. Das auf transparentes Papier gezeichnete Bild wird mit der Zeichnung nach unten auf eine Holzplatte geklebt – gewöhnlich Kirschbaum oder Buchs, in der Richtung der Maser gesägt, anstatt quer wie in Europa – und abgeschabt, bis jedes Detail der Zeichnung sichtbar wird. Die übrigbleibende dünne Schicht wird hierauf leicht geölt, und die Arbeit des Schneidens beginnt. Zuerst werden die Umrißlinien mit einem Messer eingegraben und hierauf die Flächen zwischen den Linien mit Hilfe von Meißeln und Hohleisen ausgehöhlt. Der Block wird rein gewaschen und ist fertig für den Gebrauch. Die Tinte oder Farbe wird mit einem Pinsel aufgetragen, und die Abdrucke werden auf besonders präpariertem Papier durch Reiben mit einem flachen, gepolsterten Handstampfer hergestellt. Gewisse Abstufungen des Tons und selbst polychrome Effekte können mit einem Block erzielt werden, und oft werden farbfreie Blöcke dazu benutzt, Teile der Zeichnung erhaben erscheinen zu lassen. Der Effekt eines zwei- oder mehrblöckigen Druckes wird in manchen Fällen dadurch hervorgebracht, daß man einen einzelnen Block mit Tinten von verschiedenen Farben präpariert oder mit verschiedenen Schattierungen derselben Farbe. Ein andermal wird eine zartere Tönung dadurch erreicht, daß man einfach Teile des Blocks abwischt. Bei den gewöhnlichen Farbdrucken verwendet man eine Anzahl sich ergänzender Blöcke, die in Serien geschnitten werden, nach Kopien des vom ersten oder Umrißblock genommenen Abdrucks. Die Genauigkeit des Überdruckes wird auf einfache, aber vortreffliche Art durch eine rechtwinklige Kerbe und eine Richtlinie gesichert, die sich an der Ecke und am Rand eines jeden folgenden Blockes wiederholt.

Die Namen der folgenden sieben Führer in der Entwicklung des japanischen Holzschnitts mögen für den Sammler von Nutzen sein: *Hishigawa Moronobu* (seine Blütezeit war 1680–1701); *Torii Kiyonobu* (1710–1730); *Tachibana Morikuni* (1670–1748); *Nishigawa Sukenobu* (1678–1750); *Katsugawa Shunshō* (1770–1790); *Utagawa Toyokuni* (1772–1828); *Katsushika Hokusai* (1760–1849).

Wenn es auch etwas abseits von unserem Thema liegt, mag vielleicht hier angeführt werden, daß *Shiba Kōkan,* ein Künstler, der früh im 19. Jahrhundert florierte, sich von den Holländern eine oberflächliche Kenntnis der Prinzipien der Linearperspektive aneignete, ferner den Kupferstich eingeführt haben soll, in dem seine Landsleute indessen wenig Nennenswertes geleistet haben. Gegenwärtig werden Lithographie und all die neuesten Errungenschaften der Kollotypie, Photogravüre usw. angewandt, und in der Behandlung dieser mechanischen Prozesse durch Leute wie *Ogawa,* kann man einen zarten Reflex des künstlerischen Geistes entdecken, der ihre Vorväter in einem günstigeren Zeitalter beseelte.[85] (Siehe auch Artikel über «Kunst und Druck».)

HÜHNER (LANGGESCHWEIFTE) Es gibt nur wenige japanische Dinge, die sonderbarer und schöner sind als der langgeschweifte Hahn, den die künstliche Zuchtwahl eines Jahrhunderts hervorgebracht hat aus den gemeinen Hofhühnern des Dorfes Shinowara nahe Kōchi auf der Insel Shikoku. Sie sind verschiedenfarbig, manche vollkommen weiß. Die Schwanzfedern, 15 bis 24 an der Zahl und niemals abgeworfen, messen von 7 oder 8 bis 11 Fuß in der Länge und haben Kiele, die beträchtlich stärker sind als jene gewöhnlicher Hühner. Der Verfasser hat ein Spezimen von 13½ Fuß Länge gemessen, und man sagt, daß sogar eine Länge von 18 Fuß erreicht wurde. Die Rumpffedern, die von beiden Seiten des Rückens über den Schweif herabhängen, werden bis zu 4 Fuß lang und tragen viel zur ornamentalen Erscheinung des Vogels bei.

Da es wichtig ist für die Erhaltung der Schwanzfedern, daß sie frei herabhängen können, so werden diese

Hähne in hohen engen Käfigen gehalten, die ganz dunkel sind, ausgenommen nahe an der Decke; denn Licht am Boden würde sie anziehen. Wenn die Schwanzfedern zu lang werden und den Boden des Käfigs berühren, wird hinten ein Bambusrohr angebracht, so daß die Federn einen Bogen bilden und sich auf diese Weise die Entfernung vergrößert. Der Vogel sitzt den ganzen Tag auf einer flachen, drei Zoll breiten Leiste, er wird nur alle zwei Tage einmal herausgenommen und darf einen Spaziergang von etwa einer halben Stunde machen, wobei ein Mann all die Zeit seinen Schweif in die Höhe hält, damit er nicht zerreißt oder schmutzig wird. Einmal oder zweimal im Monat wird er sorgfältig mit warmem Wasser gewaschen und dann vorsichtig auf einem hohen Platze getrocknet – auf dem Dach oder wo es sonst am bequemsten sein mag – und ein Mann hält den Schweif, bis er vollkommen trocken ist. Die Tiere müssen sehr viel Wasser erhalten. Wenn einer der langgeschweiften Hähne von einem Ort zum andern geschafft werden soll, so wird er in einer langen, engen Kiste untergebracht, ähnlich jenen, in denen die Japaner die *kakemono* (hängende Rollen) aufbewahren; der Körper des Vogels wird der ganzen Länge nach hingelegt, der Schweif so wenig wie möglich gebogen. Die Kisten sind ungefähr 6 Zoll breit und 4 Fuß 6 Zoll lang. An einem Ende ist ein Luftgitter angebracht, und die Kiste enthält ein Abteil zum Schutz der Federn.

Die Henne verschwindet natürlich an der Seite dieser herrlichen Hähne. Und doch ist selbst sie ein schöner Vogel, mit Schwanzfedern länger als die gewöhnlicher Hennen, zuweilen bis zu 8 Zoll. Die Hennen legen im Frühling und im Herbst, ein Vogel etwa 30 Eier jährlich, die von andern Hennen ausgebrütet werden. Eine oder höchstens zwei Hennen dürfen einem Zuchthahn beigegeben werden. Die Schwanzfedern des letzteren werden gestutzt, damit er frei umhergehen kann. So bezahlt er mit seiner Schönheit das Privilegium der Freiheit und eines etwas längeren Lebens als das seiner langgeschweiften, gefangenen und ehelosen Brüder. Es befriedigt indessen zu hören, daß selbst sie ziemlich zäh sind, Hitze und Kälte gut ertragen und manchmal bis zu neun Jahren alt werden. Sie sind fast zahm wie Hunde und schmiegen sich äußerst zärtlich in den Arm ihres Herrn, wenn sie aus ihrer dunklen Reisekiste heraus in das Tageslicht genommen werden.[86]

HUMOR Ernsthafte Gedanken eignen sich für den Export. Der Humor eines Volkes ist nur für eigenen Konsum: er würde sich verflüchtigen, ehe er über die Grenzen gebracht werden könnte. Aus diesem Grunde müssen wir es uns versagen, dem fremden Leser eine vollkommene und erschöpfende Schilderung der komischen Seite des japanischen Gemüts zu geben. Vielleicht wäre es das beste zu sagen, worin der japanische Humor nicht besteht. Sicherlich ähnelt er nicht im geringsten dem französischen *esprit,* jenem Kinde eines reinen Intellekts und einer sozialen Verfeinerung und erzogen im *salon,* wo sich die Konversation bis zum Grade einer Kunst erhebt, wo jedes Wort ein Rapier ist, jeder Ausfall leicht und elegant. Sollen wir ihn vergleichen mit jener schweren Mischung, die wir Nordländer Humor nennen – das Groteske verquickt mit dem Pathetischen? Er könnte dem ähnlicher sehen. Aber nein, es fehlt ebenso die verborgene Träne wie die Selbstkritik des Humors: Er besitzt keine Ironie, keine *side-lights.* Er gleicht mehr dem, was wir uns unter der lärmenden Fröhlichkeit der alten römischen Saturnalien vorstellen – der breite Scherz, das outrierte Wortspiel, der tätliche Spaß, das laute Gebrüll, *«Quips, and cranks, and wanton wiles»*, Splitter von halbsinnlosen Liedern, Possen, Narreteien, Dummheiten jeder Art, ein vollkommener Karneval von ausgelassener Lustigkeit. Er ist kunstlos, durch und durch volkstümlich, ja plebejisch. Die Umstände machten ihn dazu.

Der alte japanische Adel gab sich auf keine Weise der Fröhlichkeit hin. *«Life is real, life is earnest»* war sein Motto, und was für ein tödlich langweiliges Leben muß es gewesen sein! Um nur eines zu sagen, es war eine Gesellschaft ohne das schöne Geschlecht. Die Toiletten der Hofdamen zu bewundern, auf ihr Lächeln zu lauern, vielleicht eine geistreiche Galanterie in das Ohr einer edlen Dame zu flüstern, das gehörte nicht zu den Pflichten eines jungen Daimyōs am Hofe des Shōguns. Man kann ihn noch heute auf der Bühne sehen; denn die Tradition lebt fort, obgleich die Personen selbst vollkommen verschwanden. Da sitzt er – sein gerader Rücken eine ganze Lektion über Anstand, seine Miene undurchdringlich, seine wenigen Gesten steif wie sein steifes wunderbares Gewand, sein ganzes Wesen eingehegt von den Vorschriften einer komplizierten und starren Etikette. Man erinnere sich auch daran, daß die Regierung despotisch war und nicht geneigt war, sich selbst durch ein Epigramm gefügiger stimmen zu lassen: Ein einziger unpassender Scherz konnte dich auf eine der sieben Inseln von Izu in Verbannung für den Rest deines Lebens bringen. Spione schlichen überall umher; die Wände – in jenen Papierhäusern – hatten fast wörtlich Ohren. Die (sogenannten) Vergnügungen der oberen Klasse bestanden in Zeremonien, die nahezu ebenso feierlich waren wie das Zeremoniell der Regierung – das vornehme Nō oder lyrische Drama mit seinen statuenähnlichen Schauspielern, ebenfalls in gesteiften Gewändern, in einer Sprache singend, die schon einige Jahrhunderte tot war, wenn sie überhaupt je lebte; oder auch die Teezeremonien oder das Arrangement der Blumen nach den Prinzipien der Philosophie, oder die Komposition von Versen nach dem Vorbild der Antike, oder das Betrachten von Rollen, die nach alten chinesischen Kanonen gemalt waren. Das ganze Leben war tatsächlich in Formalismus eingehüllt wie eine Mumie in ihre Grabgewänder. Der bloße Gedanke daran genügt, um Fröhlichkeit zu ersticken.[87]

Niedergedrückt von diesem Alp in der obern Gesellschaft, suchte sich der gesunde Sinn des Volkes einen Ausweg in den unteren Klassen. In dem unnachahmlichen Skizzenbuch von Hokusai, dem bürgerlichen Künstler, der alle klassischen Regeln über Bord warf, sehen wir jene Volksklasse, die sich tatsächlich «gut amüsierte», während die Höhergestellten sich bis zum Sterben langweilten, nämlich die japanischen Händler und Handwerker. Wir sehen ihre harmlosen Späße, ihre Trinkgelage, ihre gelegentlichen Spöttereien über Vorgesetzte, wie wenn zum Beispiel eine Gruppe von Straßenjungen abgebildet ist, wie sie Dummheiten hinter dem Rücken eines konfuzianischen Weisen macht, oder wenn aus dem steifen Daimyō-Umzug ein Zug von Grashüpfern wird, die eine Heuschrecke in einem Korbe tragen. Das Theater, das nie ein Vornehmer betrat, war ihr fröhlicher Jagdgrund, die Stücke waren ausdrücklich für ihren Geschmack geschrieben, so daß das, was auf den Brettern florierte, wie man sich denken kann, nicht gerade von klassischem Geschmack war. Das gleiche gilt von der Literatur: Wir müssen den Büchern, die für die Oberen geschrieben wurden, den Rücken kehren und uns unter gemeine Gesellschaft mischen, wenn wir uns amüsieren wollen. Ohne Zweifel sind oft die Ausdrücke wenig gewählt. Nichtsdestoweniger wollen wir Ehre geben, wem Ehre gebührt. Wenn die Dinge auch bei ihren wahren Namen genannt werden, so finden wir doch selten, wenn überhaupt je irgendein verführerisches Raffinement von Verdorbenheit.

Man wird gefunden haben, daß die meisten Formen des europäischen Humors in Japan eine Parallele haben. So sind zum Beispiel japanische Wortspiele nicht so sehr von den unsern verschieden, ausgenommen eine Art, die auf der Form der chinesischen Schriftcharaktere beruht. Ihre Komödien zerfallen in zwei Klassen. Die modernen Lustspiele sind wirkliche Sittenkomödien; jene, die aus dem Mittelalter stammen und als halbklassisch gelten, weil sie als Zwischenspiele des *Nō,* des lyrischen Dramas, gegeben wurden, sind eine Art Possen – gerade die flüchtige Skizze von irgendeiner kleinen Schnurre, in der gewöhnlich der Diener *Tarōkajya,* eine Art japanischer Leporello, eine Hauptrolle spielt, und die stets mit dem Ausreißen endet. Die japanischen komischen Dichtungen sind zumeist unübersetzbar. Glücklicherweise bedient sich ihre Komik einer Sprache, die alle mehr oder weniger verstehen können, obgleich ohne Zweifel die Kenntnis der japanischen Sitten und Gebräuche, der Traditionen und des Aberglaubens viel zur rechten Würdigung der Kraft des Künstlers beitragen wird.

Und hier müssen wir – verhältnismäßig recht flüchtig behandelt – einen Gegenstand von besonderem Interesse verlassen. Die Erklärung von japanischen Wortspielen und Späßen zu versuchen, würde eine mühselige Arbeit sein und grausam gegen den Leser.

INDISCHER EINFLUSS Der indische Einfluß auf Japan ist ein ausgedehntes und einigermaßen dunkles Thema, zu dessen erschöpfender Behandlung der Verfasser sich nicht fähig fühlt; er regt es nur an, in der Hoffnung, daß ein berufener Gelehrter es aufgreifen und ihm gerecht werden wird. In gewissem Sinne könnte man sogar sagen, daß Japan alles Indien verdankt; denn aus Indien kam der Buddhismus, und der Buddhismus brachte die Zivilisation mit sich – chinesische Zivilisation; aber damals war China von der indischen Tinktur mehr durchtränkt gewesen, als allgemein sogar von den Chinesen selbst zugegeben wird.

Obgleich die Japaner natürlich (?) recht wohl wissen, daß der Buddhismus indischen Ursprungs ist, unterschätzen sie nicht allein nach ihrer Gewohnheit den Einfluß des Buddhismus in großen Dingen, sie haben auch keine richtige Vorstellung davon, wie selbst kleinere Einzelheiten ihres Lebens und Denkens davon beeinflußt wurden. So vergegenwärtigen sie sich zum Beispiel nicht, daß der alternde Mann oder die alternde Frau, die, wie man es nennt, *inkyo* werden, das heißt, die Bestellung des Hauses in die Hände der jüngeren Generation legen und sich amüsieren, indem sie ins Theater gehen oder Freunde besuchen – sie vergegenwärtigen sich nicht, daß diese fröhlichen und außerordentlich praktischen alten Leute nichts sind als die direkten Repräsentanten des tief religiösen brahmanischen Haushalters, der in einem gewissen Alter, nachdem er seine weltlichen Pflichten erfüllt hatte, sich in die Einsamkeit des Waldes zurückzog, um hier über die Eitelkeit aller Erscheinungen zu grübeln und die Auflösung des Selbsts in die Weltseele durch tiefe metaphysische Meditation zu erlangen.

Oder man nehme die Komplikationen, von denen wir in unserem Artikel über Namen sprechen: Der «wahre Name», der geheim gehalten wird, ist ein indisches Erbe. Der Feuerbohrer zur Erzeugung des heiligen Feuers in den großen Shintō-Tempeln von Ise und Izumo scheint indischen Ursprungs zu sein; die Ausgestaltung des Ahnenkults scheint indisch zu sein; die ganze philosophische Forschung im Fernen Osten ist sicherlich indischen Ursprungs, bis zur Aufstellung der japanischen Syllabarien in ihrer bekannten Anordnung. Man kann nicht nur einige der populären Märchen auf Erzählungen zurückführen, die in den buddhistischen Sutras erwähnt werden, sondern sogar manche der Legenden der Shintō-Religion, trotz des zuversichtlich geltend gemachten und von europäischen Autoren zu leicht für berechtigt angenommenen Anspruchs, daß alles, was mit Shintō zusammenhängt, rein landeseigen sei. Sogar die Sprache hat einen Anstrich bekommen, viele gelehrte Wörter sind indischer Herkunft und sogar einige gewöhnliche, wie *abata*, «Pockennarben»; *aka*, «Wasser, aus einem Boot geschöpft»; *baka*[88], «Narr»; *dabi*, «Leichenverbrennung»; *danna*, «Herr», ursprünglich «Pfarrkind» (wörtlich «Geber», das heißt «Unterstützender eines Tempels»); *hachi*, «Schale, Napf»; *kawara*, «Ziegel»; *sendan*, «Sandelholz» (wir haben dasselbe indische Wort für dasselbe indische Objekt geborgt); *sora*, «der Himmel» – ganz zu schweigen von Ausdrücken, die mit der Religion zusammenhängen wie *garan*, «Tempel»; *shamon*, «Priester» (das englische *shaman* ist das gleiche Wort); *kesa*, «Gewand»; *shari*, «Reliquie», und zahlreiche andere. Indisch ist natürlich die ganze buddhistische religiöse Architektur und Skulptur; indisch ist der Genuß von Tee, der jetzt so charakteristisch ist für China und Japan; Indien hat die nationale Diät vorgeschrieben, indem es den Reisbau empfahl und den Genuß von Fleisch diskreditierte, das in vorbuddhistischer Zeit ein stehender Bestandteil der japanischen Nahrung gewesen zu sein scheint.

Wir schreiben das Obenstehende nieder, gerade wie es uns in den Kopf kommt. Der angeregte Gedanke verdient ausführliche Behandlung; auf jeden Fall wäre die zu beobachtende Reihenfolge die: erstens von Indien nach China, zweitens von China nach Korea, drittens von Korea nach Japan oder auch direkt von China nach Japan, ohne die Vermittlung Koreas; dies aber seltener, ausgenommen in verhältnismäßig neuerer Zeit.

INDUSTRIE Um das Jahr 1880 hielt die Industrie ihren plötzlichen Einzug in diesem Lande, das unter dem alten Regime zwischen einer exklusiven Aristokratie und einem demütigen Bauernstand geteilt war, beide außerordentlich einfach in ihren Ansprüchen. Jetzt besitzt fast jede Stadt Fabrikschlote, fünftausend allein ragen über die Silhouette von Ōsaka und seinen Vororten empor. Aber weshalb sollte man versuchen, Statistiken zu geben, die in wenigen Wochen veraltet sein werden? Es vergeht nicht ein Monat ohne Gründungen von neuen Fabriken für Zement, Teppiche, Seifen, Glas, Schirme, Hüte, Streichhölzer, Uhren, Fahrräder, von Gießereien, Elektrizitätswerken, Stahlwerken, Maschinenfabriken jeder Art. Auch ist nicht alles dem Privatunternehmen überlassen; die Regierung selbst hilft in liberaler Weise mit. Die Seidenindustrie, die früher auf gewisse kleine Bezirke beschränkt war, breitet sich rasch über das gesamte zentrale und südliche Reich aus. Früher war der *Nakasendō* ein altmodischer Weg. Als wir das letztemal die neue, gut angelegte Fahrstraße entlangreisten, wurden wir jeden Morgen durch den Schrei der Fabrikpfeife geweckt. Als wir weiterreisten und die Stadt Kofu erreichten, fanden wir, daß ihre Seidenwebereien jetzt ihre bemerkenswerteste Sehenswürdigkeit bilden; um fünf

Uhr an jedem Morgen finden sich Scharen von Mädchen ein und arbeiten durch bis acht Uhr abends – fünfzehn Stunden in einer Tour!

Die Wolke von Unzufriedenheit, die die Industrie im Westen überschattete, beginnt heute auch schon den japanischen Himmel zu verdüstern. Das «Recht auf Arbeit» macht seine Forderung geltend. Man hört von häufigen Streiks, und doch kann man sich kaum etwas vorstellen, was der seelischen Haltung der arbeitenden Klasse nur siebzehn Jahre früher ferner gelegen hätte. Für sie, wie im allgemeinen für Untertanen, war das Losungswort nicht Rechte, sondern Pflichten. Jetzt herrscht ein ganz anderer, neuer Geist. Die Ausbreitung dieses Geistes, das plötzliche Steigen der Preise und infolge davon der Löhne seit dem China-Krieg von 1894/95 und die Einführung der Goldwährung haben auf die japanische Industrie ungünstig eingewirkt. Auch hat sich der Ehrgeiz der Japaner nicht mit jenen Feldern industrieller Betätigung zufriedengegeben, auf welchen natürliche Vorteile den Mangel an Erfahrung, Organisation und Kapital ausglichen. Vermutlich ist es auch wahr, daß japanische Arbeit und die Arbeit des Fernen Ostens im allgemeinen auf die Dauer weniger billig ist, als es auf den ersten Blick erscheinen möchte; es zeigte sich, daß die tägliche Arbeitsleistung des japanischen Arbeiters in bezug auf Qualität und besonders auf Quantität hinter der seines westlichen Rivalen zurückblieb. Ohne Zweifel geht Japan vom Ackerbau zur Industrie über, und eine glänzende Zukunft mag ihm beschieden sein mit Chinas riesigem Markt vor seinen Toren. Nichtsdestoweniger sehen wir für unsere eigenen Werke und Fabriken wenig Grund zur Aufregung angesichts der Konkurrenz in diesem Weltteil.

Zwei oder drei von den ausgesprochen japanischen

Industrien oder besser: Künsten – denn sie waren Künste – wie Lackarbeiten und Holzschnitte sind in diesem Buch besonders behandelt worden. Aber es ist nicht nach unserm Geschmack, im Getöse der Schmiedehämmer und im Qualm der Fabrikschlote umherzuwandern, auch haben wir kein Talent dazu, über die zweitausenddreihundert verschiedenen japanischen Banken zu sprechen oder über die nagelneuen Versicherungsgesellschaften oder über die Aktiengesellschaften, die noch dazu keine japanischen Einrichtungen, sondern europäische, frisch importierte Institutionen sind.[89]

JAGD Wir wollen niemand den Rat geben, der Jagd halber nach Japan zu gehen. Zwar gibt es Hirsche und Bären auf der nördlichen Insel Yezo (Ezo, Hokkaido); Fasanen, Schnepfen, Wachteln, Wildenten, Kriechenten, Hasen und anderes kleines Wild auf der Hauptinsel, aber nicht in so großer Anzahl, daß es sich lohnen würde, deshalb so weit zu reisen, zudem Europa und Amerika größere Attraktionen bieten. Jagdlizenzen sind bei der Präfektur *(kenchō)* der verschiedenen offenen Häfen zu erlangen und bei dem *Tōkiō Fu,* das heißt dem Magistrat in Tokyo. Die Schießzeit dauert im allgemeinen vom 15. Oktober bis zum 15. April. Dieses Datum wird englischen Sportsmen spät erscheinen; aber man darf nicht vergessen, daß die Jahreszeiten in Japan später als in England beginnen, der Frühling sowohl als der Herbst.

JAPAN Unser Wort «Japan» und das japanische *Nihon* oder *Nippon* sind beide Korruptionen von *Jih-pen,* wie chinesisch die Charaktere 日本 lauten, wörtlich «Sonnen-Ursprung», das heißt «der Ort, von dem die Sonne kommt» – ein Name, den die Chinesen Japan wegen der Lage des Archipels östlich von ihrem eigenen Lande gaben. Marco Polos *Zipangu* und das *Cipango* der Dichter stammen von derselben chinesischen Komposition, mit Anfügung des Wortes *kuo* (japanisch *koku*), das «Land» bedeutet.

Der Name *Nihon* (Japan) scheint von der japanischen Regierung zuerst im Jahre 670 n. Chr. offiziell angewandt worden zu sein. Vor dieser Zeit war die gewöhnliche einheimische Bezeichnung des Landes Yamato, eigentlich der Name einer der zentralen Provinzen. *Yamato* und *Ōmikuni,* das ist «das Große Erhabene Vaterland», sind die Namen, die noch immer in der Poesie und der schönen Literatur bevorzugt werden. Japan hat andere alte Namen, von denen einige von ausgeklügelter Länge und donnerndem Klange sind, zum Beispiel, *Toyo - ashi - wara - no - chi - aki - no - naga - i - ho - aki - no - mizu - ho - no - kuni,* das heißt, «die - üppigen - Rohr - Ebenen - das - Land - von - frischen - Reis - Halmen - von - ein - tausend - Herbsten - von - langen - fünf - hundert - Herbsten». Aber wir werden den Leser nicht mit ihrer Aufzählung aufhalten. Wer mehr über diesen Gegenstand wissen will, dem sei die Lektüre des *«Kojiki»* empfohlen (siehe *«Asiatic Transactions»,* Band X., Supplement).

JAPANISCHES VOLK Jede Schilderung der Eigenschaften eines Volkes muß zwei Hauptpunkte berücksichtigen, nämlich die körperlichen Eigenschaften und die seelischen. Wir wollen zuerst einige Worte über die körperlichen Eigenschaften sagen, indem wir diejenigen, denen es um eine erschöpfende Darstellung zu tun ist, hinweisen auf Dr. Baelzs bewundernswürdige Monographie, betitelt «Die körperlichen Eigenschaften der Japaner», gedruckt in den Heften 28 und 32 der «Mitteilungen».

1. *Körperliche Eigenschaften.* Wie in dem «Rasse» betitelten Artikel dargelegt ist, gehören die Japaner zu den Mongolen, das heißt, sie zeichnen sich aus durch eine gelbliche Haut, glattes schwarzes Haar, spärlichen Bart, fast vollkommenes Fehlen der Haare an den Armen, Beinen und der Brust, breite vorstehende Backenknochen und mehr oder weniger schräg gestellte Augen. Diese Merkmale, zusammen mit folgenden, die hier erwähnt werden sollen, sind sowohl der zarter gebauten Aristokratie mit ovalem Gesicht eigen als auch der *Gombei* mit dem runden, fetten Gesicht. Im Vergleich mit Vertretern der europäischen Rasse hat der Durchschnittsjapaner einen langen Körper und kurze Beine, einen breiten Schädel mit einer Tendenz zur Prognathie (hervorspringende Kinnbacken), eine glatte Nase, sprödes Haar, spärliche Wimpern, schwülstige Augenlider, eine fahle Hautfarbe und eine kleine Gestalt. Die Durchschnittsgröße des japanischen Mannes ist ungefähr dieselbe wie die Durchschnittsgröße der europäischen Frau. Die Frauen sind entsprechend kleiner. Die unteren Klassen sind meistens stark gebaut, mit wohlentwickelten Armen, Beinen und Brustkörben. Die höheren Klassen sind sehr häufig schwächlich.

Die obige Beschreibung wird vielleicht wenig schmeichelhaft erscheinen. Aber sie stammt nicht von uns, sondern von den Ärzten. Sodann ändert sich ja auch das Schönheitsideal von Land zu Land. Wir Angelsachsen halten uns selbst für eine schöne Rasse; aber in den Augen der Mehrzahl des japanischen Volkes, was sind wir da heute noch etwas anderes als unförmige, rote, haarige Barbaren mit grünen Augen?

Die japanischen Frauen sehen im ganzen besser aus als

die Männer und haben dabei anmutige Manieren und entzückende Stimmen.[90] Ländliche Schönheiten sind selten, denn die meisten Mädchen der unteren Klassen, die irgendeinen Anspruch auf Schönheit erheben können, werden, wie es scheint, in die Teehäuser der Städte geschickt oder verheiraten sich auch frühzeitig. Die japanischen Kinder mit ihren reizenden, netten Manieren und ihrem altmodischen Aussehen erschmeicheln sich immer die Zuneigung fremder Besucher. Alt und jung ist gleich bemerkenswert in bezug auf Ruhe und Betragen. Die Gestikulationen eines südlichen Europäers erfüllen sie mit Erstaunen, um nicht zu sagen Verachtung, und Aufgeregtheit jeder Art ist ihrer Natur fremd.

Die Japaner altern früher als wir. Es wurde auch behauptet, daß sie ein geringeres Alter erreichen; allein das ist zweifelhaft. Wenn man sich auf Statistiken verlassen darf, so ist die Zahl von Achtzigjährigen, Neunzigjährigen und selbst Hundertjährigen ziemlich groß. In Japan wie in andern Ländern übertrifft die Anzahl sehr alter Frauen beträchtlich jene sehr alter Männer. Die verheerendsten Krankheiten sind Schwindsucht, Leiden der Verdauungsorgane und die merkwürdige Krankheit, *kakke* genannt, die wir in einem besonderen Artikel behandelt haben. Die Japaner haben weniger empfindliche Nerven als wir Europäer. Infolgedessen ertragen sie Schmerzen ruhiger und sehen sie dem Tod mit verhältnismäßigem Gleichmut entgegen.[91]

2. *Seelische Eigenschaften.* Das Meßband, die Waage, das Kraniometer und die Berichte der Krankenhäuser bieten uns Mittel zur Fixierung der körperlichen Eigenschaften eines Volkes; fast jeder kann sie anwenden, und niemand wird sie anfechten. Ganz anders aber ist es, wenn wir die Phänomene der Seele zu fixieren versuchen. Wird ein Neuling sich an die Aufgabe heranwa-

gen? Man wird ihn als Pseudogelehrten bezeichnen, als einen Mann ohne Erfahrung – die einzige unbedingt erforderliche Voraussetzung. Wird es ein alter Ansiedler versuchen, in der Erwartung, daß seine Erfahrung Berücksichtigung finden wird? Der *Globetrotter journalisticus* aus London oder, mag sein, der kultivierte Bostoner literarische Kritiker stürzt sich auf ihn und macht ihm klar, daß der zu lange Aufenthalt an einem Ort ihn seelisch kurzsichtig werden ließ, mit anderen Worten, sein Urteil parteiisch und wertlos machte. Der verstorbene Mr. Gifford Palgrave sagte in Gegenwart des Verfassers, daß ein Aufenthalt von acht Wochen die angemessene Zeit sei, die ein intelligenter Mann brauche, um über Japan schreiben zu können. Eine kürzere Periode (so lautet sein Resümee) müßte auf jeden Fall Oberflächlichkeit erzeugen, während eine längere Periode zu falschen Gesichtspunkten führe. Ein sonderbarer Zufall wollte es, daß der geistreiche Causeur und Schriftsteller genau acht Wochen in Japan zugebracht hatte, als er dieses Orakel verkündete.

Wiederum, du bist in japanischen Diensten und lobst Japan? Dann wirst du ein Heuchler sein. Du findest etwas auszusetzen daran? «Ah! Wissen Sie denn nicht?» wird man sagen, «als sie neulich seinen Vertrag verlängerten, haben sie sein Gehalt um 50 Dollar monatlich reduziert.» Am schlimmsten ist es, wenn du Kaufmann in Yokohama bist. Dann wird dir ins Gesicht erklärt, daß du ein Ignorant, ein *«dollargrinder»* seist, und daß, da du niemals einen Japaner der besseren Klasse sähest, sondern nur Kuli und Krämer, das, was du deine Ansicht zu nennen beliebst, eine einfache Unverschämtheit sei, noch weniger wert als nichts.

Alles zusammengenommen, wer über japanischen Geist, japanische Sitte und Moral urteilt, unternimmt eine undankbare Aufgabe. Der Verfasser fühlt, daß er der Einreihung in eine der oben erwähnten Kategorien von Paria, denen das Recht einer eigenen Meinung abgesprochen werden muß, nicht zu entgehen hoffen kann; deshalb hat er beschlossen, überhaupt keine Meinung auszusprechen, sondern einfach die Ansichten anderer anzuführen. Vielleicht entgeht er auf diese Weise dem Tadel und Unannehmlichkeiten. Er hat die Ansichten unparteiisch ausgewählt, oder vielmehr er hat sie gar nicht ausgewählt, sondern sie aufs Geratewohl seinem Notizbuch entnommen. Zwar hat er es nicht für nötig erachtet, alle Absurditäten der zufälligen Passanten anzuführen – ein französischer Graf, zum Beispiel, ein Bürschchen von zwanzig Jahren, der gerade drei Monate im Lande zubrachte und dann ein Buch darüber schrieb, faßt seine erworbene Weisheit in die ungeheuerliche Behauptung zusammen: «Der Japaner ist nicht intelligent.» Geschwätz dieser Art gibt es genug, um viele Bände damit zu füllen. Aber wer hätte Lust, sich damit zu quälen? Die Ansichten, die wir anführen, sind teilweise Urteile über das Volk, in andern Fällen Urteile über das Land. Es empfiehlt sich indessen nicht, diese beiden Kategorien voneinander zu sondern:

«Dieses Volk ist das Entzücken meiner Seele» (St. Francis Xavier, Mitte des 16. Jahrhunderts).

«The people of this Iland of Japon are good of nature, curteous aboue measure and valiant in warre: their justice is seuerely executed without any partialitie vpon transgressors of the law. They are gouerned in great ciuilitie. I meane, not a land better gouerned in the world by ciuill policie. The people be verie superstitious in their religion and are of diuers opinions.»[92] Die letzte Ansicht paßt nicht auf unsere Zeit. Niemand kann heute die Japaner abergläubischer Religiosität zeihen. Unser Autor ist wieder in Kontakt mit

der modernen Zeit, wenn er spricht von *«the peopell veri subject to thear gouvernours and superiores»*[93] (Will Adams, früh im 17. Jahrhundert).

«Kühn..., heroisch..., rachsüchtig..., ruhmgierig..., sehr fleißig und abgehärtet in Strapazen..., lieben außerordentlich Höflichkeitsformen und gute Manieren und achten sehr darauf, sich selbst, ihre Kleider und Häuser rein und nett zu halten... Was alle Arten von Handarbeiten anbetrifft, künstlerische oder nützliche, fehlt es ihnen weder an geeignetem Material noch an Fleiß und Aufmerksamkeit, und sie sind soweit darin gekommen, daß sie nicht nach ausländischen Meistern zu senden brauchen, sondern vielmehr alle andern Völker an Erfindungsgabe und Sauberkeit der Arbeit übertreffen, besonders in Messing, Gold, Silber und Kupfer... Wenn wir nun weitergehen und die Japaner in bezug auf Wissenschaften und Zierde unseres Geistes betrachten, finden wir vielleicht, daß ihnen die Philosophie fehlt. Die Japaner sind aber nicht so sehr Feinde dieser Wissenschaft, daß sie jene aus dem Lande verbannten, die sie pflegen, sondern sie halten sie mehr für eine den Klöstern geziemende Beschäftigung, wo die Mönche, ein müßiges, faules Leben führend, wenig andere Sorgen haben. Indessen bezieht sich dies hauptsächlich auf den spekulativen Teil, denn was den moralischen Teil anbetrifft, so halten sie ihn in großen Ehren, da er eines höheren und göttlichen Ursprungs ist... Ich gestehe, daß sie vollkommene Ignoranten in der Musik sind, soweit Musik eine Wissenschaft ist, die auf bestimmten Regeln der Harmonie fußt. Ebenfalls wissen sie nichts von Mathematik, besonders von den höheren und mehr spekulativen Zweigen. Niemand hat ja diese Wissenschaften gepflegt außer uns Europäern, noch trachtet ein anderes Volk danach, seinen Geist zu zieren mit dem hellen Licht mathematischer und demonstrativer Untersuchungen... Sie zeigen eine große Achtung und Verehrung für ihre Götter und beten sie auf verschiedene Art an: Und ich denke, die Behauptung ist gerechtfertigt, daß sie in der Übung der Tugend, in der Reinheit des Lebenswandels und der Frömmigkeit die Christen weit übertreffen: Besorgt um die Rettung ihrer Seelen, gewissenhaft bis zum Übermaß in der Sühne ihrer Vergehen und außerordentlich verlangend nach einer zukünftigen Glückseligkeit... Ihre Gesetze und Konstitutionen sind ausgezeichnet und werden genau befolgt, strenge Strafen ruhen auf der geringsten Überschreitung.» (Engelbert Kaempfer, Ende des 17. Jahrhunderts.)

Sir Rutherford Alcock, einer der scharfsinnigsten Schriftsteller in bezug auf Japan, ist auch einer von denen, die am schwersten zu zitieren sind, da sein ganzes Buch *«The Capital of the Tycoon»* eine fortgesetzte Kritik des Japans seiner Zeit ist (ungefähr 1860) und man am liebsten alles anführen möchte. Hier sind einige seiner geistreichen Aussprüche:

«(Japan) ist das wahre Paradies der Säuglinge.» «Irgendwo steckt ein Fehler, und das Resultat ist, daß in einem der schönsten und fruchtbarsten Länder der ganzen Welt die Blumen keinen Duft haben, die Vögel keinen Gesang[94] und die Früchte und Gemüse keinen Geschmack.»

Sir Rutherford spricht in seiner Vorrede von der «unverbesserlichen Neigung des Japaners, dem Fremden die Wahrheit in allen Dingen, großen und kleinen, zu verbergen oder zu entstellen.» Doch gesteht er zu, daß sie «ein Volk von dreißig Millionen von ebenso fleißigen, freundlichen und gutgesinnten Leuten, wie nur irgendwelche in der Welt, sind.»

Auch ihre Kunst erweckt seine Bewunderung, obgleich er eine Einschränkung gemacht hat, nämlich die, daß es einige Zweige der Kunst gibt, in denen es ihnen nicht gelungen ist, etwas hervorzubringen, das in einem Atem mit den Meisterwerken der großen Künstler Europas genannt werden könnte. «Vielleicht in nichts», sagt er, «muß man die Japaner mehr bewundern, als in dem wunderbaren Genie, das sie entfalten, die größtmöglichen Erfolge mit den einfachsten Mitteln zu erzielen und dem möglichst geringen Aufwand an Zeit, Arbeit oder Material. Die Werkzeuge, mit denen sie ihre herrlichsten Arbeiten hervorbringen, sind die einfachsten und oft die primitivsten, die man sich vorstellen kann. Wo immer, sei es in den Feldern oder den Werkstätten, die Natur eine Kraftquelle bietet, kann man sicher sein, daß der Japaner sie tributpflichtig macht und sie seine Arbeit mit dem geringsten Aufwand an Zeit, Geld und Mühe für ihn verrichten läßt. Dies wird bis zu einem solchen Grad der Vollendung durchgeführt, daß es jeden Beobachter als eine der geistigen Eigenschaften der Rasse berühren muß, die auf keinen geringen Grad von intellektueller Begabung und Veredelung hinweist.»

W. G. Aston in *«A History of Japanese Literature»:* «Ein tapferes, höfliches, heiter gesinntes, vergnügungssüchtiges Volk, eher sentimental als leidenschaftlich, witzig und humorvoll, von rascher Auffassungsgabe, aber nicht tief, scharfsinnig und erfinderisch, aber kaum befähigt zu hohen intellektuellen Taten, von empfänglichem Geiste, ausgestattet mit einem großen Wissensdurst, mit einer Neigung zu zierlicher und eleganter Ausdrucksweise, die sich aber selten oder nie zum Erhabenen erhebt.» Allein er fügt hinzu, «die Japaner geben sich nie mit dem einfachen Entleihen zufrieden. In Kunst, politischen Einrichtungen und selbst in der Religion haben sie die Gewohnheit, alles, was sie von andern annehmen, außerordentlich zu modifizieren und ihm den Stempel nationalen Geistes aufzudrücken.»

C. Munzinger, der in seinem Werk, «Die Japaner», mit beträchtlichem Erfolg bestrebt war, das gesamte Gebiet des japanischen Gemüts und des japanischen intellektuellen, sozialen und religiösen Lebens kritisch zu durchleuchten, gelangt zu ganz ähnlichen Schlüssen: «Großes Talent, aber wenig Genie. Eher Martha als Maria – fleißig, geschickt, praktisch, dazu einigermaßen oberflächlich, nicht tief, nicht Betrachtungen hingegeben. Außerordentlich scharfsichtig, nicht sehr kontemplativ. Stark ethisch, nicht stark religiös. Ein intellektuelles Leben, mehr mechanisch als organisch.» Und japanisieren, das heißt, die Methode, die einheimische Unzulänglichkeit durch Anleihen von außen her auszugleichen, ist «ein radikaler Prozeß, bei dem wenig gebogen wird und viel gebrochen... eher ein Prozeß von Akkomodation als Assimilation.» Nichtsdestoweniger und «mit all seinem Mangel an Originalität ist der Japaner eine stark ausgeprägte Individualität, die sich dagegen sträubt, sich auf die Dauer mit fremder Importation in ihrer fremden Gestalt zufriedenzugeben.»

Percival Lowell in *«Occult Japan»:* «Der Mangel an Originalität der Japaner ist sehr überraschend, nachdem man die erste Blendung durch die sonderbaren antipodischen Anblicke überwunden hat. Die Abänderung fremder Motive, eine stets künstlerische und zuweilen entzückende, geistreiche Abänderung charakterisiert den Umfang der japanischen Originalität... Eine allgemeine Unfähigkeit, abstrakt zu denken, ist ein anderer typischer Zug des japanischen Geistes... Endlich verrät die wohlanständige Haltung des ganzen Volkes den Mangel einer darunter wirkenden mentalen Aktivität. Denn nicht die Vorschriften machen den Charakter, sondern der Charakter macht die Vorschriften. Kein kraftvoller Geist könnte durch solch außergewöhnliche Forderungen von Etikette gebunden werden.»

«Wir möchten sagen... daß die auffälligste Eigenschaft der Japaner Frühreife ist, daß die Kühnheit ihrer Perzeptionen bei weitem ihre Urteilskraft übertrifft, daß sich ihr Geist, oder besser der Geist ihrer führenden Klasse, immer in Unruhe befindet, daß sie Gedanken aufgreifen und wegwerfen ganz wie aufgeweckte Jünglinge... Die japanische höhere Klasse mutet uns in der Tat an wie die Gymnasiasten der menschlichen Familie, begabt, heiter und voll von Leben, aber noch nicht reif... Sie lieben den Wechsel um des Wechsels willen, greifen Gedanken auf, weil sie die älteren oder ihre Regierung oder sie selbst erregen und erlauben niemand, seinem Geist eine dauernde Färbung zu geben... Sie sind immer Belehrungen zugänglich, die indessen alle nur einen Zoll tief gehen... Sie klügeln eine Konstitution aus, die nicht funktioniert, ausgenommen soweit, als sie durch die alte Tradition der Autorität des Mikados unterstützt wird; sie gründen eine Presse, die alles im Geiste eines studentischen Zechgelages diskutiert; sie nehmen sogar eine neue Kleidung an und leben in engen Uniformen, bevor die Mehrzahl die Gewohnheit, sich in ein Lendentuch zu kleiden, aufgegeben hat... [Der Japaner] hat einen ungeheuren Respekt vor den Worten alter Philosophen und europäischer Schriftsteller und zitiert sie, wie unsere Landsleute Sprichwörter gebrauchen, als ob sie der Diskussion ein Ende machten; aber er erfaßt gar nicht ihre Weisheit und wird mit einem Sprung, sagen wir, vom Glauben an den heiligen Augustinus zum Glauben an Mr. Grant Allan übergehen, ohne zu ahnen, daß er damit eine Flüchtigkeit des Denkens verrät.» (Aus einem Artikel im «*Spectator*» vom 15. Dezember 1896, gegründet auf zahlreiche Beobachtungen und mitgeteilt von einem, der zwanzig Jahre in Japan lebte.)

Mr. Walter Dening, der die moderne japanische Literatur und ihre Schöpfer wahrscheinlich besser kennt als irgend jemand, schreibt wie folgt: «Es ist bekannt, daß eine der ausgeprägtesten Eigenschaften des japanischen Geistes der Mangel an Interesse für metaphysische, psychologische und ethische Kontroversen aller Art ist. Es gelingt selten, sie so weit zu bringen, derartigen Fragen die nötige Aufmerksamkeit zu schenken, so daß sie wenigstens die Hauptlinien erfassen.» Und wiederum: «Weder die Geschichte ihrer Vergangenheit noch ihre vorherrschenden Geschmacksrichtungen zeigen eine Neigung zum Idealismus. Sie lieben das Praktische und das Wirkliche: weder die Phantasien Goethes noch die Schwärmereien Hegels sind nach ihrem Geschmack. Unsere Poesie und unsere Philosophie und der Geist, der sie zu würdigen versteht, das alles ist das Resultat einer Reihe von subtilen Einflüssen, denen die Japaner verhältnismäßig fremd gegenüberstehen. Manche behaupten, und wir denken mit Recht, daß der Mangel des japanischen Gemütes an Idealismus selbst das Leben des Kultiviertesten zu einer mechanischen, farblosen Sache macht im Vergleich mit dem Leben der Menschen im Westen. Die Japaner können nicht verstehen, warum wir uns so erhitzen können bei Debatten über psychologische, ethische, religiöse und philosophische Fragen, denn es fehlt ihnen an der Einsicht, daß dieses Feuer das Resultat eines intensiven Interesses ist, das wir solchen Themen entgegenbringen. Die Befriedigung, die der kultivierte westliche Geist an der Welt von Phantasien und Romanen findet, an Fragen an und für sich, ungeachtet ihrer praktischen Möglichkeit, ist zum größten Teil unverständlich für den Japaner.

Dr. Busse beklagt in seinem gründlichen Essay über die japanische ethische Literatur von heute den Mangel an Tiefe, an Einblick und an originellen Gedanken, aus welchem Grunde die Vertreter der japanischen Ansichten zu einem oberflächlichen Eklektizismus neigten. Sie greifen, sagt er, Probleme leichten Herzens auf, weil sie ihre wirkliche Schwierigkeit nicht zu würdigen verstehen.

Ein gewissenhafter und vornehm gesinnter Schriftsteller, S. L. Gulick, sagt in seinem Werk *«Evolution of the Japanese»*, als er von den Gefahren spricht, denen Japan durch die europäischen Angriffe in den ersten Jahren der erneuerten Beziehungen ausgesetzt war: «Es wurde gerettet, weil es eine bemerkenswerte Kombination nationaler Eigenschaften besaß – die Kraft der Beobachtung, der Würdigung und der Nachahmung. Mit einem Wort, sein feines Verständnis für seine Umgebung und seine Bereitschaft, sich ihr anzupassen, erwiesen sich als seine Rettung.» Er versichert auch wiederholt, die Japaner seien *«an emotional people»*. Indessen zielt sein ganzes Bestreben dahin, die Rassenabweichungen und speziellen Fähigkeiten oder Mängel aufs geringste einzuschränken. «Die Unterschiede», schreibt er, «die den orientalischen Geist vom okzidentalischen trennen, sind unendlich klein im Vergleich zu der Übereinstimmung, die sie vereinigt.»

Wenn die ansässigen Ausländer über ihre japanischen Nachbarn sprechen, so weisen sie häufig auf die Nüchternheit, die Dinge zu betrachten, hin, die alle Völker charakterisiert, die unter chinesischen Einfluß geraten sind. Der Herausgeber der *«Japan Mail»* hat auf den wesentlichen Unterschied zwischen dem nüchternen Japaner und dem praktischen Europäer hingewiesen, indem er als ein Beispiel die Kalkulationen des Verfassers einer

Broschüre über eine projektierte Bahnlinie anführt, deren wahrscheinlicher jährlicher Gewinn bis zu Dezimalen eines Cents ausgearbeitet war! Der nüchterne japanische Kalkulator übertrug auf seine Schrift einfach die Zahlen, die auf seinem Rechenbrett herauskamen. Der praktische (weil ebenfalls theoretische) Europäer weiß, daß eine solche augenscheinliche Genauigkeit illusorisch ist. Wir selbst haben bei unseren Reisen in den verschiedenen Provinzen Japans oft gesehen, daß die Entfernungen (in einem Fall eine breite Seestraße) nicht nur bis auf den Fuß, sondern bis auf Zölle angegeben waren!

Hier folgen zwei oder drei kürzere Dikta über das Land und seine Bewohner:

«Das Land der Enttäuschungen.» (Ein alter Ansiedler in japanischen Diensten.)

«Sie erscheinen mir als das häßlichste und angenehmste Volk, das ich je sah, ebenso als das netteste und scharfsinnigste» (Mrs. Bishop in *«Unbeaten Fracks»* in *«Japan»*).

«Das Land zarter Sitten und phantastischer Künste» (Sir Edwin Arnold). Derselbe Autor sagt von den Japanern: «Sie haben mehr die Natur von Schmetterlingen als von gewöhnlichen menschlichen Wesen... Sie wollen und können das Leben nicht *au grand sérieux* nehmen.» (!!)

Die Leute lieben es, Vergleiche zwischen den Chinesen und den Japanern anzustellen. Fast alle scheinen darin übereinzustimmen, daß es sich mit den Japanern weit angenehmer leben läßt – sie sind sauber, gütig, kunstliebend. Auf der andern Seite räumt man allgemein ein, daß die Chinesen weitaus vertrauenswürdiger sind. «Ich kenne», sagt Sir Ewen Cameron, früher Direktor der Hongkong- und Shanghai-Bank in Shanghai, «niemand in der Welt, dem ich mehr vertrauen würde als dem chinesischen Kaufmann oder Bankier... Während der letzten fünfundzwanzig Jahre hat die Bank sehr ausgedehnte Geschäfte mit Chinesen in Shanghai abgewickelt, die, ich kann wohl sagen, bis zu Hunderten von Millionen Tael gingen, und niemals ist uns ein betrügerischer Chinese begegnet.» Oder (wir wählen aufs Geratewohl ein weiteres Zeugnis aus hunderten) man höre Mr. J. Howard Gwyther, Vorsitzender der Chartered Bank of India, Australia and China. In seiner Rede im Jahre 1900 bei der halbjährlichen Generalversammlung der Bank in London sagte dieser Herr: «Ich benütze die Gelegenheit, um zu konstatieren, daß die Bank sehr ausgedehnte Geschäfte mit chinesischen Kaufleuten hatte und sie immer zuverlässig und ehrlich fand. Durch ihre Redlichkeit und Solvenz haben sie ein leuchtendes Beispiel für andere kaufmännische Vereinigungen gegeben.» Mr. T. R. Jernigan, ehemaliger Generalkonsul der Vereinigten Staaten in Shanghai, äußert sich in fast den gleichen Ausdrücken in seinem Werk, betitelt *«China's Business Methods and Policy»*, veröffentlicht 1904.

Zwischen diesen Schilderungen und jenen, die die europäischen Bankiers und Kaufleute in Japan entwerfen, herrscht ein trauriger Unterschied. Zwar beklagen sie sich nicht so sehr über wirkliche, bewußte Unehrlichkeit, obgleich sie versichern, daß auch das nicht selten ist – als vielmehr über Kleinlichkeit, Unschlüssigkeit und eine Ungeschäftsmäßigkeit, die fast das Mögliche übersteigt. Daraus erklären sich die großen Meinungsverschiedenheiten der Vergnügungsreisenden und der Kaufleute in den offenen Häfen. Japan, das Paradies des Globetrotters, ist gleichzeitig das Grab der Hoffnungen des Kaufmanns. Ein anderer tiefgehender Unterschied zwischen den Chinesen und den Japanern besteht darin, daß die Chinesen Rassenstolz besitzen, die Japaner dagegen nationale Eitelkeit. Die Chinesen kümmern sich nicht um China als politische Einheit, eine Abstraktion, ein Ideal, wofür man stirbt, wenn es sein muß; nichtsdestoweniger sind sie untrennbar mit jeder Einzelheit der Kultur ihrer Vorfahren verknüpft. Obgleich die Japaner zweimal, in Intervallen von tausend Jahren, alles Nationale über Bord geworfen haben, sind sie ungeheure Nationalisten in der Idee. In der Tat, man kann sagen, daß der Patriotismus ihr einziges übriggebliebenes Ideal ist. Jeder Chinese ist stolz auf die äußeren Zeichen seiner Rasse; dagegen gibt es keinen Japaner, der nicht entzückt wäre, für einen Europäer zu gelten, um die Europäer auf ihrem eigenen Felde zu schlagen. Die Japaner sind ferner tapfer bis zur Sinnlosigkeit. Die Chinesen dagegen, ungeheuer praktische Leute, folgen dem Wahlspruch:

> *He who fights and runs away*
> *May live to fight another day.*[95]

Die Eigenschaft, in der die Chinesen mit den Japanern am meisten übereinstimmen (und andere Völker des Fernen Ostens; die Koreaner zum Beispiel stimmen ebenfalls darin mit ihnen überein) ist eine materialistische Denkweise. Das ist die unangenehme Note, die, wenn ein langer Aufenthalt Familiarität erzeugte, europäische Nerven peinlich berührt und keine wahre intellektuelle Sympathie aufkommen läßt.

Nur noch eine Auslassung wollen wir anführen. Sie stammt von Rev. C. M. Meacham, einem Missionar, der sich lange Jahre drüben aufhielt, und drückt aus, was Hunderte von Ansässigen gedacht und gesagt haben: «Ein paar Monate genügen nicht für ein genaues Verständnis der Lage, selbst wenn der Reisende sich des freundlichen Interesses und der Führung hoher offizieller Persönlichkeiten erfreuen sollte. Es gibt vielleicht kein

Volk unter dem Himmel, das besser die glückliche Kunst versteht, seine Gäste zu unterhalten, und vielleicht keines, dem es besser gelänge, sie mit seinen Anschauungen voreinzunehmen. In der Tat haben im allgemeinen Leute, die lange genug im Lande blieben, um tiefere Einblicke gewinnen zu können, gefunden, daß die ersten Eindrücke recht trügerisch sind.»

Um die Summe zu ziehen: Das durchschnittliche Urteil derjenigen, die eine Zeitlang unter den Japanern gelebt haben, scheint zu gipfeln in drei Punkten auf der Kreditseite, nämlich Reinlichkeit, Güte und verfeinerter künstlerischer Geschmack; und in drei Punkten auf der Debetseite, nämlich Eitelkeit, ungeschäftsmäßige Gewohnheiten und die Unfähigkeit, abstrakt zu denken.

Was die Nachahmungssucht betrifft, die allen Beobachtern auffällt, so wissen wir nicht recht, auf welche Seite des Kontos wir sie setzen sollen. Die meisten scheinen sie als ein Symptom intellektueller Inferiorität zu tadeln; sie nennen sie Mangel an Originalität. Von andern hörten wir sie loben, da sie ein Beweis sei für praktische Weisheit in einer Welt, in der die meisten Gedanken von Wert schon erörtert wurden. Ob sie nun gut oder schlecht ist, man kann nicht umhin, sich zu wundern, bis zu welch lächerlichen Einzelheiten die Nachahmung getrieben wird. Dies wird sogar einem Neuling auffallen, aber es drängt sich dem alten Ansiedler mit immer wachsender Macht auf. Wir erinnern uns zum Beispiel, daß vor einigen Jahren die Frage diskutiert wurde, ob die Sitte des «Aprilscherzes» in Japan eingeführt werden sollte oder nicht! Dieser spezielle Vorschlag wurde zufällig abgelehnt, aber die Tatsache, daß er überhaupt diskutiert wurde, mag als ein Beispiel dafür dienen, welchen Grad die Leidenschaft, fremde Dinge zu adoptieren, erreicht hat.

Soweit diese kurze Auslassung über die seelischen Eigenschaften der Japaner. Wer glaubt, daß sie nicht erschöpfend genug sei, wird gebeten, sie zu ergänzen, sei es aus seinen persönlichen Erfahrungen oder aus seiner Lektüre. Wir persönlich können nicht umhin, uns zu wundern, wie – ähnlich wie Schafe nacheinander über einen Zaun springen – ein Schriftsteller nach dem andern sich über bestimmte Züge geäußert hat, die für das japanische Volk charakteristisch sein sollten, und die in Wahrheit, wie die Geschichte zeigt, nur bezeichnend sind für den Zustand, den die Nation jetzt durchlebt. Ihr moderner Loyalitätseifer ist ein gutes Beispiel dafür: Europa zeigte genau das gleiche Symptom, als es aus dem Feudalismus hervortrat.

Nur noch eine Betrachtung: Wie berühren *unsere* Eigenschaften die Japaner? Nach den Andeutungen, die mehrere Gebildete machten, und nach den noch interessanteren, weil ganz naiven Bemerkungen japanischer Dienstboten, die der Verfasser zu verschiedenen Zeiten mit sich nach Europa genommen hat, glaubt er konstatieren zu können, daß der Japaner als unsere drei Haupteigenschaften Unsauberkeit, Faulheit und Aberglaube betrachtet. Was die verhältnismäßige Unsauberkeit anbetrifft, so kann darüber für einen vorurteilsfrei Denkenden kein Zweifel bestehen. Sie selbst, verehrte gnädige Frau, nehmen natürlich regelmäßig jeden Morgen Ihr Bad. Sind Sie aber so sicher, daß Ihr Kammerdiener, Ihr Kutscher, Ihre Zofe ebenso regelmäßig das ihrige nehmen? Ferner, was soll ein Fremder, der hereinschneit aus einem Lande mit fünfzehn Arbeitsstunden im Tage und geschlagenen dreihundertundfünfundsechzig Arbeitstagen im Jahre denken von den Gewohnheiten europäischer Handwerker und Dienstleute, von Postämtern, die am Sonntag entweder ganz geschlossen sind oder während bestimmter Teile des Tages, usw.? Was den Aberglauben anbetrifft, so ist dies eine Sache individueller Anschauung. Von unserer Poesie, unserer Musik, unserer Metaphysik, unserem Interesse an allen Arten von Dingen, die über die zwei Welten von Gefühl und Geist verteilt sind, kann der japanische Besucher natürlich nur wenig bemerken und noch weniger würdigen. Weder unsere Gemälde noch unsere Kathedralen berührten eine Saite in seinem Herzen. Auf der andern Seite sind alle unsere materiellen, nützlichen Erfindungen schon seinen Landsleuten bekannt, die sie – wenn nicht ganz so gut – auf jeden Fall billiger anwenden als wir und in einer Weise, die den besonderen Bedürfnissen mehr entspricht. Aus diesen und noch anderen Gründen machen Europa und Amerika einen weitaus weniger günstigen Eindruck auf den japanischen Besucher als allgemein angenommen zu werden scheint. Mag er Staatsmann oder Kammerdiener sein, er wird wahrscheinlich in sein Vaterland als ein größerer Patriot zurückkehren, als er es vordem war.[96] (Siehe auch Artikel über «Frauen».)

JINRIKISHA Der Ursprung des Jinrikishas ist, um eine Phrase zu gebrauchen, in Dunkelheit gehüllt. Ein einheimischer Bericht schreibt die Idee der Erfindung einem gelähmten alten Herrn von Kyōto zu, der geraume Zeit vor 1868 seinen Palankin unbequem fand und sich dafür einen kleinen Karren anschaffte. Nach einer andern Version war ein gewisser Akiha Daisuke aus Tokyo der Erfinder, um das Jahr 1870; aber das erste Gesuch um die behördliche Erlaubnis, Jinrikishas herstellen zu dürfen, reichte ungefähr zur selben Zeit ein Mann namens Takayama Kōsaku ein. Die gewöhnliche fremde Version geht dahin, daß ein Amerikaner namens Goble, halb

EINE FAHRT IM JINRIKISHA

Schuhflicker und halb Missionar, den Gedanken eines abgeänderten zweirädrigen Handkarrens ungefähr um 1867 in die Welt setzte, und diese Ansicht wird von Mr. Black, dem Verfasser von *«Young Japan»*, vertreten. Auf jeden Fall fand die Erfindung, einmal gemacht, überall günstige Aufnahme. Es gibt jetzt über 33 000 Jinrikishas und 31 000 Jinrikishamänner in Tokyo allein[97]; und die Häfen von China, der malaiischen Inseln und Indiens verdanken ebenso wie Japan dem Jinrikisha eine ergiebige Quelle der Beschäftigung ihrer wimmelnden Kulibevölkerung und der Bequemlichkeit der wohlhabenden Bewohner.

Das zusammengesetzte Wort Jinrikisha bedeutet wörtlich «Mann-Kraft-Wagen». Manche glaubten in *sha* eine Korruption des englischen *«car»* zu erblicken. Das ist ein Irrtum. Das arme Wort *jinrikisha* muß viel leiden von seiten der Fremden und der Japaner. Die Japaner schneiden gewöhnlich sein Ende ab und nennen es *jinriki,* oder sie übersetzen auch die chinesische Silbe *sha* in ihre eigene Sprache und nennen es *kuruma,* die Engländer schneiden ihm den Kopf ab, malträtieren die Vokale und nennen es *rickshaw.* Ein englisches Wörterbuch gibt es tatsächlich mit *jennyrickshaw* an!

Ein gewöhnliches Jinrikisha kostet etwas über 30 Yen und hält drei Jahre aus, wenn es jährlich ein paarmal repariert wird. Ein hübsches Privat-Jinrikisha kann auf 45 oder selbst 50 Yen zu stehen kommen. Die Gesamtkosten der Ausrüstung eines Jinrikishamannes, Rock, Beinkleider, Hut und Laterne, alles vollständig, werden auf 2½ bis 5 Yen geschätzt. Der gewöhnliche Fahrpreis beläuft sich auf 15 bis 25 *sen* per *ri* (3,93 Kilometer). Viele arbeiten auf eigene Rechnung, ihr Jinrikisha ist ihr Anlagekapital. Das sind jene, die an den Straßenecken herumlungern und auf ein Geschäft warten. Andere erhalten

Verpflegung von einem Herrn oder, wie der mehr patriarchalische japanische Ausdruck lautet, von einem «Vater» *(parent = oyakata)* und arbeiten für ihn; dieser Herr kann zehn oder zwanzig Jinrikishas besitzen und rechnet mit seinen Leuten zweimal monatlich ab. In den großen Städten kann ein Mann mit dieser schlichten Beschäftigung bis zu 30 Yen monatlich verdienen, das heißt mehr als das Gehalt von vielen kleinen, langjährigen Beamten beträgt; dabei hat er mehr Zerstreuungen, Vergnügen und Selbständigkeit. Kein Wunder also, daß frische Massen von Burschen aus dem Lande unausgesetzt herbeiströmen, um die zu ersetzen, die Schwindsucht und Herzleiden – die Folgen von Kälte und Überanstrengung – nur zu rasch von der geschäftigen Szene verdrängen. Jinrikishas werden heute viel ausgeführt nach Shanghai und anderen Orten.

Die Helden der Jinrikisha-Welt sind zwei Männer namens Mukō-bata und Kitaga, die im Mai 1891 das Leben des damaligen Zarewitschs (des jetzigen Zaren) vor dem Dolch eines Mörders retteten und danach fast unter den Belohnungen und Ehrungen erstickten, die auf sie sowohl von seiten ihres eigenen Herrschers als von seiten des russischen Hofes herabregneten. Der eine von beiden hat Tugend mit Glück vereinigt, der andere hat sich einem lasterhaften Leben ergeben.

KAEMPFER (ENGELBERT) Wenn Marco Polo der erste war, der die Existenz eines Landes wie Japan zur Kenntnis der Europäer brachte, und Mendez Pinto der erste, der sein Gestade betrat, so darf man Engelbert Kaempfer (1651–1716) getrost Japans wissenschaftlichen Entdecker nennen. Geboren in Lemgo in Westfalen, reiste er als Jüngling im nördlichen Deutschland, in Holland und Polen. Im Alter von zweiunddreißig Jahren trat er als Legationssekretär in den schwedischen diplomatischen Dienst, in welcher Eigenschaft er durch Rußland und die Tartarei an den Hof von Isfahan gelangte. Begierig, noch fernere Länder zu sehen, trat er später als Arzt in den Dienst der holländischen Ost-Indischen Gesellschaft, segelte 1688 von Ormuz nach Batavia und von da über Siam nach Japan, wo er im Monat September 1690 ankam. In dieser Zeit waren die Holländer die einzige Nation, denen der Handel mit Japan erlaubt war, und selbst sie waren auf Deshima beschränkt, einen Teil von Nagasaki, wo die Behörde eifrige Sorge trug, sie über alle japanischen Angelegenheiten in Unwissenheit zu erhalten. Eine jährliche Reise nach Yedo, um dem Shōgun ihre Ergebenheit zu bezeugen, war die einzige Abwechslung in ihrem monotonen Leben.

Kaempfer blieb nur zwei Jahre und zwei Monate in Japan. Und doch stellte er in diesem kurzen Zeitraum und unter diesen ungünstigen Umständen ein Werk zusammen, das als das erste der Welt ziemlich genaue Informationen gab über die Geschichte, Geographie, Religion, Sitten und Gebräuche und Landesprodukte des mysteriösen Inselreiches. Zurückgekehrt nach Europa im Jahre 1694, ließ sich Kaempfer zuerst in Leyden nieder und dann in seiner Vaterstadt, wo er seine Zeit damit verbrachte, seine zwei gefeierten Werke, «Geschichte von Japan» und *«Amœnitates Exoticae»,* zu schreiben, ärztliche Praxis auszuüben und mit seinem bösen Weibe zu streiten, deren Launen seine Kolikanfälle, die zu seinem Tode führten, verschlimmert haben sollen.

Die «Geschichte von Japan» erschien, sonderbar genug, zuerst in einer englischen Übersetzung (1727–28), dann lateinisch (1728), holländisch (1729) und französisch (1729). All diese Ausgaben wurden aus der englischen Übertragung übersetzt. Zuletzt, 1777, erschien eine deutsche Ausgabe – nicht genau das deutsche Original, denn Kaempfers Stil war so schrecklich trocken und wirr, daß die Buchhändler fürchteten, daß er selbst das deutsche Publikum abschrecken würde, das doch in dieser Beziehung schon viel erdulden mußte. Die Diktion wurde entsprechend abgeändert und geglättet. So erschien Kaempfers Werk niemals in Kaempfers Worten. Exemplare all dieser Ausgaben sind nun selten und erzielen hohe Preise.

KAGO Die ursprüngliche Bedeutung von *kago* ist «Korb»; aber das Wort wird speziell auf eine besondere Art von Körben angewendet; diese sind aus Bambusschleißen angefertigt, haben oben ein leichtes Dach und manchmal Leinwandstreifen an den Seiten, die die Sonnenstrahlen abhalten sollen, und werden geschwungen an einem Stab, den zwei Männer – einer vorn und einer hinten – auf den Schultern tragen. Dies ist der Land-*kago,* der immer noch das gebräuchliche Transportmittel in bergigen Distrikten bildet, wo Jinrikishas nicht praktisch sind – manchmal sogar, wo sie es sind. Die getragene Person hockt darin, ähnlich wie die Japaner zu sitzen gewöhnt sind, nur daß die Positur halbliegend ist. Es bereitet dem Japaner keine Schwierigkeiten, seine Beine sozusagen aus dem Wege zu schaffen. Der *kago* erfuhr in Einzelheiten häufige Abänderungen in verschiedenen Zeiten und Orten. Der alte *norimono* der Städte, der so oft von den Reisenden früher Zeiten in ihren Beschreibungen von Daimyō-Aufzügen erwähnt wird, war nichts als ein verschönerter *kago*. Größer und würdiger könnte man ihn vielleicht einen *Palankin* nennen. Die erhaltenen Exemplare (zum Beispiel im Ueno-Museum

EIN KAGO MIT TRÄGERN WÄHREND EINER RAST

in Tokyo) sind ein Beispiel dafür, bis zu welchem Grad der Luxus in diesen Transportmitteln ging: Die Bambusstruktur des bäurischen Prototyps wurde vertauscht mit kostbarem Lackwerk; sorgfältig gefügte Schiebefenster mit Jalousien, die mit Seide zusammengehalten wurden, hielten den profanen Blick der Passanten ab, und an jeder passenden Stelle verkündeten feingearbeitete Metallbeschläge in der Sprache der Heraldik die aristokratische Herkunft des Insassen.

Wir wissen nicht, wann der *kago* eingeführt wurde. Aber es muß verhältnismäßig spät gewesen sein, denn wir haben Berichte darüber, daß sich in den Tagen des Mittelalters hochstehende Persönlichkeiten der Verfolgung ihrer Feinde entzogen, indem sie auf den Schultern eines stämmigen Lehnsmannes davonritten. Alte Bilder zeigen uns den Kaiser Godaigo auf einer in dieser Weise bewerkstelligten Flucht, ungefähr um das Jahr 1333. In dieser Zeit scheinen die einzigen Transportmittel immer noch jene schwerfälligen, so häufig in der Kunst dargestellten Ochsenkarren gewesen zu sein, die Jahrhunderte hindurch dem japanischen Adel bei seinen Vergnügungsreisen in die Umgebung der alten Hauptstadt Kyōto Dienste taten. Wahrscheinlich aber gab es nur in der Umgebung der Hauptstadt Straßen, auf denen man sie verwenden konnte; auch waren sie auf jeden Fall bei Anlässen, die Schnelligkeit und Heimlichkeit verlangten, nicht verwendbar.

KAISERIN Das salische Gesetz wurde erst mit der nagelneuen Verfassung von 1889 eingeführt. Vor dieser Zeit nahmen mehrere Kaiserinnen den Thron ein, und eine von ihnen, die Kaiserin *Jingō* («göttliche Tapferkeit»), gehört zu den größten heroischen Gestalten der alten japanischen Legende (siehe Artikel über «Geschichte und Mythologie»). Alle japanischen Kaiserinnen waren im Lande geboren. Ohne Zweifel schloß die Abgeschiedenheit Japans von andern Ländern den Gedanken an ausländische Heiraten aus. Die Lebensgefährtin des Monarchen wurde gewöhnlich aus den Familien des einheimischen Adels ausgewählt; eine Folge davon ist, daß die japanische kaiserliche Familie absolut einheimisch und national ist und kein fremdes Blut in den Adern hat wie die regierenden Häuser von England, Rußland und vielen anderen europäischen Staaten.

Die jetzige Kaiserin ist natürlich Kaiserin-Gemahlin. Ihr Name ist *Haruko,* das heißt «Kaiserin Frühling». Sich meist der leisesten Einmischung in politische Angelegenheiten enthaltend, widmet diese erlauchte Dame, Tochter eines hohen Adligen des Hofes von Kyōto, ihr Leben dem Studium und guten Werken; besonders Hospitäler nehmen ihre Aufmerksamkeit in Anspruch. Das Red Cross Hospital in Shibuya in Tokyo, eines der größten – man könnte sagen luxuriösesten – Hospitäler im Osten, ist ihre Schöpfung, und das Charity Hospital zu Shiba in Tokyo genießt ebenfalls ihr erlauchtes Patronat.

KAKEMONO Das *kakemono* oder die aufgehängte Rolle ist die gewöhnliche Gestalt des japanischen Gemäldes. Es nimmt den Platz des gerahmten Bildes Europas ein; aber die Anzahl der *kakemonos,* die in einem einzigen Raum zur Schau gestellt werden dürfen, ist auf eines beschränkt oder auf ein Paar oder auf einen Satz von dreien. Ferner hat die Sitte den *tokonoma* oder Alkoven als den einzigen Teil des Zimmers festgesetzt, in dem diese Rollen aufgehängt werden dürfen, und feste Regeln vorgeschrieben für die Dimensionen und andere Einzelheiten der Montierung.

Die Erfindung, auf diese Weise Gemälde zur Schau zu stellen und aufzubewahren – denn wenn das *kakemono* nicht aufgehängt ist, wird es immer fest zusammengerollt aufgehoben –, geht auf sehr frühe chinesische Zeiten zurück. Zuweilen enthält das *kakemono* an Stelle eines Bildes eine wertvolle kalligraphische Arbeit. Denn das Malen im Fernen Osten ist eine Art von Schreiben, und das Schreiben eine Art von Malen, und die kalligraphische Geschicklichkeit wird nicht geringer geachtet als das Talent zum Malen.

Das *gaku* ist ein auf andere Art montiertes Bild, dem gerahmten Bild Europas ähnlicher, aber es nimmt einen recht untergeordneten Platz ein.[98]

KAKKE *Kakke* ist dieselbe Krankheit, die in Indien und auf den malaiischen Inseln unter dem Namen *beriberi* bekannt ist, und kann populär definiert werden als eine Art von Paralyse, für die Bewegungsunfähigkeit und Erstarrung, besonders der Extremitäten, charakteristisch ist. Häufig ist sie von Wassersucht begleitet. All diese Erscheinungen sind die Folge einer nervösen Degeneration, die anatomisch der hauptsächliche Faktor des Leidens ist. In schweren Fällen greift es das Herz an und kann dann rasch tödlich wirken, wenn auch der gewöhnliche Verlauf der Krankheit sich über mehrere Monate erstreckt und meistens mit der Genesung endigt. Aber wer einmal einen Anfall gehabt hat, muß gewärtigen, daß er sich nach einem oder zwei Jahren wiederholt. Manche Personen haben bis zu zehn oder selbst zwanzig Anfälle gehabt, die alle mit dem warmen Wetter einsetzten und mit dem Herbst verschwanden.

Kakke befällt besonders häufig und tückisch junge und sonst gesunde Männer – Frauen viel seltener, fast überhaupt nicht, ausgenommen während der Schwangerschaft und nach der Entbindung. Die Kinder beider Geschlechter erfreuen sich fast absoluter Immunität.

Die Krankheit geht nach der Ansicht einiger medizinischer Autoritäten nicht aus wirklicher Malaria hervor, wie man früher annahm, sondern ist die Folge eines klimatischen Einflusses, der Malaria ähnlich. Andere suchten ihre Ursache in der nationalen Diät, manche im Reis, andere im Fisch. Zugunsten dieser Anschauung muß angeführt werden, daß die Landbevölkerung, die sich häufig weder Reis noch Fisch leisten kann und von Gerste und Hirse leben muß, weniger darunter leidet als die Stadtbevölkerung, und ferner die Tatsache, daß eine außerordentliche Besserung in dieser Hinsicht im Gesundheitszustande der japanischen Marine beobachtet wurde, seit Dr. Takagi, früher Chefarzt, eine Fleisch- und Brotdiät für die Seeleute einführte.[99] Dr. Scriba, Professor der Chirurgie an der Kaiserlichen Universität in Tokyo, widerspricht diesen beiden Anschauungen. Seiner Ansicht nach begünstigt das Zusammenpferchen von Menschen in unvollkommen ventilierten Räume, besonders wenn diese Räume mit Matten ausgelegt sind, die selten weggenommen oder erneuert werden, die Entwicklung der Krankheitskeime. Die Veränderung der Diät habe keinen direkten Einfluß gehabt auf die Ausrottung von *kakke* in der Marine. Vielmehr sei es der größeren Aufmerksamkeit, die man in den letzten Jahren der Reinlichkeit und der Ventilation schenkte, zusammen mit dem Leben der Seeleute in freier Luft überhaupt zuzuschreiben. Er vergleicht die Unterdrückung von *kakke* in der Marine mit jener von *Hyaemia* und *Erysipelas* usw. in Krankenhäusern seit der Einführung von hygienischen und antiseptischen Vorsichtsmaßregeln. Diese Anschauung gewinnt an Gewicht durch die bekannte Tatsache von dem Einfluß, den das Zusammenpferchen von Menschen auf die Ausbreitung von Krankheiten ausübt, und von ihrer verhältnismäßigen Häufigkeit in niederen alluvialen Gegenden.

Ob *kakke* einheimisch ist oder eingeschleppt wurde, ist eine Frage, auf die es noch keine Antwort gibt; aber das letztere scheint mehr wahrscheinlich, da sich die erste Erwähnung dieser Krankheit erst vor zweihundert Jahren findet. Damals und bis vor ungefähr fünfzig Jahren war sie auf einige Häfen an der pazifischen Küste Japans und auf einige große Städte, die in Verbindung mit diesen Häfen standen wie Kyōto, beschränkt; und an all diesen Orten waren Kasernen, Schulen und Gefängnisse die am meisten heimgesuchten Plätze. Eisenbahnen, Dampfer und Landstraßen haben *kakke* aus einer lokalen Plage zu einer nationalen gemacht. Sie beschränkte sich nicht länger auf tiefliegende Gegenden und hat fast das gesamte Land überzogen; die Heimsuchung war in manchen Fällen mysteriös, in anderen klar zurückzuführen auf die Anwesenheit von *kakke*-Kranken, die zum Luftwechsel in die Berge geschickt wurden und die Krankheit auf die Bewohner übertrugen.[100]

KAMPFER Japans neue Kolonie Formosa nimmt in bezug auf Kampferproduktion den ersten Platz unter allen Ländern ein. Japan selbst folgt an nächster Stelle, obgleich die unbarmherzige Abholzung, die der heutigen Zeit zur Schande gereicht, zur Annahme berechtigt, daß diese Quelle sozialen Einkommens in wenigen Jahren erschöpft sein wird. Unglücklicherweise kann der Kampfer nicht wie Lack oder Ahornzucker durch Anzapfen genommen werden. Der Baum muß gefällt und die Späne geschnitten werden, die in einer Kufe gedämpft werden; den Rauch läßt man hierauf in einen Kühlapparat eintreten, wo eine Kondensation stattfindet; der Kampfer und das Kampferöl werden später abgeschöpft. Kasten aus Kampferholz sind sehr geschätzt, nicht allein wegen des feingemaserten und seidigglänzenden Holzes, sondern auch wegen seiner Wirkung gegen Insekten.

Der Kampferlorbeer gehört zu den stattlichsten Bäumen und erreicht oft eine ungeheuere Höhe und Dicke – dreißig, vierzig und selbst fünfzig Fuß im Umfang. Große Exemplare kann man in Atami, Atsuta und Dazaifu sehen – lauter Plätze in der Nähe der gewöhnlichen Reiserouten. Solch riesige Bäume werden oft von dem naiven Landvolk angebetet, das Seile aus Stroh oder Papier als Zeichen der Verehrung um sie schlingt.[101]

KATZEN Da sich eine der ersten Fragen eines jeden beobachtenden Reisenden, der in Yokohama landet, auf die schwanzlosen oder, richtiger gesagt, kurzschwänzigen Katzen bezieht, so mag gesagt werden, daß diese Eigentümlichkeit eine natürliche Ursache hat. Die Knochen sind alle vorhanden, aber nicht normal entwickelt; daher das atrophische Aussehen des Schwanzes. Da man nur schwanzlose Katzen zu sehen gewöhnt ist, besteht indessen eine solche Vorliebe für sie, daß man, im Falle sich unter einem Wurf zufällig ein langschwänziges Kätzchen befinden sollte, gewöhnlich den Schwanz zur passenden Kürze zustutzt.

Die populäre Abneigung gegen langschwänzige Katzen ist ohne Zweifel auf den schlangenhaften Eindruck zurückzuführen, den ein hin- und herbewegter normaler

Katzenschwanz hervorruft, und auf den Aberglauben, daß es Katzen mit einem langen oder mehreren langen Schwänzen gibt, die die Macht besitzen, menschliche Wesen nach Art der Füchse und Dachse zu behexen (siehe Artikel über «Dämonische Besessenheit»). Man beachte indessen, daß die Abneigung gegen langschwänzige Katzen sich nicht über das ganze Land erstreckt. Sie ist auf gewisse Provinzen beschränkt.

Eine anderer bemerkenswerter Aberglaube ist die glücksbringende Eigenschaft, die die Seeleute gelben, schildpattfarbigen Katern zuschreiben. Der Patron einer Dschunke wird jeden Preis für eine solche Katze bezahlen, um sich auf diese Weise gegen Schiffbruch zu feien. In diesem Falle ist es wahrscheinlich die Seltenheit des Tieres, die ihm den fiktiven Wert verliehen hat; denn obgleich schildpattfarbige Katzen häufig vorkommen, sind sie infolge einer unbekannten Ursache fast alle Kätzinnen.

Unter Europäern kann man zuweilen hören, daß eine unehrerbietige Person ein häßliches, böses, altes Weib eine Katze nennt. In Japan, der verkehrten Welt, wird dieser Spitzname den jüngsten und anziehendsten Frauen gegeben – den Tänzerinnen. Der Grund ist der, daß die Tänzerinnen die Männer mit ihrem listigen, koketten Wesen behexen, wie die obenerwähnten Zauberkatzen. Aus einem ähnlichen Grund nennt man schöne Frauen, die noch einen Grad tiefer in der Skala stehen, Füchse, während man männliche Gaukler oder Possenreißer, die eine wilde Lustigkeit hervorrufen, Dachse nennt.

KINDER Japan ist «ein Paradies der Kinder» genannt worden. In der Tat sind die Kleinen im allgemeinen so angenehm, um es zu einem Paradies für Erwachsene zu machen. Sie haben von der Wiege an gute Manieren; und besonders die Knaben sind vollkommen frei von jener linkischen Scheu, die englische Knaben in Gesellschaft zeigen und die so unangenehm für sie und die andern ist. Schade, daß sie ein wenig später dazu neigen auszuarten; der Jüngling ist weniger angenehm als sein acht oder zehn Jahre alter Bruder – er wird selbstbewußt, eingebildet, zuweilen aufdringlich.

Mrs. Chaplin-Ayrton versuchte die Wohlerzogenheit der japanischen Kinder damit zu erklären, daß die japanischen Häuser ohne Möbelstücke seien. Es gibt nichts, sagt sie, was sie zu demolieren wünschen könnten, nichts, was sie nicht anfassen sollen. Das ist geistreich. Aber könnte man diese angenehme Eigenschaft teilweise nicht einfacher auf die weniger robuste Gesundheit der Japaner zurückführen, die weniger animalische Instinkte bedingt? Auf jeden Fall aber tragen die netten Manieren der Kinder und ihre Spiele viel zum malerischen Eindruck des japanischen Lebens bei. Vielleicht verleiht nichts den Straßen einen eigentümlicheren Anblick als die sonderbare Sitte der unteren Klassen, die Babys auf die Rücken der um weniges älteren Geschwister zu binden, so daß es aussieht, als bestände der Nachwuchs aus einer neuen Art siamesischer Zwillinge. Am 3. März ist jeder Puppenladen in Tokyo, Kyōto und den anderen großen Städten bunt ausgeschmückt mit den *Ohinasama*,[102] wie man sie nennt, winzige Modelle von Menschen und Gegenständen, der ganze japanische Hof in Miniatur. Das ist der große jährliche Festtag aller kleinen Mädchen. Das Fest der Knaben findet am 5. Mai statt, wo dann Städte und Dörfer mit riesigen Karpfen aus Papier oder Leinwand geschmückt werden, die in der Luft wie Flaggen an Stangen schwimmen. Der Gedanke ist der, daß, ähnlich wie der Karpfen den Fluß hinauf gegen die Strömung schwimmt, der mutige Knabe, alle Hindernisse überwindend, seinen Weg im Leben machen und zu Ruhm und Reichtum gelangen wird.

Der unangenehme Anblick, den die Köpfe vieler japanischer Kinder bieten, rührt lediglich von einer Art von Ekzem her. Dieser Ausschlag ist in Europa vollständig unbekannt und leicht in einer Woche heilbar. Aber da der populäre Aberglaube diesen grindigen Schädeln einen gesundheitverleihenden Einfluß fürs spätere Leben zuschreibt, so macht man keinen Versuch, sie zu heilen. Wahrscheinlich hat das Rasieren mit schmutzigen Messern etwas mit der Krankheit zu tun, denn im allgemeinen vergeht sie, sobald man mit dem Rasieren aufhört, und seitdem sich die ausländische Sitte, das Haar der Kinder wachsen zu lassen, verbreitete, hat sie merklich abgenommen. Nach japanischer Sitte wird der Kopf des Säuglings am siebten Tage nach der Geburt rasiert, nur ein winziger Schopf hinten im Nacken wird stehen gelassen. Während der folgenden fünf oder sechs Jahre kann die Mutter ihrer Phantasie im Rasieren des Kopfes ihres Kleinen freien Lauf lassen. Daher rühren die mannigfachen Stile, die wir ringsum beobachten können. Mit dem Rasieren hört man auf, wenn das Kind in die Schule eintritt, anstatt, wie es bei uns Europäern Sitte ist, gewöhnlich damit anzufangen, wenn es die Schule verläßt. Erst nach mehreren Jahren bringt das Kinn des japanischen Jünglings einige Haare hervor. Die japanischen Säuglinge werden nicht vor dem zweiten oder dritten Jahre entwöhnt, ja zuweilen nicht vor dem fünften Jahre. Ohne Zweifel ist dies eine Ursache des raschen Alterns der Mütter.

Die europäischen Eltern brauchen sich keine Sorge zu machen über die Gesundheit ihrer Kleinen in diesem Lande. Medizinische Autoritäten erklären die Sterblichkeit unter Kindern europäischer Rasse in Japan für außerordentlich gering.[103]

KINDLICHE PIETÄT Kindliche Pietät ist die Tugend *par excellence* des fernen Ostens. Von ihr stammt die Loyalität[104], die nichts ist als der kindliche Gehorsam des Untertans gegen den Kaiser, der nach einer chinesischen Redensart als «Vater und Mutter» seines Volkes betrachtet wird. Auf diesen zwei fundamentalen Tugenden fußt das ganze soziale Gebäude. Infolgedessen liegt für das heutige Japan eine der schwersten Gefahren in der plötzlichen Einführung unserer weniger patriarchalischen westlichen Ideen. Die traditionelle Basis der Moral wird untergraben.

Nichts erfreut sich beim japanischen Volk einer größeren Gunst als die «Vierundzwanzig Vorbilder kindlicher Pietät» *(«Nijūshi Kō»)*, von deren merkwürdigen tugendhaften Handlungen die chinesische Legende berichtet. Zum Beispiel hatte eines der Vorbilder eine grausame Stiefmutter, die Fische sehr liebte. Er klagte nie über die harte Behandlung und legte sich nackt auf die gefrorene Fläche eines Sees; die Wärme seines Körpers schmolz ein Loch in das Eis, zu dem zwei Karpfen heraufkamen, um zu atmen. Er fing sie und setzte sie seiner Stiefmutter vor. Ein anderes Vorbild, obgleich im zarten Alter und sehr empfindlich, wollte nicht anders als unbedeckt schlafen, damit die Moskitos ihn allein stechen sollten und sich seine Eltern eines ungestörten Schlummers erfreuten. Ein dritter, der sehr arm war, beschloß, sein eigenes Kind lebendig zu begraben, um seine betagte Mutter besser ernähren zu können; allein der Himmel belohnte ihn mit der Entdeckung eines mit Gold gefüllten Gefäßes, von dem die Familie glücklich bis an ihr Ende lebte. Ein viertes Vorbild, das weiblichen Geschlechts war, rettete seinen Vater, indem es sich an die Kinnladen eines Tigers klammerte, der ihn zerfleischen wollte. Aber die amüsanteste Geschichte ist die von *«Roraishi»*. Obgleich siebzig Jahre alt, pflegte sich dieses Vorbild in Babykleider zu kleiden und auf dem Boden zu kriechen, all das in der Absicht, seinen Eltern, die in Wirklichkeit über neunzig Jahre alt waren, vorzutäuschen, daß sie trotz allem nicht so alt seien; denn sie sahen ja, daß sie noch einen solch kindlichen Sohn hatten.

Wer die Geschichten der neunzehn übrigen Vorbilder wissen möchte, den verweisen wir auf Andersons *«Catalogue of Japanese and Chinese Paintings»*, Seite 171, wo sich auch eine Illustration eines jeden findet. Die Japaner haben selbst eine Reihe von «Vierundzwanzig einheimischen Vorbildern» aufgestellt; aber diese sind weniger beliebt.

Die erste Frage, die ein Europäer stellen wird, wenn man ihm erzählt, bis zu welchem Grade die kindliche Pietät im Fernen Osten gehen kann, wird wahrscheinlich die sein: Wie können die Eltern so hartherzig sein, auch nur daran zu denken, von ihren Kindern solche Opfer anzunehmen? Aber dieser Gedanke kommt keinem Chinesen oder Japaner in den Sinn. Für den Fernen Osten ist das Gebot, daß die Kinder sich für ihre Eltern aufopfern müssen, ebenso selbstverständlich wie für uns die Pflicht, den Frauen von allen Dingen das Beste zu überlassen. Die Eltern des Fernen Ostens nehmen die Opfer ihrer Kinder ähnlich an, wie unsere Frauen den Vordersitz akzeptieren – mit Dank vielleicht, aber wie etwas ganz Selbstverständliches. Kein Bibelwort erzeugt in diesem Land ein so großes Vorurteil gegen das Christentum wie jenes, das einem Manne gebietet, Vater und Mutter zu verlassen und seinem Weibe anzugehören.

«Hier haben Sie es!» ruft der christenfeindliche Japaner aus, indem er auf die Stelle deutet, «ich sagte immer, es sei eine unmoralische Religion.»

KIRSCHBLÜTE Der japanische Kirschbaum *(Prunus pseudocerasus)* wird nicht wegen seiner Früchte kultiviert, sondern wegen seiner Blüten, die seit langem für Japan das bedeutet haben, was die Rose für die Völker des Westens bedeutet. Die Dichter haben sie seit mehr als tausend Jahren besungen, und in jedem Frühling strömen noch ganze Scharen zu den dafür bekannten Orten hinaus, wo Alleen von Kirschbäumen die Luft mit Wolken vom zartesten Rosa zu erfüllen scheinen. Selbst der Patriotismus hat die Kirschblüte adoptiert, im Gegensatz zur Pflaumenblüte, die chinesischen Ursprungs sein soll und nicht wie die Kirsche ein echtes Kind Japans. Der Dichter Motoori ruft aus:

> *Shikishima no*
> *Yamatogokoro wo*
> *Hito towaba*
> *Asahi ni niou*
> *Yamazakurabana*[105]

Übertragen: «Wenn jemand dich nach dem Geist des wahren Japaners fragen sollte, so deute auf die wilde Kirschblüte hin, die in der Sonne glänzt.» – Ferner sagt ein japanisches Sprichwort: «Die Kirschblüte ist die erste unter den Blüten, wie der Krieger der erste unter den Männern ist.»

Die Einblütenart ist gewöhnlich in voller Entfaltung um den 7. April, sie kommt vor den Blättern heraus; die gefüllte Doppelblütenart folgt etwas später. Die Orte in Tokyo, die in erster Linie einen Besuch lohnen, sind der

Ueno-Park, der Shiba-Park, die lange Allee von Mukōjima und in der Nachbarschaft Asukayama und Koganei. Aber die wegen ihrer Kirschblüte berühmtesten Orte in ganz Japan sind Yoshino, mitten in den Bergen von Yamato, und Arashiyama nahe Kyōto.

Die Japaner lieben es, die Kirschblüten in Salz zu konservieren und eine Art Tee daraus zu machen. Der Duft dieses Gebräus ist herrlich, aber der Geschmack ist eine bittere Enttäuschung.

KLEIDUNG Man könnte einen reichillustrierten Folianten füllen, wollte man all den Eigentümlichkeiten, all den Abarten des japanischen Gewandes Gerechtigkeit widerfahren lassen.

Die Kleidung der Männer setzt sich im allgemeinen folgendermaßen zusammen. Zuerst kommt ein Lendentuch *(shitaobi)* von gebleichtem Musselin. Dann ein Hemd *(juban)* von Seide oder Baumwolle, zu dem im Winter ein Unterjäckchen *(dōgi)* aus gleichem Material tritt. Dann kommt das Gewand *(kimono),* oder im Winter zwei wattierte Gewänder *(shitagi* und *uwagi*[106]*),* zusammengehalten durch einen schmalen Gürtel *(obi).* Bei festlichen Gelegenheiten wird ferner eine Art weiter Hose getragen, oder vielleicht könnte man besser sagen, ein geteilter Rock, *hakama* genannt, und ein steifes Gewand, *haori.* Die *hakama* und *haori* sind immer aus Seide, und das *haori* ist an drei Stellen, zuweilen an fünf, mit dem Familienabzeichen des Trägers geschmückt. Der Kopf ist meistens bloß, aber zuweilen mit einem breiten Strohhut bedeckt, während an den Füßen eine Art von Socken getragen wird, *tabi* genannt, die nur bis an die Knöchel reichen und eine besondere Abteilung für die große Zehe haben. Es gibt zwei Sorten Strohsandalen, die *zōri,* in die man nur hineinschlüpft, zur leichten Arbeit getragen, und die *waraji,* die fest mit Strohbändern um die Füße gebunden werden und nur bei schwerer Arbeit Verwendung finden. Wohlhabende Leute tragen im Hause nur die *tabi* und ein Paar Holzschuhe, *geta* genannt, außer dem Hause. Die nationale Kleidung eines japanischen Herrn wird durch einen Fächer vervollständigt, einen Schirm und die Pfeife und den Tabakbeutel, die im Gürtel getragen werden. Kaufleute tragen auch im Gürtel, was man *yatate* nennt, eine Art transportables Tintenfaß mit einer Feder darin. Eine billige Abart des *kimono* oder Gewandes ist das *yukata,* ein baumwollenes Gewand, das ursprünglich als Bademantel diente, jetzt aber oft im Hause des Abends als eine Art von Negligé getragen wird.

Alles in allem genommen ist die Kleidung des japanischen Herrn und ebenso die der Dame sehr elegant und gesund. Der einzige Nachteil besteht darin, daß das Flattern des *kimono* eine freie Bewegung verhindert. Früher trug der japanische Gentleman zwei Schwerter, und das Haar seines Hinterkopfes war zopfförmig über die sorgfältig rasierte Schädeldecke nach vorn gezogen; aber diese beiden Moden sind abgeschafft. Das Tragen von Schwertern in der Öffentlichkeit wurde 1876 durch ein Gesetz untersagt, und der ganze Adel unterwarf sich der Bestimmung ohne einen Laut.

Neben dem Lendentuch, das allgemein ist, tragen die Männer der unteren Klassen, wie Kuli und Arbeiter, eine Art dunkelfarbigen Schurz *(haragake)* um die Brust, der mit auf dem Rücken gekreuzten Bändern festgehalten wird. Die Beine kleiden sie in enge Hosen *(momohiki)* und eine Art Gamaschen *(kyahan).* Ihr Überrock, *shirushibanten* genannt, trägt auf dem Rücken chinesische Charaktere oder andere Zeichen, die verkünden, bei wem sie angestellt sind. Die Jinrikisha-Kuli dagegen tragen das *happi*,[107] das ohne Zeichen ist – das heißt, wenn sie überhaupt etwas tragen; denn in den ländlichen Bezirken und bei heißem Wetter ist das Lendentuch oft die einzige Kleidung des gemeinen Volkes, während die Kinder sich im Adamskostüm tummeln. Nicht selten wird ein Tuch *(hachimaki)* um die Stirn gebunden, damit der Schweiß nicht in die Augen läuft. Reisende der mittleren und unteren Klasse kann man oft daran erkennen, daß ihr *kimono* aufgeschürzt ist, mit hinten im Gürtel steckenden Zipfeln, ferner an einer Art von seidenen Unterhosen, *patchi* genannt, an einer Art von Fausthandschuhen oder Handschützern, genannt *tekkō,* und an einem losen Überwurf *(kappa).* Die Bauern tragen bei Regen oder Schnee einen Strohmantel *(mino).*

Die japanische Kleidung der Frauen unterscheidet sich weniger von jener der Männer, als es bei uns der Fall ist. In vielen Bezirken tragen die Bauernfrauen Hosen und Regenmäntel wie ihre Männer. Aus diesem Grunde, und weil die Männer keinen Bart haben, fällt es dem Neuling oft schwer, die Geschlechter zu unterscheiden. Die städtische weibliche Kleidung setzt sich folgendermaßen zusammen: Zuerst kommen zwei kleine Schürzchen um die Hüften *(koshimaki* und *susoyoke),* dann das Hemd und dann der *kimono* oder die *kimonos,* von einem schmalen Gurt *(shitajime)* zusammengehalten. Darüber wird ein breiter Gürtel gebunden *(obi),* der den hauptsächlichen weiblichen Schmuck vorstellt. Um ihn straff zu halten, wird unten eine Art von Kissen *(obiage)* eingefügt, während ihn oben ein hübsches Band *(obidome)* in der richtigen Lage hält. Die japanischen Frauen verwenden eine verschwenderische Sorgfalt auf die Frisur ihres Haares. Ihre Kämme und Haarnadeln aus Schildpatt, Korallen und anderem wertvollen Material repräsentieren oft das

Einkommen vieler Monate ihres Mannes. Glücklicherweise können all diese Dinge und selbst die Kleider von der Mutter auf die Tochter vererbt werden wie Juwelen und Spitzen in europäischen Ländern, denn die Mode der japanischen Damen wechselt nicht so rasch.

Die Kleidung einer japanischen Dame repräsentiert oft einen Wert von 200 *yen*, ohne den Haarschmuck zu rechnen, der vielleicht noch ebensoviel wert ist. Die Frau eines kleinen Kaufmanns kann einen Wert von einigen 40 bis 50 *yen* auf dem Leibe tragen, wenn sie am Feiertag ausgeht. Ein Herr wird selten so viel Geld auf seine Kleidung verwenden, als er seine Frau dafür ausgeben läßt. Vielleicht repräsentiert alles, was er trägt, einen Wert von nicht mehr als 60 *yen*. Dann kommen wir auch nach und nach zu dem armseligen Putz des Kulis, der vielleicht alles in allem nur 5 *yen* oder sogar 2 *yen* wert ist.

Die Kleidung der Kinder ist mehr oder weniger eine verkleinerte Wiederholung jener der Erwachsenen. Lange Wickeltücher sind nicht im Gebrauch. Kleine Kinder haben indessen ein Lätzchen. Sie tragen eine kleine Kappe auf ihren Köpfen, und an der Seite haben sie ein Amulettsäckchen hängen *(kinchaku)*, angefertigt aus einem Stückchen irgendeines hellfarbigen Damastes, mit einem Amulett *(mamorifuda)* darin, das sie vor dem Überfahren- oder Weggespültwerden beschützen soll. Gewöhnlich ist auch irgendwo an ihrem kleinen Körper ein Metalltäfelchen befestigt *(maigofudo)*, das auf der einen Seite das Zeichen des Tierkreises trägt, das ihrem Geburtsjahr entspricht, auf der andern ihren Namen und ihre Adresse, damit sie nicht verlorengehen können. Die japanischen Mädchen verbleiben nicht wie die unsrigen bis zum siebzehnten oder achtzehnten Jahr in einer Art von verpupptem Zustand und «schlüpfen» dann prächtig geputzt «aus». Die kleinsten Dingchen sind am herrlichsten gekleidet. Von da an nimmt die Pracht nach und nach ab bis herab zum Alter, das sich durch die strengste Einfachheit kennzeichnet. Viele alte Damen schneiden sich sogar die Haare kurz. Auf jeden Fall zeigen sie niemals die leiseste *coquetterie de vieillesse*.

Wenn wir sagen, die Japaner tragen heutzutage das und das, so weiß jeder, der entweder persönlich oder vom Hörensagen über Japan Bescheid weiß, daß wir von der nationalen Kleidung sprechen, die noch immer so ziemlich Sitte ist, wenn auch leider nicht mehr im allgemeinen Gebrauch. Die häßlichen Hüte und die Hosen des Westens verdrängen langsam aber sicher die malerische, vornehm aussehende einheimische Tracht – ein Wechsel, für den vor allem die Regierung verantwortlich zu machen ist, da sie fast durchweg ihre Beamten verpflichtet, im Dienst europäische Kleidung zu tragen; und die unteren Klassen äffen natürlich die höheren nach.

Auch die Frauen, obgleich natürlich mehr konservativ, vermochten dem Radikalismus ihrer Zeit und ihres Landes nicht ganz zu widerstehen. Im Jahre 1886 bestimmten einige schlechte Ratgeber den Hof, Kleider aus Paris – wir bitten um Verzeihung, aus Berlin – zu bestellen, ebenso Korsette und jene europäischen Schuhe, in denen es einer japanischen Dame so schwerfällt zu gehen, ohne auszusehen, als ob sie gerade einen kleinen Schluck zuviel genommen hätte. Muß man erst sagen, daß der Hof schleunigst Nachahmer fand? In der Tat wurde, als ein Ansporn für die Unschlüssigen, eine Art von Bekanntmachung veröffentlicht, die den japanischen Damen die Annahme der europäischen Kleidung «empfahl». Vergebens erhob die lokale europäische Presse ihre Stimme gegen diese Barbarei, vergebens bemühte sich jeder Fremde von Geschmack, privatim seine japanischen Freunde zu überreden, aus ihren Frauen keine

Spottfiguren machen zu lassen, vergebens wiesen Mrs. Cleveland und die Damen von Amerika öffentlich darauf hin, wie gesundheitsschädlich das enge Schnüren und die europäischen Moden im allgemeinen seien.

Die Würfel fielen, als am 1. November 1886 die Kaiserin und ihre Hofdamen in ihren neuen deutschen Kostümen bei einem öffentlichen Feste erschienen. Die Kaiserin selbst würde ohne Zweifel in jeder Tracht reizend aussehen. Könnte man das nur von all den Damen sagen, die sie begleiteten, und jenen, die nachfolgten! Die erste Gesellschaft Tokyos wies zwar von Anfang an einige Frauen auf – einige wenige –, von deren Toiletten Pierre Loti ohne Schmeichelei hätte sagen können, daß sie im großen und ganzen durchaus dem Pariser Geschmack entsprächen und wahrhaft vorteilhaft getragen würden. Aber die Mehrzahl! Nicht einmal eine Karikatur könnte die schlechten Figuren schildern, die schlechtsitzenden Kleider, die schreienden Farben, die zwischen 1886 und 1889 zu sehen waren. Seit dieser Zeit trat eine Reaktion ein, so daß schließlich die meisten Damen glücklicherweise wieder zu dem nationalen Kostüm zurückkehrten. Wie reizend ist eine Gesellschaft anzusehen, die so gekleidet ist – *gekleidet,* ja, nicht nur daß sie Kleider anhat – in eine solche Symphonie von grauen und braunen und anderen delikaten Schattierungen von Seide und Brokat; und zu dem tadellosen Gewand passen vollkommen das reizende und gleichzeitig ganz natürliche und einfache Benehmen und die wohlklingenden Stimmen der Träger.

KLIMA Die übertriebenen Vorstellungen vom japanischen Klima, die sich viele machen, die es nicht kennen, bereiten den Reisenden häufig eine bittere Enttäuschung, die ein Klima antreffen, das weitaus nasser und größeren

Temperaturschwankungen unterworfen ist als das englische. Andererseits müßte man hinzufügen, daß Japan mehr schöne Tage hat[108] und daß seine schönen Tage unvergleichlich schöner und belebender sind als die matte, neblige Ungewißheit, die in Großbritannien für schönes Wetter gilt.

Die beste Jahreszeit ist der Herbst. Von Ende Oktober an bis zum Jahresende ist der Himmel in der Regel klar und die Atmosphäre ruhig, während in einem Abschnitt dieser Periode (November) die Wälder herrliche Farben von Rot und Gold entfalten, die nur in Kanada und den Vereinigten Staaten übertroffen werden. Im Januar, Februar und März fällt gelegentlich Schnee, aber selten bleibt er länger als einen oder zwei Tage liegen. Der Frühling ist nicht sehr angenehm wegen der Regentage und der häufigen heftigen Winde, die oft ernstlich den Genuß der Kirschblüte, Wisteria, Päonie und anderer Blumen, auf die die Japaner so stolz sind, verderben. Zwar sagt man, der Regen sei nur eine Ausnahme. Niemals, behauptet man, hat es eine solch nasse Saison gegeben, denn in normalen Jahren regnet es nicht außer im Juni und der ersten oder den beiden ersten Wochen im Juli – der «Regensaison» *(nyūbai)* des alten japanischen Kalenders, dem nicht nur die Einheimischen, sondern auch die ansässigen Fremden ein Vertrauen schenken, das rührend wäre, wenn es nicht langweilig würde. Die Statistik dagegen zeigt, daß von April bis Juli nahezu jeder zweite Tag regnerisch ist, während in den Monaten am Anfang und am Ende dieser Periode – März und August – durchschnittlich mehr als ein Tag unter dreien Regen bringt. Im September und Oktober erhebt sich die Durchschnittsanzahl der Regentage wieder auf einen unter zweien.

Der Glaube an eine besondere «Regenzeit» mag zurückzuführen sein auf die enervierende Kombination von bewölktem Himmel und der beginnenden Hitze des Jahres, die jede Bewegung anstrengend, wenn nicht unmöglich macht. Die Feuchtigkeit ist dann so durchdringend, daß alle Bemühungen, Dinge vor dem Schimmeln zu bewahren, vergebens sind. Schuhe, Bücher, Zigaretten, die man einen Tag lang beiseite legt, findet man am nächsten Morgen mit einem kleinen Wäldchen eines weißlichen, grünlichen Stoffes bedeckt. Keine Streichholzschachtel läßt sich anreiben; Briefumschläge kleben von selbst zusammen; Handschuhe müssen hermetisch in Flaschen versiegelt werden, oder man wird sie als eine Masse von Flecken wiederfinden. Die zweite Hälfte des Juli und der ganze August sind heißer, aber weniger feucht; der Regen fällt dann mehr in heftigen Güssen, die einen bis drei Tage dauern und von herrlichem Wetter abgelöst werden. Die Hitze verschwindet gewöhnlich plötzlich um die zweite Woche im September, wo dann der Regen mit erneuter Stärke einsetzt, um ungefähr einen Monat lang anzudauern. Das ist der reguläre Verlauf. Aber die wissenschaftlichen Beobachtungen, die sich über das verflossene Vierteljahrhundert erstrecken, beweisen, daß die Jahreszeiten beträchtlich voneinander abweichen.

Eine auffallende Eigentümlichkeit des japanischen Klimas ist das konstante Vorherrschen nördlicher Winde im Winter und südlicher im Sommer. Deshalb sind Räume, die nach Süden gehen, die besten für das ganze Jahr; sie sind nicht den frostigen Winden im Januar und Februar ausgesetzt, und jede sommerliche Brise kommt ihnen zugute. Eine weitere Eigentümlichkeit ist das späte Einsetzen der Jahreszeiten im Vergleich zu Europa. Das Gras zum Beispiel, das während der kalten, trockenen Wintermonate abstirbt, eignet sich kaum vor Mitte Mai recht zum Tennisspielen. Andererseits gibt es im Winter keine düsteren, kurzen Nachmittage, da der Himmel bis zum

Jahresende durchsichtig klar bleibt, und selbst im Januar, wenn es nicht gerade regnet oder schneit. Man kann den Reisenden den Spätherbst empfehlen, besonders wenn sie beabsichtigen, sich auf die gewöhnliche Reiseroute zu beschränken, nämlich Kyōto, Tokyo, Miyanoshita, Nikko usw., wo mit der Europäisierung der Hotels Öfen eingeführt wurden; denn die ofenlosen japanischen Teehäuser sind schrecklich kalt. April und Mai werden, trotzdem eher nasse Witterung zu erwarten ist, für die abgelegenen Bezirke geeigneter sein. Dann ist auch weder Kälte noch Hitze zu befürchten. Die japanische Hitze ist überhaupt nicht tropisch, und vielen wird das Reisen in den Sommermonaten ein Genuß sein. Das Besteigen von Bergen muß jedenfalls auf diesen Teil des Jahres aufgehoben werden, da die Berge zu anderen Jahreszeiten nicht «offen» sind – das heißt, die Hütten sind verlassen, und die einheimischen Führer weigern sich meistens, einen Aufstieg zu unternehmen.

Diese Schilderung des japanischen Klimas bezieht sich auf die pazifische Küste von Zentraljapan, das Tokyo gut repräsentiert. Aber ist es nötig, den Leser daran zu erinnern, daß Japan ein großes Land ist? Die nördlichsten Kurilen, jetzt japanisches Gebiet, berühren Kamtschatka, die südlichste Insel von Luchu ist kaum einen Grad vom Wendekreis des Krebses entfernt, um nicht von dem neuerworbenen Formosa zu sprechen. Das Klima der extremen Punkte des Reiches unterscheidet sich deshalb außerordentlich von dem des gemäßigten Zentraljapan. Im allgemeinen besitzt der südöstliche Teil der großen zentralen Hauptinsel – der Teil gegen den Pazifischen Ozean, vom *kuroshio,* dem Golfstrom Ostasiens bespült – ein weitaus gemäßigteres Klima als der nordwestliche Teil gegen das Japanische Meer mit Sibirien hinter sich. In Tokyo, an der pazifischen Seite, schmilzt der wenige

Schnee, der fällt, fast unmittelbar. In den Städten nahe am Japanischen Meer liegt er wochenlang drei und vier Fuß tief und häuft sich in den Tälern bis zu einer Tiefe von fünfzehn bis achtzehn Fuß an. Aber der Sommer in diesen nämlichen Städten ist wie der Sommer Tokyos unerträglich heiß. Daß in Tokyo mehr als doppelt so viel Regen fällt wie in London, wurde bereits konstatiert. Allein Tokyo gehört nicht im mindesten zu den nässesten Orten des Landes; im Gegenteil, mit Ausnahme der Nordküste der Inlandsee und der Ebene von Shinshu gehört Tokyo zu den trockensten. Viele Gebiete haben einen doppelt so starken Regenfall, die Hida-Etchū-Berge und die Südostküste von Kishu einen dreifach so starken.

Gewitter und plötzliche Regengüsse sind in Japan selten, abgesehen von den bergigen Bezirken. Nebel sind ebenfalls selten südlich von Kinkazan, ungefähr 38° 20′ N. Von Kinkazan an die Ostküste der Hauptinsel hinauf, im ganzen Osten von Yezo, die Kurilen entlang und hinauf bis zur Beringstraße herrschen während der ruhigen Sommermonate dichte Nebel vor, Nebel, die im Herbst nur von wütenden Stürmen abgelöst werden und einem winterlichen Meer voller Eis. Die durchschnittliche Anzahl der Taifune, die jährlich über Japan weggehen, beträgt vier bis fünf, von denen Tokyo einen oder zwei abbekommt. Die zu Taifunen neigenden Monate sind (in absteigender Reihe in bezug auf Heftigkeit) September, August, Oktober und Juli. Zwar sind Taifune sogar schon im März beobachtet worden; aber das sind Ausnahmen.

Das japanische Klima ist nach der Ansicht der ersten medizinischen Autoritäten ausgezeichnet für Kinder, weniger vorteilhaft für Erwachsene; denn die große Feuchtigkeitsmenge macht es niederdrückend, besonders für nervöse Personen und für Lungenleidende. Verschiedene Ursachen, physikalische und soziale, sind schuld, daß

Japan für Frauen europäischer Rasse ein weniger gesundes Land ist als für Männer.[109]

KONFUTSE (KONFUZIUS) Auf Einzelheiten des chinesischen philosophischen Systems einzugehen würde dem Plan des vorliegenden Werkes nicht entsprechen. Somit möge es genügen zu sagen, daß Konfutse (von den Japanern *Kōshi* genannt) sich metaphysischer Gedankenflüge und frommer Ekstasen enthielt. Er beschränkte sich auf praktische Einzelheiten der Moral und der Volksregierung, und zum Eckstein seines Systems machte er die Ergebenheit den Eltern und politischen Herrschern gegenüber. Das Resultat ist eine Reihe von moralischen Wahrheiten – manche würden sagen, selbstverständlichen Wahrheiten – von sehr engem Gesichtskreis und von trockenen zeremoniellen Regeln, mehr politischer als persönlicher Natur. Dieser ethische Code des Konfutse hat jahrhundertelang den Bewohnern von China, Korea und Japan genügt, aber er würde sich keinen Augenblick bei dem lebhafteren, spekulativeren, empfindsameren europäischen Geist behauptet haben.

Die konfuzianischen Klassiker bestehen aus dem, was die Japaner die «*Shisho Gokyō*» nennen, das heißt «Die vier Bücher und die fünf Kanone». Die vier Bücher sind «Das Große Lernen», «Die Lehre vom Mittel», «Die Analekten des Konfutse» und «Die Aussprüche des Menicus». Menicus ist, das muß gesagt werden, der weitaus anziehendste der chinesischen Weisen. Er verfügt über eine epigrammatische Ausdrucksweise und einen gewissen Sinn für Humor, Eigenschaften, die vielen seiner Äußerungen einen eigentümlich westlichen und modernen Klang verleihen. Er war auch der erste Demokrat des Ostens – ein solch ausgesprochener Demokrat, daß er sogar eine Zeitlang von den Bibliotheken des absolutistischen Japan ausgeschlossen war. Die fünf Kanone sind «Das Buch der Veränderungen», «Das Buch der Dichtkunst», «Das Buch der Geschichte», «Der Kanon der Riten» und «Frühling und Herbst» (Annalen des Staates Lu von Konfutse).

Ursprünglich früh in der christlichen Zeitrechnung in Japan mit anderen Errungenschaften der chinesischen Zivilisation eingeführt, schlief die philosophische Lehre des Konfutse während des Mittelalters, der Periode der Oberherrschaft des Buddhismus, ein. Sie erwachte plötzlich am Anfang des 17. Jahrhunderts, als Ieyasu, der große Kriegsmann, Herrscher und Gönner der Wissenschaft, die konfuzianischen Klassiker zum erstenmal in Japan drucken ließ. Während der folgenden zweihundertundfünfzig Jahre wurde das ganze Geistesleben des Landes von Konfutses Gedanken geformt. Konfutse hatte allerdings für die Errichtung einer zentralisierten Monarchie gewirkt. Aber seine Hauptlehre von der unbedingten Unterwerfung unter Herrscher und Eltern deckte sich vollkommen mit den feudalen Anschauungen des alten Japan; und die Überzeugung von der ungeheuer hohen Bedeutung dieser Unterwerfung lebt noch heute weiter als ein Element der Stabilität, trotz der jüngsten sozialen Umwälzungen, die den sogenannten japanischen Konfuzianismus in den Untergang von anderen japanischen Institutionen mitgerissen haben.

Die bedeutendsten japanischen Namen unter den Anhängern des Konfutse sind *Itō Jinsai* und sein Sohn, *Itō Tōgai,* in Kyōto; *Arai Hakuseki* und *Ogyū Sorai* in Yedo (Tokyo). Alle vier blühten um das Ende des 17. und den Anfang des 18. Jahrhunderts. Sie alle waren nur Ausleger. Kein Japaner besaß die Originalität – sie würde als ruchlose Anmaßung verurteilt worden sein –, das System des

Konfutse weiter auszubauen, zu verändern oder zu verbessern. Es gibt nicht einmal japanische Übersetzungen oder Kommentare, die lesenswert wären. Die Japaner haben sich meistenteils damit begnügt, den Text der Werke nachzudrucken und auch den Text der bedeutendsten chinesischen Kommentatoren (besonders den des *Shushi*), versehen mit diakritischen Anmerkungen, um den japanischen Forschern das Studium zu erleichtern. Die in dieser Form publizierten chinesischen Klassiker waren das Hauptbildungsmittel eines jeden Knaben, vom 17. Jahrhundert an bis zur Umformung des öffentlichen Erziehungssystems auf europäischer Grundlage nach der Revolution von 1866. Heute werden sie vollkommen vernachlässigt, obgleich Phrasen und Andeutungen, die ihnen entlehnt sind, immer noch in der Literatur gang und gäbe sind und sogar bis zu einem gewissen Grad in der Umgangssprache. Seidō, der große Tempel des Konfutse in Tokyo, dient heute als ein Museum für Volksbildung.

Ein freundlicher deutscher Beurteiler der ersten Ausgabe dieses Werkes war der Meinung, daß Konfutse in dem einleitenden Abschnitt des vorstehenden Artikels ungerecht beurteilt worden sei. «Die Lehre des Konfutse antizipierte den modernen Agnostizismus auf der einen Seite», sagt er, «auf der andern – und dieser Umstand ist besonders wichtig – bildete sie die Grundlage eines sozialen Gebäudes, das weitaus länger bestand als irgendein anderes in der Welt. Die Dauer des Papsttums wird oft als ein Beweis der Wahrheit des römischen Katholizismus angeführt. Wie steht es aber dann mit der Lehre des Konfutse mit ihrem noch größeren Alter?»

Dieser Einwand ist in hohem Maße beachtenswert; und diejenigen, die China am besten kennen, scheinen darin übereinzustimmen, seine wunderbare Vitalität und seine

Macht, barbarische Stämme zu assimilieren – sowohl jene, die es besiegt, als auch jene, die es besiegen –, dem Umstand zuzuschreiben, daß dieses mächtige ethische System dem nationalen Leben seine Kraft einflößte und tatsächlich das Land regiert. Wir neigen dazu, mit unserem Beurteiler ebenso einverstanden zu sein wie mit uns selbst. Der beste Weg ist vielleicht der, beide Seiten einer Frage darzustellen, die zu kompliziert ist, als daß man darüber eine verallgemeinernde Behauptung aufstellen könnte, die ganz wahr wäre.[110]

KONVENTIONEN Man könnte streiten, wer konventioneller ist, wir oder die Japaner; auf jeden Fall aber sind es *ihre* Konventionen, die *uns* überraschen. Sie bewundern gewisse Blumen – die Pflaumen- und Kirschblüte, die Wisteria, das Chrysanthemum, die nichtssagenden «sieben Kräuter des Herbstes» und haben über sie und einige andere jahrhundertelang Gedichte geschrieben; aber neue Blumen, so schön sie auch immer sein mögen, werden sie auf keinen Fall in der Literatur zulassen. Sie geraten in Entzücken über den Mond; die Herrlichkeit und Kraft des Sonnenuntergangs läßt keine Saite in ihnen erklingen. Ihre Kunst ist voll von Konventionen. Ebenso ihre Umgangsformen, so zum Beispiel, wenn sie bei der Begrüßung eines Freundes um Verzeihung bitten wegen eines Unrechts, dessen sie sich nie schuldig machten.

Der seltsamste konventionelle Zug des täglichen Lebens, oder besser Todes, ist ihre Sitte, für den Todestag ein fiktives Datum zu ersinnen. So weiß zum Beispiel alle Welt, daß der und der Admiral oder General am Montag morgen starb. Nichtsdestoweniger empfängt er

Dienstag Besuche, am Mittwoch wird er befördert, am Donnerstag macht er vielleicht eine Reise mit der Bahn, und endlich erhält er vielleicht die offizielle Erlaubnis, am Freitag genau 7.45 Uhr nachmittags zu sterben.

Diese Vorspiegelungen entspringen den praktischsten Motiven. Wenn in früherer Zeit ein Daimyō fern von seinem Heim starb, wurde er als ein Flüchtiger betrachtet, und sein Besitz fiel an die Krone, so daß man, im Falle er auswärts ermordet wurde, diese Tatsache vertuschte; man setzte ihn in seine Sänfte, trug ihn nach Hause und verkündete, er sei hier eines natürlichen Todes gestorben, wodurch man seinen Besitz den Erben erhielt. Gegenwärtig ist es so, daß ein höherer offizieller Rang der Familie eine größere Pension einbringt. Deshalb ist es eine Gunst der Regierung, die Verschiebung des Todestages zu gestatten, bis gewisse Ehren verliehen werden konnten.

KUNST Die Anfänge der japanischen Kunst können, wie die fast aller japanischen Dinge, ausgenommen die Reinlichkeit, über Korea auf China zurückgeführt werden. Sogar als die japanische Kunst ihren selbständigen Weg eingeschlagen hatte, frischte sie von Zeit zu Zeit ihre Inspiration durch sorgfältiges Studium und Nachahmung chinesischer Vorbilder auf; und chinesische Meisterwerke nehmen noch heute in der Schätzung japanischer Kenner einen Platz ein, den man den besten einheimischen Werken nur zögernd einräumt. Selbst chinesische Vorwürfe überwiegen in den klassischen Schulen Japans. Indem Dr. Anderson von den Werken der klassischen japanischen Maler spricht, sagt er: «Man kann ruhig behaupten, daß nicht eines von zwanzig Werken dieser Maler, die bis auf den heutigen Tag als der Ausdruck des echten Genius japanischer Kunst gelten, von den Schöpfungen der Natur, wie sie sich in ihrem eigenen schönen Lande finden, inspiriert worden war.» Alles, was an indischen, persischen oder griechischen Spuren in Japan entdeckt werden kann, kam über Korea von China am Anfang des Buddhismus herein und tritt infolgedessen in den echten einheimischen japanischen Malereien und Schnitzwerken weit weniger hervor – wenn es überhaupt hervortritt – als in jenen archaistischen Überresten, die, obschon oft irrtümlicherweise als japanische Arbeiten betrachtet, in Wahrheit die Werke von koreanischen oder chinesischen Künstlern oder ihren unmittelbaren Schülern waren.

Die älteste heute in Japan existierende Malerei ist eine buddhistische Wanddekoration im Tempel Hōryūji bei Nara, die aus dem Jahre 607 stammen und das Werk eines koreanischen Priesters sein soll. Denn länger als zwei Jahrhunderte blieb die Kunst hauptsächlich in den Händen koreanischer und chinesischer Priester. Der erste einheimische Maler von Bedeutung war *Kose no Kanaoka,* ein Edler des Hofes, der ungefähr 850–880 blühte, von dessen Werken aber kaum eines erhalten ist. Daß die Malerei, besonders auf Wandschirme, am japanischen Hof während des 9. und 10. Jahrhunderts emsig geübt wurde, ist durch zahlreiche Hinweise in der Literatur bewiesen. Aber erst um das Jahr 1000 wurde die *Yamato Ryū* (wörtlich «japanische Schule»), die erste, über die wir positive Nachrichten haben, von einem Künstler namens *Motomitsu* gegründet. In dieser Schule finden sich die Keime der meisten Eigentümlichkeiten vor, die seitdem charakteristisch für die japanische Kunst wurden: die Vernachlässigung der Perspektive, die unmöglichen Berge, die seltsamen Ausschnitte dachloser Interieurs, die witzigen Burlesken feierlicher Aufzüge, bei denen

Frösche, Insekten oder Kobolde an die Stelle von Menschen treten. Im 13. Jahrhundert nahm diese Schule den Namen *Tosa Ryū* an und beschäftigte sich von da an mehr und mehr mit klassischen Vorwürfen. Ihr früherer humorvoller Stil war schon im 12. Jahrhundert von *Toba Sōjō,* einem lebenslustigen Priester, aufgegriffen worden, der sich durch Zeichnungen hervortat, die derb in beiden Bedeutungen des Wortes waren, aber voller Verve und Witz. Dies sind die sogenannten *Tobae.* Toba Sōjō gründete eine Schule. Eine Schule zu gründen war unerläßlich im alten Japan, wo man von Originalität einen so geringen Begriff hatte, daß man annahm, die Nachfolger oder Schüler eines bedeutenden Mannes sollten bis in die zwanzigste Generation imstande sein, die gleiche Art von Werken zu schaffen wie ihr Stammherr. Aber keiner der Nachfolger des humorvollen Abtes ist neben ihm einer Erwähnung würdig.

Das 15. Jahrhundert erlebte eine machtvolle Renaissance chinesischen Einflusses und war die ruhmvollste Periode der japanischen Malerei. Es ist ein merkwürdiges Zusammentreffen, daß zur gleichen Zeit die italienische Malerei im Zenit stand. Aber augenscheinlich ist es nur ein Zufall, denn nichts berechtigt zur Annahme eines gegenseitigen Einflusses. Die berühmtesten Namen sind die der buddhistischen Priester *Chō Densu* und *Iōsetsu.* Chō Densu, der Fra Angelico Japans, widmete sich religiösen Stoffen, während Iōsetsu Landschaften, Figuren, Blumen und Vögel malte. Diese beiden großen Künstler starben am Anfang des Jahrhunderts. Ihre Nachfolger waren *Mitsunobu,* der beste Maler der *Tosa-*Schule, und *Sesshū, Shūbun* und *Kanō Masanobu,* die alle selbständige Schulen gründeten. Des ersten Kanōs Sohn, *Kanō Motonobu,* war bedeutender als sein Vater. Er überlieferte die Tradition seinen eigenen Söhnen und Enkeln, und die

«WINTERLANDSCHAFT»
TUSCHEZEICHNUNG VON SESSHŪ

Kanō-Schule ist bis auf heute die Hauptfeste des Klassizismus in Japan gewesen. Mit «Klassizismus» meinen wir zum Teil eine besondere Technik, zum Teil das Festhalten an chinesischen Methoden, Vorbildern und Stoffen, wie Porträts chinesischer Weisen und Darstellungen chinesischer Landschaften, die natürlich nicht aus der Natur, sondern aus zweiter Hand stammen.

Die synthetische Kraft, die sanfte harmonische Farbengebung und der freie, kräftige Strich dieser japanischen «alten Meister» haben berechtigterweise die Bewunderung einer Reihe von Generationen ihrer Landsleute erregt. Aber der Ideenkreis, in dem sich die Sesshū, Shūbun, Kanō und andere klassische japanische Maler bewegen, ist zu eng und eigentümlich für ihre Produktion, als daß er je in Europa eine größere Würdigung finden dürfte. Europäische Sammler – Männer wie Gonse, zum Beispiel – sind von gewissen Enthusiasten in Japan scheel angesehen worden, da sie eine Vorliebe für *Hokusai* und die moderne populäre Schule *(Ukiyoe Ryū)* im allgemeinen verrieten. Es ist sehr kühn von uns, eine Meinung über dieses Thema auszusprechen, aber wir glauben, daß der Instinkt, der Gonse und andere zu Hokusai führte, sie richtig leitete – ja daß die japanische Kunst selbst dank einem natürlichen und äußerst glücklichen Entwicklungsprozeß zu *Hokusai* führte und daß sie dadurch aus der abgeschlossenen Atmosphäre akademischer Konvention in die frische Luft versetzt wurde.

Diese Behauptung kann man ruhig aufstellen, ohne deshalb die Überlegenheit der alten Meister in anderer Beziehung zu leugnen. Chō Densu offenbart Spiritualität, Sesshū ein Genie für die Idealisierung chinesischer Szenen, Kanō Tanyu die Macht, aus ein paar chaotischen Strichen Schönheit zu schaffen, sie alle und eine Reihe ihrer Nachfolger eine gewisse aristokratische Vornehmheit, auf die die Angehörigen der populären Schule keinen Anspruch erheben können. Wer die Ideale des alten Japan anerkennt, den Buddhismus und chinesische Konventionen, der muß auch die Ansprüche der Verehrer der alten Meister anerkennen. Aber die Welt erkennt diese Dinge nicht an. Chinesische Geschichte und Konventionen, selbst der Buddhismus liegen abseits des Hauptstromes der Entwicklung der Welt, dagegen sprechen Motive und Wesen der populären Schule zu allen Zeiten und Ländern. Da nun aber die Welt groß ist und Japan klein und der Einfluß auf die Kultur im allgemeinen wichtiger ist als eine isoliert stehende Vollendung, unfähig einer Veränderung und Assimilation, so kann man kaum bezweifeln, daß die populäre Schule ihren Ausnahmeplatz in der europäischen Gunst behaupten wird.

Der Anfang der Bewegung kann bis auf das Ende des 16. Jahrhunderts zurückverfolgt werden, bis auf *Iwasa Matahei,* einem ehemaligen Schüler der *Tosa*-Schule und Schöpfer der humorvollen Skizzen, die unter der Bezeichnung *Ōtsue* bekannt sind. Aber ein ganzes Jahrhundert verging, bevor *Hishigawa Moronobu* begann, sich der Illustration von Büchern in Farben und in populärem, realistischem Stile zu widmen. Dann, gegen das Ende des 18. Jahrhunderts, trat *Ōkyo* auf, der Begründer des Stiles, der nach der Straße in Kyōto, wo der Meister lebte, *Shijo Ryū* genannt wurde. Ōkyo bemühte sich ernstlich, die Natur wiederzugeben, anstatt es nur vorzugeben wie die älteren Schulen. Seine überraschend korrekten Darstellungen von Hühnern und Fischen, die Affenbildnisse seines Schülers *Sosen* und andere aufsehenerregende Triumphe waren das Resultat. Aber keinem der Schüler Ōkyos gelang es, sich vollkommen von den uralten Konventionen ihrer Nation zu befreien, wenn es galt, verschiedene Einzelheiten zu einer größeren Komposition zusammenzufügen. Indessen war ihr Naturalismus ein mächtiger Anstoß zur Popularisierung der Kunst. Ein ganzes Heer von Künstlern aus dem Handwerkerstand erhob sich – nicht länger die Repräsentanten von privilegierten alten Familien, sondern gemeine Leute, die Bilder aus dem Leben, das sie umgab, zeichneten, um den wahren Geschmack des Publikums ihrer Zeit und ihres Standes zu befriedigen. Die Kunst wurde aus dem mittelalterlichen chinesischen Wickelkissen befreit und durfte sich in die Gesellschaft lebendiger Menschen mischen. Und was für eine sonderbare, malerische Gesellschaft war sie doch, jene dieser Zeit zwischen 1750 und 1850 – das «alte Japan», das nun alle kennen und schätzen, denn die Werke der «Handwerker-Schule» haben seinen Ruhm über die ganze Erde verbreitet!

Der König dieser Klasse war jener, den wir *Hokusai* nennen, obgleich er wirklich *Nakajima Tetsujirō* hieß und seine Pseudonyme Legion waren. Im Laufe eines ungewöhnlich langen Lebens (1760–1849) ließ dieser Mann, dessen einziger Besitz sein Pinsel und seine Palette waren, eine ununterbrochene Folge von neuen und kraftvollen Schöpfungen ausströmen in der Gestalt von Buchillustrationen und einzelnen farbigen Blättern – Illustrationen und Blättern, die, wie Anderson richtig bemerkt, «die ganze Skala japanischer Kunstmotive, Szenen aus der Geschichte, dem Drama, dem Roman, Ereignisse aus dem täglichen Leben seines eigenen Standes, Darstellungen bekannter Tiere und Pflanzen, wundervolle Suggestionen der Szenerie seines geliebten Yedo und dessen Umgebung und Hunderte anderer Inspirationen, die aufgezählt einen Band füllen würden», in sich schlossen. Zeitgenössische Meister in der Kunst des Farbdruckes waren *Toyokuni, Kunisada, Shigenobu, Hiroshige* und eine Menge anderer.

Dann, im Jahre 1853, vier Jahre nach *Hokusais* Tod, kam Commodore Perry, und schon die bloße Drohung seiner Kanonen zersplitterte die alte Zivilisation Japans in tausend Stücke. Die japanische Kunst ging unter. *Kyōsai,* der bis 1889 lebte, war ihr letzter wertvoller Repräsentant in einer inkongenialen Zeit. Seine Lieblingsmotive besaßen eine gewisse bittere Angemessenheit – sie waren Gespenster und Gerippe. Die Barmherzigkeit gebietet uns, einen Schleier über die Produkte von sogenannten Malern zu breiten, die in den letzten zwei Dekaden die Schaufenster von Tokyo und die Ausstellungen, die man nach europäischem Muster errichtete, überschwemmten. Sie scheinen schockweise hervorgebracht zu werden. Wenn sie auch nicht viel wert sind, so gibt es doch wenigstens viele von ihnen. Unterdessen malt da und dort ein Liebhaber der nationalen Traditionen die alten Motive nahezu in der alten Art.

Die japanische Kunst zeichnet sich aus durch Unmittelbarkeit, Duft und Kraft der Linienführung, eine Art Sicherheit des Striches, die wahrscheinlich der Gewohnheit des Schreibens und Zeichnens aus dem Ellbogen und nicht aus dem Handgelenk zu verdanken ist. Diese, wenn man sagen darf, kalligraphische Qualität ist es, die selbst der flüchtigsten japanischen Skizze Reiz verleiht. Man hat richtig bemerkt, daß, wenn das Werk eines japanischen Künstlers nur in den Umrißlinien ausgeführt werden würde, es auch dann schon wert wäre, die Wand zu schmücken oder im Album aufbewahrt zu werden.

Die japanische Kunst mißachtet die Gesetze der Perspektive und von Licht und Schatten. Obgleich zuweilen fehlerlos exakt in naturalistischen Einzelheiten, verschmäht sie es doch, sich durch eine solche Exaktheit wie eine ewigbindende Regel einschränken zu lassen. Selbst auf ein und demselben Bild – etwa ein auf einem Baum sitzender Vogel – kannst du den Vogel bis aufs kleinste Detail aufgeführt finden, der Baum aber ist nichts als eine Art konventionelles stenographisches Symbol. Oder du siehst Bambus in vollendeter Wiedergabe, aber ein Teil davon ist verwischt von einer künstlichen Atmosphäre, die keine meteorologische Laune an die Stelle setzen könnte, an die der Maler sie setzte; oder auch zwei Meeresgestade, eines über dem andern – jedes schön und poesievoll, nur wie in aller Welt konnten sie in eine solche Lage zu einander geraten sein?

Der japanische Künstler macht sich über solche Dinge keine Sorgen. Er ist, in seinen Grenzen, ein Dichter und kein Photograph. Unseren Malern der impressionistischen Richtung kommt es weniger darauf an, eine Szene zu malen, wie sie ist, als vielmehr ihr Gefühl, das sie angesichts der Szene empfinden, zum Ausdruck zu bringen. Der japanische Künstler geht noch einen Schritt weiter: Er malt die Gefühle, die in ihm bei der *Erinnerung* an die Szene wach werden, jene Gefühle, die man zwischen Wachen und Träumen empfindet. Er ist alles in allem ein Idealist, und dies an beiden Enden der Skala, dem Schönen und dem Grotesken. Würde er die Gabe besitzen, in großem Format zu arbeiten, so wäre vielleicht eine große ideale Kunst entstanden. Aber in der darstellenden Kunst wie in der Literatur scheint diesem Volke diese Begabung, der Blick für das Große, zu mangeln, die für große Kompositionen erforderlich ist. Es macht halt bei dem Kleinen, dem Zierlichen, dem Detail, der Vignette.

Hieraus resultiert die bewunderungswürdige Anpassungsfähigkeit der japanischen Kunst für dekorative Zwecke. Im Dekorativen treten auch einige ihrer auffallenderen Mängel in den Hintergrund. Wer würde auf einer Teekanne die strenge Befolgung perspektivischer Regeln fordern? Noch weniger bei Miniaturelfenbeinschnitzereien wie den *netsukes,* bei den verzierten Stichblättern von Schwertern, den Basreliefs von Bronzeurnen und den Mustern (und viele davon sind Meisterwerke) von Stickereien. In der Dekoration kleiner Flächen hat die japanische Kunst schon begonnen, die Welt zu erobern. Bevor noch japanische Ideen in Europa bekannt waren, erachtete man es für wichtig, daß die Muster auf Tellern, Kissen und was es sein mochte, mit geometrischer Genauigkeit angebracht waren. Wenn rechts ein Amor war, der nach links blickte, dann mußte links ein Amor von genau der gleichen Größe sein, der nach rechts sah, und das Schwergewicht des Entwurfes lag unveränderlich genau in der Mitte. Die japanischen Kunstgewerbler haben uns gelehrt, daß diese mechanische Symmetrie noch lange nicht schön ist. Sie haben uns den Reiz des Unregelmäßigen gelehrt; und wenn die Welt ihnen nur diese eine Lehre zu verdanken hätte, könnte Japan schon stolz sein auf das, was es vollbrachte.

Zwar existiert in unserer Zeit eine kleine Gruppe ausländischer Enthusiasten, die leugnet, daß das Gesichtsfeld der japanischen Kunst begrenzt wäre und sie mehr dekorativ als repräsentativ sei. Sie haben sie mit mehr Eifer und Erfolg studiert als die europäische Kunst und gehen nun so weit, die japanische Kunst auf eine Stufe mit der Griechenlands oder Italiens zu stellen. Diese Enthusiasten übten und üben noch heute eine nützliche Funktion aus. Sie verbreiten zu Hause das Verständnis für japanische Kunst, sie verbreiten es auch in Japan selbst, wo es Gefahr lief, verlorenzugehen. Aber ihr Kultus der japanischen Kunst nimmt die Form einer Religion an, und gleich anderen Sektierern geht ihnen leicht der Sinn für Humor verloren. Es ist ihnen viel zu ernst, als daß sie jemals über eine solch wichtige Sache lächeln könnten. So zum Beispiel verkündigt ein Verehrer des Japanismus in der Kunst dem Publikum, daß der verstorbene Maler Kyōsai «vielleicht der größte Zeichner von Krähen war, den Japan, nein, die ganze Welt, hervorgebracht hat». Erinnert uns das nicht an jenen Künstler, dessen Epitaph berichtet, daß er der «Raffael der Katzen» gewesen sei? Die Japaner sind unzweifelhaft Raffaele der Fische, der Insekten und Blumen und Bambusrohre, die im Lufthauch schwanken; und sie haben uns entzückende Fragmente idealisierter Szenerien geschenkt. Aber es ist ihnen nie in entsprechendem Maße gelungen, auf der Leinwand «den göttlichen menschlichen Körper» wiederzugeben; sie haben nie große historische Vorgänge vor den Augen der Nachwelt wieder lebendig werden lassen; sie haben nie, wie die frühen italienischen Meister, in einer gläubigen Verzückung die Menschenherzen von der Erde zum Himmel emporgehoben. Mit einem Wort, die japanische Kunst ist, wie Mr. Alfred East bezeichnend sagte, als er sich über dieses Thema in Tokyo verbreitete, «groß in kleinen Dingen, aber klein in großen Dingen».

Manche Anekdoten über künstlerische Notabeln Japans klingen für europäische Ohren sonderbar bekannt. Wie die Geschichte des Malers *Kanaoka,* dessen Pferde so lebendig waren, daß sie nachts die Wandschirme verließen, die sie schmückten, und in einen Nachbargarten trotteten, um sich an den Sträuchern gütlich zu tun, bis ein erfinderischer Kopf ihren Plan vereitelte, indem er ein Seil um das Gemälde schlang, um die lebendigen Pferde festzubinden. Die Katzen eines anderen Künstlers fingen tatsächlich lebendige Ratten, zur großen Genugtuung der Priester, deren Tempel unter dieser Plage litt. Eine dritte Erzählung berichtet von gemalten Ratten, die sich in lebendige verwandelten und davonrannten, als der Vorsteher des Tempels kam, um zu sehen, was es gäbe. Es ist ganz, als ob wir ein Echo der über Zeuxis und Parrhasios erzählten Geschichten vernähmen (siehe Artikel über «Bildhauerkunst» für ähnliche Anekdoten). Daß die Geschichtenerzähler sich gerade Pferde und Katzen aussuchten, ist einigermaßen verwunderlich; denn besonders in der Wiedergabe von Vierfüßlern mangelt es der japanischen Kunst auffallend an anatomischer Treue. Würden sie uns von gemalten Karpfen oder Goldfischen erzählen, die fortschwimmen, oder von gemalten Heuschrecken, die beißen, so würden wir ihnen vielleicht ein williges Ohr schenken.

Die Motive japanischer Kunst bieten ein faszinierendes Studium, das der Japanreisende und der Sammler zu Hause gleicherweise nach und nach ergänzen können an jeder Rolle, jedem Farbdruck, Bilderbuch, *netsuke,* Schwertknauf, worum sie feilschen, selbst an Kreuzerfächern und Zweikreuzerhandtüchern; denn nach japanischer Ansicht sollen die gewöhnlichsten Gegenstände des täglichen Gebrauchs wenn möglich das Auge erfreuen und das Gemüt ergötzen. Dies und jenes wird nicht zusammengestellt, nur weil es hübsch aussieht, so wie es unsere modernen Schmuckkünstler machen.

Die Kunstmotive haben alle ihren besonderen Sinn, entweder eine aktuelle Bedeutung – so wenn Fichte und Bambus, als Immergrün, langes Leben symbolisieren, denen die Pflaumenblüte für die Schönheit beigefügt wird, die mit den beiden andern eine glückbringende Dreiheit bildet; oder eine ideelle, wie jenes Motiv, das stets den Löwen und die Päonie vereinigt, weil der Löwe der König der Tiere, die Päonie die Königin der Blumen ist; oder ihr Sinn beruht auf der Geschichte, auf Legenden oder unveränderlichen Überlieferungen. Zum Beispiel gehören Bambus und Sperling zusammen; Pflaumenblüte und Nachtigall; Bambusdickicht und Tiger; Chrysanthemum und Schmetterling; Schnee, Mond und Blüten (sehr konventionell); der flötenspielende Knabe und sein Reitstier, Benkei und seine große Bronzeglocke, die Götter des Glücks, jeder mit seinem zahmen Tier oder einem anderen entsprechenden Symbol usw. – alles aus bestimmten Gründen. Irgendwelche von diesen Dingen durcheinanderzumischen, wie fremde Nachahmer es tun, verletzt das Auge des Kenners ebenso wie ein grammatikalischer Fehler das Ohr. Die schwarze Krähe sitzt nicht des Kontrastes wegen der Sonne gegenüber, obgleich sicherlich der Gegensatz seinen Eindruck nicht verfehlen kann: sie tut es aus mythologischen Gründen, die wir in unserem Artikel über die japanische Flagge andeuteten. Ähnliches findet sich in tausend anderen Beispielen. Die europäischen Künstler folgten im Mittelalter den gleichen Prinzipien, wenn von der Gestalt der Kathedrale an bis herab zur kleinsten Gruppe von Steinfiguren in einer Nische alles eine symbolische Bedeutung hatte, so daß, wie Ruskin es ausführlich darlegte, die Kathedrale von Amiens nichts weniger ist als die ganze Bibel in Stein. Die Japaner befinden sich noch heute in diesem beneidenswerten Zustand, wo der Schmuck organisch ist. Sie haben wenig bloße «Muster». Unglücklicherweise müßte eine Abhandlung über ein solch ausgedehntes Thema, wenn sie befriedigen sollte, die ganze Geschichte des japanischen – und sogar des chinesischen – Geistes in sich schließen, die religiösen Anschauungen, die Märchen, mit denen die Jugend großgezogen wird, die berühmten Orte, die gefeierten Persönlichkeiten und bunten Ereignisse, die die nationalen Chroniken des Volkes schmücken. (Siehe Artikel über «Architektur», «Bildhauerkunst», «Cloisonné», «Metallarbeiten», «Musik», «Porzellan» und «Holzschnitt».)

Eine merkwürdige Tatsache, auf die nie die Aufmerksamkeit gelenkt wurde, ist, daß die japanische Sprache kein wirklich einheimisches Wort für «Kunst» besitzt. Um den europäischen Ausdruck «schöne Künste» wiederzugeben, wurde die Verbindung *bijutsu* erfunden durch Zusammensetzung der zwei chinesischen Charaktere *bi*, «schön», und *jutsu*, «Gewebe», «Erfindung», «Fertigkeit»; es gibt noch zwei oder drei andere solche Verbindungen, die sich der Bedeutung nähern, aber keine, die sich befriedigend damit decken würde. In ähnlicher Weise ist die japanische Sprache ohne ein befriedigendes Wort für «Natur». Die am nächsten kommenden Äquivalente sind *seishitsu*, «charakteristische Eigenschaften»; *bambutsu*, «alle Dinge»; *tennen*, «spontan». Diese merkwürdige philologische Tatsache gestaltet es bei dem besten Willen und der größten Geschicklichkeit der Welt schwierig, die meisten unserer Diskussionen über Kunst und Natur in einer Weise wiederzugeben, die verständlich ist für diejenigen Japaner, die keine europäische Sprache beherrschen.

Der Mangel eines selbständigen Wortes für «Kunst» ist ohne Zweifel eine Schwäche im Japanischen. Der Mangel eines Wortes für «Natur» vielleicht eine Stärke. Denn ist das Wort «Natur» in den Sprachen des Westens nicht geeignet, Konfusionen von Gedanken zu verbergen und deshalb zu unterstützen? Wenn wir zum Beispiel sagen «inspiriert von der Natur», was für ein präziser Sinn kann dieser Phrase unterlegt werden? Zuweilen ist «Natur» eine Art deistisches Synonym oder ein Euphemismus für den Schöpfer, der in diesem Falle «weiblich» wird. Ein andermal sind damit seine Geschöpfe gemeint. Zuweilen bedeutet es das Universum ohne den Menschen; zuweilen bezeichnet es die Impulse des Menschen im Gegensatz zu seinen Willensakten. Manchmal umfaßt es alles, was vernünftig und richtig ist; wiederum, wie in der theologischen Sprache, bedeutet es das gerade Gegenteil. Das Wort «Natur» ist ein Proteus. Es steht für alles im allgemeinen und für nichts im besonderen – unmöglich zu definieren, dient es als ein Irrlicht nur dazu, metaphysisch angelegte Personen zu verführen.[III]

LACKARBEITEN Es wird von allen Kennern zugegeben, daß die Japaner in der Kunst von Lackarbeiten ihre Lehrer, die Chinesen, weit übertreffen. Dies mag teilweise darauf zurückzuführen sein, daß der Lackbaum, obgleich ebenfalls augenscheinlich aus China eingeführt, in Japan ein angemessenes Klima findet; aber wir werden kaum irregehen, wenn wir die Überlegenheit hauptsächlich dem feineren ästhetischen Geschmack der Japaner zuschreiben. Die Lackarbeit entsprach so sehr ihrem Geschmack und Talent, daß sie schon Meisterstücke in diesem Kunstzweige schufen, als England noch von den barbarischen Kämpfen der Heptarchie zerrissen war. Indessen wurde die höchste Vollkommenheit nicht auf einmal erreicht. Das Ende des 15. Jahrhunderts kann als die Morgenröte der klassischen Periode bezeichnet werden, die ungefähr um das Jahr 1700 ihren Höhepunkt erreichte und das ganze 18. Jahrhundert und die erste Hälfte des 19. über anhielt.

Die Würdigung von Lackarbeiten erfordert einen besonderen Geschmack, der erworben sein will, der aber, einmal erworben, mehr und mehr in einem wächst, bis man dahin kommt, Lackarbeiten der Kategorie von fast heiligen Dingen einzureihen. Einem Neuangekommenen ein feines Stück zu zeigen oder es als ein Geschenk nach Hause zu senden an einen der unkultivierten Eingeborenen von Europa oder Amerika, das hieße, um ein

LACKARBEITEN 385

japanisches Sprichwort zu gebrauchen, «Goldstücke einer Katze geben». Er wird es einen Augenblick in die Hand nehmen, einen Blick darauf werfen und sagen: «Was für ein hübsches Sächelchen!» und es wieder hinstellen und sich einbilden, daß es höchstens ein paar Dollar wert ist. Nicht unwahrscheinlich aber kostete es Hunderte und war das Resultat von Jahren geduldiger Arbeit und wunderbarer Kunst.

Das erforderliche Material bietet der Saft, der aus dem Lackbaum *(Rhus vernicifera)* träufelt, wenn man ihn anbohrt. Dieses Lackabzapfen, wie man es vielleicht nennen kann, bildet die Unterhaltsquelle einer besonderen Klasse von Menschen, die sich beim Herannahen des milden Wetters im April über all die nördlichen Provinzen des Reiches verstreuen, wo die besten Lackbäume gedeihen, und ihre Arbeit bis in den Herbst hinein fortsetzen. Das Alter des Baumes, die Jahreszeit, in der der Baum angezapft wird, und die Behandlung, der man den Saft später unterwirft – indem man ihn etwa mit Feilspänen mischt, Terpentin oder Holzkohle –, bringen ganz verschiedene Arten von Lack hervor, die dementsprechend zu verschiedenen Zwecken verwendet werden. Jede Lacksorte wird schwarz, wenn man sie dem Licht aussetzt; und es ist eine Tatsache, mysteriös, aber unzweifelhaft authentisch, daß der Lack am schnellsten in feuchter Atmosphäre trocknet. Je feuchter die Atmosphäre ist und je dunkler der Raum, um so schneller wird der Lack hart werden.

Verschiedene Materialien lassen eine Lackierung zu. Besonders mit Metall hat man sehr hübsche Erfolge erzielt. Aber das beliebteste Material ist das Holz, und die besten Holzarten für diesen Zweck sind *hinoki (Chamœcyparis obtusa)* und *kiri (Paulownia imperialis)*. Das Holz der *Cryptomeria japonica (sugi)* und *Planera japonica (keya-*

ki) ist das beste für allgemeine Zwecke wie gewöhnliche Schalen, Servierbretter usw. Die Japaner verwenden lackierte Gegenstände für kochende Suppen, alkoholische Getränke und selbst glühende Zigarrenasche. Aber die Substanz ist so widerstandsfähig, daß sie unter einer anscheinend so rauhen Behandlung wenig, wenn überhaupt Schaden leidet.

Der Prozeß des Lackierens ist kompliziert und langwierig. Zuerst wird die Oberfläche des Holzes mit pulverisiertem Hanf und Leim bedeckt, dann folgt der erste Lacküberzug, der selbst wieder mit dem allerfeinsten Gewebe aus Hanf bedeckt wird. Zahlreiche Lagen von verschiedenen Qualitäten von Lack werden auf diesen Grund gebracht. Zwischen jeder dieser Lagen findet eine sorgfältige Trocknung statt, und auf jede Trocknung folgt ein teilweiser Abschliff mit einem Schleifstein. Mit einem aus kalziniertem Hirschhorn hergestellten Pulver wird gewöhnlich die letzte Politur erzielt. Aber der ganze Prozeß, den wir hier nur in großen Zügen angedeutet haben, ist weiter nichts als ein Vorbereitungsprozeß, wenn es gilt, eines von jenen herrlichen goldlackierten Kästchen herzustellen, die dem europäischen Sammler gewöhnlich vorschweben, wenn er das Wort «Lackarbeit» vernimmt. Hören wir, was einer der unten angeführten Sachverständigen für diesen Fall zu sagen hat:

«Man benützt eine dünne Papiersorte, die präpariert ist mit einem Kleister aus Leim und Alaun; auf dieses Papier wird die gewünschte Zeichnung, die auf den lackierten Gegenstand übertragen werden soll, gezeichnet. Auf der Rückseite des Papiers wird nun der Umriß mit einem sehr dünnen Pinsel aus Rattenhaaren fein mit Lack nachgezogen, der über glühender Holzkohle vorsichtig erhitzt wurde, um das Trocknen zu verhindern. Dieses Papier wird hierauf auf den Gegenstand gelegt, der lakkiert werden soll, und mit einem Spachtel aus *hinoki* oder Walfischbein gestrichen, wo der Lack aufgetragen wurde; wenn das Papier nun weggenommen wird, so ist die Zeichnung fein in Lackumrissen zu sehen.

Um sie klar hervortreten zu lassen, wird sehr vorsichtig mit einem Stück von Baumwolle darübergerieben, das mit feingepulvertem Schleifstein oder Zinn versehen ist, worauf das Muster weiß erscheint. Von einer Zeichnung können zwanzig und mehr Abdrücke gemacht werden, und wenn das nicht mehr möglich ist, da sich der Lack abnützte, so braucht man nur die Linien auf demselben Papier frisch nachzuziehen, um dieselbe Zeichnung *ad infinitum* reproduzieren zu können. Diese Lackumrisse trocknen nicht, dank dem zu diesem Zwecke verwendeten Lack, der, wie wir erwähnten, vorher erhitzt worden war, und können jederzeit abgewischt werden.

Das auf diese Weise umrissene Muster wird hierauf mit Grundierungslack ausgefüllt, wozu ein Pinsel aus Hasenhaaren benützt wird; dabei muß sehr acht gegeben werden, daß man die ursprünglichen Umrißlinien nicht verwischt oder übermalt. Dann wird die Arbeit mit feinem Gold-, Silber- oder Zinnstaub, je nach der Qualität der Ware, gepudert. Der Staub wird mit einem Stück Baumwolle aufgetragen, das mit dem betreffenden Material versehen wurde, und der Gegenstand wird danach mit einem sehr weichen Pinsel, der aus den langen Haaren des Winterkleides eines Schimmels gemacht ist, sanft abgestaubt, um allen ungebundenen Metallstaub wegzuschaffen, der dem Gegenstande ankleben könnte, und ebenfalls um die Oberfläche zu glätten. Wenn der bearbeitete Gegenstand groß ist, wird nur ein kleiner Teil auf einmal bearbeitet, und der Gegenstand wird unmittelbar darauf in einen luftdichten Kasten eingeschlossen, damit sich nicht Staub oder sonst etwas anderes auf die frisch lackierte Fläche setzen kann. Nach angemessener Zeit, das heißt wenn der Lack genügend erhärtet ist, wird der Gegenstand herausgenommen, und der mit Goldstaub bedeckte Teil erhält einen Überzug von durchsichtigem Firnis *(suki-urushi),* der mit einem Pinsel aus Hasenhaaren aufgetragen wird; darauf wird ein weiterer Teil mit Goldstaub präpariert, wie vorher. Der Gegenstand wird dann wiederum in den luftdichten feuchten Kasten eingeschlossen, bis er trocken ist. Wenn der Teil, der den zweiten Lacküberzug über den Goldstaub erhalten hat, vollkommen hart ist, so wird er mit einem Stück harter Holzkohle, die aus Kamelienholz oder *honoki* gewonnen wird, geglättet, bis das Ganze eben mit der Umgebung ist. Darauf wird er mit dem Finger gerieben, etwas feingepudertem Schleifstein, Hirschhorn und mit einem Tropfen Öl, bis eine feine Politur erzielt wird. Im Fall auf diese Fläche noch etwas aufgetragen werden soll, etwa das Geäder von Blättern oder Staubfäden usw. von Blumen, so wird das in Lack gezeichnet, mit Goldstaub bedeckt, und wenn alles trocken ist, die letzte Politur mit dem Finger und pulverisiertem Hirschhorn appliziert.»

Dies ist der gebräuchlichste Prozeß, der bei der Herstellung von erhabenen Goldlackwaren und anderen Abarten entsprechend modifiziert wird. Es muß hinzugefügt werden, daß viele von den sogenannten Gold- oder Silberlackarbeiten in Wirklichkeit mit Hilfe von Bronze und Zinn hergestellt werden, besonders in unserer Zeit, da das fremde Publikum, dessen Geschmack vollkommen ungebildet ist, Billigkeit und Quantität verlangt. Nichtsdestoweniger werden immer noch Stücke produziert, die den besten Zeiten würdig sind. Kompetente Beurteiler versichern, daß *Shibata Zeshin,* der erst im Jahre 1891 starb, wahrscheinlich ein ebenso großer

Künstler in Lackarbeiten war wie je einer, und daß andere, nicht weniger tüchtige, noch heute am Leben sind.

Das Lackgift, von dem so viel von Reisenden gesprochen wurde, ist niemals tödlich, obgleich es in manchen Fällen außerordentlich schmerzhaft wirkt. Blutandrang zum Kopf, Geschwulst, heftiges Stechen und Brennen, zuweilen kleine, eiternde Beulen sind die Symptome. Der Lack kann in jedem Zustand, ausgenommen wenn er vollkommen trocken ist, eine Vergiftung hervorrufen. Die Lackabzapfer gebrauchen immer Handschuhe zum Schutz.

Nur noch ein Punkt. Wer gute Stücke von Lackarbeiten besitzt, sei vorsichtig und staube sie mit einem zarten alten Seidentuch ab. Ein gewöhnliches Staubtuch verwetzt sie. Einige der besten Sammlungen in Europa sind durch unvorsichtige Behandlung ruiniert worden.[112]

LANDKARTEN Die weitaus besten Karten von Japan sind jene, die jetzt das geologische Institut des kaiserlichen Departements für Ackerbau und Handel veröffentlichte. Es gibt drei Serien – geologische, agronomische und topographische; die letzteren können besonders für allgemeine Zwecke empfohlen werden und sind bei Messrs. Kelly und Walsh in Yokohama erhältlich. Die Abteilung Yokohama ist besonders nützlich, da sie viele der Örtlichkeiten, die am häufigsten von Touristen besucht werden, in sich schließt wie Kamakura, Enoshima, Miyanoshita usw. Es gibt zwei Ausgaben dieser wertvollen Kartenserien – eine im Maßstab von 1:200000, die andere von 1:400000. Unglücklicherweise liegt keine von beiden bis jetzt fertig vor. Indessen wurde eine vollkommene Karte im Maßstab von 1:400000 im Jahre 1900 herausgegeben.

Fujimi Jūsanshū oder «dreizehn Provinzen um den *Fujiyama*» ist die beste der altmodischen japanischen Karten. Die Entfernungen sind in Ziffern an den Straßen angegeben, und der grüne Berg erhebt sich wie in einem Bild. Der Vater der japanischen Kartographie war Inō Chūkei (geboren 1744), dessen Leben und Wirken Dr. Knott im XVI. Band, Teil II der *«Asiatic Transactions»* kurz dargestellt hat. Der einzige Lohn, den er von der Regierung seiner Zeit erntete, bestand darin, daß man ihn in den Kerker warf.

LANDSTRASSEN Mehrere der wichtigsten Landstraßen Japans sind außerordentlich alt. So manche der Straßen in der Nähe von Kyōto wie die *Nakasendō*, die von Kyōto nach dem östlichen Japan führt. Die berühmteste Straße etwas neueren Ursprungs, obgleich durchaus nicht modern, ist die *Tōkaidō,* auf der die Daimyōs der westlichen Provinzen mit ihren glänzenden Gefolgschaften zum Hof des Shōguns in Yedo zu reisen pflegten. Die *Ōshū Kaidō,* die nach Norden führt, und die *Reiheishi Kaidō* nach Nikko sind andere große historische Straßen. Viele japanische Straßen werden von hohen Nadelbäumen und anderen Bäumen flankiert. Kurz nach der Einführung der Telegraphie begannen die Japaner, diese monumentalen Bäume in ihrem Eifer für das, was sie für Zivilisation hielten, zu fällen. Die Telegraphenstangen, dachten sie, würden sich viel besser ohne solch altmodische Begleiter ausnehmen. Der Lärm, den die fremde Presse in Yokohama erhob, brachte glücklicherweise die Vandalen am grünen Tisch zur Besinnung, und nachdem die Tōkaidō teilweise entblößt worden war, wurden die übrigen Straßen verschont.

Wenn auch die Lage bei den neugebauten Landstraßen

gut gewählt ist, so ist doch bei zu vielen der Bau mangelhaft. Die Straßen sind nur aus Lehm und Erde hergestellt. Sie führen über künstliche Dämme, die auf Schlammgrund ruhen, die Vorkehrungen für den Wasserabfluß sind ungenügend, und das Gefälle der Berge, an denen die Straßen entlanggeführt wurden, ist viel zu steil gelassen worden. Löcher, Räderspuren, ferner Erdrutsche, die oft mit dem Verlust von Menschenleben verbunden sind, sind die Folge. Von einer Makadamisierung ist nicht die Rede. Die Ausbesserung wird mit Wagenladungen von Steinen oder Erde bewerkstelligt, die den Reisenden bei trockenem Wetter reichlich mit Staub versieht und bei nassem Wetter zu Morast wird. Zuweilen werden Baumzweige und selbst alte, weggeworfene Strohsandalen als Materialien für das Ausbessern der Straßen verwendet. In Tokyo selbst, der Reichshauptstadt, sind die Straßen ein Skandal. Bis auf den heutigen Tag werden sie noch aus Steinbrocken hergestellt, über die Lagen von runden Kieseln und Erde oder feinem Sand geschüttet werden. Die Qualen, die den Jinrikisha-Kuli aus einer solchen Bauart erwachsen, kann man sich vorstellen. Ohne Zweifel muß manches auf Rechnung des losen vulkanischen Bodens der großen Ebene von Tokyo und des östlichen Japan im allgemeinen gesetzt werden, der sich nicht gerade gut für Straßenbau eignet. In der Provinz Ise, auf einigen der größeren Inseln der Inlandsee und an den Ufern des Sees Biwa, wo die Natur erstklassiges Material in der Gestalt von zerstückeltem Granit liefert, finden sich die besten Straßen.

Während der Jahre 1880–1890 wurde eine ungeheure Summe Geldes ausgegeben zur Erschließung gebirgiger Bezirke durch neue Straßen, Brücken, Viadukte. Aber da der Ausbau des Eisenbahnnetzes fast gleichzeitig den Verkehr auf andere Teile ablenkte und da die Straßen

JAPANERINNEN BEI DER ESSENSZUBEREITUNG

nicht entsprechend gebaut waren, um der Rauheit des Klimas standhalten zu können, und mehr noch, da sie in Wirklichkeit nicht notwendig waren für die spärliche Landbevölkerung, sind viele verschwunden, ohne eine Spur zu hinterlassen, während in anderen Fällen die schmale, aber solide alte Straße der Kürze halber bevorzugt wird. Die einst bekannte Straße über den Harinoki-Paß und jene von Aizu nach Shiobara können als Beispiel angeführt werden.

LEBENSUNTERHALT Früher konnte man in Japan außerordentlich billig leben. Heute ist es anders. Die allgemeine Unzufriedenheit der ansässigen Ausländer äußert sich dahin, daß heutzutage das Leben hier im Exil ebenso teuer sei wie zu Hause in Europa, nur mit dem Nachteil, daß man weniger für sein Geld bekäme; allerdings hat man es ziemlich bequem mit Dienstboten. Die Unzufriedenen unter den Reisenden lassen ähnliche Klagen hören. In Japan zu reisen, sagen sie, ist ebenso teuer wie in Amerika und unendlich unbequemer. Nach unserer Ansicht reduziert sich die Frage, wenigstens in bezug auf Reisende, auf folgendes: Sind Sie bereit, auf einige Ihrer Bequemlichkeiten zu verzichten, wollen Sie Geld ausgeben, um eine einzigartige Kultur in einer ihrer interessantesten Phasen kennenzulernen? Wenn nicht, wenn Sie mit der Vorstellung herüberkommen, alles so vorzufinden oder zu tun wie zu Hause, dann haben Sie sich verrechnet.

Statistiken, die gegen Ende 1900 veröffentlicht wurden, beweisen, daß der Durchschnittspreis der vierzig wichtigsten japanischen Produkte um 42 Prozent gestiegen ist, und das allein zwischen 1896 und 1899. Diese außerordentlich rapide Steigerung wurde von dem damaligen Finanzminister auf den erfolgreichen Krieg gegen China im Jahre 1894 zurückgeführt. Dies war ohne Zweifel ein Grund. Nebenursachen, die daraus entsprangen, mögen vielleicht in der Verdoppelung der Armee zu suchen sein, mit der damals begonnen wurde und die der Produktion Arbeitskräfte entzog und die Anzahl der trägen Mäuler vermehrte. Ferner trug die Auswanderung von Handwerkern und Kulis nach Formosa zu einer Lohnsteigerung in Japan selbst bei, und sie mag die Preise auch in anderen Beziehungen beeinflußt haben; denn eine solch mächtige Ursache kann nicht ohne weitreichende Wirkungen geblieben sein.

Wie dem auch sei, wir wollen nicht versuchen, die Frage erschöpfend zu behandeln, sondern nur einige Punkte aufs Geratewohl herausgreifen und konstatieren, daß sich die Bodenpreise in Tokyo in den letzten vier oder fünf Jahren des 19. Jahrhunderts verdreifachten, daß sich die Mietpreise in den letzten dreißig Jahren verdreifachten (für die Armen haben sie sich verfünffacht), daß sich die Arbeitslöhne verdreifachten, daß sich die Hotelpreise verdreifachten, die Waschpreise sich verdoppelten, Jinrikisha-Taxen sich vervierfachten und es jetzt dreimal soviel kostet, ein Haus zu bauen, wie früher. Die Studenten der Universität, die früher mit 11 *yen* im Monat auskamen, können sich jetzt kaum unter 20 *yen* durchschlagen. Der Preis für eine Loge für die zehntägigen Ringkämpfe zu Ekōin in Tokyo stieg von 40 auf 54 *yen* für die ersten Plätze, von 38 auf 45 *yen* für die zweiten, und zwar in einem einzigen Jahre, zwischen Januar 1900 und Januar 1901. Die veröffentlichten Haushaltsberichte einer Dame von Tokyo bilden einen Beleg für die folgende Preissteigerung zwischen den Jahren 1877 und 1900:[113]

	1877	1900
Öffentliches Bad	7 rin	2½ sen
Kartoffeln (pro Quart)	3½ sen	8 sen
Holzkohle (pro Sack)	18 sen	28 sen
Rettiche (pro Bündel)	4½ sen	7½ sen
Papier (pro Buch)	1⁷⁄₁₀ sen	3 sen
Papier (bestes)	11 sen	25 sen
Eingemachtes Grünzeug (pro Faß)	41 sen	75 sen
Haussandalen (pro Paar)	5 sen	7 sen
Lampenöl (vegetabilisch)	3 sen	5⁴⁄₁₀ sen
Beste Soja (pro Fäßchen)	1 yen 12½ sen	2 yen 80 sen
Brennholz (pro 50 Bündel)	1 yen 50 sen	2 yen 80 sen
Dienstmädchen (pro Monat)	1 yen	über 2 yen
Zimmermann (pro Tag)	25 sen	80 sen

Die einzigen Bedürfnisse des Haushalts, die nach derselben Autorität während des Vierteljahrhunderts billiger wurden, waren:

Lampenzylinder	12 sen	5 sen
Petroleum (pro Kanne)	2 yen 40 sen	1 yen 70 sen

Dies offenbar infolge der Entdeckung einheimischer Petroleumquellen, und da man jetzt in Tokyo Glas herstellt, anstatt es wie früher von auswärts zu importieren.

Die obigen Preisangaben wurden uns von einer anderen Hausfrau bestätigt, die wir um Auskunft baten; sie wies auch darauf hin, daß bei gewissen Artikeln eine weitere beträchtliche Preissteigerung sogar von 1900 bis 1904 stattgefunden habe – Soja, zum Beispiel, die jetzt sogar auf 3 *yen* 75 *sen* pro Tönnchen zu stehen kommt, Holzkohle, die 50 *sen* gegen 28 kostet, die Löhne für Dienstmädchen, die sich jetzt zwischen 3 und 5 *yen* monatlich bewegen, und Zimmermannslöhne, die 1 *yen* im Tage betragen. Bei anderen Dingen ist die Steigerung sehr mäßig; so kostet Pflanzenöl 6 *sen* im Jahre 1904 gegen 5$^{4}/_{10}$ *sen* im Jahre 1900. Dieselbe Dame stellt die folgende vergleichende Liste für die letzten neunundzwanzig Jahre auf:

	1875	1904
Damenfrisur	5 *sen*	10 *sen*
Damenholzschuhe	80 *sen*	3 *yen* 80 *sen*
Holzschuhe für Mägde	5 *sen*	22 *sen*
Eier	von 5 *rin* zu 1½ *sen*	3 bis 3½ *sen*
Hühner (pro Pfund)	6 *sen*	33 *sen*
Sake (guter)	25 *sen*	70 *sen*
Zucker (pro Pfund)	8 *sen*	16 *sen*
Matten *(tatami)*	65 *sen*	3 *yen*
Matten *(goza,* 6 Fuß Stück)	16 *sen*	50 *sen*

Vor einem Vierteljahrhundert gab der reisende Japaner, der sich zu einer kurzen Rast in einem Teehaus am Wege niederließ und eine Tasse Tee schlürfte, beim Weggehen ein *tenpō sen,* wie es genannt wurde, das heißt 8 *rin* heutigen Geldes oder weniger als einen englischen Heller. Jetzt gibt er 5 *sen,* und wenn er gut gekleidet ist 10 *sen,* das heißt zwölfeinhalbmal soviel wie früher.

Wollte man auf das Thema näher eingehen, so müßte man die Aufmerksamkeit darauf lenken, daß Japan vor 1897 Silberwährung hatte und Silber allmählich im Laufe einer langen Reihe von Jahren im Vergleich zu Gold im Werte sank. Ferner müßte man allerdings den Umstand beachten, daß für das japanische Publikum, das tatsächlich nie Gold gekannt hatte, keine Wertverminderung des Silbers, wie es die Ausländer nach Gold berechneten, bestand. Indessen sind die Preise selbst seit der Einführung der Goldwährung andauernd und rapid gestiegen, wie einige der oben angeführten Beispiele es bekunden. Die bi- und monometallische Währung hat deshalb wenig mit der Sache zu tun. Die Preise sind von selbst gestiegen, und sie steigen täglich, ganz unabhängig auch von irgendwelchen größeren Ansprüchen auf Bequemlichkeit in den breiteren Volksschichten. Zwar verraten alle Klassen jetzt eine einigermaßen größere Neigung zu kostspieligen Gewohnheiten als früher. Aber der Wechsel vollzog sich langsam und war verhältnismäßig gering – in keiner Weise mit der Größe des politischen Umschwungs zu vergleichen, ebensowenig mit jenem allgemeinen Rennen nach Luxus, das das ganze Leben und alle Gewohnheiten der ackerbauenden und arbeitenden Bevölkerung in England in den letzten zwei Generationen umwälzte.

Im allgemeinen und mit gewissen Einschränkungen in bezug auf Einzelheiten gesprochen, lebt der japanische Landmann und Arbeiter von heute genau so wie er immer lebte: Er bewohnt dieselbe Art von Holz- und Papierhäusern, genießt dieselbe leichte Nahrung, trägt die gleiche Kleidung und geht seiner täglichen Beschäftigung und seinen gelegentlichen Vergnügungen in derselben Weise nach.

Die konstant zunehmende Verteuerung des Lebensunterhalts lastet schwer auf Personen, die ein kleines Einkommen haben oder ein festes Gehalt – besonders schwer etwa auf all den kleineren Beamten. Wenn es trotz alledem den Geschäften nicht an Kunden fehlt und den Theatern, obgleich sie teuer sind, nicht an Besuchern, so liegt der Grund dafür in der raschen Ausbreitung einer Klasse, die bis jetzt unbekannt war – eine höhere Mittelklasse von Lieferanten, Spekulanten, Bankiers, Minenbesitzern, Eisenbahnmagnaten. An ihrer Spitze stehen solche Neureichen wie die Iwasaki, Shibusawa, Ōkura, Furukawa, für die die feudale Gesellschaft des alten Japan keinen Platz gehabt hätte.

LEICHENBESTATTUNG Bis in neuerer Zeit lagen alle Begräbnisse in den Händen der buddhistischen Hierarchie, sogar die Bestattungen der Shintō-Priester selbst; aber jetzt dürfen die Shintōisten ihre Toten selbst beerdigen. Der Shintō-Sarg ähnelt dem europäischen. Der buddhistische Sarg dagegen ist klein und viereckig, und der Leichnam befindet sich darin in hockender Lage, mit dem Kopf auf die Knie gebeugt, eine Sitte, die manche von der frommen Gewohnheit, in religiöse Meditation versunken zu sitzen, ableiten, während andere darin – im letzten irdischen Vorgang – ein symbolisches Bild der Lage des ungeborenen Kindes im Mutterleib erblicken. Weitere äußerliche und sichtbare Zeichen, wodurch man ein buddhistisches Begräbnis von einem Shintō-Leichenbegängnis unterscheiden kann, sind beim ersteren die unbedeckten rasierten Köpfe der buddhistischen Priester und die dunkelblaue Gewandung der Sargträger, und beim letzteren die schlichte weiße Kleidung der Sargträger, die nicht-rasierten Köpfe der Shintō-Priester mit ihren gebogenen Gazekappen und die Fahnen und Baumzweige, die in der Prozession getragen werden. Bei beiden kann man große Blumenbukette sehen, und die Bestattungszeremonien beider Religionen sind von großer Länge und Kompliziertheit.

Oft werden bedeutende Summen auf Bestattungen verwendet, ganz besonders bei der kaiserlichen Familie. Als 1897 die Kaiserin-Witwe starb, wurden dem Nationalschatz nicht weniger als 700000 *yen* entnommen. Vielleicht ging niemals eine Bestattung mit größerem Pomp vor sich als diese, die vom Anfang bis zum Ende mehrere Wochen in Anspruch nahm – denn die tatsächliche Beerdigung war nur der letzte Vorgang einer außerordentlich komplizierten Reihe von Zeremonien. Die Prozession war zwei Meilen lang, die Schlußzeremonie dauerte über zweiundzwanzig Stunden, während welcher die kaiserlichen Prinzen nahezu barfüßig im Schnee standen oder gingen, ohne die geringste Nahrung zu sich zu nehmen. Ein Ochsengespann mit Rädern, die absichtlich so gebaut waren, daß sie traurig ächzten, trug den herrlichen Sarg, in dem der mit Vermillon präparierte Leichnam lag. Drei hintereinander geschirrte Ochsen zogen das Gespann; der vorderste war schwarz, der zweite aschbraun mit schwarzen Flecken, der dritte weiß und schwarz gefleckt, mit einer weißen Blesse auf der Stirn und vier weißen Fesseln – all dies alter Sitte gemäß. Die Totengräber waren als Vögel mit schwarzen Flügeln verkleidet, denn für Vögel, vernunftlose Wesen, war es kein Sakrileg, auf dem Grab einer Kaiserin zu verweilen. Jeder Klang von Musik verstummte im ganzen Land auf den Zeitraum eines Monats, die Schulen waren eine Woche lang geschlossen, und Tausende von Verbrechern wurden begnadigt. Der Hof selbst unterließ ein Jahr lang alle Feste.[114] (Siehe auch Artikel über «Archäologie».)

LITERATUR Wir hören von einem oder zwei japanischen Büchern, die im 7. Jahrhundert n. Chr. verfaßt wurden, kurz nachdem eine Verbreitung der Kenntnis der chinesischen Ideogramme in Japan eine geschriebene Literatur möglich gemacht hatte. Indessen ist das älteste Werk, das auf uns gekommen ist, das *«Kojiki»* oder «Berichte über alte Angelegenheiten», das aus dem Jahre 712 stammt. Man hat es zuweilen die Bibel der Japaner genannt, da es Mythologie und früheste Geschichte des Volkes in sich schließt; aber es enthält keine moralischen oder religiösen Gebote. Im Jahre 720 folgte ihm das *«Nihongi»* oder «Chroniken von Japan», ein anspruchsvolleres Werk, in chinesischer Sprache geschrieben, dem Latein dieses Zeitalters und Landes. Ungefähr 760 kam das *«Manyōshū»* oder «Sammlung einer Myriade Blätter». Es ist eine Anthologie der ältesten Gedichte der Sprache und unschätzbar wegen seines Reichtums an Geschehnissen und Andeutungen, die den Philologen, den Archäologen und Historiker interessieren. Auch sein poetischer Wert wird von den orthodoxen einheimischen Beurteilern sehr hoch geschätzt, die keine andere Literatur kennen als ihre eigene, es sei denn die chinesische. Seit dieser Zeit versiegte der literarische Strom nicht mehr. Er floß in zwei Armen, das heißt, es entstanden Bücher in der Landessprache und solche, die im klassischen Chinesisch geschrieben waren. Das Chinesische wurde gewöhnlich bei ernsten Themen bevorzugt – wie zum Beispiel bei Gesetz und Geschichte; japanisch bei Gedichten, Romanzen und anderen Zweigen der schönen Literatur. Sir Ernest Satow teilt nach dem Vorbild der einheimischen Autoritäten die klassische japanische Literatur in sechzehn Hauptgruppen ein:

I. Standard-Geschichtswerke: Neben den schon erwähnten *«Kojiki»* und *«Nihongi»* ist das wichtigste Geschichtswerk das *«Dai Nihonshi»*. Dieses ungeheure Werk von einhundert Bänden wurde am Ende des 17. Jahrhunderts von einer ganzen Gruppe von japanischen und chinesischen Gelehrten kompiliert, die der zweite Fürst von Mito, ein großer Gönner der Literatur, leitete.

II. Vermischte Geschichtswerke, das heißt Werke, die von Privatpersonen geschrieben wurden und deshalb keine offizielle Sanktion genießen. Solche sind das *«Mitsu Kagami»*, das *«Genpei Seisuiki»*, das *«Heike Monogatari»*, das *«Taiheiki»* und eine Menge anderer; den Schluß bildet das *«Nihon Gaishi»*, das vor einigen Jahren in den Händen eines jeden Gebildeten war und durch seine fanatisch imperialistischen Tendenzen nicht wenig zum Sturz des Shōgunats beitrug. Alle japanischen Geschichtswerke sind in einem Stil verfaßt, der auf den europäischen Leser unangenehm wirkt. Zum größten Teil sind sie mehr Annalen als eigentliche Historien. Wer diese Behauptung anzweifelt, sollte Sir Ernest Satows Übersetzung der ersten fünf Bücher des *«Nihon Gaishi»* durchsehen. Er wird es kaum glauben können, daß ein solch unerträglich trockenes Buch je eine ganze Nation mit Begeisterung erfüllen konnte. Daß dies möglich war, ist eine der literarischen Merkwürdigkeiten.

III. Gesetz: Das *«Ryōno Gige»* und das *«Engishiki»* sind die Werke dieser Abteilung, die am häufigsten genannt werden.

IV. Biographie

V. Poesie (siehe besonderen Artikel darüber)

VI. Klassische Romanzen: Dies ist das interessanteste

JAPANERIN BEIM LESEN EINER SCHRIFTROLLE

Gebiet der japanischen Literatur, denn es gewährt uns Einblick in das längst vergessene Leben des japanischen Hofes im 10. und 11. Jahrhundert unserer Zeitrechnung. Die Herren und Damen jener Tage treten uns mit all der Frivolität, aber auch all der Eleganz ihrer engen aristokratischen Existenz entgegen, die der Horizont der alten Hauptstadt Kyōto begrenzte. Wir hören von ihren Reimereien, ihren amourösen Intrigen natürlich, ihren endlosen Mondbetrachtungen und Flötenvorträgen, selbst genaue Schilderung ihrer Kleider und der Gesellschaften, die sie gaben, sind uns erhalten – eines der vielen Zeugnisse dafür, daß viele dieser Bücher von Frauen geschrieben wurden. Die älteste Geschichte, die gewöhnlich zu den Romanzen gezählt wird, ist eigentlich mehr ein Märchen; denn sie handelt von den Abenteuern einer Maid, die vom Mond auf die alltägliche Welt verbannt wurde. Sie ist betitelt «*Taketori Monogatari*» oder «des Bambusschneiders Romanze», denn die Maid wurde in einem Bambusstück entdeckt, wo sie lag, glänzend wie Gold. Um nur noch drei oder vier weitere aus Hunderten zu erwähnen, sind da die «*Utsubo Monogatari*» und «*Ise Monogatari*», die beide dem 10. Jahrhundert zugeschrieben werden, die «*Sumiyoshi Monogatari*», ungewissen Datums, und die «*Konjaku Monogatari*» mit ihrer Fortsetzung «*Ujishūi*», Sammlungen kürzerer Erzählungen. Die berühmteste von allen ist die umfangreiche «*Genji Monogatari*», die aus dem Jahre 1004 stammt.

VII. Miszellaneen: Diese Bücher sind eine Art *olla podrida* von Gedanken der Autoren, niedergeschrieben ohne den Versuch einer Klassifikation, aber mit großer literarischer Ziselierung. Die beiden empfehlenswertesten Miszellaneen sind «*Makura no Sōshi*», von einer Hofdame namens Sei Shōnagon, die im 11. Jahrhundert blühte, und *«Tsurezure Gusa»*, von einem buddhistischen Mönch, der im Jahre 1350 starb.

VIII. Tagebücher: Von diesen wird man das *«Hōjo Ki»* wahrscheinlich am interessantesten finden. Ebenso wie das *«Tsurezure Gusa»* ist es das Werk eines buddhistischen Mönches. Der Verfasser beschreibt die Kalamitäten seiner Zeit und erzählt umständlich, um wie vieles besser das Leben in einer Einsiedlerzelle sei im Vergleich zu jenem, das er vorher inmitten weltlicher Eitelkeiten führte. Er stammt ungefähr aus dem Jahre 1200. Das *«Murasaki Shikibu Nikki»*, das Tagebuch der gefeiertsten japanischen Schriftstellerin, ist bemerkenswert, da es wahrscheinlich das schwierigste Buch der japanischen Sprache ist.

IX. Reisebeschreibungen: Zu dieser Klasse zählen die Bibliographien viele Werke, die besser zu den Tagebüchern gerechnet werden würden, da sie nicht nur in Wirklichkeit Tagebücher sind, sondern auch von ihren Verfassern so genannt werden. Unter ihnen findet sich das leichteste und fesselndste aller japanischen klassischen Werke. Es ist betitelt *«Tosa Nikki»*, das «Tagebuch (einer Heimreise) von Tosa», und stammt aus der Feder des Dichters Tsurayuki, der Gouverneur dieser entlegenen Provinz gewesen war. Es datiert aus dem Jahre 935. Die Reisebeschreibungen bilden die kleinste Gruppe in der japanischen Literatur. Wie wäre es auch möglich, daß diese seßhaften Leute einen Sir John Maundeville oder einen Captain Cook haben sollten?

X. Dramen: siehe Artikel über «Theater».

XI. Wörterbücher, philologische Werke: Die besten einheimischen Wörterbücher des klassischen Japanisch sind das *«Wakun no Shiori»* und das *«Gagen Shūran»;* beide sind unglücklicherweise fragmentarisch. Das kürzlich veröffentlichte *«Genkai»* oder «Meer der Wörter» und das *«Kotoba no Izumi»* oder «Quelle der Wörter», streben nach einer größeren Vollständigkeit. Die vollkommenste einheimische Grammatik ist die *«Kotoba no Chikamichi»* von Minamoto no Shigetane. Die hervorragendsten Schriftsteller der alten Schule über allgemeine philologische Gegenstände sind Mabuchi (gestorben 1769), Motoori (gestorben 1801) und Hirata (gestorben 1843). In Motooris Werken erreicht die klassische japanische Sprache ihre Vollendung. Besonders bemerkenswert unter seinen großen Arbeiten ist der klassische Kommentar über das *«Kojiki»,* betitelt *«Kojiki Den»,* und unter seinen leichteren Essays das *«Tama Gatsuma»,* das Notizen über die verschiedensten Themata, philologische und andere, enthält.

XII. Topographie: Die bekannteren Publikationen dieser Klasse, die ungefähr aus der Mitte des 19. Jahrhunderts stammen, sind in Wirklichkeit die besten, wenn sie auch von den japanischen Gelehrten nicht in dem Maße geachtet werden wie andere Werke, die den Stempel eines größeren Alters tragen. Diese populären topographischen Werke sind illustrierte Führer durch die verschiedenen Provinzen des Reiches und sind unter dem Kollektivnamen *«Meisho Zue»* bekannt. Obgleich von verschiedenen Autoren, sind sie doch alle nach dem gleichen Plan verfaßt, der in gewisser Beziehung jenem der englischen *county histories* ähnelt, wenn sie auch ausführlicher sind und mehr den praktischen Bedürfnissen der Reisenden dienen.

XIII. Literatur der Shintō-Religion: Hauptwerke sind das *«Kojiki Den»,* schon unter einer andern Rubrik erwähnt – denn es ist einer der Ecksteine der japanischen Literatur – und Hiratas noch immer erst halb veröffentlichtes *opus magnum,* betitelt *«Koshi Den».* Das letztere ist bemerkenswert wegen seiner außerordentlichen Gründlichkeit und der großen Gelehrsamkeit seines Verfassers. Unglücklicherweise war Hirata ebensosehr bigott wie gelehrt. Der Leser muß daher immer auf der Hut sein, um zu unterscheiden, wieviel wirklich zur Shintō-Religion gehört und wieviel von Hirata selbst ist; denn Hirata machte sich kein Gewissen daraus, einen heiligen Text zu verdrehen, wenn er damit seine eigene Anschauung darüber, was die heiligen Schriftsteller bedeuten sollten, unterstützen konnte. Außerordentlich interessant für den Spezialisten sind die alten *Shintō*-Rituale, *Norito* genannt, um die sich eine Masse von neuen Kommentaren angesammelt hat. Erwähnenswert bei dieser Abteilung der japanischen Literatur ist, daß ihre Urheber den Versuch unternahmen, reines Japanisch zu schreiben, ohne irgendeine Beimischung von chinesischen Elementen.

XIV. Buddhistische Literatur: Diese Abteilung enthält auffallend wenige Werke von Bedeutung, denn der Buddhismus fand keinen kongenialen Boden im japanischen Geist. Gewisse Gruppen von Hymnen *(wasan)* sind zwar bei den unteren Klassen der Gläubigen beliebt; aber wir kennen kein japanisches buddhistisches Buch, das in der Literatur oder Popularität einen Platz einnähme wie etwa bei uns «*Imitation of Christ*», das «*Prayerbook*» oder «*Pilgrim's Progress*». Obgleich Shintō als Religion genommen unvergleichlich niedriger steht als der Buddhismus, so muß dieser Religion doch zugestanden werden, daß sie ihrer Rivalin auf japanischem Grund alle literarischen Lorbeeren entrissen hat. Neben den eigentlichen Buddhisten gibt es eine Schule von Moralisten, die sich selbst *Shingakusha* nennen, teilweise auf dem Buddhismus, teilweise auf der Lehre der Konfutse, teilweise auf praktischem Menschenverstand errichtet. Einige ihrer «*Dowa*» oder «Moralischen Diskurse», die aus der ersten Hälfte des 19. Jahrhunderts stammen, bieten ein gewisses Interesse. Aber das beste in dieser Beziehung sind zwei kleine Sammlungen moralischer Aphorismen, *«Jitsugo Kyō»* betitelt oder «Lehre der Worte der Wahrheit», und *«Dōji Kyō»* oder «Lehre für Kinder».

XV. Neue Dichtung: Japans größter moderner Romanschriftsteller ist nach Ansicht der Japaner selbst Bakin (1767–1848), von dessen zweihundertundneunzig Werken das populärste *«Hakken Den»* oder «Die Erzählung von acht Hunden» selbst aus nicht weniger als einhundertundsechs Bänden besteht. Wenn auch japanische Bände kleiner sind als die unseren, so ist das *«Hakken Den»* doch ein Riesenwerk. Andere populäre Romane aus dem ersten Teil des 19. Jahrhunderts sind *«Ukiyo Buro»* von Samba und *«Hiza Kurige»* von einem Schriftsteller mit dem Pseudonym Jippensha Ikku. Nach unserer Ansicht stellt dieser letztere zusammen mit einigen der lyrischen Dramen *(«Nō no Utai»)* das geistreichste Produkt der japanischen Feder vor. In diesem Roman werden mit der Derbheit eines Rabelais, aber auch mit dem Schwung und dem Humor eines Rabelais die Abenteuer zweier Männer namens Yajirobei und Kidahachi behandelt, die ihnen auf der Tōkaidō von Yedo nach Kyōto zustoßen. Die mittellosen Helden gehen die größte Strecke zu Fuß, woher der Titel *«Hiza Kurige»* stammt, der etwa mit «Schusters Rappen» übersetzt werden könnte. Der Schöpfer dieses Werkes nimmt in der Literatur einen ähnlichen Platz ein wie Hokusai in der Kunst. Hochgeschätzt beim gemeinen Volk, das keine Theorien über das Leben hat, wird beiden, Hokusai und Jippensha Ikku, von den einheimischen Ruhmspendern nur widerwillig ein Platz in der nationalen Walhalla eingeräumt. Sie müssen sich im Ausland nach einer Würdigung umsehen, wo die Kritik einen höheren Standpunkt in bezug auf den eigentlichen Zweck von Literatur und Kunst hat. Ernster, strenger Klassizismus, Beobachtung fester Regeln und Methoden – aus derartigen Qualitäten setzt sich noch immer der Kanon der orthodoxen japanischen literarischen Kritik zusammen. Viele japanische Romane sind historischer Natur. Der interessanteste von ihnen ist *«Iroha Bunko»* von einem gewissen Tamenaga Shunsui, der mit seiner Fortsetzung, *«Yuki no Akebono»*, das Leben eines jeden der gefeierten siebenundvierzig Ronin schildert. *«Ōoka Meiyo Seidan»* ist ein anderes Buch dieser Art, das dem Studierenden wegen seines Interesses und leichten Stils sehr empfohlen werden muß. Es enthält authentische Berichte einer Anzahl der *causes célèbres*, die von Ōoka, dem japanischen Salomon, behandelt wurden, der im Anfang des 18. Jahrhunderts blühte.

XVI. Vermischte Literatur, umfassend Enzyklopädien, Werke über Industrie, Wissenschaften, Künste und Erfindungen, über die Lehre des Konfutse, über japanische und chinesische Altertümer und hundert andere Gegenstände. Unter dieser Rubrik verdienen die Schriften von Kaibara Ekken und Arai Hakuseki, Anhängern des Konfutse des 17. Jahrhunderts, besondere Beachtung, teils weil ihre Gedanken jene Ideen sind, die lange Zeit die japanische Gesellschaft formten, teils weil ihr leichter fließender Stil sie besonders für das Studium geeignet macht.

Der obigen Aufzählung, die wir Sir Ernest Satow entlehnten, kann nun noch ein Kapitel hinzugefügt werden, nämlich:

XVII. Europäisierte Literatur. Das Öffnen des Landes war der Todesstoß für die selbständige japanische Literatur. Zwar gehen noch immer Tausende von Büchern und Schriften jährlich aus der Presse hervor – wahrscheinlich mehr als zu irgendeiner früheren Zeit. Aber die Mehrzahl sind entweder Übersetzungen europäischer Werke oder Werke, die europäische Gedanken vermitteln. Von *«Mrs. Caudle»* an bis zu *«Captain Mahan»* fehlt nichts. Das ist nur natürlich, und dagegen ist nichts zu sagen. Die zeitgenössische Schule europäisierter Schriftsteller mit Fukuzawa, Katō und einem Dutzend anderer ausgezeichneter Männer an der Spitze erzielte ungeheure kulturfördernde Wirkungen auf jedem Gebiete intellektueller Betätigung. Aber natürlich können ihre Übersetzungen, Adaptierungen und Imitationen den westlichen Leser, dem die Originale bekannt sind, weit weniger interessieren als die alten Bücher. Dazu kommt, und das liegt in der Natur der Sache, daß die meisten dieser Arbeiten nur provisorischer Art sind. Wenn berufene Gelehrte sich dieser Aufgabe widmen werden, so wird man Shakespeare und Viktor Hugo wahrscheinlich kaum weniger gut ins Japanische übertragen, als wir Homer übersetzt haben. In ihrem heutigen, hastig umgeworfenen japanischen Gewand machen sie einen erschauern.

Kein Gebiet ist dem neuen Einfluß entgangen. Selbst die japanischen Romanschriftsteller beziehen heute ihre Inspirationen von auswärts. Der erste europäische Roman, der übersetzt wurde (von allen Büchern der Welt!) war Bulwer Lyttons *«Ernest Maltravers»*, der im Jahre 1879 unter dem Titel *«Karyū Shanwa»* erschien, wörtlich «Eine Frühlingsgeschichte von Blumen und Weiden». Die in den letzten Jahren vielleicht erfolgreichste Publikation dieser Art ist die Übertragung von *«Little Lord Fauntleroy»* gewesen.[115] Häufig greift man zu Bearbeitungen: Man entlehnt eine Handlung, japanisiert die Namen ein wenig wie *Shimizu* für *Smith, Orisa* für *Eliza* und ändert Einzelheiten, um sie den sozialen Bedingungen anzupassen. Der erste nach europäischem Muster

verfaßte Originalroman über das japanische Leben war
«*Shosei Katagi*» von Tsubouchi Yūzō (1886), der die eigenen Erfahrungen aus seiner Studentenzeit dazu verwandt zu haben scheint.

Zuweilen versucht man es mit der ambitiöseren Form des historischen Romans. Wir könnten leicht zehntausend gegen eins wetten, daß kein einziger Leser dieser Zeilen jemals den Helden eines Werkes erraten würde, das sich mehrere Jahre lang einer so großen Popularität erfreute, daß der Verfasser, Yano Fumio, von den Honoraren eine Reise nach Europa machen und sich ein vornehmes Haus bauen konnte. Der Held ist – Epaminondas! Das fragliche Werk, betitelt «*Keikoku Bidan*», behandelt die gesamte Politik Thebens. Ohne Zweifel war der ungeheure Absatz, den es fand, größtenteils dem Umstande zuzuschreiben, daß nicht wenige der Anspielungen ohne große Schwierigkeit auf die zeitgenössische japanische Politik bezogen werden konnten.

In einem anderen erfolgreichen Roman, «*Kajin no Kigū*», spielt das erste Kapitel im Kapitol zu Washington, wo einer der Helden – ein Japaner – seinem Gefährten laut die Erklärung der Unabhängigkeit vorliest. Die Carlisten, die ruchlosen Engländer, die dem eingeborenen Fürsten Arabi Pasha Ägypten raubten usw., alle erscheinen in kaleidoskopartiger Buntheit in den Seiten dieses Buches, das dank einem merkwürdigen Widerspruch im klassischsten Chinesisch geschrieben ist. Zuweilen wirft es, nach dem Vorbild von Lytton und dem Verfasser von «*The Battle of Dorking*», Blicke in die Zukunft.

Im Jahre 1895, als Japan dabei war, China zu schlagen und man die Überzeugung hegte, daß es die ganze Welt unterwerfen könnte, hatte eine der Zeitungen Tokyos einen großen Erfolg mit der Veröffentlichung eines Romans in Fortsetzungen, betitelt *«Asahi Zukura»*, von einem Feuilletonisten namens Murai Gensai. Die Heldinnen dieses Romans waren zwei Pflegerinnen des Roten Kreuzes, und die Geschichte handelte von der Zukunftsniederwerfung Englands durch Japan, das, nachdem es Honkong, Indien, Malta und Gibraltar annektierte, seine Flotte die Themse hinauf sendet, um hier die Befestigungen zu schleifen und von den zitternden Engländern eine ungeheure Kriegsentschädigung zu fordern.

Die beliebtesten Romanschriftsteller von heute sind Rohan, ein subjektiver, introspektiver Autor, und Tokutomi Roka, dessen *«Omoide no Ki»* und *«Hototogisu»* dem Ausländer wegen der guten Umgangssprache besonders zum Studium empfohlen werden können. Aeba Kosons kurze Erzählungen, gesammelt unter dem Titel *«Muratake»*, werden ebenfalls viel gelesen, ebenso die Werke des Realisten Kōyō Sanjin, der 1903 starb. Der europäische Einfluß auf die meisten jener modernen Prosaschriftsteller macht sich nicht allein in der Wahl und Behandlung des Vorwurfes geltend, sondern selbst im Stil und der Grammatik. Sogar bei Originalwerken kommt man oft in Versuchung, sie für Übersetzungen zu nehmen, so gesättigt sind sie oft mit «Europäismus».

Vor einigen Jahren versuchte man selbst die Poesie zu europäisieren, indem man den Reim und andere Neuerungen einführte; aber da sich der Geist der Sprache dazu absolut nicht eignete, so scheiterte der Versuch. Auf jeden Fall müßte der Dichtkunst, wenn sie einen neuen Flug unternehmen wollte, vor allen Dingen ein origineller Dichter erstehen, und dies ist es gerade, was fehlte und immer noch fehlt. Sasaki Nobutsuna mag als der anziehendste der zeitgenössischen Poeten erwähnt werden. Obgleich er sich noch der alten Einunddreißig-Silben-Form bedient und obgleich er in Wirklichkeit durch und durch japanisch ist und an der Vergangenheit festhält, ist es ihm doch gelungen, dem Bande seiner ausgewählten besten Stücke, betitelt *«Omoi Gusa»*, veröffentlicht 1903, einen gewissen neuen Schwung zu verleihen.

Aus der ernsteren und bedeutenderen modernen Produktion seien erwähnt «Die Erschließung von Japan» *(«Kaikoku Shimatsu»)* von Shimada Saburō; «Die Geschichte von Zweitausendfünfhundert Jahren» *(«Nisengohyaku Nen Shi»)* von Takekoshi Yosaburō; «Die Geschichte der Tokugawa Shōguns *(«Tokugawa Jūgodai Shi»)* von Naitō Chisō; «Der Verfall und Untergang des Feudalismus» *(«Bakufu Suibō Ron»)* von Fukuchi Genichirō; «Das Japan der Zukunft» *(«Shōrai no Nihon»)* von Tokutomi Jichirō; «Eine Abhandlung über die Konstitution» *(«Kokken Hanron»)* von Ono Azusa; die Verfassung selbst mit Marquis Itos Kommentar (siehe Seite 532); Nakamuras ausgezeichnete Übersetzung von Smiles «Self-Help» *(«Saikoku Risshi Hen»)*, zusammen mit solch neueren gelehrten Werken wie *«Mikami»* und Takatsus «Geschichte der japanischen Literatur» *(«Nihon Bungaku Shi»)*; zwei große Wörterbücher, nämlich Ōtsukis «Meer der Wörter» *(«Genkai»)* und Ochiais «Quelle der Wörter» *(«Kotoba no Izumi»)*; Takahashi Gorōs vorzügliches «Japanisch-Englisches Wörterbuch» *(«Iroha Jiten»)*; Taguchis Enzyklopädie «Ein Diktionär der japanischen Gesellschaft» *(«Nihon Shakai Jii»)*; Tsubouchi Yūzos «Geschichte der englischen Literatur» *(«Eibungaku Shi»)* und Kuroiwas Werk über den Monismus mit dem Titel «Eine Abhandlung über Himmel und Mensch» *(«Tenjin Ron»)*. Aber das Werk, das unzweifelhaft mehr als irgendein anderer Faktor dazu beitrug, Japan zu dem umzuformen, was es heute ist, war «Die Bedingungen der westlichen Länder» *(«Seiyō Jijō»)* von Fukuzawa, ein Buch, das jetzt dreißig Jahre alt ist. Die

Aufnahme, welche desselben Verfassers «Hundert Essays» *(«Fukuō Hyaku Wa»)*, veröffentlicht 1897, fanden, zeigte, daß seine Popularität so frisch wie je war; und seine «Autobiographie» *(«Fukuō Jiden»),* die im Jahre 1899 erschien, hat seitdem vierunddreißig Auflagen erlebt; sie ist nach unserer Ansicht eines der interessantesten Bücher der japanischen Sprache. Es ist in der Umgangssprache geschrieben, so daß es für Ausländer nicht allzu schwer zu lesen ist.

Und nun wird man vielleicht fragen: Welchen Wert hat diese japanische Literatur – so alt, so umfangreich, verborgen, hinter solch geheimnisvollen Schriftcharakteren? Wir wiederholen, was wir schon über die «Sammlung einer Myriade von Blättern» gesagt haben: daß sie von unschätzbarem Wert ist für den Philologen, den Archäologen, den Historiker, den Forscher merkwürdiger Sitten, die verschwunden sind oder rasch verschwinden. Wir können hinzufügen, daß sich in ihr manch geistreiche und viele hübsche Dinge finden. Das *«Tosa Nikki»* zum Beispiel ist entzückend, entzückend dank seiner Einfachheit, seinem guten Geschmack, seiner Liebe für Landschaften und Kinder. Das *«Makura no Sōshi»* ist voll von Geistessplittern und feiner Satire. Mehrere der lyrischen Dramen sind bemerkenswerte Dichtungen in ihrer Art. Einige der liliputanischen Oden in den «Alten und Neuen Liedern» glitzern wie Tautropfen in der Sonne; und viele von Matsuo Bashōs noch kleineren Gedichten – die winzigen Siebzehnsilben-Kleinigkeiten – sind Blitze einer delikaten Phantasie, Atome vollendeter naturalistischer Wiedergabe, Splitter von Humor, Wahrheit oder Weisheit. Für Jippensha Ikku, den Rabelais Japans, haben wir schon unsere warme Bewunderung ausgedrückt. Nicht wenige der heutigen Schriftsteller würden, wenn sie unter einem anderen Himmel geboren wären, eine ansehnliche Stellung unter den europäischen Literaten einnehmen. Auf der andern Seite erscheint dem europäischen Geschmack vieles, was die Japaner selbst am lautesten preisen, unerträglich flach und reizlos. Die Romane – die meisten – sind genauso langweilig wie die Geschichte, wenn auch in anderer Weise: Die Geschichte ist zu dürftig, die Romane sind zu lang ausgesponnen. Wenn die Verfasserin von *«Genji Monogatari»*, obgleich ihre Landsleute sie bis in den Himmel heben, von Georges Bousquet als «diese ermüdende japanische Scudéry» gebrandmarkt wird, so verdient sie es gewiß.[116] Und was sollen wir von Bakin sagen, der ihr Erbe in moderner Zeit antrat, von Bakin und seinem *«Hakken Den»*, das jeder Japaner wieder und wieder gelesen hat, bis er es fast auswendig weiß? «Wie unnachahmlich!» ruft der begeisterte japanische Leser aus. «Wie ausgezeichnet!» «Ausgezeichnet, ja!» gibt der europäische Leser zurück, «so ausgezeichnet, daß man einschläft bei all den endlosen Berichten der unmöglichen Abenteuer von sechs Rittern, die in einem Labyrinth von hundertundsechs Bänden die acht Haupttugenden personifizieren!»

Summa summarum: Was der japanischen Literatur am meisten fehlt, ist Genie. Es fehlt ihr an Gedanken, Logik, Tiefe, Breite und Vielseitigkeit. Sie ist nicht kühn genug, sie ist zu beschränkt, um große Dinge umfassen zu können. Vielleicht haben die höfische Atmosphäre und der überwiegend feminine Einfluß, dem sie in den ersten Jahrhunderten ihrer Existenz ausgesetzt war, ihr Wachstum gehindert, oder der Fehler mag auch in dem chinesischen Formalismus zu suchen sein, in dem sie aufwuchs. Aber wir vermuten, daß dabei auch eine angeborene Schwäche im Spiel war. Sonst würde wohl der Zusammenprall von Indien und China mit dem alten mythologischen Japan, des Buddhismus mit Shintō, des

Imperialismus mit dem Feudalismus, und von all dem zusammen mit dem Katholizismus im 16. Jahrhundert und holländischen Ideen etwas später, bedeutendere Resultate hervorgebracht haben.

Wie Japan uns keine Musik geschenkt hat, so hat es uns auch keine unsterblichen Verse geschenkt, noch seinen Dichtern besondere Formschönheit als Ersatz für den Mangel an Substanz. Aber die japanische Literatur hat dann und wann Grazie und ist voll von gelegentlichem wissenschaftlichen Interesse. Der unerschrockene Sucher nach Tatsachen und «Kuriositäten» wird sich deshalb belohnt finden, wenn er den Mut hat, ihr das Studium vieler Jahre zu weihen. Ein gewisser Schriftsteller sagte, «daß es einigen wenigen Missionaren überlassen sein sollte, sich den Weg durch die Wildnis der chinesischen Sprache und die Wüste der chinesischen Literatur zu bahnen». Solch ein vernichtendes Urteil ist ungerechtfertigt in bezug auf das Chinesische. Es wäre ebenso ungerecht in bezug auf das Japanische, selbst nach all dem, was wir auszusetzen hatten.[117]

LOGIK Die Logik arbeitet im fernen Osten nach Gesetzen, die merkbar von jenen der westlichen Denkweise abweichen. Wir haben in einem andern Abschnitt dieses Bandes die Entscheidung eines weisen Richters angeführt, der bestimmte, daß einer Firma, die die registrierte Schutzmarke eines Mineralwassers nachgeahmt hatte, dies nicht untersagt werden könnte – aus dem einfachen Grunde, weil es Winter sei, somit wenige Menschen Wasser tränken und dem Inhaber der Schutzmarke deshalb aus der Nachahmung wenig Schaden erwüchse. Wir müssen dieser Entscheidung einen gewissen Sinn einräumen; sie ist nicht durch und durch unvernünftig.

Gleichzeitig aber wäre unsere westliche Vernunft zu einem ganz andern Schluß gekommen.

Vor vier oder fünf Jahren beklagten sich die Briefträger eines gewissen Bezirkes, daß sie trotz ihres langen und treuen Dienstes nicht befördert werden würden. Man fand ihre Forderungen berechtigt und gewährte sie. Sie rückten alle um eine Stufe höher. Gleichzeitig aber wurde das Gehalt einer jeden Stufe reduziert, so daß es dem bisherigen der nächstniedrigen Stufe entsprach, also die Leute in Wirklichkeit nichts profitierten. Unter solchen Umständen würden Europäer protestiert haben und erwidert, daß man einer Ungerechtigkeit nun auch noch eine Beleidigung hinzugefügt habe; allein es wurde nicht bekannt, daß die betreffenden Japaner Unzufriedenheit äußerten.

Ungefähr zur selben Zeit war ein bekanntes Hotel in einer der größten Städte des Reiches abgebrannt. Bei uns würde augenblicklich die Erlaubnis zum Wiederaufbau erteilt worden sein (angenommen, daß dazu überhaupt eine Erlaubnis nötig ist); doch gerade der Umstand, daß der Hotelier sein Geschäft während einer Reihe von Jahren erfolgreich führte, würde als der erste Grund, ihn zur Weiterführung zu ermutigen, erachtet worden sein. Nicht so in Japan. Der Magistrat war der Ansicht, daß der Hotelier schon eine Menge Geldes verdient habe und daß man den andern Hotels am Platze, für die er ein gefährlicher Konkurrent war, eine Chance geben müsse. Die Erlaubnis wurde deshalb länger als ein Jahr verweigert, und als man sie endlich erteilte, war sie mit ärgerlichen Bedingungen verknüpft.

Wir können hier wiederum die Wirkung einer gewissen Vernunft beobachten, und ebenso einer gewissen Rücksichtnahme auf die Rechte anderer. Aber das Auge, mit dem diese Rücksichtnahme und diese Vernunft den

Fall betrachten, scheint uns Europäern zu schielen. Was würden wir zu jenem Geschäftsbericht sagen, den die Direktoren einer gewissen Aktienbrauerei in der Nachbarschaft Yokohamas im Jahre 1899 veröffentlichten, worin ein Posten von 5000 *yen* für Reklame als ein Teil der Masse eingetragen war?(!) Diese schlauen Leutchen sahen nur in die Zukunft; ihre prophetische Seele sah den Aufschwung des Geschäftes, den eine solche Reklame erzielen würde, schon als erfüllte Tatsache an, und sie schrieben deshalb die 5000 *yen* auf die Kreditseite.

In einem andern Fall wandte sich der Direktor einer japanischen Versicherungsgesellschaft an einen englischen Sachverständigen um Rat über den Stand der Firma, der nicht vollkommen befriedigte. Als der Sachverständige die Bücher prüfte, entdeckte er ein Defizit von 700 000 *yen*. Er riet der Gesellschaft natürlich, das Defizit zu veröffentlichen, und fügte hinzu, daß sich die Sache am besten ordnen lasse, indem man den Fehlbetrag von den Reservefonds abschreibe. Seinem Rat wurde dankbare Anerkennung gezollt, aber, so lautete die Antwort, er könnte nicht angenommen werden, «da nach den Regierungsverordnungen alle Versicherungsgesellschaften verpflichtet wären, Reservefonds von 500 000 *yen* zu halten.» Die Rechnungsberichte wurden deshalb «zugerichtet», und erst nach achtzehn weiteren Monaten wurde die Lage veröffentlicht, da man sie nicht länger verheimlichen konnte. Vom japanischen Standpunkt aus war das nicht weiter merkwürdig oder unehrlich; denn ist nicht die genaue Beobachtung der Gesetze die erste Pflicht eines jeden treuen Untertanen?

Ganz besonders bei den geschäftlichen Transaktionen in den offenen Häfen treffen europäische Denkweise und japanische Logik aufeinander, und häufig entstehen dabei Reibungen und gegenseitige Mißverständnisse. Indessen wiederholen sich gewisse Züge fortwährend, so daß die ansässigen europäischen Kaufleute gelernt haben, wie man mit den Japanern umgehen muß. Die am häufigsten erwähnte Eigentümlichkeit ist die, daß der japanische Kaufmann den Preis bei größeren Mengen nicht herabsetzen will. Wir Europäer schließen natürlich so: «Ich, der Käufer, gebe einen großen Auftrag; der Verkäufer wird auf jeden Fall mit dieser einzigen Transaktion einen beträchtlichen Gewinn erzielen, verhältnismäßig rasch und mit verhältnismäßig geringer Mühe; deshalb kann er ruhig mit dem Preis herabgehen. Wenn ein Dutzend soundsoviel kostet, so muß das Gros um so viel weniger kosten.» Nichts erscheint uns klarer: es ist ein Hauptprinzip unseres Handels. Aber der japanische Kaufmann sieht die Sache mit andern Augen an. «Wenn», sagt er, «Messrs. Smith & Co. nicht einen Ballen Seide, sondern hundert bestellen, so zeigt das, daß sie sie sehr nötig haben und deshalb einen guten Preis bezahlen können. Ferner, wenn ich alles an sie verkaufe, so wird mir nichts mehr für andere Kunden übrig bleiben, und das könnte mir am Ende schaden. Daß sie erwarten, ich würde mit dem Preis heruntergehen, ist ein anderes Beispiel der Unvernunft des rothaarigen Fremden, von der ich und meine Landsleute schon so viele Beweise erhielten.» Daraus entstünden natürlich geschäftliche Störungen, wenn nicht, wie wir schon erwähnten, viele europäische Kaufleute, die Handel mit dem Fernen Osten treiben, unterdessen diese Eigentümlichkeit kennten und ihr mit List begegneten. Sie zersplittern zum Beispiel ihre Aufträge oder erteilen sie unter verschiedenen Namen.

Dieses Thema ist sehr merkwürdig. Zuweilen, wenn sich überraschende Momente fortgesetzt wiederholen, möchte man behaupten, daß die japanische Logik und die europäische Logik Antipoden seien, etwa wie London und Neuseeland – wenn die Sonne in dem einen scheint, ist es Nacht in dem andern und umgekehrt. Wenn es aber tatsächlich so wäre, so könnte man sich leicht helfen: man hätte einfach immer das Gegenteil zu tun. Aber nein, auch so geht es nicht. Der Widerspruch ist nur gelegentlich und tritt nur sporadisch auf und in gewissen oder besser ungewissen Beziehungen; er ist wie eine Falte in einem Gewand, eine Falte, von der man nicht weiß, wo man sie erwarten kann; die Folge davon ist, daß der älteste Ansiedler, selbst wenn sein Haar grau wurde im Lande des Bambus und Jinrikishas, zu guter Letzt noch immer perplex werden kann und zugestehen muß, daß all seine Erfahrungen noch nicht zur Ergründung der Seele dieser anziehenden aber rätselhaften Rasse ausreichen.

Rasse, ja, das ist es. Dieses Wort glitt zufällig aus unserer Feder; aber der Rassenunterschied ist ohne Zweifel die Erklärung für die diskutierte Erscheinung – eine Erklärung, die zwar nichts erklärt, ein Schlüssel, der zwar nicht für das Schloß paßt, aber nichtsdestoweniger ein Fingerzeig zur Wahrheit. Warum das? Weil «Mensch» nichts als eine Fiktion ist. Anstatt des abstrakten «Menschen» zeigt uns die Anthropologie Rassen von Menschen, jede mit einer intellektuellen Veranlagung, die etwas von der der andern Rasse abweicht. Daß eine Rasse sich in Widerspruch zur andern setzt, daß es ihr nicht gelingt, in das Wesen und die Gedanken anderer einzudringen, ist nichts als der Ausdruck ihrer eigenen Individualität. Allein, hier muß man Unterschiede festhalten. Die Europäer haben eine instinktive Abneigung gegen den Chinesen oder den «Schwarzen»; aber sie verwirren den Europäer nicht, denn er weist sie summarisch als «sonderbare Geschöpfe» von sich. Der Zopf oder die schwarze Haut erklären ihr sonderbares Wesen. Er würde überrascht sein, wenn sie dächten wie er. Wenn dagegen verschiedene Rassen die gleiche Kleidung angenommen haben, dieselbe Art von Redensarten gebrauchen, ganz ähnliche Einrichtungen haben und sich tatsächlich auf derselben Ebene der Kultur bewegen, dann empfindet man es schmerzlich, wenn die fundamentalen Widersprüche zufällig die Oberfläche durchbrechen. Viele von uns haben zu Hause etwas Ähnliches bei Personen empfunden, die fremdes Blut in den Adern hatten. Sie können englisch wie Einheimische sprechen und mit englischem Geist durchtränkt sein; und doch können sie plötzlich ein anderes Gesicht zeigen und uns beweisen, daß sie, obwohl sie mit uns leben, doch nicht unseresgleichen sind. Wir hielten sie für unsere Verwandten, und wir machen die unliebsame Entdeckung, daß sie im Grunde doch Fremde sind.

LOTUS Die sogenannte Lotus dieses Landes ist in Wirklichkeit eine Art Wasserlilie, *Nelumbium,* die in sumpfigen Weihern lebt; aus diesem Grunde vergleichen die japanischen Buddhisten einen tugendhaften Menschen, der in dieser schlechten Welt lebt, mit einer Lotusblume, die aus dem Sumpf wächst. Sir Monier Williams sagt, daß «ihre konstante Verwendung zu Wappen auf der radähnlichen Form der Blüte zu beruhen scheint, wobei die Blütenblätter die Stelle der Speichen einnehmen, und sie auf diese Weise die Lehre vom ewigen Kreislauf des Daseins verkörpert». Auf jeden Fall ist der Zusammenhang zwischen der Lotus und dem Buddhismus sehr eng. Buddha wird auf einer Lotus ruhend dargestellt, Lotusblüten aus Gold- und Silberpapier werden bei Beerdigungen getragen, Grabsteine haben oft als Basis eine umgekehrte Lotusblüte, Lotusbeete umgeben häufig Schreine, die man auf kleinen Inseln errichtete. Infolge dieser Assoziation mit dem Gedanken des Todes steht die Lotus abseits von den anderen Blumen und teilt nicht die Popularität mit der Kirschblüte, der Iris und dem Chrysanthemum. Aber dieser sentimentale Einwand schließt nicht aus, daß ihre Samen und Wurzeln als ein gewöhnliches Nahrungsmittel dienen.

Erhaben und doch zart ist die Schönheit der Lotusblüte früh an einem Sommermorgen, denn ihre Blütenblätter schließen sich unter der ermattenden Hitze des Augustmittags, während die großen bläulichgrünen Blätter, übersät mit Wassertropfen, den Himmel spiegeln.

LUCHU Luchu, gesprochen *Duchu* von den Eingeborenen und *Ryūkyū* von den Japanern, ist der allgemeine Name mehrerer Gruppen kleiner Inseln, die sich nahezu über die ganze Entfernung zwischen den südlichsten äußeren Inseln des japanischen Archipels und dem nordöstlichen Ende von Formosa erstrecken. Gewöhnlich aber wird er nur auf die zentrale Gruppe angewendet, deren Hauptinseln *Amami Ōshima* und *Okinawa* sind. Diese Gruppe zeigt Korallenformation und liegt zwischen 127° und 130° östlicher Länge von Greenwich und zwischen 26° und 28° 30′ nördlicher Breite. Ihrer Lage verdankt sie ein warmes Klima, das nur beeinträchtigt wird durch die außerordentliche Heftigkeit einzelner Taifune im Sommer. Der Boden ist so fruchtbar, daß er zwei Reisernten jährlich hervorbringt.

Die Luchuaner sind in Rasse und Sprache nahe mit den Japanern verwandt, aber die beiden Völker scheinen viele Jahrhunderte lang nicht miteinander in Verkehr gestanden zu haben. Der Schleier zerteilt sich im Jahre 1187 n. Chr. bei der Thronbesteigung des Königs Shunten, der ein Sohn Tametomos, des berühmten japanischen Bogenschützen, gewesen sein soll. Es wird berichtet, daß die Luchuaner 1451 das erstemal einen Gesandten mit Geschenken zum Shōgun von Japan schickten, daß sie diese Tributgeschenke am Anfang des 17. Jahrhunderts einstellten und für dieses Versäumnis von dem damaligen Fürsten von Satsuma bestraft wurden. Luchu war seitdem ein Nebenlehen von Satsuma, hatte aber einen Herrscher, der den Königstitel trug, bis zur Zeit der japanischen Revolution von 1868. Gleichzeitig zollten die Luchuaner, die ihre Zivilisation von China erhalten hatten, auch dem chinesischen Hof Tribut und empfingen die Einsetzung ihrer Könige von Peking. Auf diese Weise wandte sich das kleine Königreich zwei Seiten zu, woraus Schwierigkeiten entstehen mußten. 1878 wurde eine Gesandtschaft nach Tokyo geschickt, die die Angelegenheit so zu ordnen versuchte, daß das doppelte Protektorat aufrechterhalten blieb – China werde, wie die Gesandten sagten, von den Luchuanern als ihr Vater verehrt und Japan als ihre Mutter. Aber die japanische Regierung weigerte sich, diese Forderung anzuerkennen. Der König von Luchu wurde 1879 als Gefangener nach Tokyo gebracht, und der Archipel wurde als japanische Statthalterschaft organisiert unter dem Titel von Okinawa-ken. Obgleich dieser Wechsel für den kleinen Inselhof und den Adel, der seine meisten Privilegien einbüßte, äußerst unangenehm war, soll er für das breite Volk vorteilhaft gewesen sein.

Die Luchuaner – selbst die Männer – zeichnen sich äußerlich durch einen Haarknoten auf dem Kopfe aus, durch den sie eine große Nadel oder einen Spieß von Gold, Silber oder Kupfer, je nach ihrem Rang, stecken. Früher wurden die Leichname, anstatt sofort begraben zu werden, der Fäulnis überlassen, entweder in einem provisorischen Grab oder in fließendem Wasser, und erst nach drei Jahren die letzten Begräbnisriten vollzogen. Diese Sitte ist glücklicherweise außer Gebrauch gekommen. Die Hauptstadt von Luchu ist Shuri, mit dem Hafen Nafa, von den Japanern Okinawa genannt. Die Hauptprodukte sind Reis und Zucker, welch letzterer das wichtigste Handelsobjekt ist. Das Areal der Insel ist auf rund 1000 Quadratmeilen geschätzt worden, und die Bevölkerung beträgt 453 000 Köpfe. Die Luchu können leicht von Kobe über die Inlandsee und Kagoshima erreicht werden. Der Dampfer besucht zuerst die Insel Amani Ōshima und geht von hier nach Naha, wo er drei Tage bleibt. Die Rundreise von Kobe und zurück nimmt siebzehn Tage in Anspruch.[118]

MALEREI Siehe «Kunst».

MÄRCHEN Die Japaner besitzen eine große Menge von Märchen; aber die größere Anzahl kann auf eine chinesische und einige von diesen wieder auf eine buddhistische, das heißt eine indische Quelle zurückgeführt werden. Unter den populärsten sind zu nennen: «*Urashimamotarō*», die Schlacht vom Affen und der Krabbe, der in die Zunge geschnittene Sperling, die Hochzeit der Maus, der alte Mann, der die Bäume blühend machte, der krachende Berg und der glückbringende Teekessel.

Wenn man auch gewöhnlich von diesen Geschichten als «*fairy-tales*» spricht, so erscheinen doch keine sogenannten Feen in ihnen. An Stelle der Feen treten hier Kobolde und Teufel auf, zusammen mit Füchsen, Katzen und Dachsen, die übernatürliche Kräfte zum Bösen besitzen. Wir fühlen, daß wir uns in einem Märchenland

befinden, das vollkommen jenem fremd ist, das Europa
«Aschenbrödel» und «Der gestiefelte Kater» schenkte –
nicht weniger jenem fremd, das die prächtigen, verwirrenden Wunder der Märchen von «Tausendundeine
Nacht» schuf.[119]

MARU Es wird oft gefragt: Was bedeutet das Wort
Maru bei den Schiffsnamen wie *Tokyo Maru, Sagami Maru, Hiryū Maru* usw.? Die Antwort darauf lautet, daß der
Ursprung des Ausdruckes dunkel ist. *Maru* bedeutet
«rund»; aber wie kamen Schiffe zu einem solch unangemessenen Beinamen?

Vor allem muß gesagt werden, daß die Schiffe ehemals
nicht das Monopol des Namens besaßen. Schwerter,
Musikinstrumente verschiedener Art, Rüstungsstücke,
Hunde, Falken und die konzentrischen Teile von Burgen
wurden ebenfalls Maru genannt. Es ist wahrscheinlich,
daß zwei verschiedene Wörter – *maru* und *maro* – in ein
einziges verschmolzen sind und auf diese Weise die Konfusion entstand. Die konzentrischen Teile einer Burg *maru*, «rund», zu nennen, war nur natürlich. Das Wort *maro*
auf der andern Seite ist ein archaischer Ausdruck für
etwas Teures, Liebes. Daher seine Anwendung bei solch
alten Namen wie *Tamura Maro,* ein großer Feldherr, der
die Ainos unterwarf; *Abeno Nakamaro,* ein bedeutender
Gelehrter des 8. Jahrhunderts; *Okina Maro,* ein Lieblingshund des Kaisers Ichijō, usw. Des Kriegers geliebtes
Schwert, des Sportsmanns Lieblingshund oder Falke, des
Fährmanns Boot wurden natürlich durch den gleichen
halbpersönlichen Namen ausgezeichnet, ähnlich wie der
englische Seemann oder Maschinist sein Schiff oder seine
Maschine *«she»* nennt. Als sich die ursprüngliche Bedeutung des Wortes *maro* verlor, lag es nahe, daß es in das

gebräuchlichere *maru* überging durch die Änderung des Endvokals, zudem *o* und *u* im Japanischen besonders zur Verschiebung neigen.

Man beachte, daß *Maru* nur bei Handelsschiffen angewandt wird. Kriegsschiffe tragen an seiner Stelle *Kan,* wie *Maya Kan, Asama Kan. Kan* war ursprünglich ein chinesisches Wort, das «Kriegsschiff» bedeutete. Es wird jetzt in China selbst *lan* ausgesprochen und dort nicht mehr im gleichen Sinn gebraucht.

MASSAGE Die Massage hat jahrhundertelang in der japanischen Heilkunst eine wichtige Rolle gespielt; ihr, der Akupunktur und dem *Mogusa (Moxa)* schrieb man allgemein noch mehr als all die vielen Tugenden zu, die bei uns Beecham für seine Pillen, «Mother Seigel» für ihren Sirup beansprucht. Die Shampooer, allgemein als *anma-san* bekannt, nehmen ebenfalls einen hervorragenden Platz im japanischen sozialen Leben ein. Eine uralte Sitte beschränkt den Beruf auf die Blinden, die auf diese Weise ihre Familie ernähren, anstatt, wie es meistens in westlichen Ländern der Fall ist, eine Last für sie zu sein. Sie sind sogar imstande, derartige Summen zu verdienen, daß sie oft nebenbei Geldverleiher werden und man sie dementsprechend haßt.

Bis zum Jahre 1870 bildeten alle Shampooer in Japan eine ungeheure Gilde unter zwei Vorsitzenden, von denen der eine in Yedo lebte und der andere in Kyōto. Die Gilde besaß verschiedene gesetzliche Privilegien, und die Aufnahme in sie fand nach gewissen Prüfungen und dem Entrichten von Gebühren statt. Sie wurde in mehrere Grade eingeteilt, und das Aufsteigen von einer Stufe zur andern hing von neuen Prüfungen und höheren Beiträgen ab. Für den höchsten Grad, nach dem ein gewöhnli-

BLINDER MASSEUR

cher blinder Sterblicher streben konnte – den Grad unter dem des Vorsitzenden –, wurde eine Gebühr von 1000 Dollars gefordert. Diese Organisation ist in raschem Verfall begriffen; aber das melancholische Pfeifen des blinden Shampooers, wenn er langsam, mit einem Stab in der Hand, die Straßen entlangtastet, gehört noch immer zu den charakteristischen Lauten einer jeden japanischen Stadt.

Man kann ermüdeten Fußgängern und Personen, die an Rückenschmerzen, Rheumatismus und anderen Schmerzen leiden, Massage sehr empfehlen. Indessen machen die japanischen Shampooer der alten Schule den Fehler, nach abwärts zu massieren, anstatt nach aufwärts. Ein Teil der guten Wirkung wird dadurch aufgehoben, denn der Zweck der wissenschaftlichen Massage besteht darin, das Blut, das sich in den Blutgefäßen der Oberfläche aufhält, zum Zentrum zurückzudrängen. Man beginnt jetzt diese Tatsache in Japan zu erkennen und demgemäß zu handeln – eine der Früchte deutscher medizinischer Schulung.[120]

MASSE UND GEWICHTE Mit wenigen erwähnenswerten Ausnahmen sind die japanischen Maße und Gewichte dezimal. Die gebräuchlichsten sind:

Längenmaße

	1 *bu* =	0,303	cm
10 *bu*	= 1 *sun* =	3,03	cm
10 *sun*	= 1 *shaku* =	30,3	cm
6 *shaku*	= 1 *ken* =	1,818	m
10 *shaku*	= 1 *jō* =	3,03	m
60 *ken*	= 1 *chō* =	109,08	m
36 *chō*	= 1 *ri* =	3,93	km

Es mag von praktischem Wert sein, sich zu merken, daß 15 *chō* nahezu genau eine englische Meile geben. Die englische Meile und *«chain»* (80 *chains* = 1 Meile) werden von allen Eisenbahnen im ganzen Reiche angewandt. Die Seemeile *(English Admiralty «Knot»)* wird für maritime Distanzen gebraucht. Sonst benützt man allgemein das *ri* und *chō*. Das *hiro* oder der «Faden», ungefähr 6 Fuß (engl.), ist identisch mit dem *ken,* nur daß es gewöhnlich zum Messen solcher Dinge wie Seile und Seetiefen benützt wird.

Tuchmaße
     1 *sun* = 3,639 cm
    10 *sun* = 1 *shaku* = 36,39 cm
     1 *tan* variiert von 25 bis zu 30 *shaku*
     1 *hiki* = 2 *tan*

Man beachte, um wieviel länger Zoll und Fuß des Tuchmaßes sind als die gleichnamigen Maße für Entfernungen. Um die zwei Arten von Fuß zu unterscheiden, wird der Fuß des Tuchmaßes oft *kujira-jaku* genannt, während der Fuß für Entfernungen mit *kane-jaku* bezeichnet wird. Bei billigem Material ist das *tan* häufig kurz, bei teuren Stoffen lang.

Flächenmaße
36 Quadrat-*shaku* = 1 *bu* = 3,305 m^2
30 *bu*   = 1 *se* = 99,15 m^2
10 *se*   = 1 *tan* = 9,9 a
10 *tan*   = 1 *chō* = 99,15 a

Auf diese Weise wird Ackerland gemessen; Stadtparzellen und Gebäude nur nach *tsubo,* wie groß sie auch sein mögen: 1 *tsubo* = 1 *bu*. Es mag nützlich sein, sich zu merken, daß ein *tsubo (bu)* genau die Größe von zwei aneinandergelegten japanischen Matten hat. Die Fläche eines Zimmers wird in Matten *(jō)* ausgedrückt, die stets 6 *shaku* lang und 3 *shaku* breit sind.

Kubikmaße

10 Kubik-*shaku*	=	1 *gō*	=	0,18 l
10 *gō*	=	1 *shō*	=	1,804 l
10 *shō*	=	1 *tō*	=	18,04 l
4 *tō*	=	1 *hyō*	=	72,16 l
10 *tō*	=	1 *koku*	=	180,4 l

In *koku* – sollen wir es mit «Ballen» übersetzen? – von Reis wurde das Einkommen der Daimyōs und ihrer Gefolgschaft gerechnet, während die Anteile der niederen Klasse der Samurais in *hyō* oder «Säcken» angegeben wurden. Das *hyo* der Holzkohle ist von unbestimmter Größe, ebenso wie das *wa* («Bündel») von Brennholz.

Gewichte

10 *mo*	=	1 *rin*	=	0,0378 g
10 *rin*	=	1 *fun*	=	0,378 g
10 *fun*	=	1 *monme*	=	3,78 g
160 *momme*	=	1 *kin*	=	604,8 g
1000 *momme*	=	1 *kan (kanme)*	=	3,78 kg

METALLARBEITEN Die Bronze kam von China über Korea nach Japan, und die Japaner nennen sie noch heute «das chinesische Metall» *(Kara kane)*. Aber sie ist das Metall, in dem sich die japanische Kunst schon vor tausend Jahren ihre herrlichsten Lorbeeren errungen hat. Die Hauptformen der Verarbeitung sind der Spiegel, die Tempelglocke, der Gong, die Vase (ursprünglich als Schmuckstücke der buddhistischen Altäre verwandt), die Laterne und die Kolossalfigur göttlicher Gestalten. Die Tempelglocken von Ōsaka, Kyōto und Nara zählen zu den größten in der Welt; aber das erhabenste Beispiel japanischer Erzgießerei ist der *Daibutsu* (wörtlich «großer Buddha») in Kamakura, der aus dem 13. Jahrhundert stammt. Wer Zeit hat, sollte diesen Daibutsu wiederholt besuchen; denn, wie beim Niagara, wie bei St. Peter und mehreren anderen der größten Naturschauspiele und Kunstwerke offenbart sich nicht beim ersten und selbst nicht beim zweiten Besuch die volle Wirkung, sondern der Eindruck wächst mit jedem Besuch, wenn man wieder und wieder in das ruhige, weise, leidenschaftslose Gesicht blickt, das in sich die ganze Philosophie des Buddhismus zu vereinigen scheint, den Triumph des Geistes über die Sinne, des Ewigen über das Vergängliche, der dauernden Majestät des Nirwana über das alltägliche Geplapper und die vergängliche Unruhe der weltlichen Existenz.

Eine weitere Verwendung, die Metall (Eisen und Stahl) seit den allerfrühesten Zeiten fand, war die zu Rüstungen. Die besten Beispiele von Eisen- und Stahlrüstungen stammen aus dem 13. und 14. Jahrhundert. Die besten Schwerter datieren aus derselben Zeit. Die ornamentalen Schwertgriffe, Stichblätter usw. datieren aus der Zeit vom 16. Jahrhundert aufwärts. Das 18. und 19. Jahrhundert war die fruchtbarste Epoche für die Erzeugung kleiner Bronzegegenstände, die hauptsächlich zu Schmuckzwecken dienten, wie Spangen, Papierbeschwerer, kleine Tierfiguren, Mundstücke für Pfeifen und Vasen, die für Wohnräume bestimmt waren – nicht für buddhistische Altäre wie in früherer Zeit. Das Damaszieren oder Einlegen von Metall wurde zu großer Vollendung gebracht, besonders in neuerer Zeit, da Zeichnungen in verschiedenen Metallen und Legierungen auf Bronze- oder Eisengrund hergestellt wurden, die ganze Landschaft mit der Genauigkeit einer Malerei wiedergeben. Zeitgenössische Künstler erzielen in Silber entzückende Wirkungen. Vordem sind die Gold- und Silberarbeiten der Japaner weniger bemerkenswert gewesen als ihre Bronzen. In Emailarbeit – besonders dem sogenannten Cloisonné-Email – sind sie über alles Lob erhaben.[121] (Siehe auch Artikel über «Rüstungen», «Cloisonné», «Spiegel» und «Schwerter».)

MIKADO Obgleich unter diesem Titel der Herrscher von Japan im ganzen Ausland bekannt ist, wird er heute in Japan selbst nicht angewendet, ausgenommen in der Poesie und bei großen Anlässen. Den Japanern ist es zur Gewohnheit geworden, ihren Herrscher mit solch ausländischen chinesischen Titeln zu bezeichnen wie *Tenshi*, «der Sohn des Himmels», *Ten-ō* oder *Tennō*, «der himmlische Kaiser», *Shujō*, «der oberste Gebieter». In den offiziellen englischen Übersetzungen moderner öffentlicher Dokumente wird er *«Emperor»* genannt. Es wäre zu bedauern, wenn diese Bezeichnung im literarischen Sprachgebrauch und im Sprachgebrauch Europas den traditionellen Titel «Mikado», der ebenso alt, wohlklingend wie typisch japanisch ist, ganz verdrängte.

Die Etymologie des Wortes *Mikado* ist nicht ganz klar. Manche – und ihre Ansicht ist die allgemeine – führen es zurück auf *mi*, «erhaben», und *kado*, ein «Tor», was an die «Hohe Pforte» der Türkei erinnert. Sir Ernest Satow zieht es vor, es von *mika*, ein archaisches Wort für «groß», und *to*, «ein Ort», abzuleiten. In beiden Fällen bezeichnet das Wort die höchste Ehrfurcht, wie es bei einer Bezeichnung der alten Japaner für ihren vom Himmel stammenden Herrscher nur selbstverständlich ist. Das Wort *Mikado* bezeichnet auch häufig den Hof des Monarchen, ebenso wie den Herrscher selbst. Denn die japanische Sprache läßt einen solchen Doppelgebrauch eines einzelnen Wortes zu.

Das Alter der kaiserlichen Familie von Japan steht unübertroffen da. Die Japaner selbst behaupten, daß sie nach einer unendlichen Periode in höheren Sphären ihre irdische Laufbahn mit dem ersten menschlichen Monarchen Jinmu Tennō im Jahre 660 v. Chr. begann. Die historische Kritik verpflichtet uns, davon mehr als ein Jahrtausend zu subtrahieren, da die japanische Geschichte nicht vor dem 5. oder 6. Jahrhundert nach Chr. zu einer Aufzeichnung tatsächlicher Ereignisse wird. Ferner muß man darauf hinweisen, daß die Sukzession nicht nach den strengen Regeln vor sich ging, die Europa für die Legitimität fordert. Viele Mikados waren, sogar bis herab auf die neuere Zeit, die Söhne von Konkubinen, andere waren lediglich aus irgendeiner verwandten Linie adoptiert. Trotz aller Abzüge steht die Familie als solche stolz als die älteste der Welt da. Wir wissen bestimmt, daß sie seit der Dämmerung der Geschichte ununterbrochen in diesem Archipel regiert hat und daß sie selbst damals schon als undenkbar alt gegolten hatte. Diese Tatsache ist besonders überraschend, wenn wir uns an die gewöhnliche Kürze orientalischer Dynastien erinnern. In Anbetracht all dessen ist es also kein Wunder, wenn in Japan eine religiöse Ehrfurcht vor dem kaiserlichen Haus ebenso axiomatisch, über allen Zweifel oder Streit erhaben ist, wie die Lehre von den gleichen Rechten und Pflichten aller Menschen in der demokratischen Gesellschaft des Westens.

Der jetzige Mikado wurde am 3. November 1852 geboren und gelangte 1867 auf den Thron. Sein Name ist *Mutsuhito;* aber dieser Name wird kaum je erwähnt und ist wahrscheinlich nicht einmal der großen Menge des Volkes bekannt. In Japan ist der Kaiser einfach der Kaiser

MEIJI TENNO MUTSUHITO

SHOWA TENNO HIROHITO

– nicht eine Person, eine fast vertraute Erscheinung, wie König Eduard und Kaiser Wilhelm bei uns. Eine Frage wie: «Ist der Mikado populär?», die in England zuweilen an uns gerichtet wurde, zeigt, daß der Frager zehntausend Meilen davon entfernt ist, die Attitüde des japanischen Volkes zu verstehen, ja in der Tat eines jeden Volkes im Fernen Osten – eine durch und durch ehrfürchtige und distanzierte Attitüde wie einem Gotte gegenüber. Auf die zukünftigen Generationen der Japaner wird der jetzige Monarch wahrscheinlich als *Meiji Tennō* kommen; wie schon gesagt, bedeutet das Wort *Tennō* «Himmlischer Kaiser», und *Meiji* ist die chronologische Bezeichnung der Jahre, in die seine Herrschaft fällt. Seine Regierung selbst wird sich ohne Zweifel aus der japanischen Geschichte ebenso scharf abheben wie jene Regierungen, die Zeugen der ersten großen Revolution Japans waren – seines Übertritts zum Buddhismus und der chinesischen Kultur.

Eine besondere Form der Etikette, an die sich Ausländer erinnern sollten, besteht darin, daß weder der Kaiser selbst noch irgendein Mitglied der kaiserlichen Familie jemals «von oben herab» angesehen werden darf. Im Falle eine kaiserliche Prozession vorbeikommt, darf man sich nicht an einem hochliegenden Fenster oder an irgendeinem hochliegenden Punkt aufhalten. Die gelegentliche Verletzung dieses Gebots hat zu großen Ärgernissen und unangenehmen Folgen geführt.[122]

MINERALQUELLEN Japan, das Land der Vulkane und Erdbeben, ist natürlich reich an Mineralquellen; und die Japaner, die leidenschaftlich gern baden, machen den ausgedehntesten Gebrauch davon. Die bekanntesten der vielen hundert japanischen Badeorte sind: für Schwefelbäder Kusatsu, Ashinoyu, Yumoto nahe Nikkō, Nasu, Shiobara und Unzen nahe Nagasaki, für Eisenbäder Ikaho, Arima und Beppu; für Solbäder Atami und Isobe. Miyanoshita, das unter den Fremden am bekanntesten ist, besitzt nur Spuren von Salz und Soda. Seine Quellen können daher ohne ärztliche Verordnung gebraucht werden, einfach zum Vergnügen. Mächtige Eisen- und Schwefelquellen finden sich in Ōjigoku (wörtlich «große Hölle»), einige vier Meilen hinter Miyanoshita. Der Krater des Shiranesan in der Provinz Kōtsuke besitzt ein Bassin so reich an Hydrochloridsäure (2,5 Prozent nach Dr. Divers), daß das Wasser als ein ausgezeichnetes Getränk bei Magenaffektionen und anderen Leiden verabreicht werden kann. Aber im allgemeinen sind Schwefel, schwefelsaures Eisen und Salz die wichtigsten Mineralien, die sich in japanischen Quellen finden. Die Hirano-Quelle ausgenommen, die als Selters getrunken wird, enthalten sie nur wenig Kohlensäure. Wenige sind kalt, wenige sind, wie Vichy und Karlsbad, bei Magen- und Leberleiden wirksam. Auf der andern Seite stehen die Kusatsu-Quellen wahrscheinlich dank ihrem Doppelcharakter einzig in der Welt da; sie bestehen aus kaltem ätzenden, sauren Wasser und nahezu kochendem Schwefelwasser. Ebenso wunderbar sind die Heilungen, die mit ihnen dank ihrer Temperatur und ihren mineralischen Säuren, Schwefel und Arsenik, die man mischt, erzielt werden bei syphilitischen und mit schwererem Rheumatismus behafteten Kranken. Die Japaner haben ein Sprichwort, dessen Sinn der ist, daß die Liebe das einzige schwere Leiden sei, gegen das Kusatsu machtlos wäre.

Häufig erfreut sich eine Quelle nur in der Nachbarschaft einer Berühmtheit. In diesem Falle gewinnt sie fast ausnahmslos auf einer Seite, was sie auf der andern verliert. Das biedere Landvolk im Umkreise von zwanzig

Meilen betrachtet sie als ein Universalmittel gegen alle Übel, die das Fleisch heimsuchen können. Man kann sich unmöglich etwas vorstellen, das in einem groteskeren Gegensatz stünde zu einem Ems oder Homburg als einer dieser winzigen Badeplätze, eingepfercht zwischen die Berge von Shinshū oder Etchū und nur von den altmodischsten und wenig begüterten Japanern besucht, wo an Stelle der *table d'hôte* jedem Gast in seinem eigenen ärmlichen Zimmerchen eine Schale Reis oder, kann sein, Hirse serviert wird, ein bißchen gesalzene Eierpflanze und vielleicht an Fest- und Feiertagen ein kleiner gebratener Fisch. Und selbst das ist Luxus im Vergleich zu den Verhältnissen in manchen entlegenen Bezirken, wo die kranken Landleute ihren eigenen Reis und ihr eigenes Bettzeug auf Packpferden mitbringen.

Allen europäischen sanitären Ideen entgegen werden die Mineralquellen in Japan in sehr hohen Temperaturen gebraucht. Die Kranken nehmen Bäder von 110° bis 115° Fahrenheit (43,3° bis 46,1° Celsius), und ihre gesunden Freunde begleiten sie, um die Zeit angenehm totzuschlagen. In Kusatsu ist die Temperatur der Bäder noch höher. Sie bewegt sich zwischen 120° und 130° Fahrenheit (48,9° bis 54,4° Celsius); und da die ersten Bäder Geschwüre am ganzen Körper erzeugen, selbst wo früher keine waren, so kann man sich die Qualen der Kranken, die verdammt sind, eine «Kur zu gebrauchen», vorstellen. Die Angst vor dieser Kur ist so groß, daß man eine besondere Methode ersinnen mußte, um ihr zu begegnen. Die Kurgäste sind militärischer Disziplin unterworfen. Das Häufchen der Unglücklichen nähert sich dem Bad beim Klang einer Trompete, sie feuchten sich bei einem zweiten Trompetenstoß Scheitel und Stirne an, um einen Blutandrang zum Kopf zu verhüten; so geht es fort durch die ganze Prozedur, während der ihnen ein

Zeichen gegeben wird, sobald eine der Minuten, die sie kochen müssen, vorbei ist, um ihren Mut aufrechtzuerhalten durch die Gewißheit, daß das Gottesgericht bald vorbei sein werde. Das ganze Leben in Kusatsu ist so sonderbar, daß jeder, dem es bei ekelhaften Anblicken nicht sofort übel wird, es sich ansehen sollte. Empfindlichen Personen dagegen rufen wir ein nachdrückliches «Bleibe weg!» zu.[123]

Mission I. Römisch-katholisch: Als die ersten Portugiesen 1542 Japan erreichten, hörte ein gewisser Anjirō, gebürtig aus Kagoshima in Satsuma, der viele Sünden auf dem Gewissen hatte, durch sie von dem Ruhm Francis Xaviers, dem «Apostel der Inder», und brach nach Malacca auf, um den wunderbaren Seelenarzt aufzusuchen. Nachdem er ihn zuerst verfehlt hatte (er war zu dieser Zeit auf den Molukken), traf ihn Anjirō endlich 1547 in Malacca. Die Berichte über Japan, die Xavier von diesem Japaner und gewissen portugiesischen Kaufleuten übermittelt wurden, erweckten in ihm den Wunsch, das Inselreich zu bekehren. Infolgedessen wurde Anjirō, der schon etwas Portugiesisch sprach, zur weiteren Ausbildung nach der Jesuitenschule in Goa geschickt, wo er und sein Diener, zusammen mit einem dritten Japaner, die Taufe erhielten. Im April 1549 brach Xavier, begleitet von diesen dreien und zwei Landsleuten, von denen einer ein Mönch war, von Goa nach Japan auf. Die Gesellschaft erreichte Kagoshima im August desselben Jahres; und während des zwölfmonatigen Aufenthalts Xaviers in dieser Provinz wurden ungefähr 150 Eingeborene getauft. Während seines sechsundzwanzigmonatigen Aufenthalts in Japan bekehrte er nahezu 1000 Seelen. Im Winter 1550/51 machte er eine außerordentlich beschwerliche Reise nach Kyōto, der Hauptstadt; aber für religiöse Bestrebungen blieb sie erfolglos. Sein langer Aufenthalt in Yamaguchi im westlichen Japan (1551) hatte 600 Taufen zur Folge. In Hirado ungefähr 200.

Die auf diese Weise ausgestreute Saat entwickelte sich rasch. Dreißig Jahre später, 1582, gibt der «jährliche Bericht», der von Japan an die jesuitische Zentrale in Rom gesandt wurde, die Zahl der Bekehrten im Reiche auf rund 150000 an. Dies war gewiß eine wunderbare Ernte, besonders wenn man das kleine Häuflein der Schnitter in Betracht zieht. Im Jahre 1582 waren in der Tat im ganzen 75 Mitglieder der Gesellschaft Jesu im Lande, von denen einige 30 Japaner waren. Aber bis 1577 waren nicht mehr als 18 und bis 1563 nicht mehr als 9 im Lande gewesen. Von den 150000 Bekehrten fielen ungefähr 25000 auf Zentraljapan, 10000 auf die Provinz Bungo (nordöstliches Kyūshū) und der Rest auf gewisse kleine, am Meer gelegene Lehen in Kyūshū – Ōmura, Arima, Amakusa und die Gotō-Inseln. Die in diesen Lehen angewandte Bekehrungsmethode war einfach. Die lokalen kleinen Fürsten waren erpicht auf den Handel mit den Portugiesen, und die Kaufleute machten als treue Gläubige gemeinsame Sache mit den jesuitischen Missionaren. Diese befolgten den Plan, die Herrscher zu bekehren und sie zu bestimmen, alle nichtchristlichen Kulte in ihrem Land zu untersagen. Zuweilen wurde den Eingeborenen, die die fremde Religion nicht annehmen wollten, nur ein einziger Tag Frist gewährt, die Häuser ihrer Väter zu verlassen; die Bildnisse Buddhas wurden in Stücke zerschlagen und die einheimischen Tempel angezündet. In Zentraljapan, wohin der ausländische Handel nicht drang, scheint die Bekehrung häufiger aus ehrlicher Überzeugung stattgefunden zu haben; indessen war der *modus operandi* der gleiche. Daraus erklärt sich die auf den ersten Blick unverständliche Tatsache, daß von 24000 Bekehrten in der Umgebung von Kyōto nicht weniger als 18000 auf die kleinen Lehen fielen. Kyōto selbst beherbergte niemals mehr als 300 Gläubige.

Der gefeierte Herrscher Nobunaga (siehe Seite 244) schenkte den Christen ganz offen seine Gunst. Bei seinem Tode 1582 übernahm Hideyoshi, ein noch größerer Herrscher sogar, die Regierung. Auch er begünstigte die Missionare während der ersten fünf Jahre seiner Herrschaft; infolgedessen kam seine plötzliche Unterdrückung des Christentums im Jahre 1587 wie ein Blitz aus heiterem Himmel. Der Bericht, den Froez, ein hervorragender Jesuit, von der Begebenheit gibt, lautet folgendermaßen: Einer von Hideyoshis Hofärzten, ein bigotter Buddhist, «hatte bemerkt, daß die Patres sich besonders um die Bekehrung von Männern vornehmer Geburt bemühten, und da er glaubte, daß sie unter dem Vorwand, Seelen zu retten, nichts anderes planten als Japan zu erobern, tat er sein möglichstes, Hideyoshis Argwohn zu erwecken.» Dieser «hatte ihn anfangs nur ausgelacht»; aber «als er in Kyūshū gegen den König von Satsuma eintraf und bemerkte, daß viele Fürsten mit ihren Vasallen Christen geworden waren und daß sie in großer Eintracht lebten und den Patres außerordentlich ergeben waren, erinnerte er sich an das, was Toquun ihm eingeflüstert hatte und kam zu der Ansicht (obgleich seine Vermutung in diesem Punkte irrig war), daß die Ausbreitung des Glaubens für die Sicherheit des Reiches gefährlich wäre. Und dies ist die wahre Ursache seiner Abneigung, die er jetzt zeigt.» Nichtsdestoweniger setzte die Verfolgung, die in diesem Gefühlsumschlag des Herrschers ihren Schatten vorausgeworfen hatte, erst zehn Jahre später ein. Obwohl Hideyoshi die heimlichen Gelüste der Missionare argwöhnte, wollte er doch die momentanen Vorteile nicht aufgeben, die seinem Reiche aus dem portugiesischen Handel erwuchsen, und er ließ es selbst zu, daß sich 130 oder 140 Jesuiten auf japanischem Boden befanden.

Unterdessen braute sich in einem andern Viertel Unheil zusammen. Eine 1585 erlassene päpstliche Bulle hatte den Jesuiten das Monopol der Missionsarbeit in Japan verliehen, und nach den Bedingungen des Konkordats (zwischen Spanien und Portugal, 1580, bei Gelegenheit der Vereinigung der zwei Kronen) war der japanische Handel den Portugiesen zugesichert. Indessen führten im Jahre 1593 die Intrigen eines japanischen Abenteurers, der mit den Philippinen, damals in spanischem Besitz, Handel treiben wollte, zur Entsendung von vier spanischen Franziskanermönchen aus Manila, die in Wirklichkeit nicht in der Eigenschaft von Missionaren, sondern von Gesandten kamen. Man gestattete ihnen, sich nach Kyōto zu begeben unter der ausdrücklichen Bedingung, sich nicht mit Missionsarbeit zu befassen; aber sie verletzten dieses Versprechen in der gröbsten Weise. Hideyoshis Aufmerksamkeit wurde im Oktober 1596 auf ihr Gebaren durch einen Zwischenfall gelenkt, der berühmt geworden ist. Eine spanische Galeone, genannt «*San Felipe*», war an der japanischen Küste gestrandet, und ihre Ladung, unter der sich 600 000 Kronen in Silber befanden, war konfisziert worden. In der Abwesenheit des Kapitäns versuchte der Pilot, den lokalen japanischen Machthabern Furcht einzuflößen. Er breitete eine Weltkarte aus und wies auf die große Ausdehnung der Reiche des spanischen Monarchen hin. Auf die Frage, wieso es möglich war, daß ein einziger Herrscher so viele Länder unterwerfen konnte, erwiderte er: «Unsere Könige beginnen damit, in die Länder, die sie zu erobern wünschen, Priester zu senden, die das Volk bewegen, unsere

Religion anzunehmen; und wenn diese ziemliche Erfolge haben, werden Truppen nachgesandt, die sich mit den neuen Christen vereinigen und dann fällt es unseren Königen nicht schwer, das Übrige zu tun.»[124] Diese Rede wurde Hideyoshi berichtet, dessen Zorn keine Grenzen kannte. Die unmittelbare Folge daraufhin war, daß sechs spanische Franziskaner zusammen mit siebzehn ihrer einheimischen Konvertiten und drei japanischen Jesuiten am 5. Februar 1597 in Nagasaki ans Kreuz geschlagen wurden.

Diesem ersten Ausbruch der Verfolgung folgte eine Ruhepause von mehreren Jahren, die sich teilweise durch Bürgerkriege und andere Ablenkungen, die die Errichtung des Shōgunats in der Familie von Tokugawa Ieyasu begleiteten, erklären läßt. Dieser mächtige Herrscher unterdrückte 1614 das Christentum aus politischen Gründen, indem er die Verbannung der ganzen ausländischen Geistlichkeit befahl. Allein 47 Priester bewerkstelligten es in Nagasaki und anderswo zurückzubleiben, und andere kehrten rasch zurück. Unterdessen hatten einige der einheimischen christlichen Fürsten versucht, mit dem Ausland Beziehungen anzuknüpfen; der bekannteste Versuch war die Entsendung von Gesandtschaften der Fürsten Kyūshūs an den Papst, 1582, und von Date, des Herrn von Sendai, an den König von Spanien und den Papst, 1613. Als Ieyasu schließlich über seine politischen Feinde triumphierte, mit einigen von denen die Katholiken verbündet gewesen waren, begann ein Kampf auf Leben und Tod zwischen den japanischen Machthabern, die entschlossen waren, die politische Integrität des Reiches, die sie bedroht glaubten, aufrechtzuerhalten, und den fremden Priestern, die ebenso entschlossen waren, ihre Pflicht Gott gegenüber zu erfüllen. Dieser Kampf dauerte nahezu dreißig Jahre lang, die Missionare zeigten eine unerschrockene Ergebenheit und viele der Konvertiten eine bemerkenswerte Standhaftigkeit.

In seiner blühendsten Periode (vor der Verfolgung im Jahre 1597) zählte das Christentum in Japan 300000 Gläubige. Eine japanische Urkunde berichtet, daß nicht weniger als 200000 Personen «bestraft» wurden für das Verbrechen des Christentums. «Bestraft» kann indessen nicht bedeuten «hingerichtet»; denn die Märtyrerliste des Jesuitenpaters Cardim zählt nur 1400 bis 1500 Opfer. Aus den Berichten der Missionare selbst tritt klar hervor, daß die japanischen Machthaber nicht beabsichtigten, bis zum Äußersten zu gehen. Noch im letzten Augenblick wurden jene Konvertiten, die ihrem Glauben entsagten, verschont, und den wenigen Geistlichen, die widerriefen, wurde eine angemessene Versorgung zugesichert. Aber die heroische Beharrlichkeit der großen Majorität zwang die Regierung, bestimmter zu werden, und ließ ihr (nachdem einmal die Unterdrückung des Christentums prinzipiell beschlossen war) keine Wahl mehr. Zwei unvereinbare Ideale standen auf dem Spiel; jede Seite focht für das, was sie für das Heiligste hielt. Daraus folgte die Anwendung und das Erdulden der Folter auf japanischem Boden, die nicht weniger teuflisch war als jene, mit der spanische und portugiesische Herrscher die Ketzerei in ihren eigenen Reichen ausrotteten. Die japanische Regierung ging aus diesem tödlichen Zweikampf siegreich hervor; aber ihr Sieg wurde nur durch das Abbrechen aller Beziehungen mit der Außenwelt und die totale Isolierung des Reiches erkauft.

Nichtsdestoweniger hatte man die Kirche in Japan nicht vergessen. Der Jesuitenpater Sidotti und andere landeten furchtlos zu verschiedenen Zeiten des 18. Jahrhunderts an der japanischen Küste, wurden aber augenblicklich ins Gefängnis geworfen. 1846 ernannte der

Papst einen Bischof und mehrere Missionare, die auf den benachbarten Luchu-Inseln ihr Quartier aufschlugen und Japan nach dem Abschluß der Verträge von 1858 betraten. Diese Männer erlebten die Freude, 1865 rings um Nagasaki mehrere christliche Gemeinden wiederzufinden, die den Untergang der Kirche ihrer Vorväter vor mehr als zwei Jahrhunderten überlebt hatten. Es hatten sich gewisse Gebete erhalten, die Taufe und einige Bücher. Aber ebenso wie diese christlichen Gemeinden noch lebten, lebte auch noch der Geist der Verfolgung. 1867–1870 wurden alle Christen – und sie waren über viertausend an der Zahl –, die sich weigerten, dem Glauben abzuschwören, aus ihren Heimatdörfern gerissen und über verschiedene Provinzen des Reiches verstreut, wo sie von den betreffenden Daimyōs gefangengehalten wurden. Nach einigen Jahren des Exils wurden sie endlich 1873 in Freiheit gesetzt. Die auf diese Weise wiedererrichtete Kirche von Japan entwickelt sich jetzt langsam, aber sicher dank der Toleranz, welcher sie sich unter der kaiserlichen Regierung erfreut.

Die Kirche wurde von 1846 bis 1877 von einem einzigen Bischof verwaltet, von 1877 bis 1888 von zwei Bischöfen, von 1888 bis 1891 von dreien und seit 1891 von einem Erzbischof (dem ein Koadjutor zur Seite steht) und drei Bischöfen, deren Residenzen Tokyo, Ōsaka, Nagasaki und Sendai sind. Die katholische Bevölkerung des Reiches betrug 1903 58000 Seelen gegen 44360 im Jahre 1891. Sie zerfällt in einige 360 Gemeinden oder Kongregationen, die sich mehr oder weniger über das ganze Land erstrecken, aber am dichtesten auf der Insel Kyūshū sind. Die Priesterschaft besteht – neben dem Erzbischof und den Bischöfen – aus 129 europäischen Missionaren und 32 japanischen Priestern. Die Missionare sind alle Säkulargeistliche und gehören zur *Société des*

Missions Étrangères de Paris.[125] Ferner gibt es 70 europäische Lehrer, von denen 18 Zisterziensermönche sind, die sich dem Landbau auf der Insel Yezo widmen, und 197 Nonnen (145 europäische und 52 japanische), die als Lehrerinnen wirken. Die Missionare werden von 280 männlichen Katecheten unterstützt, neben 265 Frauen, die als Katecheten und zur Krankenpflege verwendet werden. Zu den katholischen Erziehungsinstituten gehören drei Seminare für einheimische Priester, wo gegenwärtig 60 Zöglinge ihren Studien obliegen, ferner 58 andere Schulen und Waisenhäuser, mit einer Frequenz von ungefähr 6000 Schülern. Ferner gibt es zwei Leprosenhäuser, wo 147 Leprakranke gepflegt werden, und mehrere kleine Hospitäler.

II. Anglikanisch: Die *Church of England* unterhält in Verbindung mit den *Episcopal Churches* von Amerika und Kanada Missionen, die den Kollektivnamen *Nihon Sci Kokai* oder «Kirche von Japan» tragen. Der Anfang dieser Kirche geht auf das Jahr 1859 zurück, als sich zwei amerikanische Geistliche in Nagasaki niederließen. Die Missionen in Tokyo, amerikanisch und englisch, wurden 1873 zur gleichen Zeit gegründet. Heute gibt es sechs Bischöfe, zwei amerikanische und zwei englische, einige 64 ausländische und 50 japanische Priester und Diakone und 87 fremde Laienmitglieder beider Geschlechter, dazu eine große Körperschaft japanischer Katecheten und Schullehrer und über 11000 getaufte Personen. Während der letzten Jahre wuchs die Zahl stetig, ebenso die aus einheimischen Quellen für die Unterhaltung beigesteuerte Summe. Die Angelegenheiten der Kirche werden durch eine Synode vertreten, die sich aus den Bischöfen und den Delegierten der Geistlichen und Laien, ausländischen sowohl wie japanischen, zusammensetzt. Die Delegierten selbst werden von den lokalen Synoden erwählt, denen der zugehörige Bischof vorsteht und die jährlich in den verschiedenen Bezirken von Nord- und Süd-Tokyo, Kyōto, Ōsaka, Kyūshū und Hokkaidō, in die jetzt das ganze Land eingeteilt ist, abgehalten werden. Die Generalsynode tritt alle drei Jahre zusammen. Die Kirche wünscht in Gemeinschaft mit den Kirchen von England und Amerika zu wirken, sich ihnen aber nicht unterordnen zu müssen – kurz, denselben Platz in Japan einzunehmen, den die anglikanische Kirche in den Vereinigten Staaten behauptet. Das japanische Gebetbuch fußt, mit den nötigen Modifikationen, auf jenem der anglikanischen und amerikanischen Kirchen.

III. Protestantisch: Im Jahre 1859, kurz nach der Ankunft der ersten anglikanischen Missionare, landeten Vertreter der amerikanisch-presbyterianischen und holländisch-reformierten Kirche in Japan, und die protestantische Mission lag seitdem unausgesetzt hauptsächlich in amerikanischen Händen. Die erste Taufe wurde 1864 vollzogen, die erste einheimische Gemeinde 1872 in Yokohama organisiert und die erste Kirche 1875 eingeweiht. 1872 begann man eifrig mit der Bibelübersetzung, die bisher infolge der mangelhaften Sprachkenntnisse gehemmt gewesen war. Allerdings darf man nicht vergessen, daß das Vorhandensein mehrerer chinesischer Übertragungen, die alle gebildeten Japaner lesen konnten, eine japanische Übersetzung weniger dringend machte wie etwa in anderen Ländern. 1880 wurde eine vollständige Übersetzung des Neuen Testaments veröffentlicht, 1887 die des Alten Testaments.[126] Im Laufe der Zeit ließ die Opposition der Regierung gegen das Christentum nach, und die Zahl der Bekehrten wuchs – zuerst langsam, denn 1872 waren nicht mehr als zehn Personen getauft worden, später aber rapid.

Neben wirklicher Mission beschäftigte man sich viel

mit allgemeiner Erziehung. Der hochwürdige Dr. Hepburn und andere sind neben Seelenärzten auch Ärzte gewesen. Die erzieherische Tätigkeit der Missionare war von überraschenden Erfolgen begleitet, selbst in Anbetracht der unerfreulichen Zustände in den letzten zehn Jahren des 19. Jahrhunderts; sie resultierten aus dem wachsenden Chauvinismus und dem Umstand, daß man sich nur schwer einem Schulplan anpassen konnte, auf dem die nichtchristliche Regierung beharrte. Hindernisse dieser Art sind jetzt beseitigt worden, und den höheren Abteilungen von gewissen christlichen Instituten (die zum mindesten eine theologische Klasse in sich schließen) wurde sogar die formelle offizielle Anerkennung zuteil und der gleiche Rang mit jenen Staatsschulen verliehen, die unmittelbar unter den kaiserlichen Universitäten stehen. Ihre Studierenden genießen auch das willkommene Privilegium, ihrer Militärpflicht erst nach Ablauf von acht Studienjahren genügen zu müssen.

Die wichtigsten protestantischen Sekten, die Missionen in Japan haben, können in folgende vier Gruppen eingeteilt werden; wir führen sie in der Reihenfolge an, die ihrer lokalen Bedeutung entspricht:

Die *Presbyterianer,* sieben religiöse Gesellschaften repräsentierend, zählen 55 männliche und 53 weibliche Missionare, deren Tätigkeit unterstützt wird von 38 ordinierten und 1123 nichtordinierten japanischen Mitarbeitern; die ganze Macht ist über 74 organisierte Kirchen mit vielen Nebenstationen verteilt. Im Jahre 1903 (das letzte Jahr, das statistisch zugänglich ist) betrug die Anzahl der Mitglieder über 12400, die in diesem Jahr eine Summe von 34800 *yen* kontribuierten. Sie unterhielten drei Internate für Knaben und elf für Mädchen, zusammen mit zehn Tagesschulen; die Schülerzahl betrug 2289. Die verschiedenen presbyterianischen Körperschaften – amerikanische und schottische – verschmolzen 1877 in eine einzige Kirche, die jetzt den Namen *Nihon Kirisuto Kyōkai* oder «Kirche Christi in Japan» trägt. Diese Kirche beharrt nicht länger auf Doktrinen wie den *Canons of the Synod of Dord,* der *Westminster Confession of Faith,* dem *Shorter Catechism* oder dem «Heidelberger Katechismus», sondern entschied sich für ein einfacheres «Glaubensbekenntnis», das im Wesen dem Bekenntnis der Apostel gleichkommt.

Die *kongregationalen* oder *Kumiai*-Kirchen sind ausschließlich nur mit einer Körperschaft verbunden – der *Mission of the American Board of Commissioners for Foreign Missions.* 1903 gehörten 23 männliche und 25 weibliche Mitarbeiter zu ihrem Stab, neben 48 ordinierten und 41 nichtordinierten Japanern. Es gibt 106 organisierte Kirchen, von denen sich 38 selbst erhalten, und über 11 400 Mitglieder, die 1903 41 800 *yen* kontribuierten. Die Dōshisha-Hochschule in Kyōto – weitaus das größte christliche Institut in Japan – steht unter der Verwaltung dieser Mission.

Die *Methodisten* repräsentieren sechs amerikanische Gesellschaften und eine kanadische; sie bestehen aus 59 männlichen und 71 weiblichen Missionaren, 126 geweihten und 101 nichtgeweihten japanischen Mitarbeitern, 139 organisierten Kirchen und über 9600 Mitgliedern, die 1903 36 600 *yen* kontribuierten. Die Methodisten unterhalten 18 Internate und 19 Tagesschulen mit einer Gesamtzahl von 4761 Schülern. Ihnen gehört die Aoyama Gakuin, die wichtigste christliche Hochschule in Tokyo.

Die *Baptisten* vertreten vier amerikanische Vereinigungen und zählen 36 männliche und 24 weibliche Missionare, 28 ordinierte und 45 nichtordinierte japanische Mitarbeiter, 55 organisierte Kirchen und eine Gemeinde von über 3361, die 1903 5681 *yen* kontribuierte. Die zwei wichtigsten baptistischen Körperschaften unterhalten ein theologisches Seminar mit 18 Studierenden, ein Knabeninstitut, fünf Internate für Mädchen mit einer Gesamtzahl von 302 Zöglingen und acht Tagesschulen mit 588 Schülern.

Die *Heilsarmee,* die 1895 nach Japan kam, besteht jetzt aus 15 Korps mit 51 Offizieren. Zehntausend Exemplare des *«Toki no Koe»* (die japanische Ausgabe des «Kriegsrufs») werden alle vierzehn Tage veröffentlicht. Die Armee hat sich in Japan Verdienste erworben durch den tapferen Kampf, den sie zur Befreiung von Mädchen aus der Sklaverei konzessionierter Sittenlosigkeit ausfocht und noch jetzt ausficht.

Neben den obigen müssen erwähnt werden die *Society of Friends,* ferner die amerikanischen und Londoner *Religious Tract Societies,* die vereinigte Zentralen in Tokyo haben, und die *Young Men's Christian Association of Japan* usw.; die Gesamtzahl der vertretenen Missionen beträgt 28.

So zahlreich die protestantischen Sekten auch sind, die auf japanischem Boden arbeiten, und so sehr manche von ihnen in der Lehre abweichen, muß man doch konstatieren, daß sie selten, wenn überhaupt jemals, Japan zur Szene sektiererischer Zwistigkeiten gemacht haben. Es herrschte vielmehr die Tendenz, Differenzen so weit wie möglich auszugleichen, eine Tendenz, die sich offenbart in der Verschmelzung der verschiedenen presbyterianischen und der verschiedenen episkopalen Kirchen, der vorgeschlagenen Verschmelzung der methodistischen Kirchen und dem Zusammenwirken der *Young Men's Christian Association* und den Generalversammlungen der vereinigten Sekten, die von Zeit zu Zeit abgehalten werden. Während einer gewissen Zeit waren Orthodoxie und Einigkeit durch das Auftreten der sogenannten «Liberalen Kirchen» bedroht – der *Unitarians* und *Universalists* (1889–90) – die für eine kurze Periode Herrschaft über den japanischen Geist zu gewinnen schienen. Aber die *Unitarian*-Mission ist jetzt eingegangen, und die *Universalists* haben wenig oder keine Anhänger. Obwohl die «Deutsche Evangelische Mission» wenig wirkliche Bekehrte zählt, schreibt sie sich (mit welchem Recht, können wir nicht beurteilen) einen starken Einfluß auf den Geist der christlichen Gemeinden zu und selbst auf den der nichtchristlichen.

IV. Die *Orthodoxe Russische Kirche,* der Bischof Nicolai vorsteht, liegt in den Händen von 37 einheimischen Priestern und Diakonen. Sie hatte seit 1861 eine Mission in Japan und macht Anspruch auf über 27000 Anhänger. Die Russische Kathedrale, die 1891 eingeweiht wurde, ist das einzige ekklesiastische Gebäude in Tokyo mit äußerlichen Prätensionen. Von der Höhe aus, auf der es steht, scheint es die ganze Stadt zu beherrschen.

V. *Allgemeine Betrachtungen.* Wer vierzig Jahre oder nur dreißig zurückblicken kann, für den sind die wechselvollen Schicksale des Christentums in Japan höchst merkwürdig, in der Tat nahezu unfaßbar. Noch im Jahre 1870 war es für einen Japaner gefährlich, sich zur Lehre Jesu zu bekennen. Später wurde es fast fashionabel. Früher war es für einen Missionar schwer, einen einheimischen Lehrer zu erhalten, heute gibt es Hunderte von ordinierten und nichtordinierten einheimischen Predigern und Lehrern des Christentums. Die alte Proklamation, die seit 1638 die Lehre Jesu als eine böse Sekte untersagt hatte, war noch 1873 an den öffentlichen Bekanntmachungstafeln angeschlagen. Jetzt gestattet die Regierung offen den Bau von Kirchen und christliche Begräbnisse laut Artikel XXVIII der neuen Konstitution, der besagt, daß «japanische Untertanen, soweit nicht Frieden und Ordnung gefährdet sind und es ihren Pflichten als Untertanen nicht widerspricht, Freiheit der religiösen Gesinnung genießen sollen».

In solch großen Schritten vollzog sich die Entwicklung in dem Jahrzehnt von 1878–1888, daß man auf den Gedanken kommen könnte, nicht in Verfolgungen läge in Zukunft die Gefahr für das Christentum, sondern in weltlicher Gunst. Damals pflegten die führenden Geister Japans, die aus ihrer persönlichen Indifferenz allen Religionen gegenüber kein Hehl machten, kaltblütig die Annahme des Christentums zu vertreten: als eine Schule für Moral und Musik und als wahrscheinlich vorteilhaft für politische Negoziationen mit den Mächten des Westens! Alle Japaner durch ein Edikt eines schönen Morgens in Christen zu verwandeln hätte sich wohl kaum mit dem Programm der japanischen Staatsmänner dieser Zeit vertragen, aber daß etwas Ähnliches dieser Art vor dem Ende des Jahrhunderts eintreten würde, erschien weniger unmöglich als viele Dinge, die tatsächlich in diesem Lande realisierter Unwahrscheinlichkeiten eintraten.

Allein das Jahr 1888 erlebte eine Reaktion auf allen Gebieten des japanischen Lebens und Denkens. Ärgerlich über Europa wegen der mißglückten Vertragsrevision, wandten die führenden Klassen allen europäischen Dingen den Rücken zu, die ihnen unwesentlich schienen – natürlich nicht dem elektrischen Licht oder dem Bankwesen oder der Chirurgie oder irgendeiner offensichtlich nützlichen Sache, sondern der europäischen Kleidung, der europäischen Küche, den europäischen Amüsements, den europäischen Idealen. Das Christentum, ausländisch und unnütz, hat seinen Teil von dieser Reaktion abbekommen. Während sich die Bevölkerung rapid vermehrt, nimmt die Zahl der Konvertiten nur langsam zu. Auch der Geist hat sich verändert, die Achtung vor den

Missionaren ist abgekühlt, sie wünschen allein ihren Weg zu machen. Nicht nur das: sie wünschen das Christentum selbst zu japanisieren, im Wesentlichen sowohl als auch im Äußerlichen, und es scheint, daß sie selbst jenes Minimum von Dogma über Bord werfen wollen, worauf die protestantischen Missionare bestehen zu müssen glaubten. Sicherlich würde ein moderner Bossuet in Japan Material finden für ein neues Kapitel über die *variations of protestantism* während einer einzigen Generation.

In unseren Tagen empfiehlt es sich nicht zu prophezeien. Aber wir wagen die Vermutung auszusprechen, daß in Zukunft die Protestanten in Japan weit mehr mit moralischen und praktischen Fragen beschäftigt sein werden – der Temperanzfrage zum Beispiel, oder ob man den Sonntag halten solle –, weit mehr, meinen wir, als mit subtilen doktrinären Theorien; denn der japanische Geist ist im Innersten zu wenig spekulativ, als daß er an den feinen Unterscheidungen der Theologen einen Reiz finden könnte oder gar eigene Haarspaltereien treiben würde. Der Umstand, daß die buddhistischen metaphysischen Abstraktionen im nationalen Geist keinen Fuß fassen konnten, ist ein Wegweiser der Geschichte, der zeigt, was in der Zukunft erwartet werden darf. Ein Volk wird sich niemals besonders aufregen über einen Glauben, wenn er nur an seiner Oberfläche haftet; und die japanischen religiösen Überzeugungen hafteten immer nur an der Oberfläche. Ist nicht die ganze Haltung des Geistes des Fernen Ostens in bezug auf das Übernatürliche treffend bezeichnet worden als eine «Höflichkeit gegen Möglichkeiten»? Ohne Zweifel wird diese natürliche Abneigung der Chinesen und Japaner einer spirituellen Religion gegenüber von besonderen lokalen Ursachen unterstützt.

Es mag etwas Wahres an der häufig in religiösen Kreisen aufgestellten Behauptung sein, daß die Missionsarbeit durch das offensichtlich unmoralische Leben vieler der (sogenannten) christlichen Ansiedler gehemmt werde. Absolut sicher ist für uns eine andere Sache, nämlich die, daß das Missionswerk gehemmt wird durch die offensichtlich unmoralische Politik (sogenannter) christlicher Nationen. Wenn das protestantische England seine Hand nach Hongkong, Weihaiwei und Tibet ausstreckt, während das «heilige» Rußland nach verschiedenen anderen Provinzen eines Landes greift, das keinem der Angreifer etwas zuleide getan hat, wenn Frankreich und Deutschland, antiklerikal zu Hause, sich eifrig eines jeden beschimpften Priesters und demolierten Missionshauses bedienen, um daraus kaufmännische Vorteile zu ziehen oder einen Streifen Landes auswärts zu ergattern, was sollen die Leute im Fernen Osten davon denken? Sie denken genau, was wir selbst denken sollten, *mutatis mutandis;* sie denken und sie denken recht, daß unsere religiösen Bekenntnisse nichts sind als ein bloßer Deckmantel für gemeine Habsucht.

Man könnte glauben, daß die Japaner, die stark genug sind, sich selbst zu schützen, diese Bedenken weniger stark empfänden als andere Orientalen. Aber sie empfinden sie nichtsdestoweniger, wie die Meinungsäußerungen in ihrer Presse es von Zeit zu Zeit bezeugen. Sie empfinden, daß Gewalt und spiritueller Einfluß nicht gut zusammengeschirrt werden können, daß das, was als *gospel and gunboat policy* bekannt ist, ein Widerspruch ist, und daß die Missionare, wenn sie sich als eine apostolische Macht behaupten wollen, wie die Apostel in allem, was mit ihrer Person zusammenhängt, sich nicht auf fremde Intervention stützen dürften. Die Naturalisation der Missionare im Land ihrer Tätigkeit, ihre vollkommene Unterwerfung unter das einheimische Gesetz und die Ablehnung jeder diplomatischen Einmischung in bezug auf ihre Person, das würde auf einen Schlag ihren Einfluß enorm steigern. Aber ohne Zweifel würde ein solcher Schritt von den Politikern zu Hause scheel angesehen werden, nach deren Auffassung der einzige Vorteil von Missionsarbeit darin besteht, daß sie Märkte öffnet und den Weg zu Annexionen bahnt.[127]

MODENARRHEITEN Japan stand so lange still, daß es sich jetzt beeilen muß, um die verlorene Zeit einzuholen. Alle paar Jahre kommt eine Narretei auf, die die Nation oder wenigstens jenen Teil der Nation, der in Tokyo lebt, ganz aus dem Häuschen bringt. 1873 war das Kaninchenjahr. Diese kleinen Nagetiere hatte es vorher in Japan nicht gegeben. Infolgedessen erzielten sie, als man sie als Kuriositäten einführte, unglaubliche Preise; bis zu 1000 Dollars wurden zuweilen für ein einziges Exemplar gezahlt. Spekulationen mit Kaninchen im Werte von 400 Dollar und 500 Dollar waren tägliche Ereignisse. Im folgenden Jahr, 1874, besteuerte die Regierung die Kaninchen, und der Preis sank infolgedessen vom Dollar auf den Cent, und die unseligen Kaninchenspekulanten waren augenblicklich ruiniert.

1874/75 war das Hahnenkampfjahr. Im Jahre 1882/83 war die Parole die Herausgabe von Diktionären und anderen Werken auf dem Wege der Subskription. Viele dieser literarischen Unternehmungen entpuppten sich als Betrügereien, die vor die Gerichte gebracht werden mußten. Um 1883 war auch die große Zeit für das Gründen von Gesellschaften, gelehrten und anderen. Darauf kam Gymnastik und Sport im Jahre 1884/85. Eine Begeisterung für das Walzen und für riesige Leichenbegängnisse kennzeichnete die Jahre 1886/87. Während dieser Jahre herrschte auch in den Beamtenkreisen eine Epidemie von – wie man es am Platze nannte – *«German measles»*, die Manie, alles Deutsche nachzuahmen, ohne Zweifel, weil das weniger «gefährlich», unverfälschter monarchisch war als das freie Angelsachsentum. Das folgende Jahr schlug einen ganz neuen Kurs ein, indem es Mesmerismus, Tischrücken und Planchette in Mode brachte; das Jahr 1888 erhob die Ringkämpfe vom Range einer vulgären Volksbelustigung zum Range einer Modenarrheit, bei der der damalige Premierminister, Graf Kuroda, an der Spitze marschierte.

1889 erlebte das plötzliche Aufblühen von Aktiengesellschaften, zusammen mit einer allgemeinen Renaissance aller einheimischen japanischen Amüsements, der japanischen Kleidung und der Agitation gegen alles Fremde usw. Dies war das große Jahr der Reaktion. 1890 und die folgenden Jahre – Eisenbahnspekulationen. 1893 kam die ganze Nation aus dem Häuschen über des Obersten Fukushima erfolgreichen Ritt quer durch Sibirien; ein Blick in die Zeitungen dieser Zeit kann allein eine Vorstellung von der allgemeinen Verrücktheit geben. 1896 Briefmarkensammeln. 1898–1900 Gartenfeste. Eines von ihnen währte fünf Tage; andere wurden selbst im Schnee abgehalten, mit Freudenfeuern, die in der eitlen Hoffnung, die zitternden Gäste zu erwärmen, angezündet wurden. Gewisse Kaufleute in Yokohama gingen in Ermangelung eines wirklichen Gartens soweit, ihre (sogenannten) Gartenfeste an Bord einiger zusammengebundener Frachtkähne, die mit einem Schutzdach versehen waren, abzuhalten.

Eine andere Modenarrheit der letzten Jahre des Jahrhunderts war die für Büsten und Statuen, selbst Silberstatuen der eigenen Person. Die letzte Form dieser merkwürdigen Narrheit erinnert ans frühere Mittelalter, da hervorragende Fürsten und buddhistische Heilige (obwohl sie der Lehre beipflichteten, daß alle Erscheinungen ein Trugbild seien und Persönlichkeit selbst eine Täuschung und eine Vorspiegelung) keinen geringen Teil ihrer Muße auf das Malen und Schnitzen ihres eigenen Bildnisses verwendet zu haben scheinen. Zuweilen, so hört man, war das Gemälde das Werk eines Schülers, aber der Heilige selbst machte dann die Punkte in die Augen.

1901, Riesenausflüge für Kinder und Arbeiter. Eine der führenden Zeitungen organisierte einen Ausflug nach Tokyo für 120000 Arbeiter. Aber als diese ungeheure Menge sich dem Ziele näherte, erlaubte die Polizei nur 5000, die Reise fortzusetzen, und es kam zu Ausschreitungen. Ein Picknick in weniger gefährlichen Proportionen wurde für 380 blinde Shampooer abgehalten, die auszogen, um die Pflaumenblüte von Sgita zu betrachten(?); sie waren mittels eines langen Seiles gesichert, nach der Art der Hochgebirgstouristen. 1903 übten sich die Jünglinge, die sich an Schopenhauer und Nietzsche genährt hatten, in der «Verneinung des Willens zum Leben», indem sie in den großen Wasserfall von Kegon zu Nikkō sprangen. 1904, Lampionprozessionen zur Feier militärischer Erfolge.

MÖPSE Der *chin* oder japanische Mops ist ein delikates, scheues, kleines Geschöpf, gewöhnlich schwarz und weiß, nicht schwerer als eine kleine Katze, mit Glotzaugen, die wie Glasmurmeln hervortreten. Wenn bei der Geburt die Nase für nicht genügend platt erachtet wird, wird sie mit dem Finger eingedrückt. Ohne Zweifel hat diese Manipulation infolge des Verstopfens mancher Kanäle die Gewohnheit zur Folge, unausgesetzt zu niesen, wie viele dieser Tiere sie an sich haben. «Sie sieht aus wie ein niesender Mops», ist eine bekannte Redensart zur Bezeichnung einer besonderen Häßlichkeit.

Infolge der außerordentlichen Zartheit verlangen die japanischen Möpse die größte Sorgfalt in der Behandlung. Früher, in den Häusern der Daimyōs, waren die Möpse der Sorgfalt besonderer Frauen anvertraut und durften niemals den Fuß vor die Tür setzen. Trotz alledem war einer, so lautet die wahre Geschichte, nicht zurückzuhalten, dem Zuge seines Herrn zu folgen, und wurde deshalb in seinen Palankin genommen und nach der Hauptstadt gebracht; dieses Beispiel von Treue kam dem Herrscher zu Ohren, und er verlieh dem kleinen Geschöpf einen offiziellen Rang. Die Hauptsache ist eine sehr leichte Diät: Reis mit einem bißchen geriebenen trockenen *bonito,* gerade genug, um ihm einen Geschmack zu geben, sonst aber weder Fisch noch Fleisch. Auch Eier sind gut und Brot und Milch oder Biskuit, aber nicht zu viel davon. Im Gegensatz zu der oben erwähnten Behandlungsweise empfehlen die Händler etwas Bewegung. Sorgfältig behandelt kann der *chin* ein Alter von vierzehn oder fünfzehn Jahren erreichen.

Die Herkunft des *chin* ist dunkel, obgleich man die Möglichkeit annimmt, daß er vom chinesischen Mops abstammt; er kam vielleicht über Luchu, denn man kann ihn südwärts nach Satsuma verfolgen. Die heutigen Spielarten sollen hervorgegangen sein aus Kreuzungen mit andern kleinen Hunden, wozu die Züchter häufig ihre Zuflucht nehmen, denn die Rasse ist zu zart, als daß sie sich viele Generationen hindurch ohne Auffrischung durch eine stärkere Rasse fortpflanzen könnte. Die Käufer sind deshalb häufig vor das Dilemma gestellt: entweder das ihnen angebotene Tierchen ist rassenrein, aber kränklich, oder es ist gesund, aber kein gutes Exemplar. Hüte dich vor «Langbeinigkeit». Reine Exemplare sind ohne Zweifel entzückend, und einer oder zwei bilden eine reizende Zierde für ein Damenboudoir. Man kann sie allerlei Kunststücke lehren, ein beliebtes ist *omawari,* das heißt, sich im Kreise drehen.

Die Japaner betrachten die Möpse nicht als Hunde. Sie sprechen von «Hunden und Möpsen» *(inu ya chin),* als wenn die letzteren eine besondere Spezies bildeten.

MORALISCHE MAXIMEN Es gibt wenige japanische Bücher, die dem Ausländer so gefallen werden wie zwei kleine Bände über praktische Ethik, betitelt *«Jitsugo Kyō»* oder «Lehre von den Worten der Wahrheit», und *«Dōji Kyō»* oder «Lehre für die Jugend». Sie werden buddhistischen Äbten des 9. Jahrhunderts zugeschrieben; aber die Lehren beider haben einen ebenso starken konfuzianischen wie buddhistischen Beigeschmack, und viele sind wörtlich chinesischen Quellen entnommen. Beide Sammlungen waren lange Epochen hindurch der Jugend Japans ebenso vertraut wie uns die Bergpredigt.

Die folgenden mögen als Beispiele dienen:

Schätze, die man in einer Kammer aufbewahrt, vermodern: Schätze, die man im Geiste aufbewahrt, vermodern nicht.

Und ob du auch tausend Goldstücke aufhäufen würdest: sie wären nicht so kostbar wie ein Tag Studium.

Wenn du, der du arm bist, in das Haus des Reichen eintrittst: vergiß nicht, daß seine Reichtümer vergänglicher sind als die Blumen, auf die der Reif fiel.

Wenn du in der Hütte des armen Mannes geboren bist, aber Weisheit besitzest, dann sollst du sein wie die Lotos, die aus dem Schlamm wächst.

Dein Vater und deine Mutter sind wie Himmel und Erde: dein Lehrer und dein Herr sind wie Sonne und Mond.

Verwandte mögen mit dem Schilfe verglichen werden: Gatten und Gattinnen sind nichts als unnütze Steine.[128]

Wer das Böse liebt, winkt dem Unglück: es ist wie das Echo, das der Stimme antwortet.

Wer das Gerechte übt, empfängt Segen: er kommt so sicher, wie der Schatten dem Menschen folgt.

Sei ehrfürchtig, wenn du an einem Grab vorübergehst: steige vom Pferd, wenn du an einem Shintō-Schrein vorüberkommst.

Wenn du in der Nähe eines buddhistischen Tempels oder einer Pagode bist, sollst du keine unreine Handlung begehen: wenn du die heiligen Bücher liest, so sollst du nichts Unpassendes tun.

Menschliche Ohren horchen an der Wand: sprich keine Verleumdung, selbst nicht im Geheimen.

Menschliche Augen sehen vom Himmel herab: begehe kein Unrecht, wie verborgen es auch sei.

Wenn ein rasches Wort einmal gesprochen ist: ein Gespann von vier Pferden mag ihm nachjagen, es kann es nicht mehr zurückbringen.

Der Flecken an einem Zepter aus weißer Jade kann abgeschliffen werden: aber der Flecken eines bösen Wortes kann nicht abgeschliffen werden.

Armut und Wohlhabenheit haben kein Tor: sie sind nur da, wo die Menschen sie einladen.

Aus den Übeln, die der Himmel schickt, gibt es Errettung: aus den Übeln, die wir selbst auf uns laden, gibt es kein Entkommen.

Die Götter strafen die Toren, nicht um sie zu zerschmettern, sondern um sie zu reinigen: der Lehrer züchtigt seinen Schüler nicht aus Haß, sondern um ihn zu bessern.

Wenn auch die Sünden, die ein Weiser begeht, groß sein mögen, er soll nicht in die Hölle fahren: wenn auch die Sünden, die ein Tor begeht, klein sein mögen, er soll sicherlich in die Hölle fahren.

Das Leben mit Geburt und Tod ist nicht von Dauer: und du sollst eilen, dich nach dem Nirwana zu sehnen.

Der Körper mit seinen Leidenschaften ist nicht rein: und du sollst rasch nach Erkenntnis trachten.

Vor allen Dingen müssen die Menschen Barmherzigkeit üben: durch Almosengeben wird die Weisheit genährt.

Weniger als auf alle Dinge müssen die Menschen auf Geld neidisch sein: durch Reichtum wird die Weisheit gehindert.[129]

MOXA *Moxa* ist eines der wenigen japanischen Wörter, die ihren Weg in die englische Sprache gefunden haben. Eigentlich lautet es *mogusa,* entstanden aus *moe-kusa,* das heißt «das brennende Kraut» – ein Name, der der Pflanze, die englisch *mugwort* heißt, auf Grund ihrer Verwendung gegeben wurde. Sie wird als ein Kauterium benützt; man dreht aus Teilen von ihr einen kleinen Kegel, setzt ihn auf den Körper und zündet ihn an.

In der alten chinesischen und japanischen Heilkunst wurde das Brennen mit Moxa als ein Universalmittel gegen fast alle menschlichen Übel betrachtet. Es wurde verschrieben bei Ohnmacht, Nasenbluten, Rheumatismus und hundert anderen Leiden. Einer Frau, die die Geburtswehen nicht ertragen konnte, verschaffte man Erleichterung, indem man drei Stellen an der kleinen Zehe des rechten Fußes damit brannte. Ferner wurde

Moxa als ein Züchtigungsmittel für Kinder gebraucht; man brannte sie damit – meistens am Rücken – wenn ihre Unart die Grenzen überstieg. Dieser Sitte, die noch nicht vollkommen erloschen ist, sind zum mindesten viele von den Narben auf den nackten Rücken der Jinrikisha-Männer und anderer Kulis zuzuschreiben. Es gibt eine bekannte Geschichte von einem Kind, das Mordbrennerei begangen hatte und nach dem alten strengen Gesetz lebendig verbrannt werden sollte; man schleppte das Kind mit eindrucksvollem Pomp zum Richtplatz, aber im letzten Augenblick setzte man es nach einer außergewöhnlich harten Applikation von Moxa in Freiheit.[130]

MÜNZWESEN Im Jahre 1897 wurde die Goldwährung eingeführt, und die Münze besteht jetzt aus Gold-, Silber-, Nickel- und Kupferstücken. Das hauptsächliche Zahlungsmittel ist indessen im allgemeinen Papiergeld gewesen. Das Münzsystem ist dezimal und die Nomenklatur die folgende:

1 *yen* (etwa 2 Mark) = 100 *sen*
1 *sen* = 10 *rin*
1 *rin* = 10 *mō* (oder *mon*)
1 *mō* = 10 *shu*
1 *shu* = 10 *kotsu*.

Staat und Banken rechnen nicht mit niedrigeren Werten als *rin;* aber die Händler rechnen oft bis hinab zu *mō* und *shu*, unglaublich kleinen Teilen eines Hellers. Indessen existieren keine Münzen, die diese liliputanischen Summen repräsentieren. Es gibt Goldstücke von 20 *yen*, 10 *yen* und 5 *yen;* Silberstücke von 50 *sen* und darunter, Nickelstücke von 5 *sen*, Kupferstücke von geringeren

Werten und Papiergeld von verschiedenen großen und kleinen Werten von 1 *yen* aufwärts. Die kursierenden Banknoten sind einlösbar in Gold und stehen deshalb *al pari*. Die großen länglichen Metallstücke mit Löchern in der Mitte, die das Aufreihen an einer Schnur erlauben, heißen *tempō*, weil sie in der Periode, die *Tempō* genannt wird (1830–1844), geprägt wurden. Sie haben einen Wert von 8 *rin*, sind aber jetzt nahezu außer Gebrauch. Die kleineren runden Münzen, die ebenfalls Löcher in der Mitte haben und den Fremden gewöhnlich unter dem Namen *cash* bekannt sind, haben einen Wert von 10 *mō*, manche von 15 und manche von 20. Gegenwärtig werden keine derartigen Münzen mehr ausgegeben. Die modernen Japaner verwerfen diese Art, da sie nicht durch ein europäisches Vorbild sanktioniert ist. Doch gibt es in solchen Dingen eine andere Frage neben jener der Bequemlichkeit? Man lasse jemand, der mit tausend aufgereihten Kupfermünzen hantierte und es versuchte, mit tausend losen umzugehen, über die Bequemlichkeit der beiden Arten urteilen.

Die Kaiserliche Münze hat ihren Sitz in Ōsaka. Sie wurde unter britischen Auspizien eröffnet, aber der letzte britische Beamte schied 1889 aus. Das Papiergeld wird in Tokyo hergestellt, in einem Institut, das Insatsu Kyoku genannt wird und einen Besuch wohl wert ist. Sowohl die Banknoten als auch die Münzen besitzen beträchtliche künstlerische Qualitäten.

In Japan wie anderswo haben sich die Financiers über die monometallische und bimetallische Währung gestritten, denn das Münzproblem war nicht das letzte, das die Regierung zu lösen hatte. Vor vierzig Jahren, als das Land in Wirklichkeit noch geschlossen war, war nur kleine Scheidemünze in Gebrauch, aber es existierte damals ein Bankwesen, das kaufmännischen Kredit für den seinerzeit ziemlich begrenzten inländischen Handel gewährte. Später wurde Papiergeld in ausgedehntem Maße verwendet; es erlebte einmal einen enormen Wertsturz – bis zu 60 Prozent im Jahre 1881 –, aber es wurde wieder *al pari* mit Silber gebracht durch die Ausgabe von einlösbaren Silbernoten, und es behauptete diesen Kurs mehr als zehn Jahre lang. Der industrielle Aufschwung, der dem Krieg mit China 1894–95 folgte, zeitigte die Notwendigkeit, fremdes Kapital zu beschaffen zur Finanzierung der unzähligen Unternehmungen, die Japan allein auszuführen nicht die Mittel besaß. Daraufhin nahm die Regierung, die die Unmöglichkeit einsah, bei den Geldmärkten des Westens zu borgen, solange Japan die Silberwährung beibehielt, eine Vorlage an, nach der Goldwährung eingeführt wurde. Die außerordentliche Schwierigkeit der Situation könnte durch nichts klarer gemacht werden als durch den Umstand, daß in dem kurzen Zeitraum zwischen dem Beschluß Japans, die Goldwährung anzunehmen, und dem Inkrafttreten dieses Beschlusses, der relative Wert der beiden Metalle schon wieder um volle Fünfachtel eines Penny infolge der ununterbrochenen Wertsteigerung des Goldes variiert hatte. Indessen sei es ferne von uns, unwissend wie wir sind, uns weiter auf diese Diskussion einzulassen.[131]

MUSIK Musik – wenn es erlaubt ist, dieses schöne Wort auf den Lärm und das Gequieke der Orientalen anzuwenden – soll es schon seit mythologischer Zeit in Japan gegeben haben. Aber die japanische Musik, wie sie jetzt besteht – mit ihren Lauten, Flöten, Trommeln und Streichinstrumenten verschiedener Art – kam im Gefolge des Buddhismus wie die meisten andern Dinge, gute und schlechte, aus China herüber. Das *koto,* eine Art

Harfe, welches das am höchsten geschätzte der modernen Instrumente ist, wurde nach und nach aus früheren chinesischen Modellen entwickelt und von *Yatsu-hashi,* der der Vater der modernen japanischen Musik genannt wurde, in der ersten Hälfte des 17. Jahrhunderts vervollkommnet. Die *shamisen* oder «drei Saiten», jetzt das Lieblingsinstrument der Sängerinnen und der unteren Klasse im allgemeinen, scheint erst 1700 aus Manila eingeführt worden zu sein.

Die japanische klassische Musik kann in ihrer Vollendung in Tokyo gehört werden von der Kapelle der Hofmusiker, die dem Amt der Riten attachiert ist. Nachdem wir gesagt haben, daß sie gehört werden kann, beeilen wir uns hinzuzufügen, daß nur selten gewöhnliche Sterbliche sie hören können. Am einfachsten kann man noch dazu kommen, wenn man einem der Konzerte beiwohnt, die von der Musikgesellschaft Japans (eine 1886 gegründete Gesellschaft zur Pflege sowohl japanischer als auch europäischer Musik) veranstaltet werden und bei denen die Hofmusiker gelegentlich mitwirken. Eine noch merkwürdigere Zeremonie ist ein *stilles* Konzert, das dieselben Musiker bei gewissen Shintōfesten geben. Sowohl Saiten- als Blasinstrumente werden bei diesem Konzert benützt; aber man glaubt, daß die Heiligkeit des Anlasses profaniert würde, wenn irgendein Ton an unwürdige Ohren dränge. Obschon alle Bewegungen des Spielens ausgeführt werden, ist aus diesem Grunde in Wirklichkeit doch kein Laut hörbar! Dies ist nur eines von vielen Beispielen der sonderbaren Schrullen der japanischen Musik und von dem übertriebenen esoterischen Mysterium, in das die Familien, die erblich mit der Überlieferung dieser Kunst betraut waren, ihre Kenntnisse hüllten.[132]

Der Gesang der buddhistischen Liturgie bei gewissen

Tempelzeremonien wird ebenfalls als klassisch angesehen. Manche sind der Ansicht, daß dieser Gesang Ähnlichkeit mit den ambrosianischen und alten gregorianischen Melodien habe; auf jeden Fall fehlt es nicht an lokalen Färbungen, denn jeder Sänger gibt die Weise in jener Tonart wieder, die seiner eigenen Stimmlage am besten entspricht. Für die klassische Musik existiert eine äußerst komplizierte Notenschrift. Dagegen existiert keine für die populäreren Instrumente – für die *shamisen* und *kokyū* – während jene Methode, die für das *koto* besteht, als ein esoterisches Geheimnis bewahrt wird vom Haupt der Zunft, dem Lehrer der Lehrer. Ein Versuch, sie zu popularisieren, wurde ungefähr in der Mitte des 18. Jahrhunderts gemacht; aber die Lehrer, die ihre Autorität gefährdet glaubten, widersetzten sich erfolgreich dieser Neuerung, ähnlich wie sich die englischen Anwälte der Kodifikation widersetzten.

Es mag sonderbar erscheinen, daß eine solch fundamentale Sache wie das Wesen der japanischen Tonleiter noch immer eine Streitfrage ist. Und doch ist es nicht anders. Nach Dr. Müller, einem der ersten und interessantesten Schriftsteller über dieses Thema, besteht die Tonleiter aus fünf Noten der harmonischen Molltonleiter, die vierte und siebente Note ist ausgelassen; denn da es fünf bekannte Farben gibt, fünf Planeten, fünf Elemente, fünf Eingeweide usw., muß es auch fünf Noten in der Musik geben – eine Methode zu denken, mit der jeder, der chinesische und japanische Literatur kennt, nur zu vertraut sein muß, und die unseren eigenen Vorfahren nicht unbekannt war.

Mr. Piggott glaubt, daß die normale japanische Tonleiter übereinstimmt mit der des modernen Europa, obgleich er den vorherrschenden fünftönigen Charakter der meisten vorhandenen Melodien zugibt. Aber Drs.

JUNGE JAPANERIN MIT SHAMISEN

Knott und Du Bois sind ganz und gar nicht dieser Ansicht, und Dr. Divers wirft Mr. Piggott vor, die Eigentümlichkeiten, die das japanische System vom europäischen unterscheiden, außer acht zu lassen, anstatt sie zu berücksichtigen. Die Ansicht des verstorbenen Mr. Ellis findet sich in seiner unten erwähnten Abhandlung. Aber Mr. Isawa, die größte japanische Autorität auf dem Gebiete der Musik, erklärte uns in einer privaten Mitteilung, daß Mr. Ellis in bezug auf manche wichtige Punkte irregeführt worden war, da er zu großes Gewicht legte auf die Vorträge einer ungebildeten Frau im «Japanischen Dorf» in London. Ebensogut, sagt Mr. Isawa, kann man einen Jinrikisha-Mann als Schiedsrichter wählen in Fragen der Grammatik und Diktion, wie solch eine Frau als Autorität in einer Sache, so delikat wie musikalische Intervalle. Nach Mr. Isawa sind die zweiten, vierten und sechsten Intervalle in der klassischen japanischen Musik identisch mit den gleichen Intervallen der modernen europäischen Skala, aber das dritte (das dritte der Durtonleiter) ist höher und das siebente tiefer. Die volkstümliche oder Shamisen-Tonleiter ist verschieden. Ähnlich wie die Tonleiter des mittelalterlichen Europa – wir zitieren immer Mr. Isawa – hat sie als Haupteigentümlichkeit einen halben Ton über dem Grundton. Und dieser Umstand ist einer der vielen Gründe dafür, daß die *shamisen,* zusammen mit ihrer Skala, von den Spaniern Manilas stammt und nicht von Luchu, wohin gewöhnlich die japanische Ansicht geht.

Mr. R. Dittrich, der jüngste Forscher, weicht von all seinen Vorgängern ab und stellt drei selbständige Tonleitern auf, die eigentlich fünftönig sind, aber manchmal siebentönig gemacht werden durch die Hinzufügung zweier Hilfsnoten. Diese für gewöhnlich ausgelassenen

Noten sind für unsere Ohren die wichtigsten von allen, nämlich die dritte und sechste.

Mag die Skala sein, wie sie will, die japanische Musik besänftigt das europäische Herz nicht, sondern reizt es bis zur Unerträglichkeit. Miss Bacon bemerkt in ihrem reizenden Buch *«Japanese Girls and Women»* ganz im Ernst: «Es scheint mir ein Glück zu sein, daß die Musik nicht allgemeiner gepflegt wird.» Das denkt jedermann, wenn auch die meisten Europäer des starken Geschlechts kräftigere Ausdrücke gebrauchen würden, um ihre Ansicht über diese Sache auszusprechen. Die japanische Musik kennt nur den Vierteltakt. Harmonie hat sie keine. Sie weiß nichts von unseren Tonarten, und deshalb fehlen ihr, wie ein Schriftsteller sich ausgedrückt hat, ebenso die Kraft und Majestät der Durtonart wie die klagende Zartheit der Molltonart und die wunderbaren Wirkungen von Licht und Schatten, die aus dem Wechselspiel der beiden entstehen.

Vielleicht liegt darin der Grund, weshalb die Japaner ihr so indifferent gegenüberstehen. Man hört niemals eine Gesellschaft von Japanern ernsthaft über Musik sprechen; niemals werden musikalische Fragen in Zeitungen erörtert; niemand geht zu einem Gottesdienst «nicht der Lehre, sondern der Musik wegen». Ein japanisches Bayreuth ist undenkbar. Männer, die sich amüsieren wollen, senden nach Sängerinnen, hauptsächlich um mit ihnen zu liebäugeln und zu scherzen und die Unterhaltung durch ein wenig Getöse in Fluß zu halten. Nach dem Namen des Komponisten einer Melodie, die die Mädchen singen, zu fragen, würde ihnen nie einfallen. Doch ist natürlich Pathologie ein ebenso ehrbares Studium wie Physiologie. Wer also Genaueres über die Art und Weise und jene Mittel zu erfahren wünscht, durch die sensitive Ohren verletzt werden, der sollte die unten angeführten Autoritäten zu Rate ziehen, besonders Mr. Piggotts Buch, wo sich ausgezeichnete Abbildungen japanischer Musikinstrumente finden, zusammen mit Beispielen von in europäische Noten übertragenen Melodien, soweit – denn das ist einer der strittigen Punkte – solche Transkriptionen möglich sind.

Abneigungen beruhen häufig auf Gegenseitigkeit. Von allem, was europäisch ist, konnten die Japaner der europäischen Musik am langsamsten Geschmack abgewinnen. Musikkapellen paradieren jetzt zwar manchmal in den Straßen – leider! Ein englischer Kapellmeister wurde sogar von der Regierung schon am Anfang der siebziger Jahre engagiert, und sein Nachfolger, ein Deutscher, harmonisierte die Nationalhymne, die als notwendiger Faktor von Japans neuer Ausstattung angesehen wurde; denn da jede europäische Nation eine Nationalhymne besitzt, so folgt daraus logischerweise, daß Japan nicht ohne eine solche existieren konnte. Fünfzehn oder zwanzig Jahre später wurde ein Fräulein Kōda zum Violinstudium nach Deutschland geschickt und kehrte als eine bewundernswürdige Künstlerin zurück. Ihre jüngere Schwester, die ihrem Beispiel folgte, wurde der persönlichen Sorgfalt Joachims unterstellt.

Man bemühte sich weiter und gründete eine Musikakademie in Tokyo; gegen das Ende des 19. Jahrhunderts gelangte sie unter die Direktion von Prof. A. Junker, der in der kurzen Zeit von fünf oder sechs Jahren Wunder wirkte, indem er einen angenehmen Chor von einigen achtzig Sängern aus einem Chaos unangenehmer, näselnder Stimmen schuf, ferner ein respektables Orchester von vierzig Musikern und zweihundertundfünfzig Schüler heranbildete, die beträchtliche theoretische Kenntnisse besitzen. Zuerst haben sich einige der kaiserlichen Prinzessinnen der Sache angenommen, jetzt auch die

Kaiserin selbst und die Kronprinzessin, und die Schüler der Akademie geben, unterstützt von ausländischen Amateuren, gelegentlich Konzerte, denen über tausend Personen beiwohnen. Man muß annehmen, daß die meisten aus Neugierde kommen; manche bringen Säuglinge mit, die die Vorführung mit ihrem Geplärr begleiten. Doch der Anfang wurde gemacht, und wir wissen, daß manchmal nur etwas Sauerteig genügt, um die ganze Masse zum Gären zu bringen. Möge dies hier geschehen, bevor ein anderes Jahrhundert dahinschwindet, und mögen dann alle *samisens, kotos* und die anderen einheimischen Musikinstrumente als Feuerung für die Armen benützt werden, denn dann werden sie – wenn auch nie vorher in ihrer Existenz – einem unstreitig nützlichen Zweck dienen![133]

MYTHOLOGIE Siehe «Geschichte».

NAHRUNG Wie die meisten Völker nehmen die Japaner täglich drei Mahlzeiten ein – eine beim Aufstehen am Morgen, eine mittags und eine ungefähr bei Sonnenuntergang. Bei all diesen Mahlzeiten wird nahezu die gleiche Nahrung eingenommen, aber das Frühstück ist einfacher als die beiden andern. Das Hauptnahrungsmittel ist Reis, der in den ärmeren Landbezirken durch Gerste, Hirse oder eine andere billigere Getreideart ersetzt wird – Reis mit Fisch und Eiern und winzige Portionen von Gemüsen, entweder frischen oder eingemachten. Bohnen spielen eine große Rolle.

Der Buddhismus hat auf die Ernährung wie auf alle anderen Dinge in Japan seine Wirkung ausgeübt. Er forderte die Enthaltsamkeit von Fleisch, heute wie vor tausend Jahren. Die Erlaubnis, Fische zu essen, obgleich auch das mit dem Nehmen von Leben verbunden ist, das den strengen buddhistischen Gesetzen zuwiderläuft, scheint eine Konzession gewesen zu sein, die man der menschlichen Schwäche machte. Dazu nahm man noch zu frommem Betrug seine Zuflucht. Selbst heute kann man noch den Ausdruck «Gebirgswal» *(yamakujira)* über gewissen Speisehäusern lesen, der bedeutet, daß hier Wildbret zu haben ist. Der logische Gedankengang ist der: Ein Wal ist ein Fisch. Fisch darf man essen. Deshalb, wenn du Wild «Gebirgswal» nennst, darfst du Wildbret essen. Natürlich besteht heute kein tatsächliches Verbot mehr gegen den Genuß von Fleisch, wie es unter dem alten Regime existierte. Aber die Sitte, sich des Fleischgenusses zu enthalten, behauptete sich ziemlich allgemein; und obgleich Beef und Schweinefleisch zur Zeit der letzten Revolution eingeführt wurden, verschwand die Vorliebe dafür bald, ebenso wie die für Brot, um das sich 1890 die unterste Klasse riß. Die Haufen von Brotlaiben, die damals in jedem kleinen Speisehaus in Tokyo zur Freude der Jinrikisha-Männer und anderer Kulis aufgestapelt waren, verschwanden und wurden durch orthodoxe japanische Viktualien ersetzt. Wahrscheinlich haben die minderwertige Qualität des Brotes und die unappetitliche Zubereitung des Fleisches viel dazu beigetragen, daß man zur Lebensweise der Vorfahren zurückkehrte.

Von den Getränken sind die wichtigsten Tee, der ohne Zucker oder Milch genossen wird, und *sake,* ein alkoholisches, aus Reis hergestelltes Getränk, dessen Geschmack nicht unrichtig mit dem von schwachem Sherry, der in einer Bierflasche aufbewahrt war, verglichen wurde. Er wird im allgemeinen heiß genossen und am Anfang der Mahlzeit. Erst wenn man getrunken hat, wird der Reis aufgetischt. Wenn die Japaner im Kreise der Familie speisen, trinken sie gewöhnlich nur Tee. Es ist auch ziemlich gebräuchlich, ein wenig Tee über die letzte Schale seines Reises zu gießen.

Hier folgt ein Beispiel eines Menüs von einem japanischen Festessen. Der Leser muß sich daran erinnern, daß alles in kleinen Portionen serviert wird, denn jeder Gast hat einen kleinen Tisch für sich allein, vor dem er auf dem Boden kauert:

Vorspeise, serviert mit *sake: suimono,* das ist eine Art von Bohnensuppe; *kuchitori,* ein *hors d'œuvre,* wie eine Omelette, oder Kastanien, weich gekocht und süß, oder *kamaboko,* Fisch, zerstampft und dann zu kleinen Kugeln geformt und gebacken; *sashimi,* gehackter roher Fisch; *hachizakana,* ein schöner großer Fisch, entweder mit Salz geröstet oder gekocht mit Soja; *umani,* Stückchen von Fisch oder zuweilen Huhn, gekocht mit Lotuswurzeln oder Kartoffeln in Soja und in einer Art von Likör, *mirin* genannt; *sunomono,* Seemuscheln oder Seeschnecken in Essig; *chawan,* eine dünne Fleischsuppe mit Pilzen, oder auch *chawanmushi,* eine dicke Cremesuppe.

Erster Gang *(Zenbu): shiru,* Suppe, die aus Bohnen, Fischen oder Seetang gemacht sein kann oder aus anderen Stoffen; *ohira,* gekochter Fisch, entweder ohne oder in der Brühe; *tsubo,* Seetang oder sonst etwas, das den Appetit reizt, gekocht in einer kleinen tiefen Schale oder Tasse; *namasu,* roher Fisch, geschleißt und serviert mit Essig und kalten eingekochten Gemüsen; *aemono,* eine Art von Salat, mit Bohnensauce und gestoßenen Sesamumkernen; *yakimono,* roher Fisch (obgleich der Name bedeutet «geröstet»), serviert in einem Bambuskörbchen, gewöhnlich aber nur betrachtet und nicht verzehrt; *konomono,* eingemachte Gemüse wie Eierpflanze, Kohlblätter oder starkriechender Rettich *(daikon),* der für die

Nasen der meisten Fremden ein ebensolcher Greuel ist wie europäischer Käse für die Nasen der meisten Japaner.

Zweiter Gang *(Ninozen):* Suppe, roher Fisch (aber nur, wenn im ersten Gang keiner aufgetragen wurde) und Reis.

Derartige Bankette werden natürlich nicht jeden Tag veranstaltet. Bei kleineren Diners wird nicht mehr als die Hälfte eines solchen Menüs serviert. Bescheidene, gut situierte Leute, die zu Hause leben, mögen ein paar Gerichte zu jeder Mahlzeit haben – einen gerösteten Fisch vielleicht und Suppe oder auch eine Omelette, dazu Pikkels, damit der Reis besser mundet. Die orientalische Genügsamkeit, von der so viel in den Erzählungen der Reisenden gesprochen wird, ist, was man auch sagen mag, kein japanischer Charakterzug. Als Entschädigung für die relative Einfachheit und Einförmigkeit ihrer Nahrung genießen die Japaner davon große Mengen. Auch ist es Sitte, einem Gast Speisen vorzusetzen, zu welcher Tageszeit er immer kommen mag. Bei dieser Gelegenheit schickt sich *soba* – eine Art von Buchweizennudeln, mit Soja und süßem Likör, *mirin* genannt, serviert; oder auch *shiruko,* Reiskuchen mit einer Sauce aus roten Bohnen und Zucker; oder *sushi,* Reiskuchen mit Fisch oder Seetang belegt, worauf Essig gesprengt wurde. Selbst wenn man diese Dinge nicht vorsetzt – und unter den europäisierten höheren Klassen kamen sie jetzt außer Gebrauch –, so werden doch Tee und Kuchen jedem Gast aufgewartet. Viele von den japanischen Kuchen und Süßigkeiten schmecken vorzüglich. Sie ersetzen bis zu einem gewissen Grad den Pudding und entschädigen für die Mittelmäßigkeit der japanischen Früchte[134].

Die japanischen Gerichte können den europäischen Gaumen nicht befriedigen. Man stelle sich eine Diät ohne Fleisch vor, ohne Milch, ohne Brot, ohne Butter, ohne Marmelade, ohne Kaffee, ohne Salat oder eine genügende Menge gut zubereiteter Gemüse, ohne Mehlspeisen irgendwelcher Art, ohne eingemachte Früchte und mit verhältnismäßig wenig frischen Früchten – der Vegetarier wird fast ebenso schwer auf seine Rechnung kommen können wie der gewöhnliche Fleischesser. Wenn Dr. Johnson jemals an einem solchen Diner teilgenommen hätte, so würde er sicherlich den Schlußeffekt beschrieben haben als eine Empfindung von Sattsein ohne Befriedigung und von Überfüllung ohne Nachhaltigkeit. Die Nahrung ist rein, außerordentlich frei von Fettstoffen, oft hübsch anzusehen. Aber man versuche davon zu leben – nein! Die Japaner, die mit dieser Lebensweise aufwachsen, ziehen ohne Zweifel ihren eigenen Reis und andere Gerichte auf die Dauer vor. Gleichzeitig haben sie nichts gegen ein gelegentliches Diner im europäischen Stil einzuwenden, und ihr Appetit bei solchen Gelegenheiten ist erstaunlich. Die Fachleute sagen, daß die japanische Nahrung, obschon arm an Stickstoff und besonders an Fetten, reich sei an Kohlenstoffen und hinreichend zur Ernährung genüge, vorausgesetzt, daß man die Muskeln in Aktion halte, daß sie aber unverdaubar und direkt schädlich sei für Leute, die den ganzen Tag zu Hause auf den Matten sitzen. Dies würde das gesunde Aussehen der Kulis erklären und die zu oft dyspeptische und schwächliche körperliche Erscheinung der oberen Klassen, die sich wenig oder keine Bewegung machen. Ein Fremder, der durch die Umstände gezwungen ist, die japanische Diät anzunehmen, sollte, wie die Ärzte sagen, sich an die Bohnen halten, besonders die Bohnensuppe, *miso* genannt. Glücklicherweise erlaubt die Sitte, von diesem Gericht – und nur von diesem – ein zweites Mal zu verlangen *(okawari)*.

Bei japanischen Mahlzeiten kann man eine Beobachtung machen, die jeden überraschen mußte, der in einen Speisesaal trat, wo eine Anzahl von Studenten, Mönchen, Soldaten und anderen Personen gespeist wird – nämlich daß man kein Geklirr hört. Denn es gibt weder Messer noch Gabeln und Löffel. Hundert Knaben können ihre Mahlzeit mit Eßstäbchen einnehmen, und doch könnte man in dem Raum fast eine Nadel fallen hören. Ein anderer Umstand, der den Zuschauer weniger günstig berühren wird, ist die Hast, mit der die Nahrung verschlungen wird. Tatsächlich scheinen einige Klassen, besonders die Handwerker, eine Ehre darein zu setzen, sowenig Zeit wie möglich auf die Mahlzeiten zu verwenden. Dieser ungesunden Gewohnheit und dem übermäßigen Genuß von Pickels und grünem Tee kann man ohne Zweifel die Tatsache zuschreiben, daß *hara ga itai* («ich habe Bauchschmerzen»), eine ihrer geläufigsten Redensarten ist.

Die meisten japanischen Städte von einer gewissen Größe sind jetzt stolz auf das, was man *seiyōryōri* nennt, das heißt ein fremdes Restaurant. Unglücklicherweise hat hierbei drittklassiger angelsächsischer Geschmack den Ton angegeben, und zwar mit dem Erfolg, daß sich der Hauptgedanke der japanisch-europäischen Küche in Klötzen von zähem Beefsteak mit Senf und gefälschter Worcestershire-Sauce verkörpert. Dieser Kulminationspunkt wird nach mehreren Gängen erreicht – zuerst kommt eine wässerige Suppe, dann Fisch, in ranziger Butter gebacken, dann Hühnerschenkel, auch in ranziger Butter gedämpft, und das Fest schließt nicht selten mit dem, was ein lokales Kochbuch, das unglücklicherweise durch zahlreiche Druckfehler entstellt ist, eine «*sweat omelette*» nennt.

NAMEN Die Japaner haben mehr als eine Art von Nachnamen und mehr als eine Art von Vornamen, dazu Spottnamen, Pseudonyme und selbst postume Namen. Dieses Thema ist ein Labyrinth. Wir skizzieren das folgende nur als einen Anhalt für den Wißbegierigen, der sich seinen Weg hindurchsuchen will. Er wird finden, daß existieren:

1. Der *kabane* oder *sei,* eine sehr alte und aristokratische Art von Familiennamen, jetzt aber so weit ausgedehnt, daß er mehrere Nachnamen im engeren Sinne des Wortes einschließen kann. Die großen alten Namen *Minamoto, Fujiwara, Tachibana* sind *kabane.*

2. Der *uji* oder *myōji,* unser Nachname, der wie bei uns erst im Mittelalter aufkam: Die meisten Namen dieser Kategorie waren ursprünglich nichts anderes als die Namen der Orte, in denen die betreffenden Familien lebten, wie *Yamamoto,* «Fuß des Berges»; *Tanaka,* «mitten im Reisfeld»; *Matsumura,* «Fichtendorf». Bis herab zu 1870 ungefähr wurden Nachnamen nur von Personen vornehmer Geburt getragen, dem gemeinen Volk war nur Nummer 3 erlaubt, ganz ähnlich wie in Europa während des Mittelalters.

3. Der *zokumyō* oder *tsūshō,* wörtlich «gewöhnlicher Name»: Er entspricht ziemlich genau unserem Vornamen. Sehr häufig enden diese Namen bei dem ältesten Sohn auf *tarō,* bei dem Zweitgeborenen auf *jirō,* bei dem Drittgeborenen auf *saburō* usw. bis herab zu *jūrō* beim zehnten Sohn wie *Gentarō, Tsunajirō* usw.; diese Unterscheidungsendungen werden aber auch alleinstehend, ohne eine Vorsilbe gebraucht. Sie bedeuten «großer Männlicher», «zweiter Männlicher», «dritter Männlicher», «vierter Männlicher» usw. Andere *zokumyō* enden in *emon, suke, nojō, bei* – Wörter, die früher zur Bezeichnung gewisser öffentlicher Ämter dienten, jetzt aber in

ihrer ursprünglichen Bedeutung nicht mehr gebräuchlich sind.

4. Der *nanori* oder *jitsumyō*, das heißt «wahrer Name», der ebenfalls unserem Taufnamen entspricht: Beispiele davon sind *Masashige, Yoshisada, Tamotsu, Takashi*. Bis vor kurzem war mit dem *jitsamyō* eine gewisse Bedeutung verknüpft, und er war von einem Geheimnis umgeben. Er wurde nur bei feierlichen Gelegenheiten gebraucht, besonders in Verbindung mit dem *kabane* wie *Fujiwara no Yoritsugu* (*no* = «von», Genitiv).

Seit der Revolution von 1868 machte sich die Tendenz geltend, Nummer 1 in den Hintergrund treten zu lassen, Nummer 2 zu dem zu machen, was der europäische Nachname ist und Nummer 3 und 4 zu verschmelzen; beide werden ohne Unterschied als Äquivalent für den europäischen Vornamen verwandt. Wenn jemand Nummer 3 beibehält, so läßt er Nummer 4 fallen und umgekehrt.

5. Der *yōmyō* oder «Kindername»: Früher trugen alle Knaben einen temporären Namen dieser Art, der erst im Alter von fünfzehn Jahren wegfiel und durch den *jitsumyō* ersetzt wurde. So konnte der Knabe *Tarō* oder *Kikunosuke* geheißen haben, während der Jüngling *Hajime* oder *Tamotsu* genannt wurde.

Die folgenden Kategorien von Namen, die nach den obigen erwähnt werden müssen, sind weniger wichtig, obgleich sie alle in Anwendung kommen.

6. Der *azana*, den wir in Ermangelung eines besseren Äquivalents «Scherzname» nennen wollen: Solche sind *Mokei, Bunrin, Sotan, Shisei*. Besonders chinesische Gelehrte nehmen sie gern an; denn sie sind nicht vulgär wie unsere Scherznamen, sondern im Gegenteil sehr elegant.

7. Der *gō*: «Pseudonym» ist das am nächsten kommende Äquivalent, aber fast jeder Japaner mit literari-

schen oder künstlerischen Neigungen besitzt einen *gō*. Er kann sogar mehrere haben. Viele japanische Namen, die europäischen Ohren am vertrautesten sind, sind nichts als solche Pseudonyme, die willkürlich angenommen und abgelegt wurden; zum Beispiel *Hokusai* (der ein halbes Dutzend andere hatte), *Ōkyo* und *Bakin*. Die Dichter und Maler haben die Gewohnheit, ihren Wohnplätzen phantasievolle Namen zu geben, und dann werden sie selbst nach jenen genannt, wie *Bashō-an* («Bananen-Einsiedelei»), *Suzunoya-no-Aruji* («Herr des Hauses mit einer Glocke»). Solche Namen enden oft auf *dōjin, sanjin, koji, okina*, das ist «Einsiedler», «Bergbewohner», «zurückgezogener Gelehrter», «bejahrter Mann».

8. Der *haimyō* und der *gagō*: Dies sind nur Abarten des *gō*, angenommen von Dichtern der komischen Richtung und von Malern.

9. Der *geimyō*: «Künstlername», den Sängerinnen und Tänzerinnen, Schauspieler, Geschichtenerzähler und andere annehmen, deren Beruf es ist, das Publikum zu unterhalten. So war *Ichikawa Danjūrō* nicht der wirkliche Name, sondern der vererbte «Künstlername» des berühmtesten modernen Schauspielers. Für seine Freunde im Privatleben war er Herr *Horikoshi Shū*. (*Horikoshi* ist der *myōji*, siehe Nummer 2, *Shū* der *jitsumyō*, siehe Nummer 4.)

10. Der *okurina*: eine postume ehrenvolle Benennung hervorragender Persönlichkeiten. Dazu gehören die Namen, unter denen alle Mikados in der Geschichte bekannt sind – Namen, die sie niemals im Leben trugen. *Jinmu Tennō* und *Jingō, Kōgō* sind Beispiele.

11. Der *hōmyō* oder *kaimyō*: eine postume Benennung, von den buddhistischen Priestern für jeden Gläubigen unmittelbar nach dem Tode gewählt und auf das Begräbnistäfelchen geschrieben. Solche Namen enden auf

in, koji, shinji, shinnyo, dōji usw., je nach Alter, Geschlecht, Rang und Sekte des Entschlafenen.

Es ist bezeichnend für die japanische Denkweise, daß unser japanischer Freund, der uns bei der obigen Klassifikation unterstützte, niemals auch an die Namen der Frauen *(yobina)* dachte. Wir wollen sie unter Nummer 12 anführen. Gewöhnlich werden sie irgendeiner Blume entlehnt oder einem anderen Objekt der Natur oder auch einer Tugend oder von irgend etwas, was mit Glück verknüpft ist; ihnen voran steht das Wort *O*, «Geehrt». So finden wir *O Kiku* («Chrysanthemum»; *O Take,* «Bambus»; *O Gin,* «Silber»; *O Haru,* «Frühling»; *O Kō,* «Kindliche Pietät»; *O Mitsu,* «Überfluß» usw. Aber wenn der Name mehr als zwei Silben hat, wird die ehrerbietige Vorsilbe weggelassen, wie in *Kaoru,* «Duft». In den letzten Jahren ist es in den oberen Klassen Mode geworden, die Vorsilbe O fallenzulassen und dafür die Nachsilbe *ko* zu gebrauchen, wörtlich «Kind», wie in *Takeko, Mitsuko.*

Früher war es Sitte, daß ein Mann seinen Namen bei irgendeinem Wendepunkt seiner Karriere änderte. Selbst heute noch bringen Adoption und verschiedene andere Ursachen häufig derartige Wechsel mit sich. Man überbringt dir eine Karte von einem Herrn *Abō*, von dem du nie gehört hast – der Herr selbst tritt ein, und siehe da! es ist dein alter Freund *Hayashi*. Ein Lehrer verliert mitten im Semester einen Studenten namens *Suzuki* aus dem Gesicht und begegnet ihm wieder in der Gestalt eines anscheinend neueingetretenen namens *Mitsuhashi*. Nicht allein menschliche Wesen, sondern auch Orte zeigen diese Unbeständigkeit. Hunderte von Ortsnamen sind unter der heutigen Regierung abgeändert worden, zur größten Verwirrung geographischer und historischer Studien. Die Abänderung von Yedo in Tokyo ist nur das bekannteste Beispiel. Der Gedanke, der chinesischen Ursprungs ist, ist der, durch die Annahme eines neuen Namens irgendeine neue Wendung im Schicksal einer Stadt, eines Dorfes, Berges, einer Schule usw. hervorzuheben. Es ist genauso, wie wenn wir den Namen Londons und anderer Plätze zur Reformationszeit umgeändert hätten, oder den Etons, als die neue lateinische Grammatik eingeführt wurde. Die bürokratische Reorganisation hat in großem Maße derartig gehandelt. Dörfer zum Beispiel wurden zu einer Gruppe verschmolzen und erhielten einen allgemeinen Namen, der entweder ganz neu sein konnte oder der des einen oder anderen Teils der Gruppe war. Im ersten Fall bleibt man ganz im ungewissen; im zweiten bleibt es unklar, ob das Ganze oder ein kleiner Teil gemeint ist.

Eine andere Eigentümlichkeit ist die Übertragung von Namen, wie man es nennen könnte. Ein Lehrer zum Beispiel überträgt sein eigenes Pseudonym auf einen Lieblingsschüler, um ihm den Weg in die Öffentlichkeit zu ebnen. So mag eine Fayence *«Kenzan»* gezeichnet sein und doch ganz und gar nicht von dem wahren Kenzan stammen. In vielen Fällen wird nur ein Teil des Namens übertragen oder adoptiert. Die Shōguns der Tokugawa-Dynastie bieten ein gutes Beispiel für diese merkwürdige Sitte. Der Name des Gründers der Linie lautete *Ieyasu,* und seine Nachfolger nannten sich *Iemitsu, Ietsuna, Ienobu* usw.

Nun, hatten wir recht oder nicht, wenn wir am Anfang erklärten, daß dieses Thema ein Labyrinth sei?[135]

Nō Siehe «Theater».

Numerische Kategorien Die Zahl hat seit langem einen besonderen Reiz auf den Geist des Fernen Ostens ausgeübt. Die europäischen Sprachen enthalten ohne Zweifel auch Ausdrücke wie «die vier Haupttugenden» und «die sieben Todsünden»; aber es ist kein Zug unseres Wesens, fast alle sichtbaren und unsichtbaren Dinge in numerische Kategorien einzuteilen und zu gruppieren, die von einer unveränderlichen Sitte bestimmt sind, wie es bei den Völkern östlich von Indien der Fall ist. Die Chinesen sprechen von ihren «Drei Religionen» und «den Drei Formen des Gehorsams», «den Vier Klassikern», «den Fünf Pflichten», «den Acht Diagrammen», «den Vierundzwanzig Vorbildern der kindlichen Pietät»; ganze Seiten ihrer Nachschlagewerke sind Listen von Ausdrücken dieser Art gewidmet. Die Japaner traten in ihre Fußstapfen. Sie haben die meisten der chinesischen numerischen Kategorien adoptiert und haben selbst neue erfunden. Hier folgen zehn der bekanntesten (zehn ist das japanische Dutzend), die wir aus einer großen Anzahl auswählten:

Die «Drei Ansichten»: Matsushima nahe Sendai im Norden, Miyajima in der Inlandsee und Amanohashidate am japanischen Meer. Sie gelten für die drei schönsten Orte des Reiches.

Die «Drei Hauptstädte» und «Fünf Häfen»: Die ersteren sind Tokyo, Kyōto und Ōsaka; die letzteren Yokohama, Kōbe, Nagasaki, Niigata und Hakodate.

Die «Fünf Feste»: Sie sind der 7. Januar, der 3. März, der 5. Mai, der 7. Juli und der 9. September. (Siehe Artikel über «Feste».)

Die «Sieben Kräuter des Herbstes», die von japanischen Dichtern seit den ältesten Zeiten besungen wurden:

Hagi ga hana,
  Obana Kuzuhana
Nadeshikono
  Hana ominaeshi
Mata Fujibakama
  Asagaono hana.[136]

Die *hagi* ist die Lespedeza. Die *obana* ist identisch mit der blühenden Eulalia *(susuki),* ein herrliches hohes Gras, das im Winde schwingt und dem Wanderer in pfadlosen Heiden zu winken scheint. Die *kuzu* ist die Pueraria, die Massen von purpurnen Blüten trägt. Die *nadeshiko* ist die wilde Nelke; die *ominaeshi,* eine winzige gelbe Blume, ist die Patrinia. Die *fujibakama* mit kleinen blaßroten und weißen Blüten ist das Alpenkraut. Die *asagao,* im modernen Sprachgebrauch, ist die Winde; aber man sagt, daß dies eine eingeführte Pflanze sei, und die *asagao* früherer Zeiten wahrscheinlich entweder *Platycodon grandiflorum* oder eine Eibischart war.

(Es gibt auch «Sieben Kräuter des Frühlings», aber sie sind schlichterer Natur – Petersilie, Vogelmiere usw. – und man macht daraus eine dicke Suppe, die am siebten Tag des ersten Monds gegessen wird, damit alle Krankheiten während des kommenden Jahres ferngehalten werden sollen.)

Die «Acht Ansichten»: Nach altem chinesischen Muster hat fast jede malerische Umgebung in Japan ihre acht Ansichten. Die meistbekannten sind die «Acht Ansichten des Sees Biwa» *(Ōmi Hakkei),* die folgendermaßen aufgezählt werden: der Herbstmond vom Ishiyama aus gesehen, der Abendschnee auf dem Hirayamo, der Sonnenuntergang zu Seta, die Abendglocke von Miidera, die Boote, zurücksegelnd von Yabase, der glänzende Himmel mit einer Brise zu Awazu, der Regen bei Nacht zu Karasaki und die Wildgänse, einfallend in Katata – hübsche und echt orientalische Gedanken, nicht wahr?

Die «Acht großen Inseln», nämlich die acht größten Inseln des japanischen Archipels; das heißt also, in poetischer Sprache, Japan selbst.

Die «Einundzwanzig großen Anthologien»: Dies sind die Standardsammlungen der japanischen klassischen Dichtkunst, die auf kaiserlichen Befehl im Mittelalter kompiliert wurden, die erste 905, die letzte zirka 1440.

Die «Dreiunddreißig Orte», der Kannon, der Göttin der Barmherzigkeit geweiht.

Die «Sechsunddreißig poetischen Genies»: Eine vollkommene Liste ihrer Namen findet sich in Andersons *«Catalogue of Japanese and Chinese Paintings»*, S. 145.

Die «Dreiundfünfzig Stationen» der *Tōkaidō*: Obgleich die Eisenbahn mit der alten Tōkaidō-Reise auf der Landstraße aufgeräumt hat, werden diese dreiundfünfzig Stationen doch immer den Liebhabern der japanischen Malerei durch die Farbenholzschnitte von Hokusai, Hiroshige und anderen Künstlern der alten Zeit in Erinnerung bleiben.

ORDEN Die Heraldik des feudalen Japan kannte weder Ritterorden noch Dekorationen für militärische und sonstige Verdienste. Das moderne Japan ahmte diese Dinge Europa im Jahre 1875 nach. Jetzt gibt es sechs Ritterorden, den Orden vom Chrysanthemum, den Orden der Paulownia, den Orden der Aufgehenden Sonne, den Orden vom Heiligen Schatz, den Kronenorden und den Orden des Goldenen Drachens. Der Kronenorden wird nur an Damen verliehen. Von allen Orden gibt es verschiedene Klassen. Das Große Band des Chrysanthemumordens ist die höchste Ehrung, die der japanische

Hof verleihen kann. Aus diesem Grunde wird es auch selten andern als königlichen Personen verliehen. Der Orden vom Heiligen Schatz ist die Auszeichnung, die am häufigsten ausländischen Beamten der Regierung für lange und wertvolle Dienste verliehen wird, und zwar gewöhnlich die dritte, vierte, fünfte oder sechste Klasse des Ordens, selten die zweite. Dem Inhaber einer solchen Dekoration bis hinab zur dritten Klasse inklusive wird, selbst wenn er Zivilist ist, eine Bestattung mit militärischen Ehren zuteil.

Hierauf kommen wir zur Kriegsmedaille, von der es nur eine Klasse gibt; sie ist hergestellt aus der Bronze eroberter Geschütze. Nach europäischem Vorbild wird sie nur für Dienste in Kriegen mit fremden Mächten, nicht für solche in Bürgerkriegen verliehen. Diejenigen, die sich an der Niederwerfung des Satsuma-Aufstandes beteiligten, erhielten sie nicht. Nach ihr kommen dem Range nach die Zivilmedaillen, die sich durch ein rotes, blaues und grünes Band voneinander unterscheiden. Sodann gibt es die Medaille am gelben Band, die an jene verteilt wurde, die einen Beweis ihres Patriotismus lieferten, indem sie 1887 zu dem Küstenverteidigungsfonds beisteuerten. Sie besteht aus zwei Klassen, die Gold und Silber genannt werden. Noch neueren Datums sind die Gedächtnismedaille von 1889, die an jene verteilt wurde, die bei der Proklamation der Verfassung am 11. Februar dieses Jahres gegenwärtig waren, und die 1894 geprägte Medaille für jene Personen, die der Feier der silbernen Hochzeit der kaiserlichen Majestäten beiwohnten. Von diesen beiden Medaillen existieren zwei Klassen, Gold für Fürstlichkeiten, Silber für Personen niedrigeren Ranges.

Der Drachenorden, der ausschließlich für militärische Verdienste verliehen wird, ist die neueste aller japanischen Dekorationen. Er wurde am 11. Februar 1890 gegründet, zum Gedächtnis *Jinmu Tennōs,* des Romulus von Japan.

PAPIER Die Japaner benützen das Papier zu einer Unzahl von Zwecken, zu denen es zu gebrauchen uns im Westen nie eingefallen wäre; ein Grund ist der, daß sie bei ihrem Fabrikationsverfahren die langen Fibern der Rinde, woraus das Papier gemacht wird, nicht zerschneiden, so daß ihr Papier viel zäher als unseres wird. Fächer, Wandschirme und Laternen, manchmal sogar Kleider werden aus Papier hergestellt. Ein Stück hübsches, zartes Papier verrichtet den Dienst des Taschentuches. Papier ersetzt Glasfenster und bis zu einem gewissen Grade sogar die Wände, die bei uns die einzelnen Räume trennen. Die japanischen Dienstmädchen stauben mit kleinen Staubwedeln ab, die aus Papierstreifen gemacht sind; und Bällchen von zartem Papier dienen als Scharpie zur Blutstillung.

Ölpapier verwendet man zur Herstellung von Schirmen, Regenmänteln, Tabakbeuteln und Luftkissen, ferner dazu, Pakete gegen Nässe zu schützen, wozu sich kein europäisches Papier in dem Maße eignen würde. In Streifen gerissenes und zusammengedrehtes Papier dient als Bindfaden und zu hundert kleinen Zwecken im Haushalt. Wir haben sogar gesehen, daß man die Stränge eines Pferdegeschirrs damit zusammengebunden hat, obgleich wir gestehen müssen, daß der Erfolg bei einem störrischen Pferd, wie man sich vorstellen kann, nicht gerade glänzend war.

Dann gibt es auch das sogenannte Lederpapier, das zu Schachteln und in neuerer Zeit zu Wandbekleidungen und Behängen verwendet wird, und das Kreppapier, das bei uns jetzt bekannt ist als Material für kleine Servietten und illustrierte Bücher.

Das japanische sogenannte Schreibpapier eignet sich wunderbar für den einheimischen Pinsel, aber nicht für unsere spitzigen Federn, die in seinen porösen Fasern hängenbleiben und fließen. Allein eine Fabrik in Tokyo produziert nun große Mengen von Briefpapier, das genügend geleimt und geglättet ist und sich durch eine unzerreißbare Qualität auszeichnet. Indessen sollte man es bei Mitteilungen delikater Natur, die keine indiskreten Blicke vertragen, vermeiden, denn die Umschläge können ganz bequem geöffnet und wieder geschlossen werden, ohne daß man etwas sehen kann. Ebenfalls fabriziert man jetzt auf maschinellem Wege dem europäischen ähnliches Papier für Bücher und Zeitungen. Dieses Papier hat den Vorteil, daß es auf zwei Seiten bedruckt werden kann, wogegen das japanische Papier infolge seiner Porosität den Druck nur auf einer Seite zuläßt.

Verschiedene Gewächse und Bäume steuern ihre Rinde zur Papierfabrikation bei. In erster Linie muß der Papier-Maulbeerbaum *(Broussonetia papyrifera)* genannt werden; aber *Edgeworthia papyrifera* ist jener Baum, der am leichtesten vom Laien erkannt werden kann; er hat die Eigentümlichkeit, daß sich seine Äste bei jeder Gabelung in drei teilen, woher der japanische Name *mitsumata,* «die drei Gabeln», stammt.[137]

PARKES (SIR HARRY) Sir Harry Parkes wurde 1828 zu Birchills Hall nahe Walsall, Staffordshire, geboren. Im Alter von fünf Jahren wurde er Waise und kam noch als Knabe nach Canton zu seinem Verwandten Rev. Charles Gutzlaff, Missionar und Konsulatsdolmetscher, bekannt durch seine Schriften über China. Sir Harry erwarb sich auf diese Weise in frühen Jahren jene intime Kenntnis der chinesischen Sprache und des orientalischen Charakters, die ihn in den Stand setzte, Englands Interessen während einer Periode von dreiundvierzig Jahren, das heißt bis zu seinem 1885 erfolgten Tode, als britischer Gesandter am Hofe von Peking besser als irgendein anderer zu vertreten.

Er begann als – wie man heute sagen würde – Hilfsdolmetscher beim Stabe Sir Henry Pottingers im ersten Chinakrieg von 1842 und hatte im Laufe der Jahre die meisten der chinesischen Konsulate inne, unter anderen auch jenes von Canton, wo er zur Zeit der Besetzung der Stadt durch die englischen Truppen Vertreter war. Er beteiligte sich auch an den Vertragsverhandlungen mit Siam. Aber die merkwürdigste Episode seines Lebens war seine Gefangennahme durch die Chinesen während des Krieges von 1860. Er wurde zusammen mit einigen Begleitern von Lord Elgin unter der Parlamentärflagge an Prinz Tsai, den Neffen des chinesischen Kaisers, abgesandt, um einen Friedensvertrag zu unterzeichnen, aber verräterischerweise festgenommen, eingekerkert und der Folter unterworfen. Die meisten der Parlamentäre wurden ein Opfer der chinesischen Barbarei; aber Sir Harrys unerschütterliche Entschlossenheit triumphierte sowohl über die Folter als auch über diplomatische Verschlagenheit, und er wurde endlich wieder freigelassen. 1865 wurde er bevollmächtigter Vertreter und außerordentlicher Gesandter am Hofe zu Yedo, welchen Posten er bis 1883 bekleidete, als er nach Peking gesandt wurde.

Seine Wirksamkeit in Japan fiel mit den erregtesten Jahren der modernen japanischen Geschichte zusammen. Er war sogar an der Gestaltung dieser Geschichte beteiligt. Als am Anfang des Bürgerkrieges von 1868 alle seine diplomatischen Kollegen die Neigung zeigten, den Shōgun zu unterstützen, warf Sir Harry, der besser informiert war über die historischen Rechte des Mikados und das wachsende Nationalgefühl zugunsten der Unterstützung dieser Rechte, das ganze Gewicht des britischen Einflusses gegen die Rebellen in die Waagschale. Und nicht nur das, er riß auch seine unschlüssigen Kollegen mit sich.

Sir Harry war stets ein unerschütterlicher Vertreter der Handelsinteressen seines Landes und Anhänger der Kanonenboot-Politik seines Herrn, Lord Palmerston. Seine offenen Drohungen erregten die Furcht der Japaner, und er war während seines Aufenthalts in Japan nicht beliebt. Aber kaum hatte er Tokyo verlassen, als sie anfingen zu erkennen, daß seine rücksichtslose Politik ihre Gründe hatte. Die Achtung, die man seinen Talenten zollte, drückt sich treffend in einer Bemerkung eines hohen japanischen Beamten aus, der zu einem Freund des Verfassers sagte: «Sir Harry Parkes war der einzige Ausländer in Japan, den wir nicht um den kleinen Finger wickeln konnten.»

Aber nicht nur wegen seines Mutes, seiner Begabung und seines Patriotismus hat Sir Harry Anspruch auf dauernden Ruhm. Wir verehren in ihm noch mehr den praktischen Philanthropen, der für das Gute wirkte, nicht nur bei seinem eigenen Volk, sondern auch bei Fremden. Er war es, der die Japaner zur Einführung der Impfung bestimmte, und zwar mit dem Erfolg, daß, während der Prozentsatz pockennarbiger Personen vor nur einem Vierteljahrhundert enorm war, sie heute kaum häufiger sind als bei uns. Ein anderes seiner Werke sind Krankenhäuser, ferner das Leuchtfeuersystem, das die Gefahren für die Schiffahrt an dieser gefährlichen Küste so außerordentlich verringerte.

Wir greifen nur diese zwei oder drei Punkte aus vielen andern heraus – indessen vielleicht genug, um den Unterschied zwischen diesem wahrhaft großen Mann und dem räudigen Pack darzutun, das ihn anzukläffen pflegte. Selbst jetzt, nachdem er einige zwanzig Jahre vom japanischen politischen Schauplatz verschwunden ist, halten die in Japan ansässigen Briten – und nicht nur sie allein, sondern die *«old hands»* aller Nationalitäten – sein Andenken immer noch hoch. Wie oft haben wir nicht unter allen seinen Nachfolgern den Stoßseufzer gehört: «Oh, daß Sir Harry Parkes nur eine Stunde lang hier wäre!» Aber wir glauben, daß die Vergleiche der Leute an Ort und Stelle oft ungerecht gefärbt sind, und daß diese Beurteiler sich nicht klarmachen, daß die Verschlimmerung der Zustände, über die sie unaufhörlich klagen, teilweise Ursachen zuzuschreiben sind, die außerhalb des Machtbereiches einer jeden Pesönlichkeit liegen. Der rapide Verkehr und besonders der Telegraph haben die Diplomaten seit ungefähr 1880 revolutioniert oder besser, sie haben sie getötet.

Der Titel «Bevollmächtigter», mit dem man einen Diplomaten, der an einen fremden Hof gesandt wird, immer noch dekoriert, ist zu einer bloßen Ironie geworden in Tagen, da ihn die Macht der Ereignisse zu einem Schreiber degradiert hat, dessen Arbeit darin besteht, chiffrierte Telegramme zu übersetzen, so daß er selbst zu einer bloßen Chiffre wird. Die Zeit für originelle Gedanken und kühne Aktionen ist vorbei; man braucht keine Verantwortung mehr zu tragen, denn jede Kleinigkeit muß nach Hause berichtet werden. Nur die äußere Form ist übriggeblieben – das große Haus, die glänzenden Diners, die man den «werten Kollegen» *(chers collègues)* gibt, Gratulationsbesuche bei verschieden großen Anlässen, vielleicht dann und wann eine Chance, für seine

Landsleute einen Happen von einer «Konzession» zu einer Bahn oder was sonst zu erhaschen. Das aber ist alles, und selbst Sir Harry Parkes würde, wenn man ihn ins Leben zurückrufen könnte, kaum mehr tun können. Was sich in Japan abspielte, ereignete sich zur gleichen Zeit in der ganzen Welt. Wir vermuten, daß einmal das Schicksal, das so viele andere ehrwürdige Institutionen ereilt hat, auch die diplomatische Laufbahn ereilen wird: Sie wird eines natürlichen Todes sterben, ausscheiden aus dem modernen Leben, da sie nicht länger den modernen Bedingungen entspricht.[138]

Perry (Commodore) Matthew Calbraith Perry, Commodore in der Marine der Vereinigten Staaten, wurde 1794 in Newport, Rhode Island, geboren und starb 1858 in New York. In den Marinekreisen seiner Zeit war Perrys Name bekannt als der eines rechtschaffenen und energischen Offiziers; aber den Ruhmestitel hat er sich dadurch erworben, daß er Japan für die Welt erschloß. Die Amerikaner und andere hatten schon früher verschiedene Versuche unternommen, die Erschließung dieses Landes zu erreichen, die so wünschenswert war für den Handel und so notwendig für den Schutz schiffbrüchiger Seeleute. Auch lag damals Liberalismus in der Luft. Der uneingeschränkte internationale Verkehr wurde zu dieser Zeit von allen christlichen Völkern als unbestreitbares Recht, als heilige Pflicht betrachtet. Die Amerikaner konnten mit einigem Grund oder zumindest, ohne unlogisch zu erscheinen, darauf bestehen, daß sich die Tore des östlichen Asien vor ihnen öffneten; denn sie hatten noch nicht angefangen, sich selbst hinter einer chinesischen Mauer von Exklusivität zu verbarrikadieren.

Im Juli 1853 legte sich Commodore Perrys Flotte vor Uraga, einem Hafen am Eingang der Yedo-Bai, vor Anker. Nachdem er all die Hindernisse beseitigt hatte, die ihm japanische List in den Weg legen wollte, übergab Perry dem Repräsentanten des Shōguns den Brief des Präsidenten Fillmore (1800–1874, Präsident 1850–1853), in dem um die Anknüpfung internationaler Beziehungen ersucht wurde. Dann dampfte er nach Luchu und China ab. Im nächsten Frühjahr kehrte er zurück, um die Antwort in Empfang zu nehmen. Sie bestand in Japans erstem fremden Vertrag, der am 31. März 1854 zu Kanagawa unterzeichnet wurde. Nach diesem Vertrag waren die Häfen von Shimoda und Hakodate für amerikanischen Handel geöffnet, und schiffbrüchigen amerikanischen Seeleuten wurde eine gute Behandlung zugesichert. Dies waren die ersten Früchte des Triumphs über Japans eigensinnige Weigerung, die Existenz der übrigen Welt anzuerkennen. Verträge mit den andern christlichen Nationen und eine Revolution, die über Japan Verwirrung und Blutvergießen brachte, aber all seine Institutionen, Ideen, Ziele nach westlichem Vorbilde regenerierte – all das, was mit so wenig Worten gesagt werden kann, aber so viel in sich schließt, war die Folge von Perrys Werk. In diesem Prozeß gingen viele, dem Liebhaber von Kunst und Altertümern kostbare Dinge unter. Denn Alt-Japan war wie eine Auster – es zu öffnen, hieß es zu töten.

Perry war auf diese Weise ein Held geworden, und schon begannen Phantasie und Mythe sich mit seinem Namen zu beschäftigen. Patriotische Schriftsteller haben von «der moralischen Größe seines friedlichen Triumphs» gesprochen, ja sie wollten die Leute sogar glauben machen, daß die Japaner sich mit Freuden vor ihm beugten. Die 1901 unter internationaler freudiger Anteilnahme erfolgte Einweihung eines Monuments an der Stelle, wo der Commodore gelandet war, wird den mythisch-poetischen Vorgang noch unterstützen, besonders wenn der Umstand in Vergessenheit geraten sein wird, daß die Errichtung dieses Monuments nicht von den Japanern vorgeschlagen wurde, sondern von einem amerikanischen Überlebenden der Expedition Perrys; was die japanische Regierung bei der ganzen Sache tat, war, daß sie der amerikanischen offiziellen Leitung höfliche Gefolgschaft leistete.

Der Erfolg Perrys war nur in einem katachretischen Sinne ein friedlicher, analog dem Grundsatz Napoleons, daß «die Vorsehung an der Seite der großen Bataillone» sei. Ehrlich gesagt, trug Perry dadurch den Sieg davon, daß er die schwachen und unwissenden, äußerst unvorbereiteten und ungenügend gerüsteten Japaner bis auf den Tod erschreckte. Wenn er seine Kanonen nicht gebrauchte, so geschah es nur deshalb, weil seine Vorbereitungen und seine Drohungen, sie zu gebrauchen, offensichtlich zu echt waren, als daß die, die von seiner Gnade abhingen, sie unbeachtet lassen konnten. Sein eigener Bericht spricht sich deutlich genug über diesen Punkt aus. Auf keinen Fall aber sollen wir ihn tadeln.

Perry war Seeoffizier und handelte mit der Energie eines Seeoffiziers, der die Befehle seiner Vorgesetzten ausführte und gleichzeitig die Situation mit dem Takt eines geborenen Diplomaten behandelte. Der Fall zeigt, daß die Kanonenboot-Politik, die so oft von gefühlvollen und schlecht informierten Personen verurteilt wird, in der Tat eine Politik ist, die zu gewissen Zeiten und an gewissen Orten am Platze ist – zwei Umstände, in denen eine andere Handlungsweise oft als Schwäche ausgelegt werden kann. Macht ist Recht in vielen Fällen. Die Kanonenboot-Politik ist die einzige, die von einer halbzivilisierten, orientalischen Macht verstanden wird, wie Japan es damals war und mehrere Jahre lang noch blieb. Wir geben deshalb Perry alle Ehre. Was die sentimentalen Glossen anbetrifft, die man über seine Handlungsweise machte, so wird es wahrscheinlich wenige geben, die ihnen Beachtung schenken.[139]

PFÄNDERSPIELE Die Japaner haben eine Menge Pfänderspiele, die sie *ken* nennen. Dabei sitzen sie in einem engen Kreis und werfen die Finger, ähnlich wie es beim italienischen Mora geschieht. Die populärste Art von *ken* ist das *kitsune ken* oder «Fuchs-Pfänderspiel», in dem verschiedene Stellungen der Finger einen Fuchs vorstellen, einen Mann und eine Flinte. Der Mann kann die Flinte handhaben, die Flinte kann den Fuchs töten, der Fuchs kann den Mann betrügen; aber der Mann kann den Fuchs nicht töten ohne die Flinte, noch kann der Fuchs die Flinte gegen den Mann gebrauchen. Das führt zu einer Anzahl von Kombinationen. Eine andere Abart des Pfänderspiels ist das *tomose* oder «Folge mir», in dem der besiegte Spieler hinter dem, der gewonnen hat, rings im Raum umhergehen und etwas auf dem Rücken tragen muß, als ob er sein Gepäckkuli wäre. Der von den Ausländern *«John Kino»* genannte Tanz[140] ist eine weniger angesehene Variation derselben Klasse von Spielen.

PFEIFEN Die winzigen Pfeifen des modernen Japan sind nur eines der unzähligen Beispiele für die Vorliebe der Japaner für kleine Dinge. Nach den alten Bildern zu urteilen, die sich erhalten haben, müssen die ersten japanischen Pfeifen so groß wie Spazierstöcke gewesen sein, während die, die heute im Gebrauch sind, nicht mehr als drei Züge enthalten. Nach dem dritten Zug wird das Tabakkügelchen zu einem glühenden Bällchen, das lose in der Pfeife liegt und bei einem kleinen Atemzug herausspringt; und wo es auch hinfällt, brennt es Löcher. Aber der geübte japanische Raucher befleckt seine Ehre nur selten auf diese Art. Er entleert den Inhalt der Pfeife sofort in einen Bambusabschnitt *(haifuki)*, der zu diesem Zwecke, ähnlich wie ein Spucknapf, gebraucht wird. Nicht so der Fremde, der die Ambition hat, sich zu japanisieren. Er beginnt seine neue Raucherkarriere damit, daß er kleine runde Löcher in alles, was in seiner Nähe ist, brennt – in die Matten, die Kissen und besonders in die eigenen Kleider.

Die Pfeife kann entweder ganz aus Metall sein oder aus Bambus mit Metall an beiden Enden, dem Kopf und Mundstück. Gewöhnlich benützt man Messing, aber Silber ist mehr fashionabel; und da massives Silber zu schwer wäre, so graviert man es und legt es kunstvoll ein, wodurch die Pfeife sowohl leichter als auch schöner wird. Eine wirklich schöne Pfeife kann bis zu 30 *yen* kosten und vererbt sich als Familienstück. Ein Freund des Verfassers hat über hundert Sorten gesammelt, angefangen mit solchen Kunstwerken bis herab zur Fünf-*sen*-Pfeife des Handlangers und der Frau des Handlangers, denn im Rauchen, wenn in nichts anderem, lassen die japanischen Sitten die Gleichheit der beiden Geschlechter gelten.

Um die Pfeife herum als Mittelpunkt hat sich eine ganze intrikate und elegante kleine Welt von Rauchutensilien und Rauchetiketten entwickelt. Da ist das *tabakoire* oder der Tabaksbeutel – so verschieden in seiner delikaten Schönheit von dem billigen europäischen Ungetüm aus Gummi wie ein Schmetterling von einer Hakenbüchse –, das *netsuke* oder der geschnitzte Knopf, der die Aufgabe hat, den Tabaksbeutel am Gürtel festzuhalten, und vor allem das *tabakobon* oder Rauchkästchen, das ein

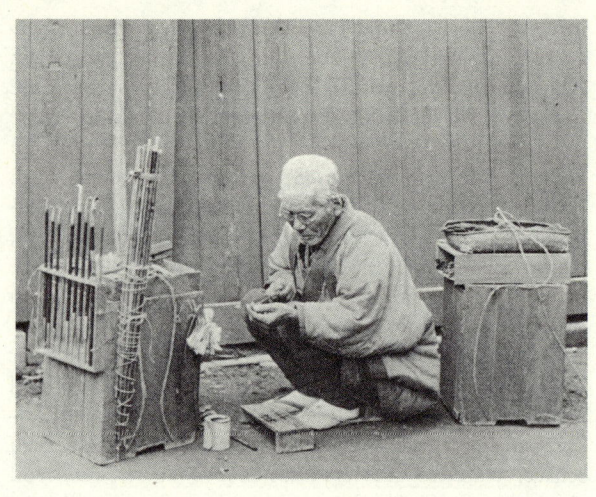

EIN PFEIFENMACHER

Kohlenbecken und andere Utensilien enthält. In vornehmen Häusern ist das Rauchkästchen zuweilen lackiert und das Feuerbecken aus plattiertem oder echtem Silber. Eine besonders leichte und gefällige Art hat man für den Gebrauch in den Theatern erfunden; sie ist so konstruiert, daß man sie leicht in der Hand tragen kann. Der Raucher, vor den an einem Wintertag zum Wärmen der Hände und Anzünden der Pfeife eine hübsche Bronzeurne gesetzt wird, darf die Pfeife nicht entleeren, indem er mit dem Metallkopf auf den Rand klopft. Er muß zuvor den Lederlappen seines Tabaksbeutels auf die Bronzeurne legen, damit das Metall des Pfeifenkopfes die Urne nicht beschädigt.

Die Annahme europäischer Gebräuche in den oberen Klassen hat gewisse Veränderungen der Rauchutensilien hervorgerufen. Der Tabaksbeutel wurde umgestaltet, so daß er bequem in die Brust- oder Seitentasche paßt, und die kleine Pfeife wurde kürzer gemacht, damit man sie im Tabaksbeutel aufbewahren kann, ähnlich wie einen Bleistift in einem Notizblock. Nach altem Gebrauch wurde die Pfeife am Gürtel in einem besonderen Behälter getragen. Die neuen Sitten haben indessen glücklicherweise nicht wie in vielen anderen Fällen einen Verlust an Schönheit zur Folge gehabt. Im Gegenteil, man hat reizende Artikel geschaffen, und sie sind um so interessanter, als sie neu sind.

Das Reinigen einer japanischen Pfeife ist eine Kunst für sich. Man kann den Pfeifenkopf an der Kohle des Beckens erhitzen und dann die Überbleibsel herausblasen; aber diese Methode greift das Metall einer feinen Pfeife an. Man muß sie also mit einer Schnur *(koyori)* aus feinem zähen Papier reinigen, die durch das Rohr geschoben und durch den Kopf herausgezogen wird; diese Operation wird so oft wiederholt, bis das Nikotin entfernt ist. Ein Industriezweig, der in diesem Zusammenhang erwähnenswert ist, ist die Ergänzung von abgenutzten Bambusröhrchen durch neue von jeder gewünschten Länge. Man fabriziert jetzt häufig schön gefleckte Imitationen von Schildpatt, Stachelschweinstacheln und anderen Dingen.

Muß zum Schluß erwähnt werden, daß die Pfeife in gewöhnlichen Kreisen neben ihrem legitimen Zweck auch zur Züchtigung benutzt wird? Es kommt vor, daß das Kind oder möglicherweise die Schwiegertochter, die jener schrecklichen Kaiserin, der Obāsan oder «Großmutter», vor der das ganze Haus zittert, Anlaß zum Ärger gegeben haben, einen ordentlichen Schlag mit der metallbeschlagenen Pfeife oder auch eine ganze Serie von Schlägen erhalten, worauf sich die alte Dame wieder ans Rauchen macht. (Siehe auch Artikel über «Tabak»).

PHILOSOPHIE Die Japaner haben niemals eine eigene Philosophie besessen. Früher neigten sie sich vor Konfutse oder Wang Yang Ming[141]. Jetzt neigen sie sich vor Herbert Spencer oder Nietzsche[142]. Ihre (sogenannten) Philosophen sind nichts als bloße Ausleger importierter Ideen gewesen. Die Namen der bedeutendsten der alten Schule finden sich auf Seite 367. In unseren Tagen ging ein neuer Stern auf in der Person von *Fukuzawa Yukichi,* des «Weisen von Mita», so genannt nach dem Bezirk von Tokyo, in dem er zuletzt lebte. Der Einfluß, den dieser bemerkenswerte Mann ausübt, ist so groß, daß keine Beschreibung Japans, wie kurz sie auch sei, vollständig wäre ohne Bezugnahme auf sein Leben und seine Anschauungen.

Die Jugendzeit Fukuzawas (1835–1901) fiel mit der gärenden Periode zusammen, die eingeleitet wurde durch den ersten Kontrakt mit Fremden, sein Mannesalter mit der Einführung aller Institutionen, die zusammen das moderne Japan ausmachen. Er war ein Samurai aus einer der südlichen Provinzen, arm und schon sehr früh verwaist. Zuerst ging er nach Ōsaka, wo Holländisch halb im geheimen unter dem Deckmantel des Medizinstudiums gelehrt wurde, hierauf 1858 nach Yedo. Eine der fesselndsten Seiten in seiner fesselnden Autobiographie ist die, wo er von seiner Enttäuschung erzählt, als er bei einem Besuch der damals aufkeimenden Ansiedlung Yokohama entdeckte, daß die unter den Kaufleuten geläufige Sprache nicht Holländisch war, sondern Englisch. Allein, er ließ sich nicht entmutigen und machte sich an die neue Aufgabe.

In dieser Zeit war der Fremdenhaß noch stark; alle Personen, die eine Neigung für das Ausländische verrieten, waren *ipso facto* verdächtig und persönlichen Schikanen ausgesetzt. Nichtsdestoweniger waren nach und nach Übersetzungen ausländischer Werke und Dokumente eine Notwendigkeit der Zeit geworden. Fukuzawa unternahm sie und machte sich so nützlich, daß er dem Stab der ersten Gesandtschaft beigegeben wurde, die man 1860 ins Ausland schickte. Aber nach seiner Rückkehr in die Heimat lehnte er hartnäckig jede amtliche Tätigkeit ab und widmete sich wieder – und zwar für immer – der selbstgestellten Aufgabe, seine Landsleute aufzuklären, sie vom Orientalismus zu befreien, sie zu europäisieren oder, wie man besser sagen könnte, zu amerikanisieren, denn Amerika zog ihn stets am stärksten von allen westlichen Ländern an. Die Demokratie, die er dort vorgefunden hatte, das schlichte Familienleben und auch, das darf nicht vergessen werden, die gesunde Empirik, der «Franklinismus» (wenn man so sagen darf) Amerikas, all das entsprach genau seinem kühnen, praktischen, wenn auch etwas nüchternen Intellekt.

Der stark religiöse Zug der Angelsachsen ließ keine Saite der Sympathie in seinem Herzen erklingen. Er betrachtete die Religion stets als bloßes Gängelband für die Unwissenden. Von Spencers agnostischer Philosophie zog ihn die negative Seite an; aber fast in seiner ganzen Wirksamkeit verfolgte er eine utilitarische Richtung – indem er seine Landsleute lehrte, wie elektrische Batterien zu konstruieren, Kanonen zu gießen seien, wie man solch praktische Wissenschaften wie Geographie und elementare Physik zu studieren habe, wie man sich die Kenntnisse fremder Einrichtungen erwerbe, mit denen Geld zu verdienen war, wie man ein anständiges, geachtetes Leben führe, törichte alte Sitten ablege, Wohlfahrt im Volk verbreite, indem man die Rangunterschiede aufhob – er selbst gab ein Beispiel, indem er auf seine Privilegien als Samurai verzichtete und ein gewöhnlicher Bürger wurde und, wie schon erwähnt, ebenso alle offiziellen Auszeichnungen und Vorteile zurückwies.

Er war es, der zuerst in Japan Vorträge und öffentliche Reden einführte, wozu sich nach der Erklärung mehrerer seiner fortschrittlichsten Zeitgenossen die japanische Sprache nicht eigne. Er war es, der den Weg wies, wie man die Sprache noch geeigneter machen könne für die neuen Anforderungen, indem er Äquivalente für englische technische Ausdrücke prägte. Neben dem Verfassen, Kompilieren, Übersetzen, Paragraphieren und Zusammenziehen einer ganzen Bibliothek von Büchern und der Herausgabe einer populären Zeitung war Fukuzawa mit der Gründung und Leitung einer Schule beschäftigt, die im ganzen Land unter dem Namen Keiō Gijuku berühmt wurde – eine Schule in jeder Beziehung, sowohl ein Erziehungsinstitut als auch eine Zentrale intellektuellen und sozialen Einflusses. Auf diese Schule übte sein Geist während einer Periode von mehr als dreißig Jahren eine so mächtige Wirkung aus, seine revolutionären Ideen und Methoden deckten sich so vollkommen mit den Bedürfnissen einer aufsteigenden Generation, die mit der ganzen Vergangenheit gebrochen hatte, die Mengen, die herbeiströmten, um von ihm zu lernen, waren infolgedessen so groß und so leicht zu formen, daß es keine Übertreibung ist, Fukuzawa den intellektuellen Vater von mehr als der Hälfte der Männer zu nennen, die jetzt das Land verwalten. Darin liegt die Bedeutung seines Lebenswerkes; denn, obschon in Japan als Denker gepriesen, war Fukuzawa doch weitaus mehr ein Wirkender. Ähnlich wie die französischen Enzyklopädisten wirkte er für allgemeine Aufklärung und soziale Reform. Seine «Philosophie» war nicht originell und wenig mehr als ein liebenswürdiger Optimismus utilitarischer Art. Aber wie sie auch sei, die führenden Geister unter seinen Landsleuten haben sie akzeptiert.

Fukuzawas Erfolg als Schriftsteller war phänomenal. Die Anzahl seiner verschiedenen Werke beträgt nach der üblichen Zählung 50; sie füllen 150 Bände, von denen zwischen 1860 und 1893 nicht weniger als 3 500 000 Exemplare, oder 7 490 000 Bände, die Presse verließen. Aber einige seiner bekanntesten Schöpfungen sind bei dieser Aufzählung nicht mitgerechnet, weil sie nach 1893 erschienen. So die schon erwähnte «Autobiographie» (*«Fukuō Jiden»*), von der schon siebzehn Auflagen erschienen sind, die «Hundert Essays» (*«Fukuō Hyakuwa»*), von denen nicht weniger als vierunddreißig Auflagen ausgegeben wurden, und drei oder vier andere.

In der Tat, seine literarische Tätigkeit war so umfangreich, daß er es bald für vorteilhaft fand, sich eine eigene Druckerei einzurichten. Zwei Umstände erklären dieses

Resultat. Der eine war (für das japanische Publikum) die Neuheit und das Interesse der behandelten Gegenstände; der andere ein außerordentlich klarer Stil. Fukuzawa selbst erzählt uns in der Einführung seiner gesammelten Werke, daß sein unausgesetztes Bemühen darauf gerichtet war, so klar zu schreiben, daß «nicht nur jeder ungebildete Krämer oder Bauer ihn vollkommen verstehen konnte, sondern daß selbst ein Dienstmädchen frisch vom Lande, das zufällig eine hinter einer Papierwand laut gelesene Stelle hörte, eine gute allgemeine Vorstellung bekommen sollte». Und er fügte hinzu, daß er die Gewohnheit hatte, seine Schriften einer Verständlichkeitsprobe zu unterwerfen vor einer armen Nachbarin und ihren Kindern, und jeden Ausdruck vereinfachte, bei dem sie stutzten. Kein Wunder, daß ein so durchaus demokratischer Schriftsteller eine so einzig dastehende Popularität erlangen sollte.

Vielleicht wird der Leser einwerfen, daß diese Seiten, obschon «Philosophie» betitelt, wenig oder nichts von Philosophie enthalten. Wir möchten ihn daran erinnern, daß wir mit dem Hinweis begannen, daß, wenn sich auch das Wort «Philosophie» in den japanischen Wörterbüchern findet, das Ding selbst kaum japanisch ist. Wenn wir ihn deshalb bitten, sich mit einem Notbehelf zufriedenzugeben, so ist das nichts anderes, als was die Japaner selbst gewöhnlich getan haben.

POESIE Die japanische Verskunst hat trotz ihrer großen Einfachheit Interesse für den Spezialisten, denn sie ist eine der wenigen unzweifelhaft originalen Schöpfungen des japanischen Geistes. Es gibt keinen Reim, kein Betonen der Silben wie in China und anderen Ländern weiter westlich. Alle Silben haben den gleichen Wert.

Die Regel schreibt vor, daß Verse von 5 Silben mit Versen von 7 abwechseln müssen. Ferner muß ein Vers von 7 Silben das Gedicht beschließen. Das ist alles. «Stanzen», «Gesänge» usw. sind vollkommen unbekannte Dinge. So zeigen japanische Gedichte das folgende Schema: 5, 7, 5, 7, 5, 7, ... 7. Manche Gedichte können bis zu fünfzig oder hundert Versen zählen, das heißt eine Seite oder zwei dieses Buches füllen. Man nennt sie *Nagauta,* wörtlich «lange Gedichte», obgleich man sie in anderen Literaturen als kurz erachten würde. Aber die überwiegende Majorität bilden winzige Oden *(Tanka)* von nicht mehr als fünf Versen, mit dem Schema 5, 7, 5, 7, 7, was einunddreißig Silben im ganzen ausmacht. Die ersten drei Verse einer solchen Ode werden das *kami no ku* genannt oder das «obere Hemistichium»; die zwei letzten das *shimo no ku* oder das «untere Hemistichium». Zwischen den beiden wird beim Rezitieren stets eine kurze Pause gemacht. Zum Beispiel:

(5) *Hototogisu*
(7) *Nakitsurukata o*
(5) *Nagamureba* –
(7) *Tada ariake no*
(7) *Tsuki zo nokoreru*[143].

Wörtlich übertragen: «Wenn ich nach dem Orte schaue, wo der Kuckuck sang, nichts ist geblieben als der Mond in der frühen Dämmerung.» Derartig sind die engen Grenzen, die sich die japanischen Dichter für ihre Tätigkeit gezogen haben.

Die Lieblingsmotive der japanischen Muse sind die Blumen, die Vögel, der Schnee, der Mond, die fallenden Blätter im Herbst, die Nebel in den Bergen – in Wirklichkeit die äußeren Erscheinungen der Natur –, die Liebe natürlich und die Kürze des menschlichen Lebens. Es fällt auf, daß viele unserer westlichen Gemeinplätze nicht vorkommen: Kein japanischer Dichter hat sich über die Schönheiten des Sonnenuntergangs oder des Sternenlichts ausgelassen oder Sonette geschrieben über die Augenbrauen seiner Herrin oder auch nur ihre Augen erwähnt; noch weniger würde er so geschmacklos sein, eine Andeutung zu machen, daß er sie küßte. Indessen besitzt die japanische Poesie ihre eigenen Gemeinplätze; und Regeln, gegen die kein Einwand gestattet ist, schreiben vor, auf welche Weise jedes Thema behandelt werden muß. Eine allgemein befolgte Regel bei den Oden verbietet die Anwendung von chinesischen Wörtern – ein Umstand, der den Komplex von Ideen und Ausdrükken sehr beschränkt, da mehr als die Hälfte der Wörter in der Sprache und nahezu alle die, die Abstraktionen und delikate Nuancen bezeichnen, chinesischen Ursprungs sind.

Viele japanische Oden sind nichts als Ausrufe – Worte, die ein Bild für die Phantasie umreißen und keine großen Anforderungen an das Denken stellen. Man nehme zum Beispiel die folgende, die von einem unbekannten Dichter vor tausend Jahren verfaßt wurde:

> *Shirakumo ni*
> *Hane uchikawashi*
> *Tobu kari no –*
> *Kazusae miyuru*
> *Akinoyo no tsuki!*

Das heißt: «Der Mond in einer Herbstnacht, der sogar die Anzahl der Wildgänse erkennbar macht, die vorbeifliegen, mit Fittichen gekreuzt in den weißen Wolken.» Anfangs mag diese Ausdrucksweise sonderbar erscheinen, aber ihr Reiz wächst mit der Zeit.

Mit der fraglichen Ausnahme des Nō oder klassischen

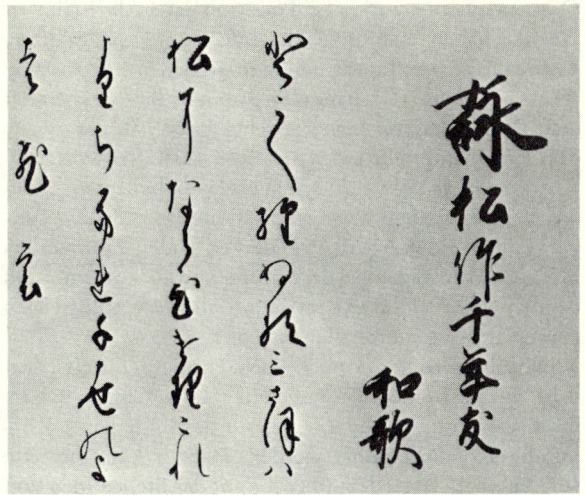

EIN WAKA-GEDICHT IN TANKA-FORM
«UNSERE ÜBER JAHRE DAUERNDE
TREUE, MIT DER KIEFER
IST SIE VERGLEICHBAR.
VON NUN AN SOLL UNSERE VERBINDUNG
EINE DAUER VON TAUSEND JAHREN HABEN!»

Dramas ist alle wirkliche Poesie in Japan lyrisch. Die Japaner haben auch burleske oder komische Stanzen. Selbst ihre ernste Poesie läßt eine merkwürdige Art von Wortspielen zu, «Drehangeln» genannt, bei welchen der erste Teil des Satzes kein logisches Ende hat, der zweite Teil keinen logischen Anfang; ferner «Kissenwörter» – Ausdrücke, die, ohne oft selbst etwas zu bedeuten, anderen bezeichnenden Wörtern als Unterlage dienen, einigermaßen in der Art der wiederkehrenden Epitheta bei Homer. Akrostichen, Anagramme und Palindrome sind den Japanern wohlbekannt, denn all diese Künsteleien kamen früh im Mittelalter ins Land.

Die Einführung der poetischen Turniere, die als *Utaawase* bekannt sind und ungefähr 760 n. Chr. in China ihren Ursprung nahmen, kann auf das Ende des 9. Jahrhunderts zurückgeführt werden. Damals kam die Sitte auf, Themata zu stellen, über die auf der Stelle Oden von einunddreißig Silben geschrieben werden mußten – eine Sitte, die sich seitdem erhielt und mehr als etwas anderes dazu beigetragen hat, die japanische Poesie konventionell zu machen, sowohl in bezug auf das Thema als auf die Behandlung, und sie zu einer bloßen Geschicklichkeitsübung zu degradieren. Die Dichter früherer Zeiten hatten den echten Gefühlen, die durch individuelle Erlebnisse hervorgerufen wurden, Ausdruck verliehen. Seitdem kam das nur selten vor. Das enge Schema der Einunddreißig-Silben-Form war ebenfalls eine Ursache dieses bedauernswerten Endes. Und zwar in doppeltem Sinne: auf der einen Seite machte dieses Schema es fast jedermann unmöglich, etwas in Versen zu sagen, auf der andern Seite war es selbst den echten Dichtern nahezu unmöglich, etwas von Wert zu sagen. Allein, die äußerste Grenze des Kleinen war damit noch nicht erreicht. Ein bevorzugtes Spiel bei diesen Turnieren, *Renga* genannt, wobei eine Person das zweite Hemistichium eines Gedichtes verfaßte und eine andere Person es mit dem ersten Hemistichium zu versehen hatte, scheint aus dem 11. Jahrhundert zu stammen. Daraus entstand in späterer Zeit durch das Fortlassen des zweiten Hemistichiums das *Haikai* oder *Hokku,* eine ultraliliputanische Art von Gedichten von nur siebzehn Silben (5, 7, 5). Hier folgen ein paar Beispiele.

> *Rakka eda ni*
> *Kaeru to mireba*
> *Kochō kana!*

«Was ich als eine abgefallene Blüte zum Zweig zurückkehren sah, siehe! es war ein Schmetterling.»

> *Yūdachi ya*
> *Chie samazama no*
> *Kaburimono*

«Ein Regenschauer, und Kopfbedeckungen mannigfachster Erfindung.»

Das letztere ist eine Vignette von der Verwirrung, die ein unerwarteter Regenschauer hervorruft – da dann einer, wollen wir sagen, einen Fächer über sich breitet, ein anderer ein Tuch usw., um so wenig wie möglich naß zu werden.

Millionen dieser winzigen Skizzen von Stimmungen oder Humor sind der Erhaltung würdig erachtet worden. Ja, die Anhänger des *Hokku* vertreten nicht ganz unberechtigt die Ansicht, daß das *Hokku,* obgleich nur halb so lang wie die klassische Ode, einen größeren Spielraum gewährt, da es kein noch so wenig konventionelles Thema durch seine Regeln ausschließt und ferner nicht den halben Wortschatz mit dem Bann belegt.

Das den japanischen Gedichten von einunddreißig und siebzehn Silben am nächsten kommende europäische Äquivalent ist das Epigramm, in der ursprünglichen Bedeutung des Wortes. Oder wir können auch sagen, daß die siebzehnsilbigen Gedichte im besonderen solch bekannten Halbstanzen entsprechen wie

> The linnet born within the cage
> That never knew the summer woods,

oder:

> And Antumn laying here and there
> A fiery finger on the leaves,[144]

die bei unseren Dichtern Teile von Abschnitten eines organischen Ganzen sind, in der japanischen Literatur aber für sich stehen als selbständige Kompositionen. Natürlich führte die Kürze, die nötig war, um jeden Gedanken in eine solch enge Form zu pressen, bald zu einem elliptischen und wirren Stil, der unausgesetzt ans Unklare streift.

Das Doppelgestirn der alten japanischen Dichtkunst sind *Hitomaro* und *Akahito,* die beide in den ersten Jahren des 8. Jahrhunderts liebten und sangen. Vielleicht ist der gefeiertste nach ihnen – gefeiert nicht nur wegen seiner Verse, sondern auch wegen seiner Prosa – *Tsurayuki,* ein hoher Edelmann von ungefähr 930 n. Chr., nach dessen Zeit der Verfall der japanischen Poesie einsetzte. Es gibt viele andere bekannte Dichter und auch Dichterinnen. Aber die Japaner sehen die Poesie mehr als das Produkt einer Epoche an als das eines Individuums. Sie veröffentlichen in der Regel die Werke einzelner Autoren nicht gesondert, wie wir Chaucer, Spenser[145] und die übrigen herausgeben, sondern Anthologien aller poetischen Erzeugnisse einer Ära. Die «*Manyōshū*» oder «Sammlung einer Myriade von Blättern» war die erste von diesen

Anthologien und wird deshalb am höchsten gepriesen. Sie wurde im 8. Jahrhundert kompiliert. Die Modernen haben einen ganzen Berg von Kommentaren produziert, um die dunklen Stellen dieser Sammlung zu erklären. *«Kokinshū»* oder «Alte und neue Gesänge», zusammengestellt von Tsurayuki mit vielen seiner eigenen Schöpfungen, stammt aus dem 10. Jahrhundert, einer Periode, deren Stil sich jeder Dichter zum Muster nahm. Weitere Anthologien, alle auf kaiserlichen Befehl kompiliert, folgten im 11., 12., 13., 14. und 15. Jahrhundert. Sie, zusammen mit den «Alten und neuen Gesängen», sind unter dem Sammelnamen «Anthologien der Einundzwanzig Regierungen» *(«Nijūichi Daishū»)* bekannt. Eine weitaus kürzere Sammlung, *«Hyakunin Isshu»* oder «Hundert Oden von Hundert Dichtern», zusammengestellt von *Teika kyō,* einem Edelmann des 13. Jahrhunderts, hat sich lange einer außerordentlichen Gunst bei der großen Masse erfreut – einer so großen, daß jedermann, der nur einen Anflug von Bildung hat, sie auswendig weiß; aber die einheimischen Kritiker weigern sich mit Recht, sich diesem seichten populären Urteil anzuschließen. Der anerkannte König der siebzehnsilbigen Form ist *Bashō,* der am Ende des 17. Jahrhunderts blühte und zehn Hauptnachahmer hinterließ, die sogenannten «Zehn Geistreichen», die früh im 18. Jahrhundert florierten und ihrerseits unzählige Nachahmer bis zum heutigen Tag herab fanden.

Bis zu dem durch die Revolution von 1868 hervorgerufenen Umsturz gehörte die Fähigkeit, Verse zu machen, unbedingt zur Bildung eines japanischen Gentleman. Dies war nicht so schwierig, als man glauben könnte; denn nichts genoß eine geringere Achtung als Originalität. Im Gegenteil, die alten Gedanken mußten in den alten Worten wieder und wieder ausgedrückt werden; das Plagiat galt nicht als Verbrechen, sondern eher als ein Beweis von großer Belesenheit und eines guten Gedächtnisses. Die japanischen Herren verfaßten auch chinesische Verse, ähnlich wie unsere Schüler lateinische verfertigen. Noch heute besteht diese Sitte in großem Maße. Eine Menge von Personen, Männer wie Frauen, verdienen sich den Lebensunterhalt als Lehrer der Dichtkunst. Versammlungen werden abgehalten, Diplome verteilt, und die Zeit wird mit vornehmen Übungen verbracht, um welche sich nach der Art der Japaner eine ganze Welt von technischen Ausdrücken entwickelte. Vor uns liegt das Programm für 1904 eines dieser Lehrer, einer vollendeten Dame, deren poetische Jours am ersten Sonntag eines jeden Monats stattfinden. Im Juli und August sind Ferien. Die für die übrigen Monate gestellten Themata, die auf hübsche zierliche Papierstreifen gedruckt und an Freundinnen und Gönnerinnen verteilt wurden, lauten folgendermaßen und mögen als ein Beispiel dienen:

Januar. Schnee in der Hauptstadt. Die Freuden der Abgeschlossenheit.

Februar. Ein Reisender, der Nachtigall lauschend. Pflaumenblüten im Schnee.

März. Eine Heide im Frühling. Eine Berghütte im Frühling.

April. Kirschblüten in einer dunkeln Nacht. Eine Wisteria, an einer Ruine blühend.

Mai. Reisfelder im Sommer. Ein Blick auf Dörfer und grüne Bäume.

Juni. Die Abendluft genießen. Wolken auf den Bergen.

September. Der Mond über den Wassern, Kühle nach dem Regen.

Oktober. Ein Fluß im Herbst. Wildgänse, die Wolken kreuzend.

November. Der Hirsch am Abend. Ahornblätter, vom ersten Frost bedeckt.

Dezember. Winterblumen. Ferne Berge durch kahle Bäume gesehen.

Man wird bemerken, daß die Themata in den meisten Fällen den Monaten entsprechen, denen sie beigefügt sind, ein Umstand, der noch mehr erhellt wird durch die japanischen literarischen Konventionen. Zum Beispiel könnte ein unkultivierter Europäer vermuten, daß der Mond zu jeder Jahreszeit gehört. Er ist auf falschem Wege: der Mond ist das spezielle Eigentum des Herbstes und das noch privatere und speziellere Eigentum des Septembers. Du fragst, warum? Das zeigt nur einen Mangel an Bildung. Gebildete Personen akzeptieren diese literarischen Dikta ohne zu fragen. Die europäischen Ansichten mögen ja recht gut sein über Dinge wie Eisenbahnen, Drainage, Dampfkessel und ähnliches; aber bei der Poesie rufen die Japaner halt, denn dies ist geheiligter Boden. Ohne Zweifel gibt es in unseren Tagen manche Ketzer; ein uns vorgelegtes Programm enthält Themata wie «Ein Torpedoboot», «Das jährliche Reinemachen», «Luzifer-Streichhölzer» (!). Einige Dichter haben sogar versucht, die japanische Dichtung in vollkommen neue Wege zu leiten – den Reim einzuführen, Strophen nach englischem Muster zu bilden usw.; aber die Gefolgschaft solcher Umstürzler ist recht spärlich.

Um zur Orthodoxie zurückzukehren: der kaiserliche Palast selbst, der in den meisten nichtpolitischen Dingen konservativ ist, bietet der Nation ein Beispiel der Treue gegen die nationalen Traditionen in allem, was die Dichtkunst betrifft. Die kaiserliche Familie hält eigene Lehrer der Kunst. Die Leidenschaft des Kaisers für Poesie ist so groß, daß er einen Teil jedes Abends dem Verseschreiben widmet und während der neun Jahre von 1893 bis 1901 nicht weniger als 27000 Oden im Einunddreißig-Silben-Stil verfaßt hat. Auch wird einmal im Jahr, im Januar, ein Thema aufgestellt, über das der Kaiser, die Kaiserin und andere hohe Persönlichkeiten eine einunddreißigsilbige Ode komponieren; die ganze Nation wird zur Beteiligung eingeladen, so daß viele Tausende von Versen eingesandt werden, alle auf dickes Papier einer bestimmten von der Sitte vorgeschriebenen Größe geschrieben. Im Januar 1904 lautete das Thema: «Ein Fichtenbaum auf einem Felsen». Im Januar 1903 hieß es: «Der Pflaumenbaum am Neujahr». In anderen Jahren lautete es: «Patriotische Gratulationen», «Fichtenbäume, sich im Wasser spiegelnd» usw.; es ist allgemein Sitte, irgendein zartes Kompliment für das regierende Haus einzufügen, selbst wenn es ein Kunststück ist, das Thema so zu verdrehen.

All das obige bezieht sich auf die Poesie der Gebildeten. Was das gemeine Volk anbetrifft, so besitzt es eigene Lieder, die soviel wie möglich mit den klassischen Vorbildern übereinstimmen, aber sehr stark mit Ausdrücken der Umgangssprache vermischt sind und infolgedessen von allen Gebildeten gering geschätzt werden. Die Liedchen, die von den Sängerinnen zum Geklimper der Gitarre gesungen werden, gehören zu dieser Klasse. Vielleicht sollten wir auch die *Wasan* oder buddhistischen Hymnen erwähnen, die, obgleich sie die allgemeine Mißachtung teilen, die der moderne japanische Geist für alle buddhistischen Dinge empfindet, doch noch einen beträchtlichen Einfluß auf die ungebildeten Klassen ausüben. Der Rev. Arthur Lloyd, der dieses verborgene Thema speziell studierte, erklärt, daß nicht wenige der Hymnen, die von einem berühmten Abt des 15. Jahrhunderts namens *Rennyo Shōnin* verfaßt wurden, einen Vergleich mit den Werken christlicher Choraldichter vertragen. Viele andere sind einfach versifizierte Paraphrasen von Sutras.

Eine armselige kleine Klasse, die abseits auf der untersten Stufe steht, bildet der mnemonische Vers. Er kam schon frühzeitig auf; denn es existiert noch heute ein Büchlein solcher Verse, die die chinesischen Schriftzeichen lehren sollten, das bis auf das 9. Jahrhundert der christlichen Ära zurückgeführt werden kann. Vor ganz kurzer Zeit ging ein wahrer Regen jener freundlichen Bemühungen, der faulen Jugend unter die Arme zu greifen, über die Buchhandlungen Tokyos nieder. Vor uns liegt ein kleines Bändchen, das in orthodoxen fünf- und siebenfüßigen Versen all die Hauptverkehrswege und Sehenswürdigkeiten der Metropole aufzählt; zwei andere enthalten die Stationen auf verschiedenen Eisenbahnlinien; ein viertes – ein wahrer Triumph in Knüttelversen – dient dazu, widerspenstigen Gedächtnissen die Namen der Schiffe der Kaiserlich-Japanischen Flotte einzuprägen, zusammen mit ihrer Schnelligkeit und Tonnage. Man bedauert fast, daß so viel Fleiß nicht auf etwas allgemein Nützlicheres verwendet wurde – auf Steinklopfen an den Landstraßen zum Beispiel.[146]

POLO Das Polospiel, dessen Erfindung die ersten europäischen Autoritäten Persien zuschreiben, kam im 6. oder 7. Jahrhundert n. Chr. von China nach Japan. Es ist hier unter dem chinesischen Namen *dakyū* bekannt, wörtlich «Bälle schlagen». Ein japanischer Dichter vom Beginn des 8. Jahrhunderts erwähnt Polo als eine beliebte Zerstreuung des damaligen Hofes. Es ist noch heute wesentlich aristokratisch, wie ein Spiel es stets sein muß, das zu Pferd gespielt wird und einen beträchtlichen Apparat und große Ausgaben verlangt.

Andere zu Pferd gespielte Spiele sind der *Samurai Odori* oder «Kriegertanz», der vielleicht am besten beschrieben wird als eine Riesenquadrille in Rüstung, und die *Inu Ou Mono* oder «Hundejagd», ein grausamer, wenn auch nicht gerade blutiger Sport, dessen Wesen im Schießen auf Hunde mit stumpfen Pfeilen besteht. Beide sind jetzt außerordentlich selten.

PORZELLAN UND TONWAREN Am Ende des 16. Jahrhunderts n. Chr. wurde die koreanische Herrschaft und Zivilisation rücksichtslos von japanischen Eindringlingen gestürzt. Damals überschritt die koreanische Kunst der Porzellanmanufaktur das Meer. Alle bedeutenden japanischen keramischen Werkstätten datieren aus dieser Zeit, ihre Lehrer waren koreanische Gefangene. Alles, was vorherging, war nichts als eine Vorbereitung: Dinge wie die rohen Tongefäße, die man einem Heiligen des 8. Jahrhunderts zuschreibt, Gyōgi Bosatsu, die schwarzen und schokoladefarbigen Teekannen von Seto, die aus dem 13. Jahrhundert stammen, und Shonzuis Imitationen von chinesischem blauen Porzellan, die aus der ersten Hälfte des 16. Jahrhunderts datieren. Diese frühen Versuche mögen ein großes Interesse für den Altertumsforscher haben; und der Umstand, daß manche davon im Zusammenhang stehen mit den berühmten «Teezeremonien» *(chanoyu),* verschaffte ihnen eine bedeutende Wertschätzung in den Augen der einheimischen Sammler. Aber sie sind keine eigentlichen Kunstwerke. Die japanische keramische Kunst stammt, man kann sagen, aus dem Jahre 1600. Sie erreichte ihren Höhepunkt etwa zwischen 1750 und 1830. Die Stücke von «Alt Satsuma» mit feinen Sprüngen, von denen die europäischen Sammlungen so zahlreiche Exemplare aufweisen (wirklich?), besitzen deshalb kein fabelhaftes Alter; das einzige, was oft fabelhaft daran ist, ist die Echtheit. Das wirklich goldene Zeitalter für *Satsuma*-Fayence war das halbe Jahrhundert von 1800 bis 1850.

Die anderen bedeutendsten Zentren der japanischen keramischen Kunst sind die Provinz Hizen, bekannt für das in *Arita* hergestellte emaillierte Porzellan – das «Alt-Japan» der europäischen Sammler – und andere Arten; *Kaga,* das nach einer langen und bunten Geschichte jetzt hauptsächlich für sein reich in Rot und Gold verziertes *Kutani*-Porzellan bekannt ist; und Kyōto, dessen *Raku*-Fayence schon lange mit der Teezeremonie verknüpft war. Kyōto ist auch die Heimat der *Awata*-Fayence, die der gefeierte Künstler Ninsei ungefähr 1650 schuf, und anderer Arten, die unter den Namen *Kiyomizu, Gojōzaka, Iwakurayaki* usw. bekannt sind. Die Töpfereien Kyōtos sind sehr leicht für den Reisenden zugänglich, und ein Besuch sollte auf keinen Fall versäumt werden. Dann ist da *Owari,* das viele Arten von Porzellan und gewisse Sorten von Fayence und Steingut hervorbringt. Obgleich wir sie hier an letzter Stelle nennen, sind die *Owari*-Töpfereien doch, wie es scheint, die ältesten von allen; und das Dorf *Seto* in dieser Provinz hat seinen Namen den Ton- und Porzellanwaren im allgemeinen gegeben; die Japaner sprechen gewöhnlich davon als *setomono,* das heißt «*Seto*-Dingen».

Japan ist berühmt durch eine Menge anderer keramischer Produkte. Dazu gehören die verschiedenen Arten der *Bizen*-Erzeugnisse, von denen die originellsten humoristische Figuren von Göttern, Vögeln, Löwen und anderen Geschöpfen sind; ferner die dünnen, meist unglasierten *Banko*-Produkte, die sich gegenwärtig durch die gefälligen phantasievollen Formen von Teekannen und anderen kleinen Artikeln auszeichnen; die *Awaji-*

Fayencen, die hauptsächlich aus kleinen monochromen Stücken mit hellgelber oder grüner Glasur bestehen; die *Soma*-Tonwaren, die als Fabrikmarke ein laufendes Pferd haben; die sehr dünnen Tassen von *Mino;* und die *Takatori-, Izumo-* und *Yatsushiro*-Erzeugnisse, wovon die letzteren, besonders ältere Exemplare, sehr geschätzt werden. Einfachheit und Eigenart, Eigenschaften, die so charakteristisch für andere Zweige der japanischen Kunst sind, haben ihren Einfluß auch in der Keramik dieses ästhetischen Landes geltend gemacht. Manche Stücke des alten *Arita*-Porzellans wurden zwar auf Bestellung holländischer Kaufleute in Nagasaki fabriziert und zeigen deutliche Spuren dieses fremden Einflusses in der aufdringlichen Dekoration. Für diesen Fehler sind Wagenaar und andere Leiter der holländischen Fabrik verantwortlich, nicht aber die Japaner, die angestellt waren. Eine englische Dame mit den nötigen Mitteln kann einer Modistin in Paris vorschreiben, was ihr beliebt; damit ist aber noch nicht gesagt, daß das Resultat ein vollendetes Beispiel des Pariser Geschmacks sein wird.

Die typischen japanischen Keramiker waren keine gemieteten Arbeiter, noch weniger geldgierige Fabrikanten, sondern Stammesangehörige, die ihrem Lehnsherrn treu ergeben waren. Er ernährte sie; für ihn und aus Liebe zu ihrer Kunst arbeiteten sie. Sie stellten Stücke für besondere Anlässe her, Geschenke, so wollen wir sagen, die ihr Herr dem Shōgun in Yedo zu machen gedachte, oder Stücke für die Ausstattung der Tochter ihres Gebieters. Die Zeit spielte keine Rolle. Es gab kein Publikum mit mittelmäßigem Geschmack, auf das man Rücksicht nehmen mußte. Nichts wurde, wie der Ausdruck lautet, für die große Masse hergestellt. Die Kunst war vollkommen und in ihrem ganzen Wesen aristokratisch. Daher rührt die Eigenart des früheren *Satsuma,* zum Beispiel die

Delikatesse seiner Zeichnung, die schlichte Harmonie seiner Farbengebung. Es wäre nichts als ein freundlicher Optimismus, wollte man annehmen, daß sich eine solche Tradition in einer Zeit behaupten könnte, die den gräßlichen, aber bezeichnenden Ausdruck *«art-manufacture»* prägte. Dasselbe trifft allgemein gesprochen auf die japanische Kunst in allen ihren Zweigen zu. Der Maler, der Lack- und Metallarbeiter – sie alle hatten die persönlichen Ansprüche einer kleinen und hochkultivierten Klasse von Edelleuten zufriedenzustellen. Geldverdienen war niemals ihr Ziel, auch wurden sie nicht dadurch verwirrt, daß sie von der Existenz zahlreicher Stile neben dem ihrigen etwas wußten.

Es braucht kaum hinzugefügt zu werden, daß öffentliche «Sammlungen» von Porzellan oder von anderen Kunstobjekten dem Geiste und der Sitte des alten Japan vollkommen fremd waren. Sie datieren einige Jahrzehnte zurück und verdanken ihren Ursprung dem europäischen Einfluß. Das Ueno-Museum in Tokyo und das Museum zu Nara sind vielleicht die besten im Lande. Aber wir glauben, daß die schönsten Sammlungen von japanischem Porzellan und Tonwaren im Ausland zu sehen sind; jene, die Prof. E. S. Morse zusammenstellte und die jetzt Eigentum des *Museum of Fine Arts* in Boston, Massachusetts, ist, ist die vollständigste und deshalb die lehrreichste der Welt.[147] (Siehe auch Artikel über «Archäologie».)

Post Als Ieyasu im Jahre 1603 in Japan den Frieden herstellte, der zweihundertundfünfzig Jahre lang währte, entstand von selbst ein primitives Postsystem in der Gestalt von privaten Agenturen, *hikyakuya* genannt, die es unternahmen, gegen eine geringe Taxe, aber auch ent-

REISENDE VOR EINEM WIRTSHAUS IN TOTSUKA,
EINER POSTSTATION AUF DER LANDSTRASSE TŌKAIDŌ

sprechend langsam, private Korrespondenzen von Ort zu Ort sowohl zu Land als zur See zu befördern. Die amtlichen Mitteilungen des Shōgunats wurden alle durch besondere Regierungskuriere bestellt, die unter der Kontrolle von Postmeistern *(ekiteishi)* in den verschiedenen Poststädten standen. Kuriere der verschiedenen Stämme brachten die Sendungen ihrer Daimyōs nach dem Regierungssitz in Yedo.

Die erste Einrichtung, die sich einem modernen Postwesen näherte, wurde am Anfang des Jahres 1871 nach amerikanischem Vorbild, hauptsächlich dank den Bemühungen des Herrn (jetzt Baron) Maejima, geschaffen. Die Regierung errichtete damals einen Postdienst entlang der *Tōkaidō* zwischen Tokyo, Kyōto und Ōsaka und dehnte ihn 1872 über das ganze Reich, mit Ausnahme gewisser Teile von Yezo, aus. Die 1-*sen*-6 *rin*-, 8-*sen*- und 16-*sen*-Marken jener alten Tage sind jetzt außerordentlich selten. Neben der Kaiserlich-Japanischen Post bestanden amerikanische Postagenturen in den Vertragshäfen bis zum Ende des Jahres 1873, französische und englische Agenturen bis 1879, als Japan in den internationalen Postverband aufgenommen wurde und seine gesamten postalischen Angelegenheiten selbst in die Hand nahm.

Die japanische Brieftaxe wurde bald die billigste der Welt, da sie ursprünglich auf Silberwährung basiert war, die natürlich durch den allgemeinen Preissturz dieses Metalles in Mitleidenschaft gezogen wurde. Es existiert ein ausgezeichnetes postalisches Sparkassenwesen, und der Geld- und Paketverkehr ist sehr ausgedehnt. Im letzten Jahre, für das Statistiken vorliegen (1903), betrug die Anzahl der einheimischen Briefe 213 956 000, der Postkarten 488 890 000 und der Pakete 10 413 000, während die vermischten Aufträge die Zahl von 199 845 000 erreichten. Die Gesamtsumme der ausländischen Sendungen (Briefe, Postkarten usw.) betrug 13 808 000. Das Amt für unzustellbare Sendungen in Japan hat sehr leichte Arbeit, denn es ist eine nachahmungswerte Nationalsitte, Namen und Adresse auf die Rückseite des Umschlags zu schreiben.

Neben den ersten Briefmarken, die oben erwähnt wurden, werden jene für Sammler ein spezielles Interesse haben, die 1895 zum Gedächtnis der silbernen Hochzeit des Kaiserpaars und jene, die 1896 zur Erinnerung des chinesischen Krieges ausgegeben wurden. Von diesen beiden Ausgaben existieren nur die Werte von 2 *sen* und 5 *sen*. Die Kriegsgedächtnismarken sind auch erwähnenswert, weil ein Satz der beiden Werte das Bildnis des verstorbenen Prinzen Arisugawa, Oberstkommandierender, trägt, und ein anderer Satz jenes des Prinzen Kitashirakawa, der in Formosa fiel. Ein besonderes Gefühl der Ehrfurcht ließ bis jetzt nicht zu, das Bildnis des Kaisers in dieser Weise zu verwenden, und manche konservative Gemüter waren seinerzeit selbst gegen die Ausgaben, die die Bildnisse der kaiserlichen Prinzen trugen. Die letzte Sonderausgabe war eine hellrote 3-*sen*-Marke zum Gedächtnis der Hochzeit des Kronprinzen im Mai 1900. Auf ihr ist eine Schachtel mit Reiskuchen dargestellt *(mochi),* wie sie von kaiserlichen Persönlichkeiten an den ersten drei Abenden der Ehe genossen werden, während darunter in einer kleinen Schachtel sich einige Eßstäbchen befinden, mit denen die Kuchen zum Munde geführt werden. Ansichtspostkarten kamen ungefähr am Anfang des Jahrhunderts in Mode; manche von ihnen zeigen in einer reizenden Art die Kunstmotive von Alt-Japan. Andere folgen den vulgärsten europäischen Vorbildern.

RASSE Unter den Gelehrten ist lebhaft die Frage diskutiert worden: Zu welcher Rasse gehören die Japaner? Nicht allein wissenschaftliche Erwägungen, sondern auch religiöse und andere Voreingenommenheiten wurden in die Diskussion hineingezogen. Ein frommes Mitglied der Schottischen Kirche leitet die Japaner von den verlorenen Stämmen Israels ab. Ein begeisterter deutscher Professor auf der andern Seite, Dr. Wernich, brach eine Lanze, um eine solch reizende Nation gegen den «Vorwurf des Mongolentums» – was das immer sein mag – zu verteidigen. Die zwei größten Autoritäten auf diesem Gebiete, Baelz und Rein, sprechen klar und einfach aus, daß die Japaner Mongolen sind. Wir neigen uns der Baelzschen Hypothese von zwei hauptsächlichen Einwanderungsstämmen zu, die beide aus Korea kamen und sich beide ostwärts und nordwärts ausbreiteten. Die erste dieser Einwanderungen würde den runden oder sogenannten *«pudding-faced»*-Typus beigesteuert haben, der in den unteren Klassen häufig ist. Die zweite würde den aristokratischen Typus mit dem ovaleren Gesichtsschnitt, der dünneren Nase, schräger stehenden Augen, kleinerem Munde geliefert haben – jenen Typus, den die Schauspieler nachzubilden versuchen, wenn sie Edelleute und Helden darstellen. Indessen ist zu bemerken, daß diese beiden Typen Mongolen sind. Beide haben die gelbliche Hautfarbe, das glatte Haar, den spärlichen Bart, den zur Breite neigenden Schädel, die mehr oder weniger schräg gestellten Augen und die hohen Backenknochen, die alle bekannten Stämme der mongolischen Rasse charakterisieren. Gewiß ist, daß manche Mongolen herübergekommen sind und sich in Japan ansiedelten, nämlich Koreaner und Chinesen zu verschiedenen Epochen der authentischen japanischen Geschichte.

Eine große Schwierigkeit, die all den bequemen Theorien über die Herkunft der Japaner entgegentritt, ist der scharf ausgeprägte Unterschied zwischen der japanischen Sprache und den Sprachen des benachbarten Kontinents. Die japanische Grammatik zeigt zwar eine bemerkenswerte Ähnlichkeit mit der koreanischen; aber ein derartiger Zusammenhang, wie ihn Mr. Aston zwischen den beiden Vokabularien festzustellen versuchte, ist gering und unklar. Am besten wird es sein, wenn wir die Einwanderung jenes Elements des Volkes in eine unbestimmt frühe Periode zurückverlegen, dessen Sprache von allen Klassen adoptiert wurde – das ist, wie wir annehmen, das Element mit dem breiten Gesicht, das Bauernvolk, das den Grundstock des Ganzen bildet und das, wie Dr. Florenz und Dr. Simmons darlegten, bis in jüngste Zeit in einem Zustand von Leibeigenschaft verharrte.

Nach dieser Annahme würden Jinmu Tennō, der «erste irdische Kaiser», und seine Nachfolger die Eroberer dieses alten Volkes oder eine Klasse seiner Eroberer gewesen sein, die letzten und berühmtesten, deren legendarische Taten, vermengt mit jenen anderer in Izumo eindringenden Horden und dem Echo der Handlungen der einheimischen (oder vielleicht auch fremden) Dynastien in Yamato unter dem Einfluß chinesischer Ideen zu jenem phantastischen Ganzen verarbeitet wurden, das als «Frühe Japanische Geschichte» bekannt ist. Der Zusammenhang der luchuanischen Sprache mit der japanischen ist ein Faktor des Problems, der beachtet werden muß. Entweder muß die kleine Inselwelt von der sprachgebenden Rasse vor der fremden Eroberung bewohnt gewesen sein, oder die Eroberer müssen sie bevölkert haben, nachdem sie die Sprache angenommen hatten. Zwei andere Erwägungen mögen der Erwähnung wert sein. Nämlich erstens, daß die japanische Geschichte ausschließlich die Geschichte der herrschenden Kaste ist; sodann, daß der Forscher von der ersten Dämmerung der Geschichte an ein stetiges Rückblicken auf Korea verfolgen kann als dem einzigen Land über dem Meer, mit dem von Zeit zu Zeit ein Verkehr bestand.

Man hat die Vermutung ausgesprochen, daß möglicherweise eine malaiische Einwanderung von Süden her stattgefunden habe, zur See oder über die Luchu-Inseln. Aber darüber wissen wir nichts Bestimmtes; es finden sich nicht einmal legendarische Spuren. Die Ainos, die keine Mongolen sind, bewohnten allerdings mit den Japanern zusammen den Archipel, und zwischen den beiden Völkern haben Mischheiraten stattgefunden und finden noch statt. Es wurde indessen ziemlich genau nachgewiesen, daß die Mischlinge in der dritten oder vierten Generation unfruchtbar werden – woraus sich erklärt, daß man nur selten Spuren von Ainoblut in der Bevölkerung finden kann, sogar im äußersten Norden der Insel. Die beiden Rassen sind so verschieden voneinander wie die weiße und rote in Nordamerika.[148]

RÄUCHERWERK-GESELLSCHAFTEN Es existiert eine komplizierte Zeremonie, genannt *kikikō* oder «Räucherwerk-Riechen», die schon seit 1500 n. Chr. sehr beliebt war und immer noch ihre Anhänger in ästhetisch veranlagten Kreisen hat. Ihr Wesen besteht in folgendem: Der Wirt setzt aus einer Anzahl von verschiedenen Räucherwerksorten seinen Gästen fünf vor, jeder Sorte gibt er nach Belieben einen neuen Namen, der irgendeine literarische Beziehung enthält, und jeder Name erhält eine Nummer. Die verschiedenen Sorten werden dann in unregelmäßiger Reihenfolge abgebrannt, zuweilen zwei oder drei Arten zusammen, und die Gäste haben die entsprechenden Nummern auf Papierstreifen niederzuschreiben mit Hilfe gewisser Zeichen, die die Kapitel einer berühmten klassischen Romanze «*Genji Monogatari*» genannt, symbolisieren. Derjenige, der am besten rät, erhält einen Preis. Wenn die Nase vom vielen Riechen ermüdet ist, so gibt man ihr mit Hilfe von Essig ihr normales Unterscheidungsvermögen zurück.

All dies wird den fremden Leser wie ein unschuldiges, um nicht zu sagen langweiliges Gesellschaftsspiel anmuten, worauf etwa Schulmädchen verfallen könnten. Aber man vergesse nicht, daß Alt-Japan sich in seiner Kindheit befand – seiner zweiten Kindheit. Die Kunst, die Wissenschaft, das Mysterium des Räucherwerk-Riechens wurde von Priestern, Daimyōs und anderen würdigen Herren geübt. Räucherbecken und sonstige Utensilien waren erlesene Kunstwerke, die Versammlungen vollzogen sich unter strenger Etikette, ernsthafte Abhandlungen wurden über das Thema geschrieben – mit einem Wort, das Räucherwerk-Riechen, das in der Schätzung der Leute von Geschmack der Teezeremonie am nächsten kommt, war ein ebenso gelehrter wie aristokratischer Zeitvertreib und einer, über den zu scherzen einem Japaner nie eingefallen wäre. Auch die Europäer brauchen sich nicht darüber lustig zu machen. Haben wir nicht eher Ursache zur Verwunderung, Verblüffung, fast Ehrfurcht, wenn wir sehen, daß sich der Geist eines Volkes mit solch merkwürdigen Dingen befaßt wie dieses Räucherwerk-Riechen und die noch mehr intrikate Teezeremonie wie auch philosophisch arrangierte Blumensträuße und Gärten, die die obersten Tugenden repräsentieren? Diese strengen Regeln, diese ernsten Gesichter, diese endlosen Terminologien, so viel Lärm um nichts!

Dieser Artikel, zusammen mit den Artikeln über «Geheimlehren» und «Teezeremonien» und Teilen jener über «Blumen» und «Gärten», gewährt Einblick in eine besondere Phase des orientalischen Charakters – eine Neigung, an Dingen zu hängen einfach deshalb, weil sie alt und mysteriös sind, seine Liebe für kunstvoll ausgearbeitete Methoden, die Zeit totzuschlagen.[149]

RECHENBRETT Lerne mit dem Rechenbrett umzugehen, dem *soroban,* wie die Japaner es nennen, und du wirst nicht selten bei deinen Einkäufen einen recht beträchtlichen Prozentsatz ersparen. Das Rechenbrett besteht aus Kügelchen, die sich an in einem Rahmen befestigten Drähten bewegen, das heißt es ist jenes Instrument, mit dem viele von uns als Kinder das Einmaleins lernten. In Japan wird es nicht nur von den Kindern, sondern auch von den Erwachsenen gebraucht, die es meistens unserer Methode mit Papier und Feder zu rechnen vorziehen. Was wissenschaftliche Arithmetik anbetrifft, so existiert sie nicht in diesem Inselreich. Fordere einen gewöhnlichen Japaner auf, fünf und sieben zu addieren: er wird sich hoffnungslos abmühen, wenn nicht sein Freund, der Rechenstab, zur Hand ist. Und hiermit kommen wir wieder auf den praktischen Vorteil zurück, den die Fähigkeit, ein Zahlenbild auf jenem Instrument ablesen zu können, gewährt. Nehmen wir an, du hast in einem Altertumsladen gefeilscht, und der Kaufmann kam in Verwirrung. Er informiert sich in seiner Preisliste und berechnet dann auf dem Brett (in der sicheren Voraussetzung, daß du nicht damit umzugehen verstehst) den niedrigsten Preis, für den er dir den fraglichen Gegenstand lassen könnte. Dann erhebt er das Haupt und versichert dir mit einem sanften Lächeln, daß ihn der Artikel selbst so und so viel kosten würde, und er nennt dir einen Preis, der beträchtlich höher ist als der wirkli-

EIN HÄNDLER MIT RECHENBRETT

che. Wenn du seiner Berechnung auf dem Brette folgen kannst, so wird er den kürzeren ziehen, andernfalls steht zehn gegen eins, daß du den kürzeren ziehst.

Das Prinzip des Rechenbretts ist folgendes: Jede der fünf Kugeln in der breiten unteren Abteilung des Brettes repräsentiert eine Einheit, und jede einzelne Kugel in der schmäleren oberen Abteilung fünf Einheiten. Demnach hat jede senkrechte Kolumne den Wert von zehn Einheiten. Ferner, jede senkrechte Kolumne repräsentiert eine Summe von Einheiten, die zehnmal größer ist als die der unmittelbar rechts folgenden Kolumne, genau wie bei unseren Zahlenreihen mit arabischen Ziffern. Auf dem Rechenbrett kann jede arithmetische Rechnung ausgeführt werden, sogar bis zum Ausziehen von Quadrat- und Kubikwurzeln; und Dr. Knott, der maßgebendste englische – oder, um ganz genau zu sein schottische – Schriftsteller über diesen Gegenstand, ist der Meinung, daß die japanische Methode die unsrige an Schnelligkeit übertrifft. Vielleicht ist er ein wenig zu enthusiastisch. Man muß das bei einem Autoren fast annehmen, der eine neue japanische Divisionsmethode «nahezu faszinierend» findet. Die Japaner haben, scheint es, nicht nur eine Multiplikationstabelle, sondern daneben noch eine solche für die Division. Wir gestehen, daß wir die Divisionstabelle nicht verstehen, selbst mit Dr. Knotts Erklärungen nicht. In der Tat, wir gestehen noch mehr: Wir haben nie das Rechenbrett beherrschen gelernt! Wenn wir andern dieses Studium empfehlen, so geschieht es, weil wir hoffen, daß sie in ihrem eigenen Interesse tun werden, was wir ihnen sagen und nicht, was wir selbst tun. Persönlich sind wir zur Überzeugung gekommen, daß *eine* Rechenmethode schon genug und mehr als genug ist, um das Glück eines Menschenlebens zu vergiften.

Der Gebrauch des Rechenbrettes ist nicht die einzige Eigentümlichkeit dieses Volkes in numerischen Dingen. Weitaus verwirrender für den akkuraten Europäer ist seine Gewohnheit des «Inklusive»-Rechnens. Ein oder zwei Beispiele werden das am besten klar machen. Du kamst im April an, laß uns sagen. Es ist jetzt Juni. Die Japaner sagen, du seist drei Monate hier gewesen; denn der Monat deiner Ankunft und der jetzige werden beide mitgezählt. Ein Kind wurde im Dezember 1901 geboren. Mit dem Januar 1902 ist es geläufig zu sagen, das Kind sei zwei Jahre alt, da es in zwei verschiedenen Jahren gelebt hat. Diese Dinge können sogar noch um einen Grad weiter getrieben werden, nämlich wenn sie vergessen, daß das japanische Jahr früher in unserem Februar begann (wie das chinesische Jahr noch heute) und diesen Umstand bei einer im Januar oder Anfang Februar vor der Reform des Kalenders im Jahre 1873 erfolgten Geburt unberücksichtigt lassen. Wir erlebten folgenden Fall. Im Anfang des Jahres 1901 starb eine öffentliche Persönlichkeit im (wirklichen) Alter von 65 Jahren, aber alle Todesanzeigen irrten sich um drei Jahre. Man schrieb dem Toten 68 Jahre zu; und von den verschiedenen anderen genannten Daten täuschten sich einige um zwei, andere um drei Jahre, je nach dem Monat, auf den sie sich bezogen. Der Ankömmling wird deshalb gut tun, japanische Angaben in bezug auf Daten und Alter mit Vorsicht aufzunehmen.[150]

REGIERUNG In der Theorie war stets der Mikado – Abkömmling des Himmels, absolut, unfehlbar – das Haupt und die Quelle aller Macht. Das war sein göttliches Recht, und niemand fiel es je auch nur im Traum ein, das zu bestreiten. Das einzige und genügende Daseinsgebot für die Untertanen war absoluter, unbedingter Gehorsam, wie vor den Gesetzen eines Gottes. Die verhältnismäßig demokratischen Lehren der chinesischen Weisen, wonach «das Volk das wichtigste Element einer Nation ist und der Herrscher das unwichtigste», wurden immer mit Schrecken von den Japanern angesehen, für die Alter und absolute Macht ihres kaiserlichen Hauses Symbole der Vollkommenheit sind, von denen zu sprechen sie nicht müde werden.

Indessen zeigt das Studium der japanischen Geschichte, daß der Mikado selten seine Macht in der Praxis gebrauchte. Fast immer wurde sie in seinem Namen, häufig in schmerzlicher Weise gegen seinen Willen, von den Angehörigen eines ehrgeizigen Geschlechts ausgeübt, dem es gelungen war, selbst den obersten Einfluß in Staatsangelegenheiten an sich zu reißen. So hielten die Familie Fujiwara bald nach der Zivilisation des Landes durch den Buddhismus, dann die Taira, die Minamoto, die Hōjō und die Ashikaga während des Mittelalters und die Tokugawa in der neuen Zeit nacheinander die Zügel des Staates in den Händen. Unter jenen herrschenden Familien standen zahlreiche Familien von geringerem, obgleich noch hohem Rang, die Daimyōs: Mit anderen Worten, die Verfassung war feudal. Selbst seit der Revolution von 1868, deren zugestandenes Ziel es war, den ursprünglichen Absolutismus des Mikados wiederherzustellen, befindet sich noch, wie man allgemein zugibt, zum mindesten ein großer Teil der tatsächlichen Macht in den Händen der zwei großen Clane von Satsuma und Chōshū, während das Streben der zwei in bezug auf Einfluß nächstkommenden Stämme – Tosa und Hizen – darauf gerichtet war, sich an die Stelle der Satsuma und Chōshū zu setzen. 1889 wurde eine Verfassung proklamiert, die einen aus zwei Häusern bestehenden Reichstag einsetzte und den Grund zu einer neuen Ordnung der Dinge legte, indem sie dem Adel und jenen Herren und Bürgerlichen, die der Besitz qualifiziert zu wählen oder gewählt zu werden, einen Anteil an der Regierung gewährte. Diese Privilegierten machen ein wenig über zwei Prozent der gesamten Bevölkerung aus. Die Mitglieder des Unterhauses – 376 in allem – erhalten einen jährlichen Zuschuß von 2000 *yen*. Ein gewisses Maß von öffentlicher Verwaltung in lokalen Angelegenheiten wurde ebenfalls 1889 zugestanden.

Die Administration ist gegenwärtig in zehn Ressorts geteilt: in den kaiserlichen Haushalt, auswärtige Angelegenheiten, innere Angelegenheiten, Finanzwesen, Armee, Marine, Justiz, Volksbildung, Ackerbau und Handel sowie Verkehrswesen (Eisenbahnen, Post und Telegraph usw.); über jedem Ressort steht ein Staatsminister. Diese zusammen, mit Ausnahme des Ministers des Haushaltressorts, bilden das Kabinett. Das Kabinett ist nur dem Kaiser verantwortlich, der auch jeden Minister nach eigenem Willen einsetzen und verabschieden kann; denn eine Parteiregierung nach angelsächsischem Vorbild konnte sich bis jetzt noch nicht Eingang verschaffen. Neben dem Kabinett existiert ein Geheimer Rat, der die Aufgabe hat, Ratschläge vorzubringen. Das Reich ist in Präfekturen *(ken)* eingeteilt – jede mit einem Gouverneur –, die, ähnlich wie in Frankreich, an Stelle der alten «Provinzen» getreten sind. Es gibt drei Hauptstädte, Tokyo, Kyōto und Ōsaka. Ein außergewöhnlich großer Teil der Einkünfte wird aus der Grundsteuer gezogen. Vom angelsächsischen Standpunkt aus betrachtet sind die Japaner ein vielseitig regiertes Volk, denn die Beamten sind zahlreich, ihre Autorität ist groß, und alle möglichen Angelegenheiten, die bei uns dem privaten Unternehmen überlassen werden, liegen hier in den Händen der Regierung. Aber der Kontrast ist in dieser Hinsicht geringer zwischen Japan und den Nationen des kontinentalen Europas. Wechsel in der Regierung sind häufig; korrupte Machenschaften sind nicht selten; politische Parteien bilden sich und lösen sich und bilden sich wiederum, und zwar mehr um Personen als um Programme. Dennoch herrscht Kontinuität, die Pläne der Regierung als Ganzes genommen folgen einer gleichen Richtung trotz persönlicher Wechsel. Die tiefe Ehrfurcht vor dem Thron verleiht Beständigkeit. Ebenso der Charakter des Marquis Itō, des fähigsten Mannes in Japan, der immer das Steuer in die Hand nimmt, wenn das Staatsschiff sich einer gefährlichen Untiefe oder Strömung nähert.

Auf jeden Fall hat die bestehende Oligarchie, was immer auch ihre Fehler sein mögen, Japan mit bewundernswertem Geschick und Mut durch die Gefahren der letzten fünfunddreißig Jahre geleitet. Der Nation mögen weitere administrative Veränderungen vorbehalten sein – wahrscheinlich sind sie es. Eines ist gewiß: diese Änderungen bewegen sich alle längs der westwärts führenden Straße, die die Männer von 1868 zuerst erschlossen. Im Falle es wahr ist, daß in den letzten fünfzehn Jahren eine Abkühlung dem Europäischen gegenüber beobachtet werden konnte, so war dies nur eine Gefühlsangelegenheit, eine Rückkehr vom Kosmopolitismus zum Nationalismus in Dingen untergeordneter Bedeutung, und hat in Wirklichkeit die Lage nicht um Haaresbreite verrückt. Neugierige Leute aus der Heimat, die sich an die Stuarts und Legitimisten und Don Carlos erinnern, fragen manchmal, ob keine Reaktion zugunsten des Feudalismus in Japan möglich wäre. Nein! nie – nicht bis die Sonne aufhört zu scheinen und das Wasser bergauf fließt.[151] (Vergleiche Artikel über «Clane».)

RELIGION Irreligiös von Natur[152], haben die Japaner doch den zwei größten Religionen der Welt, Buddhismus und Christentum, eine gewisse Gastfreundschaft gewährt. Ihr eigenes selbständiges Streben nach einer Religion findet seinen Ausdruck im archaischen *Shintō*. Das moderne *Shintō* ist sehr stark vom Buddhismus und der Lehre des Konfutse beeinflußt worden.

Mehr als einmal haben wir gehört, daß ein europäischer Reisender einen Japaner fragte, welche Religion er habe, ob er Buddhist sei oder Shintōist, und uns über sein grenzenloses Erstaunen belustigt. Er konnte nicht um sein Leben herausbringen, was der Frager wollte. Es ist eine alte Sitte, Säuglinge einen Monat nach der Geburt in den Shintō-Familientempel zu bringen. Es ist gleichfalls Sitte, sich von den buddhistischen Gemeindepriestern beerdigen zu lassen. Die Bewohner eines jeden Bezirks steuern zu den Festlichkeiten der beiden Religionen in gleicher Weise bei, ohne sich eines Widerspruchs bewußt zu werden. Sie machen keine solch scharfen Unterschiede, wie wir es zu tun gewohnt sind.

Damit eine solche Laxheit und das von uns oben angewandte Epitheton «irreligiös» den Leser nicht irreführe, möge er sich daran erinnern, daß Religion und Ethik, Theologie und Lebensführung verschiedene Dinge sind. Wenn die Japaner auch irreligiös erscheinen, so möchten wir doch auf keinen Fall so verstanden werden, als ob wir sie anklagten, besonders immoralisch zu sein. Selbst den Ausdruck «irreligiös» werden manche, die sie gut kennen, kaum für angebracht finden. Der Familienaltar in jedem Haushalt, die zahlreichen Tempel, die Mengen, die noch immer Wallfahrten machen, all diese Dinge wird man als Beweise dafür anführen, daß die Massen gläubig sind, was die intellektuellen Klassen auch immer sagen mögen. Auf jeden Fall unterscheidet sich die japanische Irreligiosität günstig von der totalen Irreligiosität, die sich im modernen Westen breit macht. Obgleich sie wenig beten und sich nichts aus dem übernatürlichen Dogma machen, hält sie die Religion der Familie – die kindliche Ehrfurcht – in wirklich heiligen Banden. Der materialistischste Japaner würde erschaudern vor der Vernachlässigung des Grabes seines Vaters und der Riten, die von der Sitte für die Todestage seines Vaters oder eines anderen nahen Verwandten vorgeschrieben sind. Wenn er auch für sich selbst nicht an ein zukünftiges Leben denkt, so handelt er doch infolge einer glücklichen Inkonsistenz so, als ob die Toten seine Sorgfalt brauchten. Das trifft nicht allein auf Japan zu, sondern ist für den ganzen Fernen Osten, die ganze chinesische Welt charakteristisch. Ferner – denn wir wollen durchaus nicht eine Lieblingstheorie beweisen, sondern neigen eher dazu, Widersprüche als zum innersten Wesen des Lebens gehörig zu erachten – mag man anführen, und zwar mit Recht, daß die Japaner manchmal große Summen zu frommen Zwecken kontribuieren und beträchtliche Opfer bringen. Zum Beispiel wurden 1900 nicht weniger als 1200000 *yen* in sechs Provinzen allein zum Besten des Tempels Nishi Honganji in Kyōto gezeichnet. Bei anderen Gelegenheiten kam nicht nur Geld in Hülle und Fülle zusammen zur Errichtung von Tempeln der beliebten Monto-Sekte, sondern die Leute haben sogar körperliche Arbeit beigesteuert als etwas Persönlicheres denn Silber und Gold! Sie haben sich sogar die Zöpfe abgeschnitten, die Frauen das Haar, um dicke Seile daraus zu machen, mit denen die Balken für das heilige Gebäude in die Höhe gezogen wurden. Wir glauben allerdings, daß jene Zeloten fast ausschließlich den Bauern- und Handwerkerklassen angehörten. Das Thema ist schwierig. Diese (vielleicht inkonsistenten) Bemerkungen sind nur niedergeschrieben worden, um Europäer davon abzuhalten, zu summarisch über Bedingungen zu urteilen, die ihrer eigenen Erfahrung vollkommen fremd sind.

In neuerer Zeit wurde häufig behauptet, daß Patriotismus und Loyalität gegen den heiligen, vom Himmel gestiegenen Mikado in Japan sich zu einer Religion erheben. Wenn wir das zugeben, müssen wir eine wichtige Einschränkung machen, nämlich die, daß Patriotismus und Loyalität gegen den Thron nicht das Erbgut einer uralten Tradition sind, sondern sich ganz in neuer Zeit entwickelten. Sie sind eine der vielen indirekten Folgen der Europäisierung japanischer Institutionen, worauf schon auf Seite 151 hingewiesen wurde. Sie sind nicht angeborene Rasseneigenschaften, sondern eine Phase, die sich vergleichen läßt mit dem Feuer der Puritaner, das vor zwei oder drei Jahrhunderten in England aufflammte und auf kurze Zeit alles nach eigenem Willen formte. Wie die kühne Begeisterung von Cromwells *Ironsides,* wie der Feuereifer der Scharen der Französischen Revolution, wie aller, teils moralischer, teils politischer Enthusiasmus waffneten sie ihre Gefolgschaft und in Wahrheit die ganze Nation mit nahezu unwiderstehlicher Gewalt für unsere Zeit. Sie sind ein hochinteressantes Phänomen – bewundernswert infolge der furchtlosen Selbstverleugnung, die sie einflößen, grotesk infolge der Entstellungen der Geschichte und selbst klar vor Augen liegender zeitgenössischer Tatsachen, worauf sie teilweise beruhen, äußerst wichtig infolge der konkreten Resultate, die sie zeitigen. Das neue Japan könnte niemals errichtet und ausgebaut worden sein, so wie es geschah, ohne ein Ideal, das es vorwärts trieb; und dieses imperialistische Ideal war das einzige, das in seinem Bereich lag. Es war der Hebel, der es von orientalischer Impotenz zu seinem gegenwärtigen Rang unter den Großmächten der Welt emporhob. Ob man es eine Religion nennen kann, hängt nur davon ab, wie man dieses Wort definieren will. Dem Verfasser scheint der Ausdruck «Ideal» weniger Mißverständnissen ausgesetzt zu sein.[153] (Siehe auch Artikel über «Buddhismus», «Geschichte» und «Mythologie», «Mission» und «Shintō».)

RINGKAMPF Die Ringkämpfer müssen zu den charakteristischsten Sehenswürdigkeiten Japans gerechnet werden, wenn sie auch weder klein noch anmutig sind wie die meisten japanischen Dinge. Sie sind enorme Männer, Berge von Fett und Muskeln, mit niedrigen sinnlichen Gesichtern und niedrigen sinnlichen Gewohnheiten, ungeheure Esser, ungeheure Trinker. Aber ihre Kraftleistungen zeigen zur Genüge, daß das «Training», das im Aussuchen von Speisen besteht, kein leerer Aberglaube ist.

Die Ringkämpfer bilden eine Kaste für sich, die in Grade eingeteilt ist und traditionelle Regeln besitzt. Die wichtigsten hiervon beziehen sich auf die achtundvierzig Griffe, die allein die Gesetze des Sports erlauben, nämlich zwölf Würfe, zwölf Hübe, zwölf Verflechtungen, zwölf Würfe über den Rücken. Die Kämpfe finden in einem sandbedeckten Ring statt, der mit Reisstrohballen eingehegt ist und gegen die Sonne durch ein schirmähnliches, auf vier Pfosten ruhendes Dach geschützt wird. Die Ringer sind nackt bis auf einen buntfarbigen Schurz. Ein Schiedsrichter, der einen Fächer in der Hand hält, steht bei ihnen im Ring, um achtzugeben, daß es fair zugeht und die Regeln streng beobachtet werden. Die Zuschauer sind in den Logen eines einem temporären Theater ähnelnden Gebäudes untergebracht, das die Arena umgibt; aber da die Religionen in Japan in keiner Weise puritanisch sind, so wird dieses Theater manchmal im Hof eines populären Tempels errichtet.

Die besten Ringkämpfe können zweimal jährlich, im Januar und Mai, im Tempel Ekōin in Tokyo gesehen werden. Gewöhnlich finden Einzelkämpfe statt, aber gelegentlich werden auch zwei Parteien von je zehn oder zwanzig Ringern gebildet. In diesem Fall wählt jede Partei einen Champion aus, der drei Gegner nacheinander werfen muß, bevor er einen Preis erringt. Da er selbst natürlich von dem ersten oder den ersten beiden Kämpfen mitgenommen ist, während sein neuer Gegner vollkommen frisch ist und ohne jede Pause gegen ihn antritt, so ist dies eine große Prüfung für die Ausdauer. Um ein Beispiel für die Popularität dieser Kämpfe zu geben, mag angeführt werden, daß ein einziger Wettkampf von zehn Tagen Dauer über 28 000 Zuschauer anzog. Die Anhänger des Sports werden zuweilen so weit von ihrer Begeisterung fortgerissen, daß sie einem Favoriten Kleidungsstücke oder irgend etwas, das gerade zur Hand ist, zuwerfen. Nicht, daß dieser einen der zugeworfenen Gegenstände behielte. Einer seiner Schüler bringt ihn am nächsten Tag dem Besitzer zurück, der ihn dann gegen ein Geldgeschenk auslöst.

Die merkwürdigste historische Episode in Verbindung mit dem Ringkampf ereignete sich, als einmal um den japanischen Thron gerungen wurde. Dies ereignete sich im 9. Jahrhundert; der Mikado starb und hinterließ zwei Söhne, und diese machten ihre Ansprüche weise von dem Ausgang nicht eines wirklichen, sondern eines sportlichen Kampfes abhängig.

Was *Jūjutsu* genannt wird, ist eine Kunst für sich; sie steht beim Adel in höherer Achtung als der gewöhnliche Ringkampf *(Sumō),* der von den fetten Ringern ausgeübt wird. Die Polizei wird offiziell in *Jūjutsu* unterrichtet, und Jūjutsu bildet auch ein Fach der Adelsschulen und Akademien. Seine Prinzipien wurden, wie jene so vieler japanischer Künste, früher als ein esoterisches Geheimnis vom Lehrer auf den Schüler vererbt; aber der Grundgedanke war stets klar genug: nicht Kraft mit Kraft zu überwältigen, sondern den Sieg davonzutragen, indem man der Kraft auswich, mit einem Wort durch Gewandtheit. Verschiedene Methoden, durch Druck einen scheintodähnlichen Zustand zu verursachen, den Scheintoten wieder ins Leben zurückzurufen, Beinstellen und auch Dinge, die mehr mit moralischen als physischen Übungen zu tun haben, gehören zum Programm des Kursus.[154]

RŌNINS (DIE SIEBENUNDVIERZIG) Während Asano, Herr von Akō, im Dienste des Shōguns in Yedo stand, wurde er mit der Ausführung eines der größten Staatszeremonien dieser Zeiten betraut – mit nichts Geringerem als dem Empfang und der Unterhaltung eines Gesandten des Mikados. Nun war Asano nicht so gut bewandert in solchen Dingen wie in den Pflichten eines Kriegers. Deshalb beriet er sich mit einem andern Edelmann namens Kira, dessen großer Kenntnis des Zeremoniells und der höfischen Etikette nichts gleich kam als die Kleinlichkeit seines Charakters. Der ehrliche Asano versäumte es, ihn für die Informationen, die er ihm widerwillig gegeben hatte, zu beschenken, und dafür rächte sich Kira, indem er ihn wie einen Bauerntölpel verhöhnte, der den Namen eines Daimyōs nicht verdiene. Zuletzt ging er tatsächlich so weit, daß er Asano befahl, sich zu bücken und ihm die Sandalen zu binden. Asano, der schon lange litt, konnte solch eine Beleidigung nicht ertragen. Er zog sein

Schwert, schlug den unverschämten Elenden ins Gesicht und würde ihn getötet haben, wenn dieser nicht sein Heil in der Flucht gesucht hätte. Der Palast – denn diese Szene spielte sich im Bezirk des Palastes ab – geriet natürlich sofort in Aufruhr. Die Majestät durch einen privaten Handel derart zu beleidigen war ein Verbrechen, worauf Tod und Konfiskation stand. Asano wurde dazu verurteilt, noch am selben Abend *harakiri* zu vollziehen; sein Schloß wurde konfisziert, sein Geschlecht für erloschen erklärt und all die Angehörigen seines Stammes zerstreut: japanisch ausgedrückt, sie wurden *Rōnins,* wörtlich «*Wogen-Leute»,* das heißt Wanderer, Leute ohne einen Herrn und ohne ein Heim. Dies geschah im Monat April 1701.

Soweit der erste Akt. Akt zwei ist die Rache. Ōishi Kuranosuke, der Älteste im Gefolge des toten Daimyōs, beschließt ihn zu rächen und berät sich mit sechsundvierzig seiner vertrauenswürdigsten Kameraden über die Art und Weise der Rache. Sie alle erklären sich bereit, ihr Leben dafür hinzugeben. Die Schwierigkeit besteht darin, die Wachsamkeit der Regierung zu täuschen. Man beachte folgenden merkwürdigen Punkt: Obgleich die Rache durch die Sitte streng befohlen war, war sie gesetzlich verboten, ähnlich wie das Duell jetzt in gewissen westlichen Ländern. Wer an einem Feinde nicht Rache nahm, wurde von der Gesellschaft ausgestoßen, auf der andern Seite stand auf der Ausübung der Rache die Todesstrafe. Aber sie nicht auszuüben war ein Gedanke, der einem ritterlichen Japaner niemals in den Sinn kam.

Nach vielen geheimen Beratungen beschlossen die Rōnins, sich zu trennen und sich zu verstellen. Mehrere von ihnen nahmen ein Gewerbe an. Sie wurden Zimmerleute, Schmiede und Kaufleute in verschiedenen

Städten, auf welche Weise einige aus ihrer Zahl Zutritt in Kiras Wohnsitz erlangten und sich mit dem Gewirr seiner Korridore und Gärten vertraut machten. Ōishi selbst, das Haupt des treuen Häufleins, ging nach Kyōto, wo er sich in ein Leben von Trinkgelagen und Ausschweifungen stürzte. Er trennte sich sogar von seinem Weib und seinen Kindern und nahm eine Dirne zu sich ins Haus. Auf diese Weise wurde ihr Feind, dem von Spionen genaue Berichte über all diese Begebenheiten hinterbracht wurden, in vollkommene Sicherheit eingelullt. Dann plötzlich, in der Nacht vom 30. Januar 1703, während eines heftigen Schneesturms, wurde der Schlag geführt. Die siebenundvierzig Rōnins erbrachen das Tor von Kiras Burg, erschlugen sein Gefolge und zerrten den hochgeborenen, aber feigen Elenden aus einem Nebengebäude, wo er sich hinter einem Haufen Brennholz und Holzkohle zu verbergen versucht hatte. Respektvoll, wie es einem einfachen Gentleman geziemt, wenn er einen hohen Edelmann anredet, fordert das Haupt der Bande Kira auf, *harakiri* zu vollziehen, indem er ihm auf diese Weise Gelegenheit gab, durch eigene Hand zu sterben und seine Ehre zu retten. Aber Kira war zu feige, und so blieb nichts anderes übrig, als ihn zu töten, wie einen Schurken, der er war. Darauf ordnete sich das Häuflein und marschierte (der Tag war unterdessen angebrochen) zum Tempel Sengakuji am andern Ende der Stadt. Auf ihrem Wege dahin strömte das Volk heraus, um sie für die herrliche Tat zu preisen, ein großer Daimyō, an dessen Palast sie vorbeikamen, sandte ihnen Erfrischungen mit dem Ausdruck seiner Sympathie, und im Tempel wurden sie vom Abt in Person empfangen. Da legten sie auf das Grab ihres Herrn, das sich im Gehege des Tempels befand, das Haupt des Feindes, der ihn so schwer gekränkt hatte. Dann traf der offizielle Richtspruch ein, wonach sie alle verurteilt waren, *harakiri* zu vollziehen.

Dies taten sie getrennt, in den Behausungen der verschiedenen Daimyōs, deren Hut sie für die wenigen übrigen Tage ihres Lebens anvertraut worden waren, und sie wurden ebenfalls im Gehege desselben Tempels begraben, wo man ihre Gräber noch heute sehen kann. Die begeisterte Bewunderung eines ganzen Volkes während zweier Jahrhunderte ist der Lohn gewesen für ihren Gehorsam dem Ehrenkodex ihrer Zeit und ihres Landes gegenüber.[155]

RUDERN Vor einigen Jahren wurden in der lokalen Presse die Vorzüge der japanischen und der europäischen Methode zu rudern diskutiert. Vorteile und Nachteile sind folgende:

Pro: Dazu schreibt Dr. Bell in der «Yorozu Chōhō»-Zeitung, Tokyo, am 17. Februar 1899: «Die japanische Methode des Ruderns ist vollkommen verschieden von der unsrigen. Wir rudern mit unseren Rudern im rechten Winkel zu den Bootsseiten, während wir sitzen. Die Japaner führen die Ruder fast parallel zu den Bootsseiten, und sie rudern stehend mit zur Seite gewandtem Gesicht. Die Bewegung ist also verschieden. Wir heben unsere Ruder nach jedem Schlag über das Wasser. Das japanische Ruder bleibt stets unter Wasser, und der Bootsmann bewegt es rückwärts und vorwärts mit einer wrickenden Bewegung. Es gibt auch ein Ruder am Heck des Bootes, ebenso wie an den Seiten. Bei unserer Art zu rudern wenden wir die Kraft nur von der Hüfte aufwärts an, und bei jedem Schlag muß eine Bewegung das Ruder über das Wasser heben, bevor es einen zweiten Schlag ausüben kann. Die Japaner bringen alle Muskeln von den

Füßen an in Aktion, und da das Ruder nicht über das Wasser gehoben wird, entsteht auch kein Kraftverlust.»

Contra: Dazu wie auch zum folgenden schreibt der «Japan Herald» im Februar 1899: «Wenn man die japanische und die fremden Methoden des Ruderns vergleicht, so muß man der japanischen Art des Ruderns (oder *Yuloen*[156]) ein gutes Zeugnis ausstellen, da sie die vollkommenste körperliche Bewegung erlaubt. Wie Prof. *Bell* sagt, tritt jeder Muskel von den Füßen aufwärts in Tätigkeit. Ferner erweist sich das *Yuloen* praktisch und nützlich beim Passieren schmaler Durchfahrten, wo ein japanisches Boot *(sampan)* immer noch vorwärts gerudert werden kann, während die Mannschaft eines Gig wahrscheinlich die Ruder herausnehmen müßte. Eine Überlegenheit oder einen Vorteil des *Yuloen* über die fremden Methoden in jeder andern Beziehung wage ich indessen in Frage zu stellen.»

Geschwindigkeit: «Ein Lotsen-*sampan* mit sechs guten Matrosen zum Beispiel kann eine Schnelligkeit von 4 bis 4½ Knoten in der Stunde erreichen, während ein gutbemanntes sechsrudriges Gig 5½ bis 6 Knoten ohne viele Mühe zurücklegen kann. Dabei kann ein Gig leicht diese Geschwindigkeit eine Stunde lang und mehr durchhalten, wogegen 4½ Knoten *yuloen* für diese Spanne Zeit kaum möglich wäre; denn die Anstrengung beim *Yuloen* ist weitaus größer als beim Rudern, und zwar aus dem Grunde, weil das *yulo* sich immer unter Wasser befindet und jede Bewegung Kraft erfordert, während das Schwingen des Ruders durch die Luft nach jedem Schlag dem Ruderer ein Ausruhen erlaubt. Rudern auf festen Sitzen bedeutet Arbeit für die Arme und den Rücken und strengt die Lungen wenig an; *yuloen* ist ebenso ermüdend wie das Rudern auf gleitenden Sitzen. Die schwerere und plumpere Bauart eines japanischen Bootes macht diesen Unterschied in der Geschwindigkeit nicht aus.»

Stabilität des Bootes: «In ruhigem Wasser verursacht ein Mann, der das *yulo* führt, eine für die Passagiere unangenehme schlingende seitliche Bewegung. Ein *sampan,* das auf beiden Seiten bemannt ist, geht ruhiger, ohne aber die vollkommene Stetigkeit eines Gigs zu erreichen. In unruhigem Wasser passiert es dem geschicktesten japanischen Ruderer, daß das *yulo* aus dem Zapfen springt, und bei grober See ist es nicht immer leicht, es wieder in die rechte Lage zu bringen, besonders da die *yulos* lang und notwendigerweise aus starkem und schwerem Holz hergestellt sind. Ein guter Gig-Ruderer wird niemals sein Ruder verlieren, und wenn es zufällig herausspringen sollte, so ist es leicht wieder zu befestigen. Ferner ist es selbstverständlich, daß sitzende Ruderer ein Boot besser im Gleichgewicht halten als stehende, wie es beim *Yuloen* der Fall ist.»

Luftwiderstand: «Es ist unnötig darauf hinzuweisen, daß sitzende Ruderer weniger Widerstand bieten als stehende.»

Soweit die Diskussion über das japanische Rudern. Im Norden, unter den Ainos, kann man eine Methode des Ruderns sehen, die in der Tat merkwürdig ist. Der Ruderer gebraucht seine zwei Ruder nicht gleichzeitig, sondern abwechselnd; ferner, wenn sich mehr als ein Ruderer im Boot befindet, so tauchen die rechts die Ruder ins Wasser, während die links sie erheben und umgekehrt, so daß sich das Boot seitlich fortbewegt wie ein schiefsegelndes Segelboot. Es ist kaum begreiflich, wie eine solch absurde Methode sich seit, so scheint es, unvordenklichen Zeiten behaupten konnte.

RÜSTUNGEN Die japanischen Rüstungen könnten als Thema für die Autoren dienen, die gern den unveränderlichen Charakter des Ostens besingen. Unser eigenes Mittelalter hat so vollständige Umwälzungen im Stil der Rüstungen erlebt wie nur immer eine der Pariser Moden im Laufe der letzten dreihundert Jahre. In Japan dagegen traf vom Beginn des wahren Feudalismus im 12. Jahrhundert bis herab zu seinem Erlöschen im Jahre 1871 kaum eine Veränderung ein. Die alten Rüstungen sind wohl besser und vollständiger, die neuen häufig schwerer, da man eine größere Anzahl von Platten und Schuppen anwandte, aber das ist auch alles. Zwar war in den ältesten Zeiten die japanische Rüstung noch unvollkommen. Tuch und Tierfelle scheinen das damals verwendete Material gewesen zu sein. Aber Metallrüstungen kamen schon im 8. Jahrhundert unserer Zeitrechnung in Anwendung. Auch die damals bekannten Waffen waren die gleichen wie tausend Jahre später, mit Ausnahme von Feuerwaffen, die sich im 16. Jahrhundert mit dem Erwachen des Verkehrs mit den ersten portugiesischen Abenteurern einschlichen. Wer Interesse für den Gegenstand hat, entweder ein wissenschaftliches oder als Käufer von Rüstungen, die ihm Altertumshändler bringen, findet eine ausführliche Abhandlung im zweiten Band von Conders *History of Japanese Costume,* gedruckt in Band IX. Teil III der *Asiatic Transactions.* Da kann er nach Herzenslust lesen über Brustharnische, Beinschienen, Mamellières, Armschienen und über sonstige allgemein nicht bekannte, geheimnisvolle Dinge.

SAKE Es gibt kein passendes europäisches Wort für dieses beliebte berauschende Getränk. Sowohl «Reisbier» als auch «Reisbranntwein», womit der Ausdruck manchmal übersetzt worden ist, geben eine falsche Vorstellung davon. *Sake* wird aus gegorenem Reis hergestellt nach einem komplizierten Verfahren, das nur im Winter ausgeführt werden kann, und enthält 11 bis 14 Prozent Alkohol. Sonderbarerweise scheinen europäische Köpfe von Sake weniger angegriffen zu werden als die Japaner selbst; aber es ist unklug, *sake* und Wein zur selben Mahlzeit zu genießen. Eine sehr starke Abart, die *shōchū* heißt, wird aus dem Bodensatz destilliert und enthält 20 bis 50 Prozent Alkohol. Eine andere Art, *mirin,* ist mehr eine Sorte Likör.[157]

SAMURAI Im frühen Mittelalter, vor dem 12. Jahrhundert, sagte man von den Soldaten im Palast des Mikados, sie seien dort, um zu *samurau,* das heißt «zu wachen». Aber als der Feudalismus aufkam, wurde das Wort *Samurai* zur Bezeichnung der gesamten Kriegerklasse angewendet. «Krieger», «Militär», «Halbadel» sind vielleicht die besten Übertragungen des Wortes. Denn das Wesen Alt-Japans bestand darin, daß alle Gentlemen Soldaten sein mußten und alle Soldaten Gentlemen.

Erziehung, Beschäftigung, Ehrenkodex, die ganze mentale Atmosphäre der Samurais zeigte eine überraschende Ähnlichkeit mit jener unseres eigenen Adels und Halbadels im Mittelalter. Sie waren, wie der Adel bei uns, ihren feudalen Herrn in bedingungslosem und begeistertem Gehorsam ergeben, ihren durch göttliches Recht herrschenden Monarchen in Gehorsam selbst bis in den Tod. Bei ihnen wie bei uns galten Geburt und Bildung, nicht Geld. Das Samuraiwort war ihr Pfand, und sie wurden angehalten, ebenso gütig wie tapfer zu sein. Ohne Zweifel unterschied sich der japanische Adel von dem des Westens durch manche lokale Färbung. Die Sitte des Selbstmords *(harakiri)* als ein Teil des Ehrenkodexes an Stelle des Zweikampfes unserer Vorfahren fällt sofort als ein besonderer Zug auf. Noch mehr, daß die Japaner keine Galanterie dem schönen Geschlecht gegenüber kannten.

«Gott und die Damen» war der Wahlspruch des europäischen Ritters. Aber weder Gott noch die Damen erweckten in der Brust des Samurais irgendwelche Begeisterung. Und doch ist es unmöglich zu verkennen, daß trotz abweichender Einzelheiten dieselben allgemeinen Bedingungen verwandte Resultate auf den zwei entgegengesetzten Seiten des Erdballs hervorbrachten. Ferner kann man bemerken, daß in Japan wie in Europa die lebendige Wirklichkeit des früheren Rittertums, zuletzt unter einem zentralisierten Absolutismus, zu prunkvollem Äußeren und zur Etikette verblaßte, wenn auch noch bis auf den heutigen Tag im Osten wie im Westen ein starkes ritterliches Empfinden in den oberen Klassen zu finden ist.

Die japanische Manie, Namen zu wechseln, zeigte sich 1878 in der Vertauschung des historischen und einheimischen Wortes *Samurai* mit jenem von *Shizoku,* einem chinesischen Ausdruck von genau der gleichen Bedeutung. Unter dieser neuen Bezeichnung wird der Samurai künftighin existieren als eine der drei Klassen, in die die japanische Gesellschaft eingeteilt ist.

In der Feudalzeit, die bis 1871 dauerte, lebte der Samurai im Schloß seines Daimyōs, seinem Herrn bei allen Gelegenheiten zur Seite stehend, und erhielt von ihm für sich und seine Familie den Lebensunterhalt, der mit soundsovielen *koku,* das heißt Reisballen, jährlich berechnet wurde. Eine der ersten Maßnahmen der neuen kaiserlichen Regierung bestand darin, dieses Einkom-

EIN SAMURAI MIT SEINEM WAFFENTRÄGER

men gegen eine Summe Geldes, die in Staatspapieren zahlbar war, einzulösen. Zuerst fakultativ im Jahre 1873, wurde dieser Tausch durch ein zweites, 1876 erlassenes Edikt obligatorisch. Seit jener Zeit sind viele Samurais – unerfahren, wie sie waren, in Geschäften und in der Aufgabe, für ihren Lebensunterhalt zu arbeiten – in großes Elend gesunken. Die klügeren und ehrgeizigeren auf der anderen Seite bilden heute in Wahrheit die herrschende Klasse des Landes, da ihre früheren Herrn und Meister, die Daimyōs, im Wettlauf zurückgeblieben sind und noch heute ein genügender Rest aristokratischen Geistes lebt, der es einem Plebejer ziemlich schwer macht, sich zu einer Stellung von Bedeutung emporzuschwingen.[158]

SÄNGERINNEN Über die Reize der japanischen Sängerin oder *geisha,* wie die Japaner sie nennen, wurde so viel gesprochen, daß wir sie freudig ihren glühenderen Bewunderern überlassen. Die japanische Geselligkeit würde ohne sie viel von ihrer Lebhaftigkeit und reizenden Ausgelassenheit verlieren, und manche für die Klatschbasen interessante Heiratsgeschichte würde es ohne sie nicht geben; denn eine ansehnliche Anzahl von hervorragenden Männern hat ihre Vorliebe für die schönen Sängerinnen auf die praktische Art gezeigt, nämlich durch die Ehe. Das Geplauder der Sängerin verhilft ihr, mehr noch als ihre Gesänge, gelegentlich zu einem solchen Glück; denn von allen ihren Landsmänninnen hat sie allein etwas von der Kunst der Unterhaltung erhascht. Oder die Vorgeschichte der Ehe mag folgendermaßen gewesen sein: Ein armer Student verliebt sich. Seine Freunde, die von seinem, wie es ihnen scheint, schlimmen Lebenswandel hören, entziehen ihm ihre Unterstützung. Die Geisha unterhält ihren Geliebten, er legt später glänzende Prüfungen ab und erhält eine Staatsstellung. Sie sind verheiratet, und er wird einer der führenden Männer im Reiche, während sie natürlich eine große Dame wird, ihren Wagen hat und ihren wöchentlichen «*jour*». Dies sind die Umrisse von mehr als einer modernen japanischen Romanze im wirklichen Leben.

In den letzten Jahren wurde das Tätigkeitsfeld der Sängerinnen einigermaßen eingeschränkt, denn in offiziellen Kreisen hat das europäische Bankett nahezu das einheimische Fest verdrängt. Kellner in Fräcken ersetzen die Mamsell von der Gitarre und der Weinschale. Die Erziehung einer Sängerin, die den Unterricht in der Tanzkunst in sich schließt, beginnt oft schon in ihrem siebenten Jahre. Sie wird dann für eine Anzahl von Jahren verpflichtet. Die einmal betretene Laufbahn kann schwer wieder verlassen werden, wenn nicht ein guter Stern einen wohlhabenden Geliebten herbeiführt, der die Mittel und den Willen hat, sie loszukaufen. Es wird eine Kopftaxe von 4 *yen* per Monat von jeder wirklichen Sängerin erhoben und die Hälfte dieser Summe von den kleinen Anfängerinnen. Dies sind wenigstens die heutigen Steuern in Tokyo. Sie sind in den Provinzen verschieden.[159]

SCHACH Das japanische Schach *(shōgi)* wurde vor Jahrhunderten aus China eingeführt; und obgleich es sich einigermaßen von seinem Vorbild entfernte, haben die beiden Spiele doch einen Zug gemeinsam, der sie von allen andern Arten unterscheidet. Es ist folgender: Der Raum, den gewöhnlich die Bauern einnehmen, ist nur von zwei Steinen besetzt, die bei den Chinesen *p'ao* heißen und *hisha* und *kaku* bei den Japanern. Ferner befinden sich zu beiden Seiten des Königs zwei Figuren, im Chinesischen *su* genannt, im Japanischen *kin,* die jene Funktionen haben, die im persischen *Shatranj* dem *ferz* oder *visir* zukommen, dem Äquivalent unserer Königin. Demnach gibt es im chinesischen oder japanischen Schach keine Königin oder eine Figur mit ähnlichen Attributen.

Das japanische Schachbrett hat einundachtzig Felder, und das Spiel wird mit zwanzig Steinen auf jeder Seite gespielt, die sich aber nicht durch Gestalt oder Farbe voneinander unterscheiden, sondern lediglich durch aufgeschriebene Ideogramme. Obgleich die Bewegungen der Steine im allgemeinen jenen des europäischen Spieles gleichen, gibt es einige Abweichungen, die dem unsrigen unbekannt sind. Die wichtigste besteht darin, daß man die gewonnenen Steine zur Verstärkung der eigenen Macht verwendet; ferner rücken untergeordnete Figuren verhältnismäßig leicht zu höherem Rang auf.

Schach ist in allen Volksschichten Japans bekannt. Die einfachsten Kulis an den Straßenecken improvisieren aus fast allem, was bei der Hand ist, das Material zum Spiel und vertreiben so die Langeweile, während sie auf Arbeit warten. Aber von den gebildeten Klassen wird Schach verhältnismäßig wenig gespielt; sie schätzen seinen Rivalen *Go* viel höher.

Hier folgt ein Plan des Brettes:

Yari		Fu				Fu		Yari
Keima	Kaku	Fu				Fu		Keima
Gin		Fu				Fu	Hisha	Gin
Kin		Fu				Fu		Kin
Ō		Fu				Fu		Ō
Kin		Fu				Fu		Kin
Gin	Hisha	Fu				Fu		Gin
Keima		Fu				Fu	Kaku	Keima
Yari		Fu				Fu		Yari

Ō ist der König, *keima* der Springer, *hisha* der Turm und *kaku* der Läufer, das heißt Steine mit entsprechenden Bewegungen. *Fu* ist der Bauer. Die Bewegungen des *yari* gleichen ebenfalls jenen des Turmes, sind aber auf die einzige Reihe beschränkt, worauf er steht. *Gin* (Silber) und *kin* (Gold) gibt es nicht im europäischen Schach. *Gin* bewegt sich ein Feld diagonal, ebenfalls ein Feld vorwärts. Von seiner ursprünglichen Stellung verrückt, kann *gin* nur ein Feld diagonal zurückbewegt werden. *Kin* hat ähnliche Bewegungen, dazu die Macht, sich um ein Feld nach beiden Seiten zu bewegen, aber *kin* kann nicht diagonal zurückgehen. *Fu* rückt um ein Feld vor und schlägt in dieser Richtung. Wenn ein Stein in die dritte Reihe des Gegners vorrückt, kann er *kin* werden, ähnlich wie in unserem Spiel Königinnen eingetauscht werden können. Man deutet dies durch Umdrehen des Steines an. Jeder auf diese Weise im Rang erhöhte Stein verliert seinen ursprünglichen Charakter, ausgenommen *hisha* und *kaku,* denen die Bewegungen eines *kin* hinzugefügt werden. Wie schon erwähnt wurde, kann eine geschlagene Figur stets zum Angriff oder zur Verteidigung verwendet werden. Das Matt mit den *fu* ist nicht statthaft in diesem nicht-demokratischen Spiel, noch ist Patt zulässig im japanischen Schach. Du wartest, bis der Gegner einen Zug macht, der eine freie Aktion deinerseits erlaubt. Der Zweck des Spiels ist, wie bei uns, den König matt zu setzen.[160]

SCHIFFAHRT spielt eine der wichtigsten Rollen im sozialen Leben Japans. Sie nimmt heute – und man sollte glauben, daß sie es seit undenklichen Zeiten getan habe – einen hervorragenden Platz im Handel des Landes ein. Der Grund dafür ist nicht schwer zu finden: er liegt in der insularen Formation Japans, seinen ausgedehnten Küsten und seinem bergigen Innern. Die Japaner haben eine Neigung für den Beruf des Seemanns. Im Mittelalter zeichneten sie sich unter den Völkern des Orients durch ihren Unternehmungsgeist zur See aus. Korea, China, Formosa, selbst die fernen Philippinen, Kambodscha und Siam sahen die Japaner an ihren Küsten erscheinen, bald als friedliche Handelsleute, bald als Seeräuber. Die Geschichte eines dieser Piraten namens Yamada Nagamasa alias Tenjiku Hachibei, der zuletzt eine siamesische Prinzessin heiratete und Vizekönig des Landes wurde, liest sich eher wie ein Kapitel aus «Tausendundeiner Nacht» denn als nüchterne Begebenheit. Es ist ebenfalls klar, daß die Japaner Anfang des 17. Jahrhunderts nicht beabsichtigten, in der Schiffbaukunst zurückzubleiben. Der englische Pilot Will Adams, der im Jahre 1600 nach Japan kam, baute Schiffe für Ieyasu, den damaligen Shōgun, von denen eines Reisen nach Manila und selbst nach Mexiko machte.

Mit einem Schlag änderte sich alles. Über alle Maßen erschrocken über die Fortschritte des Katholizismus und in der Befürchtung, daß dem spanischen Mönch in Japan wie anderswo der spanische Söldner folgen möge, erließ Iemitsu, der dritte Shōgun der Tokugawa-Dynastie, 1636 ein Edikt, das alle fremden Priester aus dem Reiche verwies, fremde Kaufleute auf die zwei südwestlichen Häfen Nagasaki und Hirado beschränkte und allen japanischen Untertanen bei Todesstrafe verbot, Japan zu verlassen. Man griff zu drastischen Maßnahmen, um die Bestimmungen dieses Erlasses durchzusetzen; alle Schiffe europäischer Bauart und sogar alle großen Schiffe einheimischer Bauart wurden auf Befehl zerstört, und nur kleine Dschunken, die für Küstenfahrten genügten, durften bestehen. Diese Art von Dschunken sieht man noch heute in japanischen Gewässern. Sie zeichnen sich durch ein einziges quadratisches Segel aus, das so plump ist, daß man das Fahrzeug nur schwer zu regieren vermag, ausgenommen wenn es vor dem Winde segelt. Die japanische Schiffahrt wurde auf über zwei Jahrhunderte gelähmt, obgleich die Anzahl der küstenfahrenden Dschunken ohne Zweifel groß blieb; denn die Formation des Landes machte den Verkehr zu Wasser unentbehrlich.

Als die Feudalherrschaft wie ein Kartenhaus zusammenstürzte, fielen die Einschränkungen des Schiffbaus mit ihr. Die neue kaiserliche Regierung nahm ein erfreuliches Interesse an der Entwicklung einer Handelsmarine in ausländischem Stil. Unter anderen Maßnahmen, die mit diesem Ziel vor Augen ergriffen wurden, mag als eine der wirkungsvollsten eine Bestimmung angeführt werden, wonach die Konstruktion von Dschunken von über fünfhundert *koku*[161] Tragkraft verboten wurde. Auch war nicht alles der offiziellen Initiative überlassen. Iwasaki Yatarō, der gefeierte Millionär, baute etwa um 1870 eigene Dampfer, und die Gesellschaft, die er mit Hilfe von verständnisvoll ausgewählten europäischen Direktoren, Agenten, europäischen Kapitänen und Ingenieuren leitete, erhob sich unter den Namen *Mitsubishi*[162] *Postdampfer-Gesellschaft* zum wichtigsten kaufmännischen Unternehmen im Reich. Sie beeinflußte sogar die Politik; denn der Leichtigkeit, mit der die Mitsubishi die Truppen bei der Satsuma-Revolution transportierte, ist nicht zum geringen Teil der Triumph der Imperialisten in der Stunde der Not zu verdanken. Später wurde eine andere Gesellschaft, die *Kyōdō Unyu Kaisha,* als Konkurrenz gegen die Mitsubishi gegründet. Aber da sich die Rivalität zwischen den beiden als ungünstig erwies, wurden sie 1885 verschmolzen unter dem Namen *Nippon Yusen Kaisha* oder «Japanische Postdampfer-Gesellschaft». Diese Gesellschaft behauptete nun einen Platz unter den bedeutendsten Dampfergesellschaften der Welt und dient nicht nur dem Verkehr zwischen den verschiedenen Teilen der Küste, sondern führte auch einen regulären Dienst zwischen Japan und Europa, Australien, Britisch-Indien, Amerika, China, Sibirien und den Philippinen ein. Die *Ōsaka Shōsen Kaisha* ist eine andere bedeutende Privatgesellschaft mit einer großen Flotte, die den einheimischen Frachtverkehr versieht und Schiffe nach Korea, Formosa und den Jangtse aufwärts laufen läßt. Die *Tōyō Kisen Kaisha* ist eine dritte, deren Schiffe nach San Francisco und Hongkong fahren. Eine

Anzahl kleinerer Gesellschaften und zahlreiche Schiffe im Privatbesitz erleichtern überallhin Reisen und Verkehr.

Iwasakis kühner Unternehmungsgeist trug, unterstützt von der Regierung, viel zur Entwicklung des Landes bei. Orte, die früher von einem ungewissen Dschunkendienst abhingen, besaßen plötzlich einen regulären Schiffsverkehr oder waren wenigstens in der Lage, in kurzer Zeit Schiffe bestellen zu können. Die ganze Art des Verkehrs verbesserte sich rasch. Früher konnte eine Dschunke es sich leisten, unbestimmte Zeit auf Kargo zu warten, heute ist eine prompte Verladung zur festgesetzten Zeit Notwendigkeit geworden. Der Chinakrieg von 1894–95 gab der Schiffahrt einen mächtigen Anstoß. Viele private Dampfer wurden für den Transport gechartert und andere als Ersatz für sie angekauft. Darauf folgten Gesetze zur Hebung von Schiffahrt und Schiffbau, ferner wurden freigebig Subventionen gewährt, so daß heute die japanischen Dampfer, wie oben erwähnt, mit den fremden Schiffen auf den Hauptlinien nach und von Japan konkurrieren. Die Ausgabe war beträchtlich für ein Land, das nicht reich ist; doch mag sie als eine gesunde Kapitalanlage betrachtet werden, weil sie sich im Laufe der Zeit rentieren muß. Schon heute ist es gelungen, die fremde Konkurrenz da und dort aus dem Felde zu schlagen; so zum Beispiel an der Küste Formosas, wo die britische Schiffahrt bis zum Jahre 1896 über 86 Prozent der gesamten auswärtigen Dampfertonnage ausmachte, jetzt aber die *Ōsaka Shōsen Kaisha* überlegen herrscht. Ebenso wurde der Konstruktion von Ausbesserungs- und Schiffbauwerften und Trockendocks große Aufmerksamkeit gewidmet.

Soweit der einheimische Verkehr. Japan ist nicht weniger gut mit fremder Tonnage versehen, teilweise dank dem plötzlichen und ungeheuren Anwachsen der Zahl von Touristen, die diese Küsten besuchen. Die *Pacific and Orient Line-Company,* die *Messageries Maritimes* und der *Norddeutsche Lloyd* lassen das ganze Jahr hindurch regelmäßig Dampfer nach Europa laufen, nicht zu sprechen von den verschiedenen regulären Frachtlinien und zahlreichen *trampsteamers.* Im Stillen Ozean besorgen den Verkehr die *Occidental and Oriental Company* und die *Pacific Mail* nach San Francisco, die *Canadian Pacific Company,* deren Endstation Vancouver ist, ferner gibt es Linien nach Seattle, Tacoma und Portland.

SCHRIFT Da die Japaner ihre Kultur von China und Korea erhielten, mußten sie notwendigerweise zur Annahme des ideographischen Schriftsystems gelangen, das in jenen Ländern bestand. Es scheint ungefähr um das Jahr 400 n. Chr. in Japan eingeführt worden zu sein, aber die Chronologie dieser frühen Periode ist außerordentlich dunkel.

In diesem ideographischen System hat jedes individuelle Wort sein eigenes Zeichen, ursprünglich eine Art von Bild oder Hieroglyphe. So ist 人 «ein Mensch», charakterisiert durch seine zwei Beine; 月 ist «der Mond», mit den noch zu unterscheidenden Hörnern; 馬 ist «ein Pferd» – Kopf, Mähne und Beine, obschon in der abbrevierten modernen Form des Charakters schwer erkennbar, waren früher klar gezeichnet worden. Nur wenige Charaktere sind so einfach wie diese. Die meisten werden durch Kombination gebildet; das Hauptelement heißt «Wurzel», da es einen Schlüssel für die Bedeutung des Ganzen bietet. Der andere Teil weist im allgemeinen mehr oder weniger genau auf die Aussprache hin und wird deshalb «Lautbezeichner» genannt. Es ist ungefähr so, wie wenn man im Englischen besondere hieroglyphische Zeichen für solch alltägliche Wörter wie «Baum», «Haus», «Hand»« und «Kiste» hätte, und man «Kistenholz» durch eine Kombination des Zeichens für «Baum» und des Zeichens für «Kiste» darstellen würde.

Die chinesische Sprache, die außergewöhnlich reich ist an homonymen Wörtern, eignet sich ganz besonders für eine solche Methode. Namen von Pflanzen erhält man durch Kombinationen mit dem Charakter 艸 «Gras, Kraut», der selbst noch als ein Bild von Gräsern, die aus dem Boden sprießen, zu erkennen ist. «Die Hand» 手, ursprünglich ein rohes Bild der ausgestreckten Finger, dient zur Bildung Hunderter von Charakteren, die Handlungen ausdrücken. «Das Herz» 心 ergibt zahlreiche abstrakte Wörter, die Gefühle oder Leidenschaften bezeichnen. Ähnlich sind «das Auge», «der Mund», «Feuer», «Wasser», «Seide», «Regen», «Metall», «Fisch» die Eltern großer Familien von Charakteren. Das Studium dieser chinesischen Schriftmethode ist außerordentlich interessant – so merkwürdig ist das Kapitel des menschlichen Geistes, das es entrollt, so unerwartet sind die Fälle dunkler Geschichte, die es erhellt. Um nur ein Beispiel zu geben: der Charakter für «Krieg» 軍 wird teilweise aus dem Charakter für «Wagen» 車 gebildet, weil die alten Chinesen, ähnlich wie die alten Griechen, auf Streitwagen in den Kampf auszuziehen pflegten.

Unglücklicherweise war die Verpflanzung dieses ideographischen Systems von China nach Japan mit unvermeidlichen Komplikationen verknüpft. Selbst wenn man annimmt, daß die japanischen Sprechorgane fähig gewesen wären (was sie nicht sind), die chinesischen Laute exakt wiederzugeben, sprachen ja all die chinesischen Lehrer der Sprache nicht den gleichen Dialekt. Daher rührt in Japan die allmähliche Verbreitung von zwei oder drei Lesarten für jeden Charakter – eine Lesart wird entsprechend dem Zusammenhang der andern vorgezogen. Dazu kam, daß die Japaner, anstatt die chinesischen Laute immer so gut wie möglich nachzuahmen, häufig bestrebt waren, die Bedeutung der Charaktere in ihre eigene Sprache zu übertragen, so daß eine neue Lesart entstand. Zum Beispiel besitzt das schon erwähnte Symbol 人 «Mensch» die zwei chinesischen Lesarten *jin* und *nin* und die japanische Übersetzung *hito*. Sie können aber nicht willkürlich gebraucht werden. Wir sagen *jin-riki-sha,* aber *nin-soku* («ein Kuli»), und *hito,* wenn wir einfach eine «Person» meinen. In manchen Fällen gibt es nur chinesische Lesarten und keine japanischen. In manchen hat ein einzelner Charakter mehrere japanische Lesarten, während auf der andern Seite dasselbe japanische Wort mit mehreren verschiedenen Charakteren geschrieben werden kann, genau wie im Englischen jeder Buchstabe verschiedene Laute hat und jeder Laut durch verschiedene Buchstaben ausgedrückt werden kann.

Neben den chinesischen Ideogrammen kam in Japan während des 8. und 9. Jahrhunderts ein anderes Schriftsystem auf, *Kana* genannt, das von jenen chinesischen Charakteren, die am häufigsten angewendet zu werden pflegten, abgeleitet wurde. Es gibt zwei Arten von *Kana* – das *Katakana,* oder «Seiten-*Kana*», so genannt, weil die Symbole, aus denen es besteht, «Seiten» sind, das heißt, Teile oder Fragmente chinesischer Charaktere, wie イ *i* vom Charakter, 伊, ロ *ro* vom Charakter 呂 usw.; und das *Hiragana,* das aus Kursivformen von ganzen chinesischen Charakteren besteht, wie は *ha,* in dem der Umriß des Originals 波 noch immer verschwommen erkennbar ist. Die Erfindung des ersteren wird gewöhnlich einem verdienstvollen Manne namens Kibi no Mabi (gestorben 776 n. Chr.) und jene des letzteren einem buddhistischen

Heiligen, Kōbō Daishi (gestorben 834 n. Chr.), zugeschrieben. Aber es ist wohl vernünftiger anzunehmen, daß die Vereinfachung – denn eine solche ist es, und ganz und gar keine Erfindung – nach und nach entstand, als zu vermuten, daß sie das Werk zweier Individuen sei.

Das Katakana Syllabarium

ア a	カ ka	サ sa	タ ta	ナ na	ハ ha	マ ma	ヤ ya	ラ ra	ワ wa
イ i	キ ki	シ shi	チ chi	ニ ni	ヒ hi	ミ mi		リ ri	ヰ (w)i
ウ u	ク ku	ス su	ツ tsu	ヌ nu	フ fu	ム mu	ユ yu	ル ru	
*	ケ ke	セ se	テ te	ネ ne	ヘ he	メ me	エ (y)e	レ re	ヱ (w)e
オ o	コ ko	ソ so	ト to	ノ no	ホ ho	モ mo	ヨ yo	ロ ro	ヲ wo

* Der Mangel eines wahren *e* wird ergänzt durch エ *(y)e*.

Während der chinesische Charakter ein ganzes Wort repräsentiert, einen Begriff, stellt das *Kana* die Laute dar, aus denen sich das Wort zusammensetzt, genau wie die römische Schrift es tut. Indessen ist der Unterschied der, daß das *Kana* für Silben steht, nicht für Buchstaben. Die beigefügten Tabellen des *Katakana* und *Hiragana* werden das verständlich machen. Wir geben das erstere in der von modernen Gelehrten bevorzugten Reihenfolge, genannt *Gojūon* oder «Tafel der fünfzig Laute» (obwohl es in Wirklichkeit nur siebenundvierzig sind), das letztere in der gewöhnlichen Folge, genannt *Iroha,* die aus dem 9. Jahrhundert stammt.

Das Hiragana Syllabarium

い i	ろ ro	は ha	に ni	ほ ho	へ he	と to
ち chi	り ri	ぬ nu	る ru	を wo	わ wa	か ka
よ yo	た ta	れ re	そ so	つ tsu	ね ne	な na
ら ra	む mu	う u	ゐ w(i)	の no	お o	く ku
や ya	ま ma	け ke	ふ fu	こ ko	え y(e)	て te
あ a	さ sa	き ki	ゆ yu	め me	み mi	し shi
ゑ (w)e	ひ hi	も mo	せ se	す su		

Die Reihe des *Iroha* bestätigt die buddhistische Ansicht in bezug auf die Urheber der japanischen Schrift. Das Syllabarium ist ein poetischer Vers, der auf einer der Sutras fußt und so arrangiert ist, daß sich dieselbe Silbe nie wiederholt. In der modernen Aussprache lautet er folgendermaßen:

> *Iro wa nioedo*
> *Chirinuru (w)o –*
>   *Waga yo tare zo*
> *Tsune naran?*
>   *Ui no okuyama*
> *Kyo koete*
>   *Asaki yume miji*
> *Ei mo sezu.*

Was übersetzt heißt: «Obgleich heiter in der Farbe, [die Blüten] fallen herab, ach! Wer könnte also, in dieser unsrer Welt, für immer bestehen? Indem ich heute die äußersten Grenzen der sichtbaren Existenz überschreite, werde ich nie mehr vergängliche Träume sehen, auch nicht länger mehr berauscht sein.» Mit andern Worten: Alles ist vergänglich in dieser flüchtigen Welt. Laß mich ihren Illusionen und Eitelkeiten entfliehen!

In beiden Syllabarien können Konsonanten weich gemacht werden, das heißt technisch gesprochen, stumme Laute können in tönende verwandelt werden, indem man zwei Strichelchen rechts von der Letter anbringt. So ist 力 *ka,* aber ガ *ga;* テ ist *te,* aber デ *de* usw. Auf diese Weise wird die Anzahl der Lettern beträchtlich erhöht. Es gibt verschiedene andere Eigentümlichkeiten, so daß die japanische Orthographie fast mit unserer eigenen in bezug auf Exzentrizität wetteifert. Sehr wenig Bücher sind ausschließlich im *Hiragana* geschrieben, keine nur im *Katakana.* Fast alle sind in einer Mischung von chinesischen Charakteren und *Kana* der einen oder der andern Art geschrieben; die chinesischen Charaktere werden für Hauptbegriffe, für Hauptwörter und die Stämme der Verben benützt, während das *Kana* für Partikeln und Endungen gebraucht wird. Es wird häufig auch zu Seiten der chinesischen Charaktere gedruckt als eine Art fortlaufender Kommentar, der zuweilen auf die Aussprache, zuweilen auf die Bedeutung hinweist. Nimm dazu noch, daß die chinesischen Charaktere für gewöhnlich in allen möglichen Stilarten geschrieben und selbst gedruckt werden, von der klassischen Form oder dem sogenannten «Quadrat» bis zum flüchtigsten Kursiv, daß jede Letter des *Hiragana* mehrere verschiedene Formen hat, daß es weder große Buchstaben noch eine Interpunktion gibt, daß alle Wörter auf einer Seite ineinanderlaufen ohne irgendein Zeichen, wo eines aufhört und ein anderes beginnt – und das Resultat ist das komplizierteste Schriftsystem, das sich je auf diesem Planeten entwickelte. Ein alter Jesuitenmissionar erklärt es für die offenbare «Erfindung eines Konzils der bösen Mächte, die Gläubigen zu quälen».

Allerdings muß man gleichzeitig zugestehen, daß die auf diese Weise gequälten Personen hauptsächlich jene Fremden sind, die ihre ersten Versuche in der Sprache anstellen, wenn sie schon erwachsen sind. Die oft wiederholte Behauptung, daß mit den Ideogrammen viele Schuljahre verschwendet würden, ist unrichtig: Der japanische Jüngling von fünfzehn Jahren steht seinem englischen Altersgenossen in keiner Beziehung nach. Der japanische Lazzarone zieht sich beim Buchstabieren einer Zeitung oder beim Schreiben eines Briefes ebenso gut aus der Affäre wie der englische Lazzarone. Übrigens steht der Durchschnittsengländer in bezug auf Lesen und Schreiben nicht allein auf gleicher Stufe mit dem Durchschnittsitaliener, sondern er überragt ihn in Wirklichkeit, obwohl die italienische Orthographie in einem Tag beherrscht werden kann, während die englische mit all ihrer Verzwicktheit ein ganzes Leben ausfüllen könnte.

Es scheint in der Tat wahr zu sein, daß in einem gewissen Alter der Geist jedes System geschriebener Symbole gleich gut in sich aufnimmt. Eine große Anzahl kann tatsächlich in derselben Zeit erlernt werden wie eine geringere, genau wie das Auge ein Netz von vielen Maschen ebenso leicht aufnimmt wie ein Netz von wenigen. Dasselbe gilt für gesprochene Symbole. Jede Sprache wird in der Kindheit gleich gut erfaßt, eine Sprache mit schwierigen Beugungen in genau der gleichen Zeit wie eine nur einsilbige. Noch mehr: versetze ein Kind in günstige Bedingungen, zum Beispiel in eine englische

Familie, die in Frankreich lebt und deutsche Gouvernanten oder Lehrer angestellt hat, und es wird alle drei Sprachen gleichzeitig in sich aufnehmen, mit derselben Leichtigkeit und mit derselben Vollkommenheit wie eine einzige Sprache, wenn es in seinem Heimatdorf geblieben wäre. Augenscheinlich gibt es ein ganzes Gebiet in der Erziehung, auf das sich rechnerische Schlüsse nicht anwenden lassen.

Aber um zum Thema zurückzukehren: Wenn die japanische Schrift auch (für uns) ein Wall von Schwierigkeiten ist, so ist sie doch auf der andern Seite unvergleichlich schön. Man hat die japanische Kunst kalligraphisch genannt. Die japanische Kalligraphie ist künstlerisch. Vor allem ist sie flott, denn man schreibt aus der Schulter anstatt nur mit dem Gelenk. Eine geringe Erfahrung wird jedermann überzeugen, daß im Vergleich mit ihr die freieste, kühnste englische Hand nur wenig besser ist als das das Gekritzel irgendeines gichtischen alten Weibes. Eine Folge dieser außerordentlichen Schwierigkeit und Schönheit ist, daß die Kalligraphie in Japan einen hohen Rang unter den Künsten einnimmt. Eine weitere, daß sich die Japaner sehr leicht unser eigenes einfacheres System aneignen. Die Handschrift eines Europäers zu kopieren ist ein wahres Kinderspiel für sie. Tatsächlich sind für gewöhnlich Kommis oder Studenten imstande, die Handschrift ihres Chefs oder Lehrers so genau nachzuahmen, daß er häufig selbst keinen Unterschied entdecken kann. In Anbetracht der hohen Achtung, die die Schrift in Japan genießt, scheint es merkwürdig, daß die Unterschrift in diesem Lande nicht dieselbe wichtige Rolle spielt wie im Westen. Gesetzliche Kraft hat nur das Siegel, das nicht mit Siegellack, sondern mit zinnoberroter Tinte hergestellt wird.

Der Einfluß der Schrift auf die Sprache, der in keinem

Lande ganz fehlt, das Lettern besitzt, ist beim chinesischen System besonders stark. Wir meinen, die Schrift dient hier nicht nur zur Fixierung bestehender Wörter, sie bringt tatsächlich neue Wörter hervor; der Sklave wird in Wirklichkeit zum Herrn. Das rührt hauptsächlich von der außerordentlichen Homophonie des Chinesischen her, das heißt von dem Vorhandensein einer außergewöhnlich großen Anzahl von Wörtern, die gleich lauten, aber verschieden geschrieben werden. In der Umgangssprache werden diese Wörter entweder nicht benützt oder verständlich gemacht durch den Zusammenhang oder mit Hilfe von Umschreibungen. Aber der Schreibende, der für jedes ein besonderes Symbol besitzt, kann sie nach Belieben handhaben und neue Komposita schaffen *ad infinitum*. Fast alle technischen Ausdrücke, die zur Bezeichnung von Gegenständen, Begriffen, Verfahren und Einrichtungen, die man in neuerer Zeit von Europa entlehnte, erfunden wurden, gehören zu dieser Kategorie. Manche dieser neuen Komposita gehen aus den Büchern in die Umgangssprache über; aber viele gehören ausschließlich der Schriftsprache an oder sind wenigstens nur unter Bezugnahme auf diese verständlich, während sie sie gleichzeitig mit einer Klarheit und mehr noch vollendeten Reinheit bereichern, die die Umgangssprache niemals erreichen kann.

Wir schließen diesen Artikel wohl am besten mit der Zerstörung einer Illusion, der sich viele intelligente Leute hingeben, nämlich daß die Japaner dabei sind, ihr eigenes Schriftsystem fallenzulassen und das unsrige dafür anzunehmen. Es besteht heute nicht mehr die geringste Aussicht für eine solch tiefgehende Umwälzung. Einmal hatte es so den Anschein, ungefähr um 1885, und viel Zeit, Geld und Energie wurden für die Sache von einer Vereinigung, *Rōmaji Kai* oder Gesellschaft zur Romanisierung, geopfert, die einige acht oder zehn Jahre ihr Dasein fristete und dann einging. Neben der Macht der Sitte war die unverkennbarste Ursache, die zu diesem Mißerfolg beitrug, jene im vorhergehenden Abschnitt antizipierte, wo der Überlegenheit der bestehenden Schriftsprache über die Umgangssprache als einem klaren und exakten Medium des Gedankens Erwähnung getan wurde. Mit Unterstützung der chinesischen Charaktere kann die japanische Schrift jede Nuance eines Begriffes aus den Spalten einer europäischen Zeitung oder den Seiten eines technischen europäischen Werkes wiedergeben, einerlei ob finanziell, diplomatisch, administrativ, kommerziell, juristisch, kritisch, theologisch, philosophisch oder wissenschaftlich. Wie sollte man also verlangen, daß sie ihre intellektuellen Waffen wegwerfen und sich auf eine Stufe mit den Menschen der Steinzeit stellen sollten?

Aber eine dritte Ursache, eine allgemeinere, muß darin gesucht werden, daß der ideographischen Schrift augenscheinlich eine besondere Stärke innewohnt, die sie über die phonetische Schrift triumphieren läßt (ohne sie ganz zu verdrängen), sooft diese beiden Systeme in derselben Ära miteinander in Wettbewerb treten. All die unter chinesischem Einfluß stehenden Länder offenbaren diese wenig bekannte Tatsache in überraschender Weise. Auch Ägypten behielt bis ans Ende seine Hieroglyphen bei. In Europa fand eine solche Rivalität kaum statt, ausgenommen im Falle der Symbole für Zeichen und ein paar anderer Begriffe; aber auch hier hat sich das allgemeine Gesetz bestätigt. Was ist das einfachere, übersichtlichere, häufiger angewandte: «dreihundertfünfundsechzig» oder «365», «fünfunddreißig Grad einundvierzig Minuten dreiundzwanzig Sekunden» oder «35° 41′ 23″», «Pfund, Schilling und Pence» oder «£., s., d.». Ohne

Zweifel ist ein ideographisches Schriftsystem als Ganzes genommen unendlich komplizierter als sein Rivale; aber es ist leichter in jedem einzelnen Fall. Daher rührt sein Sieg.[163]

SCHWÄRZEN DER ZÄHNE Diese sonderbare Sitte ist mindestens so alt wie das Jahr 920; aber ihre Ursache ist unbekannt. Für die Männer wurde sie im Jahre 1870 verboten. Selbst die Frauen haben sie nun in Tokyo, Kyōto und den umliegenden Provinzen aufgegeben; und um diese Art weiblichen Schmuckes (?) heute noch zu sehen, muß man sich in entlegene Landdistrikte begeben, an die Nordwestküste zum Beispiel oder in den äußersten Nordosten, wo Entfernung und Armut als konservative Faktoren wirkten. Jede verheiratete Frau im Lande hatte die Zähne geschwärzt, bis die jetzige Kaiserin als Beispiel voranging und die Sitte unterließ. Glücklicherweise verliert sich die Wirksamkeit des angewandten Färbemittels nach einigen Tagen, so daß die Damen Japans keine Schwierigkeiten hatten, ihre Münder wieder weiß zu bekommen.

Mr. A. B. Mitford gibt in seinen amüsanten *«Tales of Old Japan»* das folgende Rezept zum Schwärzen der Zähne, das er von einem fashionabeln Drogisten in Yedo erhielt: «Nimmt drei Pinten Wasser, erwärme es und füge eine halbe Teetasse voll *sake* hinzu. Gib in diese Mischung etwas rotglühendes Eisen und laß sie fünf oder sechs Tage lang stehen. Wenn sich Schaum oben auf der Mischung gebildet hat, gieße man sie in eine kleine Teeschale und rücke sie ans Feuer. Ist die Flüssigkeit warm, so müssen gepulverte Galläpfel und Eisenfeilstaub hinzugetan und das Ganze wieder erwärmt werden. Die Mischung wird hierauf mit einem sanften Federpinsel auf die Zähne aufgetragen; mit mehr gepulverten Galläpfeln und Eisen und nach mehreren Anwendungen wird die gewünschte Farbe erzielt werden.»

SCHWERTER Das japanische Schwert der alten Zeit (das *tsurugi*) war eine gerade, zweischneidige, schwere Waffe, einige drei Fuß lang, die mit zwei Händen geschwungen wurde. Jenes des Mittelalters und der Neuzeit (das *katana*) ist leichter, kürzer, nur einschneidig und gegen die Spitze zu leicht gebogen. Sodann gibt es das *wakizashi,* ein Dolch, ungefähr 9½ Zoll lang, mit dem *harakiri* vollzogen wurde. Die vier berühmtesten japanischen Schwertschmiede sind *Munechika* (10. Jahrhundert), *Masamune* und *Yoshimitsu* (gegen das Ende des 13. Jahrhunderts) und *Muramasa* (gegen das Ende des 14. Jahrhunderts). Aber Muramasas Klingen standen im Rufe, Unglück zu bringen. Gegen das Ende des 15. Jahrhunderts entstanden Schulen von Künstlern in Metallarbeiten, die Griff, Stichblatt, Scheide und andere Zugehörigkeiten in einer Art verzierten, die noch heute das Entzücken der Sammler bildet. Aber für den japanischen Kenner ist das wertvollste immer die Klinge selbst, die «die lebendige Seele des Samurais» genannt wurde.

Die japanischen Schwerter übertreffen sogar die gepriesenen Produkte von Damaskus und Toledo. Eine Lage von Kupfermünzen zu durchhauen, ohne daß die Klinge schartig wurde, ist – oder war – ein alltägliches Kunststück. Geschichte, Tradition und Romanze widerhallen in gleicher Weise von den Taten dieser wunderbaren Waffe. Das Zauberschwert und das Schwert, das sich als Erbstück in der Familie vererbt, kommen ebenso häufig in den Seiten der japanischen Geschichtenschreiber vor, wie Zauberringe und Feuermale es seinerzeit im

Westen zu tun pflegten. Die unter den Samurais herrschende Sitte, zwei Schwerter zu tragen, soll aus dem Anfang des 14. Jahrhunderts stammen. Sie wurde durch einen Erlaß vom 28. März 1876, der am 1. Januar 1877 in Kraft trat, aufgehoben. Dieses Edikt wurde von diesem merkwürdig gefügigen Volke ohne das geringste Murren befolgt, und die Altertumsläden füllten sich mit Haufen von Schwertern, die ihre Besitzer vor wenigen Monaten nicht um den Preis ihres Lebens hergegeben hätten. Kurz darauf erschien ein zweites Edikt, das das erste aufhob und es *jedermann* freistellte, Schwerter nach Belieben zu tragen. Aber da auf diese Weise das Privilegium einer Klasse ausgelöscht wurde, machte niemand von der Erlaubnis Gebrauch, und der japanische Edelmann mit den zwei Schwertern ist jetzt verschwunden.

Ausgezeichnete Stücke von Schwertern und Scheiden kann man in Tokyo im Yushu-kan sehen, dem Kriegsmuseum, das im Bezirk des Shōkonsha-Tempels liegt.

Die japanischen Schwerter sind hergestellt aus weichem elastischen magnetischem Eisen und hartem Stahl. «Das Erhärten der Schneide», sagt Rein, «wird sorgfältig in Holzkohlenöfen ausgeführt; dabei werden der weichere Rücken und die Seiten bis zu einem gewissen Punkt mit feuersicherer Tonerde umgeben, so daß nur die Schneide freibleibt. Das Kühlen findet in kaltem Wasser statt. Deshalb kann die gestählte Schneide deutlich vom Rücken durch Farbe und Glanz unterschieden werden. Die Rücken von Messern, Äxten und Waffen werden mit der Stahlschneide entweder durch Zusammenschweißen auf einer Seite verbunden, oder indem man die Schneide in eine eingegrabene Rinne des Rückenstückes einfügt und auf beiden Seiten verschweißt.»

Die merkwürdigste Sache, die in Verbindung mit

Schwertern steht, ist in diesem Lande die, daß man Leitern aus Schwertern macht, mit der Schneide nach oben, die Leute emporsteigen; ursprünglich tat man es in der Absicht, das Wohlgefallen der Götter zu erregen und sich Verdienst zu erwerben; jetzt scheint dies Gottesurteil allerdings auf die Stufe einer bloßen akrobatischen Vorführung herabgesunken zu sein. Als der Verfasser Zeuge einer dieser Vorführungen im Hof des Tempels von Asakusa in Tokyo war, untersuchte er die Schwerter, ohne eine Spur von Täuschung entdecken zu können, und er ist deshalb nicht imstande, eine Erklärung dafür zu geben, wieso mehrere Personen diese schreckliche Leiter ohne schlimme Folgen barfüßig emporsteigen konnten.[164]

SEIDE Die Seidenraupe war in der Dämmerung der japanischen Geschichte noch eine seltene Neuheit. Wie es scheint, war sie gerade aus Korea importiert worden. Ihre erste Erwähnung findet sich in den Annalen der Regierung des Kaisers Nintoku, dessen Tod im Jahre 399 n. Chr. angenommen wird. Bis dahin war das Material für die Kleidung hänfenes Tuch und die Rinde des Papiermaulbeerbaums, gefärbt durch Reiben mit Krapp und anderen Farbstoffe enthaltenden Pflanzen. Das Zeugnis der japanischen Tradition, daß die Seide fremden Ursprungs sei und in früheren Zeiten in Japan unbekannt war, wird von den Resultaten der modernen Forschung unterstützt, die dahin gehen, daß weder die echte Seidenraupe noch der Maulbeerbaum, von dessen Blättern sie sich nährt, jemals wild in diesem Archipel vorkommen. In der Tat ein überraschender Wechsel! Die Seide hat mindestens dreizehnhundert Jahre lang dazu beigetragen, die oberen japanischen Klassen, Männer sowohl wie Frauen, zu kleiden, und ist zur Hauptquelle des nationalen Wohlstandes geworden.

Die japanische Seidenraupenmotte ist der *Bombyx mori, L.;* ihr Maulbeerbaum der «weiße Maulbeer», *Morus alba, L.* Sowohl das Insekt als auch der Baum haben unter der Kultur verschiedene Varietäten hervorgebracht. In der Regel werden die Bäume gestutzt, und der japanische ökonomische Sinn benützt den Raum zwischen den Bäumen zur Anpflanzung nützlicher Gemüse. Die Zweige schafft man gewöhnlich zum Abpflücken nach Hause. Die japanische Seidenraupe zeigt einige ausgeprägte Eigentümlichkeiten in verschiedenen Phasen ihres Lebenslaufes. Die Eier haben außerordentlich empfindliche Hüllen, weshalb man sie auf Pappdeckel legen läßt; die Raupen sind sehr träge, und die Kokons sind kleiner und leichter als die italienischen und die der Levante, wenn auch die Seide in der Qualität nur wenig nachsteht. In der Tat ist das Fabrikat gewisser Spinnereien in der Provinz Shinano sogar besser dank der glänzend weißen Farbe. Nachlässiges Spulen, das Unregelmäßigkeiten hervorruft, ist eine Schwäche. In vielen Teilen des Landes hat man noch immer die primitiven Arbeitsmethoden beibehalten; in anderen hat man ausländische Maschinen eingeführt.

Neben der echten Seidenraupe gibt es eine andere Spezies, *yamamayu* genannt, die von Eichenblättern lebt und Kokons von großer Stärke und Schönheit hervorbringt. Eine weitere – eine wilde, *sukari* genannt, deren Nahrung das Blatt der Kastanie ist – hat weniger Wert.

Die zentralen und nördlichen Provinzen der Hauptinsel sind seit unvordenklicher Zeit voll von Seide produzierenden Distrikten gewesen. Nichts ist so bezeichnend für den neuen industriellen Aufschwung Japans wie die Art und Weise, in der sich diese Distrikte ausgedehnt haben, so daß heute kaum eine Landgemeinde ohne Maulbeerbaumpflanzungen existiert. Die Statistik bestätigt, was jeder Beobachter bemerken kann. Während der letzten zwanzig Jahre nahm das mit Maulbeerbäumen bepflanzte Areal um ungefähr 200 Prozent zu, und bis zu 88 000 000 *yen* Seide wurde in einem einzigen Jahr exportiert. Wie hoch sich der einheimische Konsum beläuft, können wir nicht sagen; aber er muß ungeheuer sein. Man denke an die Gewänder, die Gürtel, die Bettdecken, Hüllen für Geschenke, Brokate, den Seidenkrepp, die Seidenrollen zum Bemalen oder Beschreiben und die tausend anderen Zwecke, zu denen dieses schönste aller Erzeugnisse verwendet wird.

Die Seide wird in verschiedenen Formen exportiert: als Rohseide, gespult in Fäden, doppelt gespult, in Strängen, als Kokons und als Abfallseide; verarbeitet, hauptsächlich in Stückform und als Taschentücher. Einige Jahre lang war auch der Export an Seidenraupeneiern bedeutend. Das kontinentale Europa und die Vereinigten Staaten sind Japans Hauptabnehmer für Rohseide und Abfallseide. Der Markt seiner Seidenprodukte ist die ganze Welt.[165]

SHIMO-BASHIRA Dieses merkwürdige Phänomen, das unter diesem Namen, der wörtlich «Reifpfeiler» bedeutet, bekannt ist, hat unter den ansässigen Gelehrten ein gewisses Interesse hervorgerufen. Diese «Reifpfeiler» können zuerst nach einer klaren, kalten Nacht bei Winteranfang und stets bei feuchtem bröckligen Boden beobachtet werden; die feine oberste Schicht dieses Bodens wird von der Oberfläche dieser «Frostpfeiler» in die Höhe getragen, so daß man sie leicht beim Gehen übersehen kann, bis der Fuß zwei, drei Zoll tief – manchmal sogar fünf oder sechs Zoll – in den vermeintlichen Grund einsinkt. Häufig erheben sie sich auch an den erhöhten Abhängen sonnenloser Wege. Einzeln betrachtet zeigen sie die Gestalt von kleinen hexagonalen Säulen oder besser Röhren von Eis; aber gewöhnlich kommen sie in Massen oder Bündeln vor, halb zusammengeschmolzen, und die längeren krümmen sich zuweilen wie Hobelspäne. Manchmal können Abschnitte an ihnen beobachtet werden, und bei jedem Abschnitt finden sich winzige Erdteilchen.

Der verstorbene Dr. Gottfried Wagner erklärte das Phänomen folgendermaßen: «Wenn sich die Oberfläche des feuchten Bodens, in dem sich das Wasser in feinen Kanälen befindet, in der Nacht durch Radiation abkühlt, verwandelt sich das Wasser an den Öffnungen der Kanäle in Eis. Dieses Eis unterstützt das Gefrieren der nächstliegenden Wasserteilchen, die ebenfalls erstarren, bevor der Boden selbst den Gefrierpunkt erreicht hat und bevor also das Wasser mit den Erdpartikeln zusammenfrieren kann. Das Eis dehnt sich dann in Richtung des geringsten Widerstandes, das heißt nach oben, aus. Auf diese Weise schafft sich ein Eismolekül nach dem andern den Ausweg aus den engen Kanälen – ein Prozeß, der ebenfalls die faserige Struktur der Eispfeiler erklärt. Jene treiben beim Wachsen die winzigen Erdpartikeln, die zwischen ihren Enden liegen und ebenfalls durch Radiation abkühlen und sich mit dem Eis verbinden, in die Höhe. Sie bilden eine Kruste, die selbst wiederum den Boden darunter gegen weitere Radiation schützt. Dies erklärt, weshalb der Boden, auf dem die Eispfeiler stehen, weit davon entfernt ist, gefroren zu sein, vielmehr so weich und feucht ist, daß ein dünner Stock leicht tief hineingetrieben werden kann. Daß die Eisnadeln wirklich von unten herauswachsen und sich den Weg durch den Boden aufwärts bahnen, wird durch den Umstand erhärtet, daß man an schattigen Plätzen, wo sie am Tage nicht schmelzen und deshalb mehrere Nächte nacheinander wachsen können, mehrere deutlich erkennbare dünne Lagen von Erdteilchen an den Pfeilern unterscheiden kann. Reifpfeiler bilden sich auch unter einer dünnen Schneedecke, wenn die Oberfläche der letzteren während des Tages schmilzt. Das Wasser dringt dann in die unteren Schneeschichten ein und von da in den Boden. Die dünne Schneedecke gefriert während der Nacht und der oben beschriebene Gefrierprozeß setzt sich in den unterirdischen Kanälen fort.»

Soviel wir wissen, sind Reifpfeiler, wie sie hier beschrieben wurden, in Europa unbekannt. Ein Engländer, der lange in Virginia lebte, erzählte uns indessen, daß sie dort vorkommen und in der lokalen Sprache *«frost-flowers»* heißen.[166]

SHINTŌ Shintō, wörtlich «der Weg der Götter», ist der Name, den man der Mythologie und dem vagen Ahnen- und Naturkult verlieh, der dem Buddhismus in Japan voranging und noch immer in einer modifizierten Form besteht. Wir verweisen den Leser auf den Artikel über *«Geschichte»* und *«Mythologie»* für eine Skizze des Shintō-Pantheons und möchten hier darauf aufmerksam machen, daß Shintō, wovon so oft als einer Religion gesprochen wird, kaum Anspruch auf diese Bezeichnung hat, selbst in der Meinung jener nicht, die heute als seine offiziellen Sprecher auftreten in dem Wunsche, Shintō als eine patriotische Institution zu erhalten. Shintō besitzt kein Dogma, kein heiliges Buch, keinen Moralkodex. Das Fehlen eines Moralkodexes wird in den Schriften einheimischer Kommentatoren erklärt mit der inneren

Vollkommenheit der japanischen Menschheit, die solch äußerlicher Stützen entbehren kann. Nur die angeborene Verderbtheit von solch Verworfenen, wie die Chinesen und westlichen Nationen es sind, macht das gelegentliche Auftreten von Weisen und Reformatoren notwendig; und selbst mit diesem Beistand wälzen sich alle fremden Nationen noch immer im Schmutz von Unwissenheit, Schuld und Ungehorsam gegen den vom Himmel stammenden rechtmäßigen Beherrscher des Universums – den Mikado Japans.

In der Entwicklung des Shintō sind drei Perioden zu unterscheiden. Während der ersten, ungefähr bis herab zu 550 n. Chr., betrachteten die Japaner die Religion nicht als eine selbständige Institution. Daß man den Göttern Ehrfurcht erwies, das heißt den abgeschiedenen Ahnen der kaiserlichen Familie und den Manen anderer großen Männer, das war eine Sitte, die demselben seelischen Boden entstammte wie jene des leidenden Gehorsams und der Anbetung des lebenden Mikados. Daneben betete man zu den Windgöttern, zum Gott des Feuers, zum Gott der Pestilenz, zur Göttin der Nahrung und zu Gottheiten, die die Bratpfanne, den Kessel, das Tor und die Küche bewachten. Auch Reinigungen für Vergehen waren bekannt, ebenso für körperliche Verunreinigungen, so zum Beispiel die Berührung eines Leichnams. Das Reinigungsmittel war das Wasser. Aber es existierte nicht der leiseste Gedanke eines ethischen Codes oder einer Systematisierung der einfachen Vorstellung des Volkes in bezug auf unsichtbare Dinge. Es gab weder Himmel noch Hölle – nur etwas wie einen unbestimmten Hades. Manche der Götter waren gut, manche böse; auch war die Grenze zwischen Menschen und Göttern ganz und gar nicht klar gezogen. Indessen existierte eine primitive Klasse von Priestern; jedem Priester lag der

Dienst eines besonderen lokalen Gottes ob, aber er hatte dem Volk nicht zu predigen. Eine der jungfräulichen Töchter des Mikados lebte stets in dem alten Tempel von Ise und hielt Wache über den Spiegel, das Schwert und das Juwel, die der Mikado von seiner Vorfahrin, Amaterasu, der Sonnengöttin, ererbt hatte.

Man kann sagen, daß Shintō in dieser seiner ersten Phase aus einer Anzahl ebenso politischer wie religiöser Zeremonien bestand. Ob und wie weit sich selbst in dieser frühen Periode ein uneingestandener geistiger Einfluß von China her fühlbar gemacht hat, ist eine interessante Frage. Die Übereinstimmung einiger Mythen, ferner andere verstreute Symptome scheinen darauf hinzuweisen. Die chinesische Färbung der Version der Mythologie und legendarischen Geschichte, die im *«Nihongi»* enthalten ist, fällt sogar dem wenig kritischen Leser auf und zeigt klar, daß auf jeden Fall im 8. Jahrhundert das Bestreben, die nationalen Traditionen frei von fremdem Einfluß zu bewahren, dem japanischen Geist fremd war.

Mit der Einführung des Buddhismus in der Mitte des 6. Jahrhunderts n. Chr. wurde die zweite Periode des Shintō eingeleitet, und eine weitere Entwicklung zu einer Religion hörte auf. Die Metaphysik des Buddhismus war zu tief, sein Ritual zu prächtig, sein Moralkodex zu sublim, als daß das schwächliche Gebäude des Shintō ihm irgendeinen wirksamen Widerstand hätte entgegensetzen können. All das, was von religiösem Gefühl im Volk existierte, ging ins feindliche Lager über. Die buddhistische Priesterschaft nahm diplomatisch die einheimischen Shintō-Götter als alte Buddhas in ihr Pantheon auf, aus welchem Grunde viele der mit dem Hof in Verbindung stehenden Shintō-Zeremonien beibehalten wurden, wenn auch buddhistische Zeremonien selbst in der Anschauung der bekehrten Abkömmlinge der Sonne den ersten Platz einnahmen. Die Shintō-Rituale *(norito)*, die bis dahin mündlich überliefert worden waren, wurden nun zum erstenmal schriftlich aufgezeichnet. Auch der Ausdruck «*Shintō*» wurde eingeführt, um die alte einheimische Denkweise von der neuen aus Indien eingeführten Lehre zu unterscheiden; denn bis zu dieser Zeit war niemand auf den Gedanken gekommen, die verschiedenen fragmentarischen Legenden und lokalen Gebräuche unter einer allgemeinen Bezeichnung zusammenzufassen.

Aber im großen und ganzen betrachtet, müssen wir sagen, daß die zweite Periode des Shintō, die von 550 bis 1700 währte, eine Periode der Dunkelheit und Machtlosigkeit war. Die verschiedenen belanglosen Sekten, in die sich Shintō in dieser Zeit spaltete, verdankten die geringe Lebenskraft, die sie besitzen mochten, Fragmenten kabbalistischer Lehren, die dem vulgären Buddhismus und Taoismus entnommen wurden. Ihre Priester übten die Künste des Wahrsagens und Zauberns. Nur am Hof und in einigen großen Tempeln wie jenen von Ise und Izumo lebte Shintō in seiner einheimischen Einfachheit weiter; und es ist zweifelhaft, ob sich nicht selbst dort im Laufe der Zeit Änderungen einschlichen. In den meisten der Shintō-Tempel im ganzen Lande versahen buddhistische Priester den Dienst, die den architektonischen Schmuck und das Zeremoniell ihrer eigenen Religion einführten. Auf diese Weise bildete sich *Ryōbu Shintō* heraus – eine gemischte Religion, die auf einem Kompromiß zwischen dem alten Glauben und dem neuen beruht –, und daher stammen teilweise (denn auch andere Ursachen haben zu diesem Resultat beigetragen) die toleranten Anschauungen in theologischen Fragen, die den meisten Japanern der mittleren und unteren Klassen eigen sind, die gleicherweise in den Tempeln beider Bekenntnisse beten.

SHINTŌ-GÖTTIN

Die dritte Periode in der Geschichte des Shintō begann ungefähr um das Jahr 1700 und setzt sich bis auf heute fort. Sie wurde die Periode des «Wiederauflebens des reinen Shintō» genannt. Im 17. und 18. Jahrhundert, unter der friedlichen Herrschaft der Tokugawa-Dynastie der Shōguns, wandten die Gelehrten Japans ihre Augen rückwärts auf die Vergangenheit ihres Landes. Alte Manuskripte wurden ausgegraben, alte Geschichtswerke und alte Dichtungen wurden gedruckt, die alte Sprache wurde studiert und nachgeahmt. Bald wurde die Bewegung religiös und politisch, mehr noch patriotisch, um nicht zu sagen chauvinistisch. Das Shōgunat verlor an Gunst, da es die Autokratie des vom Himmel stammenden Mikados verdrängt hatte. Über den Buddhismus und die Lehre des Konfutse wurde die Nase gerümpft, da sie fremden Ursprungs waren.

Bei all dem gewann Shintō. Die großen Gelehrten Mabuchi (1697–1769), Motoori (1730 bis 1801) und Hirata (1776–1843) widmeten sich der religiösen Propaganda, sofern man etwas eine Religion nennen kann, das vom Prinzip ausgeht, daß die einzigen zwei notwendigen Dinge die sind, seinen natürlichen Impulsen zu folgen und dem Mikado zu gehorchen. Diese Anschauungsweise triumphierte eine Weile in der Revolution von 1868. Der Buddhismus wurde abgesetzt und ihm jede Unterstützung entzogen und Shintō als die einzige Staatsreligion aufgestellt. Der Synode für geistliche Angelegenheiten wurde gleicher Rang verliehen mit dem Staatsrat, der die weltlichen Angelegenheiten verwaltete. Gleichzeitig wurden Tausende von Tempeln, früher buddhistisch oder *Ryōbu Shintō,* wie die Phrase lautete, «gereinigt», das heißt ihres buddhistischen Schmucks entkleidet und der Sorgfalt des Shintō übergeben.

Aber da Shintō nicht in sich selbst wurzelt, zu leer und

kraftlos ist, um Einfluß auf die Herzen der Menschen zu gewinnen, erhob sich der Buddhismus bald wieder. Die Synode für geistliche Angelegenheiten wurde zum Rang eines Ministeriums degradiert, das Ministerium zu einer Behörde und die Behörde zu einer Unterbehörde. Die ganze Sache ist jetzt nichts mehr als ein Schatten, wenn auch Shintō noch insofern der offizielle Kult ist, als gewisse Tempel mit öffentlichen Geldern erhalten werden und von Zeit zu Zeit die Anwesenheit von gewissen Beamten bei Zeremonien halb religiöser, halb höfischer Natur gefordert wird. Genötigt, ihre Daseinsberechtigung zu beweisen und sich ein bißchen Popularität zu erhalten, haben die Priester begonnen, billige religiöse Drucke zu verkaufen, ganz wie ihre buddhistischen Rivalen. Einige private Gelehrte – Dr. Inoue Tetsujirō zum Beispiel – haben es auch vor kurzer Zeit versucht, dem Shintō neues Leben einzuhauchen, indem sie es mit fremden, vom Ausland geborgten ethischen und theologischen Federn schmückten. Einer von diesen Schwärmern, ein Herr Sakamoto, hat die Gründung einer Vereinigung angestrebt, die unter neuen Shintō-Namen die sieben Kardinaltugenden (Konfutse), die Lehre von Ursache und Wirkung (buddhistisch) und jene von der Dreifaltigkeit (christlich) verkünden sollte. Natürlich welken solch wurzellose Blumen, die keinen Lebenssaft in sich haben, sofort wieder. Von größerem Erfolg war die Gründung von zwei neuen Quasi-Shintōsekten begleitet, *Tenrikyō* und *Renmonkyō*. Sie behaupten, den wirklichen nationalen Kult zu repräsentieren, enthalten aber gleichzeitig allerlei Aberglauben, der verschiedenen Quellen entnommen ist, und (wenn man sie nicht stark verleumdet) ein großes Maß von Sittenlosigkeit. Die Gründer dieser beiden Sekten waren unwissende Bauernfrauen.

Wer die japanische Kunst liebt, wird Unwillen empfinden gegen die Shintō-Wiederbeleber wegen der absurden «Reinigung», die zahllose Juwele buddhistischer Architektur und Dekoration zerstört hat – nicht um eines erhabenen moralischen Ideals willen, wie es bei den Puritanern Europas der Fall war, sondern um eines Ideals willen, das unendlich niedriger stand als der Buddhismus selbst. Auf der andern Seite stellt der literarische Stil ihrer Schriften alles in den Schatten, was die Anhänger des Buddhismus hervorbrachten; und ihre Bemühungen, die alten japanischen klassischen Autoren der Vergessenheit zu entreißen, verdienen volles Lob.

Der Shintō-Tempel *(yashiro* oder *jinja)* bewahrt in einer leicht ausgebauten Form den Typus der alten japanischen Hütte und unterscheidet sich darin vom buddhistischen Tempel *(tera),* der chinesischen und in noch älterer Zeit indischen Ursprungs ist. Einzelheiten in bezug auf Namen und Zwecke der verschiedenen Tempelgebäude, zusammen mit anderen Dingen, findet man in der Einleitung von Murrays *«Handbook for Japan»*. Hier mag es genügen, kurz darauf hinzuweisen, wie man die Tempel der beiden Religionen voneinander unterscheiden kann. Die äußerlichen Zeichen des Shintō sind erstens ein Stab, von dem Streifen von weißem Papier, in kleine Bündel geschnitten *(gohei),* herabhängen, die die Opfergaben von Stoffen repräsentieren sollen, die in alter Zeit bei Festen an die Äste des heiligen Cleyera-Baums gebunden wurden; sodann ein eigentümliches Tor, genannt *torii*. Ein anderes Unterscheidungsmerkmal besteht darin, daß der Shintō-Tempel mit Stroh und der buddhistische mit Ziegeln gedeckt ist. Ferner ist der Shintō-Tempel schlicht und leer, während der buddhistische äußerst geschmückt und angefüllt mit religiösen Objekten ist.[167] (Siehe auch die Artikel über «Architektur» und «Torii».)

Shōgun Der Titel Shōgun, der wörtlich «Generalissimus» bedeutet und eine solche ungeheure Rolle in der japanischen Geschichte spielen sollte, scheint zuerst 813 n. Chr. eingeführt worden zu sein, als ein gewisser *Watamaro* zum *Seii Taishōgun,* das heißt zum «Barbaren unterwerfenden Generalissimus», ernannt wurde, um Krieg gegen die Ainos im Norden des Reiches zu führen. Der Titel wurde später in ähnlichen Fällen von Zeit zu Zeit verliehen. Aber *Yoritomo* am Ende des 12. Jahrhunderts war der erste von diesen Feldmarschällen, der sich auch zum Majordomus, wie man sagen könnte, des Palastes machte und in Wirklichkeit zum Herrscher des Landes. Von dieser Zeit an folgten einander durch das Mittelalter und bis auf unsere Zeit verschiedene Dynastien von Shōguns. Die größten dieser Familien waren die *Ashikaga* (1336–1570) und die *Tokugawa* (1603–1867). Eine Verkettung von Umständen teils politischer, teils religiöser, teils literarischer Natur führte zur Aufhebung des Shōgunats im Jahre 1868. Der Mikado trat alsdann wieder in den Vordergrund, um tatsächlich zu herrschen und nicht nur dem Namen nach, nachdem er fast siebenhundert Jahre lang im Schatten der Shōguns gestanden hatte.

Schon auf Seite 247 wurde gesagt, daß der Name des letzten der Shōguns *Hitotsubashi* war. Wenn er das *harakiri* vollzogen hätte, als der Zusammenbruch kam (was viele seiner Anhänger erwarteten), so würde das ein würdiges und denkwürdiges Ende des japanischen Feudalismus gewesen sein. Er zog es vor zu leben. Nachdem er viele Jahre in Zurückgezogenheit in einer Provinzstadt verbracht hatte, siedelte er nach der Hauptstadt über; und später, als er zu irgendeinem Amt am kaiserlichen Hof zugelassen wurde, rief sein Erscheinen hier kaum einen Ausruf der Überraschung hervor. Es würde Lesern, die in Europa – mit seinen Karlisten, Bourbonen, in alter Zeit seinen Stuarts und zu allen Zeiten seinen Unversöhnlichen verschiedener Namen und Ränge – groß wurden, nur natürlich erscheinen, daß eine Partei, die für die Wiedereinsetzung des Shōgunats eintritt, fortbestehen und dem neuen Regime Schwierigkeiten bereiten sollte. Dies ist indessen nicht der Fall. Der Geist des Fernen Ostens betrachtet diese Dinge anders. Von Natur aus nüchtern, akzeptiert man dort die Notwendigkeit von Ereignissen rascher und besser als bei uns. In diesem Weltteil fällt eine verlorene Sache nicht nur: sie hört auf zu existieren.

Die meisten modernen Schriftsteller, die japanische Gegenstände behandeln – fremde sowohl als auch einheimische – pflegen die Shōguns als Usurpatoren darzustellen. Sicherlich ist das aber eine sehr wenig philosophische Art von Geschichtsstudium. Es ist selbst nicht einmal formell korrekt, denn man weiß, daß die Shōguns vom Hof in Kyōto in genau der gleichen Weise eingesetzt wurden wie Staatsminister in späteren Zeiten. Wir können uns hier nicht auf die Ursachen einlassen, die den japanischen Feudalismus, mit den Shōguns an der Spitze, hervorbrachten. Aber wenn sieben Jahrhunderte einen Titel nicht legalisieren, wieviele der heute in der Welt existierenden Regierungen sind dann legitim? Und welchen Beweis gibt es oder könnte es geben für die Legitimität irgendeiner Regierung außer der allgemeinen Anerkennung der Regierten?[168]

SIEBOLD (PHILIPP FRANZ FREIHERR VON SIEBOLD, 1796–1866) Verfasser von vielen, sowohl in lateinischer als auch deutscher Sprache geschriebenen Büchern über Zoologie, Botanik, Sprache und Bibliographie Japans und der Nachbarländer, und bekannt durch sein prächtig illustriertes Foliowerk, betitelt: «*Nippon, Archiv zur Beschreibung von Japan*», das selbst eine Enzyklopädie von Informationen über das Japan seiner Zeit ist, stammt aus einer alten bayrischen Familie. Wie *Kaempfer* eineinhalb Jahrhunderte vor ihm, urteilte er, und zwar mit Recht, daß der Dienst in der Holländischen OstindienGesellschaft der beste Weg zur Kenntnis des damals mysteriösen Reiches Japan sei. Zum Führer einer wissenschaftlichen Expedition erwählt, die in Batavia ausgerüstet wurde, landete er im August 1823 zu Deshima, dem holländischen Teil von Nagasaki.

Durch Charakterstärke, angenehmes Wesen, ärztliche Geschicklichkeit, sogar durch Bestechungen, die der Sitte des Landes entsprachen und die sicherlich unter diesen Umständen kein vernünftiger Mensch verurteilen wird, erlangte er eine außerordentliche Macht über die Japaner, so argwöhnisch und schwer zu behandeln sie auch damals waren.

1826 begleitete er die holländische Gesandtschaft, die alle vier Jahre dem Shōgun ihre Ehrerbietung erwies, nach Yedo und schloß innige Freundschaft mit dem Hofastronom, Takahashi mit Namen, der ihm eine Karte des Landes aushändigte, was in jenen Tagen als Hochverrat galt. Als zwei Jahre später die Sache aufkam, wurde Takahashi in einen Kerker geworfen, wo er starb; Siebolds Haus wurde durchsucht, seine Diener festgenommen und gefoltert, und er selbst mußte vor dem Gouverneur von Nagasaki auf den Knien erscheinen, um sich wegen seiner Beteiligung an dem Verbrechen zu verantworten. Es gelang ihm durch Geschicklichkeit, seine Hauptschätze zu retten, unter ihnen die Karte, die so kostbar für die geographische Wissenschaft war. Aber er wurde aus dem Lande verbannt und segelte am 2. Januar 1830 nach Batavia. Seine verfolgten Schüler, die von einigen der bedeutenden Daimyōs beschützt wurden, trugen nicht wenig zur Verbreitung des europäischen Studiums in Japan bei.

Nach Holland zurückgekehrt, wurde Siebold vom holländischen König zum Baron und zum Oberst in der Armee ernannt und verbrachte die nächsten neunundzwanzig Jahre mit der Niederschrift seiner zahlreichen Werke und dem Aufstellen seiner wissenschaftlichen Sammlungen in den Museen von Leiden, München und Würzburg. Von noch dauernderem Erfolg als seine wissenschaftlichen Arbeiten war seine Tätigkeit auf dem Gebiete der praktischen Botanik. Ihm verdanken unsere westlichen Gärten die japanische Lilie, Päonie, Aralia, das Chrysanthemum und Dutzende anderer interessanter und schöner Pflanzen, mit denen sie heute geschmückt sind.

Unterdessen hatte Commodore Perrys Expedition das geschlossene Tor Japans gesprengt. Siebold kehrte im Alter als halboffizieller Gesandter in das Land zurück, das er vor so vielen Jahren in Ungnade verlassen hatte. Diese Mission war nicht im ganzen erfolgreich. Die Zeiten waren kriegerisch und wenig geeignet für die friedlichen Unterhandlungen eines Gelehrten. Siebolds eigentliches Feld war nicht die Politik, sondern die Wissenschaft. Sein Ruf erlitt vielleicht keine Einbuße dadurch, daß ein zweiter halboffizieller Besuch Japans, mit dem ihn Napoleon III. zu betrauen gedachte, nie ausgeführt wurde. Nach seinen wissenschaftlichen Werken und ihren praktischen Erfolgen beurteilt, ist Siebold der größte unter den vielen Deutschen, die so viel zur Kenntnis Japans beisteuerten – Kämpfer im 17. Jahrhundert und Rein in unserer Zeit sind die anderen glänzenden Namen.

Wenn es kleinen Leuten erlaubt ist, Riesen zu kritisieren, so möchten wir anführen, daß die einzige Schwäche der älteren deutschen Forscherschule, wie sie durch Kämpfer, Thunberg, Siebold und sogar Rein vertreten wird, eine gewisse Unzulänglichkeit der Kritik in bezug auf Geschichte und Sprache ist. Es genügt sicherlich nicht, auf die japanischen Quellen Bezug zu nehmen. Diese selbst müssen einer strengen Prüfung unterworfen werden. Es war der englischen Schule, die durch Satow und Aston vertreten wird, vorbehalten, dies zu tun, die Sprache mit wissenschaftlicher Genauigkeit zu erforschen und zu beweisen, Schritt für Schritt, daß die sogenannte Geschichte, die Kämpfer und seine Nachfolger ohne weiteres hinnahmen, nichts ist als eine Menge Altweibergeschichten. In neuerer Zeit indessen haben Rieß, Florenz und andere für die deutsche Gelehrtenschaft auf diesem Felde glänzende Lorbeeren geerntet.[169]

SKULPTUR Siehe «Bildhauerkunst».

SONNE, MOND UND STERNE In der frühen japanischen Mythologie herrscht über die Sonne eine Göttin, die erhabene Amaterasu oder «Himmelsleuchte», von der die kaiserliche Familie Japans abstammt. Der Mond gehört ihrem Bruder, dem wilden und ungestümen Gott *Susanō*. Gemäß den späteren japanischen Dichtern wächst im Mond ein Cassiabaum *(katsura)*, dessen sich rötendes Laub den helleren Glanz des Mondes im Herbst hervorruft. Sie erzählen uns auch von einer großen Stadt im Mond *(tsukinomiyako)*, und die Mythendichter ließen eine Maid vom Mond auf die Erde herabsteigen, wo sie in verschiedenen malerischen Szenen Buße tut. Aber die

Volksvorstellung von heute läßt nur einen Hasen im Mond zu, der Reis in einem Mörser stampft, um Kuchen daraus zu backen. Die Idee vom Hasen wurde von China entlehnt, aber die Reiskuchen scheinen einheimisch zu sein und ihren Ursprung in einem Wortspiel zu haben – das gleiche Wort *mochi* hat nämlich zufällig die zwei Bedeutungen von «Reiskuchen» und «Vollmond». Die Sonne, sagt man, sei von einer dreibeinigen Krähe bewohnt, was ebenfalls eine chinesische Vorstellung ist. Daher rührt der Ausdruck *kinu gokuto*, «die goldene Krähe und der juwelengeschmückte Hase», als Umschreibung für Sonne und Mond.

Weitaus mehr Bedeutung als die Sonne hat für ästhetische Personen der Mond. Er ist von allen Themen jenes, mit dem sich die japanischen Dichter und Romanschreiber fortwährend beschäftigen; einer von ihnen versichert emphatisch, daß «alle Sorgen gelindert werden können durch das Blicken in den Mond». Das Volk betet immer noch die Mondsichel an, sooft sie sich zuerst zeigt; aber die größten Nächte des lunaren Jahres sind der 26. des 7. Mondes, der 15. des 8. Mondes und der 13. des 9. Mondes nach dem alten Kalender, die ungefähr fünf oder sechs Wochen später fallenden Daten unseres Kalenders entsprechen, also die drei Monde des Herbsttrimesters in sich schließen. In der 26. Nacht des 7. Mondes besuchen die Leute von Tokyo die Teehäuser zu Atagoyama oder jene an der Seeküste von Takanawa und bleiben sehr spät oder besser früh auf, um zu beobachten, wie der Mond aus dem Wasser emporsteigt, wobei sie *sake* trinken und Verse verfassen, die dem sentimentalen Charakter der Szene angemessen sind. Die 15. Nacht des 8. Mondes, der kein anderer ist als unser Erntemond, wird durch ein Opfer von Bohnen und Reisklößen und von Sträußen von Eulaliagras und Lespedezablüten ge-

feiert. Dieser Mond heißt der «Bohnenmond». In der
13. Nacht des 9. Mondes werden dieselben Opfer von
den gleichen Sträußen, von Reisklößen und von Kastanien dargebracht. Es heißt der «Kastanienmond».

Die Sterne werden in Japan weitaus weniger bewundert und besungen als in Europa. Die einzige erwähnenswerte Fabel, die etwas mit den Sternen zu tun hat, ist jene, auf der das Fest namens *Tanabata* beruht. Diese Fabel, die chinesischen Ursprungs ist, erzählt die Liebe eines Hirten und einer Weberin. Der Hirte ist ein Stern im Bilde der Aquila, die Weberin ist der Stern Wega. Sie wohnen an den entgegengesetzten Ufern des «Himmlischen Flusses» oder der Milchstraße und können nicht zusammenkommen, ausgenommen in der 7. Nacht des 7. Mondes. Diese Nacht ist ihnen geheiligt; Papierstreifen mit poetischen Ergüssen zu ihren Ehren werden an Bambusrohren befestigt und an verschiedenen Orten aufgestellt. Nach einer Version der Legende wurde das Webermädchen so unausgesetzt damit beschäftigt, Gewänder für den Nachkömmling des Himmelskaisers – Gott, in andern Worten – anzufertigen, daß ihr keine Zeit blieb, an den Schmuck der eigenen Person zu denken. Zuletzt indessen gab ihr Gott, der Mitleid mit ihrer Verlassenheit hatte, den Hirten zur Ehe, der auf dem jenseitigen Ufer des Flusses wohnte. Von der Zeit an aber wurde die Frau in ihrer Arbeit nachlässig. Gott in seinem Zorn zwang sie hierauf, wieder über den Fluß zurückzukehren, und verbat gleichzeitig ihrem Mann, sie mehr als einmal im Jahr zu besuchen. Eine andere Version stellt das Paar als Sterbliche dar, die im frühen Alter von fünfzehn und zwölf verheiratet wurden und im Alter von hundertunddrei und neunundneunzig Jahren starben. Nach dem Tode flogen ihre Geister zum Himmel empor, wo die erhabene Gottheit täglich im Himmlischen Fluß badet. Kein Sterblicher darf ihn durch Berührung beflekken, ausgenommen am 7. Tag des 7. Mondes, da die Gottheit, anstatt zu baden, dem Absingen der buddhistischen Schriften lauscht.

SPIEGEL Die alten japanischen Spiegel sind kreisförmig und aus Metall hergestellt, gewöhnlich aus Bronze; auf der Vorderseite sind sie mit einer schön polierten Mischung von Zinn und Quecksilber überzogen. Die Rückseite ist mit einem Relief von Blumen, Vögeln oder chinesischen Charakteren geschmückt, und an einer Seite befindet sich eine Handhabe; im allgemeinen sieht ein solcher Spiegel wie ein hübscher Metallfächer aus.

Manche dieser japanischen Spiegel weisen eine große Eigentümlichkeit auf; wenn nämlich die Spiegelfläche Sonnenlicht reflektiert, so zeigt sich ein leuchtendes Bild der Zeichnung auf der Rückseite. Ein solch sonderbares Phänomen hat natürlich die Aufmerksamkeit der Gelehrten erweckt. Nach vielen Vermutungen wurde von den Professoren Ayrton und Perry nachgewiesen, daß es dadurch entstehe, weil die Wölbung der Spiegelfläche über dem leeren Grund der Rückseite stärker ist als über der Zeichnung. Der Spiegel ist flach gegossen; vor dem Polieren wurde ihm die konvexe Form verliehen, indem man ihn mit einem eisernen Werkzeug so lange rieb als nötig war, um eine konvexe Wölbung des Metalls zu erzielen. Diese Konvexität wurde später durch das wiederholte Einreiben von Quecksilber erhöht. Diese beiden Manipulationen üben auf die dünneren Partien eine größere Wirkung aus als auf die Partien über der erhabenen Zeichnung. Daraus entsteht die ungleiche Konvexität, die den Reflex der Zeichnung auf der Spiegelfläche erzeugt.[170]

SPRACHE Abgesehen von dem Schwesteridiom, das auf den Luchu-Inseln gesprochen wird, besitzt die japanische Sprache keine Verwandten, und ihre Zugehörigkeit zu einer der bekannten Sprachenfamilien bleibt zweifelhaft. In der Struktur, wenn auch nicht sonderlich im Wortschatz, ähnelt sie sehr dem Koreanischen, und beide, sie und Koreanisch, sind vielleicht mit dem Mongolischen und dem Mandschu verwandt und könnten deshalb etwa beanspruchen, der sogenannten «Altaischen» Gruppe eingereiht zu werden. Auf jeden Fall ist Japanisch eine, wie die Philologen sagen, agglutinierende Sprache, das heißt, sie bildet ihre Wörter und grammatikalischen Formen mit Hilfe von Endungen, die der Wurzel oder dem Stamm, der unverändert bleibt, lose angefügt werden.

Obgleich das Japanische ursprünglich nicht mit dem Chinesischen verwandt ist, hat es doch eine ungeheure Anzahl chinesischer Wörter adoptiert, die natürlich mit der chinesischen Zivilisation in das Inselreich kamen. Selbst in unseren Tagen nahm die japanische Sprache ihre Zuflucht zum Chinesischen bei Ausdrücken zur Bezeichnung all der neuen Dinge und Begriffe, wie «Telegramm», «Fahrrad», «Photographie», «Demokratie», «natürliche Auslese», «beschränkte Haftung» usw., ähnlich wie wir unsere Zuflucht zum Lateinischen und Griechischen genommen haben. Die Folge davon war sehr merkwürdig: Die Europäisierung der japanischen Institutionen machte die Sprache in unserer Zeit China gegenüber weit mehr tributpflichtig, als sie es je war, während die Lehre des Konfutse im Lande regierte.

Die fundamentale Regel der japanischen Syntax ist, daß erläuternde Begriffe vor dem Wort stehen, das sie näher bestimmen. Also stehen das Eigenschaftswort oder der Genitiv vor dem Substantiv, das sie näher bestimmen, das Adverb vor dem Zeitwort und erläuternde Sätze oder Relativsätze vor dem Hauptsatz. Das Objekt steht ebenfalls vor dem Zeitwort. Das prädikative Zeitwort oder Adjektiv eines jeden Satzes wird an das Ende dieses Satzes gestellt, das prädikative Zeitwort oder Adjektiv des Hauptsatzes steht am Ende des ganzen Satzes, der häufig, selbst in der Umgangssprache, außerordentlich lang und kompliziert ist.

Das obige Beispiel wird zur Genüge zeigen, wie außerordentlich verschieden (im Vergleich zu europäischen Sprachen) die Kanäle sind, in denen die japanischen Gedanken fließen. Und nicht allein die Idiome sind verschieden, dieselben Umstände entlocken dem Japaner auch ganz andere Äußerungen als einem Europäer. In solchen Fällen ist die Verschiedenheit in der Tat auffallend. Bei den japanischen Hauptwörtern gibt es weder Geschlecht noch Mehrzahl, bei den japanischen Adjektiven keine Steigerung, bei den japanischen Zeitwörtern kein persönliches Fürwort. Auf der andern Seite zeigen die Zeitwörter besondere Komplikationen. Sie haben eine Verneinung, ferner Formen, die Grund und Möglichkeit bezeichnen. Ferner existieren komplizierte Formen der Ehrerbietung, die bis zu einem gewissen Grad das persönliche Fürwort beim Zeitwort ersetzen und diesen Mangel ausgleichen.

Obgleich das japanische Vokabular außerordentlich reich ist und sich fortwährend vergrößert, ist es doch schätzenswert arm an Schimpfwörtern. Es enthält absolut keine Mittel zum Fluchen oder Schimpfen. Eine andere negative Eigenschaft der Sprache besteht darin, daß sie gewöhnlich jede Personifikation vermeidet; diese Eigenschaft wurzelt so tief und ist so allgemein, daß es nicht erlaubt ist, Neutren mit transitiven Verben zu verbinden. Infolgedessen verwirft die Sprache Ausdrücke wie «die Hitze macht mich schlapp», «Verzweiflung trieb ihn zum Selbstmord», «die Wissenschaft warnt uns vor dichten Menschenansammlungen», «Streitigkeiten erniedrigen diejenigen, die sie führen», usw. Man muß sagen, «da es heiß ist, fühle ich mich matt», «da er die Hoffnung verloren hatte, tötete er sich», «wenn wir erwägen, finden wir, daß das Zusammenpferchen von Menschen ungesund ist» usw. Die Idee ist ohne Zweifel adäquat ausgedrückt, aber auf Kosten von Schwung und Plastik. Niemand kann sich einen klaren Begriff davon machen, wie malerisch unsere europäischen Sprachen sind, wie gesättigt mit Bildern und wie erhellt von Phantasie, bevor er nicht eine der anspruchsloseren Zungen des Fernen Ostens kennengelernt hat. Natürlich leidet die Poesie mehr unter diesem Mangel der Sprache als die Prosa.

In der Tat, die meisten Metaphern und Allegorien können dem Geiste des Fernen Ostens nicht einmal verständlich gemacht werden.

Japanisch – mit seiner besonderen Grammatik, seiner noch ungewissen Verwandtschaft, seiner alten Literatur – ist eine Sprache, die mehr Aufmerksamkeit verdient, als ihr bisher geschenkt wurde. Wir sagen «Sprache»; aber Sprachen würde korrekter sein, denn die moderne Umgangssprache hat sich von dem alten klassischen Idiom beinahe im selben Maße entfernt wie das Italienische vom Lateinischen. Die Japaner wenden in ihren Büchern und selbst in der Korrespondenz und in Ankündigungen noch heute einen Stil an, der teilweise klassisch ist und teilweise künstlich. Dies ist die sogenannte «geschriebene Sprache». Der Studierende findet sich infolgedessen vor eine doppelte Aufgabe gestellt. Dazu kommt die Notwendigkeit, zwei Silbenreihen auswendig lernen zu müssen, von denen eine viele Varianten aufweist, und wenigstens zwei- oder dreitausend chinesische Ideogramme in klassischer und kursiver Form, noch dazuhin Ideogramme, von denen die meisten drei oder vier verschiedene Lesarten zulassen, je nach den Umständen. Ferner kommt dazu, daß alle diese Arten geschriebener Symbole auf derselben Seite durcheinandergemischt vorkommen können, und die Aufgabe, das Japanische zu bewältigen, wird nahezu eine Herkulesarbeit. Glücklicherweise macht die Aussprache weniger Schwierigkeit, und es ist nicht schwer, sich eine oberflächliche Kenntnis anzueignen, die das Vergnügen und die Bequemlichkeit all jener, die im Lande leben oder reisen, bedeutend erhöht. Ferner gewährt bei all diesen sprachlichen Schwierigkeiten der Umstand ein wenig Erleichterung, daß die lokalen Dialekte keine große Rolle spielen. Es ist nicht wie in China, wo du, wenn du Pekingisch in Kanton sprichst, nicht verstanden wirst, und wenn du Kantonisch sprichst, man dich nicht in Amoy oder Shanghai versteht. Hier wirst du mit einer einzigen Sprache durch das ganze Land kommen. Ohne Zweifel hat die Landbevölkerung verschiedener Distrikte eine lokale Aussprache und lokale Ausdrücke; aber die daraus entstehende Unbequemlichkeit ist nicht größer, als man sie in England erleben kann. Vom Standpunkt des Philologen aus sind die interessantesten Dialekte jene des äußersten Südens und Westens, die archaistische Formen bewahrt haben. Die Sprache des in neuerer Zeit besiedelten Nordens ist zum größten Teil nichts als ein Patois, ein Gemisch, das aus dem Zuzug von Einwanderern aus anderen Provinzen entstand.[171] (Siehe auch Artikel über «Literatur» und «Schrift».)

SPRICHWÖRTER Hier einige japanische Sprichwörter:
Ron yori shōko: Beweis besser als Argument.
Hana yori dango: Klöße besser als Blüten.
Uji yori sodachi: Bildung besser als Geburt.
Warenabe ni tojibuta: Ein geflickter Deckel zu einem zersprungenen Topf. (Eine Gesellschaft von Minderwertigen; zum Beispiel ein betrunkener Ehemann und ein albernes Weib.)
Yasumonokai no zeni ushinai: Ein billiger Einkauf ist verlorenes Geld. (Die teuersten Sachen sind immer die billigsten.)
Nakittsura wo hachi ga sasu: Eine Biene, die ein weinendes Gesicht sticht. (Ein Unglück kommt selten allein.)
Ushi wa ushi-zure, uma wa uma zure: Kühe weiden mit Kühen, Pferde mit Pferden. (Art find' sich zu Art.)
Shiranu ga Hotoke: Nicht zu wissen, heißt ein Buddha sein. (Unwissenheit ist Segen.)
Otoko no kokoro to aki no sora: Eines Mannes Herz und eines Herbstes Himmel (sind gleich veränderlich). Die Umkehrung des berühmten «*Souvent femme varie*».
Bōzu ga nikukereba, kesa made nikui: Hasse den Priester, und du haßt selbst seine Kappe.
Shichinin no ko wo nasu to mo, onna ni kokoro wo yurusuna: Traue nie einer Frau, selbst wenn sie dir sieben Kinder geboren hat.
Monzen no kozō narawanu kyō wo yomu: Der Tempeldiener am Tor liest Inschriften, die er nie gelernt hat.
Kawaisa amatte, nikusa ga hyakubai: Übertriebene Zärtlichkeit verwandelt sich in hundertfachen Haß.
Makeru ga kachi: Zu verlieren heißt zu gewinnen.
Jūnin tohara: Zehn Menschen, zehn Meinungen. (Wörtlich «zehn Menschen, zehn Bäuche», denn die populäre Anschauung verlegt die seelischen Funktionen in den Unterleib.)

Muri ga tōreba dōri hikkomu: Wenn die Albernheit vorübergeht, zieht sich die Vernunft zurück.

Namayoi honshō tagawazu: Der Trunkene verleugnet nicht seinen wahren Charakter. *(In vino veritas.)*

Isha no fuyōjō: Ein Arzt, der die Regeln der Gesundheit bricht. (Zu predigen und nicht zu halten.)

Namabyōkō ōkizu no moto: Die Taktik von Amateuren verursacht schwere Wunden. (Halbes Wissen ist gefährlich.)

Namakemono no sekkubataraki: Faulpelze arbeiten am Feiertag.[172]

STICKEREIEN Es mag den Leser ermüden, von einem Kunstzweig nach dem andern zu hören, daß er von buddhistischen Missionaren in Japan von China über Korea eingeführt wurde. Aber wenn es so ist, was bleibt übrig, als es zu sagen? Die größte alte Künstlerin in Stickereien, deren Name sich erhielt, war Chūjō Hime, eine buddhistische Nonne von vornehmer Geburt, die der Legende gemäß eine Inkarnation der Kannon, der Göttin der Barmherzigkeit, war. Nach grausamen Verfolgungen, die sie von ihrer Stiefmutter zu erdulden hatte, zog sie sich in den Tempel Taemadera in Yamato zurück, wo ihr herrliches, gesticktes Gemälde (oder *mandara,* wie man es nennt) des buddhistischen Himmels mit seinen vielen Wohnstätten noch jetzt gezeigt wird. Die Götter selbst, sagt man, haben ihr bei der Arbeit geholfen.

Die Stickereien und Brokate und bemalten Seidenstoffe aus neuerer Zeit sind von erlesener Schönheit. Eine verhältnismäßig neue Erfindung sind die *birōdoyūzen,* bei welchen gerippter Samt als Grund für die Gemälde, die wirkliche Kunstwerke sind, verwandt wird; der Samt wird teilweise geschnitten, teilweise gefärbt, teilweise bemalt. Schade nur, daß die Fabrikanten von Stickereien, wie uns kürzlich bei einem Besuch in Kyōto auffiel, mehr und mehr die Muster von Drachen und Phönixen und Blumenkärrchen usw., die ihren Ruhm ausmachen, fallenzulassen scheinen und es vorziehen, dafür nach Photographien zu arbeiten, und auf diese Weise die freie Kunst zu einer Art von sklavischer Wiedergabe erniedrigen. Sie erklärten uns, daß die Globetrotter diese weniger geschmackvollen Stücke mit einem wirklichen Jinrikisha oder einem Straßenlaternenpfahl den manirierten, aber ach! so schönen Phantasien früherer Tage vorziehen. Ohne Zweifel muß der Geschmack der Neulinge erst für diese Dinge erzogen werden. Da wir indessen nur ein Mann sind und viele unserer Leser sicherlich Damen, deren scharfe Augen bald Irrtümer entdecken würden, so müssen wir es uns versagen, auf weitere Einzelheiten oder Untersuchungen einzugehen. Wir möchten nur allen, die es können, empfehlen, die Stickerei- und Samtgeschäfte von Kyōto zu besuchen und viel Geld mitzunehmen. Die Ansichten über japanische Malerei mögen geteilt sein, aber über japanische Stickereien kann es nur eine geben.

Nebenbei sei als ein Beispiel dieser verkehrten Welt bemerkt, daß verhältnismäßig wenig japanische Sticker Frauen sind. Die besten Stücke sind die Arbeiten von Männern und Knaben.

TABAK wurde gegen Ende des 16. Jahrhunderts durch die Portugiesen in Japan eingeführt und 1605 zuerst gepflanzt. Wie in andern Ländern versuchten die Behörden auch hier seinen Genuß zu unterdrücken; aber im Jahre 1651 wurde das Gesetz dahin gemildert, das Rauchen, allerdings nur außer dem Hause, zu erlauben. Jetzt gibt es kaum einen Mann oder eine Frau im ganzen Land, die sich nicht an dem aromatischen Kraut laben würden; denn, wie ein von Sir Ernest Satow zitierter anonymer Schriftsteller sarkastisch bemerkt: «Frauen, die nicht rauchen, und Priester, die die vorgeschriebenen Regeln der Enthaltsamkeit halten, sind gleich selten.» Nichtsdestoweniger machte sich eine Reaktion fühlbar; diese Reaktion entsprang der Furcht vor einer nationalen Entartung, die man der sichtlich schädlichen Wirkung des Rauchens auf den Gesundheitszustand von Schulkindern zuschrieb. Demgemäß wurde 1900 ein Gesetz erlassen, das den Tabakgenuß Minderjährigen verbietet, das heißt allen Personen unter zwanzig Jahren.

Der Tabak war in den letzten sieben oder acht Jahren Monopol der Regierung; aber die für den Anbau festgesetzte Gesamtfläche für jedes Jahr variiert so sehr, daß eine Statistik über diesen Gegenstand praktisch wertlos wäre. Von den zahlreichen japanischen Tabaksorten ist die geschätzteste *Kokubu,* die in den Provinzen Satsuma und Ōsumi gepflanzt wird; gewöhnlich stellen die Händler aber Mischungen aus zwei oder mehr Sorten her. Der japanische Tabak ist leicht und eignet sich infolgedessen gut zu Zigaretten. Eine der unzähligen Folgen der Europäisierung dieser Nation ist die Annahme des Zigarettenrauchens. Allein die winzige einheimische Pfeife – sie sieht wie eine Puppenpfeife aus – behauptet daneben immer noch ihren Platz.[173] (Siehe auch den Artikel über «Pfeifen».)

TÄNZE Unser einziges Wort «Tanz» ist im Japanischen durch zwei vertreten – *mai* und *odori,* von denen das erstere ein allgemeiner Name für die älteren und sogenannten klassischen Tänze ist, während das letztere die neueren und populäreren bezeichnet. Aber eine Linie zwischen den beiden Klassen zu ziehen, ist schwer, und beiden ist gemeinsam, daß sie hauptsächlich aus Posen bestehen. Die Europäer tanzen mit ihren Füßen, um nicht zu sagen mit ihren Beinen, die Japaner im allgemeinen mit den Armen. Die Kleidung oder besser Kleiderlosigkeit eines europäischen *corps de ballet* würde selbst dem am wenigsten prüden Orientalen den Atem verschlagen.

Einer der ältesten japanischen Tänze ist der *Kagura,* der noch heute in einer verkümmerten Form zur Zeit des jährlichen Festes fast eines jeden Gemeindetempels gesehen werden kann. Er ähnelt primitiven theatralischen Darstellungen, halb Tanz, halb Possenreißerei – und wird von den jungen Männern des Ortes ausgeführt, die in Masken und phantastische Kostüme vermummt auftreten und sich drehen und einander verfolgen bei dem endlosen Lärm einer Trommel und dem Pfeifen einer Flöte. Zuweilen wird eine primitive Plattform als Bühne errichtet, manchmal dient der Tempel selbst dazu. Das Vorbild des *Kagura,* sagt man, soll jener Tanz gewesen sein, mit Hilfe dessen die Sonnengöttin gleich nach dem Beginn der Welt aus einer Höhle gelockt wurde, in die sie sich zurückgezogen hatte, wodurch die ganze Schöpfung in Finsternis versunken war. Die heiligen Tänze in Nara und Ise gehören zu dieser Klasse; aber der *Iso Ondo,* den zuweilen Reisende erwähnen, ist eine spätere profane Erfindung, augenscheinlich eine Adaptierung des *Genroku Odori,* eines Tanzes, der gelegentlich noch auf der Bühne gesehen werden kann.

Der *Bon Odori,* ein populärer Tanz, der an bestimmten Sommertagen im ganzen ländlichen Japan stattfindet, soll buddhistischen Ursprungs sein, obgleich seine Bedeutung durchaus nicht klar ist. Die Einzelheiten variie-

TANZAUSBILDUNG IN EINER GEISHASCHULE

ren von Dorf zu Dorf, aber allen diesen Tänzen gemein ist ein großer Kreis oder ein großes Rad von Bauern, die sich nach der Melodie eines Gesanges und der Flöte und Trommel, die von einigen in der Mitte gespielt werden, drehen. Kyōto und Tokyo, zu zivilisiert für solch bäurische Veranstaltungen, an denen alle teilnehmen, lassen ihre Tänze von Stellvertretern aufführen. Hier und in andern großen Städten bilden die Tänzerinnen *(geisha)* eine besondere Klasse. Während eines oder mehrere der Mädchen tanzen, spielen andere die *shamisen* und singen die Fabel; denn die japanischen Tänze illustrieren fast immer eine Geschichte, sie sind nicht bloße Arabesken. Hieraus erklärt sich der intime Zusammenhang, der stets zwischen dem Tanze und dem Drama bestand; der Artikel über das Theater wird dies erläutern. Der *Kappore* und der *Shishimai* oder Löwentanz gehören zu den Tänzen, die am häufigsten herumziehende Darsteller in den Straßen aufführen.

Die allerneueste Tanzart ist natürlich die vor einigen Jahren aus Europa importierte. Aber ihr spürbarer Mangel an Würde, zusammen mit gewissen peinlichen Gerüchten, zu denen die ungewohnte Begegnung der beiden Geschlechter dann und wann Anlaß gab, waren die Ursache, daß die Neuerung von vielen scheel angesehen wurde, die sonst europäischen Sitten und Gebräuchen wohlwollend gegenüberstehen. Ein offenherziger Schriftsteller sagt in einer ausgezeichnet illustrierten periodischen Zeitschrift *«Fūzoku Gahō»*, daß er sich in der Phantasie einen europäischen Ballsaal ausmalte wie eine Vision des Märchenlandes, die Wirklichkeit ihn aber an nichts so sehr erinnerte wie an Fische, die an der Oberfläche des Wassers zappeln, und an *(passez lui le mot)* Flöhe, die aus dem Bett hüpfen.

TÄTOWIEREN Lange bevor Japan genügend zivilisiert war, um eigene Aufzeichnungen zu besitzen, schrieben chinesische Reisende ihre Eindrücke über diese «bergige Insel in der Mitte des Ozeans» nieder. Einer, der früh in der christlichen Ära schreibt, gibt verschiedene interessante Aufklärungen – unter anderem spricht er davon, daß «die Männer alle die Gesichter tätowieren und die Körper mit Zeichnungen schmücken, wobei sich der Rangunterschied durch Lage und Größe der Muster ausdrückt». Aber von der Dämmerung der wirklichen Geschichte an bis herab ins Mittelalter scheint das Tätowieren auf Verbrecher beschränkt gewesen zu sein. Es wurde angewendet wie das Brandmarken früher in Europa, woher wahrscheinlich die Verachtung führt, die die oberen Klassen Japans noch heute für das Tätowieren empfinden. Von einem verurteilten Desperado bis zu einem Bravo im allgemeinen ist nur ein Schritt. Die Raufbolde der Feudalzeit liebten Tätowierungen, augenscheinlich weil irgendeine abenteuerliche Mord- und Totschlagszene auf ihrer Brust oder ihren Gliedern ihnen ein schreckliches Aussehen verlieh, wenn sie aus irgendeinem Grund die Kleider abstreiften. Andere Klassen, deren Beruf es mit sich brachte, den Körper öffentlich entblößt zu zeigen, ahmten sie nach – die Zimmerleute, zum Beispiel, und die laufenden Groome *(bettō);* und die Tradition erhielt sich, fast den ganzen Körper und die Glieder mit einer Jagd-, Theater- oder sonst einer bestechenden Szene zu schmücken. Ein armer Handwerker konnte bis zu hundert Dollar ausgeben, um sich auf diese Weise vollständig dekorieren zu lassen. Natürlich war er nicht imstande, eine solche Summe auf einmal auszugeben; also wurde er nach und nach behandelt, eine Reihe von Jahren lang, wie er gerade bezahlen konnte.

Bald nach der Revolution von 1866 trat eine schreckliche Katastrophe ein: Die Regierung untersagte bei Strafe das Tätowieren. Ein Beamter, scheint es, war auf den Gedanken verfallen, daß das Tätowieren eine barbarische Sitte wäre, die Japan in den Augen Europas verächtlich machen könnte; und so wurde das Tätowieren, ähnlich wie die Kremation, summarisch untersagt. Da kam Europa selbst zu Hilfe, und zwar in der Gestalt von zwei jungen englischen Prinzen, die Japan 1881 besuchten; sie erfuhren, daß Globetrotter es manchmal verstanden hatten, die Dienste eines Tätowierkünstlers im geheimen zu gewinnen, und versuchten es ebenfalls mit Erfolg; Prinz Georg (der jetzige Prinze von Wales) wurde, wie es sich gehört, mit einem Drachen auf dem Arm geschmückt. Von dieser Zeit an wurde kein ernstlicher Versuch mehr gemacht, die Kunst des Tätowierens zu unterdrücken, und in den Händen von Männern wie Hori Chiyo und Hori Yasu wurde sie in der Tat eine Kunst – eine Kunst, die dem gewöhnlichen Tätowieren englischer Matrosen ebenso unendlich überlegen ist wie Heidsick Monopol dem Dünnbier. Vögel, Blumen, Landschaften von wunderbarer Ausführung und Schönheit – durchaus japanisch in Stil und Auffassung – werden jetzt ausgeführt; manche Arbeiten sind so minuziös, daß man, um sie ganz würdigen zu können, fast ein Mikroskop zu Hilfe nehmen muß.

Die wichtigsten Materialien, die benützt werden, sind Sepia und Vermillon; ersteres für den Umriß und den Grund, letzteres zum Hervorheben und Betonen besonderer Details, zum Beispiel des Kammes eines Hahns. Ein brauner Farbton wird zuweilen mit Hilfe von Indischrot hervorgebracht. Preußischblau, auch Gelb und Grün, können verwendet werden, gelten aber für gefährlich. Die Nadeln sind alle von Stahl; die feinsten werden zum Stechen der Umrisse benützt, die stärkeren zum

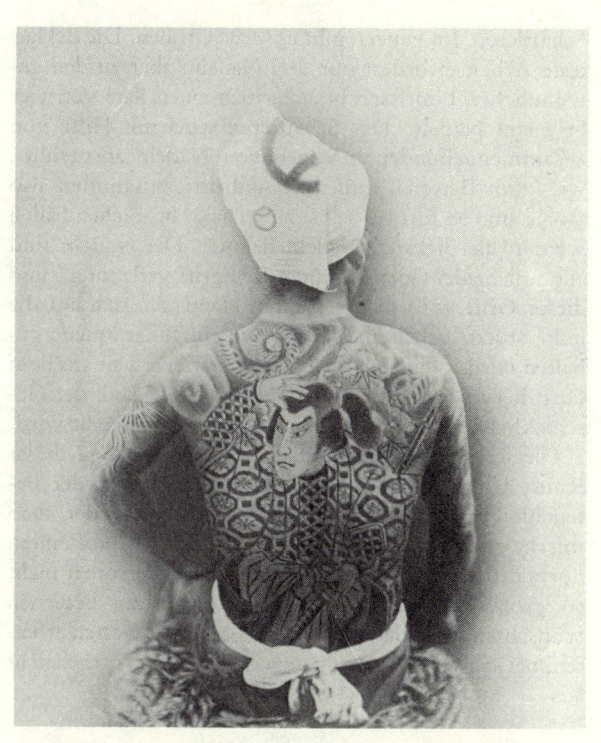

TÄTOWIERTER MANN

Schattieren. Im ganzen gibt es sechs Größen. Die delikateste Arbeit erfordert nur drei Nadeln; aber zu den gewöhnlichen Umrissen braucht man einen Satz von vier bis neun Nadeln. Das Schattieren wird mit Hilfe von zusammengebundenen Sätzen von Nadeln ausgeführt, wie, zum Beispiel, fünf, vier und drei, zusammen also zwölf, und so fort bis selbst zu sechzig. In solchen Fällen werden die dicksten Nadeln benutzt. Die Nadeln sind alle mit Seidenfäden an einen Beingriff geflochten, und dieser Griff wird in der rechten Hand, die sich auf die linke stützt, gehalten, ähnlich wie ein Billardqueue gehalten wird. Obgleich die Nadeln ziemlich weit aus dem Griff hervorragen, fließt doch selten Blut, dank der Geschicklichkeit, mit der das Instrument gehandhabt wird.

Die neueste Errungenschaft auf dem Gebiete dieser Kunst ist die Anwendung von Kokain; entweder befeuchtet man die betreffende Stelle damit, oder man mischt es in die Sepia. Aber der Schmerz ist auf einem normal fleischigen Arm für die meisten Personen nicht so groß, als daß sie sich des Kokains zu bedienen wünschten. Auf glatten Armen läßt sich am besten arbeiten, bei starker Behaarung dagegen fließt die Farbe leicht aus.

TEE Im Jahre 805 n. Chr. soll der Tee von China nach Japan durch den gefeierten buddhistischen Heiligen Dengyō Daishi gebracht worden sein. Er war schon lange ein beliebtes Getränk der Buddhisten des Kontinents, denen es zum Wachbleiben in ihren Mitternachtsgebeten diente. Eine fromme Legende erzählt uns, daß der Teestrauch folgendermaßen entstand. Daruma (Dharma), ein indischer Heiliger des 6. Jahrhunderts, hatte viele Jahre in unaufhörlichem Gebet und Wachen zugebracht.

Endlich schlossen sich seine Augenlider, die die Müdigkeit nicht länger ertrugen, und er schlief tief bis zum Morgen. Als der Heilige erwachte, war er so zornig über seine trägen Lider, daß er sie abschnitt und auf den Boden schleuderte. Aber siehe da! jedes Lid verwandelte sich augenblicklich in einen Strauch, dessen Blätter in einem Aufguß von Wasser die Frommen im Wachen unterstützen.

Obgleich die Teekultur vom Anfang an durch kaiserliche Empfehlungen ermutigt wurde, machte sie in Japan nur geringe oder gar keine Fortschritte bis ans Ende des 12. Jahrhunderts, als ein anderer Buddhist, der Abt Myōe, der neue Samen von China erhalten hatte, in Toganoo nahe Kyōto Pflanzungen anlegte, von wo aus eine Anzahl von Sträuchern später nach Uji kam, das seitdem das Zentrum der japanischen Teekultur gewesen ist. Aus dieser Zeit datiert die Neigung zum Teetrinken am japanischen Hofe und in der Aristokratie, und von da an wurden die *chanoyu* oder Teezeremonien eine nationale Sitte. Aber es ist zweifelhaft, ob der Teegenuß in den unteren Klassen vor dem Ende des 17. Jahrhunderts allgemein wurde, jener Zeit also, da unsere eigenen Vorfahren Tee zu trinken begannen. Es ist unnötig zu sagen, daß heute das Teehaus eine der allgemeinsten, sozial wichtigsten und für den Wanderer angenehmsten japanischen Einrichtungen ist. Trotzdem ist es unangebracht, alle Inns und Gasthöfe «Teehäuser» zu nennen, wie Europäer es zu tun pflegen. Das Teehaus *(chaya)* ist eine Sache für sich – auf dem Lande eine offene Laube, in den Städten häufig ein hübsches, aber stets offenes Haus, manchmal mit einem Garten, wo sich die Leute niederlassen und für kurze Zeit ausruhen, während sie einige Worte oder unschuldige Scherze mit der Wirtin oder den aufwartenden lächelnden Mamsellchen austauschen.

Die Teepflanze gehört zur gleichen Familie der Immergrüne wie die Kamelie und hat kleine weiße Blüten von zartem Geruch. In der Regel werden die Samen in Terrassen auf sanften Hügelhängen gepflanzt; aber auch ebener Boden wird bebaut, vorausgesetzt, daß er vollkommen trockengelegt ist. Die Staude darf nicht höher als drei bis fünf Fuß werden. Im dritten Jahr kann mit dem Pflücken begonnen werden, aber in der besten Form ist der Strauch vom fünften bis zum zehnten Jahr. Die erste Ernte findet Ende April oder Anfang Mai statt und dauert drei oder vier Wochen, eine zweite im Juni oder Juli und manchmal noch eine dritte.

Sobald wie möglich nach dem Pflücken werden die Blätter in einem runden hölzernen Sieb mit einem Boden aus Messinggeflecht unter kochendes Wasser gesetzt. Dieses Dünsten, das in einer halben Minute beendet ist, bringt das natürliche Öl auf die Oberfläche. Der nächste und wichtigste Prozeß ist das Trocknen, das in einem mit starkem japanischen Papier überspannten Holzrahmen über Holzkohlen, die gut mit Asche bedeckt sind, ausgeführt wird. Das erste Trocknen vollzieht sich bei einer Temperatur von ungefähr 120° Fahrenheit (ca. 49° Celsius). Dabei werden die Blätter stundenlang durch Leute in den Handflächen zu Bällen gerollt. Die Folge davon ist, daß sich jedes Blatt einzeln aufrollt und seine Farbe in ein dunkles olivenfarbiges Purpur übergeht. Darauf folgen noch zwei Trockenprozesse bei niedrigerer Temperatur, worauf man das Blatt trocknen läßt, bis es ganz spröde wird. Zuweilen – und wir sind der Ansicht, daß das in früheren Zeiten der allgemeine Gebrauch war – wird das Blatt überhaupt nicht künstlich getrocknet, sondern nur in der Sonne.

Der echte japanische Tee ist, wie wir sagen würden, «grün». Er wird nicht nur zu Mahlzeiten genossen, sondern auch mit Zwischenräumen den ganzen Tag über. Die Tassen sind sehr klein, und es wird weder Milch noch Zucker hinzugetan. Der Tee, der in gutbürgerlichen japanischen Häusern getrunken wird, kostet 25 bis 50 *sen* das Pfund, während man 1 bis 3 *yen* für eine bessere Qualität zahlt, die man einem hohen Gast vorsetzen kann. Der erlesenste *Uji*-Tee kostet 10 *yen* das Pfund. Wir haben sogar von außerordentlich feinen Sorten gehört, für die man 25 *yen* pro Pfund forderte; aber die sogenannten «besten Qualitäten», die in den meisten Läden geführt werden, kosten nur 5 bis 7 *yen*. Am untern Ende der Preisliste steht der sogenannte *bancha,* der Tee der niederen Klassen, der 10 bis 15 *sen* pro Pfund kostet und aus geschnittenen Blättern, Stengeln und Holzteilchen, die vom Stutzen der Teesträucher stammen, besteht; auch dieses Getränk ist trotz allem noch Tee, so wenig sein Geschmack auch Ähnlichkeit haben mag mit jenem von Bohea oder Uji. Andere teeähnliche Gebräue, die man zuweilen antrifft, sind *kōsen,* ein Aufguß von heißem Wasser über eine Mischung von verschiedenen wohlriechenden Substanzen wie Orangenschalen, Xanthoxylon-Samen usw.; *sakurayu,* ein Gebräu von konservierten Kirschblüten; *mugiyu,* ein Gebräu von getrockneter Gerste; *mameyu,* ein ähnliches Getränk aus Bohnen. Der *Fukuja* oder «Glückstee» wird aus konservierten Pflaumen, Seetang und Xanthoxylon-Samen hergestellt und in jedem japanischen Hause in der letzten Nacht des Jahres genossen.

    Der japanische Tee darf nicht wie der chinesische mit kochendem Wasser zubereitet werden, sonst erhält er einen unerträglich bitteren Geschmack; und je feiner die Qualität des Tees ist, desto weniger heiß darf das Wasser sein. Zur japanischen Teemaschine gehört sogar ein kleines offenes Gefäß, «Wasserkühler» *(yuzamashi)* genannt, in das man das heiße Wasser nötigenfalls gießt, bevor man es über die Teeblätter schüttet. Und sogar dann noch wird der erste Aufguß häufig als ein zu bitteres Getränk weggegossen. Aus diesem Grunde müssen japanische Dienstboten, wenn sie zum erstenmal in ein englisches Haus kommen, immer zuerst instruiert werden, wie unser chinesischer oder indischer Tee zu behandeln ist; gewöhnlich beginnen sie damit, daß sie einen praktischen Beweis ihrer Ungläubigkeit in bezug auf die Unentbehrlichkeit des kochenden Wassers liefern.

Ungeheure Mengen japanischen Tees werden über den Stillen Ozean nach den Vereinigten Staaten und Kanada geschickt, und es wurde sogar ein großer «Teetrust» nach amerikanischem Muster vorgeschlagen. Was für ein Umschwung im Laufe eines Menschenalters! Es ist kaum fünfzig Jahre her, seit eine unternehmungslustige Witwe von Nagasaki namens Ōura die erste heimliche Sendung von 27 Pfund ausführte; denn damals war jeder Verkehr mit den verhaßten Barbaren untersagt.[174]

TEEZEREMONIEN Nur wenige Dinge haben unter den Sammlern japanischer Kuriositäten mehr Interesse erregt als die *cha-no-yu* oder Teezeremonien, mit denen so viele der kostbaren kleinen *«japanosities»* ihrer Sammlungen auf die eine oder die andere Art etwas zu tun haben. Und da das Streiten mit andern Sammlern zur Natur eines jeden echten Sammlers gehört, so tobte auch der Kampf um den japanischen Teetisch – ein wirklicher und buchstäblicher *«storm in a teacup»*. Die eine Partei wirft den Teezeremonien vor, daß sie in ihrem Wesen nichtssagend seien, weibisch, und behauptet, daß ihr Einfluß den Genius der japanischen Kunst gefesselt habe, indem sie Schönheit mit Archaismus vermischten und Dinge als etwas Fertiges hinstellten, die nur wert gewesen wären, Ausgangspunkte zu sein. Die Gegnerschaft schreibt den gleichen Zeremonien einen außerordentlich fördernden Einfluß zu; denn sie hätten die japanische Kunst davor bewahrt, den schmalen Pfad der Reinheit und Einfachheit zu verlassen und dafür die breite Straße einer falschen Pracht zu betreten.

Was sind denn nun diese Teezeremonien? Und in erster Linie, welches ist ihre Geschichte? Sind ihre Anhänger zu allen Zeiten von ihrer Einfachheit und ihrem Archaismus in dem Grade begeistert gewesen, den Freunde und Feinde als selbstverständlich anzunehmen scheinen? Wenn unsere eigenen anspruchslosen Forschungen über den Gegenstand etwas beweisen, so beweisen sie, daß diese Züge verhältnismäßig modern sind.

Die Teezeremonien haben während der sechs oder sieben Jahrhunderte ihres Bestehens drei Transformationen durchgemacht. Sie erlebten eine medizinisch-religiöse Phase, eine luxuriöse Phase und endlich eine ästhetische Phase. Ihren Ursprung nahmen sie in dem ganz einfachen Teegenuß gewisser buddhistischer Priester der Zen-Sekte, die in dem Getränk ein geeignetes Mittel zum Wachhalten während ihrer Mitternachtstempeldienste erblickten. Der erste Adelige, dessen Name in Verbindung mit dem Tee erwähnt wird, ist Minamoto-no Sanetomo, Shōgun von Japan von 1203 bis 1218 n. Chr. Er scheint ein junger Prasser gewesen zu sein, den der buddhistische Abt Eisai vom Wein zu erretten suchte, indem er ihm dafür Tee empfahl. Wie es noch heute Sitte der Propagandisten ist, legte Eisai seinem empfohlenen Mittel einen Traktat über diesen Gegenstand bei. Er hatte ihn selbst verfaßt, und er trug den Titel «Der heilsame Einfluß des Teetrinkens». Eisai erklärte darin die Art und Weise, wie der Tee «die fünf

Eingeweide reguliert und üble Geister austreibt», und fügte Regeln für die Teebereitung und den Genuß des Tees hinzu. Das Zeremoniell, das Eisai einführte, war religiöser Natur. Zwar schloß es eine einfache Mahlzeit in sich, aber seinem Wesen nach war es ein buddhistischer Gottesdienst, bei dem die Gläubigen beim Schlagen der Trommel und dem Abbrennen von Weihrauch zu ihren Vorfahren beteten. Eine leise Färbung des religiösen Elements ist seither den Teezeremonien geblieben. Die begeisterten Teetrinker erachten es noch heute für angemessen, zur Zen-Sekte des Buddhismus zu gehören, und der Abt von Daitokuji zu Kyōto verleiht Diplome.

Wie lange diese religiöse Phase währte, wissen wir nicht. Allein, wir wissen, daß mit dem Jahre 1330 die zweite oder luxuriöse Phase schon erreicht worden war. Die Beschreibungen der Teegesellschaften jener Tage lesen sich wie die Kapitel einer Romanze. Die Daimyōs, die täglich daran teilnahmen, lagerten auf Ruhestätten, die mit Tiger- und Leopardenfellen bedeckt waren. Die Wände der geräumigen Appartements, in denen sich die Gäste versammelten, waren nicht allein mit buddhistischen Bildern geschmückt, sondern auch mit Damast und Brokat, mit goldenen und silbernen Gefäßen und Schwertern in herrlichen Scheiden. Köstliche Parfüme wurden verbrannt, seltene Fische und Vögel mit Süßigkeiten und Wein aufgetragen, und der Sinn der Veranstaltung bestand darin zu erraten, woher der Tee einer jeden einzelnen Tasse stammte; denn man servierte so viele Sorten wie möglich, die als Rätsel oder Gesellschaftsspiel dienten – Sorten von den Taganoo-Pflanzungen, Sorten von Uji und anderen Orten. Wer recht riet, erhielt einen der kostbaren Gegenstände, die an den Wänden ringsum hingen, zum Geschenk. Aber er durfte ihn nicht für sich behalten. Die Regeln der Teezeremo-

TEEZEREMONIE

nien dieser Tage schrieben vor, daß all die reichen und seltenen Dinge, die ausgehängt waren, von den Gewinnern den Sängerinnen und Tänzerinnen geschenkt werden mußten, die zur Belebung des Gelages anwesend waren. Große Reichtümer wurden auf diese Art verschleudert. Auf der andern Seite aber wurden die Künste begünstigt, und dies ganz besonders, als gegen das Ende des 15. Jahrhunderts der prachtliebende Yoshimasa, eine Art japanischer Lorenzo de Medici, dem Thron des Shōguns entsagte, um sich ganz den verfeinerten Vergnügungen in seinem herrlichen Palast Ginkakuji in Kyōto hinzugeben. In seiner Gesellschaft befanden sich seine beiden Günstlinge, die lebenslustigen buddhistischen Äbte Shuko und Shinnō. Dieses Trio königlicher und geistlicher Prasser schuf mehrere Regeln für das Teetrinken, die noch heute existieren. Der winzige Teeraum von nur viereinhalb Matten (neun Quadratfuß) stammt wahrscheinlich von ihnen. Shinnō war ein großer Kenner von Altertümern und allem, was wir heute Kuriositäten nennen. Er war auch der erste, der eine Art Teelöffel herstellte, woher die Sitte rührt, daß die Teehändler ihre eignen Löffel fabrizieren.

Im ganzen 15. und 16. Jahrhundert erfreuten sich die Teezeremonien der unverminderten Gunst der oberen Klassen. Das Geschenk irgendeines Teils des Teeservices, eine Schale oder Tasse etwa, war die geschätzteste Gunstbezeugung, die ein Höherstehender gewähren konnte. Wir lesen von hochgeborenen Kriegern, die ihr Schwert um der Teekanne willen vernachlässigen und deshalb abgesetzt werden, von anderen, die mit der Kanne in der Hand sterben, wenn der Feind ihre Burgen einnimmt, oder ihr Teegerät als ihren größten Schatz im geheimen fortschaffen. Nobunaga und Hideyoshi, zwei der größten kriegerischen Herrscher Japans, waren beide begeisterte Anhänger der Teezeremonien. Hideyoshi gab wahrscheinlich die größte Teegesellschaft, von der berichtet wird; die Einladungskarte hatte die Gestalt eines offiziellen Edikts und ist noch heute erhalten. Alle Liebhaber des Tees wurden durch dieses einzigartige Dokument aufgefordert, sich an einem bestimmten Tag in dem Fichtenhain von Kitano nahe Kyōto zu versammeln und alle mit dem Teegenuß in Verbindung stehenden Kostbarkeiten, die sie besaßen, mitzubringen; ferner wurde bekanntgemacht, daß alle, die der Aufforderung nicht nachkämen, von der Teilnahme an den Teezeremonien in Zukunft ausgeschlossen sein sollten. Dies geschah im Herbst 1587, in der Zeit, da die unüberwindbare Armada für die Zeremonien des Krieges ausgerüstet wurde. Die Teegesellschaft scheint einen großen Erfolg gehabt zu haben. Sie währte zehn Tage lang, und Hideyoshi hielt sein Versprechen, in jedem Stand Tee zu trinken. In dem einen Stand befanden sich Edelleute, in einem andern Händler oder Bauern; denn alle waren ohne Rücksicht auf die Geburt eingeladen worden, ein Beweis, daß die Sitte schon bis in die unteren Schichten des Volkes durchgesickert war.

Einige Jahre später (1594) versammelte Hideyoshi in seinem Palaste von Fushimi alle Häupter der verschiedenen Schulen, in die sich die Kunst des Teetrinkens zersplittert hatte. Der oberste von allen war Sen no Rikyū, ein Name, den jeder japanische Enthusiast verehrt; denn er war es – oder wenigstens hauptsächlich er –, der die Teezeremonien verglich, vereinigte und (sozusagen) kodifizierte und ihnen jenen Charakter verlieh, den sie seit dieser Zeit tragen. Die Armut des Landes, erschöpft wie es war durch endlose Kriege, hatte schon lange zur Einfachheit gemahnt. Er nahm diese Schlichtheit auf und erhob sie zu einem Kanon des Geschmacks, der ebenso unumstößlich ist wie die Achtung vor dem Alten selbst. Die Verehrung der Einfachheit und antiker Kunstgegenstände, zusammen mit der Beobachtung eines komplizierten Codes der Etikette, das ist die Lehre und Disziplin der Teezeremonien in ihrer neuen Gestalt, die sich seit den Tagen Sen no Rikyūs nicht mehr änderte. Wenn er auch nicht der Paulus des Teekults war, so war er doch dessen Luther. Unglücklicherweise war er nicht unempfindlich für Geld. Er mißbrauchte seine unübertroffene Kunstkennerschaft, indem er sich damit zu bereichern und bei den Großen einzuschmeicheln versuchte. Zuletzt entdeckte Hideyoshi seine Bestechlichkeit und seinen Betrug und verurteilte ihn zum Tode.

Die Zeremonien selbst sind oft beschrieben worden. Ein Diner geht ihnen voran, aber das Teetrinken ist die Hauptsache. Zum Brauen des Tees benützt man gepulverten Tee und nicht Teeblätter, so daß das Getränk einer Erbensuppe in Farbe und Konsistenz gleicht[175]. Es gibt eine dickere Art, *koicha* genannt, und eine dünnere, die man *usucha* nennt. Die erstere wird am Anfang der Zeremonie genossen, die letztere gegen Ende. Der Tee wird auf eine unnatürlich langsame und formelle Art und Weise gebraut und getrunken; jede Bewegung ist durch einen komplizierten Code von Regeln festgesetzt. Jeder mit der Zeremonie zusammenhängende Gegenstand wie die Teebüchse, das Weihrauchbecken, die hängende Rolle und der Blumenstrauß im Alkoven wird entweder gehandhabt oder aus der Entfernung bewundert in einer Weise und mit Redewendungen, die von der unveränderlichen Sitte diktiert sind. Die Hände werden gewaschen, das Zimmer wird ausgekehrt, eine kleine Glocke wird geläutet, die Gäste begeben sich in den Garten und vom Garten zurück ins Haus – all dies zu festgesetzten Zeiten und in einer vorgeschriebenen Art und Weise, die immer gleichbleibt; nur daß gewisse Schulen, die ebenso unbeugsam konservativ sind wie mönchische Brüderschaften, leicht abweichenden eigenen Regeln gehorchen, die ihnen von ihren Vorvätern überliefert wurden, die Sen no Rikyūs Vorschriften nach den leicht variierenden Kanons der Exegese auslegten.

Für einen Europäer ist die Zeremonie langatmig und bedeutungslos. Wenn man ihr mehr als einmal beiwohnt, so wird sie unerträglich monoton. Nicht mit einem orientalischen Fonds von Geduld geboren, verlangen wir nach etwas Neuerem, Lebendigem, nach etwas, das wenigstens einen Schein von Logik und Sinn hat. Aber die Teezeremonien wurden nicht für uns geschaffen. Wenn sie jene unterhalten, für die sie ersonnen wurden, so unterhalten sie sie, und man braucht weiter nichts mehr darüber zu sagen. Auf jeden Fall ist ein Tee mit Zeremonien vollkommen harmlos, was mehr ist, als man von einem Tee mit Klatsch behaupten kann. Ohne Zweifel wurden sogar die Teezeremonien, wenn die Geschichte sie nicht verleumdet hat, zu Zwecken politischer Verschwörungen mißbraucht. Diese Fälle sind indessen selten. Wenn die Teezeremonien auch keine «Philosophie» verkörpern, wie manche ihrer Bewunderer sagen, so haben sie doch wenigstens in ihrer spätesten Form zur Reinheit in der Kunst beigetragen. Viele mögen sie für nichtssagend halten. Niemand kann sie aber als vulgär brandmarken.[176]

TELEGRAPH Die erste Telegraphenlinie in diesem Lande war mehr experimenteller Natur; sie war nur 840 Yard lang und wurde 1869 für Staatszwecke eingerichtet. Im folgenden Jahre wurden Tokyo und Yokohama, Ōsaka und Kōbe durch den Draht verbunden und ein Telegraphennetz für das ganze Reich projektiert; aber Material und Beamte trafen erst gegen Ende des Jahres 1871 in Japan ein. Die Linie von Tokyo nach Kōbe wurde fertiggestellt, 1872 dem Verkehr übergeben und 1873 bis Nagasaki erweitert.

Bei der Einführung der Telegraphie in Japan wurde ein Code nach dem Muster des bekannten Morse-Codes aufgestellt, der es ermöglichte, interne Telegramme in der Landessprache abzufassen und zu befördern. In dieser Beziehung, wie in vielen andern, steht Japan einzig unter den östlichen Ländern da. In Indien und China zum Beispiel können Telegramme nur dann befördert werden, wenn sie in römischen Buchstaben oder arabischen Zahlen geschrieben sind. Das auf diese Weise in den Bereich der breiten Masse gerückte Verkehrsmittel wurde bald populär. Das Telephon ist jetzt ebenfalls in vierundzwanzig größeren Städten eingeführt worden. In Tokyo gibt es über 11600 Abonnenten.

Die ersten Telegraphenlinien wurden unter fremder Leitung ausgemessen, angelegt und betrieben; das Material war hauptsächlich englisches Fabrikat. Aber der rapide Fortschritt, den die Japaner in der Technik machten, hat sie in den Stand gesetzt, ausländische Fachleute entbehren zu können. Mit Ausnahme der submarinen Kabel gehen Metall- und besponnene Drähte, die feinsten Meßapparate, alle Arten und Materialien und Instrumente aus japanischen Werkstätten hervor, während der Betrieb seit mehreren Jahren ausschließlich in den Händen einheimischer Beamter liegt. Submarine Kabel verbinden alle größeren Inseln des Reiches, selbst nach dem jüngst erworbenen Formosa führt ein Kabel. Doppelte Kabel, die im Besitze der *Great Northern Telegraph Company* sind, verbinden Japan mit Schanghai einerseits und mit Wladiwostok andererseits. Es existiert auch ein Kabel nach Fusan in Korea, das der japanischen Regierung untersteht.

Die Anzahl der dem öffentlichen Verkehr geöffneten Bureaus betrug 2201 am Ende des Jahres 1902. Die Länge des Telegraphennetzes betrug zur gleichen Zeit 18 565 englische Meilen (28 219 Kilometer), die Anzahl der Depeschen, die in diesem Jahre befördert wurden, betrug über 18 Millionen, von denen die überwiegende Majorität in der Landessprache abgefaßt war. Dies dazu in einem Lande, wo vor nur einer Generation der Haß den Fremden und all ihren Einrichtungen gegenüber noch so stark war, besonders im Süden, daß Streckenwärter gehalten werden mußten, die unausgesetzt mit dem Ausbessern der mutwillig zerhackten und zerstörten Telegraphenstangen beschäftigt waren! In der Tat, es gab viele Japaner, die nicht freiwillig unter den Drähten durchgingen, und die, wenn sie dazu gezwungen waren, ihre Köpfe mit Fächern bedeckten, um den diabolischen Einfluß abzuwenden.

THEATER Das japanische Theater beansprucht ein besonderes Interesse, denn es ist heute die einzige Stätte, wo das Leben Alt-Japans in diesen radikalen Tagen studiert werden kann. Auch das japanische Drama hat eine interessante Geschichte. Es kann zurückgeführt werden auf religiöse Tänze unvordenklichen Alters, die von primitiven Chorgesängen begleitet wurden. Am Anfang des 15. Jahrhunderts erfuhren diese Tänze eine Vervollkommnung, als einige hochgebildete buddhistische Priester und der lebensfreudige Shōgun Yoshimasa ihnen ihre Aufmerksamkeit zuwandten und eine Neuheit einführten, indem sie diese religiösen Tänze mit volkstümlichen Erzählungen aus der Geschichte und Legende und mit poetischen Fragmenten, die verschiedenen Quellen entlehnt waren, verknüpften.

Im früheren Mittelalter war es Sitte gewesen, daß eine gewisse Klasse von Sängern die in Frage stehenden Erzählungen mit Lautenbegleitung vortrug. Auf dieser doppelten Basis errichtet, vielleicht auch unterstützt von einem Echo der chinesischen Bühne, jedoch noch unabhängig entwickelt, trat auf diese Weise das japanische lyrische Drama ins Leben. Gebäude – halb Tanz-Bühnen, halb Theater – wurden für die Darstellung dieser *Nō,* wie man die Vorführungen nannte, errichtet; und obgleich der Chor, der gleichzeitig das Orchester bildete, blieb, boten zwei individuelle Personen, die sich auf der Bühne bewegten und Teile des Gedichtes in einer mehr dramatischen Art rezitierten, ein neues Interesse. Das Ganze hatte eine überraschende Ähnlichkeit mit dem alten griechischen Drama. Die drei übereinstimmenden Momente waren, wenn auch niemals theoretisch erörtert, in der Praxis alle vorhanden. Da war der gleiche Chor, das gleiche feierliche Agieren der Schauspieler, die oft Masken trugen; da war der gleiche ungedeckte Zuschauerraum, da war die gleiche quasireligiöse Atmosphäre, die über dem Ganzen lag.

Wir sagen «war»; aber glücklicherweise sind die *Nō* noch nicht verschwunden. Wenn sie auch viel von der Formalität und Etikette einbüßten, die sie in früherer Zeit umgab, so werden doch noch heute Vorstellungen von Künstlerfamilien gegeben, in denen sich die Kunst vom Vater auf den Sohn während eines Zeitraums von vierhundert Jahren vererbte. Eine Szenerie gibt es nicht, aber die Gewänder sind prachtvoll. Selbst das Auditorium, das sich hauptsächlich aus Adligen und Damen von Rang zusammensetzt, ist eine Studie. Sie kommen nicht nur der Unterhaltung wegen, sondern auch um zu

BÜHNENBILD AUS EINEM KABUKI

lernen und folgen dem Spiel mit dem Buch in der Hand; denn die angewandte Sprache, die sehr schön ist, ist alt und schwer zu verstehen, besonders wenn sie gesungen wird. Die Musik ist – nun sie ist orientalisch. Nichtsdestoweniger besitzt sie, wenn man auf den orientalischen Charakter und das Alter gerechte Rücksicht nimmt, einen zauberischen Reiz. Jedes Stück dauert etwa eine Stunde. Aber die ganze Vorstellung umfaßt den größten Teil eines Tages, da man fünf oder sechs Stücke aufführt und die Zwischenakte von kleinen Komödien ausgefüllt werden, deren behäbiger Humor, in altmodischer Umgangssprache vorgetragen, als Kontrast dient zur klassischen Strenge der Hauptspiele.

Von den *Nō*-Theatern der Hochgeborenen und Gebildeten zu den *Shibai*- oder *Kabuki*-Theatern des gemeinen Volkes ist ein großer Schritt abwärts, was Geschmack und Poesie anbetrifft; aber diese gewöhnlicheren Schaustellungen bieten, als Sittenbilder betrachtet – nicht aus der Götter- und Heldenwelt, sondern aus dem Leben des alltäglichen japanischen Mannes und Weibes –, für den fremden Zuschauer ein größeres Interesse. Die in diesen Theatern gespielten Stücke haben ihren Ursprung teils in den eben erwähnten kleinen Komödien, teils in Marionettentänzen, die mit erläuternden Gesängen begleitet wurden und *jōruri* oder *gidaiyū* genannt werden. Daraus erklärt sich das Beibehalten des Chors, der allerdings vermindert und in einen kleinen, von der Bühne abgetrennten Käfig verbannt wurde, den er mit den Musikanten teilt. Daher rühren auch die sonderbaren Posen der Schauspieler, die ursprünglich die Steifheit ihres Prototyps, der Marionette, imitieren sollten.

Diese Art von Theatern kam im 16. Jahrhundert auf. Sonderbar ist, daß, obgleich die Begründer der japanischen Bühne zwei Frauen namens Okuni und Otsū waren, nur Männer in den größeren Theatern auftreten durften; die Frauenrollen wurden von Männern dargestellt wie in den Zeiten Shakespeares. Dagegen waren an einigen untergeordneten Theatern die Bedingungen umgekehrt, und nur Frauen traten auf. Es hat den Anschein, als ob man von dem gemeinsamen Auftreten der beiden Geschlechter Sittenlosigkeit befürchte, und in der Tat war der Ruf von Okuni und ihren Genossen keineswegs makellos.[177] In neuerer Zeit nimmt man es mit der Vorschrift nicht mehr so streng, und man kann zuweilen Aufführungen von Truppen, die sich aus Schauspielern und Schauspielerinnen zusammensetzen, sehen.

Die Stücke wurden vom Anfang an in zwei Klassen eingeteilt, in die *jidaimono,* das heißt historischen Stücke, und *sewamono* oder Lebens- und Sittendramen. Chikamatsu Monzaemon und Takeda Izumo, die gefeiertsten japanischen Dramatiker, arbeiteten in beiden Stilen. Erwähnenswert mag sein, daß beide Autoren dem 18. Jahrhundert angehörten und daß beide die Vendetta der «Siebenundvierzig Rōnin» dramatisierten. Aber Chikamatsus berühmtestes Stück ist jenes, das die Seeräuberabenteuer des Kokusenya behandelt, der 1661 die Holländer aus Formosa vertrieb. Die japanischen *Kabuki*-Theater sind reichlich mit Szenerien und Bühnenrequisiten jeder Art ausgestattet. Eine ausgezeichnete Einrichtung ist eine drehbare Scheibe in der Mitte der Bühne, die es ermöglicht, daß eine zweite Szene aufgestellt wird, während die erste noch spielt. Nach Schluß der ersten dreht sich die Bühne und trägt Schauspieler, Szenerie und alles mit sich fort; ohne jede Pause bietet sich ein ganz neues Bild dem Auge des Zuschauers dar.

Die *Nō*-Schauspieler wurden unter dem alten Regime geehrt, während man die *Kabuki*-Schauspieler verachtete. Selbst die Theater, in denen sie auftraten, betrachtete man als zu gemein, als daß ein Gentleman sie betreten konnte. Solche Auswürflinge waren die Schauspieler zu jener Zeit, daß sie bei Volkszählungen mit Zahlworten bezeichnet wurden, die man beim Zählen von Tieren gebrauchte, wie *ippiki, nihiki,* und nicht *hitori, futari.* Wer mit dem Japanischen vertraut ist, wird diese schreckliche Beleidigung verstehen, die nichts anderes bedeutet, als wenn wir sagen würden, sie essen nicht, sondern sie fressen. Aber diese Schauspieler bildeten das Entzücken der Krämer- und Handwerkerklassen, und sie versahen ganze Künstlergenerationen mit den beliebtesten Vorwürfen. Die meisten der reizenden Farbdrucke, die galante Schönheiten und andere Heldinnen darstellen, wurden nicht nach Frauen selbst gezeichnet, sondern nach ihrer Verkörperung auf den Brettern durch das männliche Geschlecht.

Mit der Revolution von 1868 wechselten die Sitten, und die Klassenvorurteile milderten sich um vieles. Die Schauspieler waren nicht mehr verfemt. Seit 1886 machte sich unter den geistigen Führern Japans eine Bewegung für die Reform der Bühne geltend; natürlich betrachtete man Europa als Vorbild. Indessen scheint bis jetzt kein merklicher Erfolg erzielt worden zu sein. Wenn wir auch mit der Zulassung der Schauspieler in die gute Gesellschaft einverstanden sind, im Fall ihre Aufführung sie zu dieser Standeserhöhung berechtigt, so hoffen wir doch unsererseits, daß die Bühne in anderen Hinsichten das bleiben möge, was sie jetzt ist: ein Spiegel, der einzige Spiegel Alt-Japans. Die einzige notwendige Reform bezieht sich nicht auf das Theater selbst, sondern auf ein Zubehör, einen Auswuchs. Wir meinen die Teehäuser, die Billetagenturen sind und sich als Zwischenhändler zwischen die Theaterbesucher und die Theater stellen. Da diese kleinen praktischen Etablissements einen großen Teil des Erlöses aus dem Billettverkauf an sich ziehen, so sind sie wahrscheinlich die Hauptursache der häufigen Bankrotte der Theater in Tokyo.

Da wir gerade von Reform und Europäisierung sprechen, wir hatten Gelegenheit, Zeuge einer amüsanten Szene in einem japanischen Theater zu sein. Die Zeiten waren schon reif für den Umschwung. Eine kleine italienische Operntruppe war gerade nach Yokohama gekommen, und ein smarter japanischer Manager engagierte sie und ließ ein besonderes Stück für sie schreiben. Dieses Stück handelte von den Abenteuern einer Gesellschaft japanischer Globetrotter; nach der Durchquerung des Pazifischen Ozeans und der Landung in San Francisco, wo sie natürlich in die Hände der Indianer fallen, von denen dieser entlegene und wilde Ort wimmelt, erreichen sie zuletzt Paris und wohnen einer Vorstellung in der Grand Opéra bei. Die italienischen Sänger traten, ähnlich wie es im Hamlet geschieht, auf einer Bühne, die sich auf der Hauptbühne befand, auf. Aber ach! die Wirkung auf die japanischen Zuschauer! Als sie sich von der ersten Überraschung erholt hatten, wurden sie von einem wilden Heiterkeitsanfall bei den hohen Tönen der Primadonna erfaßt, die wirklich gar nicht schlecht war. Die Leute lachten über die Absurditäten des europäischen Gesangs, daß sie sich schüttelten und Tränen über ihre Wangen rollten; sie stopften sich ihre Ärmel in den Mund, wie wir es mit den Taschentüchern tun, in dem vergeblichen Bemühen, ihre Fassung zurückzufinden. Es ist natürlich unnötig zu sagen, daß das Experiment nicht wiederholt wurde. Die japanische Bühne kehrte zu ihren gewohnten Szenen und Tönen zurück, und das Theaterpublikum war wieder glücklich und zufrieden.

Es ist eine merkwürdige Fatalität, daß Japan gerade jetzt (1903/04) all seine größten Schauspieler innerhalb weniger Monate verloren hat: Danjūrō, Kikugorō und Sadanji. Unter den wenigen großen der überlebenden nehmen vielleicht Shikan und Gatō den höchsten Rang ein. Die berühmteste Schauspielerin ist Kumehachi, eine Frau von mehr als sechzig Jahren, die in jungen Männerrollen glänzt. «Sada Yakko» war zu Hause nicht bekannt, ausgenommen als Geisha, bis das Echo ihrer Erfolge an der Pariser Bühne 1900 in Japan widerhallte.

Von europäischen Autoritäten in bezug auf das japanische Theater sind nur wenige zu erwähnen. Astons *«History of Japanese Literature»* wird sich als nützlich erweisen, wie gewöhnlich innerhalb gewisser Grenzen. Florenz' «Japanische Dramen» können empfohlen werden, zusammen mit seinen Übersetzungen von zwei Dramen – *«Asagao»* und *«Terakoya»*. Der verewigte T. R. McClatchie, der einzige Europäer, der sich die japanische Bühne zu seiner Spezialität erwählte, brachte in seinen *«Japanese Plays Versified»* nichts hervor als einige englische Stücke im Stil der *«Ingoldsby Legend»* von vier oder fünf der von den japanischen Dramatikern behandelten Hauptthemata. Wenn sie auch außerordentlich fesselnd sind, haben sie doch nur eine geringe Ähnlichkeit mit ihren sogenannten Originalen. Unglücklicherweise sind die japanischen Dramen gewöhnlich außerordentlich lang – fünf, sieben, zwölf, ja sogar sechzehn Akte. Eine gute Übertragung setzt nicht nur die intime Kenntnis mehrerer Phasen der Sprache voraus, sondern auch zahlloser historischer und literarischer Anspielungen, veralteter Sitten und abergläubischer Vorstellungen usw. Selbst solche Übersetzungen zu verstehen, im Falle sie existierten, oder gar noch Geschmack daran zu finden, würde ganz beträchtliche lokale Kenntnisse von seiten des europäischen Lesers erfordern. Aus all diesen Gründen wurde ohne Zweifel dieses Feld bis heute verhältnismäßig vernachlässigt.

Die *Nō* dagegen sind, obgleich älter und für die Japaner selbst weitaus schwieriger, in gewisser Beziehung einem fremden Publikum leichter verständlich zu machen, da sie einen gedrängten, klaren Charakter zeigen. Der Verfasser hat in den früheren Tagen seiner Japanbegeisterung seine Hand an mehreren von ihnen versucht, die zusammen mit anderen Dingen in einem Bande, betitelt «*The Classical Poetry of the Japanese*», längst außer Druck, veröffentlicht wurden. Er wagt es, eine der alten Übertragungen, das «Federkleid» genannt, auszugraben; dieses Stück beruht auf einer alten Tradition von Mio, einem entzückenden Orte abseits der Tōkaidō nahe am Fuße des Fuji. Die Prosastellen sind wörtlich wiedergegeben, die lyrischen Partien gezwungenermaßen sehr frei. Hoffentlich übermittelt der Gesamteindruck dem Leser eine Vorstellung von der delikaten, sanften Grazie dieser Art von Dichtungen. Wenn er sich vergegenwärtigt, daß Musik und Tanz ihrem innersten Wesen entsprechen, so kommt er vielleicht dahin, in ihnen ein entferntes Gegenstück zu den *«masques»* der Zeit Elisabeths zu sehen.

DAS FEDERKLEID
(Hagoromo.)

Dramatis Personae: Eine Fee. Ein Fischer. Der Chor.
Szene: Der Strand von Mio im Golf von Suruga.

Das Stück wird durch ein langes Rezitativ eröffnet, in dem der Fischer und der Chor die Schönheiten von Mios fichtenbedecktem Strand bei der Morgendämmerung im Frühling besingen. Die Stelle ist herrlich; aber nach verschiedenen Versuchen, sie zu übertragen, mußte der Übersetzer die Aufgabe als unmöglich aufgeben.

Das Ende der poetischen Eröffnung des Stückes mag sich vielleicht etwa wie folgt wiedergeben lassen:

> Doch horch! mich dünkt ich sah die Wetterwolken fliehen
> Und hört den Sturmwind brausen:
> Auf, Fischer! heimwärts sollt ihr ziehen! –
> Doch nein! Kein Sturm bewegt die See:
> 's ist Frühling, Frühling! 's war nur die Morgenbrise,
> Deren Stimm' unter den ew'gen Fichten klang;
> Kein Murmeln dringt aus der stillen See,
> Kein Sturmwind stört den Schiffersang!

Danach betritt der Fischer den Strand, und die Handlung des Stückes setzt wie folgt ein:

Fischer: Eben wie ich an Mios fichtenbedecktem Strand anlege und umherblicke, kommen Blumen herabgeflattert aus dem Ätherraum, Töne von Musik hallen wider, und ein überirdischer Duft erfüllt die Luft. Sicherlich, daran ist etwas Seltsames. Ja! von einem der Äste jenes Fichtenbaumes hängt ein herrliches Gewand herab, das, wenn ich nähertrete und es genau betrachte, sich als schöner und duftender erweist als eines gewöhnlichen Sterblichen Kleid. Ich will es mitnehmen, um es den alten Leuten im Dorf zu zeigen, daß es in unseren Häusern sich als Familienstück vererbe.
Fee: Ah! mir gehört dieses Gewand! Weshalb willst du es forttragen?
Fischer: Ich habe es gefunden, traun, und ich will es mit nach Hause nehmen.
Fee: Aber es ist das Federkleid einer Fee, ein Ding, das keinem menschlichen Wesen so leicht überlassen werden darf. Ich bitt' dich, laß es an dem Ast, wo es hing.

Fischer: Was, bist du selbst eine Fee, da du Anspruch auf diese federige Hülle erhebst? Als ein Wunder für alle Zeiten will ich sie behalten und sie aufbewahren bei den Schätzen Japans. Nein, nein! es kann mir nicht in den Sinn kommen, sie dir zurückzugeben.

Fee: Ach! ohne mein Federkleid kann ich mich nimmermehr durch die Luftreiche schwingen, nimmermehr in meine himmlische Heimat zurückkehren. Ich bitte dich, ich beschwöre dich deshalb, gib es mir zurück!

Fischer: Nein, Fee, ach nein! Je länger ich dich bitten höre,
Je mehr bin ich entschlossen zu der Tat.
Grausamer nur empfindet meine Brust,
Die Federn geb' ich nicht zurück; es ist zu spät.

Fee: Sprich nicht, o Fischer, sprich nicht dieses Wort!
Ah, weißt du nicht, ein unglücksel'ger Vogel,
Der seine Schwingen brach, versuche ich, vergebens, ach!
Flügelberaubt, empor zum Himmelsblau zu schweben?

Fischer: Gefesselt an die Erd' mag eine Fee wohl klagen.

Fee: Wohin auch gehn ich mag, ich muß verzweifeln.

Fischer: Denn nimmer wird der Fischer ihr die Schwingen geben.

Fee: Und die zarte Fee sinkt hilflos immerzu.

Chor: Ach! arme Maid, in deinen bebenden Augen
Hängt der Tau; die Blümlein, die du in die Locken
Flochtest, ermatten und verwelken,
Und die fünf Wehe[178] zeigen deinen Unglückstag!

Fee: Vergebens sucht mein Blick die Himmelsebene,
Wo Dünste steigen und den Äther trüben,
Die wohlbekannten Pfad' von Wolk' zu Wolk' verschleiernd.

Chor: Wolken! wandernde Wolken! sie sehnt sich, sehnt sich umsonst,
  Schwebend wie ihr, die Himmel wieder zu betreten;
  Umsonst seufzt sie zu hören, wie ehemals sie hörte
  Die schmelzenden Töne des Paradieses süßen Vogels:
  Dessen gesegnete Stimme verklingt. Umsonst erklingt
  Der Himmel vom Lied des heimwärtszieh'nden Kranichs;
  Umsonst lauscht sie der Wellen sanftem Rauschen,
  Der freien Möwe Schrillen auf den Wogen;
  Umsonst horcht sie, wie Zephir kost' die Auen,
  Sie alle mögen fliegen, doch sie nimmermehr.

Fischer: Ich möchte gerne ein Wort mit dir reden. Das Mitleid ist zu stark, das mich befällt, wenn ich in dein Antlitz blicke. Ich will dir das Federkleid zurückgeben.

Fee: O Freude! Freude! gib es mir!

Fischer: Einen Augenblick! Ich gebe es dir unter der Bedingung zurück, daß du mir zuerst, jetzt, in dieser Stunde und an diesem Ort, einen jener Feentänze tanzt, deren Ruhm an mein Ohr drang.

Fee: O Freude, unaussprechlich! So darf ich noch einmal zum Himmel zurückkehren! Und wenn das Glück wahr ist, will ich einen Tanz hinterlassen, als ein Geschenk an die Sterblichen. Ich werde ihn hier tanzen – den Tanz, bei dem sich der Palast des Mondes dreht, so daß selbst der arme vergängliche Mensch seine Mysterien belauschen kann. Aber ich kann nicht ohne meine Federn tanzen. Gib sie mir zurück, ich bitte dich.

Fischer: Nein, nein! Wenn ich dir deine Federn zurückgebe, so wirst du heim zum Himmel fliegen, ohne mir etwas vorzutanzen.

Fee: Pfui über dich! Das Wort der Sterblichen mag angezweifelt werden, aber in himmlischen Wesen gibt es keine Falschheit.

Fischer: Feenmaid! du beschämest mich:
  Nimm deine Federn und sei frei!
Fee: Jetzt legt die Maid die Schwingen an
  Und Regenbogenhüllen und singet fröhlich: –
Fischer: Schwingen, die im Winde flattern!
Fee: Hüllen wie Blumen, mit Regentropfen bestreut.
  [Die Fee beginnt zu tanzen.]
Fischer: Sieh, sie tanzt den Ringelreihn!
Fee: Dies ist der Ort und dies der Tag,
Chor: Von dem die heitere Kunst und Anmut
  Unserer Tänzer im Osten[179] stammt.

I.

Chor: Nun lauscht, ihr Sterblichen!, während unser
    Lied erklärt,
  Weshalb dem blauen Reich der Lüfte
  Der Name *Firmament* ward. Alles hier unten
  Stammt von jenem Großen Gott und jener Großen
    Göttin,
  Die, zuerst niedersteigend zu der untern Welt,
  Die Teile ordneten und schufen jede Kreatur.
  Doch älter noch, auch nicht beherrscht von ihrem
    Wort
  Und *Firm* wie *Adamant* in Ewigkeit,
  Stehn weit die Himmel, die nicht wechseln oder
    wanken,
  Und daher rührt der Name Firmament[180].
Fee: Und in dem Firmament steht ein Palast,
  Genannt der Mond, gebaut von Zauberhänden.
Chor: Und über den Palast dreißig Monarchen
    herrschen,
  Wovon fünfzehn, bis daß der Mond sich füllt,
  Nachts treten ein, in weiße Kleider eingehüllt;

Doch wovon wieder ist voll die sechs und zehnte
  Nacht,
Einer in jeder Nacht muß schwinden in den Raum.
Und fünfzehn schwarzgewandete Monarchen nehmen
  ihren Platz,
Während, immer umkreisend jeden glücklichen
  König,
Dienende Feen himmlische Weisen singen.
Fee: Und ich bin eine davon!
Chor: Aus diesen glänzenden Sphären,
  Für einen Augenblick entlehnt, die süße Maid
    erscheint;
  In Japan läßt sie sich hier nieder (den Himmel
    hinter sich),
  Des Tanzes Kunst die Menschheit hier zu lehren.

II.

Chor: Wohin wir blicken, kreisen die schwebenden
  Dünste:
  Es tragen eben jetzt vielleicht des Mondes zarte
    Knospen[181]
  Himmlische Blüten.
  Jene Blümlein sagen uns, daß der Lenz dort lacht –
  Jene frischerblühten Blümlein in des Mädchens Haar.
Fee: Selige Stunde ohnegleichen!
Fischer[182]*:* Der Himmel hat Freuden, doch Schönheit
  ist hier.
  Blast, blast, ihr Winde! daß die weißen Wolkengürtel,
  Getrieben um meinen Pfad, den Heimweg mir
    versperren.
  Noch möcht' ich nicht zum Himmel wiederkehren,
  Lieber an Mios fichtbedecktem Strande wandern,
  Oder wolkenlos in heller Pracht

Der Mond scheint auf Kiyomis Auen.
Und wo auf Fujiyamas Gipfel glitzernd
Der Schnee hinab zum Meere blickt,
Wenn heiter sich der Morgen naht!
Doch von den dreien ohnegleichen
Ist Mios meerbespülter Strand das schönste,
Wenn durch die Fichten Frühlingslüfte kosen. –
Gibt's eine Scheide zwischen Himmel, sagt, und Erde?
Auch hier auf Erden wandelten die ew'gen Götter,
Und gaben Leben unsern Herrschern,
Fee: Die in dem Reich der Morgensonne
Durch Myriaden Menschenalter
Ihr lichtes Land regieren sollen.
Chor: Selbst wenn der zarte Flügelschlag der Feen
Auf Silberschwing'n vorüberfliegend
Abschleifen sollt den Felsen von Granit!

III.

Chor: Zaub'rische Töne füllen das entzückte Ohr!
Es singt die Fee, und aus den wolk'gen Sphären
Klingen im Chor der Engel Lauten,
Handtrommeln, Zimbeln, süße Silberflöten,
Im Himmelsraum, glühend in Purpurtönen,
Wie wenn Someiros[183] Westseit' die Tinten
Des Sonnenuntergangs vergießt und Azurwellen
Von Eiland hin zu Eiland die fichtbedeckten
    Küsten kosen.
Von Ukishimas[184] Hängen – o wunderbarer Sturm –
Wirbeln herab die Blumen: und immer noch entzückt
    das Zauberwesen,
Des schnee'ge Schwingen im Lichte flattern,
Die Seelen uns mit Wundern und mit Wonnen.

[Die Fee hält im Tanze inne, um den folgenden Zwiegesang zu singen und tanzt dann bis zum Ende des Stückes.]

Fee: Heil den Königen, die den Mond beherrschen!
   Der Himmel ist ihr Heim und sie sind Buddhas[185] auch!
Chor: Das Feenkleid umhüllt des Mädchens Glieder.
Fee: Ganz wie der Himmel ist's, von sanftem Blau;
Chor: Oder wie Frühlingsdünste, weiß wie Silber,
Fee: Duftend und schön – zu schön für der Sterblichen Auge.
Chor: Tanz', süße Maid, tanz' durch die sel'gen Stunden!
   Tanz', süße Maid', die Zauberblumen, die deine Locken krönen, flattern im Wind,
   Erzeugt vom Schlagen deiner Schwingen!
   Tanz', tanz'! Denn nimmer ist's dem Tanz der Sterblichen gegeben,
   Sich mit dem Tanz zu messen, den du vom Himmel bringst:
   Und du – ach, nur zu bald! – durch das Gewölk entschwebst,
   Heimkehrend zu dem Mond im vollen Glanz.
   Hör' unser Beten dann, und aus güt'ger Hand
   Gieß' siebenfache Schätz' auf unser glücklich Land;
   O segne jeden Strand, erfrische jedes durst'ge Feld,
   Auf daß die Erde ferner reiche Ernte gebe!
   Doch ach! Die Trennungsstunde schlägt!
   Erfaßt vom Wind, tragen die Zauberschwingen
   Die Fee zum Himmel auf vom fichtbedeckten Strand,
   Weg über Ukishimas weitgestreckte Aue
   Weg über Ashitakas Höh' und wo die Wolken
   Fujiyamas Haupt umzieh'n –
   Höher und höher zu den blauen Himmeln,
   Bis Dünste unserem Auge sie verhüllen!

THRONENTSAGUNG Die Abdikation von Monarchen, die in Europa exzeptionell ist, war vor vielen Jahren in Japan die Regel. Sie kam im 7. Jahrhundert zusammen mit dem Buddhismus auf, nach dessen Lehren sich die Menschen von weltlichen Mühen und Vergnügungen zurückziehen und der Einsamkeit und Betrachtung widmen sollen. Aber sie wurde von gewissenlosen Staatsministern mißbraucht, die kindliche Puppen auf den Thron setzten und sie veranlaßten, mit dem Erreichen der Mündigkeit abzudanken. Infolgedessen war es im Mittelalter an der Tagesordnung, daß drei Mikados gleichzeitig am Leben waren, ein Knabe auf dem Thron, sein Vater oder Bruder, die dem Thron entsagt hatten, und sein Großvater oder ein anderer Verwandter, die ebenfalls abgedankt hatten. Von 987 bis 991 waren im ganzen vier Mikados gleichzeitig am Leben: Reizei Tennō, der den Thron im Alter von achtzehn Jahren bestiegen und mit zwanzig Jahren darauf verzichtet hatte; Enyū Tennō, Kaiser mit elf Jahren, dankte ab mit sechsundzwanzig; Kwazan Tennō, Kaiser mit siebzehn, dankte ab mit neunzehn; und Ichijō Tennō, der gerade auf den Thron gekommen war als ein Knabe von sieben Jahren. Unter dem Mikado Gonijō (1302–1308) waren in Wirklichkeit fünf Mikados am Leben, nämlich Gonijō Tennō selbst, der mit siebzehn Jahren zum Kaiser gemacht wurde, und seine vier Vorgänger: Gofukakusa Tennō, Kaiser mit vier Jahren, abgedankt mit siebzehn; Kameyama Tennō, Kaiser mit elf und abgedankt mit sechsundzwanzig; Gouda Tennō, Kaiser mit acht und abgedankt mit einundzwanzig; und Fushimi Tennō, Kaiser mit dreiundzwanzig und abgedankt im selben Jahre. Manchmal wurde vereinbart, daß die Söhne zweier rivalisierender Linien der kaiserlichen Familie einander abwechselnd folgen sollten. Dies wurde, zum Teil wenigstens, zur Ursache des Bürgerkrieges im 14. Jahrhundert zwischen den Parteien, die als «die nördlichen und die südlichen Höfe» bekannt waren; denn es war natürlich unmöglich, daß eine solch außerordentliche Vereinbarung lange bestehen konnte, ohne daß heftige Zwistigkeiten entstanden.

Im Laufe der Zeit wurde es eine allgemein bekannte Tatsache, daß der nominelle Monarch nicht unbedingt wirklicher Herrscher sein mußte, und umgekehrt, daß die Abdankung oder besser Absetzung (denn etwas anderes war es doch am Ende nicht) eine unerläßliche Bedingung war für jenes elende bißchen Macht, das herrschsüchtige Minister noch immer ihren nominellen Herren und Meistern einzuräumen geruhten. Wenn ein Mikado abdankte, so sagte man, daß er zum Range eines abgedankten Mikados *emporsteige*. Es war nicht mehr wie in früheren Perioden nötig, Aszese zu heucheln. Der abgesetzte Mikado umgab sich mit Frauen und einem ganzen Hofstaat und nahm zuweilen auch an der Leitung der öffentlichen Angelegenheiten teil. Die Abdikation beschränkte sich auch nicht allein auf Souveräne. Die Häupter vornehmer Häuser dankten ebenfalls ab. In späteren Zeiten begannen sogar die mittleren und unteren Klassen die Vornehmen nachzuahmen. Bis zur jüngsten Revolution war es eine fast allgemein übliche Sitte, daß ein Mann, der die mittleren Jahre hinter sich hatte, ein *inkyo* – wie der Ausdruck lautet – wurde. *Inkyo* heißt wörtlich «in Zurückgezogenheit wohnen». Wer in diesen Stand eintritt, überläßt seinen Besitz seinen Erben, verzichtet auf alle Geschäfte und lebt von der Wohltat seiner Kinder; er kann sich fortan dem Vergnügen oder dem Studium widmen. Da das Alter in Japan so außerordentlich verehrt wird, hat der *inkyo* keine Ursache, das Schicksal Lears zu befürchten. Er weiß recht wohl, daß er immer von seinen Söhnen pflichtschuldig gepflegt werden wird, denn sie warten nicht darauf zu sehen, «daß der Alte ins Gras beißt». Die neue Regierung Japans versucht jener Sitte des *inkyo* Einhalt zu tun; sie erscheint ihr barbarisch, da sie nicht europäisch ist. Dem Volke aber erscheint es im Gegenteil barbarisch, daß ein Mann sich noch placken und mühen soll, wenn seine Zeit, da er tüchtig arbeiten konnte, vorbei ist.[186]

TORII *Torii* ist der Name eines besonderen Tores, das von zwei senkrechten und zwei horizontalen Balken gebildet wird und vor jedem Shintō-Tempel steht. Der orthodoxen Auffassung nach war es ursprünglich eine Sitzstange für die heiligen Hühner (*tori*, Huhn; *i* von *iru*, wohnen), die den Tagesanbruch verkündeten. Später aber, als seine ursprüngliche Bedeutung vergessen war, sah man darin nichts als ein Tor, ja, nur ein symbolisches Ornament, so daß man zuweilen ganze Alleen von *torii* errichtete; gleichzeitig adoptierten es die Buddhisten, um Tafeln mit Inschriften daran anzubringen und es auf verschiedene neue Arten zu schmücken, wie etwa durch das Aufwärtsbiegen der Querbalken usw. Als nach der Wiedereinsetzung des Mikados im Jahre 1868 die «Reinigung» der Shintō-Tempel stattfand, bestand infolgedessen einer der ersten offiziellen Akte darin, diese Inschrifttafeln zu beseitigen. Ferner wurde seit dieser Zeit ausschließlich die einfachste Form des *torii* errichtet, weil sie als die einzige erachtet wurde, die alt und national ist.

Die Ansicht des Verfassers, die sich zum Teil auf einen Vergleich des japanischen und luchuanischen Wortes stützt (jap. *torii*, luch. *turi*), geht dahin, daß sowohl die orthodoxe Etymologie als auch die daraus abgeleiteten Anschauungen irrig sind, daß der Ursprung des Wortes ebenso wie der des Objekts dunkel ist, daß aber beach-

DAS TORII VOR DER INSEL MIYAJIMA

tenswerte Momente auf die Möglichkeit hinweisen, daß Wort und Objekt vom asiatischen Festland herüberkamen. Die Koreaner errichten ziemlich ähnliche Tore an der Auffahrt ihrer königlichen Paläste; die chinesischen *p'ai lou,* die als Denkmäler der Tugenden würdiger Männer oder Frauen dienen, scheinen sowohl der Gestalt als auch der Verwendung nach damit verwandt zu sein; und die Existenz des Wortes *turan* in Nordindien und des Wortes *tori* in Zentralindien, die zur Bezeichnung von Toren einer überraschend ähnlichen Gestalt dienen, gibt zu denken. Endlich ist uns die fundamentale Tatsache bekannt, daß fast jede japanische Kunst und fast jede japanische Idee am Schluß auf das asiatische Festland zurückgeführt werden können; die intellektuelle Abhängigkeit ist so konstant, daß man bei irgendeinem dunkeln individuellen Punkt stets einen chinesischen oder buddhistischen (das heißt indischen) Ursprung vermuten kann.

Mr. Aston, eine große Autorität in diesen Dingen, stimmt der Ansicht bei, daß das Objekt – das *torii* selbst – von auswärts eingeführt wurde (wahrscheinlich um das Jahr 770 n. Chr.), nimmt aber an, daß es früher mit einem schon vorher existierenden einheimischen Namen bezeichnet wurde, der ursprünglich «Oberschwelle» bedeutete und erst später zu seiner heutigen heiligen Assoziation gelangte.[187]

TRAUER Die Japaner nehmen es, wie alle von China beeinflußten Völker, sehr genau in Dingen der Trauer. Früher existierten gleichzeitig drei Trauercodes *(Bukki Ryo).* Einer von diesen war für Shintōpriester, ein anderer für den Adel Kyōtos und der dritte für die Daimyós und Samurais. Nur der letzte hat sich erhalten, und seine

Vorschriften werden noch heute von altmodischen Personen befolgt.

Die Trauer, das sei bemerkt, besteht aus zwei Dingen: dem Tragen von Trauerkleidung und der Abstinenz von animalischer Nahrung. Dies vorausgeschickt, erklärt sich die Tabelle auf S. 639 von selbst.

Für Kinder unter drei Monaten wird nicht getrauert, und die Trauerfrist für Kinder unter sieben Jahren ist stark gekürzt.

Wenn in der Familie eines Beamten ein Todesfall eintritt, so muß er ihn augenblicklich der Behörde mitteilen, der er untersteht. Der Theorie nach sollte er während der ganzen eigentlichen Trauerfrist zu Hause bleiben, aber da dies in der Praxis Unbequemlichkeiten verursachen würde, so wird ihm stets die Beobachtung der Regel erlassen und befohlen, «Dienst zu tun, obgleich in Trauer». Wenn ein Mitglied der kaiserlichen Familie stirbt, so wird durch öffentliche Bekanntmachung jegliche Musik im ganzen Lande auf drei Tage untersagt; diese Frist verlängert sich, wenn die abgeschiedene Person dem Thron sehr nahe stand.

Periodische Besuche der Gräber von Verstorbenen, *hakamairi* genannt, bilden einen wesentlichen Teil des japanischen Trauercodes. Die von der Sitte für jene Besuche vorgeschriebenen Tage sind der siebente Tag nach dem Tode, der vierzehnte, einundzwanzigste, fünfunddreißigste, neunundvierzigste und der hundertste; dann der erste Jahrestag des Todes, der dritte, der siebente, der dreizehnte, siebzehnte, dreiundzwanzigste, siebenundzwanzigste, dreiunddreißigste, siebenunddreißigste, fünfzigste und hundertste. Bei den wichtigeren dieser Gelegenheiten werden buddhistische Zeremonien abgehalten, zum Beispiel am ersten Jahrestag und am dritten. Für manche, besonders für die ärmeren Leute, erweist

	Kleidung	Nahrung
Ururgroßeltern[1]	30 Tage	10 Tage
Urgroßeltern[1]	90 Tage	20 Tage
Großeltern[1]	150 Tage	30 Tage
Wirkliche Eltern	13 Monate	50 Tage
Adoptierte Eltern	13 Monate	50 Tage
Stiefeltern	30 Tage	10 Tage
Legitime Gattin des Vaters[2]	30 Tage	10 Tage
Geschiedene Mutter	150 Tage	30 Tage
Schwiegereltern der Frau	50 Tage	20 Tage
Onkel und Tante[1]	90 Tage	20 Tage
Gatte	13 Monate	50 Tage
Gattin	90 Tage	20 Tage
Brüder und Schwestern[1]	90 Tage	20 Tage
Halbbrüder und -schwestern	30 Tage	10 Tage
Ältester Sohn	90 Tage	20 Tage
Andere Kinder	30 Tage	10 Tage
Ältester Sohn des ältesten Sohns	30 Tage	10 Tage
Andere Enkel	10 Tage	3 Tage
Adoptivsohn	30 Tage	10 Tage
Neffen und Nichten[1]	7 Tage	3 Tage
Vettern	7 Tage	3 Tage

1 Der väterlichen Seite. Die untergeordnete Stellung der Frauen im Osten hat eine beträchtliche Reduktion der Trauerfrist zur Folge, wenn es sich um entsprechende Verwandte der mütterlichen Seite handelt. Für den Großvater mütterlicherseits zum Beispiel trauert man nur 90 Tage lang, für einen Onkel mütterlicherseits 30 Tage.
2 Die legitime Gattin eines Mannes gilt als «legale Mutter» aller Kinder, die der Mann etwa von einer Konkubine haben mag. Solche Kinder betrauern den Tod ihrer «legalen Mutter» während der im Text angegebenen Frist.

sich die Erfüllung dieses umfangreichen Programms als unmöglich, und selbst in den oberen Klassen finden sich nicht wenige, die durch eine Beschränkung der äußeren Zeichen der Trauer Europa in vernünftiger Weise nachahmen; aber der siebente und der fünfunddreißigste Tag und der erste und dritte Jahrestag werden nie vernachlässigt. Die Jahrestage von mehreren Familienmitgliedern werden zuweilen zusammengelegt, wenn die einzelnen Daten nicht sehr entfernt voneinander sind; allerdings stets vorausgesetzt, daß keiner der verehrten Toten über die schuldige Zeit hinaus warten muß. All diese Zahlen sind nach dem alten japanischen «Inklusive»-Rechensystem gerechnet, so daß der sogenannte dritte Jahrestag in Wirklichkeit der zweite ist usw. (siehe Seite 529). Die Farbe der Trauer ist Weiß, nicht Schwarz wie in westlichen Ländern.

TYCOON Wörtlich bedeutet der Titel «großer Fürst». Er wurde von einigen Shōguns im Laufe ihres Verkehrs mit fremden Staaten angenommen, Korea im 17. Jahrhundert, dann die westlichen Mächte zur Zeit der Erschließung Japans. Augenscheinlich beabsichtigten sie damit ihre Stellung zu verherrlichen, und es gelang ihnen auch; denn die europäischen Diplomaten nahmen an, daß ein Shōgun eine Art Kaiser ist, und erhoben ihn demgemäß zur »Majestät«.

ÜBERNATÜRLICHE WESEN An übernatürliche Wesen verschiedener halbmenschlicher und tierischer Gestalt glaubt das Volk noch immer halb und halb, und sie behaupten ihren sicheren Platz in der Kunst. Die *Tennin* oder buddhistischen Engel sind weder männlichen Geschlechts noch weiß gekleidet, noch beschwingt: Sie sind Frauen, augenscheinlich von einem bestimmten Alter, die in der Luft schweben; gekleidet sind sie in lange buntfarbene Gewänder, die Wickeltüchern ähnlich sind, und sie spielen oft die Flöte und Laute und andere Musikinstrumente.

Volkstümlicher als diese – in der Tat die volkstümlichsten aller übernatürlichen Wesen – sind die *Tengu,* eine Art Kobolde oder Gnome, die in den Bergen und Waldgebieten spuken und allerhand Streiche vollführen. Sie ähneln einigermaßen Vögeln, denn sie haben Schwingen und Schnäbel, manchmal auch Klauen. Aber oft wird der Schnabel zu einer dicken und ungeheuer langen Menschennase, und das ganze Geschöpf wird menschlich aufgefaßt, und nichts, was an einen Vogel erinnert, bleibt, abgesehen von dem Fächer aus Federn, mit dem es sich fächelt. Oft ist es in Blätter gekleidet und trägt auf dem Kopf eine winzige Kappe. Mehrere schöne Tempel sind noch heute diesen Kobolden geweiht; jener von Dōryō Sama nahe Miyanoshita ist besonders herrlich.

Sodann gibt es die *Sennin* oder «Berggeister», Menschen von Gestalt, aber unsterblich. Sie sind erhabene Wesen und nicht grotesk und koboldartig wie die eben erwähnte Klasse.

Die *Shōgō* sind rothaarige Seeungeheuer, die gern enorme Mengen von berauschenden Getränken trinken. Der «Dreiäugige Mönch» und der «Einäugige Tempeldiener» (sein einziges Auge funkelt in der Mitte der Stirn) müssen unheimliche Personen sein, wenn man ihnen im Zwielicht begegnet, nicht weniger die «Weiße Frau», die im Schnee umherwandert.

Die Jugend Japans hat einen heillosen Schrecken vor diesen Gespenstern und fürchtet ebenfalls eine Art der *Oni,* Dämonen und Menschenfresser, von denen haarsträubende Geschichten erzählt werden. Sie haben Hörner, aber keinen Schwanz, und ihr einziges Kleidungsstück besteht aus einem Hüftentuch von Tigerfell. Einer von ihnen ruft den Donner hervor, indem er auf einer Reihe von Tamburinen trommelt, und manchmal auch stürzt er auf den Boden herab und verletzt sich.

Die japanischen Geister wandeln nicht auf der Erde in Leintücher gehüllt umher, aus dem einfachen Grunde, weil Leintücher nicht zu den japanischen Schlafvorrichtungen gehören. Aber ihre Füße verlieren sich in nichts, während der Körper zu einer erschreckenden Höhe ausgezogen ist, und sie halten die Hände vor sich hin, als ob sie etwas packen wollten. Manchmal ist ihr Hals fürchterlich lang *(rokurokubi)* und gewunden wie eine Schlange.

Von mythischen Tieren ist das weitaus bedeutendste das edle Geschöpf des Drachens – chinesischer Herkunft, aber vollkommen eingebürgert in Japan[188]. Er steht in Beziehung zu dem nassen Element, das in Wolken und Stürmen herrscht. Manchmal besteigt er den Fuji, hinaufgetragen von einer Wolke; wiederum verbirgt er sich in den Wassern eines Flusses oder eines tiefen verborgenen Sees und verursacht, wenn er gestört wird, einen schrecklichen Aufruhr im Himmel und auf der Erde. Der Palast des Königs der Drachen ist ein wunderbar reicher Wohnort, der in weiter Ferne viele Seemeilen tief unter den Wogen des Ozeans liegt.

Das Einhorn und der Phönix kommen kaum vor, außer in der Kunst, und die einzige Funktion des *Baku* (augenscheinlich ein großer, mit dem Tapir verwandter Vierfüßler) besteht im Verschlingen böser Träume. Populärer ist der Riese *Namazu,* ein aalähnliches Geschöpf, aber dicker und flachköpfig und mit einem Schnauzbart versehen, der irgendwo im Bauch der Erde haust und dessen gelegentliche Bewegungen die Erdbeben verursachen. Ein anderes Seegeschöpf, der Oktopus, der halbmenschliche Gestalt annimmt, flößt Schrecken ein, wenn er ans Land kommt, um Kartoffeln zu stehlen und andere Streiche auszuüben. Das Volk glaubt ebenfalls an Meernixen; es verwechselt aber oft diese imaginären Gebilde mit dem realen Seehund, vielleicht wegen seines fast rührenden menschlichen Gesichtsausdrucks.

Unter den Vögeln ist ein rein mythisches Wesen der *Nue*. Wenn der Leser erfährt, daß dieser sogenannte «Vogel» (denn er fliegt, und er singt mit einer Stimme, die gleichzeitig heiser, guttural, laut und sehr klagend ist) den «Kopf eines Affen, den Körper eines Tigers und den Schwanz einer Schlange hat», so wird er ohne Zweifel dem alten Kommentator recht geben, der sagt, daß «er ein seltenes und eigenartiges Wesen sei».[189] (Für Zauber-Füchse, Dachse und Hunde siehe «Dämonische Besessenheit».)

VEGETABILISCHES WACHS Der Wachs-Baum ist nahe verwandt mit dem Lack-Baum, beide sind Sumache der Gattung *Rhus*. Die Beeren eines Wachs-Baumes werden in einer Presse zerquetscht, der Extrakt, dem Aussehen nach eine Masse zwischen Wachs und Talg, wird erwärmt, gereinigt und zu Kerzen verarbeitet. Das Wachs ist im Handel unter dem Namen «Japanisches Wachs» bekannt, und der Baum, der es produziert, darf nicht mit dem berühmten chinesischen Talg-Baum *(Stillingia sebicifera Euphorbiaceæ)* verwechselt werden. Die Beeren des Lack-Baumes werden zuweilen in derselben Weise verwendet wie jene des Wachs-Baumes.[190]

VERBEUGEN VOR DEM BILDNIS DES KAISERS Diese Sitte ist ein Punkt der japanischen Etikette, der viel heißes Blut unter den Fremden und den eingeborenen christlichen Konvertiten gemacht hat. Sie ist nicht alt, denn sie stammt erst aus dem Jahre 1891. Wie so vieles andere trat sie mit der modernen Wiedererstarkung des Imperialismus ins Leben und wird jetzt in allen Schulen und vielen öffentlichen Ämtern an gewissen Jahrestagen beobachtet. Man suchte die Einwände damit zu begründen, daß die Sitte einem Götzendienst ähnlich sehe. Aber eine solche Auffassung beruht gewiß auf Gedankenverwirrung. Ein menschlicher Regent ist kein Baal oder Moloch. Wir haben nie gehört, daß jemand dem japanischen Kaiser oder irgend einem andern Kaiser die Verbeugung verweigert hätte, wenn er physisch vor ihm stand. Was kann es also schaden, wenn man sein Bildnis ehrt? Mehr noch, wenn ein Fußfall vor dem lebenden Kaiser keine «Anbetung» ist, wie kann man dann mit Vernunft einen vor seinem Bilde derartig auslegen?

VERGNÜGUNGEN Die beliebtesten Vergnügungen der Japaner sind: das gewöhnliche Theater *(shibai); das Nō*-Theater (hauptsächlich von der Aristokratie besucht); Ringkämpfe, das heißt ihnen beizuwohnen, nicht selbst daran teilzunehmen; Diners, belebt durch die Vorführungen von Tänzerinnen und Sängerinnen; Tempelbesuche, sowohl zum Vergnügen als aus Frömmigkeit; Ausflüge nach Orten, die wegen ihrer Szenerie berühmt sind, und besonders nach Plätzen, bekannt für ihre besondere Blütenpracht wie der Pflaumen-, Kirsch- oder Wisteriablüte. Die Japaner unterhalten sich auch mit Reimeschmieden in ihrer eigenen Sprache und in Chinesisch, ferner mit Schach, Dambrett und verschiedenen

Spielen in der Art von «*Mother Goose*», von denen *sugoruku* das verbreitetste ist.

Seit den frühesten Tagen der Berührung mit dem Ausland besaßen sie ebenfalls gewisse Spielkarten, von denen die *hanagaruta* oder «Blumenkarten» die beliebtesten sind – so beliebt in der Tat und so verführerisch, daß ein offizielles Verbot gegen das Spiel um Geld erlassen wurde. Es gibt achtundvierzig Karten, vier für jeden Monat des Jahres; die Monate sind gekennzeichnet durch die ihnen eigenen Blumen, und eine Karte aus jedem dieser Sätze von vieren hat einen besonderen Wert, der durch einen Vogel oder Schmetterling angedeutet ist, ferner eine zweite, die einen kleinen Vers trägt. Am Spiel nehmen drei Personen teil, und jede muß einen Einsatz bezahlen. Die Art des Zählens ist ziemlich kompliziert, aber die dem Spiele zugrundeliegenden Ideen sind anmutig. Es gibt eine andere Art von Karten, die an Stelle der Blumen Verse aus den «Hundert Dichtern» tragen. Dieses Spiel wird nie um Geld gespielt. Es ist mehr ein Gesellschaftsspiel für Familien, die in der Neujahrszeit oft die ganze Nacht damit zubringen.

An einigen der erwähnten Zerstreuungen nehmen auch die Damen teil; aber alles in allem genommen ist ihre Lebensweise viel einförmiger als die ihrer europäischen Schwestern. Die konfuzianische Idee von der untergeordneten Stellung der Frau macht sich noch immer in hohem Grade geltend. Zwar werden die Frauen nicht wie in Indien eingeschlossen, aber man sieht ihren eigentlichen Beruf doch darin, zu Hause zu sitzen. Aus diesem Grunde ist das Besuchmachen in Japan weniger üblich als bei uns. Ferner muß man den Japanern zugute halten, daß Vergnügungen, wenn sie auch erlaubt sind, bei ihnen doch niemals zu großen und ernsten Lebensaufgaben entarten. In England, wenigstens in den oberen

Klassen, scheinen Jagen, Fischen und Golfspiel der Herren, Tänze, Gartenfeste und Landhausbesuche der Damen den Mittelpunkt zu bilden, um den sich das Familienleben dreht. In Japan dagegen greift man nur gelegentlich zu Amüsements, weiß sie aber aus diesem Grunde mehr zu würdigen.

Vor einigen sechzehn oder siebzehn Jahren sah es aus, als ob die hier angedeuteten Verhältnisse vor großen Umwälzungen ständen. Poker, Pferderennen, selbst Jagen und Lawn-Tennis fanden Liebhaber unter den japanischen Herren, während das schöne Geschlecht, das seine reizende Kleidung zugunsten des Korsetts und europäischen Tands aufgab, sich mutig im Ballsaal tummelte. Zwar zeigten, wie Netto in seinen «Papierschmetterlingen aus Japan» witzig bemerkt, «die meisten von ihnen durch den Ausdruck ihrer Gesichter, daß sie ein Opfer auf dem Altar der Zivilisation darbrachten». Glücklicherweise trat eine Reaktion ein, die alten Sitten und Gewänder wurden wieder aufgenommen, und wenn jetzt bei seltenen Gelegenheiten Japanerinnen in einen Tanzsaal treten, so erscheinen sie als bloße Zuschauer und in ihren unendlich reizvolleren nationalen Kleidern.

Die japanische Jugend amüsiert sich mit Drachensteigen, Kreiseltreiben, Federballschlagen, Schneemannmachen, Spielen mit Puppen usw. – tatsächlich finden wir die meisten Freunde unserer Kindheit hier vor, wenn auch modifiziert durch den *genius loci*. Die großen, grotesk bemalten Hunde aus Papiermaché, die man den Babys häufig schenkt, verdanken ihren Ursprung der Anschauung, daß Hunde treue Beschützer seien, besonders gegen böse Geister.[191] (Siehe auch Artikel über «Polo».)

VERKEHRTE WELT Es wurde häufig gesagt, daß die Japaner viele Dinge auf eine Art und Weise täten, die der europäischen Auffassung und dem, was natürlich und richtig ist, direkt entgegengesetzt sei. Den Japanern selbst erscheint unsere Art und Weise gleich unvernünftig. Vor nicht langer Zeit fragte eine Dame aus Tokyo den Verfasser, warum die Ausländer so viele Dinge verkehrt täten anstatt auf natürliche Weise, in der Art ihrer Landsleute.

Hier folgen ein paar Beispiele dieser Verschiedenheiten:

Die japanischen Bücher beginnen mit dem, was wir das Ende nennen würden, das Wort *finis* steht da, wo sich bei uns die Titelseite befindet. Die Fußnoten stehen oben an den Seiten, und der Leser fügt die Lesezeichen unten ein. Bei den Abschnitten in den Zeitungen wird ein großer Schlußpunkt an den *Anfang* eines jeden Abschnitts gesetzt.

Die Männer versetzen sich nicht nach dem Diner mit Wein in fröhliche Stimmung, sondern vor dem Diner. Auch kommen die Süßigkeiten vor den *pièces de resistance*.

Alles, was mit Pferden zusammenhängt, machen die Japaner entgegengesetzt wie wir. Ein Japaner (der alten Schule) besteigt das Pferd auf der rechten Seite, alle Teile des Geschirrs werden rechts befestigt, die Mähne läßt man über die linke Seite hängen; und wenn das Pferd in den Stall gebracht wird, so stellt man es so, daß der Kopf da ist, wo der Schwanz sein sollte, und das Tier wird aus einer Barre an der Stalltüre gefüttert.

Boote werden mit dem Heck voran aufs Ufer gezogen.

Wenn du ein Gasthaus verläßt, so gibst du nicht dem Kellner ein Trinkgeld, sondern dem Wirt.

Die Japaner sagen nicht «Nordost», «Südwest», sondern «Ostnord», «Westsüd».

Sie tragen die Säuglinge nicht auf den Armen, sondern auf dem Rücken.

Bei der Adresse eines Briefes gebrauchen sie folgende Reihenfolge: «Japan, Tokyo, Akasaka-Distrikt, die und die Straße, Nummer 19, Smith John Mr.» – das heißt, sie führen zuerst das Allgemeine an, dann das Besondere, was das genaue Gegenteil unserer Methode vorstellt.

Viele Werkzeuge und Gerätschaften werden in einer Weise benützt, die der unseren entgegengesetzt ist. Zum Beispiel schließen japanische Schlüssel nach links anstatt nach rechts, und japanische Zimmerleute sägen und hobeln auf ihren Körper zu anstatt weg von ihm.

Die besten Zimmer in einem Hause gehen nach hinten hinaus; der Garten liegt ebenfalls hinten. Wenn die Japaner ein Haus bauen, so konstruieren sie das Dach zuerst; nachdem sie die Stücke numeriert haben, brechen sie es wieder ab und bewahren es auf, bis der Unterbau fertig ist.

Beim Aufstellen von Rechnungen schreiben sie zuerst die Ziffern nieder, dann die entsprechenden Posten.

Die Höflichkeit befiehlt ihnen, nicht die Kopfbedeckung abzunehmen, sondern die Fußbekleidung.

Beim Nähen ist merkwürdigerweise ihre Art der europäischen entgegengesetzt. Da der Verfasser zum inferioren Geschlecht gehört, so kann er nicht mit großer Sicherheit über einen solchen Punkt sprechen. Aber eine Dame seiner Bekanntschaft sagte ihm, daß die japanischen Frauen den Faden «einnadeln», anstatt die Nadel «einzufädeln», und daß sie, anstatt die Nadel durch das Tuch zu führen, sie stillhalten und das Tuch durch die Nadel hindurchschieben. Eine andere Dame, die lange in Japan lebte, erzählte, daß ihre japanischen Mädchen eine

Vorliebe dafür zeigten, Manschetten und Krausen und ähnliche Dinge stets verkehrt und das Innere nach außen gekehrt anzunähen. Wenn das nicht das *non plus ultra* des Gegenteils ist, was könnte es sonst sein?

Die Frauen sind in Japan, und zwar recht ausgesprochen, *nicht* das bessere Geschlecht. Wenn sich ein Gatte (was nicht oft vorkommt) herabläßt, seine Frau mitzunehmen, so ist es das Jinrikisha meines Herrn und Meisters, das zuerst fortrollt. Die Frau besteigt das ihre, so gut sie es kann, und trollt hinter ihm her. Doch haben die Frauen auch manchen Trost. In Europa lassen sich lebensfrohe Junggesellen oft von den Reizen der Schauspielerinnen verführen. In Japan dagegen, wo von Schauspielerinnen nicht die Rede sein kann, verliebt sich die Frau in Schauspieler, die gerade in Mode sind.

Das sonderbarste an allem: Nach einem Bad trocknen sich die Japaner mit einem feuchten Handtuch ab!

Verträge mit fremden Mächten Die Revision der Verträge war so viele Jahre lang der Angelpunkt der japanischen Auslandspolitik, die Ausarbeitung der neuen Verträge ist noch immer eine solch brennende Frage für die fremden Kolonisten, daß der Neuankömmling, der gern einen Blick unter die Oberfläche werfen möchte und einiges über die verborgenen Triebfedern der lokalen Politik erführe, vielleicht Interesse an Einzelheiten hat, die man sonst als «alte Geschichten» abtun würde. Doch ist nicht die jüngste Vergangenheit unser einziger zuverlässiger Führer für die Gegenwart und die nahe Zukunft?

Japans erster Vertrag mit den Vereinigten Staaten war jener, der ihm 1854 durch den Schrecken, den Commodore Perrys «schwarze Schiffe» einflößten, abgezwungen wurde. Andere, in den Jahren 1858 bis 1869 inklusive, folgten mit Rußland, Großbritannien, Frankreich und den übrigen europäischen Mächten, großen und kleinen. Die wesentlichen Punkte dieser Dokumente, die in Wirklichkeit infolge der Einfügung der von den Mächten am meisten angestrebten Klausel in eines verschmolzen wurden, sind erstens das Öffnen der Häfen von Yokohama, Kobe, Ōsaka, Nagasaki, Niigata und Hakodate für Handel und Ansiedlung der Fremden, mit einem Gebiet von 10 *ri* (ungefähr 39,3 Kilometer) rings um jeden, «Treaty Limits» genannt, worin Fremde ohne Pässe reisen durften; zweitens die Anerkennung der «Exterritorialität»; das heißt, die Fremden sollen nicht der japanischen Gerichtsbarkeit unterstehen; drittens ein sehr niedriger Tarif der Einfuhrzölle, zumeist fünf Prozent des Wertes.

Dies waren in nackten Umrissen die alten Verträge, deren stillschweigend anerkannte Basis der ungleiche Status der beiden Kontrahenten war – die zivilisierten weißen Völker auf der einen Seite, Japan, das gerade aus der asiatischen Halbbarbarei hervorkam, auf der andern. Wie diese Verträge auf günstigerer Grundlage revidiert werden könnten, bildete lange Zeit den Mittelpunkt der japanischen Diplomatie. Die Sache war kompliziert, denn sie schloß den Verzicht auf kommerzielle und legale Privilegien, deren sich die Fremden während einer langen Reihe von Jahren erfreuten, in sich, ferner die außerordentlich delikate Frage, ob es füglich sei, Japan in die Familie der christlichen Nationen zu den gleichen Bedingungen aufzunehmen. Gesetzlich konnte Japan schon seit 1872 einen Anspruch auf eine Vertragsrevision erheben; und der lange Aufenthalt der Gesandtschaft des Prinzen Iwakura in den Vereinigten Staaten (von 1872 bis 1873) hatte zugegebenermaßen den Zweck, einen neuen Vertrag zu schließen. Wenn man jedoch der Darstellung, die Sir Francis Adams von den Vorgängen gibt, Glauben schenken kann, so war es die japanische Regierung selbst, die um Aufschub bat. Vielleicht war sie nach und nach zur Erkenntnis gekommen, daß Japan noch nicht in der Lage wäre, genügende Garantien bieten zu können; auch entwickelten sich seine Gesetze und Gebräuche während eines ganzen Jahrzehnts nicht in dem erforderlichen Grade.

Ein weniger tief wurzelndes, aber gleich schwieriges Hindernis bildete der Umstand, daß sich sechzehn oder siebzehn fremde Mächte verpflichtet hatten, vereint zu verhandeln, und es nicht leicht war, England, Frankreich, Holland und den Rest für eine gemeinsame Basis zu gewinnen, auf der eine Konferenz eröffnet werden konnte. Manche bestanden auf den niedrigen Einfuhrzöllen, die die Operationen ihrer Kaufleute begünstigten. Andere – vielleicht alle – zögerten, ihre Landesangehörigen der Gnade japanischer Richter auszuliefern. Auf diese Weise wurde der Status quo viele Jahre hindurch beibehalten. Ein Land, die Vereinigten Staaten, die stets Japans gütigster Beschützer gewesen waren, machte allerdings Miene, sich von der Liga der westlichen Mächte loszusagen und schloß 1876 einen Separatvertrag, in dem all die umstrittenen Hauptpunkte aufgegeben wurden. Dieser Vertrag enthielt indessen eine Klausel, die all die übrigen entkräftete – nämlich die, daß der Vertrag nicht eher in Kraft treten sollte, bis all die andern Mächte Verträge einer ähnlichen Tendenz geschlossen haben würden. Der gute Wille Amerikas, wenngleich auf jeden Fall aufrichtig, erwies sich aus diesem Grunde als platonisch; und «*the Bingham treaty*», wie der Vertrag nach dem Namen des Ministers, der ihn durchführte, genannt wurde, verschwand in der Aktengruft.

Zwar sagen manche, daß die kleine paralysierende Klausel dieses Vertrages nicht von dem amerikanischen Diplomaten, sondern von der japanischen Regierung selbst eingefügt wurde! Unmöglich, wird man sagen. Nun, unwahrscheinlich klingt es sicherlich. Und doch, wenn sich der Leser daran erinnert, was von Prinz Iwakuras unschlüssiger Haltung behauptet wurde, so wird er nur zögernd die Möglichkeit eines solchen Verhaltens zurückweisen. Er wird unmittelbar unten auf zwei Fälle neueren Datums stoßen, wo die japanischen Diplomaten in der Tat noch in letzter Stunde ihren Standpunkt änderten; und wenn Privatpersonen oft davor zittern, den Wunsch ihres Herzens erfüllt zu sehen und Welten darum geben würden, es zu verhindern, warum sollte das nicht manchmal auch bei Regierungen der Fall sein?

Unterdessen hatte Japans Europäisierung derartige Fortschritte gemacht, mehr noch, hatte sich sein ehrlicher Eifer, seine Gesetze und seine Gerichtsverfahren zu reformieren, so offen gezeigt, daß man auf allen Seiten, in diplomatischen Kreisen und in der ausländischen Presse, die Zeit der Berücksichtigung seiner Ansprüche für gekommen hielt. Natürlich sollte es dafür das ganze Reich fremdem Handel und fremder Niederlassung öffnen, anstatt diese Privilegien auf die «Offenen Häfen» von Yokohama, Kōbe usw. zu beschränken, wie unter den bis dahin herrschenden Verhältnissen der Exterritorialität. 1882 wurde in Tokyo eine vorbereitende Konferenz zur Errichtung einer Basis für die Unterhandlungen abgehalten. Die japanischen Vorschläge enthielten die Aufhebung der Exterritorialität außerhalb der fremden Niederlassungen, sobald eine englische Übersetzung des Zivilcodes publiziert wäre, die Aufhebung der Exterritorialität in den fremden Niederlassungen selbst nach einer weiteren Periode von drei Jahren, ferner die Einsetzung von nicht weniger als fünfundzwanzig ausländischen Richtern für die Zeit von fünfzehn Jahren – diese Richter sollten die Majorität bilden in allen Fällen, die Ausländer betrafen – und die Einführung des Englischen als Gerichtssprache in solchen Fällen. Die Diplomatie spricht viel und arbeitet langsam, in Japan wie überall. Die Ausarbeitung dieses hier skizzierten Schemas erforderte vier Jahre angestrengter Tätigkeit, und das Jahr 1886 war schon halb verflossen, als die große Konferenz, die den Abschluß bringen sollte, in Tokyo zusammentrat. Die englischen und deutschen Repräsentanten gingen mit liberalen Konzessionen voran, und alles wickelte sich zur allgemeinen Zufriedenheit ab, als plötzlich, im Juli 1887, bei Gelegenheit der Rückkehr gewisser japanischer Politiker der radikalen Richtung aus dem Ausland, die japanischen Bevollmächtigten die Basis ihrer Bedingungen verließen und die Unterhandlungen infolgedessen zum Stillstand gebracht wurden.

Da aber auf beiden Seiten der aufrichtige Wunsch, die Frage der Vertragsrevision zu regeln, zurückblieb, so wurden Versuche in dieser Richtung nicht aufgegeben. Verschiedene Mächte erlaubten nunmehr einzeln eine Annäherung. Mexiko (so absurd es klingen mag) bildete die Avantgarde. Sicherlich wurde ja sein Handel nicht dadurch beeinflußt, und ferner hatte es keine Bürger zu beschützen. Aber es schloß jedenfalls seinen Vertrag, der am Anfang des Jahres 1889 ratifiziert wurde. Im Sommer des gleichen Jahres folgten mehrere der Mächte nach, zuerst die Vereinigten Staaten, dann Rußland, dann Deutschland. Auch Frankreich war dabei zu unterzeichnen; und die andern Mächte zeigten ebenfalls, wenn sie es auch weniger eilig hatten, die gleiche Tendenz.

Doch plötzlich änderte sich wiederum die japanische öffentliche Meinung, wenn man so in Ermangelung eines besseren Ausdrucks die Anschauungen der verhältnismäßig kleinen Anzahl von Personen bezeichnen darf, die in dieser Zeit in Japan über politische Gegenstände dachten oder sprachen. Unter den neuen Vertragsbestimmungen hatte sich die befunden, daß vier fremde Richter – nicht fünfundzwanzig – den einheimischen Gerichtshöfen während der ersten paar Jahre nach der Vertragsrevision zur Seite stehen sollten. Dieser Punkt wurde nun allerseits mißbilligt, da er den Bestimmungen der soeben proklamierten neuen Konstitution widerspreche. Allein der wahre Einwand war ein ganz anderer und wurzelte in der Furcht vor dem Gedanken, daß Japan fremdem Handeln und fremder Niederlassung geöffnet werden sollte. Jahrelang hatte man das Erschließen des Landes herbeigewünscht als einen Segen für den Handel, als ein Mittel, dem Bergbau und der Industrie fremdes Kapital zuzuführen, die japanischen Sitten und Einrichtungen jenen fast allgemein als die besseren anerkannten Sitten und Gebräuchen des Westens anzupassen. Dieselben Antizipationen blieben, aber die daraus gezogenen Folgerungen kehrte man um. Japan würde, so behauptete man jetzt erregt, von fremder Einwanderung überschwemmt, seine nationalen Sitten zerstört werden, seine Minen, Industrien, alles würde unter fremde Kontrolle kommen, sein Grund und Boden selbst würde, durch Miete oder Kauf, in fremde Hände gelangen, sein Volk in Wirklichkeit zu Sklaven werden, und das unabhängige Japan würde aufhören zu existieren.

Derartige Empfindungen bildeten das Thema eines jeden privaten Gesprächs und hallten täglich in der Presse wider. Trotzdem war die japanische Regierung, die aufgeklärter war als das japanische Volk, bestrebt, die Unterhandlungen der Vertragsrevision fortzusetzen. Da aber begann die öffentliche Erregung sich in heftiger

Weise Luft zu machen. Dem Minister des Äußeren, Graf Ōkuma, riß eine Dynamitbombe ein Bein ab. Im Oktober 1889 war es evident, daß die Unterhandlungen nicht länger ohne eine Gefährdung des öffentlichen Friedens fortgesetzt werden könnten, und die Regierung zog sich abermals zurück. Selbst jene Verträge, die schon mit Amerika, Deutschland und Rußland geschlossen worden waren, wurden nicht ratifiziert, und es zeigte sich, daß die Repräsentanten der andern Großmächte weise gehandelt hatten, indem sie sich abwartend verhielten und ihre Regierungen auf diese Weise vor einer demütigenden Abweisung bewahrten.

Einige Monate vergingen, und abermals kam die Flut zurück. Die einheimische Presse – ob von der Regierung beeinflußt, können wir nicht sagen – gab eine neue Parole aus, die lautete: «Vertragsrevision auf gleicher Basis» *(Taitō jōyaku kaisei)*. Das klang ganz gut; aber näher betrachtet, zeigte es sich, daß die fremden Mächte in allem Zugeständnisse machen sollten, die Japaner aber in nichts. In der Tat, es war ein Fall von

«*the fault of the Dutch*»
«*That of giving too little, and taking too much.*»[192]

Diese Forderung war widersinnig; aber – denn zuweilen geschieht das Unmögliche – sie wurde tatsächlich erfüllt! Wer weiß, wie es kam? Vielleicht glaubte Großbritannien, damit die japanische Allianz zu gewinnen; vielleicht geschah es nur, weil es ein für allemal eine alte Differenz, die nach und nach lästig geworden war, gutmachen wollte.

Wie dem auch sei, im Jahre 1894 ließ sich das damalige radikale Ministerium herbei, einen neuen Vertrag von der eben zitierten holländischen Art (*«the fault of the Dutch»*) zu schließen. Dabei erhielt Japan, entweder ausdrücklich oder stillschweigend durch die Anerkennung seiner Gesetze, von denen manche in dieser Zeit noch nicht einmal veröffentlicht waren, die Aufhebung der Exterritorialität, volle Gerichtsbarkeit über englische Untertanen, das Recht, seine Zölle selbst zu bestimmen, das Monopol des Küstenhandels und die Zusicherung, daß englische Untertanen kein Land käuflich erwerben, nicht einmal zum Zwecke des Land- oder Bergbaus mieten könnten. Großbritannien erhielt dafür – was? Die einzigen Punkte, die man bei genauer Untersuchung entdeckte, waren, daß jedermann die Erlaubnis habe, frei im Innern zu reisen – ein Privilegium, das man in Wirklichkeit schon längst genoß, wie natürlich in jedem Lande, das als zivilisiert gilt –, und daß im Innern Besitztümer gemietet werden könnten zu Zwecken der Niederlassung und des Handels – ein zweifelhafter Vorteil, der selbstverständlich zur Folge hatte, daß Kaufleute in verschiedenen Städten Etablissements für denselben Handel zu errichten hatten, der bisher mit weniger Unkosten in den offenen Häfen zentralisiert war.

Aber das war nur der Anfang der Schwierigkeiten. Als der Tag, da der Vertrag in Kraft treten sollte, näher kam, und die Leute dementsprechende Anstalten zu treffen hatten, fanden sie sich Hindernissen gegenüber, die niemals hätten entstehen können, wenn die Unterhändler mit gewohnter Sorgfalt zu Werke gegangen wären. Die Unklarheit des Dokuments war nicht der geringste seiner Mängel. Bei näherer Betrachtung dessen, was *nicht* festgesetzt war, ebenso wie dessen, was festgesetzt war, zeigte es sich, daß nach dem neuen Vertrag die britischen Untertanen, wenn es der japanischen Regierung beliebte, ihr Privilegium, Zeitungen zu drucken und öffentliche Versammlungen abzuhalten, mit einem Wort ihr Geburtsrecht der freien Rede, verlieren konnten, ferner, daß es zweifelhaft war, ob ihre Ärzte und Anwälte ohne japanisches Diplom ihre Praxis ausüben durften. Selbst der Zeitraum, für den Mietverträge abgeschlossen werden konnten, war nicht festgesetzt; die Bedingungen über Verkäufe und Pachterneuerungen dessen, was bisher die fremden «Konzessionen» waren, blieben unklar; das Recht, Arbeitskräfte zu beschäftigen und Industrien ins Leben zu rufen, blieb unklar; das Recht ausländischer Versicherungsgesellschaften, ihre Geschäfte fortzuführen, blieb unklar. Was die Frage der Zölle anbetrifft – eine Sache von allererster Wichtigkeit, wenn es je eine solche gab –, die fast augenblicklich zu einem Labyrinth wurde, so hatten sich die Unterhändler ganz einfach darüber keine Sorgen gemacht. Könnte jemand angesichts dieser Situation – dazu kamen neue Steuern von dreißig bis vierzig Prozent, mit denen gerade jene Artikel belastet wurden, die unumgänglich notwendig sind für uns, nicht für die Japaner – könnte jemand sich vorstellen, daß derartige Bedingungen jemals angenommen werden konnten außer nach einem unglücklichen Krieg? Die Autoritäten in Downing Street dachten augenscheinlich, daß eine Lage, die erträglich ist für britische Gemeinden in gewissen andern Ländern, gut genug wäre für die britische Kolonie in Japan. Aber sicherlich ist es ein riesiger Unterschied, ob man sich mit Unbequemlichkeiten, die schon uralt sind, abfindet, oder ob man seinen Kopf in eine neue Schlinge steckt.

Nachdem der englische Vertrag einmal geschlossen war, folgten die andern Mächte nach. Manchen von ihnen konnten die Bedingungen ziemlich einerlei sein; denn das Übergewicht der englischen Handels- und Ansiedelungsinteressen war in Japan von jeher derartig groß gewesen, daß man fast das Wort «*Eclipse first, and the rest nowhere*»[193] darauf anwenden konnte. Die Vereinigten Staaten als die einzige Macht, von der zu erwarten war, daß sie auf bessere Bedingungen bestände, waren teilweise durch ihre traditionelle Politik eines exzeptionellen Entgegenkommens Japan gegenüber davon zurückgehalten, teilweise, möchte es scheinen, dadurch, daß ihre Regierung wie die Großbritanniens sich nicht in allen praktischen Einzelheiten die Lage klargemacht hatte, die eintreten mußte, sobald die alten Verhältnisse abgeschafft und neue an ihre Stelle treten würden. Unterdessen fand der China-Krieg von 1894/95 statt, und Japans wunderbare Erfolge machten einen Einspruch gegen irgendwelche seiner Forderungen äußerst schwierig. Die deutschen und französischen Unterhändler indessen bewahrten ihre Ruhe; und dank den von den Nationen besonders gewünschten Bedingungen sind die britischen und amerikanischen Kolonisten durch einen Glücksfall, auf keinen Fall dank der guten Fürsorge ihrer Regierungen, zum Mitgenuß gewisser Ameliorationen, die von andern Mächten gefordert wurden, gelangt: Ihre Ärzte zum Beispiel haben das Recht zu praktizieren, und ihre Zeitungen dürfen weiter erscheinen, obschon sie jetzt der japanischen Zensur unterworfen und nicht länger unabhängig sind wie früher.

Dies ist die Geschichte der japanischen Vertragsrevision, soweit sie öffentlich bekannt ist. Private Informationen stehen uns nicht zur Verfügung, und wir selbst sind (wofür wir Gott danken) keine Politiker. Die Diplomatie ist kein Glücksspiel. Sie ist ein Spiel, bei dem es auf die Fähigkeit ankommt wie beim Schach, wo stets der bessere Spieler gewinnt. Die japanischen Diplomaten, für die sicherlich mehr auf dem Spiele stand als für ihre Gegner, sind ihnen überlegen gewesen. Indem sie eine abwartende Taktik wählten, indem sie der japanischen öffentlichen Meinung die Zügel locker ließen, wenn sie es für gut fanden, und sie hierauf als einen weit mächtigeren Faktor, als sie es in Wirklichkeit ist, hinstellten, indem sie die Presse geschickt leiteten, indem sie es klug zu arrangieren wußten, daß der Hauptsitz der Unterhandlungen von Tokyo, wo einige der lokalen Diplomaten eine adäquate Kenntnis der Materie besaßen, nach den europäischen Kabinetten, die geringe oder keine hatten, verlegt wurde, durch Talent, Vorsicht, Geduld, Takt, Jahr um Jahr geübt – mit einem Wort, durch erstklassige Diplomatie trugen sie einen vollen Sieg über ihre Gegner davon und rächten sich zu guter Letzt am Westen dafür, daß er Japan vor einer Generation gewaltsam erbrochen hatte.

Vom Standpunkt des patriotischen Engländers aus betrachten die Kolonisten in Japan (das heißt die Klasse, die den Fall am besten beurteilen kann) das britische Auswärtige Amt fast einmütig mit Geringschätzung, da es sich so ungeheuer irreführen und so vollkommen schlagen ließ. Aber was nützt es? Es ist nun hundert Jahre her, seit Nelson die demütigende Tatsache konstatierte, daß *«England seldom gains anything by negotiation, except the being laughed at»*[194], und noch immer schlummert das Auswärtige Amt und schießt Böcke wie zu Nelsons Zeit. Diplomatie ist nicht unser Talent. Wir müssen weiterhin die britische Untauglichkeit in solchen Dingen ertragen, wie wir Krieg ertragen, Pestilenz und amerikanischen Journalismus.

Geopfert auf dem Altar der *haute politique,* bleibt den englischen Kolonisten nur der einzige vernünftige Weg offen, nämlich gute Miene zum bösen Spiel zu machen, und das haben sie sich vorgenommen; sie sorgten für zuverlässige englische Übersetzungen der Gesetzbücher, die es ihnen ermöglichten, sich mit den Einzelheiten ihrer neuen Stellung unter dem japanischen Gesetz vertraut zu machen, und bemühten sich auf andere Arten, Gewähr für ein harmonisches Arbeiten der neuen Maschinerie zu schaffen. Bis zum Jahre 1899 waren ihre Kolonien in Japan – wie es noch heute in Schanghai der Fall ist – eine Art kleiner Republiken gewesen, ohne politische Rechte zwar, aber auch ohne Pflichten. Sie bezahlten geringe Steuern, betrieben ihre Geschäfte unabhängig von der Polizei, druckten, was ihnen gefiel, in ihren Zeitungen und taten im allgemeinen, was sie für recht hielten. Jetzt ist alles anders geworden, und sie müssen es lernen, sich unter weniger günstigen Bedingungen zurechtzufinden. Solche Mißgeburten der Justiz wie der «Fall Kent», der «Fall der Kōbe-Wasserwerke» und der «Fall Clifford Wilkinson»[195] trugen nicht dazu bei, sie von der Superiorität des japanischen Gesetzes dem englischen gegenüber zu überzeugen; aber sie hofften das Beste. Harte und komplizierte Steuern, besonders die Handelssteuer mit ihrem verzweigten Räderwerk, lasten auf ihren geschäftlichen Unternehmungen; aber auch in dieser Beziehung hoffen sie das Beste. Unterdessen können Anwälte, Beamte und Schiedsrichter nach Herzenslust disputieren und Artikel schreiben. Die Frage der Haussteuer allein hat dicke Bände in mehreren Sprachen produziert; aber noch ist sie durchaus nicht geregelt.

Aus all dem könnte man schließen, daß weder die Anhänger der europäischen offiziellen Geschäftsmethode noch jene (und der Verfasser bekennt sich zu ihnen), die Japan lieben und den Jingoismus[196] ablehnen, irgend etwas Erbauliches finden können auf diesem Blatt moderner Geschichte, auf dem so viel Kleinlichkeit und Unaufrichtigkeit verzeichnet ist.[197]

VOLKSBILDUNG Während des Mittelalters lag die Erziehung in den Händen der buddhistischen Priester. Die Tempel waren die Schulen, der Lehrgegenstand, auf den der größte Wert gelegt wurde, waren die buddhistischen Sutras. Als die Tokugawa-Dynastie das Shōgunat erlangte (1603–1876), vollzog sich eine Veränderung. Die gebildeten Klassen wandten sich der Lehre des Konfutse zu. Demgemäß wurden die Klassiker dieser Lehre – die «Vier Bücher» und die «Fünf Kanons» – auf den Ehrenplatz erhoben, auswendig gelernt und ebenso sorgfältig ausgelegt wie in China selbst. Neben den chinesischen Klassikern wurde einheimische Geschichte und Literatur gelehrt. Einige eifrige Wißbegierige arbeiteten sich auch durch holländische Bücher, die sie von den Holländern in Nagasaki erbettelt, geborgt oder gestohlen hatten oder auch mit Gold aufwogen wegen der unbezahlbaren Schätze an medizinischen und anderen wissenschaftlichen Kenntnissen, die sie enthielten. Aber wer sich europäischer Bildung widmete, mußte das größte Stillschweigen beobachten und fand sich fast unglaublichen Schwierigkeiten gegenüber. Denn die damalige Regierung betrachtete alle fremden Dinge mit Mißtrauen, und mehr als ein eifriger Lernbegieriger bezahlte mit seinem Leben das Verbrechen des Wissensdurstes.

Mit der Revolution von 1868 brach das alte Erziehungssystem zusammen. In Wirklichkeit war schon vor 1868 das Studium von Sprachen, besonders des Englischen, stillschweigend geduldet gewesen. Eine durchgehende Reform wurde geschaffen – eine Reform auf westlicher Grundlage – und im Anfang hauptsächlich mit amerikanischer Unterstützung durchgeführt. Die heutige Kaiserliche Universität von Tokyo ist die Repräsentantin und Erbin mehrerer Hochschulen, die einige dreißig Jahre vorher errichtet wurden, eine Hochschule für

Sprachen, für Medizin und ein Polytechnikum. Gleichzeitig schuf man für die Elementarbildung eine neue Basis, und besonders begabte junge Leute wurden über das Meer geschickt, um westliche Bildung an den Quellen zu schlürfen. Wo diese Vergünstigung versagt wurde, waren selbst junge Leute aus guter Familie glücklich, die Schuhe einer ausländischen Familie wichsen zu dürfen, in der Hoffnung, fremde Sprachen und fremde Sitten aufzufangen. Einige der Unternehmungslustigeren verabschiedeten sich auf französisch und schmuggelten sich an Bord von Schiffen, die nach Europa zurückkehrten. Auf diese Weise – um nur zwei bekannte Beispiele zu erwähnen – begannen die abenteuerlustigen jungen Männer Ito und Inoue ihre Karriere, die damit endete, daß die Schicksale ihres Vaterlands ihren Händen anvertraut wurden.

Die Universität von Tokyo umfaßt sechs Fakultäten, nämlich Gesetz, Medizin, Technik, Literatur, allgemeine Wissenschaften und Agrikultur. Die medizinische Fakultät stand bis vor kurzem unter deutscher Leitung. Die anderen Fakultäten hatten und haben noch Professoren verschiedener Nationalität, hauptsächlich Japaner, Angelsachsen und Deutsche. Die Zahl der Studenten beträgt 3400. Eine zweite Universität wurde 1897 in Kyōto eingeweiht mit den drei Fakultäten Gesetz, Medizin und allgemeine Wissenschaften (einschließlich Technik). Die Vorlesungen werden von über 640 Studenten besucht.

Andere wichtige Bildungsinstitute, die die Regierung errichtete und erhält, sind zwei höhere Normalschulen für junge Männer und eine für Frauen, siebenundfünfzig andere Normalschulen, die höhere Handelsschule, die Schule für fremde Sprachen, die technische Schule, die Schule für Adlige, die verschiedenen Marine- und Militärakademien, die Schule für Schiffahrt, die Kunstschule, die Musikakademie in Tokyo, die Blinden- und Taubstummenschule, die Landwirtschaftsakademie in Sapporo und sechs höhere Schulen, von denen sich eine in Tokyo befindet und fünf in der Provinz. Zwei andere höhere Schulen – eine in Chōshū und die andere in Satsuma – werden aus Fonds unterhalten, die von den Exdaimyōs jener Provinzen gestiftet wurden.

Der Raum erlaubt uns leider nicht, auf weitere Einzelheiten einzugehen. Einiges mag aus der nackten Tatsache ersehen werden, daß die japanische Regierung über 27000 Elementarschulen unterhält, die von 109118 Lehrern geleitet und von 5135400 Schülern besucht werden; ferner 258 Mittelschulen mit 4781 Lehrern und nahezu 95000 Schülern, daneben eine große Anzahl von Kindergärten. Es gibt auch zahlreiche Privatinstitute, große und kleine, von denen die bekanntesten Keiō Gijuku in Tokyo sind, gegründet 1868 von dem gefeierten Freidenker und Schriftsteller Fukuzawa, und das Waseda-Institut, ebenfalls in Tokyo, gegründet und noch jetzt unterhalten von Graf Ōkuma, dem hervorragenden Politiker und Leiter der fortschrittlichen Partei. Die Unterrichtsinstitute der protestantischen Missionare erfreuen sich ebenfalls eines großen Rufes in der öffentlichen Meinung.

Nur ein geringer Teil der japanischen Studenten lebt und wohnt in den Anstalten selbst. In Tokyo allein gibt es (Mai 1904) nicht weniger als 1861 Kosthäuser, die davon leben, Studenten zu beherbergen und billig abzufüttern. Dieses System ist nicht ohne Nachteile, besonders in bezug auf die Moral.

Für die weibliche Bildung ist offiziell gesorgt durch die höhere Normalschule für Mädchen, die schon erwähnt wurde, durch 79 Hochschulen, die Schule der adligen Fräulein usw. Von den vielen Privatinstituten ist die Haushaltungsschule für Mädchen das größte. Die

Universität für Frauen, 1901 in Tokyo errichtet, verlieh 120 Diplome im Jahre 1904.

Selbst in einer so flüchtigen Skizze wie der vorliegenden kann man unmöglich die zahlreichen Bildungsgesellschaften unerwähnt lassen, die eine Reihe von Jahren hindurch im ganzen Lande viel Gutes gewirkt haben. Auch der militärische Drill, der in den Plan aller Staatsschulen aufgenommen wurde, verdient Erwähnung. Er wurde obligatorisch im Jahre 1886 und hat außerordentliche Resultate sowohl in körperlicher als auch geistiger Beziehung erzielt. Die verschiedensten europäischen Sportarten werden, wenn sie auch nicht vorgeschrieben sind, doch ermutigt. Baseball scheint bei der Jugend am beliebtesten zu sein. Selbst für die Mädchen ist jetzt ein Turnkursus vorgesehen.

Der leitende Gedanke der japanischen Regierung bei all ihren erzieherischen Bestrebungen ist der Wunsch, die nationale Denkweise mit jener europäischer Länder zu verschmelzen. Wie erfolgreich diese Bestrebungen waren, kann man am besten ermessen, wenn man einen der noch lebenden Gebildeten der alten Schule aus der Tenpō-Periode (1830–1844) mit einem intelligenten jungen Mann der neuen Schule vergleicht, der seine Erziehung an der Universität in Tokyo oder in Fukuzawas Institut genoß. Die beiden scheinen verschiedenen Welten anzugehören. Gleichzeitig steht fest, daß alle Bemühungen, wie groß sie auch sein mögen, nicht imstande sind, die Europäisierung vollkommen zu machen.

Alles in allem, wie liegen die Dinge? Alle Nationen des Westens haben, im allgemeinen gesprochen, eine gemeinsame Vergangenheit, einen gemeinsamen Fonds von Gedanken, woraus alles, was sie haben, und alles, was sie sind, als ein korrelatives Ganzes organisch hervorging – ein römisches Reich im Hintergrund, eine christliche Religion im Mittelpunkt, eine langsame Emanzipation, zuerst vom Feudalismus und dann vom Absolutismus, die entweder bereits vollzogen ist oder sich gerade vollzieht, eine Kunst, eine Musik, eine Art von Idiom, selbst wenn die Ausdrucksmittel sich von Land zu Land ändern.

Japan steht außerhalb dieses Kreises, denn seine Vergangenheit hat sich unter vollkommen verschiedenen Bedingungen abgespielt. China ist sein Griechenland und Rom. Seine Sprache ist nicht arisch, wie selbst Rußlands Sprache es ist. Hinweise, die von einem Ende der Christenheit bis zum andern geläufig sind, erfordern ein ganzes Kapitel von Kommentar, wenn man sie dem japanischen Studierenden verständlich machen will, der selbst dann oft keine entsprechenden Worte für das hat, was man ihm klar machen wollte. Diese Tatsache wird von japanischen Erziehern so vollkommen gewürdigt, daß es seit vielen Jahren üblich ist, die meisten der höheren Wissenszweige durch das Medium der englischen Sprache zu übermitteln. Dies vergrößert indessen ganz ungeheuer die Bürde, an der der japanische Student ohnedies schon zu schleppen hat. Dann ist es für den japanischen Studenten ungleich schwerer, durch das Medium des Englischen unterrichtet zu werden, als es für die englischen Jünglinge wäre, wenn man sich als Medium des Lateinischen bedienen würde, da Latein im Grunde genommen im Geiste nicht so sehr vom Englischen verschieden ist. Es ist, sozusagen, Englisch in anderen Worten. Aber zwischen dem Englischen und dem Japanischen gähnt eine solch weite Kluft, daß der Geist des Studierenden ununterbrochen aufs äußerste angespannt sein muß. Je einfacher und idiomatischer das Englische ist, desto größere Ansprüche stellt es an ihn. Um so größer ist das Lob, das man einer Gruppe von Erziehern spenden muß, die so tapfer und im großen und ganzen so erfolgreich kämpfte.

Was den typischen japanischen Schüler anbetrifft, so gehört er zu jener Klasse von Jünglingen, die die Freude des Lehrers bilden – ruhig, intelligent, ehrerbietig, lernbegierig bis zum äußersten. Sein einziger ausgeprägter Fehler ist eine Tendenz, die allen Untergebenen in Japan gemeinsam ist, nämlich die Neigung, das Schiff eigenmächtig steuern zu wollen. «Bitte, Herr, wir wollen nun nicht länger amerikanische Geschichte hören. Wir wollen hören, wie man Luftballone anfertigt.» Dies ist ein Beispiel der Fragen, die jeder Lehrer in Japan immer wieder und wieder über sich ergehen lassen muß. Direkter Ungehorsam – der unter dem alten Regime unbekannt war – kam in den letzten Jahren des 19. Jahrhunderts ziemlich häufig vor, und es verging kaum ein Trimester, ohne daß die Zöglinge irgend einer bedeutenden Anstalt streikten, weil sie nicht mit der Unterrichtsmethode oder der Behandlung ihrer Lehrer einverstanden waren. Mehr noch, es bildete sich eine Klasse von vorlauten Burschen, im Japanischen *sōshi* genannt, jugendliche Agitatoren, die die Politik als ihr spezielles Gebiet betrachteten, ihre Meinungen und ihre Gegenwart den Staatsministern aufdrängten und jenen mit Knüttel und Messern auflauerten, deren Anschauungen in öffentlichen Angelegenheiten zufällig von den ihrigen abwichen. Diese ungesunden Symtpome, gleich anderen belanglosen der Kindheit Neu-Japans, scheinen jetzt verschwunden zu sein, ohne eine bleibende schlimme Wirkung hinterlassen zu haben.[198]

VULKANE Siehe «Erdbeben» und «Geographie».

WALLFAHRTEN Der Ruf der meisten japanischen Tempel geht nicht über ein enges Gebiet hinaus. Die Leute von Yedo – die östlichen Japaner – machen Pilgerfahrten nach *Narita* und zum *Fuji* und *Oyama*. Die frommen Bewohner der zentralen Provinzen um Kyōto wallen zum großen Kloster *Kōyasan* oder absolvieren die «Runde der heiligen Orte von Yamato» *(Yamatomeguri),* zu der solch berühmte Tempel wie *Miwa, Hase* und *Tōnomine* gehören; sie bilden gleichfalls die Majorität der Pilger, die zu dem Tempel der Sonnengöttin in *Ise* wallen. Der religiöse Mittelpunkt von *Shikoku* ist ein Ort, der *Konpira* oder *Kotohira* genannt wird; im Norden nimmt diese Stellung die heilige Insel *Kinkazan* ein, während die Inlandsee eine andere heilige und ganz entzückende Insel besitzt, *Miyajima,* wo niemand geboren und begraben werden darf, und wo zahme Hirsche, die im Schutze einer rührenden Pietät stehen, dem Fremden aus der Hand fressen. Aber manche von den größten Tempeln haben Zweigniederlassungen in andern Provinzen. Kompira hat Filialen in den meisten japanischen Städten; der große Tempel der Fuchsgöttin *Inari* in Kyōto hat Niederlassungen in fast jedem Dorf. Wiederum gibt es Tempel, die ihrem Wesen nach schon eine Mehrzahl verlangen. So zum Beispiel die «Dreiunddreißig Heiligen Orte der Kannon», der Göttin der Barmherzigkeit.

Wallfahrten werden gewöhnlich in Gesellschaft unternommen. Es gibt unzählige fromme Vereinigungen, *ko* oder *kōjū* genannt. Wenn der geeignete Zeitpunkt herannaht, wird eine gewisse Anzahl von Personen durch das Los ausgewählt, die die übrigen bei dem Tempel ihrer Ergebenheit repräsentieren soll; alle Ausgaben werden aus der gemeinsamen Kasse beglichen. Bilden diese Vertreter eine größere Gesellschaft, so agiert einer von ihnen, der die Pilgerfahrt schon früher mitmachte, als Führer und Cicerone, der seiner erstaunten Zuhörerschaft die Legende eines jeden kleinen Tempels, an dem sie vorbeikommen, ausführlich erzählt, auch sonst den Genossen behilflich ist und sie beaufsichtigt. Die Gasthöfe, in denen auf dem Wege haltgemacht wird, sind meistens schon durch die Tradition bestimmt; eine Fahne oder ein Brett mit dem Namen der Pilgergesellschaft darauf hängt über dem Eingang. Die Gasthöfe sind stolz auf solch authentische Zeichen einer konstanten Gunst, und Reisende in Japan können häufig Etablissements bemerken, deren ganze Front auf diese Weise geschmückt ist. In der Regel tragen die Pilger kein besonderes Gewand, aber jene, deren Ziel der Fuji, Ontake oder ein anderer hoher Berg ist, können an ihren weißen Kleidern und sehr breiten und gewölbten Strohhüten erkannt werden. Während des Aufstiegs klingeln sie oft mit einer Glocke und singen leiernd einen Bittgesang, der übertragen bedeutet: «Mögen unsere sechs Sinne rein sein und das Wetter auf dem erhabenen Berge schön».[199]

Die Japaner nehmen es, wie schon oft bemerkt wurde, mit der Religion nicht sehr ernst. Ise und andere bevorzugte Ziele der Frömmigkeit sind ebenso für die Amüsements bekannt, die sie am Abend bieten. Es wird auch nicht viel nach den Doktrinen der einzelnen Tempel gefragt. Kompira war früher buddhistisch und ist jetzt shintoistisch infolge eines Erlasses der heutigen Regierung. Aber die Pilger wallen dorthin wie zuvor, die Heiligkeit des Namens eines Tempels macht alle theologischen Mängel der Priester vergessen. Auch braucht man sich darüber nicht zu wundern, wenn man sieht, daß die Pilgerzüge sich fast ausschließlich aus Bauern und Arbeitern rekrutieren, die kaum wissen, daß Buddhismus und Shintō zwei getrennte Kulte sind, und die gerne den gleichen Respekt allen übermenschlichen Mächten erweisen, die es überhaupt gibt. Wenn sich Händler jeder Klasse einer Pilgergesellschaft anschließen, so geschieht es meistens in der Absicht, ihre Geschäftsverbindungen zu erweitern und neue Orte für wenig Geld und in Gesellschaft zu besuchen.

Leute, die sich der «guten alten Zeit» erinnern, behaupten, daß die Pilgerfahrten im Abnehmen begriffen seien. Das ist wahrscheinlich. Der Einfluß der Religion ist abgeschwächt worden durch einsickernde westliche Ideen von «Fortschritt» und einer materiellen Kultur. Dazu kommt auch, daß die Steuern schwerer als früher auf dem Volke lasten, so daß weniger Geld für unwesentliche Dinge übrig bleibt. Aber noch immer besteigen Tausende von Menschen, zumeist Pilger, jährlich den Fuji; über 8000 Pilger erstiegen diesen Sommer den *Nantaizan,* und der Zulauf der Wallfahrer zum Tempel von *Ikegami* nahe Tokyo ist so groß, daß am letzten Jahresfest, worüber Statistiken vorliegen, über 51000 Personen die Perronsperre der Vorortbahnstation passierten, deren durchschnittlicher täglicher Verkehr nur etwa 2000 Reisende beträgt. Viele waren ohne Zweifel nichts als Ausflügler, und der Anblick, den der Ort bot, war dem eines jeden großen Feiertags ähnlich. Die vergnügten Mengen ziehen aus, um sich zu amüsieren und nebenbei etwas zu beten: Schlage ein wenig auf den Gong und wirf einen Heller in die Büchse, damit du sicher bist, dir kein Unrecht zuschulden kommen zu lassen. Sie sind meilenweit entfernt von Benares und von Mekka und von der Schottischen Kirche.

Die heiligen Gegenstände, die die japanischen Pilger sehen und vor denen sie sich verbeugen wollen, gehören genau der gleichen Kategorie an wie die heiligen Gegenstände der christlichen Frömmigkeit, nur daß sie eine lokale Färbung zeigen. Winzige Fragmente des eingeäscherten Körpers eines Buddhas (sie heißen *shari*), Fußabdrücke eines Buddhas; Statuen und Bilder von der Hand berühmter alter Heiliger wie jene des Abtes Kōbō Daishi und des Prinzen Shōtoku Taishi, deren Tätigkeit in dieser Beziehung, wenn man der Legende trauen kann, phänomenal war; heilige Schwerter, heilige Gewänder, Brunnen, die niemals austrocknen, Statuen so lebendig, daß man sagt, wenn sie von einer frevlerischen Hand geschlagen würden, fließe Blut aus der Wunde – auf diese und ähnliche Dinge wird der Reisende stoßen, der den Wunsch hat, in das Geheimnis der japanischen Frömmigkeit einzudringen.[200]

WEISSAGUNG Astrologie, Horoskopie, Chiromantie, Physiognomik, Traumdeutung – all diese Formen des Aberglaubens sind in Japan zu Hause; aber am beliebtesten ist das Wahrsagen mit Hilfe der «Acht Diagramme» des klassischen China. Kein aufmerksamer Beobachter kann durch die Straßen irgendeiner großen Stadt wandern, ohne da und dort einen kleinen Stand zu sehen, wo ein Wahrsager sitzt. Vor ihm liegen seine Wahrsagestäbchen und kleine Täfelchen, bedeckt mit Reihen horizontaler Linien, einige ganz, einige in zwei Teile zerlegt. Die Manipulation all dieser Dinge stellt ein ungemein kompliziertes Wahrsagesystem vor, das *Eki,* wörtlich «Veränderungen», genannt wird und undenkbaren Alters ist. Konfutse selbst bekannte, daß er es nicht vollkommen verstehe und gerne noch fünfzig Jahre gelebt haben würde, um tiefer in seine Mysterien eindringen zu können.

Die gewöhnlichen Wahrsager von heute machen sich weniger Sorgen. Sie mischen die Wahrsagestäbchen durcheinander und geben ihren Kunden ohne Zaudern

Auskunft in all jenen schwierigen Angelegenheiten wie
das Wiederfinden verlorener Gegenstände, ob es ratsam
sei, in ein anderes Stadtviertel zu verziehen, vorteilhaft,
ein Kind zu adoptieren, welche Tage glückverheißend
seien für eine Heirat oder eine Reise, und gelegentlich,
wenn diese großen Persönlichkeiten nicht verleumdet
werden, selbst in Staatsangelegenheiten. Herr Takashima, einer der einflußreichsten Bürger von Yokohama,
verdankt seinen Reichtum seiner Gefängnishaft, die er
als Jüngling abzusitzen hatte; denn im Kerker war ein
zerlesenes Exemplar von Konfutses hochgeschätzter Abhandlung über die Diagramme sein einziger Genosse. Er
hat sich nicht nur ein Vermögen durch die Befolgung
dieser Vorschriften erworben, sondern auch einen umfangreichen Kommentar über diesen Gegenstand veröffentlicht.

Wenige fremde Kolonisten wissen, bis zu welchem
Grade die Japaner, mit denen sie in Berührung kommen,
noch immer unter dem Einfluß dieser Anschauungsweise stehen. Wir wollen nur eines von vielen Beispielen
anführen, die uns persönlich begegneten. Im November
1892 ging ein Lieblingshund des Verfassers verloren und
alle Nachforschungen, Annoncen und Inanspruchnahme
der Polizei waren erfolglos. Unterdessen hatten die
Dienstboten und ihre Freunde auf eigene Faust ihre Zuflucht zu nicht weniger als drei Wahrsagern genommen,
von denen zwei Priester waren. Einer von diesen prophezeite, daß der Hund im April zurückkehren werde,
und ein anderer ordnete an, daß ein alter Gesang, der die
Worte enthält «Wenn ich höre, daß du auf mich wartest,
dann werde ich sogleich zurückkehren», auf Papierstreifen geschrieben und umgekehrt außen an die Pfosten des
Hauses geklebt werden sollte. Durch diese Streifen wurden wir auf die Sache aufmerksam. Das Beste an der

Geschichte aber ist, daß sich der Hund tatsächlich wieder fand, und zwar noch dazu im April, nämlich im April 1896, nachdem er drei Jahre und fünf Monate vermißt worden war. Wie sollte man also berechtigt sein, die Wahrsager in den Augen dieser schlichten Leute zu diskreditieren?[201]

YEZO Yezo, oft unrichtig Yesso geschrieben (heute schreibt man es Ezo; d. Vlg.) und offiziell *Hokkaidō* oder «Nördlicher Seekreis» genannt, ist die nördlichste der großen Inseln, die den japanischen Archipel bilden. Sie liegt ungefähr zwischen $41\frac{1}{2}°$ und $45\frac{1}{2}°$ nördlicher Breite, das ist die Breite Italiens zwischen Rom und Venedig. Aber sie ist fast das halbe Jahr mit Schnee und Eis bedeckt, die eingeborenen Ainos jagen den Bären und den Hirsch in den vereisten und pfadlosen Gebirgen, wie die Höhlenbewohner der Eiszeit Europas.

Es wird behauptet, daß Yoshitsune, der große japanische Held, nach Yezo floh und dort starb; aber die Japaner taten wenig zur Kolonisation der Insel bis zum Anfang des 17. Jahrhunderts, da der Shōgun Ieyasu sie einem gewissen Matsumae Yoshihiro als Lehen verlieh, der die südwestliche Ecke der Insel eroberte und hier seine Hauptstadt in Matsumae, einige sechzig Meilen südwestlich von dem heutigen Hafen Hakodate, gründete. Seine Nachfolger behielten die Herrschaft in Händen bis zur kürzlich erfolgten Abschaffung des Feudalsystems. Sie behandelten die unglücklichen Ainos mit großer Grausamkeit und stellten es sogar unter Strafe, diesen armen Barbaren die Kunst des Schreibens oder irgendeine Kunst der Zivilisation zu übermitteln. Häufige Aufstände, die durch Massaker unterdrückt wurden, waren die Folge. Am Ende des 18. und in der ersten Hälfte des 19. Jahrhunderts besuchten indessen einige japanische Gelehrte die Insel. Ihrer Tätigkeit verdanken wir unsere ersten wissenschaftlichen Informationen über Volk, Sprache und Produkte von Yezo. Die kaiserliche Regierung hat alles, was in ihrer Macht lag, getan, um die Vergehen an den bisher unterdrückten Eingeborenen wiedergutzumachen.

Es gab eine Zeit, da die Russen auf Yezo Fuß zu fassen versuchten; aber die Erschließung Japans erstickte dieses Gelüste im Keim. Die japanischen Staatsmänner stürzten sich voller Eifer in die Aufgabe, die Hilfsquellen der Insel zu vergrößern. Mit diesem Ziel vor Augen schufen sie ein besonderes Ressort, betitelt *Kaitakushi,* und sicherten sie sich die Dienste einer Gruppe von amerikanischen Beamten mit General Capron als Chef. Große Summen wurden für Musterfarmen und andere öffentliche Schöpfungen ausgegeben, und eine trügerische Prosperität hub an. Die Seifenblase barst im Jahre 1881, als das *Kaitakushi* aufgelöst wurde; seit dieser Zeit hat die Regierung der Insel wiederholte Reorganisationen erlebt.

Vom wissenschaftlichen Standpunkt aus bietet Yezo großes Interesse. Die große Tiefe der Straße von Tsugaru, die es von der Hauptinsel trennt, zeigt, daß es nie – wenigstens in neueren geologischen Epochen nicht – mit dem eigentlichen Japan zusammenhing. Die Fauna der beiden Inseln weist demgemäß bemerkenswerte Unterschiede auf. Japan besitzt Affen und Fasane, die in Yezo fehlen. Yezo hat Birkhühner, Japan nicht. Selbst die Fossilien sind auf den zwei Seiten der Seestraße verschieden, wenn sie auch in ähnlichen Kreideformationen vorkommen.

Wissenschaftliche oder besser nicht-wissenschaftliche Ratgeber spielten der Stadt Sapporo einen merkwürdigen Streich, wenn man dem lokalen Klatsch Glauben schenken darf. Man hatte die Absicht, so wird erzählt, die Stadt *à l'américaine* anzulegen, mit Straßen nach Norden und Süden, Osten und Westen. Die mit der Orientierung betraute Persönlichkeit war sich natürlich klar darüber, daß die Abweichung des Kompasses in Rechnung gezogen werden müsse; aber infolge irgendeines Irrtums übertrug man die Abweichung auf die falsche Seite und verdoppelte auf diese Weise den Fehler, anstatt ihn zu eliminieren. Es ist amüsant zu hören, daß das Resultat eine praktische Verbesserung war, von der sich die Mathematiker nichts hatten träumen lassen. Die Häuser, die weder direkt nach Norden noch direkt nach Süden gehende Räume haben, leiden weniger unter den Extremen von Hitze und Kälte, als es der Fall gewesen wäre, hätte man sie so gebaut, daß ihre Zimmer entweder nie Sonne gehabt hätten oder das ganze Jahr hindurch den Sonnenstrahlen ausgesetzt gewesen wären.[202]

YOSHIWARA Als Yedo am Anfang des 17. Jahrhunderts plötzlich zu Pracht und Reichtum kam, zogen Leute aller Stände und aus allen Teilen des Landes hierher, um ihr Glück zu machen. Die Kurtisanen blieben nicht zurück. Aus Kyōto, Nara, Fushimi, so berichtet die einheimische Chronik, kamen sie in kleinen Trüppchen von dreien und vieren an. Aber eine Gesellschaft von einigen zwanzig oder dreißig aus der Stadt Motoyoshiwara an der Tōkaidō war entweder die zahlreichste oder die anziehendste; und so kam es, daß der Bezirk Yedos, wo sie sich niederließ, Yoshiwara[203] genannt wurde.

Zuerst standen diese galanten Damen nicht unter behördlicher Aufsicht. Sie konnten ihr Gewerbe treiben, wo immer sie wollten. Aber im Jahre 1617 wurde die Stadt auf die Vorstellungen eines Reformators namens

Shōji Jimemon hin gesäubert, und die Liederlichkeit – erlaubt, doch reguliert – wurde in ein besonderes Viertel nahe Nihonbashi verbannt, auf das der Name Yoshiwara überging. Dieses System der Absonderung, das allgemein und permanent wurde, hatte wenigstens einen ausgezeichneten Erfolg: Die japanischen Straßen zeigen nachts nicht jene Szenen schamloser Aufreizung zum Laster, die eine Schande unserer Städte im Westen bilden.

Später, 1656 n. Chr., als die Hauptstadt größer und Nihonbashi ihr Zentrum geworden war, wurden die betreffenden Häuser auf Anordnung der Behörde verlegt nach ihrem heutigen Ort an der Nordgrenze von Yedo, woher der Name Shin (das heißt neu) Yoshiwara stammt, unter dem der Platz allgemein bekannt ist. Fremde sprechen oft von «einer Yoshiwara», als ob das Wort ein Gattungsbegriff wäre. Das ist nicht richtig. Die Stadtteile ähnlichen Charakters in anderen Teilen Japans werden von den Japanern selbst nie so genannt. Ausdrücke wie *yūjoba* und *kuruwa* dienen zu ihrer Bezeichnung.

Die japanische Literatur ist voll von romantischen Geschichten, in denen Yoshiwara eine Rolle spielt. Gewöhnlich hat die Heldin ihren Weg dorthin gefunden, indem sie ihrer Kinderpflicht, die betagten Eltern zu untestützen, genügte, oder ein Ruchloser hat sie entführt und aus niedriger Gewinnsucht verkauft. Die Geschichte endet häufig damit, daß das Mädchen einem Leben in Schande mit wenigstens unverdorbenem Herzen entrissen wird, und mit all den guten Leutchen, die glücklich bis ans Ende leben. Indessen hat man allen Grund zu befürchten, daß sich im Leben wenige solcher Glücksfälle ereignen, obgleich es wahrscheinlich eine Tatsache ist, daß die gefallenen Frauen Japans, als Klasse genommen, weitaus weniger lasterhaft sind als ihre Vertreterinnen in westlichen Ländern; denn sie trinken nicht, noch gebrauchen sie unflätige Redensarten. Auf der andern Seite aber sagt ein japanisches Sprichwort, daß eine Kurtisane, die nicht lügt, ein ebenso großes Wunder sei wie ein viereckiges Ei.

In früheren Zeiten konnten Mädchen in aller Form und mit gesetzlicher Erlaubnis nach Yoshiwara in Yedo und den entsprechenden Plätzen im ganzen Land dem Laster verkauft werden, ein Zustand, den zu reformieren die heutige aufgeklärte Regierung sich beeilte. Gegen Ende des 19. Jahrhunderts wurde eine Agitation gegen das ganze System von den Missionaren, besonders von der japanischen Heilsarmee, ins Werk gesetzt und von einem Teil der Presse Tokyos unterstützt. Sie trug Früchte im Jahre 1900, als ein neues Gesetz erlassen wurde, wonach sich jedes Mädchen sofort aus den Fesseln der Schande befreien konnte; es brauchte diese Absicht nur der Polizei kundzugeben. Über 400 in Tokyo allein griffen augenblicklich zu diesem unerwarteten Befreiungsmittel, und vor dem Ende des Jahres hatten 1100 die Bordelle mit und ohne Einwilligung der Besitzer verlassen. In der Tat, die Flucht wurde so groß, daß viele Häuser schließen mußten. Wenn wir hinzufügen, daß schon 1874 nach europäischem Muster eine ärztliche Kontrolle aller Insassen der öffentlichen Häuser eingeführt wurde, daß jedes Mädchen und jedes Haus schwer besteuert wird und daß eine strenge Polizeikontrolle existiert, so haben wir alles erwähnt, was hier über einen Gegenstand gesagt werden muß, der nur in einem medizinischen Werk angemessen behandelt werden könnte. Jene, die Interesse haben für diese besondere Sparte der Soziologie, werden ausführliche und merkwürdige Einzelheiten in «*The Nightless City*» finden, 1899 anonym in Yokohama veröffentlicht.

ZAUBERSCHUTZMITTEL UND HEILIGE BILDER Diese werden für einige Heller in Hunderten von Tempeln überall im Lande verkauft. Diese Sitte scheint mit den Buddhisten herübergekommen zu sein, bei denen schon auf dem asiatischen Kontinent und vor der Einführung von Shaka Munis Religion in Japan all das Beiwerk der volkstümlichen Frömmigkeit und des Aberglaubens existierte. Aber die Shintōpriester haben diese Sitte angenommen, denn sie verschmähten es nicht, in diesen harten Zeiten einen ehrlichen Pfennig herauszuschlagen, wo immer es nur möglich war.

Die gewöhnlichsten japanischen Amulette sind Papierstreifen mit einer Aufschrift zur Beschwörung des Unheils, für das Erlangen von Glück, für den Schutz gegen die Gefahren der See oder des Krieges, gegen Feuer und Krankheit und während der Schwangerschaft. Andere bestehen aus langen Streifen, die mit dem Namen irgendeines Gottes beschrieben sind oder mit einem kurzen Gebet, dem zuweilen das Bild jenes Überirdischen beigefügt ist, der angefleht wird – der Fuchsgott zum Beispiel oder die heiligen Krähen von Kumano[204] oder der heilige Hund von Mitsumine, der als ein mächtiger Beschützer gegen Räuber verehrt wird. Diese Sorte kann man außen an den Häusern der Armen in fast allen Provinzen des Reiches senkrecht angeklebt finden, während bessere Familien sie im Hause aufbewahren, wo sie zur Ausstattung des Hausaltars gehören.

Sich solche Zauberschutzmittel zu verschaffen ist stets ein Zweck der Wallfahrten nach heiligen Bergen und berühmten Tempeln, die immer noch sehr populär sind in jenen Schichten der Gesellschaft, die noch nicht ganz durchtränkt sind von den europäischen Anschauungen des 20. Jahrhunderts. Gleichzeitig erwirbt man gewöhnlich Farbdrucke des besuchten Tempels, die man sorgfältig als Andenken an die Pilgerfahrt aufbewahrt. Eine andere sehr verbreitete Art kann zu Hause hergestellt werden; sie besteht in dem Abdruck einer Hand, gewöhnlich einer Kinderhand. Die Hand wird mit Tinte geschwärzt und auf Papier gepreßt; man glaubt, daß dieses Mittel böse Einflüsse abwendet.

Neben diesen papiernen Amuletten existieren noch mehrere andere Arten. In Ise zum Beispiel werden geweihte Münzen verkauft; aber wir vermuten, sie verdanken ihren Ursprung dem europäischen Einfluß. Ein anderes Zauberschutzmittel von Ise, das auf jeden Fall einheimisch ist, besteht in Splittern der Tempel selbst; denn wenn diese Tempel einer uralten Sitte gemäß alle zwanzig Jahre niedergelegt werden, um neuen Platz zu machen, schneidet man alles Holz in kleine Splitter, die die unzähligen Pilger mitfortnehmen. Auch die Nahrungsmittel, die als Opfer für die Götter dienten, werden an die Pilger als Zauberschutzmittel verkauft, in Ise sowohl als auch an anderen Orten. Ferner gibt es Miniaturausgaben verschiedener Sutras, mikroskopische Bildnisse der Glücksgötter, aus Reiskörnern geschnitten, Faksimiles von Buddhas Fußabdruck auf gewissen heiligen Steinen und endlich eine solch mannigfaltige Auswahl von «Gegenständen der Bigotterie und Tugend», daß weder unser Gedächtnis noch der uns verfügbare Raum ausreichen, sie aufzuzählen.

Die mittleren und unteren Klassen Tokyos tragen konstant ein Amulett – gewöhnlich ein dünnes rechteckiges Holztäfelchen mit dem Namen des großen Tempels von Narita darauf; sie tragen es an einer Schnur um den Hals auf der Haut. Es soll gegen Unfälle schützen. Die Frauen tragen es oft über ihrem Gürtel. Die Kinder haben gewöhnlich ein grellfarbenes «Amulettsäckchen» an ihrer Seite hängen.

ZEIT Das offizielle und gebildete Japan ist nun ganz europäisch geworden und besitzt keine originelle Zeitbestimmung mehr. Aber Wißbegierige möchten vielleicht einen Blick auf seine früheren und eigenartigen Methoden werfen, die noch immer bei der Landbevölkerung bestimmter entlegener Bezirke zu Hause sind. Alt-Japan kannte keine Minuten, seine Stunden entsprachen zwei europäischen Stunden und wurden folgendermaßen aufgezählt, von hinten nach vorn:

9 Uhr *(kokonotsu doki)*   entspricht 12/24 Uhr
8 Uhr *(yatsu doki)*   entspricht 2/14 Uhr
7 Uhr *(nanatsu doki)*   entspricht 4/16 Uhr
6 Uhr *(mutsu doki)*   entspricht 6/18 Uhr
5 Uhr *(itsutsu doki)*   entspricht 8/20 Uhr
4 Uhr *(yotsu doki)*   entspricht 10/22 Uhr

Halb zehn Uhr *(kokonotsu han)* entsprach unserem ein Uhr und in entsprechender Weise all die andern Zwischenstunden unserer Stundenreihe bis herab zu halb fünf Uhr, das unser elf Uhr war. Die Stunden hatten jedoch nie alle genau die gleiche Länge, ausgenommen zur Zeit der Äquinoktien. Im Sommer waren die Stunden der Nacht kürzer, im Winter die des Tages. Dies kam daher, weil keine Methode zur Berechnung einer mittleren Zeit existierte; Sonnenaufgang und Sonnenuntergang wurden das ganze Jahr hindurch mit sechs Uhr bezeichnet.

Warum, wird man fragen, zählten sie die Stunden rückwärts? Ein Fall der japanischen «verkehrten Welt», vermuten wir. Nun gut, da es aber sechs Stunden gab, weshalb zählte man nicht von sechs zu eins, sondern begann mit einer so willkürlichen Stunde wie neun Uhr? Der Grund ist der: Drei einleitende Schläge verkündeten, daß die Stunde angeschlagen werden sollte. Daraus folgt, daß, wenn die Zahlen eins, zwei und drei zur Bezeichnung der wirklichen Stunden gebraucht worden wären, leicht Konfusionen entstanden wären, ähnlich wie es bei unserer noch immer unvollkommenen Methode, die Stunde anzuschlagen, vorkommen kann; denn wir bleiben ja im unklaren, ob der einzelne Schlag, den wir vernehmen, halb ein Uhr bedeutet, ein Uhr, halb zwei Uhr oder irgendeine der halben Stunden. Man kann noch heute bei Altertumshändlern Uhren finden, die in der soeben beschriebenen Art konstruiert sind. Sie waren mit den nötigen Modifikationen holländischen Modellen nachgeahmt, kamen aber nie in allgemeine Aufnahme.

Im alten Japan gab es keine Woche noch sonst einen Zeitabschnitt, der ihr annähernd entsprochen hätte. Indessen führte die heutige Regierung sehr bald den sogenannten *Ichi-Roku* ein, einen Feiertag an all den Einern und Sechsen eines jeden Monats. Aber diese Einrichtung hielt sich nicht lange. Unserem Sonntag nachgeahmt, machte die Kopie bald dem Original Platz. Der Sonntag wird jetzt offiziell als Tag der Ruhe und Erholung beobachtet. Selbst der moderne englische halbe Samstagfeiertag hat in Japan Eingang gefunden. Sonntag heißt in der Umgangssprache *Dontaku*[205], Samstag (ebenfalls in der Umgangssprache) *Handon,* das ist «Halb-Sonntag», während Mittwoch *Nakadon,* oder «Mitt-(Weg zwischen) Sonntag(en)», genannt wird.

Doch kehren wir nach Alt-Japan zurück. Seine Monate waren wirkliche Monde und nicht künstliche Perioden von dreißig oder einunddreißig Tagen. Sie wurden bezeichnet mit eins, zwei, drei, vier usw. Nur in der Poesie trugen sie Eigennamen, wie es der Januar, Februar und die übrigen in den europäischen Sprachen sind. Das Jahr bestand aus zwölf solchen Monden, dazu kam ein Schaltmond, sobald das Neujahr einen ganzen Mond zu früh gefallen wäre. Dies ereignete sich ungefähr alle drei Jahre.

Das japanische Neujahr fiel in unseren späten Januar oder in die erste Hälfte des Februar, und es wurde, ohne Rücksicht auf die Temperatur, allgemein als der Frühlingsanfang betrachtet. Schnee oder kein Schnee, die Leute legten ihre wattierten Winterkleider ab. Die Pflaumenblüten waren ja schließlich doch immer da als ein Beweis, daß der Frühling gekommen sei; und wenn die Nachtigall noch schwieg, so war das nicht ein Fehler der japanischen Poeten, sondern der Nachtigallen.

Neben den vier Hauptjahreszeiten Frühling, Sommer, Herbst und Winter gab es noch vierundzwanzig kleinere Perioden *(setsu)* von ungefähr fünfzehn Tagen, die man durch die Teilung des wirklichen oder annähernd wirklichen Sonnenjahres von dreihundertfünfundsechzig Tagen in vierundzwanzig Abschnitte erhielt.

Diese kleineren Perioden besaßen Namen wie: *Risshun,* «Früher Frühling»; *Kanro,* «Kalter Tau»; *Shōkan,* «Weniger Kälte»; *Daikan,* «Größere Kälte». Dazu wurden Jahre, Tage und Stunden alle als zu einem der Zeichen des Tierkreises *(jūnishi)* gehörig erachtet, deren Reihenfolge diese ist:

1. *Ne*[206]	die Ratte	7. *Uma*	das Pferd
2. *Ushi*	der Stier	8. *Hitsuji*	die Ziege
3. *Tora*	der Tiger	9. *Saru*	der Affe
4. *U*	der Hase	10. *Tori*	der Hahn
5. *Tatsu*	der Drachen	11. *Inu*	der Hund
6. *Mi*	die Schlange	12. *I*	der Eber

Die Japaner haben ferner der chinesischen Astrologie die sogenannten *jikkan* oder «zehn himmlischen Stämme» entlehnt, eine Reihe, die durch die Teilung eines jeden der fünf Elemente in zwei Teile erhalten wird, die der «Ältere» und der «Jüngere Bruder» *(e* und *to)* heißen. Auf diese Weise entsteht folgende Serie:

1. *Ki no E*   Holz   Älterer Bruder
2. *Ki no To*   Holz   Jüngerer Bruder
3. *Hi no E*   Feuer   Älterer Bruder
4. *Hi no To*   Feuer   Jüngerer Bruder
5. *Tsuchi no E*   Erde   Älterer Bruder
6. *Tsuchi no To* Erde   Jüngerer Bruder
7. *Ka(ne) no E*   Metall   Älterer Bruder
8. *Ka(ne) no To* Metall   Jüngerer Bruder
9. *Mizu no E*   Wasser   Älterer Bruder
10. *Mizu no To*   Wasser   Jüngerer Bruder

Diese zwei Serien – die himmlischen Stämme und die Zeichen des Tierkreises – können zusammengenommen werden, und durch diese Kombination entsteht der Zyklus von sechzig Tagen oder sechzig Jahren, da sechzig die erste Zahl ist, die sich sowohl durch zehn als durch zwölf teilen läßt. Der erste Tag oder das erste Jahr des Zyklus ist *Ki no E Ne*, «Holz – Älterer Bruder, Ratte»; der zweite oder das zweite *Ki no To Ushi*, «Holz – Jüngerer Bruder, Stier» usw., bis der sechzigste oder das sechzigste, *Mizu no To I*, «Wasser – Jüngerer Bruder, Eber», erreicht ist und der Zyklus von neuem beginnt.

All diese Dinge, besonders der lunare Kalender, beeinflussen noch heute ziemlich stark die täglichen Handlungen des Volkes. Die Landleute beobachten gewissenhaft die traditionellen Zeiten und Jahreszeiten in all den Verrichtungen des Landbaus. Zum Beispiel säen sie ihren Reis am achtundachtzigsten Tag *(Hachijūhachi ya)* vom Frühlingsanfang *(Risshun)* an gerechnet, und sie pflanzen die Setzlinge in *Nyūbai,* der für die frühen Sommerregen festgesetzten Periode. Der zweihundertzehnte und zweihundertzwanzigste Tag vom Frühlingsanfang an *(Nihya-*

ku tōka und *Nihyaku hatsuka), die* gewöhnlich unserem 1. und 10. September entsprechen, und der sogenannte *Hassaku,* das ist der erste Tag des achten Mondes, alter Kalender, gelten als Tage von besonderer Bedeutung für die Ernte, die ja gewiß im Falle eines Sturmes sehr leidet, da zu dieser Zeit der Reis blüht. Sie fallen in den frühen September, gerade in die Mitte der Taifun-Zeit. Der *St. Swithin's Day* hat in Japan sein Gegenstück im *Ki no E Ne,* der oben als der erste Tag des sexagesimalen Zyklus erwähnt wurde und ungefähr alle zwei Monate wiederkehrt. Wenn es an diesem Tage regnet, so wird es während der ganzen Periode regnen, das heißt sechzig Tage lang. Wiederum, wenn es am ersten Tage einer bestimmten Periode, *Hassen* genannt, von der es sechs im Jahre gibt, regnet, so wird es während der nächsten acht Tage regnen. Diese Perioden sind beweglich und können in jede Jahreszeit fallen. Eine ganze Menge von Festen, Pilgerfahrten zu Tempeln und anderen Funktionen hängt von den Zeichen des Tierkreises ab. So kann man den *mayudama* (eine Art mit Kuchen geschmückter Weihnachtsbaum zu Ehren der Seidenraupe) stets an jenem Tage im Januar sehen, auf den gerade der «Erste Tag des Hasen» *(Hatsu U)* fällt.

Wir haben gesagt, daß sich das offizielle Japan in allem, was die Zeitbestimmung betrifft, europäisierte. Diese Behauptung geht zu weit. Obgleich der gregorianische Kalender seit dem 1. Januar 1873 in Kraft ist, hat sich Japan doch noch nicht entschließen können, die christliche Zeitrechnung zu adoptieren. Die Annahme dieser Zeitrechnung wäre für den Shintō-Hof Japans nicht nur ein Symbol der Suprematie einer fremden Religion, sie würde sich auch vom politischen Standpunkt aus betrachtet nicht empfehlen, denn das Festsetzen des Kalenders von Zeit zu Zeit, zusammen mit der Verleihung von «Jahresnamen» *(nengo)*, galt im fernen Osten immer als eines der unverletzlichen Privilegien und als Zeichen unabhängiger Souveränität, ungefähr wie das Prägen von Geld im Westen. China hat seine eigenen Jahresnamen, die es stolz solchen Vasallenstaaten wie Tibet diktiert. Japan hat andere Jahresnamen. Die Namen werden willkürlich gewählt. In China kam schon vor Jahren die Sitte auf, die Jahresnamen mit der Regierung eines Kaisers übereinstimmen zu lassen. Dies war bisher in Japan nicht der Fall, obgleich eine offizielle Bestimmung erlassen wurde, daß die Jahresnamen in Zukunft mit den einzelnen Regierungen übereinstimmen sollen. Auf jeden Fall kann man sich leicht die Konfusion, die im Geschichtsstudium entsteht, vorstellen. Fast kein Japaner kennt all die Jahresnamen seines eigenen Landes. Die bekanntesten werden zwar gesprächsweise angewandt, ähnlich wie wir vom 16. Jahrhundert sprechen oder von der Viktorianischen Ära. Solche sind *Engi* (901 bis 923 n. Chr.), berühmt durch die Einführung von Gesetzen; *Genroku* (1688–1704), eine Blütezeit verschiedener Künste; *Tempō* (1830–1844), die letzte glänzende Periode des Feudalismus vor seinem Verfall. Aber niemand könnte ohne weiteres sagen, wie viele Jahre zwischen diesen einzelnen Perioden liegen. Im Jahre 1872 wurde der Versuch gemacht, als die japanische Ära, von der aus alle Daten gerechnet werden sollten, das mutmaßliche Datum der Thronbesteigung Jinmu Tennōs, des mythischen Gründers des kaiserlichen Hauses, festzusetzen; und diese Art der Zeitrechnung hat noch immer ihre Anhänger. Man nahm an, daß die Regierung Jinmus im Jahre 660 v. Chr. begonnen habe, und somit übersteigen alle auf diese Weise gerechneten Daten das entsprechende europäische Datum um die Zahl von sechshundertsechzig. 1905 ist also 2565.

ZEIT – ZEITUNGEN 685

Hier folgt eine Liste der Jahresnamen des verflossenen Jahrhunderts:

Kyōwa	1801–1804[207]	Ansei	1854–1860
Bunka	1804–1818	Manen	1860–1861
Bunsei	1818–1830	Bunkyū	1861–1864
Tempō	1830–1844	Genji	1864–1865
Kōka	1844–1848	Keiō	1865–1868
Kaei	1848–1854	Meiji	1868[208]–

Das jetzige Jahr (1904) ist das 37. Jahr von *Meiji*. Astrologisch gesprochen ist es *Kio no E Tatsu*, «Holz – Älterer Bruder, Drachen».[209]

ZEITUNGEN Der Begründer des japanischen Zeitungswesens war ein Engländer, Mr. John Black, einer der frühesten ausländischen Kolonisten von Yokohama. Vor seiner Zeit existierten allerdings Straßenausrufer *(yomiuri)*, die kleine, auf rohe Art mit hölzernen Klischees gedruckte Blätter feilboten, wenn sich irgendein schrecklicher Mord oder ein anderes interessantes Ereignis zutrug. Die «*Kaigai Shinbun*» von 1864–65, herausgegeben von Joseph Heco[210] bedeutete einen Schritt vorwärts. 1871 wurde ein kleiner quasijournalistischer Versuch unternommen, die «*Shinbun Zasshi*», wie man annimmt von Kido, einem damaligen bedeutenden Politiker, angeregt. Mr. Blacks «*Nisshin Shinjishi*», publiziert 1872, war jedoch die erste Zeitung, die diesen Namen verdient, die erste, die Leitartikel brachte und ernsthaft politische Angelegenheiten kommentierte.

Nachdem einmal der Anfang gemacht war, breitete sich die japanische Journalistik rasch aus. Es gibt jetzt 781 im Reiche veröffentlichte Zeitungen und Magazine, von denen 209 allein auf Tokyo fallen. Die wichtigsten der in der Hauptstadt veröffentlichten Zeitungen sind die *«Kanpō»* oder «Offizielle Nachrichten»; die *«Kokumin»*, halboffiziell; die *«Nihon»*, konservativ und fremdenfeindlich; die *«Yomiuri»* und die *«Mainichi»*, fortschrittlich; die *«Jiji Shinpō»*, unabhängig; die *«Nichi Nichi»*, allgemein als das Organ von Baron Itō betrachtet; die *«Chūgai Shōgyō Shinpō»*, kommerziell. Die *«Asahi»*, die *«Miyoko»*, die *«Chūō»* und die *«Hōchi»* erfreuen sich großer Popularität. Ebenso die *«Yorozu Chōhō»*, deren Übertreibungen und heftiger persönlicher Ton alle Leser amüsieren, ausgenommen jene, die das Thema abgeben.

Auf die größte Verbreitung (200000 Exemplare) macht die *«Yorozu Chōhō»* Anspruch, die *«Ōsaka Asahi»* folgt an nächster Stelle mit einer Auflage von 150000 Exemplaren. Ein paar Zeitungen haben ihre englische Spalte. Die *«Japan Times»* wird vollkommen englisch herausgegeben. Unter den Zeitschriften erfreut sich vielleicht die *«Taiyō»* der größten Beliebtheit unter der breiten Masse im ganzen Lande; ausschließlich Literatur wird vertreten durch die *«Teikoku Bungaku»* und zwei oder drei andere; roter Chauvinismus durch die *«Nihonjin»*; das Christentum durch die *«Rikugō Zasshi»* und mehrere andere; Satire und Humor durch die *«Marumaru Shinbun»*, den japanischen *«Punch»*, während Medizin, Chemie, Anthropologie, Philologie, Staatswissenschaft und andere Wissenschaften alle ihre eigenen Organe haben; manche von ihnen werden mit großem Geschick redigiert und zeigen eine Ähnlichkeit mit europäischen Vorbildern, die fast verblüffend ist. Von den ersten Journalisten Tokyos seien Shimada, Tokutomi, Kuga und Asaina erwähnt.

Die Zeitungen werden wie die Bücher in der sogenannten «geschriebenen Sprache» veröffentlicht – ein literarischer Dialekt, der beträchtlich von der Umgangssprache abweicht, sowohl in der Grammatik als auch im Wortschatz; der Gedanke zu schreiben, wie man spricht, hat bis heute noch bei keinem Volke des Fernen Ostens Anklang gefunden. Wenn nun auch der Stil der japanischen Zeitungen nicht populär ist, so sind es doch ihre Preise. Manche enthalten primitive Illustrationen. Die meisten haben jetzt Feuilletons mit Romanen in Fortsetzungen. Bei besonderen Ereignissen werden Extrablätter ausgegeben. Bei Wechseln des Ministeriums, zum Beispiel, und in Kriegszeiten wird der Ruf «*Gōgai! Gōgai!*» («Extrablatt») zum gewöhnlichsten Laut der Straße.

Die japanischen Pressegesetze, die anfangs außerordentlich streng waren, wurden 1897 und später noch, 1900, gemildert. Die Kriegs- und Marineminister sind zwar noch befugt, Verkauf und Verbreitung einer jeden Zeitung zu verbieten, die militärische Geheimnisse veröffentlicht, und ähnlich genießt der Minister des Äußeren die Macht, die Veröffentlichung von allem zu unterdrücken, was Japan mit anderen Regierungen in Konflikt bringen könnte. Die Veröffentlichung solch verbotener Gegenstände, die Verletzung der Würde der kaiserlichen Familie, Angriffe auf bestehende Einrichtungen und Gefährdung des öffentlichen Friedens oder der öffentlichen Moral ziehen der betreffenden Zeitung eine strafrechtliche Verfolgung zu, die mit einem vollkommenen Verbot und der Konfiskation der Einrichtungen enden kann. Ferner sind Geldstrafen von 5 bis 500 *yen* und Freiheitsstrafen von einem Monat bis zu zwei Jahren vorgesehen. Alle Zeitungen müssen eine gewisse Summe als Kaution für gute Führung hinterlegen. Sie ist in den einzelnen Städten verschieden; in Tokyo beträgt sie 1000 *yen*.

Selbst die heutige Lage der Dinge wird europäischen Lesern ziemlich hart vorkommen. Aber wollen wir gerecht sein. Wer denkt, wird sicherlich nie das Hauptgewicht darauf legen, bei welchem Punkt eine Institution angelangt ist, sondern auf die Richtung, in der sie sich bewegt. Nun zeigt sich bei allen existierenden japanischen Einrichtungen eine ausgesprochene Tendenz nach größerer Freiheit. Die Hemmungen, unter welchen die Presse in Japan noch immer leidet, sind, historisch gesprochen, nicht retrograder Natur, das heißt, sie folgten nicht auf bessere Zustände in der Vergangenheit. Unter dem alten feudalen Regime gab es keine Redefreiheit, dieses Recht wurde sogar bis zu einem gewissen Grade nicht einmal in der Theorie anerkannt; auch wäre den Männern der Revolution von 1868 bei ihrer damaligen Anschauungsweise dieser Gedanke nicht einen Augenblick in den Sinn gekommen. Sie würden davor zurückgeschreckt sein wie vor einem Sakrileg. Der Gedanke fand erst in neuerer Zeit Eingang in Japan, in der Gefolgschaft englischer und amerikanischer Lehrbücher für Schulen und angelsächsischer Ideen im allgemeinen.

Noch heute sind Freiheitsstrafen für Pressevergehen häufig. Sie zählen so sehr zu den Möglichkeiten einer journalistischen Karriere und man rechnet damit so allgemein, daß die meisten Zeitungen einen sogenannten «Sitz-Redakteur» anstellen, das heißt, einen Mann, der dem Namen nach Chefredakteur ist, in Wirklichkeit aber nichts zu tun hat, als ins Gefängnis zu wandern, sobald die Zeitungen Schwierigkeiten haben. Der wirkliche Redakteur bleibt ein ungekrönter König, der in den Büchern nur als Mitarbeiter figuriert. Die traditionelle japanische Neigung für Dualismus ist wieder in moderner Form sichtbar geworden. Früher gab es einen Kaiser *de jure* und einen Kaiser *de facto,* es gab nominelle Daimyōs und Männer, die ihre rechte Hand waren und in Wirklichkeit die ganze Macht besaßen. Jetzt gibt es wirkliche Redakteure und stumme «Sitz-Redakteure»[211]. Die

Übung hat gewandte Federn herangebildet. Die Allegorie, *double entente* und andere ingeniöse Arten, zwischen den Zeilen zu schreiben, bieten im allgemeinen für die japanischen Journalisten einen genügenden Schutz gegen das Gesetz. Alles in allem genommen, bleibt es erstaunlich, daß überhaupt ein Mann von Fähigkeiten in Japan Lust haben sollte, den journalistischen Beruf zu ergreifen. Die höchste Bezahlung übersteigt kaum 120 englische Pfund im Jahr; aber nur einem halben Dutzend Auserwählten im Reiche glückt es, diese schwindelnde Höhe zu erreichen. Das gewöhnliche Salär beträgt jährlich 30 bis 50 Pfund.

Die fremde Presse in den offenen Häfen befindet sich hauptsächlich in englischen Händen. Die hier veröffentlichten Zeitungen sind dank der fortwährenden und überraschenden Veränderungen in der japanischen Politik und dem sozialen Leben interessanter als die Mehrzahl der kolonialen Journale. Man denke, was für ein Paradies für den Journalisten ein Land sein muß, dessen Verwaltung ein dutzendmal in weniger als drei Dutzend Jahren umgestoßen wurde, und wo sich alles kaleidoskopartig bewegt! Aber dieses Paradies hat seine Schattenseiten. Frank und frei bis zum Jahr 1899, sah sich die fremde Presse in Japan von da an infolge der Aufhebung der Vertragsprivilegien vor dieselben Hindernisse gestellt wie die einheimische Presse. Diesen reaktionären Schritt hatten die japanischen Zeitungsverleger voller Ungeduld erwartet; obgleich sie für sich selbst größere Freiheit forderten, lachten sie sich doch ins Fäustchen bei der Aussicht, ihre ausländischen Kollegen als Leidensgefährten zu sehen. Aber das liegt in der menschlichen Natur.

In einer wichtigen Sparte des modernen Journalismus hat die japanische Regierung einen Schlag geführt, dessen Folgen sich vielleicht auf der ganzen Erde fühlbar machen werden. Als im Frühling 1904 die Feindseligkeiten mit Rußland ausbrachen, strömten die ausländischen Zeitungskorrespondenten haufenweise nach Tokyo, gierig nach Neuigkeiten. Sie wurden höflich empfangen, sie wurden bewirtet, sie wurden in einer Jacht durch die Inlandsee geführt und erhielten fortgesetzt die Versicherung, daß sie morgen oder spätestens in der nächsten Woche oder im nächsten Monat nach dem Kriegsschauplatz aufbrechen dürften. Aber dieses Morgen ließ so lange auf sich warten, daß die meisten Berichterstatter, des endlosen Wartens müde, nach Hause zurückkehrten, ärgerlich und wahrscheinlich ein wenig klüger, wenn auch nicht in kriegerischen Dingen.

Einige wenige, denen man tatsächlich erlaubte, einen Blick auf den Kriegsschauplatz zu werfen, fanden, daß ihre Telegramme an die Zeitungen auf dem Wege durch Korea derartig aufgehalten wurden, daß sie keinen Wert mehr hatten. Augenscheinlich sieht die japanische Regierung in Kriegsberichten nichts als ein indirektes Mittel, den Feind über die eigenen militärischen Bewegungen in Kenntnis zu setzen. Sie ließ sich die Erfahrungen anderer Völker, vom deutsch-französischen Krieg an bis herab zu Englands grobem Schnitzer in Südafrika, zur Lehre dienen und zog es vor, die eigenen Truppen zu schützen, auf die Gefahr hin, sich mit der fremden Presse zu verfeinden, deren enorme Ausgaben für Nachrichten vom Kriegsschauplatz für die Katze waren.

ZOOLOGIE Japan zeichnet sich durch den Besitz einiger Arten aus, die anderswo ausgestorben sind, zum Beispiel der Riesensalamander, ferner dadurch, daß es das nördlichste Land ist, das den Affen beherbergt. Der Affe kommt hier bis zum 41. Grad nördlicher Breite vor, an Orten, wo sich der Schnee oft fünfzehn oder zwanzig Fuß tief anhäuft. Aber im allgemeinen ähnelt die japanische Fauna jener von Nordchina, Korea und der Mandschurei – einer der vielen Hinweise, wo der frühere Zusammenhang Japans mit dem asiatischen Kontinent gesucht werden muß. Die japanische Tierwelt, die des Landes wie des Wassers, ist ungewöhnlich reich. Um nur ein einziges Beispiel zu nennen: Es sind heute schon 137 Arten von Schmetterlingen bekannt gegenüber einigen 60 in Großbritannien, und über 4000 Arten von Motten gegenüber einigen 2000 in Großbritannien.

Die wichtigsten Säugetiere sind der Affe, zehn Arten von Fledermäusen, sechs Arten von Insektenfressern, drei Arten von Bären, der Dachs, der Marder, das Wiesel *(itachi),* der Wolf, der Fuchs, zwei Arten von Eichhörnchen, die Ratte, der Hase, das Wildschwein, der Fischotter, eine Hirsch- und eine Antilopenart. Die meisten unserer Haustiere kommen ebenfalls vor, abgesehen vom Esel, vom Schaf und der Ziege. Andere fehlende Tiere sind die Wildkatze und der Igel. Es wurden nicht weniger als 359 Vogelarten gezählt. Wir können hier nur aufmerksam machen auf die *uguisu,* die japanische Nachtigall, deren Gesang verschieden von dem der unsern ist, auf den schmucken Kupferfasan, auf die langgeschweiften Hühner (siehe den so benannten Artikel) und auf die von den Künstlern Japans so geliebten Kraniche und Reiher.

Von Reptilien existieren nur 30 Arten. Von ihnen ist der schon erwähnte Riesensalamander weitaus am bemerkenswertesten; manche Exemplare erreichen eine Länge von über anderthalb Meter und ein Gewicht von über sechs Kilogramm. Es gibt auch einige große, aber harmlose Schlangen. Die einzige giftige Schlange ist eine kleine Natter *(Trigonocephalus Blomhoffi)*, bei den Japanern unter dem Namen *mamushi* bekannt. Die Bauern betrachten ihr gekochtes Fleisch als ein Heilmittel für die meisten Krankheiten. Die Landleute gewisser dichtbewaldeter Distrikte glauben auch hartnäckig an die Existenz einer Art Boa, die sie *uwabami* nennen, und in der einheimischen Presse erscheinen von Zeit zu Zeit ausführliche Berichte darüber, daß ein Kind oder eine Frau lebendig von einem dieser Ungeheuer verschlungen wurde. Die Zoologen haben indessen der japanischen Boa noch nicht die offizielle Daseinsberechtigung erteilt. Ein anderes, ohne Zweifel mythisches Geschöpf ist die Schildkröte mit einem buschigen Schweif, die man so häufig in der japanischen Kunst abgebildet findet. Die Idee wurde jedoch wahrscheinlich durch nichts Geheimnisvolleres suggeriert als den wirren Seetang, der zuweilen den hinteren Teilen einer wirklichen Schildkröte anhaftet.

In bezug auf Fische bemerkt Dr. Rein, daß die chinesischen und japanischen Gewässer reicher erscheinen als irgendein anderer Teil des Ozeans. Die Familie der Makrelen *(Scomberoidae)* ist in großer Anzahl vertreten; die 40 Arten, in die sie eingeteilt wird, bilden einen wichtigen Faktor der Volksernährung. Aber der Fisch, der als die größte Delikatesse gilt, ist der *tai,* bei uns als Meerbrasse bekannt. Der Goldfisch, der Lachs, der Aal, der Haifisch und viele andere verdienten Erwähnung, wenn unser Raum nicht beschränkt wäre. Im ganzen wird die Anzahl der Fischarten, die japanische Gewässer bewohnen oder aufsuchen, nicht viel unter 400 betragen.

Die Insekten sind außerordentlich zahlreich, aber abgesehen von den Käfern, Motten und Schmetterlingen sind sie noch nicht einmal recht bekannt, so daß hier einem kommenden Naturforscher eine reiche Ernte in

Aussicht steht. Es gibt zwei seideproduzierende Motten, *Bombyx mori* und *Antheræa yamamai*. Von Wasserjungfern existieren zahlreiche und schöne Arten. Es gibt nur wenige giftige Insekten. Die Bremse quält den Reisenden nur in Yezo und in der nördlichen Hälfte der Hauptinsel; die Stubenfliege ist eine weitaus geringere Plage als in Europa, ausgenommen in den Seidenbezirken, und die Wanze fehlt vollständig. Auf der andern Seite ist der Moskito eine nächtliche Plage während des halben Jahres an allen Orten, die weniger als 450 Meter hoch über der See liegen, und an vielen, die sogar höher gelegen sind; die *buyu*, eine kleinere Mückenart, bildet während der Sommermonate in vielen bergigen Bezirken eine große Plage, und der Floh tritt unangenehm häufig im Sommer auf.

Die wichtigsten Krustazeen sind Süßwasser- und Salzwasserkrabben zusammen mit Krebsen, die hier die Hummern Europas ersetzen und oft irrtümlich von fremden Kolonisten Hummer genannt werden. Eine Krabbenart *(Macrocheirus Kœempferi Sbd.)* ist so riesenhaft, daß menschliche Wesen von ihr getötet und verschlungen wurden. Ihre Beine sind über 140 Zentimeter lang. Es gibt eine andere Spezies, eine winzige, aber sehr häßliche, die der Gegenstand eines merkwürdigen Aberglaubens ist. Das gewöhnliche Volk nennt sie *Heikegani*, das ist die *Heike*-Krabbe. Es glaubt, daß diese Geschöpfe die Geister der *Heike*- oder *Taira*-Anhänger seien, deren Flotte 1185 n. Chr. in der Schlacht von Dan-no-ura vernichtet wurde.

Von Mollusken sind nahezu 1200 Spezies von Dunker, der ersten Autorität auf diesem Gebiet, beschrieben worden; und Dr. Rein erklärt diese Zahl für noch viel zu niedrig. Von Seeigeln sind 26 Spezies bekannt, von Seesternen 12 Spezies. Die Koralle ist gut vertreten, wenn auch nicht durch die riffbildende Spezies wärmerer Breitengrade. Es gibt auch verschiedene Arten von Schwämmen. In der Tat, eines der sonderbarsten und schönsten von all den vielen merkwürdigen und herrlichen Dingen Japans ist der Glasfadenschwamm *(Hyalonema Sieboldi)*, dessen seidige Gespinste die Muschelläden zu Enoshima schmücken.

Die rapide Vertilgung vieler Tiere in Japan ist kaum weniger beklagenswert als das Niederschlagen der Wälder für Eisenbahnschwellen und die Papierfabrikation. Die Hirsche sind vollkommen vertilgt worden, seit der Verfasser in das Land kam, und ebenso die Reiher. Was die Kraniche anbetrifft, so sind sie entweder alle in den sechziger Jahren, als sie aufhörten, als ein königlicher Vogel geschont zu werden, vertilgt oder vertrieben worden. Die Fasane wurden arg dezimiert, und zwar infolge der Metzeleien des Großhandels, der die Federn zum Schmuck der Damenhüte ins Ausland exportiert; zahlreiche Arten kleiner Vögel teilen jetzt das gleiche Schicksal. Man sagt, daß bis zu hunderttausend auf einmal verschifft werden; und dies, weil die winzigen Federn, verschieden gefärbt, eine mannigfache Verwendung zu weiblichem Schmuck oder zur Fabrikation finden. Dies sind die Schattenseiten des fremden Handels und eines billigen und raschen Transports. Die Europäisierung ist nicht in allem ein Gewinn. Der europäische Reisende sucht ferne Länder auf, um ihre Natur und Kunst zu bewundern. Aber die Natur wird um seinetwillen und um seiner Freunde in der Heimat willen verwüstet, während die Kunst erniedrigt und endlich vernichtet wird durch den bloßen Umstand, daß sie mit fremden Einflüssen in Berührung kommt.[212]

ZYKLUS «Lieber fünfzig Jahre von Europa als ein Zyklus von China.» Aber man hat zu guter Letzt festgestellt, daß zwischen diesen beiden einander gegenübergestellten Zeiträumen nur ein geringer Unterschied besteht. Der chinesische Zyklus, den die Japaner für historische Zeitrechnungen anwenden, umfaßt nur sechzig Jahre (siehe Artikel über «Zeit»).

Anhang

Editorische Notiz

Der Text der vorliegenden Ausgabe beruht auf der 1912 im Verlag Hans Bondy, Berlin, unter dem Titel *«Allerlei Japanisches (Things Japanese). Notizen über verschiedene japanische Gegenstände für Reisende und andere»* erschienenen Ausgabe in der Übersetzung von Bernhard Kellermann. Als Vorlage für diese Übersetzung diente die 1905 im Verlag John Murray, London, und im Verlag Kelly & Walsh, Yokohama und Tokyo, erschienene fünfte, vom Verfasser selbst durchgesehene und erweiterte Auflage des erstmals im Jahre 1890 im Verlag Kegan Paul & Co., London und Tokyo, unter dem Titel *«Things Japanese, being notes on various subjects connected with Japan»* erschienenen Werkes.

Der Text wurde für die vorliegende Ausgabe noch einmal durchgesehen und auf die deutschen, vor allem aber auch die japanischen Schreibweisen hin überprüft und richtiggestellt. Kürzungen wurden mit Ausnahmen einiger, für den deutschen Leser unerheblicher Stellen und eines Artikels über «Englisch, wie man es japanert», der sich ausschließlich an den englischen Leser wendet, nicht vorgenommen. Dagegen wurden die ursprünglich am Ende der einzelnen Artikel stehenden Buchempfehlungen des Verfassers sowie seine Fußnoten als Anmerkungen im Anhang gesammelt. Auf aktualisierende Ergänzungen wurde im Wesentlichen verzichtet, da es sich bei dieser Ausgabe nicht um eine Fortschreibung dieses Werkes handeln soll, sondern um das, was es aus heutiger Sicht noch immer zu einem wichtigen Beitrag zum Verständnis Japans macht: um eine historische Momentaufnahme dieses dem Europäer heute so nahe gerückten fernöstlichen Landes und seiner Kultur an einem entscheidenden Wendepunkt seiner Geschichte, von «Alt-Japan» zu «Neu-Japan», wie Chamberlain es formuliert.

Die in der alten deutschen Ausgabe von 1912 unübersetzt gebliebenen englischen Zitate wurden für diese Ausgabe in den Anmerkungen neu übersetzt und ebenso wie die neu hinzugekommenen Erläuterungen durch den Hinweis «d. Vlg.» von den Anmerkungen des Verfassers unterschieden. Ebenfalls neu hinzugekommen sind die teilweise zeitgenössischen Abbildungen sowie das Vorwort von Erwin Wickert, einem der besten Kenner Japans und Chinas, jener beiden Länder also, deren Geschichte und Kultur so eng aufeinander bezogen sind. Ihm sowie Frau Reiko Ozaki-Schneider, die sich der Überprüfung des Japanischen angenommen, und Herrn Rüdiger Hipp, der die Übersetzung der englischen Zitate besorgt hat, sei dafür an dieser Stelle herzlich gedankt.

Wolfgang Stammler

Anmerkungen

1 Heute rechnet man nach westlichem Vorbild. D. Vlg.
2 Ganz wörtlich übersetzt heißt *higanbana* «die Tage, an denen die Toten wieder ins Haus zurückkehren-Blume». D. Vlg.
3 Diese Aussage gilt nicht für den obenerwähnten Fall der *tomobiki no hi*-Tage; auch heiratet man in Japan nie an einem Tag des «*Butsumetsu*» (Buddhazerstörung), da auf ihm kein Segen liegt. D. Vlg.
   Empfohlenes Buch: Brinkleys *Japan and China*, Band V, Kap. VI.
4 *Empfohlenes Buch: The Gakushikaiin* von Walter Dening, veröffentlicht in Band XV, Teil I der *Asiatic Transactions*, S. 72 ff.
5 *Empfohlene Bücher:* Für eine sorgfältige allgemeine Darstellung Reins *Industries of Japan*. – Für technische Einzelheiten Dr. M. Fescas *Beiträge zur Kenntnis der japanischen Landwirtschaft*, und kürzere Aufsätze von demselben Verfasser in den *German Asiatic Transactions*. – Dr. K. Rathgens *Japans Volkswirtschaft und Staatshaushalt*. – Die Gesetze und Sitten der Landbevölkerung findet man interessant und eingehend behandelt in Simmons and Wigmores *Notes on Land Tenure and Local Institutions in Old Japan*, veröffentlicht in Band XIX, Teil I der *Asiatic Transactions*.
6 *Empfohlene Bücher: The Ainos of Japan* von Rev. J. Batchelor gibt die zuverlässigste allgemeine Schilderung in einer populären Form. Siehe auch Mrs. Bishops *Unbeaten tracks in Japan*. – Zum Studium wird empfohlen: *First Memoir of the Literature College of the Imperial University of Japan* von Chamberlain und Batchelor, für ausführliche Einzelheiten betreffend die Mythologie der Ainos, Grammatik, Ortsnamen usw.; ferner des ersteren Autors *Aino Folklore* im VI. Band, I. Teil des *Folklore Journal* und zahlreiche Aufsätze von Batchelor, verstreut in den *Asiatic Transactions* usw. Derselbe Verfasser hat herausgegeben ein *Ainu-English Dictionary*, *The Ainu and their Folklore*, *A Brochure on the Koropokguru or Pit-dwellers of North Japan* usw. Das oben erwähnte *Memoir* gibt eine ziemlich vollständige Bibliographie von Yezo und den Ainos. – Das beste japanische Werk ist das *Ezo Fūzoku Isan*, veröffentlicht von der Kaitakushi 1882, zwanzig Bände.

7 *Empfohlene Bücher: Dolmens and Burial Mounds in Japan* von Wm. Gowland, veröffentlicht von der *Society of Antiquaries (London)*. Siehe auch Aufsätze von Romyn Hitschcock, veröffentlicht von der *Smithsonian Institution,* und andere von Prof. E. Morse (in den *Memoirs of the Science Departement of the University of Tōkyō*) und von Sir Ernest Satow *(Asiatic Transactions)*. Astons Übersetzung des *Nihongi,* herausgegeben von der *Japan Society,* 1896, ist eine Fundgrube von Informationen über das prähistorische und protohistorische Japan. Der größte einheimische Archäologe der alten Schule war Ninagawa, der vor einigen Jahren starb. Von lebenden Altertumsforschern, die sich an den kritischen europäischen Methoden bildeten, ist der bedeutendste Prof. S. Tsuboi.
8 «Godown» *(gesprochen go-down,* nicht *god-own)* scheint ein *Telugu-* oder *Tamil-*Wort zu sein, das zuerst ins Malaische Eingang fand und von da ins Asiatisch-Englische. Siehe das entzückendste aller Wörterbücher, Jules *Hobson-Jobson.*
9 Wir zitieren aus einem Aufsatz, betitelt *The Shinto Temples of Ise,* veröffentlicht in Band II der *Asiatic Transactions.*
10 Gewöhnlich unter dem Namen *Shōgunsha* bekannt. Siehe Murrays *Handbook for Japan,* 7. Ausgabe, S. 123.
11 Yedo, später Edo, ist der alte Name für Tokyo. D. Vlg.
12 Siehe den ausführlichen Aufsatz *Ancient Japanese Rituals* in Band XI, Teil II der *Asiatic Transactions.*
13 *Empfohlene Bücher: Japanese Homes* von Prof. E. S. Morse. – *Domestic Architecture* in *Japan* und *Further Notes on Japanese Architecture* von Josiah Conder, gedruckt in den *Transactions of the Royal Institute of British Architects, 1886–87.* Beide Werke sind reich illustriert. Prof. Morse gibt nicht nur Beispiele von architektonischen Einzelheiten, sondern auch von all den Ausstattungs- und Haushaltungsgegenständen eines japanischen Hauses der mittleren Klasse. J. Conder bringt Zeichnungen von Tempeln und Palästen. – *The Feudal Mansions of Yedo* von T. R. H. McClatchie, Band VII, Teil III der *Asiatic Transactions.* Dies ist eine ausführliche Beschreibung der alten *yashiki* oder Daimyōs-Residenzen. – Für das, was die Ärzte über japanische Häuser vom gesundheitlichen Standpunkt aus zu sagen haben, siehe Drs. Seymour und Baelz, Band XVII, Teil II, S. 17–21 der *Asiatic Transactions.* – Sodann gibt es noch Aufsätze von McClatchie, Brunton und Cawley, die sich mehr oder weniger mit japanischer Architektur befassen und in den Veröffentlichungen der gleichen Gesellschaft verstreut sind.

ANMERKUNGEN

14 «... Vergnügungen zu verachten und allezeit arbeitsam zu leben.» D. Vlg.
15 So genannt nach dem 30. Jahr der *Meiji*-Periode, das heißt 1897 (siehe Artikel über «Zeit»). «Arisaka» und «Murata» sind die Namen japanischer Offiziere, welche die nach ihnen benannten Waffen erfanden. Das «Murata»-Gewehr, jetzt außer Gebrauch, stammt aus dem Jahre 1873.
16 Dieser Fortschritt ist ganz der persönlichen Initiative von Monsieur Boissonade de Fontarabie zu verdanken. – Eines Tages – es war am 15. April 1875 – mit den Vorbereitungen zu Gesetzentwürfen beschäftigt, hörte er Stöhnen aus einem anstoßenden Gemach und fragte nach der Ursache. Man gab ihm eine ausweichende Antwort; er aber gab sich nicht zufrieden und drang endlich in den Raum ein, aus dem das Stöhnen kam; hier fand er einen Mann, der auf das Folterbrett gespannt war, die Beine mit Steinen beschwert. Er kehrte zu seinen japanischen Mitarbeitern zurück und erklärte offen, daß solche Greuel und zivilisiertes Gesetz sich nicht vereinigen ließen und daß die Folter aufgehoben werden müsse, andernfalls wolle er seine Entlassung nehmen.
Am nächsten Tage sandte er dem Justizminister ein Memorandum, das seinen Rücktritt in Aussicht stellte, im Falle seiner Forderung nicht stattgegeben würde. Einige Monate vergingen, die Übersetzung seines Memorandums wurde hinausgeschoben, und die japanische Behörde führte eine Menge von Scheingründen für die Erhaltung eines so alten Rechtsbrauchs an, der noch dazu ganz kürzlich (28. August 1874) im Prinzip und in der Praxis neu bestätigt worden war, mit der Verordnung eines monatlichen Berichts darüber! Nichtsdestoweniger gelang es M. Boissonades hartnäckigen Bemühungen, gewisse hohe Würdenträger für den Fall zu interessieren, und die Folter wurde durch eine Bestimmung vom 10. Juni 1876 aufgehoben.
17 *Empfohlene Bücher: The Uses of Bamboo* in *Japan* von Charles Holme im I. Band der *Transactions of the Japan Society*. – *The Culture of Bamboos* in *Japan* von Sir Ernest Satow, den III. Teil des XXVII. Bandes der *Asiatic Transactions* bildend, ist eine gründliche wissenschaftliche Abhandlung, die sich auf dem Werke eines japanischen Botanikers namens Katayama aufbaut, reich illustriert. Mitfords *Bamboo Garden* ist ein populäreres Buch, das den Gegenstand hauptsächlich unter dem Gesichtspunkt der Akklimatisation des Bambus in England behandelt.

Wir persönlich sind Prof. Matsumura für Informationen über die Anzahl der bis heute bekannten japanischen Bambusarten zu Dank verpflichtet.

18 *Empfohlenes Buch:* Résumé Statistique de l'Empire du Japon, jährlich herausgegeben.
19 *Jizō* ist die Abkürzung für *Jizōbosatsu*. Bosatsus sind diejenigen, die noch nicht die Buddhavollkommenheit erreicht haben, also eine Vorstufe dazu. D. Vlg.
20 Ob einige der besten dieser Statuen einheimische japanische oder aber chinesische oder koreanische Arbeiten sind, ist ein Punkt, über den sich die Gelehrten noch nicht einigen konnten. Auf der einen Seite wird angeführt, daß weder in Korea noch in China Arbeiten von ähnlicher Qualität entdeckt wurden; auf der andern Seite erscheint jedoch die Tatsache befremdend, daß die japanische Bildhauerkunst sich auf diese früheren Zeiträume beschränkt haben sollte, während sich alle übrigen schönen Künste mehr und mehr entwickelten, bis sie ihren Höhepunkt im 18. Jahrhundert erreichten.
21 *Empfohlene Bücher:* Brinkleys *Japan and China,* Band VII, dort verschiedene Stellen. Huishs *Japan and its Art,* Kap. XIII. – *The Art Carvings of Japan* von C. A. Audsley und M. Tomkinson.
22 Im folgenden spricht Chamberlain über das, was bei uns unter dem Begriff «Ikebana» bekannt ist und auch außerhalb Japans viele Nachahmer gefunden hat. D. Vlg.
23 *Empfohlene Bücher: The Floral Art of Japan* von Josiah Conder. Siehe auch einen einleitenden Artikel von dem gleichen Autor im XVII. Band, Teil II der *Asiatic Transactions.* – *The Garden of Japan* von F. T. Piggott.
24 Das ist Maximowicz' Schätzung, die im Jahre 1884 aufgestellt wurde. Von den 2728 Spezies gehören 1812 zu den Dikotyledonen, 658 zu den Monokotyledonen, 44 zu den Gymnospermen und 214 zu den vaskulösen Kryptogamen. Während der letzten zwanzig Jahre sind verschiedene Ergänzungen und Berichtigungen in der Liste nötig geworden infolge der Forschungen von einheimischen und fremden Botanikern; aber kein späterer Versuch als der von Maximowicz ist unternommen worden, die japanische Flora zu summieren.
25 Siehe die *Asiatic Transactions,* Band X, *Supplement,* S. 70 der «*Introduction to the Kojiki*».
26 *Empfohlene Bücher:* Reins *Japan,* S. 135–174, ist das beste für den Laien. – *Forest Flora of Japan* von C. S. Sargent. – Siehe auch Yatabes *Iconographia Florae Japonicae,* Savatiers *Enumeratio Plan-*

tarum und desselben Forschers *Botanique Japonaise*. – Maximowicz, Miquel, Satow und andere haben wertvolle Spezialwerke geschrieben.

27 Man hat häufig über L. Hearns Nationalität Aufschluß verlangt, und so mögen wir erwähnen, daß er 1896 Japaner wurde und den neuen Namen Koizumi Yakumo annahm. Vorher war er britischer Untertan, geboren in Korfu. Bevor er sich 1890 in Japan niederließ, lebte er viele Jahre in den Vereinigten Staaten, wo auch seine Werke stets veröffentlicht wurden.

28 Es existieren sechs oder sieben spätere Bände von derselben talentvollen Hand, die viel von dem gleichen Reiz des Stils entfalten, aber mehr und mehr subjektiv in der Behandlung werden.

29 *Bushidō* bedeutet «der Weg des Samurais». D. Vlg.

30 Die Ansicht, den südlichen Buddhismus für den reineren zu halten, wird von den meisten europäischen Forschern unterstützt. Sie wird indessen nicht von Mr. Lloyd geteilt, unten als die erste Autorität in bezug auf japanischen Buddhismus angeführt, der, was nicht unnatürlich ist, seinen japanischen Lehrern folgt.

31 Eine Gottheit, die in einem wunderbaren Paradies gegen Westen wohnt. Ursprünglich war sie eine Abstraktion, das Urbild grenzenlosen Lichtes.

32 *Empfohlene Bücher: Developments of Japanese Buddhism* von Rev. A. Lloyd in den *«Asiatic Transactions»*, Band XXII, Teil III. – *Buddhism* von Rhys Davids, obschon veröffentlicht von der *Society for Promoting Christian Knowledge,* ist gänzlich frei von christlicher Voreingenommenheit. – Ein kurzer Umriß des japanischen Buddhismus findet sich in den neuen Ausgaben von Murrays *Handbook for Japan,* zusammen mit einer Liste der meisten populären Götter und Göttinnen. Studierende sollten Eitels unschätzbares *Sanskrit-Chinese Dictionary,* auch *Handbook for Students of Chinese Buddhism* betitelt, zu Rate ziehen. – Prinzipien und gottesdienstliche Literatur der *Shin*-Sekte wurden behandelt von James Troup in Band XIV. und XVII. der *Asiatic Transactions* (der Aufsatz im letzteren Band ist betitelt *«The Gobunshō»*). Diese Sekte verkörpert auffallenderweise die Tatsache, daß eine Religion, im Laufe der Zeit und von Volk zu Volk fortschreitend, am Ende das genaue Gegenteil von dem, was sie am Anfang war, werden kann. Auf den ersten Blick würde man die *Shin*-Sekte eher für ein Travestie des Christentums halten als für eine Entwicklung des Buddhismus. – Siehe

auch die *Asiatic Transactions,* S. 291, und einem Artikel von
L. Busse im 50. Heft der *Deutschen Mitteilungen.*

33 *Empfohlenes Buch:* Evolution of the Japanese von S. L. Gulick,
S. 48–51.

34 *Satsuma,* heute Kagoshima; *Tosa,* heute Kōchi; *Hizen,* heute
Saga. D. Vlg.

35 *Empfohlene Bücher:* Brinkleys *Japan and China,* VII. Band,
S. 327 ff. – *The Industries of Japan* von J. J. Rein, S. 438 ff.

36 *Kaga,* heutige Region Ishikawa. D. Vlg.

37 *Empfohlene Bücher: The Feudal System in Japan under the Tokugawa Shoguns* von J. H. Gubbins, veröffentlicht in Band XV,
Teil II der *Asiatic Transactions.* Die Lektüre von Mr. Gubbins
gelehrtem Essay wird zeigen, daß das Thema Daimyō nicht so
einfach ist, als es auf den ersten Blick erscheinen könnte. –
T. R. H. McClatchies *Feudal Mansions of Yedo* in Band XII,
Teil III derselben gibt interessante Einzelheiten von den «Palästen», in denen die Daimyōs residierten, wenn sie dem Shōgun
in Yedo ihre Dienste erwiesen.

38 Die Gebetsformel muß richtig lauten: *«Nan myō hōren gēkyō!»*
D. Vlg.

39 *Nichi* heißt Tag und *Shinbun* Zeitung. D. Vlg.

40 Heute gibt es nur noch 46 Silbencharaktere. D. Vlg.

41 *Empfohlene Bücher: On the Early History of Printing in Japan,* in
Band X, Teil I, und *Further Notes on Movable Types in Korean and
Early Japanese Printed Books,* in Band X, Teil II der *Asiatic Transactions* von Sir Ernest Satow. Unsere eigenen Ausführungen
fußen hauptsächlich auf diesen zwei wertvollen Aufsätzen.

42 Darf sich der Verfasser erlauben, hier eine persönliche Erfahrung zu berichten? In seiner *Introduction to the Kojiki* hat er die
Aufmerksamkeit auf die inferiore Stellung gelenkt, die die Frau
sowohl im alten als im modernen Japan einnimmt. Einige Jahre
später ließen ihm sechs der führenden Literaten der alten Schule
die Ehre widerfahren, seine *Introduction* ins Japanische zu übersetzen, mit einem begleitenden Kommentar. Für viele Dinge
lobten sie ihn; aber als sie zu der Bemerkung über die untergeordnete Stellung der Frau kamen, brach ihr Zorn aus. «Die
Unterordnung der Frau unter den Mann», so lautete dieser
Kommentar, «ist eine außerordentlich berechtigte Sitte. Anders
zu denken hieße, europäische Vorurteile ins Haus bringen...
Denn daß der Mann über die Frau herrsche, ist das große Gesetz von Himmel und Erde. Dies zu ignorieren und davon als
barbarisch zu sprechen ist absurd». – Es ist nicht jedermanns

Los, von einem halben Dutzend japanischer Literaturpäpste in den Bann getan zu werden – und dies noch dazu, nur weil er die Partei der Damen ergriffen hat!

43 *Empfohlene Bücher: Japanese Girls and Women* von Miss Bacon. – *The Japanese Bride* von N. Tamura. Die Veröffentlichung dieses Büchleins, 1893, erregte solch einen Sturm von Entrüstung unter den Landsleuten des Verfassers, daß er gezwungen war, sein Amt als Pastor einer der einheimischen christlichen Kirchen niederzulegen.

44 *Nippon Tetsudō Gaisha* bedeutet «Japanische Eisenbahnkompanie». D. Vlg.

45 *«Ryokō Annai»* bedeutet soviel wie «Reiseinformation». D. Vlg.

46 *Empfohlenes Buch: The Annual Report of the Imperial Railway Department.*

47 Siehe seinen Aufsatz über dieses Thema in Band IX, Teil I der *Transactions of the Seismological Society of Japan*.

48 Die Gedichtform nennt man *tanka* und folgt dem Silbenrhythmus 5–7–5–7–7; siehe auch den Artikel «Poesie». D. Vlg.

49 Diejenigen, welche ein wenig Japanisch verstehen, werden verwirrt werden, da wir für *ku* (9) «zwölf Uhr» setzen, für *go* (5) «acht» usw. Die Erklärung des Geheimnisses findet sich in dem Artikel über «Zeit».

50 *Empfohlene Bücher: Land Tenure and Social Institutions in Old Japan* von Simmons and Wigmore in Band XIX, Teil I der *Asiatic Transactions*. Brinkleys *Japan and China*, Band II, S. 41. *The Eta Maiden and the Hatamoto*, in Band I von Mitfords *Tales of Old Japan*.

51 Nach anderen Berichten war die erste im neuen Stil erbaute Burg jene von Matsunaga Hisahide, die Nobunaga verbesserte. Da Hisahide ein Zeitgenosse Nobunagas und ebenso mit einigen der Jesuiten bekannt war, bleibt das Resultat ziemlich das gleiche. Wie dem auch sei, wir sehen, daß damals ebenso wie heute die importierten europäischen Gedanken mit fiebernder Hast in die Praxis umgesetzt wurden.

52 Die hier angeführte Etymologie ist unter Militärpersonen geläufig und wird durch die Autorität des maßgebendsten einheimischen japanischen Wörterbuchs bekräftigt. Neuere japanische Forscher haben ihre Richtigkeit bestritten. Sie führen an, daß in der frühesten Zeit des japanischen Christentums, die Wiedergabe des Wortes «Gott» durch die Charaktere 天主 (*Tenshu*) noch nicht existierte, und sie ziehen es vor, das Wort 天守 (*tenshu*) «Burgverlies» (Wachturm) auf buddhistischen

Ursprung zurückzuführen, indem sie darauf hinweisen, daß es durch Aphäresis aus 梵 天 主 *(Bontenshu)* «Brahmas Schutz» entstanden sein könnte. Für uns ist das Zusammentreffen der zwei Wörter zu dieser Zeit ein Umstand, den zu erschüttern gewichtigere Beweise als die bis jetzt angeführten nötig wären. Auf jeden Fall wird die Tatsache des portugiesischen Einflusses auf die Architektur japanischer Burgen von niemand bestritten, obgleich manche ihr weniger Bedeutung beimessen als andere. Einzelheiten der Pläne, Maße usw. werden stets so viel als möglich geheimgehalten, weshalb die Forschung ganz besonders erschwert wird, mehr noch infolge der eifrigen Bemühungen der Regierung zu Yedo (Edo, Tokyo), alle Traditionen eines früheren fremden Einflusses zu unterdrücken, und des starken nationalen Gefühls, das sich über zwei Jahrhunderte lang in der gleichen Richtung bewegte.

53 Die Umrisse der ergreifenden Geschichte Atsumoris finden sich in Murrays *Handbook to Japan*, 7. Auflage, S. 78–79, unter dem Titel *Kumagae Naozane*.

54 *Empfohlene Bücher: Fans of Japan* von Mrs. Salwey; ebenso ein Aufsatz von derselben in Band II der *Transactions of the Japan Society*.

55 Dieses Datum darf nicht seriös genommen werden. Siehe Artikel über «Geschichte».

56 *Empfohlenes Buch: Astrologia Giapponese* von Anselmo Severini gibt Einzelheiten, die den Forscher von Volksgebräuchen und Aberglauben interessieren werden, vorausgesetzt, daß er des Italienischen mächtig ist. Im Englischen ist uns nichts über den Gegenstand bekannt.

57 Diese Darstellung ist ein Auszug aus Mr. Percival Lowells interessantem Buch *Occult Japan*.

58 Hier folgen für die Wißbegierigen die japanischen Originale der obenstehenden Ausdrücke: *tsukebi, sosōbi, jika, moraibi, ruishō, shitabi, hinote, hinomoto, keshikuchi, kajimimai*. Feuerversicherung, ein wenig weiter unten erwähnt, ist *kasaihoken*.

59 *Empfohlene Bücher: Japanese Fisheries* von G. E. Gregory in Band V, Teil I der *Asiatic Transactions*. Was das Fischen anbetrifft – soweit es nicht Kuriosität ist, sondern praktischer Sport –, so verweisen wir die Leser auf die Einleitung von Murrays *Japan Handbook*.

60 *Empfohlene Bücher:* Der obige Artikel ist ein Auszug aus dem schön illustrierten Aufsatz von Mr. W. G. Aston in Band XXII der *Asiatic Transactions*.

61 *Empfohlenes Buch: The Island of Formosa Past and Present, History, People, Resources and Commercial Prospects* von J. W. Davidson.
62 Diese Übersetzung erschien schon früher in einem Aufsatz des Verfassers, betitelt *Educational Literature for Japanese Women*, im Juli 1878 in Band X, Teil III des *Journal of the Royal Asiatic Society of Great Britain*. Eine Nachahmung des Originalwerkes, die gleichzeitig zu seiner Widerlegung dienen sollte, indem sie der japanischen «neuen Frau» moderne Ideen predigte, erschien 1899 aus der Feder des gefeierten Volksbildners *Fukuzawa*, war aber nicht zur Erhöhung seines Rufes geeignet.
63 *Empfohlenes Buch: Japanese Girls and Women* von Miss Bacon.
64 *Kikishi yori mo*
   Omoishi yori mo
Mishi yori mo
   Noborite takaki
Yama wa Fuji no ne.
65 Heutige Messungen geben seine Höhe mit 3776 m an. D. Vlg.
66 *Empfohlene Bücher:* Murrays *Handbook for Japan*, 7. Ausg., S. 164 ff. – Für schöne Abbildungen des *Fuji* siehe *The Volcanoes of Japan*, Teil I, *Fujisan*, von Ogawa, Milne und Burton.
67 *Empfohlene Bücher: Landscape Gardening in Japan* von Josiah Conder, mit *Supplement*, beide schön illustriert. Brinkleys *Japan and China*, Band II, S. 229 ff.
68 *Empfohlene Bücher: Japan* von W. B. Mason, in *The International Geography* – Reins *Japan*. – *The China Sea Directory*, Band IV. – Abbé Papinots *Dictionnaire de l'histoire et de la Geographie du Japon*.
69 *Empfohlene Bücher: Die Kaiserliche Geologische Reichsanstalt von Japan* von T. Wada. – *Über den Bau und die Entstehung der Japanischen Inseln* von E. Naumann. – *Catalogue of Japanese Minerals contained in the Imperial College of Engineering, Tokyo*, von J. Milne. – *Les Produits de la Nature Japonaise et Chinoise* von A. J. C. Geerts. – *Bulletin of the Geological Survey of Japan*.
70 Seit der ersten Veröffentlichung dieses Aufsatzes hat die japanische Regierung, die in nichts rückschrittlich ist als in der Lehre der Geschichte, einen schlagenden Beweis für die Ratsamkeit, orthodox in Dingen der Geschichte zu sein, gegeben, indem sie Prof. Kume seines Lehrstuhls an der Universität in Tokyo entsetzte, und zwar wegen keines anderen Vergehens als dem, kritisch über das Thema der frühen Mikados zu schreiben. Dieser Schritt, der 1892 unternommen wurde, hat alles getan *pour encourager les autres*. So finden wir, daß Herr Haga in seinen sonst

ausgezeichneten kleinen «Vorträgen über japanische Literatur» seine Hörer allen Ernstes informiert, daß einige der Oden, die sich im *«Kojiki»* und *«Nihongi»* finden, von den Göttern verfaßt wurden, einige von Jinmu Tennō und anderen alten Mikados, eine von einem Affen! Die Lächerlichkeit solcher Absurditäten muß auf die Rechnung der Regierung gesetzt werden, die auf hochgebildete Männer einen solch erniedrigenden Zwang ausübt.

71 *Taikō,* was «großer Ratgeber» bedeutet, war der anerkannte Titel eines abgedankten Regenten *(Kanpaku);* aber da er außer an *Hideyoshi* selten verliehen wurde, so wurde er in der Umgangssprache nahezu zu einem Teil seines Namens.

72 Die «wahre Bedeutung» von Deutschlands Einmischung auf Grund der Unverletzbarkeit des chinesischen Gebietes offenbarte sich zwei Jahre später (1897), als es Besitz von einem benachbarten Distrikt von Kiautschou ergriff.

73 Siehe seinen Essay, betitelt *Early Japanese History,* gedruckt in Band XVI, Teil I der *Asiatic Transactions* und seine ausführlich kommentierte Übersetzung des *«Nihongi»*, veröffentlicht von der *Japan Society,* 1896. Der Essay nähert sich dem Gegenstand im großen und ganzen von der chinesischen Seite, die Übersetzung von der japanischen. Murdochs Werk ist betitelt *A History of Japan from A. D. 1542 down to the Present time,* aber nur der erste Band, der die Geschichte bis zu 1651 führt, ist bis jetzt erschienen. Siehe Artikel «Bücher über Japan».

74 *Empfohlenes Buch: Sketches of Tokyo Life* von J. Inouye.

75 *Empfohlenes Buch: The Gakushikaiin,* in Band XV, Teil I, und *The Japanese Education Society* in Band XVI, Teil I der *Asiatic Transactions,* beide von Walter Dening.

76 1901 wurde eine radikale Revision des Strafgesetzbuches vorgeschlagen. Aber es machte sich eine solch starke Opposition seitens der Mitglieder der legalen Körperschaft geltend, daß die Vorlage auf die nächste Session des Abgeordnetenhauses verschoben werden mußte, da eine neue Vorlage für die Revision des Strafgesetzbuches eingereicht werden soll.

77 Da das System französisch ist, scheint es ratsam, die französischen Bezeichnungen in Fällen beizubehalten, wo es keinen exakten oder keinen allgemein üblichen entsprechenden Ausdruck gibt.

78 Die Beamten sind in vier Ränge eingeteilt: *shinnin, shokunin, sōnin* und *hannin.* Die *shinnin* sind die höchsten von allen und werden vom Kaiser selbst eingesetzt.

79 *Empfohlene Bücher:* J. H. Gubbins englische Übersetzung des Bürgerlichen Gesetzbuches mit dem japanischen Original auf derselben Seite. – J. E. de Beckers englische Übertragungen der Zivil- und Kriminalprozeßordnung. Die offizielle englische Version des Handelsgesetzbuches, Strafgesetzbuches und der Zivilprozeßordnung, und die französische Version der Kriminalprozeßordnung. – Für die Darstellung des früheren oder traditionellen Gesetzes kann Prof. J. H. Wigmores umfangreiche Abhandlung über *Private Law in Old Japan* empfohlen werden, gedruckt im Band XX der *Asiatic Transactions,* und *Notes on Land Tenure and Local Institutions in Old Japan* von D. B. Simmons und J. H. Wigmore, in Band XIX, Teil I derselben. Diesen mag hinzugefügt werden R. Masujimas Abhandlung *On the Jitsuin or Japanese Legal Seal,* gedruckt in Band XVII, Teil II der *Asiatic Transactions,* und Gubbins *Report on Taxation in Japan, with a Supplementary Paper on Land Tenure.*

80 *Empfohlenes Buch:* O. Korschelts Essay über das *Go-Spiel,* in den Heften 21–24 der *Mitteilungen der Gesellschaft für Natur- und Völkerkunde Ostasiens.*

81 *Empfohlene Bücher: The British Consular Trade Reports.* – *Annual Return of Foreign Trade,* vom Kaiserlich Japanischen Finanzministerium herausgegeben. Interessante Einzelheiten über den portugiesischen, spanischen, holländischen und englischen Handel mit Japan vor dem Schließen des Landes, 1624, finden sich in Murdochs *History of Japan during the Century of Early Foreign Intercourse (1542–1651).*

82 *Empfohlene Bücher:* Das gesamte Thema ist ausführlich behandelt im Anhang *A* zu den *Tales of Old Japan* von A. B. Mitford, der persönlich die schauerliche Gelegenheit hatte, *harakiri* vollzogen zu sehen. – Unser *Romanised Japanese Reader, Extract No. 63,* gibt die wörtliche Übersetzung eines einheimischen Berichtes des *harakiri* von Asano, des Herrn von Akō, dessen Tod auf solch dramatische Weise von den gefeierten «Siebenundvierzig Ronin» gerächt wurde.

83 *Empfohlene Bücher:* Für nüchterne Angaben Murrays *Handbook of Japan; The Castle of Yedo,* von T. R. H. McClatchie, in Band VI, Teil I und *The Feudal Mansions of Yedo* vom gleichen Verfasser, in Band VII, Teil III der *Asiatic Transactions.* Für malerische Beschreibungen und für «Vermischtes» die unzähligen Aufzeichnungen der Globetrotter und Bücherschreiber.

84 *Empfohlene Bücher: Japanese Heraldry* von T. R. H. McClatchie, veröffentlicht im Band V der *Asiatic Transactions.* Unsere Ab-

handlung ist ein Auszug aus McClatchies Essay. – *Japanische Wappen* von R. Lange, in den *Mitteilungen des Seminars für Orientalische Sprachen zu Berlin*, 1903, ist die erschöpfendste Abhandlung, die veröffentlicht wurde.

85 Empfohlene Bücher: *Japanese Wood Engravings* von Wm. Anderson, veröffentlicht als Nr. 17 (Mai 1895) von «*The Portfolio*», wovon der vorstehende Artikel ein teilweiser Auszug ist. *The Colour-Prints of Japan* von E. T. Strange. – *Japanese Wood Cutting and Woodcut Printing* von Tokunō und Köhler, veröffentlicht von der Smithsonian Institution.

86 Empfohlenes Buch: *Note on a Longtailed Breed of Fowls in Tosa* von B. H. Chamberlain in den *Asiatic Transactions*, Band XXVII, Teil I.

87 Obgleich die Japaner die Würde respektieren, haben wir selbst gehört, wie manche, die persönliche Erfahrungen mit dem Leben in einem Daimyō-Palaste unter dem alten Regime hatten, darauf den volkstümlichen Vers anwandten, *Kiite gokuraku mite jigoku*, das heißt «Himmel davon erzählen zu hören, aber Hölle es zu sehen.»

88 Populär abgeleitet von *ba*, «Pferd», und *(shi) ka*, «Hirsch», wegen einer Geschichte, die von einem alten chinesischen Kaiser berichtet wird, der solch ein Dummkopf war, daß er, als ihm sein Günstling sagte, ein Hirsch sei ein Pferd, es tatsächlich glaubte. Die Philologen allerdings akzeptieren diese ingeniöse Etymologie nicht.

89 Empfohlenes Buch: Die *British Consular Trade Reports*.

90 Für eine detaillierte Analyse des japanischen weiblichen Schönheitsideals siehe Miss Bacons *Japanese Girls and Women*, Seite 58–60, wo ebenfalls die wahre Bemerkung steht, daß Fremde, die lange in Japan leben, finden, wie sich allmählich ihr Ideal ändert, und sie «zu ihrer eigenen Überraschung sehen, daß die Frauen ihres Landes plump, heftig, aggressiv und schwerfällig unter den kleinen, milden, scheuen und graziösen japanischen Damen erscheinen».

91 Wir haben die Indifferenz gegenüber dem Tod unter die physischen Eigenschaften eingereiht, weil niemand daran zweifeln kann, daß ein weniger empfindliches Nervensystem zum mindesten etwas damit zu tun haben muß. Indessen ist es möglich, daß Anschauungen und Glaube einigen Einfluß in dieser Hinsicht ausgeübt haben. Die meisten Japaner sind entweder Ungläubige, für die es kein Leben nach diesem gibt, oder sie sind Buddhisten; und der Buddhismus ist ein toleranter, hoffnungs-

voller Glaube, der am Ende allen Ruhe verspricht, selbst wenn sie von den Bösen mit dem Preise zahlreicher Seelenwanderungen erkauft werden muß. Das Christentum auf der andern Seite, mit seiner schrecklichen Lehre von endlicher und hoffnungsloser Verdammnis, mag das von Natur aus leicht erregbare, selbstquälerische europäische Gemüt in einen noch dunkleren Schatten getaucht haben. Die Griechen und Römer scheinen dem Tod mit einer Indifferenz ins Antlitz gesehen zu haben, zu der sich wenige in unserer Zeit aufraffen können.

92 «Die Menschen von dieser Insel Japan sind gutartig, über alle Maßen höflich und tapfer im Kriege; der Gerechtigkeit wird bei ihnen streng Genüge getan ohne jede Voreingenommenheit gegenüber Gesetzesbrechern. Es wird mit viel Anstand regiert. Ich meine, daß es auf der Welt kein Land gibt, das mit anständigen Verfahrensweisen besser regiert wird. Die Leute sind sehr abergläubisch in ihrer Religion und haben die unterschiedlichsten Meinungen.» D. Vlg.

93 «... den Leuten, die von ihren Regierenden und Vorgesetzten sehr abhängig sind.» D. Vlg.

94 Wie oft, fragen wir uns, wurde dieser sonderbare Irrtum wiederholt? Wir möchten gerne jene, die ihn noch glauben, hinausführen in die Felder irgendeines japanischen Landstriches im Frühling und sie lauschen lassen auf den Gesang der Lerchen und Nachtigallen, oder in die Wälder, die widerhallen von den Rufen des Kuckucks und anderer Sänger. Was die Bemerkung betrifft, daß den japanischen Blumen der Geruch fehlen soll, was soll man sagen von den duftenden Pflaumenblüten, der Cassia, den Lilien, den *Jonquilles,* den wilden Rosen und vielen anderen?

95 «Wer sich beim Kampf entschließt davonzulaufen,
Lebt weiter und kann später raufen.» D. Vlg.

96 *Empfohlene Bücher: Evolution of the Japanese* von Rev. S. L. Gulick. – *The Soul of the Far East* von Percival Lowell. – *Die Japaner* von C. Munzinger. Abgesehen von einem kurzen Aufsatz von Walter Dening im XIX. Band der *Asiatic Transactions,* sind uns keine andern Werke bekannt, die sich eingehend mit den seelischen Eigenschaften der Japaner beschäftigen; aber Astons *History of Japanese Literature* und Lafcadio Hearns Bücher sind wahre Fundgruben für den Wißbegierigen. Für in Japan Ansässige dürfte sich Rev. Arthur H. Smiths etwas düsteres Buch, betitelt *Chinese Characteristics,* als eine nützliche Lektüre erweisen, sowohl in bezug auf Gleichheit als Kontrast.

97 Am Anfang des Jahrhunderts (1901) war die Zahl noch größer, nämlich 41000 Jinrikishas und 43000 Jinrikishamänner. Seitdem aber die elektrische Tram eingeführt wurde, die sehr niedrige Fahrpreise nimmt (3 *sen* durch die ganze Stadt), wurden die anderen Verkehrsmittel teilweise verdrängt.

98 *Empfohlenes Buch:* Andersons *Pictorial Arts of Japan,* I. Teil, Seite 116–120, worin alle Einzelheiten des Montierens auseinandergesetzt werden.

99 1883 betrug die Anzahl der *kakke*-Kranken 231 pro tausend von der gesamten Marine, und 49 der Fälle endeten mit dem Tod. 1898 war die Zahl auf 0,87 pro tausend gesunken und nur ein einziger tödlicher Fall trat auf, mit andern Worten, die Krankheit war in Wirklichkeit erstickt. Die täglichen Rationen des japanischen Seemanns bestehen nunmehr aus ½ engl. Pfund Brot, ⅖ Pfd. Fleisch, ⅔ Pfd. Reis und 9/16 Pfd. Gemüse, neben geringen Mengen von frischem Fisch, Konservenfleisch und -fisch, verschiedenen Zerealien, Bohnen, Tee, Zucker und Soja. Man behauptet, daß unter diesem Ernährungssystem nicht allein *kakke* erlosch, sondern daß das Durchschnittsgewicht der Leute zugenommen hat.

100 *Empfohlene Bücher: Kakke* von William Anderson, veröffentlicht in Band VI, Teil I der *Asiatic Transactions* (auch in Broschürenform erschienen). *Infektionskrankheiten in Japan* von Dr. E. Baelz in den *Deutschen Mitteilungen,* Band III, Seite 301. – *Die Japanische Kakke* von Dr. B. Scheube. – *Geographisch-medizinische Studien* vcon Dr. Wernich; und andere in europäischen Sprachen, neben japanischen Abhandlungen von Dr. Takagi und Dr. Miura.

101 *Empfohlene Bücher:* Reins *Industries of Japan,* S. 143–150. – *Der Kampferlorbeer* von Dr. E. Grasmann, im 56. Heft der *Deutschen Mitteilungen.*

102 Beim *Hinamatsuri,* dem «Mädchenfest», stellt man Puppen (Ohinasama) aus verschiedenen Zeiten der Vergangenheit aus. Seit Beginn der Edo-Periode wurde dieses Fest nicht nur am Hof, sondern auch in bürgerlichen Kreisen gefeiert, um den Töchtern Glück und Gesundheit zu wünschen. D. Vlg.

103 *Empfohlenes Buch: Japanese Girls and Women* von Miss A. M. Bacon, bes. Kap. I.

104 Kindliche Pietät heißt im Japanischen *kō* oder etwas populärer *oyakoko;* Loyalität heißt *chū* (Herzlichkeit oder Treue gegenüber Älteren) oder *chūshin* (Treue und Loyalität von ganzem Herzen). D. Vlg.

ANMERKUNGEN 715

105 Hierbei handelt es sich um ein Gedicht in der Tanka-Form(*tan* = kurz; *ka* = Gesang, Lied): 5 – 7 – 5 – 7 – 7 – Silben pro Vers; zum Beispiel *shi/ki/shi/ma/no ... Yamato* ist die alte Bezeichnung für Japaner, *gokoro* oder *kokoro* heißt Herz, *asahi* ist die Morgensonne und *niou* heißt duften. D. Vlg.
106 *shita* heißt unten, *uwa* oder *ue* oben; *gi* oder *ki* ist etwas zum Anziehen, Kleidung. D. Vlg.
107 Beim *happi* handelt es sich um eine kurze, halblange Form des *yukata*, das die Arbeiter früher bei der Arbeit trugen. D. Vlg.
108 Tokyo hat 57,90 Zoll jährlichen Regenfall gegen 24,76 in Greenwich, aber nur 141,6 Regentage gegen 166,1.
109 *Empfohlene Bücher:* The Monthly and Annual Reports of the Central Meteorological Observatory. – *The Climate of Japan,* von demselben 1893 veröffentlicht. – *The China Sea Directory,* Band 4.
110 *Empfohlene Bücher:* Dr. Legges sorgfältige Ausgabe von *The Chinese Classics* in sechs großen Bänden, und der XVI. Band der *Sacred Books of the East,* der desselben Autors Übersetzung von dem *Book of Changes (Yî King)* enthält. – *Confucianism,* veröffentlicht von der *Society for Promoting Christian Knowledge,* ist ein vieles kürzeres Handbuch über diesen Gegenstand in populärer Darstellung. – Die japanischen Anhänger der Lehre des Konfutse bilden das Thema einer sorgfältigen Studie von Rev. Dr. G. W. Knox in Band XX, Teil I der *Asiatic Transactions.* Siehe auch Astons *History of Japanese Literature.*
111 *Empfohlene Bücher:* Der vorhergehende Aufsatz fußt hauptsächlich auf Dr. Wm. Andersons großem Werke, *The Pictoral Arts of Japan,* das zusammen mit seinem verwandten Werk *Catalogue of Japanese and Chinese Paintings in the British Museum* wahrscheinlich immer noch maßgebend für diesen Gegenstand ist. Brinkleys *Japan and China,* VII. Band, der *Pictoral and Applied Art* gewidmet, ist ebenfalls autoritativ. Wer sich diese teuren Werke nicht beschaffen kann, dem sei desselben Dr. Andersons frühere *History of Japanese Art* empfohlen in Band VII, Teil IV der *Asiatic Transactions.* Das andere Hauptwerk über dieses Thema ist *L'Art Japonais* von Louis Gonse. Sehr bedeutend ist auch Professor Fenollosas *Review of the Chapter on Painting in Gonse,* gedruckt in der *Japan Weekly Mail* vom 12. Juli 1884. Wer sich ernsthaft für japanische Kunst interessiert, sollte nicht verfehlen, sich diese tiefgründende Abhandlung zu verschaffen, in der mit voller Beherrschung des Themas die Streitfrage der alten Meister gegen Hokusai und die populäre Schule, die Gonse vertrat, behandelt wird. *A Japanese Collection* von dem bekann-

ten Sammler Mr. M. Tomkinson ist nach unserem Dafürhalten ein schönes, wenn auch teures Werk, das Aufsätze von hervorragenden Spezialisten enthält und ein Diktionär japanischer Mythen und Legenden. *Japanischer Humor* von C. Netto und G. Wagener, enthält die Erklärung einer großen Anzahl von Kunstmotiven, hauptsächlich der komischen, mit entzückenden Illustrationen. Es ist nicht leicht, für diesen Gegenstand eines der kürzeren und billigeren Bücher zu empfehlen. Vielleicht mag Huishs handlicher kleiner Band, betitelt *Japan and its Art,* erwähnt werden. Siehe auch *Artistic Japan,* ein jetzt eingegangenes illustriertes Journal, herausgegeben von S. Byng und in Buchform erhältlich.

112 *Empfohlene Bücher: The Lacquer Industry of Japan* von J. J. Quin in Band IX, Teil I der *Asiatic Transactions.* – *The Industries of Japan* von J. J. Rein, Seite 338 ff. – Brinkleys *China and Japan,* VII. Band, Seite 341 ff.

113 Für diese und andere Werte siehe Artikel über «Münzwesen».

114 *Empfohlene Bücher: Japanese Funerals Rites* von A. H. Lay in Band XIX, Teil III der *Asiatic Transactions.* – *A Shinto Funeral* von Baroness Sannomiya, im *Nineteenth Century,* Dezember 1896.

115 Als Frau Iwamoto, die begabte Übersetzerin dieses Romans, starb, wurden Exemplare ihres Werkes, Exemplare aller am Tage ihres Begräbnisses veröffentlichten Zeitungen Tokyos und Exemplare neuerer Magazine und anderer Bücher mit ihr begraben; darüberhinaus ergriff man alle Maßregeln gegen einen Verfall, um auf diese Weise zukünftigen Zeiten Beispiele der literarischen Tätigkeit der Gegenwart unverletzt zu übermitteln.

116 Sir Ernest Satows Urteil über das *«Genji Monogatari»* stimmt mit unserem überein. «Das Thema» schreibt er, «ermangelt des Interesses, und es ist nur von Wert, weil es einen Markstein in der Entwicklung der Sprache bedeutet».

Indessen verlangt die Gerechtigkeit, daß wir das sehr abweichende Urteil über dieses Werk, das Mr. Aston, der ausgezeichnete Historiker der japanischen Literatur, fällt, hier anführen. Er schreibt folgendes:

«Ich behaupte nicht, mehr als einen kleinen Teil dieser erschreckend langen Geschichte gelesen zu haben, aber nach dem Studium einiger Bücher scheint mir die obige Verurteilung ungerechtfertigt zu sein. Der gezierte Stil, den diese kritischen Gegner beanstanden, besteht hauptsächlich in den ehrerbietigen

Endungen der Zeitwörter, die ebenso natürlich sind für eine höfische Sprache wie die prunkvollen, aber unbequemen Kostüme und das durchgeklügelte Zeremoniell des Palastes. Es findet sich darin kein Überfluß an beschreibenden Adjektiven oder etwas, das dem, was wir Ausmalen nennen, entspräche. Der beklagte Mangel an Interesse scheint mir aus einem Verkennen der Absichten der Urheberin hervorzugehen. Sie beabsichtigte nicht, eine höchst verwickelte Fabel oder sensationelle Geschichte zu schaffen. Ihre Absicht war, ihre Leser mit einem Abbild des wirklichen Lebens und der Schilderung der Gefühle und der Handlungen wirklicher Männer und Frauen zu interessieren und zu unterhalten. Es findet sich im ‹Genji› kein Schwulst, keine überzarte Moral und nichts von den stilistischen Künsteleien, von denen die modernen Dichtungen triefen. Das Verdienst der Murasaki no Shikibu für die japanische Literatur besteht darin, daß sie ihr eine neue Form schenkte, nämlich den Roman, oder das Epos des wirklichen Lebens, wie man es genannt hat. Sie war der Richardson Japans, und ihr Genius war dem seinen in vieler Beziehung ähnlich. Sie liebte es besonders, Frauentypen zu zeichnen. In der Tat kann das ganze Werk als eine Reihe von Bildern dieser Art angesehen werden, alle mit der äußersten Sorgfalt gezeichnet und mit der vollen Beherrschung des Stoffes. Sie arbeitet nicht mit breiten Strichen. Ihre Schreibweise besteht darin, durch vieles Detail malerische und realistische Wirkungen zu erzielen. Natürlich ist dies mit einer Schlichtheit des Stils unvereinbar. Ihre Sätze sind lang und einigermaßen kompliziert, und dies, zusammen mit der antiken Sprache und der Verschiedenheit der Sitten und Gebräuche, macht das Studium des Buches sehr schwierig. Das ‹Genji› ist kein leichtes Buch, weder für uns noch für die modernen Landsleute der Verfasserin. Die Schwierigkeit, in das ‹Genji› einzudringen, ist wahrscheinlich einer der Gründe, weshalb es nicht mehr geschätzt wird. Als Gemälde eines längst vergangenen Gesellschaftszustandes betrachtet, existiert nichts in der gleichzeitigen europäischen Literatur, das im geringsten damit verglichen werden könnte. Es enthält Scharen von Personen, von den Mikados angefangen bis zu den untersten Höflingen herab, auf deren Genealogieerläuterung die Standard-Kogetsushō-Ausgabe einen ganzen Band verwendete. Die Szene liegt manchmal in Kyōto, wechselt aber auch nach Hiyeizan, Suma und anderen Plätzen in der Nachbarschaft. Ein ganzer Almanach der Hofzeremonien könnte danach zusammengestellt werden. Wenn wir uns erinnern, daß es lange vor Chaucer, Dante und Boccaccio, Sternen des europäischen Literaturhimmels, geschrieben wurde, so wird es uns als eine wahrhaft bemerkenswerte Leistung erscheinen.» (Diese Ausführung ist nicht der *History of Japanese Literature* selbst entnommen, sondern einem vorhergehenden Essay, betitelt *The Classical Literature of Japan*, gelesen vor der *Japan Society, London*, im Juni 1898.)

117 *Empfohlene Bücher: A History of Japanese Literature* von W. G. Aston. *The Asiatic Transactions*, sowohl die englischen wie die deutschen, für eine Menge von Übersetzungen und Auszügen (von Werken, die im vorstehenden Artikel erwähnt wurden), in sich schließend das *Kojiki*, das *Nihongi*, Teile des *Manyōshū*, des *Sumiyoshi Monogatari*, Proben aus dem *Ujishūi, Hōjōki, Tosanikki* und den größten Teil des *Norito*. – *The Monthly Summary of Current Japanese Literature* in der *Japan Mail*. – *Eine Geschichte der Japanischen Literatur* von Professor K. Florenz ist im Druck. Die größte japanische Bibliothek, die dem Publikum zugänglich ist, ist die Teikoku Toshokan in Tokyo. Die Bibliothek der Kaiserlichen Universität von Tokyo ist ebenfalls umfangreich; die von Max Müller zusammengestellte Sammlung wurde ihr 1901 eingereiht. Indessen werden beide von der Bibliothek des Kaiserlichen Kabinetts in den Schatten gestellt, die 170 000 japanische und 370 000 chinesische Bände enthalten soll, dazu viele chinesische Werke, die in China selbst nicht mehr existieren.

118 *Empfohlene Bücher: The Luchu Islands and their Inhabitants* von B. H. Chamberlain, veröffentlicht in *The Geographical Journal*, April, Mai und Juni 1895. – *Essay in Aid of a Grammar and Dictionary of the Luchuan Language*, von demselben Autor, gedruckt als Supplement zum Band XXIII der *Asiatic Transactions*.

119 *Empfohlene Bücher: The Japanese Fairy-Tales Series*, veröffentlicht in illustrierten Büchlein bei Hasegawa, Tokyo. – *The Japanese Fairy Book* von Miss Ozaki. – Mitfords *Tales of Old Japan*, letzter Teil des ersten Bandes. – *Fairy-Tales from Far Japan* von Miss S. Ballard.

120 *Empfohlenes Buch:* Dr. W. N. Whitneys *Notes on the History of Medical Progress in Japan*, veröffentlicht in Band XII, Teil IV der *Asiatic Transactions*, S. 331 f.

121 *Empfohlene Bücher:* Brinkleys *Japan and China*, VII. Band. – *Japanese Metallurgy* von Wm. Gowland, im *Journal of the Society of Chemical Industry*. – *The Art of Casting Bronce in Japan* vom selben Verfasser, im *Journal of the Society of Arts*. – *The Dolmens*

and Burial Mounds in Japan, vom selben Verfasser *(Society of Antiquaries),* alle reich illustriert. – Reins *Industries of Japan,* S. 436 u. 488. – *Ornamental Arts of Japan* von Audsley. – *Japan* von C. Dresser.

122 *Empfohlenes Buch:* In Ermangelung eines lebendigeren und «intimeren» könnte den Leser vielleicht interessieren: *Am japanischen Hofe* von O. v. Mohl, der während der achtziger Jahre des verflossenen Jahrhunderts mit der delikaten Aufgabe betraut wurde, den Kaiserlich Japanischen Hof nach europäischem Vorbild zu reorganisieren.

123 *Empfohlenes Buch:* Murrays *Handbook for Japan.*

124 Obgleich nicht wörtlich zu nehmen, enthielt diese so unvorsichtig ausgesprochene Darstellung ohne Zweifel viel Wahres: Die Monarchen von Spanien und Portugal waren, wie uns recht wohl aus ihrem Vorgehen in anderen Teilen der Welt bekannt ist, alles nur nicht aufrichtig in ihren Beziehungen zu fremden Rassen. Die Geschichte wiederholt sich; denn das Gebaren Europas China gegenüber in unseren Tagen zeigt genau dieselbe Mischung von wirklicher Frömmigkeit seitens der Missionare und schamloser Aggression seitens der Länder, die sie aussandten.

125 Die hier gegebene Aufzählung schließt nicht die Insel Formosa in sich, wo alterrichtete Missionen in den Händen spanischer Dominikanermönche liegen.

126 Unglücklicherweise eignet sich die schwierige und unpersönliche japanische Sprache ganz besonders schlecht zur Wiedergabe der lapidaren Erhabenheit des hebräischen Gedankens. Das Chinesische ist etwas besser dafür geeignet.

127 *Empfohlene Bücher: I. Katholisch:* Der traditionelle katholische Standpunkt ist vertreten in Crassets *Histoire de la Religion Chrétienne au Japon,* Charlevoix' *Histoire du Christianisme dans l'Empire de Japon,* Leon Pagès' *Histoire de la Religion Chrétienne au Japon,* Marmas' *Religion de Jésus Ressuscitée au Japon* und Steichens *Christian Daimyos.* Der kritische Standpunkt wird vertreten in Murdochs *History of Japan during the Century of Early European Intercourse (1542–1651)* und in Haas' *Geschichte des Christentums in Japan.* Die obigen Werke sind allgemeine Abhandlungen oder Resümee des Themas. – Die Literatur des Katholizismus in Japan ist sehr umfangreich; sie beginnt mit den *Briefen der Jesuiten* im 16. und 17. Jahrhundert und reicht herab bis zu den speziellen Abhandlungen von Léon, Pagès, Satow u. a. Satows Untersuchungen sind zum größten Teil in

den Bänden der *Asiatic Transactions* zerstreut; aber einer seiner interessantesten Essays, betitelt *The Jesuit Mission Press in Japan from 1591 to 1610,* mit Auszügen und Faksimile, wurde privatim als ein separates Werk gedruckt.

II. Protestantisch: Die *Statistics of Missions,* jährlich herausgegeben. – Die *Reports* der verschiedenen Missionsgesellschaften und der Generalversammlungen von 1883 und 1900. – *A History of Protestant Missions in Japan* von Pastor Dr. H. Ritter, übersetzt von Rev. George E. Albrecht, durchgesehen und ergänzt von Rev. D. C. Greene. – *An American Missionary in Japan* von Rev. M. L. Gordon. – *Thirty Eventful Years in Japan, the Story of the American Boards Mission in Japan* von Rev. M. L. Gordon. – *The Life of Joseph Hardy Niishima* von Arthur S. Hardy. – *How I became a Christian* von Uchimura Kanzō. – *Die Japaner* von C. Munzinger.

128 Nach dem konfuzianischen ethischen Code, den die Japaner adoptierten, haben die Eltern eines Mannes, seine Lehrer und sein Herr auf seine lebenslänglichen Dienste Anspruch; seine Frau steht auf einer unendlich tieferen Stufe.

129 *Empfohlene Bücher:* Die vollständige Übersetzung des *Dōji Kyō* in Band IX, Teil III der *Asiatic Transactions,* und die des *Jitsugo Kyō* im «*Cornhill Magazine*», August 1876.

130 *Empfohlenes Buch:* Whitneys *Notes on the History of Medical Progress in Japan,* veröffentlicht in Band XII, Teil IV der *Asiatic Transactions,* besonders S. 289 f., woraus einige unserer Angaben entnommen sind.

131 *Empfohlenes Buch: The Coins of Japan* von N. G. Munro.

132 Die Existenz dieser «stillen Konzerte» wurde von einem Kritiker der ersten Ausgabe dieses Werkes in Zweifel gestellt. Wir selbst haben niemals eines gehört oder besser gesehen, aber wir berufen uns auf die Autorität von Mr. Isawa, der uns in einer Privatmitteilung über diesen Gegenstand darauf aufmerksam macht, daß über solche esoterische Mysterien nicht gerne von ihren altmodischen Hütern gesprochen wird, am wenigsten um der wissenschaftlichen Neugierde eines Ausländers zu genügen, und daß selbst die gegebenen Erklärungen – vorausgesetzt, daß solche gegeben werden – wahrscheinlich in zweideutigen Worten abgefaßt würden. Wir können hinzufügen, daß man Mysterien macht aus gewissen Melodien solch gewöhnlicher Instrumente wie das *koto* und die *shamisen,* und es nur jenen Personen gestattet ist sie zu spielen, die sie studiert haben und Geld für Diplome erlegten.

133 *Empfohlene Bücher: The Music and Musical Instruments of Japan* von F. T. Piggott (eine herrlich illustrierte Bearbeitung seines Aufsatzes in den *Asiatic Transactions;* siehe unten). – *On the Musical Scales of Various Nations* von A. J. Ellis, gedruckt im *Journal of the Society of Arts,* 27. März 1885. – *Some Japanese Musical Intervals* von Rev. Dr. Veeder, in Band VII, Teil II der *Asiatic Transactions.* Verschiedene Abhandlungen von F. T. Piggott, Dr. F. Dubois und Dr. C. G. Knott, im Band XIX, Teil II der *Asiatic Transactions.* – *Einige Notizen über die Japanische Musik* von Dr. Müller, Band I der *Mitteilungen,* und R. Dietrichs ausgezeichneter Aufsatz im 58. Heft derselben. – Für Beispiele japanischer Musik, übertragen in europäische Notenschrift, mit dem Text in römischen Lettern, siehe ein Büchlein, 1888 von der Musikakademie in Tokyo veröffentlicht unter dem Titel *Collection of Japanese Koto Music.* Auch die zartesten Naturen brauchen nicht zu befürchten, durch das Durchspielen dieses Bändchens ihre Moral zu schädigen; denn wie die Herausgeber in ihrer Vorrede bemerken, sind in dieser Ausgabe alter Koto-Musik «alle die darin vorkommenden Wörter und Melodien, die imstande wären, das öffentliche Gefühl durch ihre Vulgarität und Banalität zu beleidigen, durch reine und elegante ersetzt worden, um auf solche Weise ihren verderblichen Einfluß auf die Gesellschaft zu verhüten». Gleichzeitig sind die wenigen gänzlich neuen, eigenen Kompositionen, die die Kompilatoren hinzuzufügen wagten, «mit einer Sorgfalt verfaßt worden, die jene Tugend, welche ein Erbe unserer alten Koto-Musik ist, nicht verletzt». Die historische Genauigkeit ist also ebenso vollkommen gewahrt wie Geschmack und Moral.

134 Seit ungefähr 1893 oder 1894 werden kleine Mengen Pfirsiche und Birnen, vermutlich amerikanische Sorten, in Kawasaki, in der Nähe von Yokohama, gezogen, um die Tafeln der Fremden damit zu versorgen. Anderswo im Lande kann man sie aber nicht bekommen. Die einheimische *nashi* ist, wenn man sie auch allgemein «Birne» übersetzt, eine vollkommen verschiedene Frucht – rund, hölzern und geschmacklos; der einheimische Pfirsich ist ein Verwandter des Ziegelsteins. Vom Apfel, der sich erst gegen das Ende des 19. Jahrhunderts allgemein verbreitete, wird eine ziemlich genießbare Sorte geerntet. Es gibt nur wenig Kirschen (trotz des Reichtums an Kirschblüten), keine Himbeeren, keine Johannisbeeren, kaum etwas Stachelbeeren, keine Maulbeeren (obgleich das ganze Land mit Maulbeerbäumen übersät ist zum Füttern der Seidenwürmer), keine

tropischen Früchte irgendeiner Art. Feigen gibt es nur wenige, und sie sind nicht viel wert, Weintrauben nicht viel, ausgenommen in der Provinz Kōshū, Erdbeeren weder gute noch reichlich, Pflaumen und Aprikosen mittelmäßig, die japanische Mispel *(biwa)* ist nicht mit der des südlichen Europa zu vergleichen. Die besten Früchte hier sind die Orange, eine der zwei Sorten Melonen und für jene, die Liebhaber davon sind, die Persimone, obgleich auch sie hölzern ist und gewöhnlich schmeckt wie alle japanischen Früchte. Wahrscheinlich sind an dieser Lage zwei Dinge schuld. Erstens das Klima; die schmackhaftesten Früchte bringt ein trockenes Klima hervor, während in Japan Hitze und Nässe zusammenfallen, so daß die Früchte faulen, anstatt auszureifen. Infolgedessen entarten europäische Gewächse, die sich in Amerika und Australien bewährt haben, sehr rasch in Japan. Die zweite Ursache, die teilweise von der ersten bedingt ist, besteht darin, daß der japanische Geschmack für Früchte nicht entwickelt ist; denn Früchte waren hier nie als ein stehender Faktor der Nahrung betrachtet worden. Sodann wurden die Japaner daran gewöhnt, daß die Früchte, die sie genießen, hart sein sollen.

135 *Empfohlene Bücher:* Für Frauennamen siehe einen Abschnitt in einem der Werke Lafcadio Hearns, betitelt *Shadowings;* auch R. Langes *Über japanische Frauennamen,* veröffentlicht im 4. Jahrgang, 1. Abteilung der «*Mitteilungen des Seminars für Orientalische Sprachen in Berlin*».

136 Diese versifizierte Liste der betreffenden Blumen stammt von *Yamanoe no Okura,* einem Dichter der ersten Hälfte des 8. Jahrhunderts.

137 *Empfohlenes Buch:* Reins *Industries of Japan,* Seite 389 f. Die Darstellung ist vollständig und gründlich.

138 *Empfohlenes Buch: The Life of Sir Harry Parkes* von S. Lane-Poole und F. V. Dickins.

139 *Empfohlene Bücher: Narrative of the Expedition of an American Squadron under Commodore Perry* von Perry und Hawks, I. Band. – *Matthew Calbraith Perry* von Rev. W. E. Griffis.

140 «*John Kino*» scheint eine Korruption von *chon kina* oder *choi kina* (komm nur her!) zu sein.

141 *Ōyōmei,* in japanischer Aussprache. Sein bedeutendster japanischer Ausleger war Nakae Tōju (1605–78), gewöhnlich bekannt als der «Weise von Ōmi».

142 Herbert Spencer (1820–1903), englischer Philosoph, dessen Grundgedanke in seinem Hauptwerk *System of synthetic philo-*

sophy der ist, daß alles Seiende sich in Entwicklung oder in Auflösung befindet hin zu immer neueren, komplexeren Abhängigkeitssystemen. Im übrigen habe jeder die Freiheit zu tun, was er wolle, sofern er nicht die Freiheit des anderen verletze. Der Staat habe diese Grundrechte zu sichern. – Friedrich Nietzsche, deutscher Philosoph (1844–1900), war radikaler Kulturkritiker und Gegner des Christentums, dessen «Sklavenmoral» er seine «Herrenmoral» und dessen Jenseitsglauben er die Bejahung der Erde und des Lebens gegenüberstellte. D. Vlg.

143 Mancher Beurteiler, der sehr gelehrt in allen Dingen ist außer dem Japanischen, wird vielleicht sagen, daß sich der erste und fünfte und der zweite und vierte Vers dieses kleinen Gedichtes trotz allem reimen. Wir möchten ihn daran erinnern, daß ein Reim ein beabsichtigter Gleichklang ist, nicht ein zufälliger, und daß sich solch zufällige Lautgleichheiten nicht vermeiden lassen in einer Sprache wie der japanischen, die nur sechs Endungen hat, nämlich die fünf Vokale *a, e, i, o, u* und den Konsonanten *n*. Den Japanern selbst fällt in solchen Fällen kein Reim auf; es ist auch anfangs nicht leicht, sie soweit zu bringen, unsere europäischen Reime zu beobachten, ja sogar sie zu hören.

144 «Der hinter Gittern geborene Hänfling,
der nie den Sommerwald geseh'n»,
oder
«Der Herbst legt da und dort
Ein züngelnd' Feuer auf die Blätter.»

145 Geoffrey Chaucer (1340–1400), englischer Dichter, dessen umfangreiches Werk den Höhepunkt der mittelalterlichen englischen Literatur bildet. Berühmt wurde er durch seine *Canterbury Tales*. – Edmund Spenser (1552–1599), ist neben Shakespeare der bedeutendste Dichter der englischen Renaissance. Sein Hauptwerk ist das unvollendete Arthur-Epos in neunzeiligen Strophen, *The Fairie Queene* (Die Feenkönigin). D. Vlg.

146 *Empfohlenes Buch: A History of Japanese Literature* von W. G. Aston. – Für das *Nō* oder lyrische Drama siehe Artikel «Theater» des vorliegenden Werkes.

147 *Empfohlene Bücher:* Brinkleys *Japan and China,* Band VIII, ist erschöpfend. Siehe auch *Catalogue of the Morse Collection of Japanese Pottery* und für prähistorische Töpferwaren *The Dolmens and Burial Mounds in Japan* von Wm. Gowland, veröffentlicht von der *Society of Antiquaries (London). – Japan and its Art* von M. B. Huish ist eine kleinere, volkstümliche Abhandlung.

148 *Empfohlene Bücher: Die körperlichen Eigenschaften der Japaner* von Dr. E. Baelz, veröffentlicht im 28. und 32. Heft der *Deutschen Mitteilungen*. – *Altjapanische Kulturzustände* von Dr. K. Florenz im 44. Heft derselben. – *Land Tenure and Local Institutions in Japan* von Dr. D. B. Simmons in Band XIX, Teil I der *Asiatic Transactions*. – Rev. S. L. Gulicks *Evolution of the Japanese*.

149 *Empfohlene Bücher:* Lafcadio Hearns *In Ghostly Japan*, darin der Artikel benannt *Incense*. – Brinkleys *Japan and China*, Band III.

150 *Empfohlenes Buch: The Abacus, in its Historic and Scientific Aspects* von Dr. C. G. Knott, veröffentlicht in Band XIV, Teil I der *Asiatic Transactions*.

151 *Empfohlene Bücher: Japan* von Walter Dickson ist vielleicht die gründlichste Darstellung der Regierung in der Feudalzeit. Siehe auch Brinkleys *Japan and China* für alle Perioden. – Marquis Itōs *Commentaries on the Constitution of the Empire of Japan* besitzt außerordentliches Interesse als die Äußerung jenes Mannes, der das hauptsächliche Werkzeug bei der Errichtung dieser Konstitution war. Die historischen Angaben in den *Commentaries* müssen indessen mit außerordentlicher Vorsicht aufgenommen werden, denn der Marquis ist weniger Historiker als Staatsmann. Um nur ein Beispiel aus vielen zu wählen: In der autorisierten englischen Übertragung sind alle Kaiserinnen zu Kaisern geworden. So finden wir «den *Kaiser Suiko,* den *Kaiser Genshō*» usw., was genauso ist, wie wenn ein englischer konstitutioneller Historiker sprechen würde von *«the Emperor Maud»* oder *«King Elisabeth»!* Ebenfalls kann die Tendenz beobachtet werden, den Unterschied zwischen alter und neuer Zeit zu verwischen. Zusammen mit den *Commentaries* sind gedruckt der Text der Verfassung selbst und mehrere andere wichtige Dokumente von ähnlichem Charakter. – Übersetzungen von all den wichtigeren Regierungsakten und Berichte über die Vorgänge im Reichstag finden sich in den Spalten der *Japan Mail,* herausgegeben in Yokohama.

152 Folgendes zum Beispiel schrieb der verstorbene Fukuzawa, Japans repräsentativster Denker und Volksbildner: «Es versteht sich von selbst, daß die Aufrechterhaltung des Friedens und der Sicherheit in der Gesellschaft eine Religion verlangt. Für diesen Zweck eignet sich jedwede Religion. Ich ermangle einer religiösen Natur und habe nie an eine Religion geglaubt. Man könnte mich demnach beschuldigen, daß ich andern den Rat gebe, religiös zu sein, während ich es nicht bin. Und doch verbietet mir mein Gewissen nicht, mich in eine Religion zu

kleiden, wenn ich sie nicht im Herzen habe... Es gibt verschiedene Arten von Religionen – Buddhismus, Christentum und was nicht. Trotzdem besteht meiner Ansicht nach nicht mehr Unterschied zwischen ihnen als zwischen grünem und schwarzem Tee. Es ist kein großer Unterschied, ob du den einen oder den andern trinkst. Die Hauptsache ist, jene, die nie Tee getrunken haben, davon kosten zu lassen, damit sie seinen Geschmack kennenlernen. Genauso ist es mit der Religion. Pietisten sind wie Teehändler. Sie bemühen sich, ihre eigene Religion zu verkaufen. Was aber die Methode in dieser Beziehung anbetrifft, so ist es nicht sehr diplomatisch, die Ware der andern herabzusetzen, um die eigene anzupreisen. Vielmehr sollte jeder darauf sehen, daß seine Ware gut ausgewählt und sein Preis niedrig ist.» (Wir zitieren aus der im *Japan Herald* vom 9. Sept. 1897 veröffentlichten Übersetzung.) – Ähnliche Äußerungen aus dem Mund führender Männer könnten zu Dutzenden angeführt werden. Ferner ist es charakteristisch, daß, während einer der ersten Gegenstände, über den der Durchschnittseuropäer Aufklärung haben will, das Wesen des japanischen religiösen Glaubens ist, uns kein Japaner, mit dem wir in Berührung gekommen sind, je über die westlichen Religionen ausgefragt hat. Das Thema interessiert augenscheinlich niemand, ausgenommen die wenigen Konvertiten.

153 *Empfohlenes Buch:* Gulicks *Evolution of the Japanese,* (da und dort), besonders Kapitel 25–28.

154 *Empfohlene Bücher:* Brinkleys *Japan and China,* Band III, S. 65f. – *Jūjutsu* von J. Kanō, in Band XVI, Teil II der *Asiatic Transactions*. Ein ebenso betitelter Aufsatz von T. Shidachi im 1. Band der *Transactions of the Japan Society*. – Die zwei *Jūjutsu*-Schulen des Herrn Kanō in Tokyo erfreuen sich einer großen Berühmtheit. – Eine ungewöhnliche Menge von Unsinn scheint im Ausland über *Jūjutsu* und seine Wirkungen auf die Gesundheit der japanischen Nation verbreitet worden zu sein. Ein phantasievoller amerikanischer Autor geht soweit zu erklären, daß es dank diesen zweckmäßigen physischen Übungen weder Rheumatismus noch Phthisis in diesem gesegneten Lande gäbe, nicht einmal Dyspepsie. Nun trifft es sich gerade, daß Rheumatismus und Phthisis zu den grausamsten japanischen Übeln zählen.

155 *Empfohlene Bücher:* The Forty-seven Rōnins, die erste Erzählung in Mitfords *Tales of Old Japan*. Mitford gibt in seinem reizenden Stil verschiedene malerische Einzelheiten, die der Mangel an

Raum uns wegzulassen zwingt. – Dickins *Chiushin-gura or the Loyal League* ist eine Übersetzung des populären Schauspiels, das auf der Geschichte der *Rōnins* fußt. – Es existiert eine ganze Literatur über dieses Thema, nicht nur eine einheimische, sondern auch eine europäische. Von einheimischen Büchern ist das *Iroha Bunko* das lesenswerteste. Es ist leicht, anschaulich und überall zu erhalten. In ihm und in seiner Fortsetzung, *Yukino Akebono,* werden da Erlebnisse von jedem der siebenundvierzig Rōnins einzeln geschildert, so daß ein vollkommenes Bild des japanischen Lebens vor zwei Jahrhunderten entsteht. Man darf indessen nicht vergessen, daß diese Werke mehr der Klasse historischer Romane angehören als der reinen Geschichte.

156 Die chinesische und japanische Methode des Ruderns ist dieselbe, die Japaner haben sie von den Chinesen entlehnt, wie gewöhnlich.

157 *Empfohlenes Buch: The Chemistry of Sake-brewing,* veröffentlicht in den *Memoirs of the Science Department of the Imperial University.*

158 *Empfohlene Bücher:* Fast jedes ältere Werk über Japan erwähnt notwendigerweise die Samurais auf jeder Seite. Siehe besonders Mitfords *Tales of Old Japan* für einige ihrer berühmten Waffentaten. McClatchies *Feudal Mansions of Yedo* (*«Asiac Transactions»,* 7. Band) für ihre Wohnstätten, Nitobes *Bushido* für eine theoretische Besprechung des japanischen Rittertums und seines Moralkodexes. Der Wert dieses Buches, das von einem Japaner in ausgezeichnetem Englisch geschrieben wurde, wird ziemlich beeinträchtigt durch den Umstand, daß der Verfasser nicht das mittelalterliche Europa, sondern das moderne Amerika als Maßstab zum Vergleich mit dem feudalen Japan gewählt hat. Der Kontrast zwischen der östlichen und westlichen sozialen Evolution, der in Wahrheit hauptsächlich ein zeitlicher ist (denn Japan hat sich in derselben Richtung entwickelt wie Europa, nur langsamer), erscheint auf diese Weise als ein Unterschied von Ort und Rasse.

159 *Empfohlenes Buch: The Geishas Calling* in Inouyes *Sketches of Tōkiō Life.*

160 *Empfohlene Bücher: Das Japanische Schachspiel* von V. Holtz, und *A Manual of Chinese Chess* von W. H. Wilkinson.

161 Artikel 3 der «Bestimmungen und Regeln für die Maße der Raumberechnung der Schiffe», 1888 veröffentlicht vom Handelsmarineamt des Kaiserlichen Verkehrsdepartements, setzt den Inhalt des *koku* bei Schiffen japanischer Bauart auf 28,32

ANMERKUNGEN

Kubikmeter fest; ob dies der präzise Wert des maritimen *koku* in früheren Zeiten war, können wir nicht sagen.

162 Von *mitsu* «drei» und *hishi* «Wasser-*Caltrop*»; daher «Raute», denn die Blätter des Caltrop sind nahezu rautenförmig, und drei Rauten bilden das Wahrzeichen der Gesellschaft.

163 *Empfohlenes Buch:* A Practical Introduction to the Study of Japanese Writing (Moji no Shirube) von B. H. Chamberlain.

164 *Empfohlene Bücher:* Reins *Industries of Japan*, Seite 430. Brinkleys *Japan and China*, II. Band, Seite 136f., ebenso VII. Band für das Zubehör des Schwertes. – McClatchies *The Sword of Japan* in Band II der *Asiatic Transactions*. – B. S. Lymans *Japanese Swords* in den *Proceedings of the Numismatic and Antiquarian Society of Philadelphia*, für 1892, und Aufsätze von E. Gilbertson in den *Transactions of the Japan Society*. Für prähistorische Schwerter Gowlands *Dolmens and Burial Mounds in Japan*, veröffentlicht von der *Society of Antiquaries (London)*; für das Schwerterklettern Lowells *Occult Japan*.

165 *Empfohlenes Buch:* Reins *Industries of Japan*, S. 378f.

166 *Empfohlenes Buch:* Unser Artikel fußt auf einer kurzen Abhandlung von Dr. Wagener im 12. Heft der *Deutschen Mitteilungen*.

167 *Empfohlene Bücher:* Murrays *Handbook for Japan* für ein kurzes Resümee des Gegenstandes. Die folgenden Werke sind weit ausführlicher: *The Revival of Pure Shinto* von Sir Ernest Satow, den Anhang des 3. Bandes bildend; *The Shinto Temples of Ise* von demselben, im 2. Band; *Ancient Japanese Rituals* von demselben im 7. und 9. Band; *Ancient Japanese Rituals* von Dr. K. Florenz im 27. Band; *Introduction to the Kojiki* von B. H. Chamberlain, das Supplement des 10. Bandes, und *Tenrikyo* von Rev. Dr. Green im 33. Band der *Asiatic Transactions*. – *Occult Japan* von Percival Lowell. – Ein Werk über *Shintō* von W. G. Aston, das maßgebend werden dürfte, ist im Druck.

168 *Empfohlenes Buch:* Brinkleys *Japan and China*, IV. Band, 2. Kapitel, besonders Seite 33f. für interessante Berichte über weibliches Beamtentum am Hof der Shōguns.

169 *Empfohlenes Buch:* Siebold erzählt die Geschichte seiner eigenen früheren Reisen in seinem *Nippon-Archiv*. Die zweite Ausgabe enthält eine kurze Biographie.

170 *Empfohlene Bücher:* On the Magic Mirrors of Japan von den Professoren Ayrton und Perry in den *Proceedings of the Royal Society*, XXVII. Band, Seite 127–142. – *Expansion produced by Amalgamation* von den gleichen Verfassern im *Philosophical Magazine*, XXII. Heft, Seite 327.

171 *Empfohlene Bücher:* Der obenstehende Artikel ist teilweise ein Auszug aus des Verfassers *Handbook of Colloquial Japanese.* Siehe auch Imbries *English-Japanese Etymology.* – Das beste Buch über die klassische Sprache ist Astons *Grammar of the Japanese Written Language.* – Die am wenigsten befriedigenden Japanisch-Englischen Wörterbücher sind *Unabridged* von Cap. Brinkley und mehreren japanischen Mitarbeitern, und Dr. Hepburns Wörterbuch, das sowohl in einer vollständigen als auch in einer gekürzten Ausgabe veröffentlicht wurde. Satows kleines Wörterbuch, durchgesehen von Hampden und Parlett, ist für Englisch-Japanisch vorzuziehen. Das beste einheimische Wörterbuch ist das *Kotabano Izumi.* – Die beste Sammlung von Gesprächen, in romanisierter Form, ist die *Benkyoka no Tomo* von Abbé Caron mit französischen Anmerkungen. C. Munzingers Essay, betitelt *Die Psychologie der japanischen Sprache,* veröffentlicht im 53. Heft der *Mitteilungen,* wird den Philologen interessieren.

172 *Empfohlenes Buch: Japanische Sprichwörter* von P. Ehmann, Supplement zu den *Deutschen Mitteilungen,* 1897–98.

173 *Empfohlenes Buch: The Introduction of Tobacco into Japan* von Sir Ernest Satow in Band II der *Asiatic Transactions.*

174 *Empfohlene Bücher: The Preparation of Japan Tea* von Henry Gribble in Band XII, Teil I der *Asiatic Transactions.* – Reins *Industries of Japan,* Seite 100.

175 In Japan lebende ausländische Gourmets haben entdeckt, daß sich eine ausgezeichnete Eiscreme daraus machen läßt.

176 *Empfohlenes Buch:* Brinkleys *Japan and China,* II. Band, Seite 246 f.

177 Mr. Lafcadio Hearn erhebt gegen dieses, nach seiner Ansicht zu strenge Urteil über Okuni Einspruch und führt ihre Geschichte an, die, wie er sagt, ebenso poetisch wie ergreifend ist. Sie ist typisch für eine ganze Klasse japanischer Liebesgeschichten: «Sie war Priesterin in dem großen Tempel von Kitsuki und verliebte sich in einen Raufbold namens Nagoya Sanza, mit dem sie nach Kyōto entfloh. Auf dem Weg dahin verliebte sich ein anderer Raufbold in ihre außerordentliche Schönheit. Sanza erschlug ihn, und das Antlitz des Toten verfolgte fortan das Mädchen. In Kyōto erhielt sie ihren Geliebten, indem sie den heiligen Tanz im trockenen Flußbett tanzte. Darauf wandte sich das Paar nach Yedo und begann mit der Schauspielerei. Sanza selbst wurde ein berühmter Schauspieler. Nach dem Todes ihres Geliebten kehrte Okuni nach Kitsuki zurück, wo sie sich,

eine ausgezeichnete Dichterin, mit Unterricht in der Dichtkunst ernährte oder wenigstens beschäftigte. Aber später rasierte sie sich den Kopf, wurde Nonne und baute einen kleinen Tempel in Kitsuki, wo sie lebte und lehrte. Und zwar baute sie den Tempel, um für die Seele jenes Mannes beten zu können, den der Anblick ihrer Schönheit zugrunde gerichtet hatte. Der Tempel stand noch vor dreißig Jahren; aber jetzt ist nichts mehr davon übrig als eine zerbröckelte Statue des mitleidigen Gottes Jizō. Die Familie lebt noch heute in Kitsuki; und bis zur letzten Revolution hatte das Haupt der Familie Anrecht auf einen Teil des Ertrags des lokalen Theaters, da seine Ahnin, die schöne Priesterin, die Kunst begründete».

178 Nämlich das Verwelken der Blumenkrone, die Befleckung des himmlischen Gewandes durch Staub, ein tödlicher Schweiß, ein Gefühl schwindliger Blindheit und der Verlust aller Freude.

179 Das Wort «Osten» bezieht sich nicht auf Japans Lage in Asien, sondern auf die Lage der Provinz Suruga zu der damaligen Hauptstadt Kyōto.

180 Das ursprüngliche japanische Wort, mit dessen Auslegung der Chor auf diese merkwürdige Weise beginnt, ist nicht Firmament selbst, sondern das *hisakata,* das «Kissen-Wort» (siehe Seite 506) für das Firmament, das eine ähnlich plumpe Etymologie zuläßt. Diese Stelle mußte umschrieben und kommentiert werden, um sie europäischen Lesern verständlich zu machen. Ähnliches muß bei der unmittelbar darauf folgenden Beschreibung der internen Einrichtung der Mondregierung gesagt werden. Die Idee der letzteren ist buddhistischen Quellen entlehnt. Der Große Gott und die Große Göttin, die hier erwähnt werden, sind die Shintō-Gottheiten Izanagi und Izanami, die Schöpfer Japans und Ahnen von Göttern und Menschen.

181 Die Bewohner des Fernen Ostens sehen einen Zimtbaum im Mond an Stelle unseres traditionellen Mannes. Eine japanische Dichterin hat den anmutigen Gedanken ausgesprochen, daß der besondere Glanz des Herbstmondes von den verglühenden Farben seines Laubes kommen möge.

182 In dem folgenden Gesang, wie häufig an anderen Stellen, ist der Chor das Sprachrohr der Hauptperson auf der Bühne. Ebenso ist zu bemerken, daß die lyrischen Stellen eine große Anzahl von Anspielungen auf die alte Poesie enthalten und mehr oder weniger genaue Zitate daraus. Wir hielten es nicht für nötig, den europäischen Leser mit weiteren Kommentaren zu verwirren. Für einen gebildeten Japaner würden keine nötig sein.

183 Sanskrit: Sumêru, ein ungeheuer großer Berg aus Gold, Silber und Edelsteinen, der nach der buddhistischen Kosmogonie die Achse eines jeden Universums bildet und die verschiedenen Stockwerke des Himmels trägt.

184 Ein anderer Name für einen Teil der Küste Mios. Der Berg Ashitaka, der weiter oben erwähnt wird, ist ein Berg von einzigartiger anmutiger Gestalt; er erhebt sich im Südosten des Fuji, zwischen dem Fuji und dem Meer.

185 Besser *Bôdhisattvas* (japanisch *Bosatsu*). Ein Buddha zu sein heißt den höchsten Grad von Heiligkeit erreicht zu haben, «abgeworfen zu haben die Sklaverei der Sinne, des Bewußtseins, des Selbsts, zu erfassen die volle Unwirklichkeit aller Erscheinungen und bereit zu sein, ins Nirwana einzutreten». Ein *Bôdhisattva* dagegen muß noch einmal das menschliche Dasein durchlaufen, bevor er die Buddhaschaft erreicht. Es wird kaum nötig sein, dem Leser zu sagen, daß «Buddha» nie der Personenname eines einzelnen Mannes war. «Buddha» ist nichts als ein gewöhnliches Substantiv, das «erwacht», «erleuchtet» bedeutet, woher seine Anwendung auf Wesen stammt, die erleuchtet sind von dem Licht geistiger Vollkommenheit.

186 *Empfohlenes Buch: The Gakushikaiin* von Walter Dening, veröffentlicht in Band XV, Teil I der *Asiatic Transactions*, S. 72 f.

187 *Empfohlene Bücher:* Die sprachlichen Argumente (nur Spezialisten verständlich) finden sich in einem Aufsatz des Verfassers im *Journal of the Anthropological Institute of Great Britain*, Jahrgang 1895, betitelt *A Preliminary Account of the Luchuan Language*. Siehe auch *Toriwi and its Derivation* von W. G. Aston, in Band XXVII, Teil IV der *Asiatic Transactions*, und *Notes on the Japanese Torii* von S. Tuke im IV. Band der *«Transactions of the Japan Society of London»*.

188 Wahrscheinlich liegt das wirkliche Geburtsland des Drachens noch weiter westlich; aber nach japanischer Ansicht ist er chinesisch. Ähnlich geht es mit verschiedenen andern Dingen, die in Japan chinesisch genannt werden: Wenn China auch nicht die Fabrik war, so war es doch das Lager, woher Japan sie bezog.

189 *Empfohlenes Buch: Japanischer Humor* von C. Netto, G. Wagener.

190 *Empfohlenes Buch: The Preparation of Vegetable Wax* von Henry Gribble, in Band III, Teil I der *Asiatic Transactions*.

191 *Empfohlene Bücher: Child-Life in Japan* von Mrs. Chaplin-Ayrton. – *Children's Games and Sports* in Griffis' *Mikados Empire*. – *Hanaawase* (Japanische Karten) von Major-General Palmer in Band XIX, Teil III der *Asiatic Transactions*.

ANMERKUNGEN 731

192 «Anderen die Schuld zuschieben»; «zuwenig geben und zuviel nehmen». D. Vlg.
193 «Sobald alles in den Schatten gestellt ist, spielt der Rest keine Rolle mehr.» D. Vlg.
194 (...), daß «England durch Verhandlungen selten etwas erreicht, abgesehen davon, das es ausgelacht wird», (...). D. Vlg.
195 Wir können hier nicht die schweren Folgen des «Falls Kent» und des «Falls der Kobe-Wasserwerke» berühren. Aber der «Fall Clifford Wilkinson» war so grotesk amüsant, daß wir unsere Leser um ein gesundes Lachen bringen würden, wenn wir kein Wort davon erwähnten. Mr. Wilkinson ist der Besitzer der berühmten Tansan-Mineralquelle in der Nähe von Kobe, die er als Tafelwasser verschickt. Eine japanische Firma hatte sein Warenzeichen nachgeahmt. Er ersuchte darum, ihr das zu untersagen, bis der Fall gerichtlich geregelt wäre. Aber der Richter entschied, daß die japanische Firma das Recht habe, das fragliche Warenzeichen fernerhin zu imitieren. Seine Lordschaft war der Ansicht, daß, da es Winter war, wahrscheinlich recht wenig Flaschen Tansan-Wasser getrunken werden würden und der Verlust Mr. Wilkinsons daher nur gering sein könnte(!!). Übrigens sollten wir uns bei Mr. Wilkinson entschuldigen, weil wir den Fall amüsant nannten. Er war amüsant für die Öffentlichkeit, ihm dagegen erschien er ohne Zweifel in einem ganz anderen Licht, denn er war die Zielscheibe dieses juristischen Scherzes.
196 Jingoismus, ein anderes Wort für Chauvinismus. D. Vlg.
197 *Empfohlenes Buch: Treaties and Conventions between the Empire of Japan and Other Powers,* zusammengestellt vom Japanischen Auswärtigen Amt.
198 *Empfohlene Bücher:* Der jährliche *Report of the Minister of State for Education* und die Jahrbücher der Universitäten und der verschiedenen anderen Erziehungsinstitute. – Siehe auch Miss Bacons *Japanese Girls and Women*.
199 Rokkon Shōjō, Ōyama Kaisei. Die sechs Sinne sind nach buddhistischer Anschauung Augen, Ohren, Nase, Zunge, Körper und Herz. Die Pilger wiederholen den Bittgesang zum größten Teil ohne ihn zu verstehen, da die meisten Wörter chinesisch sind.
200 *Empfohlenes Buch: Occult Japan* von Percival Lowell.
201 *Empfohlene Bücher: The Yi King* von Rev. Dr. Legge, veröffentlicht als Band XVI der *Sacred Books of the East*. – Sugiuras Übersetzung von Takashimas Buch, betitelt *Ekidan*.

202 Ein Fachmann macht uns darauf aufmerksam, daß die Geschichte, wie man zu sagen pflegt, «weder Hand noch Fuß» habe; und zwar aus dem Grunde, weil die Abweichung des Kompasses in diesem Teil des Globus so gering ist, daß sie selbst verdoppelt praktisch bedeutungslos wäre. Wir lassen die Geschichte indessen als ein Beispiel moderner Mythenbildung stehen.
Empfohlene Bücher: Murrays *Handbook for Japan.* – *Japan in Yezo* von T. W. Blakiston. – Band II von Mrs. Bishops *Unbeaten Tracks in Japan.*

203 Die Autoritäten sprechen sich größtenteils zugunsten dieser Erklärung des Ursprungs des Namens aus. Nach anderen ist die Etymologie *yoshi* «ein Schilf» und *hara* «ein Moor», und die Bezeichnung «schilfiges Moor» hätte man dem Ort gegeben wegen seines Charakters vor der Bebauung. Es gibt einen anderen chinesischen Charakter *yoshi,* der «gut», «glücklich» bedeutet, und mit ihm werden die zwei ersten Silben des Namens jetzt gewöhnlich geschrieben.

204 Siehe Murrays *Handbook for Japan,* 7. Ausgabe, Seite 390.

205 Dontaku ist eine Korruption des holländischen *Zondag.*

206 *Ne* ist eine Abkürzung von *nezumi,* was «Ratte» bedeutet. Ähnlich steht *U* für *usagi* und *mi* für *hebi. I* ist keine Kürzung von *inoshishi,* dem modernen populären Wort für «Eber», sondern die wirkliche alte Form des Wortes.

207 Man wird fragen: Weshalb schreibt man nicht für *Kyōwa* 1801–03, für *Bunka* 1804–17 u.s.f. in jedem Fall, anstatt das Schlußjahr und Anfangsjahr jeder Periode zweimal zu zählen? Der Grund ist der, daß ein neuer Name nie am 1. Januar in Kraft trat. In den meisten Fällen war das Jahr ziemlich vorgeschritten, bevor dere Name angenommen wurde.

208 Die Meiji-Periode ging bis 1912, danach folgte die Taisho-Periode 1912–1925, die Shōwa-Periode 1925–1989; mit der Thronbesteigung Kaiser Akihitos am 8. Januar 1989 begann die Heisei-Periode. D. Vlg.

209 *Empfohlene Bücher: Japanese Chronological Tables* von William Bramsen. Dieses Werk enthält eine ausführliche Einführung in den Gegenstand; und die Tabellen sind so angeordnet, daß sie nicht nur das europäische Jahr angeben, sondern genau den Tag, dem irgendein japanisches Datum von 645 n. Chr. aufwärts entspricht. Kürzere Tabellen, die für die meisten Zwecke genügen, finden sich in der Einführung zu Murrays *Handbook for Japan.*

210 Geboren in der Provinz *Harima,* an der Inlandsee, 1856 in einer Dschunke weggetrieben, gerettet und nach Amerika gebracht, wo er einige Jahre lebte, kehrte er als Dolmetscher zurück, als Japan erschlossen wurde. Er starb 1897. Die Geschichte seiner bunten Karriere ist erzählt in *The Narrative of a Japanese.*

211 Die Praxis der «Sitz-Redakteure» war zur Zeit der wilhelminischen Ära auch in Deutschland bekannt. Die strengen Pressegesetze machten für kritische Blätter wie Maximilian Hardens «Zukunft» die Anstellung eines «Sitz-Redakteurs» zur Überlebensfrage. D. Vlg.

212 *Empfohlene Bücher:* Der obige Artikel stützt sich hauptsächlich auf Reins *Japan,* S. 157f. Reins Abhandlung über die Fische ist besonders erschöpfend, über die andern Gattungen wird ein vortreffliches Resümee gegeben mit Hinweisen auf die bedeutendsten Autoritäten auf jedem speziellen Gebiet. – Siehe auch Blakiston und Pryers *Catalogue of the Birds of Japan,* gedruckt in Band X, Teil I der *Asiatic Transactions;* Pryers *Catalogue of the Lepidoptera of Japan* in Band XI, Teil II und Band XII, Teil II derselben, mit *Additions and Corrections* in Band XIII, Teil I; ferner desselben Autors *Rhopalocera Nihonica* und J. H. Leechs *Butterflies from Japan.* Diese beiden Werke sind schön illustriert.

Bildnachweis

Die Abbildungen auf dem vorderen und hinteren Vorsatz zeigen Ausschnitte aus dem sechsteiligen Faltschirm «Hikone-Byōbu», auf dem Vergnügungen junger Männer und Frauen dargestellt sind. Um 1600. Bildquelle: Sammlung Ii, Tokyo.

Seite 42:
Ein alter Ainu. Photographie aus dem Jahr 1895. Bildquelle: Japan Photographers Association, Tokyo.

Seite 61:
Der große Shintō-Tempel in Izumo. Bildquelle: Tsudzumi, Die Kunst Japans, Leipzig 1929.

Seite 91:
Ikebana. Handcholoriertes Glas-Diapositiv, um 1890–1910. Bildquelle: Museum für Kunst und Gewerbe/Freunde der Photographie, Hamburg.

Seite 111:
Buddha-Trias im Kloster Horyu-Ji aus dem Jahr 623 n. Chr. von Tori Busshi. Diese Trias ist eine der bedeutendsten japanischen Skulpturen der Asuka-Periode. Bildquelle: Horyu-Ji, Nara-Ken.

Seite 154/155:
Ankunft eines europäischen Schiffes in Japan. Teil eines sechsteiligen Faltschirmpaares «Namban-Byōbu», Ende des 16. Jahrhunderts. Bildquelle: Kaiserliche Sammlung, Tokyo.

Seite 206/207:
Der schneebedeckte Fuji, vom Kawaguchi-See aus gesehen. Handcholoriertes Glas-Diapositiv, um 1890–1910. Bildquelle: Museum für Kunst und Gewerbe/Freunde der Photographie, Hamburg.

Seite 222/223:
Japan um das Jahr 1900. Bildquelle: Spamers Großer Handatlas, bearbeitet von Alfred Hettner, Leipzig 1900.

Seite 241:
Porträt des Feldherrn Yoritomo. Auf Seide gemalt von Fujiwara Takanobu (1145–1205). Bildquelle: Jingo-Ji, Kyōto.

Seite 293:
Harakiri als Ritual. Photographie, um 1910. Bildquelle: Bildarchiv Preußischer Kulturbesitz, Berlin.

Seite 297:
Tokyos Hauptstraße um 1890. Photographie. Bildquelle: Japan Photographers Association, Tokyo.

Seite 305:
Eine (die 98.) von 120 Episoden des Ise Monogatari, illustriert von Tawaraya Sōtatsu im ersten Drittel des 17. Jahrhunderts in Shikishi-Form. Die Abbildung zeigt den Premierminister Fujiwara no Yoshifusa, der von einem in seinen Diensten stehenden Mann einen künstlichen Pflaumenblütenzweig geschenkt bekommt.
Der Text lautet:
«Ume no tsukuri-eda ni kiji wo tsukete tatematsuru tote» (Auf einem künstlich gemachten Zweig befestigte er einen Fasan und übergab ihn als Geschenk):

Waga tanomu	Dem ich vertraue,
kimi ga tame ni to	für Euch (mein Herr)
oru hana wa	die Blüten, die ich gebrochen,
toki shimo wakanu	sie sind Dinge,
mono ni zo arikeru	welche die Zeiten nicht unterscheiden.

Bildquelle: Sammlung Higashiyama Shinkichi, Chiba.

Seite 338:
Eine Fahrt im Jinrikisha. Fotochrome, um 1880. Bildquelle: Bildarchiv Preußischer Kulturbesitz, Berlin.

Seite 343:
Ein Kago mit Trägern während einer Rast. Photographie, um 1875. Bildquelle: Japan Photographers Association, Tokyo.

Seite 373:
«Winterlandschaft». Tuschezeichnung von Sesshu (1420–1506). Bildquelle: Nationalmuseum, Tokyo.

Seite 392/393:
Japanerinnen bei der Essenszubereitung. Fotochrome, um 1880. Bildquelle: Bildarchiv Preußischer Kulturbesitz, Berlin.

Seite 403:
Japanerin beim Lesen einer Schriftrolle. Kolorierte Photographie, um 1880. Bildquelle: Bildarchiv Preußischer Kulturbesitz, Berlin.

BILDNACHWEIS

Seite 427:
Blinder Masseur. Fotochrome, um 1905. Bildquelle: Bildarchiv Preußischer Kulturbesitz, Berlin.

Seite 434:
Meiji Tenno Mutsuhito. Photographie, um 1890. Bildquelle: Japan Photographers Association, Tokyo.

Seite 435:
Showa Tenno Hirohito. Photographie aus dem Jahr 1928. Bildquelle: Japan Photographers Association, Tokyo.

Seite 467:
Junge Japanerin mit Shamisen. Fotochrome, um 1900. Bildquelle: Bildarchiv Preußischer Kulturbesitz, Berlin.

Seite 496:
Ein Pfeifenmacher. Handkolorierter Albumindruck, um 1890. Bildquelle: Museum für Kunst und Gewerbe, Hamburg.

Seite 505:
Ein Waka-Gedicht in Tanka-Form aus dem ersten Drittel des 18. Jahrhunderts.

Es lautet auf japanisch: «Toshi henuru
　　　　　　　　　misaho wa matsu ni
　　　　　　　　　narabi keri
　　　　　　　　　kore yori chigire
　　　　　　　　　chiyo no yowai mo»

Bildquelle: Sammlung Yamamoto Kiyoo, Hyōgo.

Seite 518/519:
Reisende vor einem Wirtshaus in Totsuka, Poststation auf der Landstraße Tōkaido. Blatt aus der Bilderfolge «52 Poststationen auf der Landstraße Tōkaido». Bildquelle: Sammlung Takahashi, Sagami.

Seite 527:
Ein Händler mit Rechenbrett. Photographie, um 1875. Bildquelle: Japan Photographers Association, Tokyo.

Seite 547:
Ein Samurai mit seinem Waffenträger. Photographie, um 1860. Bildquelle: Japan Photographers Association, Tokyo.

Seite 577:
Shintō-Göttin. Holzstatue aus dem 9. Jahrhundert von einem unbekannten Künstler. Bildquelle: Matsuno-o Jinsha, Kyōto.

Seite 598/599:
Tanzausbildung in einer Geishaschule. Fotochrome, um 1910. Bildquelle: Bildarchiv Preußischer Kulturbesitz, Berlin.

Seite 603:
Tätowierter Mann. Handkolorierter Albumindruck, um 1880 bis 1890. Bildquelle: Museum für Kunst und Gewerbe, Hamburg.

Seite 611:
Teezeremonie. Kolorierte Photographie, um 1880. Bildquelle: Bildarchiv Preußischer Kulturbesitz, Berlin.

Seite 619:
Bühnenbild aus einem Kabuki. Bildquelle: Tsudzumi, Die Kunst Japans, Leipzig 1929.

Seite 636:
Das Torii vor der Insel Miyajima. Handkoloriertes Glas-Diapositiv, um 1890–1910. Bildquelle: Museum für Kunst und Gewerbe/ Freunde der Photographie, Hamburg.

Inhalt

Einführung von Erwin Wickert 5
Vorwort von Basil Hall Chamberlain 15

ABC der japanischen Kultur 27

Aberglaube	27	Clans	116
Adams (Will)	30	Cloisonné	118
Adel	32		
Adoption	34	Daimyō	120
Agrikultur	36	Dämonische Besessenheit	121
Ainos	40	Druck	129
Akupunktur	45		
Archäologie	46	EE-EE	132
Architektur	55	Ehe	132
Armee	64	Eisenbahnen	138
Asiatic Society of Japan	71	Entenjagd	144
Ausländer als Beamte in Japan	72	Erdbeben und Vulkane	145
		Eta	149
		Eurasians	151
Baden	76	Europäisierung	151
Bambus	79		
Bevölkerung	82	Fächer	158
Bibliographie	85	Feste und Feiertage	160
Bildhauerkunst	85	Feuerbestattung	167
Blumen	88	Feuer-Wandeln	168
Botanik	94	Feuersbrünste	173
Bronze	97	Fischen mit Kormoranen	175
Bücher über Japan	97	Fischfang	179
Buddhismus	109	Flagge	181
		Flotte	182
Cha-no-yu	114	Formosa	186
Charakteristika	114	Frauen (Die Lage der)	190
Chauvinismus	114	Frühling, Kleiner	204
Christentum in Japan	116	Fuji	204

INHALT

Gärten 211
Gebetsrad 214
Geburtstage 215
Geheimlehren und
 -künste 216
Geisha 220
Geographie 220
Geologie 227
Geschichte und
 Mythologie 228
Geschichtenerzähler 258
Geschmack 260
Gesellschaft 262
Gesellschaften (Vereine) .. 268
Gesellschaftsklassen 269
Gesetz 271
Globetrotter 278
Glücksgötter 281
Go 283
Gruss 284

Handel 285
Handtücher 289
Harakiri 291
Hauptstädte 295
Heraldik 299
Höflichkeit 301
Holzschnitt 304
Hühner (langgeschweifte) 309
Humor 311

Indischer Einfluß 314
Industrie 317

Jagd 319
Japan 319
Japanisches Volk 320
Jinrikisha 337

Kaempfer (Engelbert) ... 340
Kago 342
Kaiserin 344
Kakemono 345
Kakke 346

Kampfer 348
Katzen 349
Kinder 350
Kindliche Pietät 353
Kirschblüte 355
Kleidung 356
Klima 361
Konfutse (Konfuzius) ... 366
Konventionen 369
Kunst 370

Lackarbeiten 384
Landkarten 389
Landstraßen 390
Lebensunterhalt 394
Leichenbestattung 399
Literatur 401
Logik 416
Lotus 421
Luchu 422

Malerei 424
Märchen 424
Maru 425
Massage 426
Maße und Gewichte ... 428
Metallarbeiten 430
Mikado 432
Mineralquellen 436
Mission 439
Modenarrheiten 455
Möpse 457
Moralische Maximen ... 459
Moxa 461
Münzwesen 462
Musik 464
Mythologie 471

Nahrung 471
Namen 477
Numerische Kategorien .. 482

Orden 484

INHALT 741

Papier	486	Spiegel	588
Parkes (Sir Harry)	487	Sprache	589
Perry (Commodore)	491	Sprichwörter	593
Pfänderspiele	494	Stickereien	594
Pfeifen	494		
Philosophie	498	Tabak	595
Poesie	502	Tänze	596
Polo	513	Tätowieren	601
Porzellan und Tonwaren	514	Tee	604
Post	517	Teezeremonien	608
		Telegraph	615
Rasse	522	Theater	617
Räucherwerk-Gesellschaften	524	Thronentsagung	633
		Torii	635
Rechenbrett	526	Trauer	637
Regierung	529	Tycoon	640
Religion	533		
Ringkampf	536	Übernatürliche Wesen	640
Rōnins (Die Siebenundvierzig)	538		
		Vegetabilisches Wachs	643
Rudern	541	Verbeugen vor dem Bildnis des Kaisers	644
Rüstungen	544		
		Vergnügungen	644
Sake	544	Verkehrte Welt	647
Samurai	545	Verträge mit fremden Mächten	649
Sängerinnen	548		
Schach	549	Volksbildung	661
Schiffahrt	552		
Schrift	556	Wallfahrten	667
Schwärzen der Zähne	566	Weissagung	670
Schwerter	567		
Seide	569	Yezo	672
Shimo-Bashira	571	Yoshiwara	674
Shintō	573		
Shōgun	581	Zauberschutzmittel und heilige Bilder	677
Siebold (Philipp Franz Freiherr von Siebold)	582		
		Zeit	679
Skulptur	585	Zeitungen	685
Sonne, Mond und Sterne	585	Zoologie	690
		Zyklus	695

Editorische Notiz 699
Anmerkungen 701
Bildnachweis 735

CIP-Titelaufnahme der Deutschen Bibliothek

Chamberlain, Basil Hall:
ABC der japanischen Kultur: ein historisches Wörterbuch =
(Things Japanese) / Basil Hall Chamberlain.
Mit e. Einf. von Erwin Wickert.
[Aus d. Engl. von Bernhard Kellermann]. –
Zürich: Manesse Verlag, 1990
(Manesse Bibliothek der Weltgeschichte)
Einheitssacht.: Things Japanese ⟨dt.⟩
ISBN 3-7175-8172-4 Gewebe
ISBN 3-7175-8173-2 Leder
NE: HST

Der englische Originaltitel des Werkes lautet:
«Things Japanese,
being notes on various subjects connected with Japan»
erschien erstmals im Verlag Keegan Paul & Co.,
London und Tokyo 1890.

Die Übersetzung von Bernhard Kellermann erschien 1912
im Verlag Hans Bondy, Berlin, unter dem Titel
«Allerlei Japanisches (Things Japanese).
Notizen über verschiedene japanische Gegenstände
für Reisende und andere»
und beruht auf der 1905 bei John Murray, London,
und Kelly & Walsh, Yokohama und Tokyo, erschienenen
5., vom Verfasser durchgesehenen Auflage.

Umschlag und typographisches Konzept:
Hans Peter Willberg, Eppstein

Copyright © 1990 der vorliegenden, überarbeiteten Ausgabe
by Manesse Verlag, Zürich